대인관계와 의사소통의 심리학

정태연 저

학지사

서문

우리는 하루의 대부분을 다른 사람들과 함께 생활한다. 때로는 가족과 친구처럼 아주 친한 사람들과 함께하고, 또 어떤 때는 같은 학과 동급생처럼 만나면 반가운 정도의 사람들과 함께한다. 또 다른 시간에 대중교통을 이용해서 목적지로 이동할 때에는 모르는 사람들과 함께한다. 이처럼 우리는 혼자 동떨어져서 살기보다는 다른 사람들과 함께 어울리고 부딪히면서 살아간다.

그러다 보니 우리의 삶에서 대인관계를 잘하는 것만큼 중요한 일이 없을 정도로, 그것은 우리의 삶에 막대한 영향력을 행사한다. 대인관계는 신체적인 건강뿐만 아니라 수명에도 큰 영향을 미친다. 그래서 남들과 잘 지내는 사람은 그렇지 못한 사람들에 비해 건강도 더 좋고 적어도 몇 년 정도 더 오래 산다. 이뿐만이 아니다. 이러한 사람은 삶에 대한 만족도도 더 높고 긍정적인 정서를 더 많이 경험하는 등 더 행복하게 산다.

특히 우리 문화는 대인관계를 매우 강조하는 특성을 가지고 있다. 어렸을 때는 친구들하고 싸우지 말고 잘 지내라는 부모님 말씀을 수없이 들어 왔고, 좀 더 커서는 성공하기 위해서는 대인관계를 잘해야 한다는 충고를 여기저기서 들으며 살아온 것이 우리의 모습이다. 현실적으로도 소위 인맥의 중요성을 몸소 느낄 수 있을 만큼 원만한 대인관계는 우리의 삶에서 거의 절대적인 요소이다.

그러면 우리는 대인관계가 중요하다는 것을 알고 있는 만큼 실제로 관계를 잘하고 있는가? 한편으로는, 대부분의 사람이 가까운 사람들과 큰 갈등이나 문제 없이 원만하게 사는 것으로 보인다. 그러나 다른 한편으로, 우리가 고민하고 갈등하며 심지어 폭력을 행사하는 원인의 상당 부분이 타인과의 소통과 관계 문제라는 사실은 우리에게 대인관계가 여전히 미해결의 문제임을 보여 준다.

우리가 원하는 만큼 대인관계를 잘 하지 못하는 데에는 여러 이유가 있다. 그중 하나가 대인관계가 가지는 특성을 제대로 알지 못하기 때문이다. 가령, 사람들은 주로 자기 입장에서 관계를 이해하고, 자신의 개인적 경험에 근거해서 상대방을 판단하는 등 자기중심적인 경향이 강하다. 그러면서 관계에 문제가 생기면 그 원인을 상대방의 탓으로 쉽게 치부해 버린다. 이러한 인식은 관계적인 측면에서 실상과 다를 가능성이 크기 때문에 갈등을 일으키는 원인이 된다.

꽤 오랫동안 대인관계심리학을 강의하면서, 대인관계 관련 심리학적으로 깊이 있는 원리와 다양한 연구 결과를 소개하는 교재를 저술하고 싶다는 생각을 가지고 있었다. 그런 바람 속에서 이 책에서는 기존의 여러 교재가 가지고 있는 장점을 수용하고 부족한 점은 보완해 보고자 했다. 또한 대인관계에서 다루는 여러 중요한 주제를 모두 포괄하면서 좀 더 새로운 정보를 담아 보고자 애썼다.

이 책은 모두 14장으로 이루어져 있다. 제1장은 대인관계를 소개하는 내용으로 구성했다. 제2~3장은 자기에 대한 것으로, 자기개념이 어떻게 만들어지는지부터 시작해서 자기중심과 자기초월이 갖는 의미를 살펴보았다. 제4장은 타인에 대한 지각의 문제를 다루었다. 의사소통은 제5장부터 제7장까지 총 3개의 장을 통해 살펴보았다. 제8장에서는 관계의 발전 과정을 알아보았다. 문화, 성격, 친구나 연인 관계 등 대인관계와 관련된 다양한 요인과 형태를 제9장부터 제11장까지 고찰했다. 마지막으로, 관계의 위협 요인과 갈등 그리고 유지에 관한 내용은 제12~14장에서 다루었다.

이 책이 나오기까지 많은 분의 도움을 받았다. 무엇보다도 중앙대학교 정치국제학과 최영진 교수에게 감사한 마음을 전한다. 나의 오랜 친구이자 동료인 최 교수는 각 장에 넣을 그림을 찾아 주는 수고를 아끼지 않았다. 덕분에 그림이 이 책의 품격을 높여 주는 행운을 누리게 되었다. 또한 나의 제자인 전미연, 장민희 박사 그리고 신기원, 서예지, 안정민, 최심욱 대학원생에게도 고마운 마음을 가지고 있다. 원고를 꼼꼼히 읽어 주고 수정 사항을 지적해 준 덕분에 이 책의 완성도를 좀 더 높일 수 있었다. 마지막으로, 이 책이 나오도록 애써 주신 학지사 관계자분들에게도 감사의 말씀을 드린다.

여기 첫 선을 보이는 이 책이 여러 독자의 대인관계에 도움이 되면 좋겠다는 바람이 크다. 물론 이 책은 여전히 부족해서 보완하고 수정할 것이 많을 줄 안다. 그러한 일은 앞으로 독자들의 의견과 지적 사항을 겸허히 받아 가면서 차근차근 해 나갈 생각이다. 아무쪼록 독자 여러분의 건승을 기원하는 바이다.

2022년 3월 30일
정태연

차례

제**2**부

소통과 관계의 발달

제3부

관계의 다양성

제**4**부

관계의 위기와 극복

제1부

관계 속의 나와 너

시(詩)가 있는 창

작은 이름 하나라도

이기철

이 세상 작은 이름 하나라도
마음 끝에 닿으면 등불이 된다
아플 만큼 아파 본 사람만이
망각과 폐허도 가꿀 줄 안다

...중략...

이 세상 가장 여린 것, 가장 작은 것
이름만 불러도 눈물겨운 것
그들이 내 친구라고
나는 얼마나 오래 여린 말로 노래했던가

내 걸어갈 동안은 세상은 나의 벗
내 수첩에 기록되어 있는 모음이 아름다운
　　사람의 이름들
그들 위해 나는 오늘도 한 술 밥, 한 쌍 수저
　　식탁 위에 올린다

잊혀지면 안식이 되고
마음 끝에 닿으면 등불이 되는
이 세상 작은 이름 하나를 위해
내 쌀 씻어 놀 같은 저녁밥 지으며

제1장

대인관계의 소개

지금 이 순간 여러분은 혼자 있는가, 아니면 다른 사람과 함께 있는가? 이 시간 이후는 어떠한가? 우리는 하루의 대부분을 다른 사람들과 함께 생활하면서 보낸다. 가족과 함께 아침식사를 하는 것으로 하루를 시작해서 학교에 가서는 친구와 공부나 운동을 하면서 많은 시간을 보낸다. 심지어 등하교할 때나 낯선 곳으로 여행할 때에도, 우리는 모르는 그 누군가와 함께한다. 꽤 오래 전에 서구의 10대와 성인들이 1주일 동안 다른 사람과 있는 시간을 알아본 결과, 그들은 70% 이상의 시간을 다른 사람들과 함께했다 (Larson et al., 1982). 좀 더 최근의 자료에서 한국 사람들은 하루의 60% 정도를 다른 사람과 보냈고, 미국 사람들은 50% 정도를 다른 사람과 보냈다(서은국, 2014). 그러면 왜 우리는 이처럼 우리 삶의 대부분을 다른 사람들과 함께하는 것일까? 그것이 우리에게 주는 의미와 혜택은 무엇일까? 이 장에서는 이와 관련된 문제를 알아본다. 구체적으로 대인관계의 본질, 중요성, 유형 그리고 대인관계를 연구하는 방법을 살펴본다.

1. 대인관계의 본질

우리는 많은 사람과 다양한 관계를 형성하고 유지하며 때로는 종결하면서 살아간다. 이 절에서는 개인적으로 다른 사람과 맺는 관계라는 말이 어떠한 의미를 가지고 있는지 알아본다. 먼저, 관계의 정의와 그 특징을 살펴본 다음, 사람과 사물을 포함해서 존재하는 것은 모두 본질적으로 관계 속에 있다는 것을 알아본다. 마지막으로, 인간의 행동 역시 그 행동을 하는 사람의 특성과 그 행동이 일어나는 상황적 특성의 관계에 따른 함수임을 살펴본다.

1) 대인관계의 의미

상호의존으로서 관계.   우리가 다른 사람과 개인적으로 관계를 맺는다는 말은 무슨 뜻인가? 몇몇 연구자에 따르면, "한쪽의 변화가 다른 쪽의 변화를 불러온다는 측면에서 두 사람이 서로에게 영향을 주고받으며 상호의존하고 있다면, 이때 두 사람은 서로 관계하고 있는 것이다"(Kelley et al., 1983). 혹은 "관계는 인지적 · 정서적 · 행동적 측면을 수반하는 것으로, 서로 알고 있는 두 사람 사이에 이루어지는 일련의 상호작용이다"(Hinde, 1979). 이처럼 관계는 상호의존적인 두 사람이 상호작용하는 것으로, 두 사람의 통합적이고 전체적인 특성을 모두 반영한다.

앞의 정의에서 보듯이 대인관계의 핵심 특징은 **상호의존**(interdependency)이다. 이것은 두 사람의 삶이 서로에게 달려 있기 때문에, 한쪽의 행동이 다른 쪽에 영향을 주지 않을 수 없다는 것을 의미한다([그림 1-1] 참조). 또한 우리가 상호의존적인 존재라는 것은 우리가 한 개인으로서 고정된 존재가 아니라는 것을 의미한다. 만약 어떤 사람이 고정되어 불변하는 존재라면, 그는 자신과 상

그림 1-1 **상호의존**. 쌓여 있는 돌 중 하나가 움직이면 다른 돌도 움직이게 된다.

호작용하는 사람과 상관없이 항상 일정한 모습을 보일 것이다. 반대로 그 사람이 고정되어 있지 않고 상대방의 영향을 받는 존재라면, 그의 행동은 상대방이 누구냐에 따라 다를 것이다. 상대방이 이 사람에게 주는 영향은 그가 누구냐에 따라 다를 수 있기 때문이다.

예를 들어 보자. 우리는 자기에게 불친절한 사람을 보고 그가 원래 성격이 불친절한 사람이라고 생각하기 쉽다. 말하자면 그가 불친절한 사람으로 고정되어 있다고 판단하는 경향이 있다. 이처럼 그가 원래 불친절한 사람이라면 그는 모든 사람에게 불친절할 것이다. 그러나 그 사람은 나에게는 불친절해도 다른 사람에게는 친절할 수 있다. 즉, 그 사람은 불친절한 사람으로 고정되어 있지 않을 수 있다. 그가 다른 사람에게 불친절하지 않은 것은 그 사람의 영향을 받았기 때문인 것처럼, 그가 내게 불친절한 것은 일정 부분 내 행동의 영향을 받았기 때문이다. 이처럼 우리의 행동은 상호의존하고 있기 때문에, 상대방의 행동에는 일정 부분 내가 일조한 것이 있기 마련이다.

상호의존의 이유.   그러면 우리는 왜 서로에게 의존하는 것일까? 그것은 한마디로 우리가 한 개인으로서 독립적이거나 완전한 존재가 아니기 때문이다. 우리는 살면서 많은 욕구와 목표를 가지고 있는데, 그것의 충족은 대부분 다른 사람과의 관계 속에서만 가능하다. 낭만적 사랑에 대한 욕구, 친구와의 우정에 대한 욕구, 동료와의 협동을 통해서 달성하고자 하는 성취에 대한 욕구는 다른 사람이 없으면 충족할 수가 없다. 그래서 우리는 다른 사람들과 관계를 맺으면서 그러한 욕구를 충족해 나간다. 말하자면 나의 욕구에 대한 충족은 다른 사람에게 달려 있고, 그래서 그 사람의 행동에 영향을 받지 않을 수 없다. 즉, 우리는 다른 사람과 무관하게 독립적으로 살 수 없기

때문에 그 사람에게 의존할 수밖에 없다.

우리가 관계를 통해 자신의 욕구와 목표를 성취한다고 볼 때, 상대방은 나의 욕구 충족을 위한 도구적 기능을 한다. 사람들은 자신의 목표 달성을 위한 방향으로 사회적 삶을 조절한다. 친밀한 관계가 존재하는 근본적인 이유도 그것이 우리의 목표 추구를 촉진하기 때문이다(Berscheid & Ammazzalorso, 2001). 도구성 원리(instrumentality principle; Fitzsimons & Shah, 2008)에 따르면, 사람들은 도구적으로 중요한 사람에게 더 가까이 다가가고 더 기꺼이 접근하며 그들을 좀 더 긍정적으로 평가하는 경향을 보인다. 그래서 사람들은 자신의 욕구나 목표를 성취하는 데 도움을 주는 대상이나 사람에게 더 매력을 느낀다.

이처럼 사람들은 대인관계를 통해 자신의 욕구나 목표를 달성하고자 한다. 만약 상대방과의 관계에서 자신의 욕구를 충족하지 못하면, 우리는 그 관계를 더 이상 유지할 필요가 없다. 그래서 관계를 유지하려면 상대방은 나의 목표와 욕구를 성취하는 데 도움을 줘야 한다. 이것은 상대방의 입장에서도 마찬가지이다. 상대방도 나와의 관계를 통해서 자신의 욕구를 충족하고자 한다. 그렇지 못하다면 그는 나와의 관계를 유지할 필요가 없다. 그래서 우리가 상대방과 오랫동안 가깝고 친하게 지내고 싶다면, 자신뿐만 아니라 상대방의 욕구도 동일하게 배려할 필요가 있다. 이런 점에서 우리는 서로에게 도구이면서 동시에 주체인 것이다. 나만의 이익을 위해 상대방을 도구로만 이용하는 관계는 거의 있을 수 없고 설령 있다 하더라도 결코 오래가지 못한다.

이처럼 우리가 관계 속에서 자신의 욕구를 충족함에도 불구하고, 지금까지 심리학은 인간의 행동을 주로 개인의 입장에서 연구해 왔다. 심리학자들은 보통 다른 사람과 무관하게 한 개인의 행동을 지배하는 법칙을 찾고자 했다. 그러면서 그 행동의 원인을 보통 태도, 성격 특질, 유전자와 같은 그 사람의 내적인 특성에서 찾아왔다. 그러나 관계를 강조하는 사람들은 두 사람 간의 상호작용을 지배하는 법칙을 찾고자 한다. 대인관계는 상호의존적인 두 사람의 상호작용에 따른 산물이기 때문이다. 즉, 한쪽의 행동과 다른 쪽의 행동이 어떤 영향을 주고받는지 그 패턴을 찾고, 그러한 패턴을 가져오는 인과적인 조건을 찾고자 한다. 이러한 점에서 대인관계는 한 개인의 내부에만 존재하는 것이 아니고 시간에 따라 변하기 때문에 정적인 것도 아니다.

2) 존재의 본질로서 관계

전통적 입장.   전통적으로 서구의 학문 세계는 분리된 개체가 갖는 특성을 밝히는 데 집중해 온 반면 개체들 간의 관계에 대한 관심은 이차적이었다. 사람의 경우도 마찬가지여서 분리된 개인을 최우선으로 강조한 반면, 그들 간의 관계는 덜 중시했다. 이러한 행위 속에는 나무, 돌, 사람, 동물과 같은 무생물체뿐만 아니라 살아 있는 개체 속에도 변하지 않는 그 무엇, 즉 그들의 본질이 있다는 믿음이 자리 잡고 있다. 그 본질은 뉴턴 물리학에서는 함께 모여 분자를 형성하는 원자이고, 전통적인 심리학에서는 함께 모여 관계를 형성하는, 우리가 흔히 자기 자신이라고 부르는 자기(self)이다 (Jordan, 2017). 이때 자기는 한 개인의 특징적인 속성, 의식적인 것과 무의식적인 것 그리고 정신적인 것과 신체적인 것 모두를 아우르는 전체를 의미한다.

　　이처럼 심리학자들은 개별적 자기를 연구하는 데 초점을 맞춰 왔다(Jordan, 2017). 이때 자기는 모든 행위를 주관하는 근원이고, 모든 경험을 담고 있는 용기이며, 모든 동기와 감정이 시작하는 발생지이다. 그러면서 독립성, 주체성, 자율성, 비취약성을 갖춘 자기를 가장 발달하고 성숙한 자기로 생각해 왔다. 지금까지 이루어진 많은 비교문화 연구가 보여 주듯이, 상황이나 맥락과 분리된 자기를 우선시하는 관점은 서구의 개인주의 문화에 잘 반영되어 있다. 개인주의 문화는 개인적 성공과 성취를 가장 중시하며 자유, 독립, 자아존중과 같은 개인 지향적 가치를 최우선시하고 있다. 반대로 사람들 간의 관계나 공동체의 이득과 안녕이라는 가치는 평가 절하하는 경향이 있다.

　　최근의 입장.　　그러나 오늘날 이러한 입장은 여러 가지 한계에 직면하고 있다. 새로운 물리학에서는 원자(atom)가 고정된 입자가 아니라는 사실이 밝혀졌다(Bedford & Wang, 1973). [그림 1-2]에서 보듯이, 원자의 중심에는 양성자와 중성자로 이루어진 원자핵이 있다. 이 핵의 존재는 양성자와 중성자의 상호작용에 따른 것이다. 또한 중성자와 양성자는 쿼크(quark)라는 소립자로 이루어져 있는데, 쿼크는 강한 상호작용으로 서로를 묶어 주고 움직이는 존재이다. 핵 주변에는 전자의 분포를 나타내는 전자구름이 위치하고 있다. 예전에는 전자가 원자핵 주위의 일정한 위치에서 원 궤도를 돈다고 생각했지만, 오늘날에는 그 위치를 정확히 알 수 없고 구름처럼 분포하고 있다고 생각한다.

　　이러한 발견이 주는 통찰은 물리적 존재의 본질은 독립

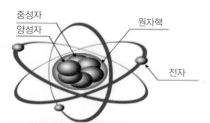

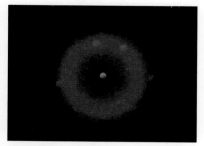

그림 1-2　**원자에 대한 모형.** Bohr(1913)의 원자 모형은 원자핵 주위의 일정한 위치에서 전자가 원 궤도를 도는 모형(위)이고, 현대 원자 모형은 원자핵 주위에 전자가 구름처럼 퍼져 있는 확률적 모형(아래)이다.

적이고 불변하며 고정된 개체가 아니라, 개체들 간의 역동적 상호작용의 관계 속에 있다는 것이다. 특정 시기와 위치에 있는 양성자는 중성자와의 관계에서만 존재할 수 있고, 중성자 역시 양성자와의 관계 속에서만 존재할 수 있다. 우리 우주를 구성하는 가장 근본적인 입자로 알려진 쿼크 역시 각자 독립적으로 존재하는 것이 아니라, 서로의 영향 속에서 끝없이 움직이는 상호의존적 존재이다. 하물며 전자는 고정되어 있지 않으면서 그 위치조차도 정확히 가늠하기 어려운 존재이다. 이처럼 물리적 존재를 구성하는 가장 근본적인 요소조차도 변하지 않고 고정된 것이 아니라, 다른 요소들의 영향을 받는, 그래서 변화 가능하고 상호의존적인 관계 속의 존재이다.

마찬가지로 자기에 대한 전통적 견해도 많은 도전에 직면하고 있다. 만약 성숙한 사람이 외부의 영향에 상관없이 독립적이고 자율적이라면, 그들의 삶은 다른 사람들에 대한 관심이나 그들의 영향과는 상당히 거리가 있어야 한다. 그러나 앞으로 더 자세히 알아보겠지만 사실은 이와는 거의 정반대이다. 우리가 일상적으로 하는 대화의 70%가 다른 사람들과 관련된 사회적 성격을 띠고 있고(Dunbar et al., 1997), 상대적으로 많은 소득보다 결혼, 친구, 사회연결망, 단체 등 사회적 요인이 행복에 더 긍정적으로 기여하며(Becchetti & Pelloni, 2008), 사랑하는 사람을 잃거나 사회적 거부를 당할 때 우리의 뇌는 신체적 고통과 비슷한 고통을 겪도록 고안되어 있다(Eisenberger et al., 2003). 인간은 이만큼 관계 지향적인 존재인 것이다.

우리가 외부의 세계와 분리된 독립적 개체가 아니라는 점을 극적으로 보여 주는 사례가 우리의 몸이다. 우리가 생존하기 위해서는 몸을 통한 활동이 필수적인데, 이때 몸의 각 부분이 하나의 통합된 구조로 서로 안정적으로 연결되어 있어야 우리가 하나의 개체로서 기능할 수 있다. 그럼 우리는 태어나 성장하면서 자신의 몸에 대한 정보를 어떻게 얻을까? 우리는 제3자의 입장에서 자신의 몸을 만지고 보는 것과 같은 감각적 경험을 통해 몸을 알 수 있고, 고통, 갈증, 배고픔과 같은 내적인 경험과 몸의 구조 및 움직임의 방향에 관한 전체적 이해를 통해 팔다리의 일반적 배치를 알게 된다(Bermúdez, 2011). 그러면서 우리는 각자가 자신만의 몸을 가지고 있다는 것, 즉 몸에 대한 소유감을 갖게 된다.

몸에 대한 소유감의 주된 특징은 자신의 몸이 다른 사람이나 대상 등 외부 세계와 분명히 구분되는 경계를 가지고 있다고 느끼는 것이다. 그러나 사실은 우리 몸속에 외부라

그림 1-3 **뫼비우스 띠.** 안에서 밖을 따라 가다 보면 다시 안으로 들어옴으로써 안과 밖, 내부와 외부의 경계가 없어진다.

고 생각하는 공간이 들어와 있다(Grosz, 2001). 우리의 몸은 입이라는 구멍에서부터 항문이라는 구멍을 통해 내부와 외부가 단절되어 있으면서 동시에 연결되어 있다. 입술에서 시작해서 소화기관을 거쳐 항문으로 이어지는 이 공간은 외부의 공간을 내부의 공간으로 집어넣으면서, 동시에 내부의 그 공간을 다시 외부로 내보내는 것이다. 이러한 의미에서 우리의 몸은 뫼비우스 띠([그림 1-3] 참조)와 같아, 안에서 밖을 따라가다 보면 다시 안으로 들어옴으로써 안과 밖, 내부와 외부의 경계가 허물어진다. 이처럼 우리의 몸은 외부에 의존적인 존재이지, 독립적이고 고정된 존재는 아닌 것이다.

지혜의 샘

물고기의 성은 고정되어 있는가?

[그림 1-4] 흰동가리. 이 물고기는 환경의 영향에 따라 우두머리 수컷이 암컷으로 바뀐다.

일반적으로 우리는 동물의 수컷이나 암컷의 성이 고정되어 있다고 생각한다. 이러한 선입견에 대한 극적인 반전이 물고기의 성전환이다. 물고기는 척추동물 중 경쟁자가 없을 정도로 성적 유연성 수준이 매우 높다. 물고기의 종은 약 3만 가지에 이른다고 한다. 이 중 1.9%가 자웅동체인데, 그들은 환경에 따라 암수를 달리하는 매우 환상적인 집단이다. 어떤 물고기는 태어날 때의 성이 일정 시간이 흐른 뒤 특정 조건에서 다른 성으로 바뀐다. 예를 들면, [그림 1-4]의 흰동가리는 성적으로 미성숙한 상태로 태어나서 12~24개월이 되면 수컷의 성징이 나타난다. 이 물고기의 무리 중 암컷은 한 마리이고 나머지는 모두 수컷이다. 이들 수컷 가운데 가장 힘센 수컷이 암컷이 낳은 알에 정자를 뿌려 수정을 한다. 그러다가 암컷이 죽으면 가장 힘센 그 수컷이 암컷으로 변해 4~9주가 지나면 알을 낳을 수 있다. 그러면 두 번째로 힘센 수컷이 수정을 하는 데 참여한다. 흰동가리는 부족한 먹이와 공간 등 불리한 조건에 이러한 식으로 적응한다. 이것은 흰동가리의 성이 고정된 것이 아니라 관계에 의존하고 있음을 잘 보여 준다.

---

3) 행동은 관계의 산물

우리의 행동 역시 행위자와 그가 처한 상황의 관계에 따른 산물이다. 그래서 우리가 어떤 사람의 행동을 이해하기 위해서는 성격과 같은 그 사람의 특성도 알아야 하고 그 행동이 일어난 상황의 특성도 알아야 한다. 왜냐하면 사람과 상황이 서로 영향을 주고받으면서 우리의 행동에 영향을 미치기 때문이다. 어떤 사람이 파티에서 춤을 춘다면, 그가 그러한 행동을 한 이유는 무엇일까? 한 가지 가능한 이유는 춤추는 것을 좋아하는 그 사람의 성격 특성 때문이다. 사람(person)은 신체적이고 물리적인 특성과 함께 태도, 학습, 동기, 성격과 같은 심리적 특성도 가지고 있다. 한 개인을 타인과 구분해 주는 이러한 특성은 유전적이고 생물학적인 요인에 근거할 수도 있고 학습과 같은 환경적인 요인에 근거할 수도 있다.

또 다른 가능한 이유는 파티라는 상황이 그 사람으로 하여금 춤을 추도록 유도했기 때문이다. 사람들은 식당에서는 식사를 하지 춤을 추지는 않는다. 상황(situation)은 모든 정황, 조건, 사태 그리고 한 개인의 행동을 억제하거나 촉진하는 잠재적인 힘을 가지고 있는 환경 속의 모든 개체를 의미한다. 일반적으로 상황은 개인의 성격 혹은 다른 기질적 속성을 제외한 나머지 모든 것을 의미한다. 특히 사회적 상황은 다른 사람들이 관여하고 있는 상황을 뜻한다.

특정 개인의 행동에 영향을 미치는 사람과 상황이라는 이 두 요인은 보통 개별적으로 작용하기보다는 서로 통합적으로 작용한다. 앞서 제시한 예에서 어떤 사람은 파티를 제외한 다른 상황에서는 춤을 추지 않는다. 그렇다고 모든 사람이 파티라는 상황에서 춤을 추는 것은 아니다. 어떤 사람은 춤을 추지만 다른 사람은 정치적 토론을 한다. 이처럼 특정 상황에서 보이는 행동이 사람에 따라 다른 것을 사람–상황 상호작용(person × situation interaction)이라고 한다. 즉, 개인적 특성과 그가 처한 상황은 각각 사람들의 행동에 영향을 미치지만, 이 둘의 상호작용에 따라 그들의 행동은 매우 다양할 수 있다. 그러면 사람과 상황이 어떠한 특성을 가지고 있는지 좀 더 구체적으로 알아보자.

그림 1-5　사람의 다양성. 사람은 외모에서부터 내면의 성격에 이르기까지 여러 측면에서 매우 다르다.

사람.　우리가 쉽게 상상할 수 있듯이 사람들은 무수히 많은 측면에서 서로 다르고 종종 그 차이가 매우 극적이다([그림 1-5] 참조). Fleeson과 Jayawickreme(2019)는 사람의 다양한 차이를 성격 특질 접근, 인지적 접근, 동기적 접근 그리고 장애 기반 접근의 4개 범주로 구분해서 설명하고 있다.

성격 특질 접근은 외향성, 친화성, 성실성, 신경증, 개방성의 Big Five라고 부르는 5개의 주요 성격 특질로 사람들을 분류하는 것이다. 이 접근에 대한 연구 결과는 상당히 놀라운 예측력을 보여 준다. 예를 들면, 외향성은 긍정적 감정을 그리고 신경증은 부정적 감정을 어떤 변인보다도 더 잘 예측했다(Lucas & Fujita, 2000). 근면, 끈기, 성취 추구, 철저함 등으로 이루어진 성실성은 객관적인 성과를 예측하는 가장 강력한 요인 중 하나이다. 이 요인은 학업이나 직업에서의 성공을 지능만큼이나 잘 예측하고, 이 두 변인과 견줄 만한 다른 요인은 없다(Damian et al., 2015). 건강과 관련해서도 성실성, 외향성, 친화성이 높고 신경증이 낮은 사람이 그렇지 않은 사람에 비해 더 오래 살았으며, 이러한 효과는 사회경제적 수준과 지능이 수명에 미치는 영향만큼이나 컸다(Robert et al., 2007).

사람에 대한 인지적 접근은 사람들이 어떻게 생각하고 무엇을 생각하는지에 따라 그들을 구분하고자 한다. 왜냐하면 사고방식이나 내용에 따라 자기 자신이나 자신의 삶이 달라질 수 있기 때문이다. 흔히들 들어 본 것처럼 어떤 사람은 자신의 삶을 통제할 수 있다고 생각하는 반면, 다른 사람은 그럴 수 없다고 생각한다. 이러한 사고와 관련된 가장 대표적인 대상이 바로 자기 자신이다. 자아개념, 자아존중감, 자기효능감 등에 관한 연구는 자신에 대한 인식이 그의 사고와 감성 및 행동에 지대한 영향을 미친다는 점을 입증하고 있다(예: Crocker & Wolfe, 2001). 또한 어떤 사람은 다른 사람들이 대체로 착하다고 생각하는 반면, 또 어떤 사람은 인간이 다 이기적이라고 생각하는 것처럼, 우리는 외부의 대상에 대한 해석과 이해에서도 개인차가 있다. 오늘날 우리 사회에서 첨예하게 드러나듯이, 보수나 진보 같은 정치적인 인지 구조는 정의나 도덕적 판단에 큰 영향을 미친다(Graham et al., 2009).

사람에 대한 동기적 접근은 사람들을 그들이 추구하는 목표로 분류한다. 인간이 추구하는 목표, 가치, 욕구는 다양하고 개인마다 그 정도가 다르다. 모든 목표에 해당하는 것으로, 접근적 동기와 회피적 동기가 있다. 어떤 사람은 취업을 위해 어려운 국가시험을 준비하는 반면, 다른 사람은 그 시험에 떨어졌을 때의 두려움으로 시험 준비를 포기한다. 일반적으로 접근적인 동기가 회피적인 동기보다 욕구의 충족에 좀 더 효과적이다(Carver, 2006). 목표의 수행과 관련된 연구는 대부분 자기조절의 이름으로 이루어졌다. 이때 자기조절은 목표를 달성하기 위해 자신의 행동과 정서를 조절하거나 통제하려는 시도를 의미한다(Hoyle, 2010). 자기조절에 대해서는 제2장에서 좀 더 자세히 알아본다.

마지막으로, 장애 기반 접근은 사람들을 그들의 삶의 문제로 특징짓고자 한다. 여기서 가리키는 장애는 성격과 같은 특성을 가지고 있다. 즉, 그것은 뚜렷한 재발의 패턴을 보이지 않고, 외견상 점진적인 악화가 없으며, 사람들의 지속적인 행동 성향처럼 보인다. 『정신질환의 진단 및 통계 편람 제5판(Diagnostic and Statistical Manual of Mental Disorders 5th Edition: DSM-5)』(APA, 2013)에 따르면, 성격장애에는 3개의 군집이 있다. 이상-기이 군집에는 편집성, 조현성, 조현형 성격장애, 극적-정서적 군집에는 반사회성, 경계성, 연극성, 자기애성 성격장애 그리고 불안-공포 군집에는 회피성, 의존성, 강박성 성격장애가 있다.

　　상황.　　가족, 학교, 직장, 음식점 등 우리가 살아가는 상황은 모두 나열하기 어려울 정도로 다양하다([그림 1-6] 참조). 우리가 사람의 행동을 이해하려면 그 행동이 일어난 상황의 특성을 알아야 한다. 왜냐하면 상황은 사람의 행동에 큰 영향을 미치기 때문이다. 각 상황은 거기에 적합한 행동을 규정하는 규범이나 기준이 있고, 사람들에게 그러한 규범에 부합하는 행동을 하도록 요구하는 힘을 가지고 있다. 그래서 우리는 도서관에서는 조용히 독서하고 교실에서는 자리에 앉아서 배운다. 이러한 규범을 어긴 사람은 다른 사람들에게 부정적으로 보여 사회적으로 거부당하기 쉽기 때문에, 사람들은 보통 그 상황에 부적합한 행동을 피하고자 한다.

　　보통 개인을 둘러싼 모든 요인을 상황이라고 생각하는데, 이처럼 광범위하고 다양한 상황을 어떻게 구분할 수 있을까? Reis와 Homes(2019)는 상황에 대하여 지금까지 이루어진 세 가지 구분을 설명하고 있다. 그 하나가 상황의 사실적이고 객관적인 특성과 사람들이 주관적으로 지각한 특성을 구분하는 것이다. 객관적 상황과 지각된 상황의 구분이 의미 있는 것은 한 개인의 상황을 상대방은 다르게 지각하는 경우가 적지 않고, 이러한 차이가 그 상대방의 행동에 막강한 영향력을 행사하기 때문이다. 예를 들면, 상대방이 나의 도움 행동을 지지적인 것으로 보는지, 아니면 자신을 통제하기 위한 것으로 보는지에 따라 그의 반응은 극적으로 다를 수 있다(Deci & Ryan, 1987).

　　상황을 구분하는 또 다른 방법은 명목적 상황과 심리적 상황이다. 명목적 상황은 학교, 체육관, 식당, 수학시험, 운동경기, 식사, 소음 등 특별한 장소나 환경 및 그곳에서 일어나는 활동을 의미한다. 이러한 상황은 환경과 행위자의 물리적 속성을 반영한다는 점에서 물리적 환경으로 이해할 수 있다. 또한 우리는 앞에 나

그림 1-6 **다양한 상황**. 우리는 발표, 회의, 학습 등 서로 다른 상황에 놓여 있다.

열한 것과 같은 물리적인, 문법적으로는 명사에 해당하는 대상에게 명칭을 부여해서 이해하고 서로 구분한다는 점에서 명목적이라고 할 수 있다. 반면에 심리적 상황은 그 사람의 행동에 영향을 미치는 능동적 요인에 초점을 둔다. 예를 들면, 거절, 칭찬, 비난, 목표 성취 등은 다양한 상황에서 여러 행동으로 나타날 수 있지만, 그러한 행동의 심리적인 효과는 비슷하다. 여기에는 앞서 살펴본 주관적인 해석도 관여할 수 있다. 모든 행동의 의미가 확실하고 분명한 것만은 아니기 때문에, 그 행위의 의미는 지각자의 주관적인 인식에 일정 부분 영향을 받을 수밖에 없다.

또한 상황을 구체적인 성질과 추상적인 성질로 구분할 수도 있다. 소음, 폭염, 과밀, 욕설, 폭행, 따돌림과 같은 것은 주어진 환경을 구성하는 구체적인 목록이다. 그러나 이들을 좀 더 고차적이고 추상적인 개념으로, 즉 소음, 폭염과 과밀을 환경적 스트레스 요인으로 묶고 욕설, 폭행, 따돌림은 공격성으로 묶을 수 있다. 이처럼 환경의 구체적인 요인을 추상적인 개념으로 범주화하는 것은 어떤 현상의 이면에 있는 성질이나 원리를 일반화해서 다양한 상황에 적용하는 데 필요한 과정이다.

2. 대인관계의 중요성

대인관계가 우리에게 중요한 이유는 그것이 우리의 삶에 미치는 영향력이 막강하기 때문이다. 인간은 거의 보편적으로 다른 사람과 친밀한 관계를 맺고 싶어 한다. 우리의 정서와 사고 역시 상당 부분 관계에 따른 것이다. 우리는 종종 대인관계 속에서 기쁨과 즐거움, 슬픔과 분노, 질투를 느끼고, 타인과의 상호작용에 대하여 생각하느라 많은 시간을 사용한다. 또한 대인관계는 우리의 행복과 건강, 수명에도 큰 영향을 미친다. 그래서 대인관계를 잘 하는 것이 우리 삶의 질을 높이는 데 절대적으로 중요하다.

1) 진화론적 입장

Darwin(1859)의 진화론은 인간의 기본적인 목표가 생존과 자기 유전자의 복제라고 가정한다. 그러면서 어떤 개체가 살아남아 자신의 성질을 후대에 전달하는지를 자연선택과 성선택의 원리로 설명한다. 자연선택은 주어진 환경에서 포식자나 음식의 부족과 같은 도전에 잘 적응하지 못하는 개체는 도태되고, 그 환경에서 생존과 번식에 유리한 성질을 가진 개체는 살아남는다는 원리이다. 성선택은 재생산을 위해 어떤 특성을 지닌 개체를 짝짓기의 상대로 선택하는가의 문제이다. 어떤 특성이 상대방의 마음을 끄는 데 유리할 때 성선택이 일어난다.

이러한 두 원리의 공통점은 한마디로 자원에 대한 접근성이다. 생존을 위해 필요한 것을 확보해야 하고, 유전자를 유지하고 확대하기 위해서는 짝짓기의 대상을 확보해야 한다. 문제는 종의 규모가 크고 그 종류도 다양한 것에 비해 주어진 자원은 한정되어 있기 때문에, 개체는 같은 종의 다른 개체나 다른 종과 경쟁해야 한다는 것이다. 이러한 경쟁에 유리한 유전적 특성을 가진 개체는 그렇지 못한 개체에 비해 상대적으로 더 오래 생존하고 짝짓기에 성공할 가능성도 더 높다(Darwin, 1859).

그림 1-7 **독수리의 먹이 사냥.** 먹잇감이 여럿이 모여 있을 경우 포식자가 사냥에 성공할 확률은 떨어진다.

그러면 인간의 자연선택에서 유리한 특성은 무엇인가? 무엇보다도 인간은 살아남기 위해 큰 동물을 사냥하거나 포식자로부터 자기를 방어하기 위해 경계를 서야 하는데, 이것을 혼자 감당하기에는 한 개인은 너무 연약하고 무능하다. 그래서 다른 사람과의 집단 속에서 이루어지는 협동이 생존의 결정적 요인이다. 이것은 비단 인간에게만 국한된 것이 아니어서, 동물의 경우에도 집단의 형성은 그들의 생존 확률을 증가시킨다([그림 1-7] 참조). 매가 혼자 있는 비둘기를 공격할 때 사냥에 성공할 확률은 약 80%이다. 그러나 그 비둘기가 10마리의 다른 비둘기와 무리를 지어 있을 때의 성공 확률은 60%로 떨어지고, 50마리와 함께 있을 때는 10% 이하로 낮아진다(Trivers, 1985).

그러면 인간의 성선택에서 유리한 특성은 무엇인가? 자기 유전자의 복제를 위한 가장 효과적인 방법은 가능한 한 많은 자손을 낳는 것이다. 이를 위해서는 신체적 매력, 소유물, 사회적 지위 등 짝짓기를 위해 상대를 선택하는 데 도움을 주는 특성이 필요하다. 그러한 특성은 같은 성을 가진 사람들과의 경쟁에서 도움이 되고, 다른 성을 가진 짝을 유인하는 데 유리하게 작용한다. 이런 점에서 성선택 역시 집단 속에서 이루어지는 다른 사람과의 관계 문제이다. 또한 이것이 가능하려면 앞서 언급한 자신의 생존 가능성을 높여야 한다. 여기에 성선택과 자연선택의 접점이 있다.

이처럼 진화론적으로 관계는 자연선택에 따른 생존과 성선택에 따른 재생산을 가능하게 해 왔다. 그러면서 우리는 협동, 신뢰, 사랑, 돌봄과 같은 관계적 활동의 기제를 물려받았다(Kenrick & Trost, 1997). 우리 뇌 역시 사회적 활동을 위해 진화해 왔다.

보통은 신체가 큰 동물일수록 뇌도 크지만, 인간은 신체 대비 뇌의 상대적 크기가 가장 큰 동물로 다른 영장류의 거의 2배에 달한다(Roth & Dicke, 2006). 뇌의 신피질 크기는 사회적 복잡성의 지표인 집단의 크기가 가장 잘 예측한다(Dunbar, 1992). 즉, 규모가 큰 집단 속에서 다양하고 복잡한 사회생활을 많이 하는 종일수록 뇌의 신피질 영역이 크다는 것이다. 인간이 자신의 신피질 크기에 비례해서 형성할 수 있는 집단의 최대 크기는 150명이다(Dunbar, 2008). 이 숫자는 기원전 6천 년 전부터 1700년대까지 존재한 마을의 크기와 비슷하다(Dunbar, 1993).

이처럼 인간은 상당 부분 다른 사람들과 집단을 형성하면서 살도록 고안되어 있다. 진화론적 입장에 따르면 인간은 생존하고 유전자를 복제하려는 과정에서 여러 다양한 도전에 직면해 왔는데, 각 도전은 서로 다른 유형의 관계를 통해서만 해결이 가능하다(Griskevicius et al., 2015). 인간은 오래전부터 짝의 마음을 얻는 것, 그 짝을 지키는 것, 친족을 돌보는 것, 제휴하는 것 그리고 지위를 확보하는 것과 같은 중요한 도전에 직면해 왔다. 그래서 이러한 각각의 도전을 해결하기 위해 연인, 부부, 가족, 친구, 직장 동료와 같은 서로 다른 친밀한 관계를 형성해 왔다. 또한 관계를 형성하고 유지하는 데 필요한 조건은 각 유형마다 다를 뿐만 아니라, 각 유형을 지배하는 심리적 원리도 다르다. 종종 연인 관계와 친구 관계에서 필요한 자질은 서로 다르고, 질투와 같은 심리적 특성이 개입하는 정도도 다르다.

우리가 다른 사람들과 친밀한 관계를 맺도록 하는 기제는 생물학적 수준에도 존재한다. Taylor(Taylor, 2012; Taylor et al., 2000)는 돌봄·친화 이론(tend and befriend theory)을 제안하면서 인간은 위협에 처했을 때 싸우거나 도망가는 반응 이외에도 보호와 위안을 위해 다른 사람과 서로 제휴하는 경향이 있다는 점에 주목했다. 이 이론에 따르면 돌봄·친화는 선천적인 성향에

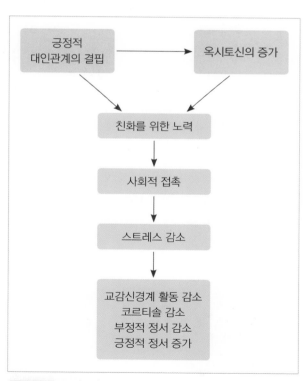

그림 1-8 **돌봄·친화 이론.** 인간이 위협에 처하거나 필요한 관계가 결여되어 있을 때, 다른 사람과 유대를 형성함으로써 그 문제를 해결하도록 하는 생물학적 기제가 선천적으로 존재한다고 가정한다.

기초하고 있다. [그림 1-8]에서 보듯이 우리가 위협받는 상황에 처할 때, 혈장에서는 옥시토신(oxytocin)의 수준이 증가한다. 이 호르몬은 오피오이드(opioid) 시스템과 결합하여 친화적인 행동을 촉진한다. 궁극적으로 옥시토신은 다른 사람과의 친화적 행동을 증가시키고, 사회적 위협 상황에서 증가할 수 있는 스트레스 반응을 완화시킴으로써, 스트레스에 대항하는 코르티솔(cortisol)이라는 호르몬 분비를 감소시킨다.

이 이론을 지지하는 경험적 연구가 많이 있다. 사회적 관계가 결핍된 여성의 옥시토신 수준이 상대적으로 높았고, 배우자의 지지나 이해, 관심과 애정을 받지 못해 긍정적인 관계를 누리지 못하는 여성의 옥시토신 수준도 높았다(Taylor et al., 2006). 스트레스 상황에 있는 사람에게 옥시토신을 주입하면 불안 수준과 코르티솔 분비 수준이 낮아졌고, 친구들로부터 사회적 지지를 받은 사람의 코르티솔 수준도 낮아졌다(Heinrichs et al., 2003). 이러한 결과는 사회적인 관계가 충분하지 못할 때 옥시토신의 분비가 증가하는데, 이러한 증가는 스트레스 수준을 떨어뜨린다는 돌봄 · 친화 이론의 기본적인 가정과 잘 일치하는 발견이다. 또한 이러한 결과는 다른 사람들과 친밀한 관계를 맺으려는 우리의 경향성이 생물학적 차원에서도 존재하고 있다는 것을 입증해 준다.

2) 친밀한 관계의 혜택

다른 사람과 관계를 맺고자 하는 인간의 욕구는 전 생애에 걸쳐 나타나는 선천적이고 보편적인 현상이다. 그런 만큼 이러한 욕구의 충족은 우리의 건강과 행복에 긍정적 효과를 준다. 충분한 대인관계는 건강과 강하게 연결되어 있다는 것을 많은 연구가 입증해 왔다(Loving & Sbarra, 2015). Uchino 등(1996)은 가까운 사람이 제공하는 사회적 지지와 생리적 혜택의 관계를 다룬 81편의 연구를 검토했다. 그 결과 사회적 지지는 심혈관 건강 및 면역 기능과 관련되어 있었고, 정서적 지지가 긍정적 건강에 특히 중요했다. 친밀한 관계는 어려운 상황을 극복하는 데에도 기여한다([그림 1-9] 참조). 여성들이 전기 충격을 받는 동안 낯선 사람의 손을 잡았을 때보다 남편의 손을 잡았을 때, 정서 · 행동적 위협에 반응하는 신경계의 활성화가 더 많이 낮아졌고, 특히 부부간의 관계의 질이 높을 때 그 효과가 더 컸다(Coan et al., 2006). 사랑하는 사람의 손을 잡거나 사진을 보는 것이 낯

그림 1-9 환자의 손 잡아 주기 효과. 아픈 배우자의 손을 잡아 주면, 그의 고통은 감소하고 회복은 빨라질 수 있다.

선 사람의 손을 잡거나 물건을 잡는 것보다 뜨거운 자극으로 인한 통증을 더 낮게 지각하도록 했다(Master et al., 2009). 부부가 공동으로 과업을 수행하는 동안, 긍정적으로 의사소통한 부부의 팔뚝에 난 물집이 그렇지 않은 부부의 경우에 비해 더 빨리 치유되었다(Gouin et al., 2010).

　대인관계는 수명에도 영향을 미친다. House 등(1988)은 노르웨이에 거주하며 75세가 넘은 노인 300명 이상을 대상으로 그들의 건강과 사회적 접촉을 측정하고, 그다음 3년 뒤 사망 여부를 확인했다. 그 결과, 생존해 있는 노인들은 사망한 노인들에 비해 더 많은 사회적 접촉을 하고 있었다. Pinquart와 Duberstein(2010)은 사회적 지지, 관계망 크기 그리고 결혼 지위가 암 환자의 생존과 갖는 관련성을 다룬 87개의 문헌을 검토했다. 그 결과, 사회적 지지를 많이 받고 있고 많은 사람과 관계를 맺고 있으면서 결혼을 한 환자의 수명이 그렇지 않은 사람보다 더 길었다. Holt-Lunstad 등(2010)은 전 세계 평균 약 64세의 30만 명 이상이 참가한 148개의 연구를 대상으로 대인관계가 사망률에 미치는 영향을 분석했다. 그 결과, 사회적 관계를 충분히 하는 사람은 그렇지 않은 사람에 비해 생존 가능성이 50% 이상 더 높은 것으로 나타났다. 이러한 효과는 금연 효과와 비슷하고, 비만, 운동 결여 등이 사망에 미치는 영향보다 더 큰 것이다. Coyne 등(2001)은 충혈성 심부전증으로 진단을 받은 시점부터 중년의 환자들을 수년간 추적했다. 그 결과, [그림 1-10]에서 보듯이 4년 후의 생존율은 부부의 친밀감이 낮은 환자에 비해 높은 환자에게서 훨씬 더 높게 나타났다.

　긍정적 대인관계가 우리의 삶에 미치는 또 다른 측면으로 행복을 들 수 있다. 한국 사람들 중에서 행복한 사람은 하루의 72%를, 불행한 사람은 48%를 다른 사람과 함께 보냈다. 미국 사람의 경우도 이와 비슷해서, 그중 행복한 사람은 65%를, 불행한 사람은 32%를 다른 사람과 함께 보냈다(서은국, 2014). 무엇보다도 대인관계는 행복을 포함한 우리 삶의 안녕에 영향을 미치는 가장 강력한 요인이고(Argyle, 2001), 지지적인 사회적 연결망이 행복에 미치는 영향은 나이, 성별, 수입과 같은 요인의 영향보다 더 크다(Myers, 2000). 다른 사람과 함께 있는 것은 공유된 활동을 통해 소속감 욕구를 충족시켜 주고, 여러 측면의

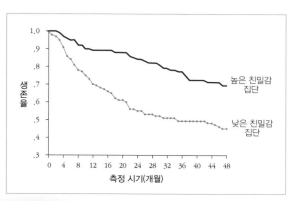

그림 1-10 **부부 친밀감과 생존율의 관계.** 부부간의 친밀감이 큰 환자일수록 4년 후에 살아 있을 확률이 그렇지 않은 환자에 비해 극적으로 더 높다.

사회적 지지를 제공할 수 있기 때문이다.

다른 사람과 함께 하는 사회적 활동 그리고 그것과 관련된 성격 특질로서의 외향성이 행복에 중요한 요인이라는 점을 많은 연구가 보여 주고 있다. Watson 등(1992)은 참가자들에게 6~7주 정도 일기를 쓰게 해서 그 내용을 분석했다. 그 결과, 공부나 진지한 토론과 같은 활동이 아니라 영화 보기나 쇼핑하기와 같은 유흥 활동, 연애 활동이나 파티 가기, 친구와 음주하기 등 직접 참가하는 사회적 활동을 많이 하는 사람이 긍정적인 감정을 더 많이 경험했다. 1983년부터 1987년까지 6,000명 이상의 참가자를 조사한 결과, 친구가 많은 사람일수록 좀 더 행복한 경향이 있었다(Lucas & Dyrenforth, 2006). 이처럼 동료애에 기초한 공동의 활동은 그 자체로 정서적 혜택을 줄 수 있다.

행복에 영향을 주는 또 다른 요인으로 결혼을 들 수 있다. 부부간 친밀한 결혼생활은 종종 그들의 행복에 바람직한 영향을 미친다. Mastekaasa(1994)는 19개 나라의 자료를 이용해서 결혼, 이혼, 사별, 미혼 등 사람들의 결혼 지위에 따라 그들의 행복에 차이가 있는지를 알아보았다. 그 결과, 결혼한 집단의 행복 수준이 가장 높았으며 이혼이나 사별 집단의 행복 수준은 가장 낮았다. 그러나 결혼이 행복에 긍정적인 효과를 주기 위해서는 부부 관계가 친밀하고 건강하다는 조건을 충족해야 한다. 부부간의 갈등은 긍정적 정서 경험을 훼손할 가능성이 높다. 1년에 걸쳐 2번의 자료를 제공한 8천 명 이상의 여성은 헤어지기 전에 심각한 갈등을 겪은 경우 파트너와 헤어진 후에 더 적은 우울 증상을 보였다(O'Connor et al., 2005).

내 마음의 거울

정서적 · 사회적 외로움 척도

우리는 자신이 원하는 만큼 다른 사람과 친밀한 관계를 형성하지 못함으로써 외로움을 느낄 수 있다. 여러분이 느끼는 외로움을 다음의 척도를 이용하여 _____에 적어 보자.

1: 전혀 느끼지 않는다   2: 거의 느끼지 않는다   3: 때때로 느낀다
4: 자주 느낀다   5: 매우 자주 느낀다

_____ 1. 내가 가깝다고 느끼는 사람이 오랫동안 없다.

_____ 2. 나를 지지해 주고 격려해 주는 애인이 있다.*

_____ 3. 나를 이해해 주는 사람이 한 명도 없다.

_____ 4. 나는 다른 사람의 행복에서 중요한 부분을 차지한다.*

_____ 5. 나는 특별히 사랑하는 사람이 없다.

_____ 6. 내 주변의 대부분 사람이 낯선 사람처럼 느껴진다.

_____ 7. 나는 내가 속한 집단에 크게 만족하지 못한다.

_____ 8. 주변에는 나의 견해와 행동을 이해해 주는 사람들이 있다.*

_____ 9. 나는 친구들 모임에 속해 있다.*

_____ 10. 나에게는 동료로서 믿을 만한 사람이 있다.*

주: *로 표기된 문항의 본인 점수는 6점에서 _____에 적은 숫자를 뺀 점수이다. 2번 문항에서 내가 적은 숫자가 2이면, 나의 점수는 6-2=4점이다. 1~5번까지를 합한 점수(25점 만점)는 여러분의 정서적 외로움(가깝고 친밀한 사람이 없어서 느끼는 외로움)을 나타내는 점수이다. 6~10번까지를 합한 점수(25점 만점)는 여러분의 사회적 외로움(공동의 관심사와 활동을 공유하는 친구들 모임이 없을 때 느끼는 외로움)을 나타내는 점수이다.

출처: Russell et al. (1984).

3. 대인관계의 유형

우리는 가족, 친구, 학교 선후배, 직장 동료나 상사 등 매우 다양한 사람과 관계를 맺는다. 이때 그 관계는 형태나 성질에 따라 매우 독특하고 이질적이다. 그래서 대인관계를 소수의 유형으로 구분하는 것은 복잡하고 다양한 대인관계를 몇몇의 단순화된 형태로 분류함으로써, 우리가 각 유형이 갖는 특성을 좀 더 쉽게 구분해서 이해하는 데 도움을 준다. 대인관계의 유형은 이론에서 나올 수도 있고 경험적인 자료를 통해서도 나올 수 있다.

대인관계를 분류하는 하나의 방법은 그것을 몇몇 범주로 구분하는 것이다. 이때 각 범주는 서로 무관하고 질적으로 뚜렷하게 다르다는 것을 의미한다. 또 다른 방법은 대인관계의 유형을 연속적인 몇몇 차원에서 구분하는 것이다. 이들 연구는 대인관계의 유형이 서로 완전히 별개가 아니라 정도의 차이에 따른 것으로 본다. 예를 들면, 친밀함 차원에서 죄수-간수 관계는 부모-자녀 관계보다는 좀 덜 친밀하지만, 그렇다고 전자는 전혀 친밀하지 않고 후자는 완전히 친밀하다는 것을 의미하지는 않는다. 여기서는 모든 인간관계에 적용할 수 있는 전반적인 유형들을 살펴본다.

1) 범주에 따른 대인관계 유형

Alan Fiske(1992)는 관계 모형 이론(relational models theory)에서 대인관계의 유형을 범주적으로 접근했다. 그는 공동의 소유, 권위적 서열, 평등한 조합, 시장 가격의 4개 관계 유형을 제시했다. 이것은 하나의 유형에서 의미 있는 관계의 형태와 원리가 다른 유형에는 그렇지 않다는 것을 의미한다.

공동의 소유 관계에 있는 사람들은 자신이 줄 수 있는 만큼 주고, 전체 자원에서 자신이 필요한 만큼 가져갈 수 있다. 한 개인이 받는 것은 자신의 기여 때문이 아니라 집단 구성원이기 때문이다. 모든 자원은 모두에게 속한 공공재로, 개인이 사용한 양에는 관계 없이 함께 사용한다. 과업은 개별적 할당 없이 집단 전체가 수행하고, 이러한 집단은 공동체와 전통의 영속성을 유지한다. 집단은 동조와 만장일치, 집단의식, 단결, 공유를 추구한다. 집단 소속은 조상, 인종, 민족 등 자연적 특징에 의해 결정되고, 돌봄, 친절, 이타주의, 관대함 등을 추구한다. 그러나 한편으로는 인종주의, 인종 말살 같은 형태의 공격성을 보일 수 있다.

권위적 서열 관계에서 상급자는 더 많은 것을 갖고, 자신이 원하는 것을 쓸 수 있고, 하급자로부터 공물을 받을 수도 있다. 노블레스 오블리주의 특성이 있어서, 상급자는 하급자에게 시혜를 베풀어 자신의 고귀함과 거대함을 보이고, 하급자가 필요한 것을 제공하고 그들을 보호할 책임이 있다. 토지와 같은 자원은 개인별 소유권이 있다. 행동과 관심의 측면에서 상급자에게 시간적인 우선권이 주어진다. 상급자는 명령과 결정을 하달하고, 하급자는 상급자에게 복종하고 충성하며 복종, 타율 등을 가치 있게 여긴다. 정치적 패권을 위해 전쟁을 하거나 정치적 암살, 폭군 살해가 있을 수 있다.

평등한 조합 관계에 있는 사람들은 균형과 상호성에 따라 준 만큼 받는다. 그래서 필요, 바람이나 유용성에 상관없이 각자 똑같은 몫을 받는다. 모든 사람은 동일하게 기여하고, 동일한 일을 동시에 하거나 순번대로 한다. 모든 사람은 동등하고 독립적인 지위를 갖고, 평등한 토지 소유권처럼 자치권이 평등의 기초이다. 일인일표 방식의 투표나 제비뽑기와 같은 방식으로 의사결정을 한다. 지위가 동등한 각자는 분리되어 있지만 동등한 동료이다. 공정, 평등한 대우, 균형 잡힌 상호성을 가치로 삼고 있다. 눈에는 눈으로서의 앙숙, 맞대응, 복수 등의 공격성이 발생할 수 있다.

시장 가격 관계에 있는 사람들은 받은 상품에 대해 그 시장 가격이나 유용성에 따라 지불한다. 주식, 배당금, 로열티, 세금 등은 모두 어떤 기준에 따라 고정된 비율이나 백분율을 따른다. 상품은 이득을 내기 위해 시장을 고려해서 만들거나 구매한다. 시간 단위별로 이자, 보수, 대가를 계산한다. 의사결정은 수요와 공급에 의해 시장이나 비용과 이득의 합리적 분석을 통해 이루어진다. 노동조합, 주식회사, 관료제 등의 형태가 존재한다. 정체성은 직업이나 경제적인 측면에서 성공이나 실패의 산물이다. 최대 다수의 최대 행복이라는 공리주의적인 원리를 가치 있게 여긴다. 상품 전쟁, 노동자의 착취, 강도와 약탈 같은 공격성이 발생한다.

　이 이론에 따르면 모든 문화권의 사람들은 이러한 4개의 기본적인 관계 모형을 사용하여 거의 모든 대인관계를 수행하고, 다른 사람의 행동을 이해하며, 사회적 상호작용을 조직하고 평가한다(Fiske & Haslam, 1996). 또한 사람들은 이 네 가지 유형을 문화적 규칙에 따라 적절하게 조합하여 복잡하고 다양한 대인관계 형태를 만들어 낸다. 사회생활의 각 영역을 지배하는 규칙은 이 네 가지 유형에 따라 서로 다르다. 그래서 가족, 친구, 직장과 같은 서로 다른 영역의 관계에서는 서로 다른 관계 유형을 선호한다(Brito et al., 2001).

2) 차원에 따른 대인관계 유형

　일찍이 몇몇 연구자는 대인관계를 구성하는 가장 기본적인 속성을 확인해 왔다. Marwell과 Hage(1970)는 사람들 간의 역할 관계를 구성하는 차원을 연구해서 관계를 구성하는 세 요인을 확인했다. 즉, 친밀감은 다양한 장소, 시간, 감정을 많이 공유하고 상대방과의 거리도 가깝다는 특성을 반영한다. 투명성은 다른 사람을 관찰할 수 있는 공적 관계를 반영한다. 규제는 역할 관계에서 활동, 시간, 장소 등을 구체적으로 정해 놓은 정도이다. Triandis와 Vassiliou(1972)는 비교문화 연구를 통해 사람들이 지각하는 역할 관계의 차원을 알아보았다. 그 결과, 결속-분리, 지배-종속, 친밀성 요인을 발견했다. 결속-분리는 대인관계가 협동적인지, 아니면 경쟁인지의 문제이고, 지배-종속은 권력과 통제의 문제를 다룬다. Wish 등(1976)은 개인적 관계와 전형적인 역할 관계에 대한 대학생들의 지각을 연구했다. 그 결과, 협동/우호 대 경쟁/적대, 대등 대 차등, 심층 대 피상, 사회 · 정서/비공식 대 과업 지향/공식의 4차원이 나타났다.

　이처럼 연구자에 따라 제시한 요인은 서로 다르지만, 친밀성, 권력 관계, 협동 대 경쟁의 차원은 상당히 보편적이다. 이러한 차원을 VanLear 등(2006)이 제시한 개인적-사회적 차원으로 통합할 수 있다. 이 차원은 기본적으로 가까움, 친밀감, 상호의존 그리고 권력 거리와 같은 차원에 기초하고 있다. 개인적 관계는 좀 더 가깝고 친밀해서 관계가 깊고, 상호의존이 강하기 때문에 좀 더 협동적이며, 권력 거리가 가깝기 때문에 더 대등하다. 반대로 사회적 관계는 덜 가깝고 덜 친밀해서 관계가 피상적이고 공적이며, 상호의존이 약하기 때문에 더 경쟁적이고, 권력 거리가 멀기 때문에 좀 더 위계적이고 차등적이다.

VanLear 등(2006)이 제시한 또 다른 차원으로 자발적–외부 유발 차원이 있다. 자발적 관계는 친구 관계, 연인 관계와 같이 당사자가 스스로 선택해서 형성한 관계이다. 반대로 외부 유발 관계는 당사자의 자발적 의사결정이 아니라 부모와 자녀 관계, 고용 관계, 선생과 학생의 관계처럼 외부의 요인에 의해 형성된 관계이다. 자신이 스스로 선택한 관계와 외부 요인으로 인해 선택된 관계 사이에는 질적으로 다른 차이가 존재할 수 있다. 예를 들면, 자발적 관계는 심각한 갈등이 생길 경우 관계의 단절이 가능하지만, 동일한 이유로 외적 요인에 의해 관계를 단절하는 것은 상대적으로 더 어렵다.

관계를 이러한 두 차원에 따라 네 가지 형태로 분류할 수 있다. [그림 1–11]에서 보듯이 자발적으로 맺은 관계 중에서 친밀한 사이의 대표적인 사례가 친한 친구, 애인 혹은 배우자이고, 좀 덜 친밀한 관계가 지인이나 일상의 친구들이다. 외적 요인으로 맺은 관계 중에서 친밀한 관계에는 대표적으로 부모–자녀 관계가 있고, 덜 친밀한 관계에는 고객이나 직장에서의 관계가 있다.

	개인적 관계	사회적 관계
자발적 관계	결혼 단짝 친구 동거 커플 양자/수양 가족	지인 일상을 함께하는 친구들 소개받은 사람들
외부 유발 관계	부모–자녀 형제들 조부모–손자녀	먼 친척들 직장에서의 관계 독점하는 제공자–고객

그림 1–11 개인적–사회적 차원과 자발적–외적 유발 차원에 따른 관계의 유형

4. 연구 방법

우리가 연인인 두 사람의 유사점을 알아보고자 할 때 어떠한 질문을 해야 하고, 그 질문에 대한 대답을 어떻게 찾을 것인가? 성격·취미 등에 대해 직접 개별적으로 물어볼 것인가, 아니면 그들의 행동을 관찰해서 비교할 것인가? 실험실로 불러서 할 것인가, 아니면 그들의 집을 방문해서 할 것인가? 이러한 질문에 대해 정해진 대답이 있는 것은 아니다. 대신 그 질문에 대한 대답을 얻기 위해 가장 적합한 방법을 찾아 자료를 얻을 필요는 있다. 이 절에서는 대인관계를 연구하는 데 유용한 방법을 알아본다. 여러분이 연구 방법에 대한 이러한 지식을 가지고 있으면, 어떤 사람이 자기주장을 객관적인 자료가 아니라 개인적인 에피소드나 독특한 경험에 근거해서 하고 있는지 판단할 수 있다. 또한 여러분이 궁금해하는 질문에 대한 대답을 논리적이고 체계적으로 찾아갈 수 있다.

1) 연구의 계획

대인관계에 대한 연구를 수행하기 위해서는 우선 구체적으로 대인관계의 어떤 측면이나 질문에 대하여 알아보고 싶은지 정해야 한다. 그다음 그러한 질문에 대한 답을 얻기 위해 누구를 대상으로 연구를 할지 결정해야 한다. 연구 참가자가 결정되면, 어떠한 방식으로 자료를 수집할지를 정해야 한다. 연구를 위한 이와 같은 기초적인 단계를 거친 후에야 비로소 실제 자료를 수집하는 단계로 넘어갈 수 있다.

연구문제의 개발.   대인관계를 연구하는 심리학자들이 다루는 주제는 우리의 일상적인 삶과 밀접하게 관련되어 있다. 그들은 첫인상, 의사소통, 매력과 사랑, 우정, 갈등, 이별 등 우리가 늘 경험하는 삶의 모습들을 다룬다. Miller(2015)는 연구자들이 자신의 연구문제를 개발하는 데 사용하는 여러 방법을 설명하고 있다. 먼저, 그들은 자신의 개인적 경험으로부터 연구문제를 이끌어 낼 수 있다. 자식이나 배우자와의 경험을 통해 가족 간 갈등의 원인이나 만족도를 결정하는 요인이 무엇인지를 알아보고자 할 수 있다. 주변 사람들이 겪는 문제나 보이는 행동을 관찰함으로써 연구할 문제를 찾을 수도 있다. 이처럼 개인적인 경험에 기초한 연구문제는 보통 우리 삶에 영향을 주는 측면들이기 때문에 그 자체로 현실적 중요성을 지닐 수 있다.

그림 1-12 연구문제의 개발. 과거의 연구 결과나 이론을 통해 새로운 연구문제를 도출할 수 있다.

학자들이 연구문제를 도출하는 또 다른 방법은 사회적으로 무시할 수 없는 중요한 문제를 이용하는 것이다. 오늘날 온라인 성폭력, 집단 따돌림, 미혼과 이혼은 우리 사회의 심각한 문제이다. 사회적 문제에 기초한 연구문제는 그 자체로 중요하다는 점에서 현실적 타당성을 지닐 수 있다. 관계를 연구하는 심리학자들이 연구문제를 도출하는 또 다른 방법은 기존의 연구에 기초한 것이다. 보통 한 연구는 또 다른 연구를 촉발하는데, 하나의 문제에 대답한 연구는 또 다른 연구문제를 불러일으키기 때문이다 ([그림 1-12] 참조). 어떤 현상을 설명하려는 이론도 새로운 연구문제를 제안할 수 있다. 예를 들면, 인간의 친밀한 관계를 유도하는 기제가 생물학적 수준에도 존재한다는 돌봄·친화 이론(Taylor et al., 2000)의 생각은 경험적으로 지지되었다(Taylor et al., 2006). 그렇다면 이러한 원리가 동물에게도 해당하는지 새로운 연구문제를 제기할 수 있다. 실제로 연구자들은 이 원리가 특정 동물에게도 적용된다는 점을 보여 주었다(Taylor, 2012).

연구 대상자의 선정.   연구자들이 자신의 연구문제에 대한 답을 찾기 위해서는 적절한 연구 대상자를 선정해야 한다. 이상적인 것은 연구자가 관심을 가지고 있는 집단의 구성원 모두를 연구하는 것이다. 결혼에 대한 한국 대학생의 태도를 알아보고자 할 때, 이상적인 방법은 한국의 모든 대학생을 연구 대상으로 삼는 것이다. 그러나 보통은 그럴 수 없기 때문에 그중에서 소수를 선택해야 한다. 이때 선택된 대상이 전체 대학생을 대표할 수 있어야 한다. 그래야 이 연구에서 얻은 결과를 나머지 대학생들에게도 적용할 수 있기 때문이다. 이것을 대표성 표본(representative sample)이라고 부른다. 앞의 예에서 대표성을 확보하는 한 방법은 전체 대학생 집단에서 무작위로 연구 대상자를 뽑는 것이다. 그러나 이것은 비용과 시간이 많이 들기 때문에 보통은 편의적인 방법을 쓴다.

연구 대상자 선정과 관련해서, 대인관계 관련 현상을 한 개인의 수준에서 알아볼 수도 있고 두 사람의 수준에서 알아볼 수도 있다. 남녀의 결혼 만족도에 대한 연구를 생각해 보자. 한 방법으로 부부가 아닌 기혼 남성과 여성을 100명씩 선정해서 그들의 결혼 만족도를 측정할 수 있다. 이 경우 각 집단의 평균을 계산하고 서로 비교함으로써 한쪽의 결혼 만족도가 다른 쪽보다 큰지, 아니면 적은지 두 집단 간 차이를 알 수 있다. 또 다른 방법으로 부부 100쌍을 선정해서 연구할 수 있다. 부부의 결혼 만족도는 서로 영향을 줄 수 있어서 한쪽이 높으면 다른 쪽도 높을 수 있다. 그래서 이런 식으로 자료를 얻으면, 남편과 아내의 결혼 만족도가 서로 차이가 있는지뿐만 아니라 어느 정도 관련되어 있는지도 알 수 있다. 이처럼 대인관계 연구에서 쌍으로 모은 자료는 개별적으로 모은 자료가 주지 못하는 새로운 정보를 제공할 수 있다.

　　연구의 설계.　　연구 설계에는 상관 연구와 실험 연구가 있다. 상관 연구는 체계적으로 측정한 두 사건 간에 어떤 관계가 있는지를 알아보는 연구이다. 이때 상관(correlation)은 한 사건에서의 변화가 다른 사건의 변화를 어느 정도 동반하는지를 보여 준다. 연구자들은 이러한 상관의 정도를 −1에서부터 +1까지의 범위를 갖는 계수로 나타낸다. 정적 상관(+)은 한 사건이 증가할 때 다른 사건도 증가하는 것, 부적 상관(−)은 한 사건이 증가할 때 다른 사건은 감소하는 것, 그리고 상관계수 0은 한 사건이 증가하거나 감소해도 다른 사건은 예측 불가능한 방향으로 변하는 것을 의미한다.

　　실험 연구는 두 사건 간의 인과관계를 알 수 있는 방법이다. 상관 연구는 두 사건의 관련성을 보여 주지만, 어느 사건이 나머지 사건을 일으켰는지 그 원인과 결과를 보여 주지는 않는다. 예를 들면, 일반적으로 유사성과 호감 간에는 정적 상관이 있다. 그러나 상대방이 나와 유사해서 내가 그를 좋아하는지, 아니면 내가 상대방을 좋아해서 그 사람이 나와 유사하다고 생각하는지가 불분명하다. 그러나 실험 연구를 하면 이 둘 간의 인과관계를 알 수 있다. 한 집단의 참가자들에게는 자신과 태도가 유사한 상대방을 제시하고, 또 다른 집단의 참가자들에게는 자신과 태도가 다른 상대방을 보여 준다. 그다음 각 집단의 참가자들에게 상대방에 대한 호감 정도를 평가하게 한다. 그 결과, 두 번째 집단보다 첫 번째 집단에서 상대방에 대한 호감이 더 컸다면, 유사성이 호감을 증가시킨다는 것을 알 수 있다.

2) 자료 수집

　　연구에 대한 전체적인 설계가 이루어지면 구체적으로 어떤 자료를 어떻게 얻을지 결정해야 한다. 여기에는 자기보고, 동료보고, 관찰, 생리적 측정치, 기록물 등을 사용하는 방법이 있다.

　　자기보고.　　자기보고(self-reports)란 한 개인이 자신의 상태, 생각, 느낌, 신념, 과

거의 행동 등을 묻는 질문에 대하여 보고하는 일련의 응답을 말한다. 자기보고가 갖는 여러 유리한 점 때문에 오늘날 많은 연구에서 이 방법을 이용한다(Charania & Ickes, 2006). 자기보고는 자료를 얻기에 상대적으로 쉽고 효율적이며 비용이 덜 든다. 또한 자기보고는 연구자가 연구 대상자의 주관적인 내면에 접근할 수 있는 유일한 방법이다. 더군다나 연구자는 자기보고를 통해 연구 대상자의 사적이고 접근하기 어려운 외부 행동을 보고받을 수 있다. 그럼에도 불구하고 자기보고를 하는 참가자의 기억이나 인식이 부정확할 수도 있고, 자신을 다른 사람들에게 좀 더 좋게 보이려는 사회적 바람직성이 자기보고에 영향을 줄 수 있다.

자기보고의 가장 흔한 방법이 질문지와 조사이다. 이것은 연구 대상자의 배경 정보, 태도, 성격과 같은 특성을 얻기 위한 여러 질문의 모음을 다수의 사람에게 실시하여 자료를 얻는 방법이다. 오늘날에는 인터넷 덕분에 온라인 조사가 가능하다. 이 방법은 연구자와 참가자 모두에게 효율적이고 유연하다. 조사의 한 대안이 대면 혹은 전화 인터뷰이다. 인터뷰는 연구자가 참가자로부터 원하는 정보를 얻기 위해 직접 혹은 전화로 하는 대화이다. 전화 인터뷰는 시간적·경제적으로 효율적이지만, 특정 장소에서 인터뷰를 해야 한다거나 질문지가 긴 경우에는 이상적이지는 않다. 이런 경우 대면 인터뷰가 유리하다.

자기보고의 또 다른 방법은 일기법이다. 연구 대상자가 자신의 일상적인 활동을 매일 기록함으로써 그 대상자에 대한 자세한 정보를 축적하는 방법이다. 이 방법은 연구 대상자를 시간이 흐르는 동안 추적할 수 있는 좋은 방법이다. 일기법과 비슷한 것이 상호작용 기록법이다. 이 방법은 개인으로 하여금 자신의 사회적 상호작용에 대하여 객관적인 사실과 주관적인 경험을 매일 기록하도록 요구한다. 연구자는 이 방법을 통해 매일 연구 대상자의 사회적 상호작용에 대한 기술적인 자료를 얻을 수 있다. 편지법도 자기보고의 한 형태이다. 특히 오늘날 많이 사용하는 이메일의 내용을 분석하면 관계의 발달 과정을 잘 파악할 수 있다.

동료보고와 관찰.   자기보고가 관계를 맺고 있는 사람의 주관적인 경험에 초점을 두고 있는 반면, 동료보고는 관계를 관찰하거나 잘 알고 있는 제3자의 입장에서 상호작용하는 사람들의 행동을 객관적으로 기술하는 것에 초점을 둔다. 대인관계 연구자들이 이 방법을 자주 사용하지는 않지만, 자기보고와 같은 방법과 함께 이 방법을 사용하는 것이 매우 효율적이다(Charania & Ickes, 2006). 관계에 대한 자신의 주관적인 생각이나 느낌이 상대방이나 제3의 관찰자가 보는 것과 항상 일치하는 것은 아니다.

그렇기 때문에 연구자는 특정 관계에 대한 동료보고를 통해 그 관계에 대하여 많은 것을 배울 수 있다.

관찰법은 연구 대상자를 가까이서 주의 깊게 살펴 그들의 관계에 대한 정보를 얻는 방법이다. 이러한 방법을 이용한 연구에서는 연구자가 개입하거나 조종하려는 의도 없이 연구 대상자의 행동을 수동적으로 관찰한다. 관찰은 보통 자연적인 상황에서 이루어지기 때문에, 다양한 상황에서 자연스럽게 발생하는 사람들의 행동을 연구하는 데 유리하다. 보통은 특별히 훈련을 받은 사람이 활동, 사건, 과정 등을 개인적 해석 없이 정확하고 완전하게 기록한다.

사건 표집(event-sampling)은 상당히 긴 시간에 걸쳐 발생하는 행동을 포착하기 위해서 간헐적으로 짧은 시간 동안 반복해서 관찰하는 기법이다. 연구자는 목표하는 행동이 발생할 것 같은 때 여러 짧은 시간을 매일 임의적으로 선택할 수 있다. 전기적으로 작동하는 기록기를 이용한 Mehl과 Robbins(2012)의 연구가 한 사례이다. 이 장치는 하루 동안 일정한 간격으로 짧은 시간 동안 작동해서 상호작용하는 참가자들의 소리를 기록한다. 동료보고처럼 관찰법도 연구 대상자에 대한 객관적인 자료로 기여할 수 있다. 그러나 연구 대상자들은 누군가 자신을 관찰하고 있을 때 평소와 다른 식으로 반응할 수 있다. 즉, 반응성 편향(reactivity bias)이 발생할 수 있다.

생리적 측정치와 기록물. 생리적 측정치는 관계를 맺고 있는 사람들이 특정 상황에서 보이는 자율적이고 생화학적인 반응이다([그림 1-13] 참조). 연구자들은 심장 박동률, 근육 긴장도, 뇌 활성화, 호르몬 수준 등을 측정해서 우리의 행동과 신체적 상태의 연관성을 밝힌다. 돌봄·친화 이론(Taylor et al., 2000)에 기초해서 옥시토신의 수준과 친화적 행동 간의 관계를 다룬 연구는 생리적 측정치를 사용한 한 사례이다. 이러한 측정치는 시간, 지식, 장비의 측면에서 비용이 많

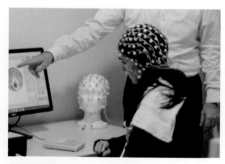

그림 1-13 **생리학적 측정치.** 이러한 측정치를 이용하는 연구자는 자율적이고 생화학적인 반응을 통해 행동을 설명하고자 한다.

이 들지만, 연구 대상자들이 자신의 이러한 반응을 통제할 수 없기 때문에 자기보고나 관찰법에서 발생하는 사회적 바람직성이나 반응성 같은 문제를 해결할 수 있다. 생리적 측정치는 우리 행동의 신체적 기초를 밝혀 주기 때문에, 오늘날 이러한 측정치에 대한 사용이 증가하고 있다.

기록물을 사용하는 방법은 이전의 연구자나 기관이 다른 목적으로 모은 자료를 자

신의 목적에 맞게 다시 분석하는 것이다. 사진이나 일기와 같은 개인적 자료, 신문이나 잡지와 같은 대중 매체, 혼인 신고, 출생 등록과 같은 정부 기록물 등은 관계에 대한 매우 귀중한 자료이다. 그렇지만 연구자들이 많이 사용하는 방법은 아니다. 원래 자료가 지금 연구자가 다루는 특정 문제를 위해 모은 자료가 아닐 때에는 조심해서 사용할 필요가 있다.

우 리는 살아가면서 산이나 나무는 돌과 다르고 친구는 가족이나 낯선 이와 다르다는 것을 배운다. 동시에 우리는 나무와 돌이 산에 있고 낯선 사람도 가족이나 친구가 될 수 있다는 것과 같이 그들 간의 관계도 배운다. 이러한 과정 속에서 우리는 나와 너, 우리와 같은 개념을 발달시킨다. 우리가 이런 개념을 발달시키는 한 가지 이유는 나를 중심으로 다른 사람과 원만히 관계하기 위해서이다. 우리의 삶은 대부분 내가 다른 사람들과 맺는 관계 속에서 이루어진다. 이때 자기에 대한 인식이 없으면 남들과 안정적으로 소통하거나 교류하기가 어렵다. 그럼 자기라는 개념은 어떻게 만들어지고 그 특성은 무엇일까? 이 장에서는 이와 관련해서 자기개념의 형성, 문화와 자기, 자기의 동기적 특성 그리고 자기조절을 살펴본다.

1. 자기개념의 형성

우리가 평소 흔하게 쓰는 용어가 자기이다. 학술적으로 자기(self)는 한 개인의 전체를 일컫는 말로, 의식적 · 무의식적 및 정신적 · 신체적 등 그 개인이 가지고 있는 모든 독특한 특성으로 이루어져 있다. 여기에는 자신에 대한 인지적 · 정서적 및 행동적 측면이 들어 있다. 또한 자기는 자신에 대해 한 사람이 가지고 있는 모든 지식, 경험하는 다양한 정서 그리고 자신과 관련해서 실행하는 행동을 모두 포괄한다. 이때 우리가 자신에 대한 지식을 획득하는 방법에는 개인 내적인 과정과 개인 간 상호작용을 통한 과정이 있다. 가령, 자신을 알기 위해 자신의 행동이나 내면적 경험을 관찰할 수도 있고, 다른 사람들이 나에게 하는 행동을 살펴보거나 자신을 그들과 비교해 볼 수도 있다.

1) 개인 내적 과정

자신에 대한 우리의 생각에 영향을 미치는 개인 내적 요인을 유전에서 찾아볼 수 있다. 우리는 흔히 기질이라고 부르는 타고난 특성에서 서로 다르다. 이러한 차이에 따라 우리는 서로 다른 성격적 특성을 갖게 되고, 그것에 상응해서 자신에 대한 인식에서도 차이가 있을 수 있다. 실제 유전적 요인이 우리의 Big Five 성격 요인에 미치는 영향은 40~60% 정도에 해당한다(Bouchard & Loehlin, 2001).

또 다른 요인은 자기 행동에 기초하여 자신의 내적 태도나 성향을 추론하는 것이다. 자기지각 이론(self-perception theory; Bem, 1972)에 따르면, 자기에 대한 지식이 불분명하거나 불충분할 때 사람들은 자신의 행동을 관찰해서 그러한 지식을 획득한다. 어떤 대학생은 학교생활을 하면서 모든 과목을 지각이나 결석 없이 이수한 자신의 행동을 보고 자신이 성실한 사람이라고 판단할 수 있다. 분명 이것은 우리가 자신을 알아 가는 중요한 방법이다. 그러나 한 개인이 자기를 보는 모습과 남들이 이 개인을 보는 모습은 다를 수 있다. 게다가 타인에 의한 지각이 좀 더 사회적으로 중요하고 객관적이라고 볼 수 있다는 점에서 자기지각만으로는 자신을 이해하는 데 충분하지 않다.

또 다른 방법이 내성법(introspection)이다. 이것은 한 개인이 자신의 내면에서 일어나는 심리적 과정, 판단, 지각이나 상태에 직접 접근하여 자기에 대한 지식을 획득하는 방법이다. 우리는 자신이 특정 정당을 지지하는 행동을 하는 이유를 자신의 내면을 면밀히 살펴봄으로써 알 수 있다. 이처럼 자신의 내면을 관찰하는 것이 자기를 이해하는 좋은 방법일 수 있다. 그러나 사람은 자신의 내면을 관찰하는 데 전체 사고의 8% 정도만 투자할 정도로 매우 적은 시간을 사용한다(Csikszentmihalyi & Figurski, 1982). 또한 내성법이 때로는 자기에 대한 틀린 지식을 가져올 수도 있다. 예를 들면, 우리는 특정 행동을 했을 당시의 이유와는 다른 이유를 나중에 들 수 있고, 이것이 자신의 행동에 대한 이해를 왜곡할 수 있다.

2) 반영 평가

우리는 태어나 살아가면서 많은 사람과 상호작용을 한다. 유아는 자신을 보살펴 주는 부모와 상호작용하면서 정서적 유대를 형성한다. 그 후 점점 성장하면서 유아의 상호작용은 또래와 낯선 사람으로 확장된다. 이와 같은 과정은 우리 삶의 전체 과정을 거쳐 발생한다. 우리는 이러한 과정을 통해 서로에 대한 정보를 주고받는다. 그러면서 나에 대한 상대방의 반응이나 평가는 내가 자신을 이해하는 데 중요한 정보가 될 수 있다. 이와 같은 입장을 대표하는 개념이 반영 평가(reflected appraisal)이다. 반영 평가는 나에 대한 다른 사람의 생각을 인지해서 그것을 자신의 자아개념으로 받아들이는 것이다.

반영 평가를 주장하는 입장의 상당 부분은 상징적 상호작용 이론(symbolic interaction theory; Mead, 1934)에 근거한다. 이 이론에 따르면 우리는 자신의 삶에서 중요한 타인들이 우리를 어떻게 보는지를 파악함으로써 우리 자신을 이해하고 평가한다. 자기에 대한 우리의 지식은 다른 사람들과의 사회적 상호작용을 통해 얻어진다. 그래서 자기가 발달하기 위해서는 반드시 사회적 공간이 필요한데, 우리는 그 속에서 이루어지는 다른 사람과의 상호작용 속에서 자기개념을 구성한다. 각 개인은 자신에게 중요한 타인의 반응을 주목하게 되며, 그들의 반응이 자기를 이해하고 평가하는 데 주요한 자원이 된다. Cooley(1902)는 거울 속에 비친 자기(looking glass self) 개념을 통해 한 개인에게 중요한 타인은 그 개인이 어떤 사람인지를 마치 거울처럼 보여 준다고 주장한다([그림 2-1] 참조). Cooley는 다른 사람에 비친 나의 모습에 대한 상상, 그러한 자기 모습에 대한 그들의 평가에 대한 상상 그리고 그런 상상을 통해 경험하는 자

그림 2-1 거울 속에 비친 자기. 우리가 거울을 보고 자신의 모습을 알 수 있듯이, 나에 대한 다른 사람의 생각이 내가 나를 이해하는 데 이 거울과 같은 역할을 한다.

부심이나 굴욕감과 같은 느낌을 통해 자기개념이 형성된다고 주장한다.

자기개념 형성에 대한 상징적 상호작용 이론의 타당성은 한 개인이 자신에 대해 내린 자기평가와 그 개인에 대한 다른 사람들의 평가 사이의 일치 정도를 알아봄으로써 검증할 수 있다. 일찍이 다수의 문헌을 검토한 Shrauger와 Schoeneman(1979)의 연구에서, 특정 개인에 대한 자기개념과 타인의 견해 간에는 보통 정도의 정적 상관이 있었다. 다른 연구(Kenny & DePaulo, 1993)에서도 나의 자기개념은 다른 사람들이 전반적으로 나를 어떻게 볼 것이라는 나의 생각과 매우 유사했다. 이 이론을 지지하는 또 다른 증거로, 자신이 어떠한 목표를 추구해야 하는지에 대한 다른 사람의 견해를 들은 사람은 자신의 목표를 그들의 입장에 부합하는 쪽으로 자동적으로 수정했다(Shah, 2003). 이러한 결과는 나에 대한 자기평가가 다른 사람들의 실제 평가와 꽤 유사하다는 점을 입증한다.

그렇다고 해서 반영 평가가 타인의 실제 평가와 완전히 일치하지는 않는다. 그 한 가지 이유로, 사람들은 나에 대한 타인의 생각을 정확히 파악하는 데 인지적인 어려움을 겪는다. 타인이 어떤 행동을 어떤 이유로 하는지 추론할 때, 우리는 때때로 자신의 현재 상황으로부터 부정확하게 추론할 수밖에 없다. 우리가 그 사람이 될 수는 없기 때문이다(Van Boven & Lowenstein, 2005). Van Boven과 Loewenstein(2003)은 물과 음식 없이 조난당한 등산객이 얼마나 갈증과 허기를 느낄지 그리고 그것을 챙기지 않은 것을 얼마나 후회할지 대학생들에게 평가하도록 했다. 이때 한 집단에게는 20분 동안 격렬한 심혈관 운동을 하게 한 후 평가하게 했고, 또 다른 집단에게는 운동 전

평가하도록 했다. 그 결과, 운동 전 집단에 비해 운동 후 집단은 등산객이 더 갈증을 느끼고 물을 가져오지 않은 것을 더 후회할 것이라고 응답했다. 이것은 사람들이 자신의 상태를 타인의 상태에 투사한다는 것을 보여 준다.

또한 사람들은 타인에 대한 자신의 인상을 있는 그대로 드러내지 않을 수 있다. 사람들은 다른 사람들에게 좋은 인상을 주고 싶은 욕구가 있기 때문에(Goffman, 1959; Leary & Kowalski, 1990), 타인에 대한 부정적인 인상도 완화해서 표현하거나 긍정적인 인상을 과장할 수도 있다. 또한 사람들은 자신에 대한 다른 사람들의 견해를 있는 그대로 받아들이지 않고, 자신에 대하여 믿거나 믿고 싶은 대로 타인의 정보를 긍정적으로 각색하고 거르고 왜곡할 수 있다. 그래서 다른 사람들이 우리에 대한 그들의 생각을 정확하게 말하더라도, 우리는 그들의 말을 그대로 받아들이지 않을 수 있다. 이와 같은 경향성을 긍정 지향성(positive tropism)이라고 한다(Harter, 1998).

3) 타인의 기대

우리는 다른 사람의 기대나 예측에 부합하는 식으로 행동할 수 있다. 이것은 자신이나 타인의 긍정적 혹은 부정적 신념이나 믿음이 이후에 실제로 자기의 현실이 되는 현상, 즉 자기충족적 예언(self-fulfilling prophecy)의 한 형태이다. 특히 리더나 상사의 긍정적 기대가 부하로 하여금 그 기대와 일치하는 행동을 하도록 행사하는 영향을 피그말리온 효과(Pygmalion effect)라고 한다. 상향식 피그말리온 효과는 부하의 기대가 리더나 상사로 하여금 그 기대와 일치하는 행동을 하도록 하는 영향력이다.

고전적인 연구로, Rosenthal과 Jacobson(1968)은 초등학교의 각 학급에서 20%의 학생을 선발한 다음, 이 학생들이 지능과 학업 성적에서 크게 성장할 잠재력이 있다고 각 학급 담임교사에게 알려 주었다. 실제로는 이 학생들을 임의적으로 선발했기 때문에, 담임교사에게 전달한 이런 정보는 사실이 아니었다. 그렇지만 8개월 후 지능검사를 다시 실시한 결과, 선발된 학생들의 지능이 그렇지 않은 학생들의 지능보다 더 많이 증가했다. 선발된 학생들의 능력을 믿고 있던 교사가 그들에게 더 많은 격려와 관심을 제공하고 더 높은 기대를 가지고 있었을 것이고, 이것이 효과를 가져온 것으로 보인다.

자기충족적 예언의 또 다른 사례를 Snyder 등(1977)의 연구에서 찾아볼 수 있다. 연구자들은 한 집단의 남학생들에게는 매력적인 여성의 사진을 보여 주고, 또 다른 집단의 남학생들에게는 덜 매력적인 여성의 사진을 보여 주었다. 그다음 그들에게 사진 속의 여성과 통화를 할 것이라고 알려 주었다. 그러나 실제로 두 집단의 참가자들은 모두 동일한 여성과 10분가량 통화했다. 그 결과, 매력적인 여성의 사진을 본 남성의 전화 내용은 상대적으로 더 사교적이었고 생기가 있었으며 자신감이 넘쳤다. 이러한 연구 결과로 볼 때, 남성의 대화에 따라 여성 파트너의 반응도 그에 상응할 가능성이 크다. 여성 파트너는 친절하고 따뜻하게 말하는 남성에게는 친절하고 따뜻하게 반응할 것이고, 무뚝뚝하고 관심을 보이지 않는 남성에게는 시큰둥하게 반응할 것이다. 결국 아름다운 여성은 자신에 대한 남성들의 긍정적 기대나 판단을 실현하는 방식으로 자기를 개념화할 가능성이 크다.

자기충족적 예언은 집단 수준의 기대에서도 나타난다. 한 개인이 속한 집단을 부각시키면, 그는 그 집단의 고정관념에 부합하는 식으로 행동할 수 있다. 여성은 남성보다 수학을 못하고 아시아인은 서양인보다 수학을 잘한다는 고정관념이 있다. 아시아계 미국 여성을 대상으로 이러한 고정관념을 이용한 연구(Shih et al., 1999)에서 참가자들의 성정체성이 두드러지도록 했을 때, 그들의 수학 점수는 그렇지 않은 집단에 비해 저조했다. 그러나 그들이 아시아 사람이라는 정체성을 부각시켰을 때, 그들의 수학 점수는 그렇지 않은 집단에 비해 더 높았다. 또 다른 연구(Steele & Aronson, 1995)에서 흑인과 백인으로 이루어진 두 집단에게 언어 검사를 실시했다. 이때 이 검사가 지능을 측정한다고 들은 집단에서는 흑인의 수행 성적이 백인보다 떨어졌지만, 이 검사가 실습이라고 들은 집단에서는 인종 간 차이가 없었다.

그림 2-2 **미켈란젤로 효과.** 미켈란젤로는 원석이 잠재적으로 지닌 이상적인 형태를 조각을 통해 드러내었다.

피그말리온 효과는 리더가 자신의 이상을 부하에게 기대하는 것, 혹은 자신의 입장에서 부하에 대해 갖는 긍정적 기대와 관련이 있다. 이와 다른 형태로, 상대방이 나의 이상을 반영하는 기대를 형성할 수도 있다. 미켈란젤로에 따르면, 조각은 원석에서 잠자고 있는 이상적인 형태를 드러내 주는 과정이기 때문에([그림 2-2] 참조), 조각가가 하는 일은 이상적인 형태가 드러나도록 단순히 돌을 깎아내는 것이다(Gombrich, 1995). 돌을 이용해서 위대한 조각상을 만들기 위해서는 끌, 조각칼, 사포와 같은 도구의 도움이 필요하다. 우리도 자신의 꿈과 포부를 실현하기 위해서는 타인의 지지나 인정과 같은 도구가 필요하다. 우리는 이상적인 자아로서 성공, 명성, 역량, 성취 등 다양한 꿈과 목표를 가지고 있다. 이때 우리가 자신의 잠재력을 실현할 수 있도록 상대방이 지지하고 격려할 때, 우리는 자신의 이상적인 모습을 실현할 수 있다. 이것이 미켈란젤로

효과(Michelangelo effect)이다(Rusbult et al., 2009).

피그말리온 효과와 관련된 몇 가지 과정이 미켈란젤로 효과에도 그대로 적용된다 (Kumashiro et al., 2006). 그 하나가 행동적 차원의 확증 과정이다. 나에 대한 상대방의 기대는 내가 그 기대를 확증하는 행동을 하도록 유도한다. 또 다른 과정이 상호의존 과정으로, 이러한 기대는 두 사람 간의 상호의존성이 클 때 더 강력한 영향을 미친다. 서로 강하게 의존하고 있을 때, 다양한 유형의 활동을 통해 강력한 영향을 자주 행사할 수 있기 때문이다. 마지막으로, 여기에는 자기불일치 과정이 관여한다. 현재 나의 상태와 상대방이 기대하는 나의 모습, 즉 나의 이상적인 상태에는 불일치가 존재한다. 이러한 불일치는 내가 그 이상을 추구하도록 동기화한다. 결국 이러한 기대는 내가 좀 더 이상적인 자기를 실현하도록 도와줌으로써 성장의 욕구를 충족시켜 줄 뿐만 아니라 두 사람의 행복을 증가시켜 준다(Kumashiro et al., 2006).

4) 사회 비교

우리는 살아가면서 매우 흔하게 자신을 다른 사람과 비교한다. 키나 몸무게와 같은 외모에서부터 학교 성적이나 직업적 성취와 같은 수행 수준, 자신의 역량이나 능력 및 성격과 같은 내면적인 측면까지, 우리는 자기와 관련된 거의 모든 점을 다른 사람과 비교해서 자신에 대한 지식을 획득한다. 또한 이러한 비교는 자신에 대한 느낌이나 평가, 행복 등 여러 측면에서 우리의 삶에 영향을 미친다. 사회 비교 이론(social comparison theory; Festinger, 1954)에 따르면 사람들은 자신의 의견과 능력을 정확하게 평가하려는 동기를 가지고 있고, 자신과 비슷한 사람과의 사회 비교가 그러한 동기를 충족하는 핵심적인 도구이다.

우리는 자신의 직업, 성격 등 여러 측면에서 자신이 누구라는 안정적인 인식을 발달시킨다. 이 과정에는 4개의 기본적 요소가 있다(Burke & Stets, 2009; Stets & Burke, 2014). 첫 번째는 자신이 누구인지를 규정하는 기준이다. 가령 내가 속한 집단에서 내가 누구라는 것이 어떤 의미인지를 규정하는 것이다. 이 기준의 발달에는 관찰이나 모방 같은 사회 비교 과정이 관여한다. 두 번째는 주어진 상황에서 자기의 모습에 대한 지각이다. 여기에는 가족, 친구, 동료와 같은 중요한 타인으로부터 오는 피드백이 특히 중요하다. 세 번째는 특정 상황에서 자기의 모습과 자기를 규정하는 기준을 비교하는 것이다. 네 번째는 현재의 자기 모습이 이상적인 기준에 미치지 못할 때 행동을 변화시켜 그 기준에 도달하고자 노력하는 것이다. 이처럼 자기에 대한 우리의 인

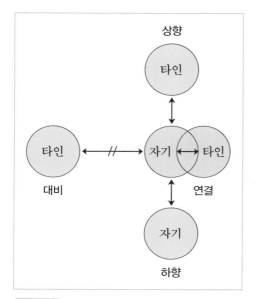

상향

타인

타인 ← // → 자기 ↔ 타인

대비   연결

자기

하향

그림 2-3 네 가지 기본적인 사회 비교의 방향.
Locke(2003)는 수직 비교와 수평 비교에 따른 네 가지
방향을 제시했다.

식에는 다른 사람들과의 비교나 그들의 피드백이
중요하게 관여한다.

그러면 구체적으로 우리는 누구와 비교할까? [그
림 2-3]에서 보듯이, Locke(2003)는 우리가 하는
사회 비교의 방향을 가로와 세로에 따라 네 가지로
제시하고 있다. 수직적 비교에는 특정 속성을 자신
보다 우수한 사람과 비교하는 상향 비교와 그 반대
의 사람과 비교하는 하향 비교가 있다. 이 비교는
주로 역량이나 성취와 같은 과업적 측면에서 서로
의 우열을 비교하는 것이다. 수평적 비교에서는 특
정 속성에서 자신이 다른 사람과 유사하고 가깝다
고 느끼는 연결 비교와 서로 다르고 멀다고 느끼는
대비 비교가 있다. 이 비교는 주로 성격이나 취향,
태도와 같은 관계적 측면에서 서로의 양립 가능성
을 비교하는 것이다. 일상적인 상황에서 이루어지
는 사회 비교를 조사한 결과, 대략 상향 비교가 25%, 하향 비교가 25%, 대비 비교가
30%, 연결 비교가 20%로 나타났다(Locke, 2003).

이 결과에서 상향 비교와 하향 비교를 합한 수직적 비교는 50%에 해당하는데, 이
비교는 자기와 타인의 우열을 가리는 비교라는 점에서 우리가 평소 이러한 비교를 할
때 우월감과 열등감을 느낄 가능성이 커진다. 게다가 우리는 가족, 팀원과 같이 자신
과 가깝거나 유사한 개인이나 소수의 사람과 비교하는 경우가 성별이나 민족과 같은
속성을 공유한 다수의 사람과 비교하는 경우보다 2배나 더 많다(Locke, 2007). 이것은
왜 우리가 주변의 가까운 사람에게 경쟁심, 시기심, 열등감을 자주 느낄 수 있는지를
보여 준다. 수평적 비교에서도 서로의 유사점보다는 차이점을 부각하는 대비 비교를
더 많이 한다는 것은 우리가 사람들과의 관계에서 통합과 공존보다는 분리와 배척을
할 가능성이 더 크다는 것을 함의한다.

우리가 수직적 비교에서 느끼는 정서도 항상 동일한 것은 아니다. 비교를 하는 사
람이 그 비교 대상을 자신과 유사하다고 지각하는지, 아니면 다르다고 지각하는지에
따라 다르다(Smith, 2000). 예를 들어, 능력이나 노력과 같은 측면에서 비교 대상과의
지각된 유사성은 동화 효과를 가져오지만, 지각된 차이점은 대비 효과를 가져온다.
상향 비교에서 뛰어난 사람과의 유사성은 자기도 잘할 수 있다는 식의 낙관주의와 같

은 느낌을 갖게 하지만, 그 사람과의 차이점은 우울과 같은 부정적인 정서를 야기한다. 열등한 사람과의 유사성은 자신도 비슷한 고충을 당할 수 있다는 두려움을 야기할 수 있지만, 그 사람과의 차이점은 자부심을 불러올 수 있다. 예를 들면, 자아존중감이 높은 사람은 낮은 사람에 비해 하향 비교를 더 많이 하면서 자신이 그 사람과는 다르다고 생각한다.

사회 비교에서는 그 대상뿐만 아니라 비교를 하는 사람의 특성도 중요하다. 사회 비교를 많이 하는 사람들은 자신의 자기관에 대해 자주 생각하고, 다른 사람에 대한 공감을 잘하며, 어느 정도 부정적인 정서와 불확실한 자기관을 가지고 있다(Gibbons & Buunk, 1999). 또한 사회 비교에 민감한 사람, 특히 부정적 정보에 민감한 사람들은 그렇지 않은 사람에 비해 덜 행복하다(Lyubomirsky & Ross, 1997). 이러한 사람들은 자신의 삶과 행동의 준거가 되는 내적인 기준이 취약하고, 그래서 외부 기준과의 비교를 통해 나온 결과에 과도하게 영향을 받는다. 이러한 외적인 결과는 그들이 쉽고 일관적으로 통제할 수 있는 것은 아니기 때문에, 사회 비교에 덜 민감한 사람들에 비해 상대적으로 낮은 통제감을 가지기 쉽다. 또한 비교의 결과가 상황에 따라 요동칠 가능성이 크기 때문에 그만큼 부정적인 결과를 접할 가능성도 상대적으로 크다. 이것은 결국 높은 자아존중감의 유지를 어렵게 한다.

2. 문화와 자기

우리의 삶을 둘러싼 맥락 중에서 가장 포괄적인 것이 문화이다. 우리는 자신이 살아가는 문화 속에서 어떻게 행동하는 것이 바람직한지를 배우고, 어떤 사건이나 문제에 대해서 어떻게 생각하고 판단하는 것이 옳고 타당한지를 배운다. 예를 들면, 우리 사회는 학생들이 교실에서 어떤 자세로 수업을 받아야 하는지에 대해 북미 사회와는 다른 독특한 규칙을 가지고 있다. 이처럼 문화는 자기를 포함한 여러 대상을 이해하고 평가하는 틀을 제공하고, 사람들에게 사회적으로 바람직한 행동을 요구하기도 한다. 이에 특정 문화의 구성원들은 주어진 물질적 조건에서 가치, 신념 그리고 세상에 대한 의미 체계를 공유하고 그것을 사회적으로 수용되는 행동으로 드러낸다(Kottak & Colson, 1994).

문화를 분류하는 가장 대표적인 차원 중의 하나가 개인주의(individualism)와 집단주의(collectivism)이다(Triandis, 1989). 개인주의는 핵심적으로 한 개인이 그가 속한 집단보다 더 우선한다는 일련의 신념과 가치를 의미한다. 개인을 집단과는 어느 정도 독립된 존재로 보며 개인의 선호, 필요, 권리를 집단의 그것보다 우선시하는 특징을 가진다(Triandis, 1989). 개인주의 문화는 개인의 자율성, 독립심, 목표와 신념, 만족을 중시하는 반면, 집단의 결속에 대해서는 관심이 적다. 이런 문화권의 사람들은 개인적 의사결정에 따라 행동을 하고, 행동의 원인을 개인 내부의 요인에서 찾는 경향이 강하다. 그들은 개인의 필요에 따라 동기화되며 내집단과 외집단에 대한 구별이 명확하지 않다.

반면에 집단주의는 개인을 독립적인 존재보다는 서로 의존해 있는 존재로 보고, 개인보다는 집단을 우선시한다(Triandis, 1989). 집단주의 사람들은 우선적으로 공동체가 부여하는 의무와 규범에 따라 동기화되기 때문에, 개인의 목표보다 공동체의 목표를 우선시하는 경향을 보인다. 따라서 타인에 대한 관심과 염려, 집단의 원활한 결속에 대한 관심, 상호의존 및 집단의 통합과 조화, 건설적 대인관계, 가족의 안녕, 부모와 연장자에 대한 존경 등을 특징으로 하는 문화이다. 집단주의자는 집단을 단위로 사고하고 외부적 요인에 반응하는 경향이 있다. 내집단과 외집단에 대한 편향이 심한 것이 큰 특징인데, 이런 이유로 타 문화에 대한 적응력이 낮은 편이다.

이와 같은 문화적 속성을 반영하여 Markus와 Kitayama(1991)는 상호독립적 자기(independent self)와 상호의존적 자기(interdependent self)를 제시했다. [그림 2-4]에서

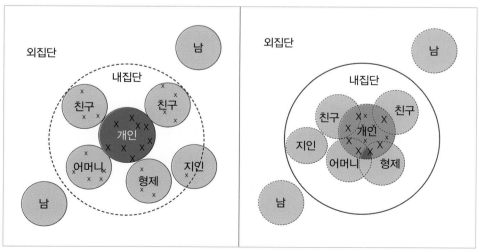

그림 2-4 **상호독립적 자기(왼쪽)와 상호의존적 자기(오른쪽)**. 자기도식에서 상호독립적 자기는 다른 사람들과 모두 분리되어 있지만, 상호의존적 자기는 타인과 공유하는 부분이 있다.

보듯이 상호독립적 자기는 개인주의 문화권의 구성원들이 보유하고 있는 자기도식으로, 자기를 타인과 완벽하게 분리하여 이해하는 것이 특징이다. 상호독립적 자기는 외부와의 경계가 명확하고 개인의 자율성을 강조하는 특징이 있으며, 타인이나 사회적 맥락으로부터 분리되어 존재하는 경향이 강하다. 이러한 자기의 소유자들은 자기를 전체적이고 통합적이며 안정적인 실체로 보기 때문에, 타인이나 상황적 요인의 영향에서 벗어나 존재하는 것을 가장 중요하게 여긴다.

상호의존적 자기는 집단주의 문화의 구성원들이 가지고 있는 자기도식이다. 여기에는 자기가 개인적인 요소뿐만 아니라 중요한 타인과 공유하는 부분이 있다는 것이 그 특징이다. 상호의존적 자기의 소유자는 상호의존적 맥락에서 자신을 지각하고 이해하는 경향이 강하다. 그래서 상황이 변하면 자신의 관계와 집단에 적절한 다른 역할을 수행해야 한다. 이러한 점에서 일관성보다는 융통성이 더 중요한 특성이다. 미국인에 비해 아시아인은 자기만의 내면적 속성보다는 자기가 속한 집단이나 그 안에서 맡고 있는 역할로 자신을 설명하는 경향성이 더 강하다(Rhee et al., 1995).

사람들이 주어진 상황에서 자기의 행동을 조직화하는 방식은 이 두 유형의 자기에 따라 다르다. Kitayama 등(2007)은 이러한 방식의 차이를 세 가지 측면에서 기술하고 있다. 그것은 주변의 환경에 대한 이해(즉, 인지), 자신과 타인을 바라보는 방식(즉, 자기-타인에 대한 인식) 그리고 자신의 행동에 대한 조절(즉, 행동 유형)이다.

상호독립적 자기는 주로 유럽이나 북미의 개인주의 문화권에서 두드러진다. 이러한 문화의 사람들은 다른 사람을 소위 분석적 방식으로 이해한다(Nisbett et al., 2001). 그들은 상대방을 주어진 맥락에서 떼어 내어 그 자체의 속성을 파악해서 이해하고자 한다. 예를 들면, 상대방을 그의 성격에 기초해서 지각하는 것이다. 이러한 사람은 타인보다는 자기를 중심으로 세상을 이해한다. 자신의 목표를 실현하는 것을 중시하기 때문에, 다른 사람이 이러한 목표의 달성에 도움이 되는지를 중시한다. 이러한 점에서 그들은 다른 사람을 주체가 아닌 도구로 보는 경향이 강하다. 동시에 자신의 목표, 소망, 판단 및 기타 내적인 속성에 기초해서 환경을 변화시키는 방식, 소위 영향(influence)을 행사하는 방식으로 행동한다(Morling et al., 2002).

상호의존적 자기는 서구 이외의 많은 나라에서 볼 수 있는 집단주의 문화권에서 나타난다. 이러한 문화의 사람들은 다른 사람들을 전체적 방식으로 이해한다(Nisbett et al., 2001). 그들은 각 개인의 독특한 성격 특성보다는 그 개인과 다른 사람들 간의 관계 혹은 그를 둘러싸고 있는 환경의 여러 중요한 요소에 주의를 기울인다. 이러한 문화권에서 자기는 다른 사람들과의 관계 속에서 정의되기 때문에, 타인에 대한 인식은 적어도 자신만큼 중요하다. 이러한 측면에서 상호의존적 자기는 사회 지향적이라고 할 수 있다. 동시에 이러한 문화권의 사람들은 다른 사람의 기대, 소망, 필요를 고려하고, 상대방의 의도에 자신의 행동을 맞추고자 노력하는 경향이 있다. 그들은 다른 사람과의 관계에서 적절한, 소위 조정(adjustment)의 방식으로 행동한다(Morling et al., 2002).

종합하면, 개인주의 문화권에서 두드러진 상호독립적 자기를 소유한 사람들은 세상을 개별적으로 분석해서 이해하는 특성을 가지고 있다. 그들은 자신의 목표를 달성하기 위해 다른 사람을 도구적인 측면에서 지각하는 자기중심적 특성을 가지고 있다. 그러면서 다른 사람을 설득하고 환경을 변화시키려는 행동 경향성을 가지고 있다. 반면 집단주의 문화권에서 두드러진 상호의존적 자기를 소유한 사람들은 세상을 전체로서 통합적으로 이해하는 경향성을 가지고 있다. 또한 그들은 자기 못지않게 타인 중심적인 특성을 가지고 있고, 자신의 행위 목표를 다른 사람이나 환경에 적응하는 것에 둔다.

3. 자기와 동기

일단 우리가 남과 구분되는 자기라는 개념을 형성하면, 각자는 여러 개인적 목표를 세우고 그것을 달성하려는 동기를 갖게 된다. 탁월한 업적, 높은 지위, 많은 부와 권력을 달성하고자 하고, 다른 사람과 따뜻한 유대와 사랑, 신뢰와 협동을 구축하고자 한다. 이러한 많은 동기를 크게 두 가지로 묶어 개념화할 수 있다. 그것은 흔히 Big Two라고 부르는 공존성 동기와 주체성 동기이다(Chan et al., 2019). 다른 말로 공존성 동기를 동행 동기(getting along), 주체성 동기는 추월 동기(getting ahead)라고 부르기도 한다(Hogan, 1982). 공존성 동기는 관계 지향적이고 공동체적인 동기로, 다른 사람과 연결해서 사회적 상호작용을 하고자 하는 수평적 동기이다. 반면에 주체성 동기는 대개 과업 지향적 동기로, 다른 사람보다 탁월하고 유능하기 위한 수직적이고 차별적인 동기이다. 이처럼 Big Two는 인간의 생존과 관련된 기본적인 두 동기로, 우리는 다른 사람들과 효율적으로 연결해서 사회적 상호작용을 하고 그 속에서 자신의 개인적 목표와 차별성을 추구하고자 한다(Ybarra et al., 2008).

3. 자기와 동기 **51**

1) 공존성 동기

공존성은 한 개인의 친사회성, 친화성 그리고 친
절을 의미한다. 공존 지향적인 사람은 공정하고 성
품이 좋으며, 정직하고 충성하며, 비이기적이고 진실
한 사람으로 일컬어진다(Wojciszke et al., 2011). 공존
성은 한 개인이 다른 사람과 얼마나 잘 연결하는가를
지칭하는 개념이다([그림 2-5] 참조). 앞서 제1장에서
살펴본 것처럼, 다른 사람과 느낌을 공유하고 친밀
감을 추구하는 사람이 그렇지 않은 사람에 비해 다

그림 2-5 **공존성 동기.** 우리는 다른 사람들과 관
계를 맺어 상호작용하려는 강한 동기를 가지고 있다.

양한 측면에서 유리해서 생존과 재생산에 성공할 확률이 더 높다. 인간은 집단에 속
함으로써 동물의 사냥, 포식자로부터의 방어, 보호와 보살핌을 필요로 하는 아이의
양육, 자원의 획득 등에서 여러 개인적 혜택을 받아 왔다(West et al., 2007). 이러한 다
양한 혜택은 결국 개인의 생존 가능성을 높여 왔다. 따라서 인간은 집단 속에서 다른
사람의 수용을 받고 그들과 상호작용하려는 동기를 발달시켜 왔을 것이다. 다음에서
살펴보듯이 이와 같은 입장을 지지하는 다양한 증거가 있다.

소속감 욕구 이론.   Baumeister와 Leary(1995)는 진화론적 입장에 기초하여 소속감
욕구 이론(need-to-belong theory)을 제시했다. 이 이론에 따르면 소속감 욕구는 인간
의 기본적인 욕구 중 하나로, 우리는 타인과의 관계를 통해 이러한 소속감을 추구한
다. 집단 속에서 사회적 유대를 형성하고 유지하는 것이 물질적 만족만큼이나 우리
의 생존과 번식 및 행복에 매우 유리하기 때문이다. 실제 사람들은 상황의 특별한 도
움 없이도 다른 사람들과 손쉽게 사회적 유대를 형성한다. 지구상에 있는 모든 사회
의 사람들은 소집단에 속해 있으면서 다른 사람과 얼굴을 맞대고 상호작용을 한다.
이와 같은 현상은 Sherif 등(1961)의 고전적 실험에서도 잘 드러난다. 서로 모르는 소
년들을 무작위로 새로 만든 집단에 배치했을 때, 그들은 매우 빠른 속도로 집단에 대
한 소속감과 응집력을 발전시켰다.

이처럼 사람들은 사회적 관계와 유대를 지향하면서 동시에 그러한 관계의 해체에
는 강하게 저항한다. 우리는 친밀한 관계를 맺을 때 행복과 같은 긍정적 정서를 경험
하고, 그렇지 못하면 불안이나 외로움, 고통과 같은 부정적 정서를 경험한다. 사람들
의 사고도 내외집단, 친밀한 관계 등 사회적 관계에 대한 내용을 상당히 많이 반영하

고 있다(Baumeister & Leary, 1995). 그들의 인지적 패턴 역시 사회적 관계에 대한 우리의 일차적 관심을 반영한다. Sedikides 등(1993)은 관계가 정보를 분류하는 자연적인 범주로 기능한다는 것, 즉 우리가 들어오는 정보를 사회적 관계 측면에서 분류한다는 것을 보여 주었다. 연구에 참가한 사람들은 상대방의 정보를 기억 속에 저장했는데, 그들은 친한 사람과 단순한 지인의 정보를 구분한 다음에 친한 사람의 정보를 더 강하게 저장했다.

이러한 점에서 볼 때 아무리 능력이 뛰어나고 독립적인 사람이라도 평생을 혼자 사는 것은 불가능하다. 우리에게는 모두 긍정적이고 중요한, 적어도 최소한의 인간관계를 형성하고 계속 유지하려는 욕구가 있다. 인간의 이러한 심리적 욕구는 물질적 욕구만큼이나 강력하고 지속적이다. 이러한 사실이 함축하는 의미는 우리의 행복을 위해서는 단지 경제적인 욕구의 충족만으로는 충분하지 않고, 사람과의 관계에 대한 선천적 욕구를 충족하는 것이 필수적이라는 점이다. 그러면 우리는 관계에 대한 욕구를 어떠한 방식으로 충족할까?

지혜의 샘

Dunbar의 수

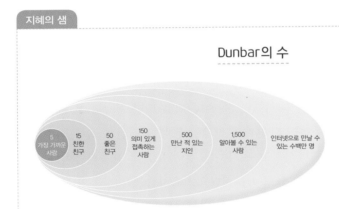

영국의 인류학자 Robin Dunbar(2010)는 한 개인이 안정적으로 관계를 유지할 수 있는 인지적 한계는 100명에서 250명 사이로 평균 150명이라고 제안했다. 이 숫자를 Dunbar의 수라고 부른다. 그는 인간이 아닌

그림 2-6 Dunbar의 수. 우리가 친밀한 정도에 따라 유지할 수 있는 수는 어느 정도 정해져 있다.

영장류 38개 속(屬, genus)의 뇌 크기와 그들의 사회적 집단의 크기 사이에 관련성이 있다는 것을 발견했다. 즉, 언어와 인지 기능을 담당하는 뇌의 신피질이 몸의 크기에 비해 상대적으로 클수록 집단의 크기도 컸다. Dunbar와 그의 동료들은 인간의 집단 크기에 대한 역사적·인류학적 그리고 오늘날 심리학적 자료를 검토하여 이러한 원리를 인간에게 적용했다. 그 결과, 그들은 인간의 집단 크기로 150명 주변의 숫자를 일관적으로 발견했다. 제일 내부에는 가장 가까운 사람 5명으로 이루어진 핵심 층이 있고, 그다음에는 친한 친구 15명의 층이 있다. 그다음에는 어느

정도 강한 연결을 가진 좋은 친구 50명의 층이 있고, 그다음에는 의미 있게 접촉하는 사람 150명이 있다. 그다음에는 만난 적이 있는 지인 500명이 있고, 그다음 층에는 보고 누구인지 알 수 있는 사람 1,500명이 있다. 가장 외곽에는 인터넷으로 만날 수 있는 수백 명의 사람이 존재한다.

사회적 친화 모형.　　O'Connor와 Rosenblood(1996)의 사회적 친화 모형(social affiliation model)은 사람들이 적절한 수준만큼 다른 사람들과 접촉한다고 주장한다. 이 모형에 따르면 사람들의 대인관계는 항상성의 원리를 따르기 때문에, 다른 사람과의 사회적 접촉을 최적의 범위에서 유지하고자 한다. 그래서 자신의 사회적 접촉이 최적의 범위에서 이탈하면, 우리는 그 정도를 변화시켜 최적의 범위를 회복하고자 한다. 즉, 사람들은 사회적 접촉이 지나치면 혼자 있고자 하고, 혼자 있는 시간이 너무 많으면 사회적 접촉을 추구한다. 또한 사람들이 추구하는 사회적 친화의 정도는 시간이 흘러도 안정적으로 유지된다. O'Connor와 Rosenblood(1996)는 이것을 검증하기 위해 대학생들이 만나는 사람들의 수와 그 친밀도 수준을 무선호출기를 이용하여 3~4일 동안 측정했다. 무선호출기가 울리면 참가자들은 자신이 혼자 있는지 아니면 다른 사람과 있는지뿐만 아니라, 혼자 있고 싶은지 여부를 보고하도록 했다. 그 결과, 대학생들은 자신의 현재 상태를 유지하기를 원했다. 이것이 의미하는 것은 참가자 대부분은 자신이 원하는 만큼의 사회적 접촉을 하고 있었다는 것이다.

이처럼 사회적 친화 모형은 사람들이 최적의 범위 내에서 사회적 접촉을 유지하고자 한다고 가정한다. 이와 비슷하게, 소속감 욕구 이론은 한 개인의 사회적 접촉이 일정 수준을 넘어서면 그 동기가 감소한다고 예측한다. 실제로 많은 연구가 이러한 생각을 지지한다. 대부분의 사람은 자신의 삶에서 평균 4~6명의 친밀하고 중요한 관계를 선호한다(Baumeister, 2005). 대학생들도 자신의 대인관계 목표가 더 많은 친구를 갖는 것보다는 소수의 가깝고 돌봐 주는 친구를 갖는 것이라고 생각한다(Reis, 1990).

이러한 사실이 함축하는 점으로, 우리는 다른 사람들과 다양한 심리적 거리를 유지하면서 살아간다. [그림 2-7]에서 태양을 중심으로 다양한 거리의 행성이 있듯이, 나를 중심으로 심리적으로 가장 가까운 거리에 가장 친한 사람이 있다. 그다음에는 이보

그림 2-7　우리 태양계. 사람들의 대인관계는 마치 우리 태양계의 별들이 위치하는 것처럼 이루어져 있다.

다는 좀 거리가 있는 사람이 있고, 가장 먼 곳에는 모르는 사람이 있다. 이때 자신과 아주 친한 사람은 소수에 불과하다. 또한 사람들 간의 심리적 거리가 고정된 것은 아니어서 친한 사람이 바뀔 수 있다. 우리는 가까운 사람을 모르는 사람이 있는 저 멀리 보낼 수 있고, 저 멀리 모르는 사람을 가까운 곳으로 데려올 수 있다. 이런 점에서 볼 때, 멀리 떨어져 있는 모르는 사람이 우리가 흔히 생각하는 것과 달리 나와 전혀 상관 없는 사람은 아니다. 언젠가 그 사람이 나의 가장 친구가 될 수도 있다. 이와 같은 역동적인 과정을 통해 최적의 사회적 접촉을 유지하는 데 실패한 사람은 제1장에 기술한 것과 같은 다양한 부정적 결과에 직면할 가능성이 크다.

2) 주체성 동기

인간은 다른 사람과 연결해서 협동하려는 공존성 욕구를 충족하면, 그다음으로 남들보다 더 탁월하고 뛰어나고자 하는 주체성 욕구를 추구한다(Ybarra et al., 2008). 주체성은 개인의 능력, 기술, 포부를 의미하는 것으로, 주어진 과업을 자신의 결정과 능력 그리고 권한 내에서 남들보다 더 뛰어난 성취를 이루는 것이다. 우리가 주체성을 추구하는 이유는 그것이 우리의 개인적 삶에 유리하기 때문이다. 진화론적 측면에서 볼 때 우리가 생존과 번식을 위해서는 높은 지위를 확보하는 것이 중요하다. 위계적 집단 구조에서 높은 지위는 생존에 필요한 자원을 획득하고, 장기간의 파트너를 포함해서 더 많은 짝짓기 상대를 얻고, 자식을 양육하고, 다른 사람의 호의와 존경을 받는 데 유리하기 때문이다. 이때 유능한 사람이 높은 지위를 차지할 가능성이 크기 때문에, 우리는 다른 사람보다 더 많은 역량을 갖추고자 한다(Gebauer et al., 2014).

주체적인 사람은 인지적인 측면에서 지적이고 현명하며 논리적이고, 수행 측면에서 에너지가 많고 유능하며 효율적이고, 외향성 측면에서 강인하고 자기주장이 강하며 영향력을 행사하는 특성을 가지고 있다(Wojciszke et al., 2011). 그들은 뛰어난 지적 능력을 바탕으로 강한 자기주장과 함께 탁월한 수행 성적을 보이는 사람들이다. 이러한 사람들은 강한 자기효능감을 가지고 있다. 자기효능감(self-efficacy)은 자신의 수행이 긍정적인 결과를 가져올 것이라고 믿음으로써 목표를 달성하기 위해 지속적으로 시도하게끔 하는 심리적 특성이다(Bandura, 1982). 주체적인 사람처럼 자기효능감이 높은 사람은 주어진 상황을 극복해서 목표를 이루기 위해 인지적 및 동기적 자원 그리고 행동적 과정을 최상으로 만드는 사람들이다.

주체적인 사람은 유능성 또한 높다. 자기결정 이론(self-determination theory; Deci &

Ryan, 1995)에서는 인간의 기본적 욕구로 관계성, 유능성 그리고 자율성을 들고 있다([그림 2-8] 참조). 여기에서 관계성 욕구는 앞서 살펴본 공존성 동기에 대응하는 반면, 유능성 욕구는 주체성 동기와 좀 더 밀접하게 연결되어 있다. 유능성이란 자신의 능력에 대한 욕구로서, 환경에 효과적으로 대처하고 작동하는 것을 의미한다. 유능성이 높은 사람은 자신의 기술과 지식이 탁월하다고 느끼며, 자신의 수행에 대한 결과를 노력으로 귀인하고 스스로 책임

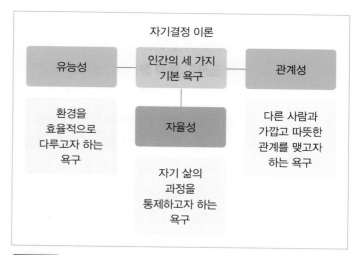

그림 2-8 **자기결정 이론**. 이 이론은 인간의 기본적 욕구로, 관계성, 유능성 그리고 자율성을 제시하고 있다.

감을 가진다. 이러한 점은 주체적인 사람의 주도적이고 성취 지향적인 특징과 거의 동일하다. 이 이론에서 제시한 나머지 하나의 욕구가 자율성이다. 이것은 공존성 동기와 주체성 동기 모두에 해당하는 것으로, 다음에서 좀 더 자세히 알아본다.

　　자율성의 구성요소.　　자율성은 스스로 결정하고 실행하는 정도를 의미하는 개념으로, 자율적인 사람이 주체적으로 행동할 수 있다. Soenens 등(2018)은 자율성의 두 가지 측면, 즉 타인에 대한 의존에서 벗어난 독립된 상태로서의 자율성과 자신의 가치, 선호, 흥미에 기초해서 행동하는 자유의지에 기초한 자율성을 비교했다. 다시 말하면, 독립으로서의 자율성은 관계적 측면에서의 자율성인 반면, 자유의지로서의 자율성은 행위의 주체적 측면과 관련된 자율성이다.

　　전통적으로 독립으로서의 자율성은 다른 사람에게 의존하지 않고 스스로 결정하고 행동하는 정도를 의미한다(Soenens et al., 2018). 이러한 자율성은 특히 청소년기에 중요하다. 왜냐하면 청소년은 지금까지 거의 모든 측면에서 부모에게 의존적인 상태에 있었는데, 앞으로 성인으로서 독자적인 삶을 살아가기 위해서는 이러한 의존에서 벗어날 필요가 있기 때문이다. 분리-개별화 이론(separation-individuation theory; Blos, 1979)에 따르면, 청소년기의 전형적인 과업은 부모의 일방적인 견해를 넘어서고 부모의 승낙에 심리적으로 의존하는 정도를 줄이는 것이다. 그럼으로써 자신의 삶에 대한 의사결정을 독립적으로 하는 것이다. 이와 함께 부모의 승인이나 지지에 지나치게 의존하는 것에서 벗어나는 정서적 독립 그리고 자신이 직면하는 다양한 문제를 스

스로 다루고 대처하는 기능적 독립도 필요하다. 청소년기에 이러한 독립을 획득하지 못하면 분리 불안과 같은 부정적인 상태에 놓일 수 있다.

반면에 자유의지로서의 자율성은 자기결정 이론(Deci & Ryan, 1995, 2012)의 핵심 개념 중 하나로, 자신이 추구하는 활동이나 목표가 자신이 원해서 스스로 결정한 정도를 의미한다. 이 이론에 따르면 행동에 대한 조절은 외적 통제와 내적 통제의 연속선상에서 변화한다. 이때 우리가 자유의지로서의 자율성 욕구를 충족할 때, 우리는 심리적 자유로움과 자신의 행동에 대한 진정성을 느끼는 등 그 행동에 대한 내적 동기가 커진다. 또한 우리가 자율적으로 동기화되면, 그 활동에 만족과 재미를 느껴 기꺼이 온 마음을 다해 참여하게 되고, 그 일에 대한 가치와 주인의식을 느끼게 된다. 이와 달리 처벌, 돈, 승진과 같은 형태의 외적인 힘의 통제로 동기화되면, 우리는 압력을 받고 있다는 느낌과 함께 그 일을 싫지만 어쩔 수 없이 하고 있다는 내적 갈등을 겪게 된다.

[그림 2-9]에서 보듯이 자율성의 두 측면인 독립과 자유의지를 각각 고저로 나누어 조합하면 네 가지 형태가 만들어진다(Soenens et al., 2018). 이들 간의 차이를 쉽게 이해하기 위해 대학교에서 공부할 전공에 대한 결정을 예로 들어 보자. 자유의지에 따른 독립은 자신이 원해서 스스로 전공을 결정하는 경우이다. 자유의지에 따른 의존은 자신이 원해서 부모의 의견에 따라 전공을 결정하는 경우이다. 압력에 의한 독립은 자신은 원치 않는데 부모의 요구로 어쩔 수 없이 혼자 알아서 전공을 결정하는 경우이다. 마지막으로, 압력에 의한 의존은 자신은 원치 않는데 어쩔 수 없이 부모의 의견에 따라 전공을 결정하는 경우이다.

		독립 고	독립 저
자유의지	고	자유의지에 따른 독립	자유의지에 따른 의존
	저	압력에 의한 독립	압력에 의한 의존

그림 2-9 독립과 자유의지의 조합에 따른 네 가지 형태의 자율성

자율성의 영향. 그러면 어느 정도의 독립과 자유의지가 우리의 삶에 도움이 될까? 독립은 앞서 언급했듯이 청소년기 발달에 중요한 측면이다. 이 시기의 독립은 이전까지 부모에게 전적으로 의지함으로써 만들어진 그들의 수직적 관계를 좀 더 수평적 관계로 바꾸는 것을 의미한다. 이것은 청소년기 자녀가 자기주장이나 정서적 자

율성, 기능적 독립과 함께 부모와 긍정적인 관계를 유지하는 것을 의미한다. 이 말은 부모와의 단절을 수반한 자율성이 아니라, 부모로부터의 독립과 부모와의 관계 간 최적의 균형에 기초한 자율성을 추구하는 것이 중요하다는 뜻이다.

　같은 맥락에서 몇몇 연구가 지적하듯이 청소년기의 지나친 독립이나 지나친 의존은 모두 문제를 일으킬 위험이 있다. 부모와의 관계를 희생한 지나친 독립은 양육자가 거부감, 소외감, 불신과 같은 부정적인 경험을 하도록 만들 수 있다(Beyers et al., 2003). Harris-McKoy(2016)의 연구에서는 부모가 의사결정을 하는 정도가 중간 수준일 때 자녀의 비행 수준이 가장 낮았고, 양극단일 경우 비행 점수는 올라갔다. 청소년기 자녀가 이탈한 또래와 어울리거나 위험한 이웃과 함께 사는 경우처럼 자녀가 위협이나 위험에 노출되어 있을 때, 그러한 청소년기 자녀를 여러 문제로부터 보호하는 데 부모의 감독과 규제가 필요하다(Mason et al., 1996).

　독립으로서의 자율성과는 달리 자유의지로서의 자율성은 적응적인 측면과 정적이고 선형적인 관계가 있어, 이러한 자율성이 클수록 더 바람직한 것으로 보인다(Soenens et al., 2018). 자기결정 이론에서 가정하듯이, 자신이 인정하고 중시하는 가치와 기준에 기초해서 자신의 판단과 결정, 행위를 조절할 수 있는 자유가 크면 클수록 행복감도 더 크다. 실제 사람들의 일기 분석을 통해서 자율성 욕구의 충족과 행복과의 관계를 연구한 결과, 이 둘 사이에는 선형적인 관계가 존재해서 자율성이 클수록 행복도 증가했다(Ryan et al., 2010).

　자유의지로서의 자율성 동기는 다양한 영역에서 개인의 삶에 영향을 준다. 이러한 영향을 고찰한 연구(Soenens et al., 2018)에 따르면, 학업에 대한 자율적인 동기의 유발은 학습을 위해서 더 심층적인 전략의 사용을 가능하게 하고, 더 높은 역량의 개발을 가져오며, 궁극적으로 더 우수한 학업 성적과 연관되어 있다. 자율성의 이러한 효과는 자기결정 이론(Deci & Ryan, 1995, 2012)의 주장과 일치한다. 자율성 동기의 충족은 그 일을 자신이 원해서 스스로 선택했다는 느낌을 줌으로써 몰입과 헌신 등 내적인 동기를 증가시킨다. 또한 높은 자율성은 자신과 상황을 통제할 수 있다는 느낌을 주고, 부정적 정서보다는 긍정적 정서를 더 많이 경험하게 해 준다. 자율성은 자아정체감과 같은 발달적인 측면과도 관련이 있다. 청소년들이 자신

그림 2-10　**자율성의 중요성.** 인생의 여러 길 중에서 어떤 길을 갈지 선택하는 것은 그 사람에게 달려 있다.

의 삶과 관련해서 자율성을 확보하고 있을 때, 자아정체성과 관련된 문제나 주제에 더 적극적으로 개입하고 주도적으로 자신의 정체성을 확립하고자 한다([그림 2-10] 참조). 대인관계와 관련해서 자율성 동기는 친구들과의 관계에서 더 많은 사회적 역량을 발휘할 수 있도록 함으로써 더 친밀하고 건강한 관계를 누릴 수 있도록 해 준다. 반대로 자율성 욕구의 좌절은 여러 부정적 정서의 경험, 공격 행동, 인터넷 중독과 같은 문제와 연결되어 있다.

4. 자기조절

우리의 삶은 다수의 사람이 모여서 만든 사회라는 틀 속에서 이루어진다. 그 속에서 우리는 앞서 살펴본 두 가지 동기를 충족하기 위해 다른 사람들과 관계를 맺기도 하고 자신이 원하는 목표를 추구하기도 한다. 이때 원만한 대인관계나 개인적 목표를 달성하기 위해서는 자신의 즉흥적 욕구나 충동을 억제할 필요가 있다. 왜냐하면 사람들은 즉흥적으로 자기 마음대로 하는 사람과 관계 맺는 것을 좋아하지 않기 때문이다. 또한 지금 당장의 즐거움이나 편안함만을 추구하다 보면 사회적으로 인정받는 목표를 달성할 수 없기 때문이다. 이런 까닭에 우리는 다양한 장면에서 자신의 충동이나 욕구에 따라 즉흥적으로 행동하는 것을 막거나 연기할 필요가 있다. 이 절에서는 이와 관련해서 자기조절의 의미와 이에 대한 이론적 설명 그리고 자기조절의 실패 유형과 그 결과를 알아본다.

1) 자기조절의 개념

우리가 어떤 중요한 목표를 달성하기 위해서는 그것에 부합하는 행동은 하고 그렇지 않은 행동은 하지 않아야 한다. 내일 시험을 잘 보려면 배운 것을 복습해야 하고 친구들과 어울려 노는 것은 절제해야 한다. 비만을 관리하려면 운동을 규칙적으로 해야 하고 밤늦게 먹는 것은 삼가야 한다. 이처럼 우리가 원하는 결과, 특히 사회적으로 가치 있고 영향력 있는 결과물을 얻기 위해서는 의지적으로 자기의 생각, 느낌, 기분, 행동을 적절하게 수정하고 조절하는 과정이 필요하다. 이것을 자기조절이라는 이름으로 칭할 수 있다. 이때 자기는 여러 정보 중 관련이 없는 것은 걸러 낸 다음, 적절한 반응을 선택해서 그것을 행동으로 옮기는 역할을 한다. 이것을 자기의 실행 기능

(executive function of self)이라고 하는데, 그 궁극적인 목적은 자기와 환경 간의 적합성을 높이는 것이다(Gazzaniga et al., 1998). 적합성이 높으면 그만큼 생존 가능성도 커지기 때문이다.

일반적으로 자기조절(self-regulation)은 자신이 원하는 결과를 얻기 위해서 기존의 반응을 통제하는 의식적·무의식적 과정을 모두 포괄하는 개념이다(Baumeister et al., 1994; Baumeister & Vohs, 2012). 이러한 반응에는 활동, 사고, 느낌, 소망과 수행이 포함된다([그림 2-11] 참조). 이와 관련된 개념으로 자기통제(self-control)는 자기가 원하지 않는 반응을 억제하는 과정을 언급하는 개념이고, 자기훈련(self-discipline)은 문화적인 규준에 부응하도록 자신을 개선하기 위한 의도적인 과정이다.

그림 2-11　**자기조절.** 살아 있는 동상 모델로 거리공연을 하는 사람은 관성에 따른 일반적인 반응을 절제하는 힘을 키운 사람이다.

우리는 주어진 상황에서 학습, 습관, 취향 때문에 정해진 방식으로 반응한다. 자기조절은 이러한 자연적이고 일반적인 반응을 억제하고, 그것을 다른 반응으로 대체하는 것이다. 따라서 자기조절의 핵심은 제압하기(overriding)이다(Baumeister et al., 1994). 우리는 어떤 상황에서 여러 방식으로 행동할 수 있다. 공부하는 도중 친구가 찾아와 외출할 수도 있고 계속 공부할 수도 있다. 이 친구가 멀리서 오랜만에 왔다면 우리는 보통 그와 함께 외출할 것이다. 그러나 내일의 시험이 긴박하다면 공부를 계속하는 반응이 친구와 외출하는 반응을 제압할 수 있다. 이때 우리는 자기조절을 한 것이다.

제압하기라는 개념에는 한 반응을 다른 반응으로 대체하는 것뿐만 아니라, 특정 행동을 시작하고 멈추고 바꾸는 것이 모두 들어 있다. 이때 가장 초보적이고 기본적인 형태는 습관적 반응을 멈추는 것이다. 다시 말하면, 자기조절은 특정 상황에서 이용 가능한 여러 행동 대안 중에서 특정 대안이 경쟁을 통해 다른 대안을 제압하는 것이다. 이들 대안은 습관과 욕망의 강도 측면에서 위계적으로 이루어져 있어서, 하위에 있는 대안에 비해 상위에 있는 대안은 심리적으로 거리가 더 멀고 학습하는 데 시간이 더 걸린다(Carver & Scheier, 1999; Vallacher & Wegner, 1987). 예를 들어, 흡연을 하는 사람이 금연을 하는 것이 어렵다는 것은 흡연에 대한 이 사람의 습관뿐만 아니라, 흡연하려는 욕망 역시 금연에 비해 더 강하다는 것을 의미한다. 그래서 금연은 흡연에 비해 위계적으로 상위 수준에 있는 것이다. 이때 자기조절은 더 높은 수준의 행동 대안을 선택하는 것이다. 금연에 대한 결심이 흡연에 대한 욕망을 제압하면 그는 자기조절에 성공한 것이고, 그 반대이면 자기조절에 실패한 것이다.

2) 자기조절에 대한 설명

자기조절이 이루어지는 심리적 과정에 대한 설명에는 만족 지연, 피드백 루프 그리고 정신력이 있다(Baumeister et al., 1994; Baumeister & Vohs, 2012). 만족 지연(delay of gratification)은 시간은 걸리지만 좀 더 바람직하고 이득이 되는 산출물을 얻기 위해, 지금의 즉각적인 만족을 추구하려는 충동이나 압력을 이겨 내는 것을 말한다. 예를 들면, 흡연에 대한 욕망을 충족하는 것은 지금 당장은 쾌락이라는 만족을 주지만, 장기적으로는 건강을 해치는 심각한 불만족을 초래한다. 대신에 지금의 금연은 흡연에 대한 욕망을 충족하지 못함으로써 즉각적인 만족을 주지 못하지만, 장기적으로는 좋은 건강이라는 더 큰 만족을 준다. 이러한 만족 지연이 이루어지기 위해서는 앞서 설명한 것처럼 금연이라는 상위 대안으로 흡연이라는 하위 대안을 제압해야 한다.

만족 지연은 개인의 삶에 여러 긍정적인 영향을 줄 수 있다. Mischel 등(1988)은 학령 이전 때 쿠키의 유혹에 저항하고 만족 지연을 선택한 아이들이 그렇지 않은 아이들에 비해 더 성공적이고 적응적인 청소년이 되었다는 것을 보여 주었다. 연구자들은 아이들이 4~5세 때 그들의 만족을 지연할 수 있는 능력을 측정한 다음, 약 10년 후 그들의 부모를 접촉해서 아이들의 생활을 알아보았다. 그 결과, 자기통제를 잘한 아이였던 청소년들은 학교 성적, 대인관계에서의 유능성 그리고 좌절과 스트레스에 효과적으로 대처하는 능력에서 더 우수했다. 또 다른 연구(Funder et al., 1983)에서 높은 만족 지연은 주의력, 합리성, 지성, 유능성, 협동성 등의 성격 특성과 연관되는 반면, 낮은 만족 지연은 공격성, 불안, 스트레스에 대한 취약성, 시무룩함 등의 성격 특성과 연관되어 있었다.

자기조절에 대한 또 다른 설명으로 피드백 루프 모형(feedback loop model)이 있다(Carver & Scheier, 1999). 보통 이 모형은 자기조절 과정으로 검사-작동-검사-종결(test-operate-test-exit: TOTE)이라는 단계의 순서를 가정한다. 처음의 검사 단계는 지금의 몸무게처럼 현재의 상태를 희망하는 몸무게와 같은 특정 기준이나 이상과 비교하는 단계이다. 작동 단계는 현재의 상태가 기준이나 이상에 미치지 못할 때 이러한 차이를 줄이기 위해서 노력을 하는 단계이다. 원하는 기준에 맞도록 몸무게를 줄이기 위해 음식을 조절하고 운동을 하는 것처럼, 가장 적극적으로 변화가 이루어지는 단계이다. 또 다른 검사 단계는 작동을 통해 기준을 얼마나 달성했는지 평가하는 단계이다. 목표에 달성하지 못했으면 변화를 가져오기 위한 작동이 계속 이루어진다. 종결 단계는 원하는 목표를 달성했을 때 피드백 사이클이 끝나는 단계이다. 이처럼 피드백 루프 모형은 현재와 목표 상태, 이 둘 간의 차이, 차이를 줄이기 위한 행동과 그에 따른 효과를 계속해서 추적하는 과정을 중시한다.

　자기조절에 대한 정신력 모형(strength model)은 자기조절을 충동과 욕구를 통제하는 제한된 자원으로 본다(Baumeister & Heatherton, 1996; Baumeister et al., 2007; Rawn & Vohs, 2006). "의지력이 약한 사람이 유혹에 넘어간다."라는 친숙한 예에서처럼, 정신력은 흔히 의지력이라고 부르는 것과 매우 유사한 개념이다. 정신력은 자기조절에 필요한 자원과 같은 것으로, 이러한 자원이 충분할 때 우리는 충동이나 유혹에 저항할 수 있다. 이러한 자원의 부족은 인지적·행동적·정서적 반응을 조절하지 못해서 자신이 추구하는 목표를 달성하지 못할 수 있다. 신체적인 힘과 마찬가지로, 자기조절을 할 수 있는 정신력도 제한되어 있어서 계속 사용하면 일시적으로 닳거나 고갈된다. 결국 이 모형에 따르면 자기조절의 성공과 실패는 정신력의 양에 달려 있다.

내 마음의 거울

자아 강도 척도

자아 강도(ego strength)가 높을수록 자기조절을 잘할 수 있다. 다음의 질문에 대한 여러분의 대답을 _____에 '예-아니요'로 대답해 보자.

_____ 1. 나는 포부가 큰 사람이다. (예)

_____ 2. 내가 굳게 믿고 있는 신념은 누구도 바꿀 수 없다. (예)

_____ 3. 나는 내 미래에 대해 자주 걱정한다. (아니요)

_____ 4. 나는 일어나지 않은 일에 대해 자주 걱정한다. (아니요)

_____ 5. 나는 일단 시작한 일에 대해서는 최선을 다한다. (예)

_____ 6. 나는 거의 모든 긴박한 상황에서도 침착하다. (예)

_____ 7. 나는 종종 충분한 이유 없이 긴장한다. (아니요)

_____ 8. 나는 늘 독립적으로 내 일을 한다. (예)

_____ 9. 나는 바쁘게 사는 것을 좋아하는 사람이다. (예)

_____ 10. 나는 일을 하는 내 능력에 대해 열등감을 가지고 있다. (아니요)

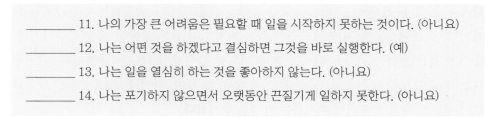

_____ 11. 나의 가장 큰 어려움은 필요할 때 일을 시작하지 못하는 것이다. (아니요)

_____ 12. 나는 어떤 것을 하겠다고 결심하면 그것을 바로 실행한다. (예)

_____ 13. 나는 일을 열심히 하는 것을 좋아하지 않는다. (아니요)

_____ 14. 나는 포기하지 않으면서 오랫동안 끈질기게 일하지 못한다. (아니요)

주: 자신의 답이 (   )의 답과 일치하는 문항의 개수(14개가 만점)가 여러분의 자아 강도를 보여 주는 점수
이다.
출처: Zander & Thomas (1960), Thomas-Zander 자아 강도 척도의 일부.

3) 자기조절의 실패와 결과

피드백 루프 관련 요인.   자기조절에 대한 이론적 설명이 함축하고 있듯이,
Baumeister와 Heatherton(1996)은 자기조절이 실패하는 여러 유형을 소개하고 있다.
피드백 루프 모형에서 자기조절의 실패와 관련된 한 가지 요소가 기준이다. 기준에
는 개인적 이상이나 목표, 사회적 규준, 타인의 기대처럼 다양한 것이 있을 수 있다.
이때 자기조절에 실패하는 이유는 기준이 없기 때문일 수도 있지만, 더 흔하게는 비
일관적이거나 서로 충돌하는 기준을 가지고 있기 때문이다. [그림 2-12]에서 보듯이,

체중 관리를 위해 밤에는 먹지 않는다는 기준을 집
에서는 지키고 친구들을 만났을 때는 예외로 하는
것이나, 운동의 양을 늘린 만큼 더 많이 먹어도 된
다는 것 등이다. Van Hook와 Higgins(1988)는 기
준의 문제가 자기조절의 실패를 가져올 수 있음을
잘 보여 준다. 참가자들은 기준이 서로 불일치하고
충돌할 때, 혼란스럽고, 불분명하며, 불확실하고,

그림 2-12 **과음과 과식.** 오늘날 자기조절의 가장 흔
한 사례가 과음이나 과식에 관한 것이다.

반항적인 반응을 보였고, 정체성에 대한 혼란과 정서적 고통을 겪었다.

피드백 루프 모형에서 중요시하는 또 다른 요소가 현재의 상태에 대한 모니터링이
다. 기준에 비추어서 자신이 현재 하는 행동을 지속해서 주목하고 관찰함으로써, 우
리는 성공적으로 자기조절을 할 수 있다. 체중 감소를 위해 세운 여러 기준에 비추어
자신의 행동이 적합한지를 따져 보지 않으면, 우리는 쉽게 기존의 습관적인 행동에
빠져 궁극적으로 체중 관리에 실패할 가능성이 크다. 이처럼 자신에 대하여 의식적
으로 인식하지 않으면 자기조절에 성공하기 어렵다. 상담이나 임상 장면에서도 내담

자가 자기조절을 개선하기 위해 시도하는 여러 노력이 실패하는 하나의 핵심적인 원인은 그들이 자신의 행동을 계속해서 모니터링하지 못했기 때문이다(Kirschenbaum, 1987).

이처럼 자신의 현재 행동에 주의를 기울이는 것은 자기조절의 중요한 요소이다. 이와 관련된 현상이 심리적 관성(psychological inertia) 효과이다. 이것은 움직이는 몸이 그러한 운동을 지속하는 힘을 가지고 있듯이, 우리의 심리적 과정도 그러한 힘을 가지고 있다는 것이다. 그래서 우리가 어떤 일을 오래 할수록 그것을 멈추는 것은 더욱 어려워진다는 것이다. 심리적 관성이 함축하는 점은 바꾸려는 반응을 가능한 한 초기에 제압하는 것이 가장 효과적이라는 점이다. 나쁜 습관을 끊는 것이 어려운 것처럼, 제거하려는 반응이 계속될수록 그것을 멈추기가 더 어려워진다. 처음부터 담배를 사지 않고 금연을 하는 것이 가게에 가서 담배를 사 온 후 금연을 하는 것보다 더 효과적이다. 가게에 가는 행위, 담배를 구매하는 행위는 관성적으로 흡연이라는 그다음의 행위로 이어질 가능성이 더 크기 때문에 덜 효과적이다.

왜냐하면 초기의 행동보다는 이후의 행동에 쏟는 주의가 더 적기 때문이다. 처음부터 금연을 시도하면 그 행위에 집중해서 모니터링을 하지만, 가게에 가서 담배를 산 다음에 금연을 시도하면 주의가 가게를 갈 것인지에 집중되고 이후 금연을 할 것인지에 대한 모니터링은 소홀히 하게 된다. 비슷한 이유로 준법, 결심, 약속, 도덕 등에서 초기의 사소한 위반, 즉 사소한 자기조절의 실패가 종종 이후의 대규모 위반으로 이어진다. 호기심으로 피워 본 담배가 이후엔 니코틴 중독이 되기도 하고, 재미 삼아 해 본 외도가 나중엔 걷잡을 수 없는 사랑으로 번지기도 한다. 눈덩이가 점점 커지는 것처럼, 처음의 사소한 탐닉이 이후 더 큰 탐닉으로 이어지는 것을 절제 위반 효과(abstinence violation effect; Marlatt, 1985)라고 한다. 무관용 신념(no-tolerance beliefs)은 이러한 효과에 기초한 것이다. 일단 마약을 시작하면 중독이 되지 않을 수 없기 때문에, 이것은 아무리 사소한 위반이라도 용서하지 않는 것이다.

불충분한 정신력.   자기조절의 또 다른 실패 요인을 **불충분한 정신력**에서 찾을 수 있다. 특정 행동을 일으키는 충동의 힘이 그러한 행동을 막으려는 자기조절의 힘보다 클 때 자기조절은 실패하게 된다. 주의, 선택, 능동적 반응, 인내 등은 모두 내적인 자원에 의존한다. 한 연구(Baumeister et al., 1999)에서 초콜릿의 유혹을 견디면서 무를 먹어야 했던 사람들은 그렇지 않은 사람들에 비해 풀 수 없는 문제를 더 쉽게 포기했다. 정서적 반응을 불러일으키는 동영상을 보면서 그러한 감정을 억제해야 했던 사람들은 그렇지 않은 사람들에 비해 풀 수 있는 문제의 수행 성적이 저조했다. Pennebaker와 Chew(1985)의 연구에서는 참가자들에게 사실을 얘기하는 와중에 거짓말을 한 번 하도록 요청한 결과, 그들은 우연히 드러나는 비언어적 행동을 의도적으로 억제했으며 이와 함께 생리적인 흥분 수준도 증가했다. 이러한 발견은 자기조절에는 심리적인 자원과 함께 신체적인 자원도 관여하고 있음을 시사한다.

때로 사람들은 자기조절의 실패에 순응함으로써 그러한 실패를 스스로 허용할 수 있다. 이때 정신력이 완전히 고갈되어 있다면, 자기조절의 실패는 무기력으로 인해 피할 수 없는 것이 된다. 알코올이나 마약 중독자는 자신들이 무책임하거나 탐닉하기 때문이 아니라, 무기력해서 어쩔 수 없는 희생자라고 주장할 수도 있다. 때로 사람들은 자기조절을 할 수 있는 정신력이 있어도 적극적으로 자기조절에 실패할 수 있다. 어떤 흡연자는 하고자 하면 할 수 있는 금연을 하지 않고 흡연의 만족을 추구한다. 이들에게 건강상의 문제는 지금이 아닌 미래에 대처해야 할 문제이다. 자기조절에 대한 핫-콜드 모형(hot-cold model; Metcalfe & Mischel, 1999)에서 뜨거운 인지는 대상의 보상적·쾌락적·식욕적 측면에 초점을 두는 반면, 차가운 인지는 개념적·상징적 측면에 초점을 둔다. 여기에서 우리가 어디에 초점을 두느냐에 따라 자기조절의 성패도 달라질 수 있다.

  자기조절 실패의 결과.   자기조절의 실패가 가져오는 부정적인 결과는 광범위하다. 관련 문헌(Baumeister et al., 1994; Strauman & Goetz, 2012)에 따르면, 과업 관련 자기조절에 실패한 사람은 목표를 설정하지 않고, 계획을 미루거나 만족 지연을 잘하지 못한다. 과업 수행에 필요한 노력을 중간에 그만두고, 주어진 일에 집중하지 못하며, 심적 압박을 견디지 못해 목표를 달성할 때까지 끈기 있게 지속하지 못한다. 이러한 특성은 성공보다는 실패를 경험하게 만들고, 그것은 자아존중감, 특히 역량에 기초한 자아존중감의 저하를 초래한다. 또한 자기조절에 실패한 사람은 흡연, 알코올 남용, 과식이나 도박, 스트레스에 따른 충동 구매, 강박적 사고와 감정 폭발과 같은 역기능적 행동을 많이 한다. 그들은 즉각적인 만족을 억제하지 못함으로써 장기적으로는 건강을 해치고, 사회적으로나 개인적으로 바람직하지 못한 행동을 할 가능성이 높다.

  자기조절의 실패는 관계적인 측면에서도 부정적인 행동을 유발한다. 자기조절을 잘하지 못하는 사람은 더 공격적으로 행동하기 쉽고, 자기의 이기적 욕구를 절제하지 못함으로써 관계에 부정적인 영향을 미치기 쉽다(Rawn & Vohs, 2006). 친밀한 관계가 건강하려면 서로가 상대방을 위해 자신의 개인적인 욕구를 희생해야 한다. 지금의 이타적인 행동이 장기적으로는 다른 사람과의 유대를 강화함으로써 관계를 더 좋게 만들고, 이러한 관계 속에서 상대방은 나를 위해 더 많은 지지와 희생을 할 가능성이 높다. 즉, 단기적인 자기희생이 장기적으로는 더 큰 보상으로 돌아올 수 있다. 이와 반대로 자신의 이기적 욕구를 조절하는 데 실패해서 그것을 우선시하면, 장기적으로는 폭력적이고 파괴적인 반응이나 이기적인 반응 등 관계에 해를 끼치는 결과를 초래하기 쉽다.

자기중심과 자기초월

우리 대부분은 자신이 다른 사람들보다 더 훌륭하고 뛰어나고 싶은 자기중심적인 욕구를 가지고 있다. 남들로부터 인정받고 스스로도 자신을 가치 있고 존중할 만한 사람이라고 생각하고 싶어 한다. 인간의 이러한 욕구는 매우 강해서, 객관적인 사실과는 별개로 주관적으로도 자신의 가치와 중요성을 과대포장하거나 편향적으로 지각하는 경향이 있다. 그렇다고 해서 우리가 항상 그런 것은 아니고 모든 사람이 그렇게 하는 것도 아니다. 때로 우리는 자신의 모습을 있는 그대로 수용함으로써 좀 더 사실적으로 바라보기도 한다. 또한 우리는 대인관계에서 자기중심적인 특성에서 벗어나 상대방을 좀 더 배려하고 서로를 위해 자신의 욕구를 절제하기도 한다. 이 장에서는 이러한 두 상충적인 동기의 특성을 살펴본다. 먼저, 우리의 자기과시와 자아존중감을 살펴본다. 그다음 자기수용과 자기초월에 대한 특성을 알아본다.

1. 자기과시

사람들은 일단 자기라는 개념을 형성하면 자신을 높이고 보호하고자 하며 인정은 추구하되 비난은 피하고자 한다. 또한 자신이 꽤 훌륭하고 남들과 비교해 봐도 부족하지 않은 괜찮은 사람이라는 느낌을 갖고자 한다. 이러한 자신에 대한 긍정적 인식은 우리가 살아가는 데 매우 중요한 동력이다. 그래서 대부분의 사람은 자신의 역량이나 가치를 과장해서 인식하거나 표현하는 경향이 있다. 이와 관련된 것으로 자기고양 편향, 자기도취 그리고 자기제시를 들 수 있다.

1) 자기고양 편향

사람들은 보통 자신에 대해 긍정적으로 느끼고자 하고 부정적으로 느끼는 것을 피하고자 한다. 그 한 가지 방법이 자신을 사실보다도 더 높게 평가하는 것이다([그림 3-1] 참조). 자기고양 편향(self-enhancement bias)은 자신에 대하여 객관적으로 보장된 것 이상의 칭찬이나 긍정적 특성을 요구하는 경향성을 말한다. 지금까지 많은 연구가 이러한 편향을 입증하고 있다. 제4장에서 자세히 살펴보겠지만, 사람들은 지능을 정의할 때 자신이 잘하는 측면에 기초하는 경향이 있다(Critcher et al., 2011). 수학을 잘하는 학생은 수학적 기술이 지능의 핵심이라고 생각하는 반면, 국어를 잘하는 학생은 어휘력이 지능의 핵심이라고 본다. 수학적으로 능력이 있으려면 가령 대학수학능력시험에서 몇 등급을 받아야 하는지에 대해서도 자신의 능력에 따라 다르게 생각한다. 수학을 아주 잘하는 학생은 1등급을 받아야 한다고 주장하겠지만, 보통 정도의 실력을 갖춘 학생은 3등급까지만 받아도 된다고 생각할 수 있다.

또 다른 자기고양 편향으로 평균 이상 효과(better-than-average effect)가 있다(Alicke & Govorun, 2005; Gramzow, 2011). 보통 이 효과는 평균을 비교의 기준으로 삼는 사회비교의 한 형태이다. 특정 차원에서 객관적으로 평균 근처 위와 아래에 다수의 사람이 위치해 있지만, 사람들은 주관적으로 자신을 좀 더 우호적으로 평가하는 경향이 있다.

그림 3-1 자기고양 편향. 우리 대부분은 자신을 사실보다 좀 더 긍정적이고 바람직하게 평가하는 편향을 가지고 있다.

Vanyperen(1992)의 연구에서 네덜란드 축구선수들은 공을 헤딩하는 것과 같은 구체적인 차원이 아니라, 축구 능력과 같은 좀 더 일반적이고 모호한 차원에서 자신의 능력을 동료보다 더 높게 평가했다. 때로 사람들은 구체적인 차원에서도 자신의 특성을 왜곡한다. 온라인에 올린 데이트 프로파일에서 남성의 87%, 여성의 76%가 자신의 키, 몸무게, 나이 등에 대해 틀린 정보를 올렸다(Toma et al., 2008).

자기고양 편향은 도덕적 차원에서도 나타난다. 도덕성은 공적인 교육에서뿐만 아니라 일반적인 사회적 상황에서도 사람의 가치나 인성을 평가할 때 중요한 요인이다. 그래서 사람들은 매우 흔하게 도덕성 차원에서 자신을 높게 평가함으로써 자신의 긍정적 특성을 높이고자 한다. 그렇다고 해서 그들이 더 도덕적으로 행동하는 것은 아니다. 도덕성을 진심으로 중요하게 생각하고, 다른 사람의 권리와 이득보다 자신의 권리와 이득을 먼저 주장하지 않겠다고 말하는 사람들이 타인의 복지를 중시하는 도덕적 원칙을 뻔뻔하게 무시하기도 한다(Darley, 1992). 한 실험실 연구에서 Batson 등(1997)은 참가자들에게 자신의 이익과 다른 사람의 이익이 충돌하는 딜레마 상황을 제시했다. 그들은 자신과 다른 사람을 2개의 과제 중 하나에 할당해야 했다. 긍정적인 과제에서는 올바른 반응을 했을 경우 30달러의 선물권이 주어지고, 중립적인 좀 지루한 과제에서는 올바른 반응을 해도 아무것도 얻지 못했다. 연구 결과 80%의 사람들이 자신을 긍정적인 과제에 배정했다.

일반적으로 자기고양 편향은 대인관계에서 긍정적인 영향보다는 부정적인 영향을 미치기 쉽다(Hoorens, 2011). 자기고양적인 사람은 다양한 사회적 딜레마 상황에서 자신이 남들보다 더 특별한 대우와 권한을 누려야 한다고 생각하는 경향이 있다. 이것이 집단적 과업에서 사회적으로 태만한 행동을 유도할 수 있고, 공유지의 비극처럼 단기적인 이득을 위해 이기적으로 행동하게 함으로써 장기적으로 모두에게 해를 미칠 수도 있다. 또한 이러한 사람은 다른 사람이 자기를 기대에 미치지 못하는 식으로 대하면 그들을 용서하기보다는 공격하기 쉽다. 이와 함께 사람은 자기보다 다른 사람들이 자기고양을 더 많이 한다고 지각한다. 한 연구에서 참가자들은 모든 학생이 자신의 리더십 기술을 상위 70%라고 평가하고, 대인관계 능력을 상위 60%라고 생각한다는 평균 이상 효과에 관한 글을 읽었다. 그다음 이러한 편향에 대한 평가에서 그들은 자신보다 타인이 이러한 편향에 더 취약하다고 판단했다(Friedrich, 1996).

2) 자기도취

자기도취는 자기과시의 한 형태이다([그림 3-2] 참조). 자기도취자들은 거대하고 긍정적이지만 동시에 부서지기 쉽고 비판에 과민하게 반응하는 자기이미지를 가지고 있고, 타인의 긍정적 배려에 의존하지만 그들에게 무신경하고 심지어 폭력적이다(Rhodewalt, 2012). 자아존중감이 높은 사람들의 한 하위 유형에 자기도취적인 사람이 있다. 자기도취에 대한 자기조절 모형(self-regulatory model; Morf & Rhodewalt, 2001; Rhodewalt, 2012)은 자기도취자들의 이러한 특성을 자기개념, 개인 내적 과정 그리고 개인 간 전략으로 설명한다. 자기도취자들은 자기개념 관련 자신의 중요성을 부풀려 지각하고, 자신은 독특하고 창조적인 사람으로서 특별하다고 생각한다. 또한 그들은 남들보다 더 특별한 대우를 받고 더 많은 것을 가질 자격이 있다는 심리적 특권 의식을 가지고 있다.

그림 3-2 자기도취. 자기도취적인 사람들은 자신에 대해 거대하고 긍정적인 이미지를 가지고 있지만, 그러한 이미지는 비판에 취약하다.

자기도취자들의 이러한 자기개념은 현실과 일치하지 않기 때문에, 그들은 다양한 자기고양 전략을 통해 자신의 자기개념을 지속적으로 확인받을 필요가 있다. 이를 위해 그들은 개인 내적인 여러 과정을 동원한다(Campbell et al., 2006; Rhodewalt, 2012). 예를 들면, 그들은 성공이나 부, 신체적 매력과 권력에 대한 환상에 끝없이 사로잡혀 있다. 그들은 객관적인 기준보다 자기를 과대평가하고 자기에게 도움이 되는 식으로 귀인을 한다. 그래서 자기가 달성한 성취나 성공을 사실과 다르게 자기의 노력이나 능력 때문이라고 지각한다. 과거에 대한 회상에서도 자기의 부정적인 측면보다는 긍정적인 측면을 더 많이 떠올림으로써 자기에 대한 긍정적 이미지를 유지하고자 한다.

그들은 자기의 거대한 이미지를 유지하기 위해 여러 개인 간 전략도 사용한다 (Baumeister et al., 2013; Campbell et al., 2006; Rhodewalt, 2012). 그들은 다른 사람들을 조종하거나 자신의 인상을 관리해서 다른 사람들로부터 긍정적인 피드백을 유도하고 부정적 피드백을 둔화시킨다. 그들은 다른 사람들에게 자기를 주목하고 칭찬할 것을 요구할 뿐만 아니라, 이를 위해 자신을 화려하고 눈에 띄게 치장하기도 한다. 그들은 자신을 긍정적으로 평가하는 사람들과는 친밀한 관계를 유지하고, 자신을 비판하는 사람은 폄하하고 멀리한다. 그들은 자신의 자존감을 비판하거나 위협하는 사람에게 분노와 공격으로 반응한다.

자기도취에 대한 성향적 접근 중 하나가 주체성 모형(agency model; Campbell et al., 2006; Campbell & Foster, 2007)이다. 이 모형은 자기도취자의 모든 생각과 행동이 앞서 언급한 Big Two 동기 중 높은 주체성과 낮은 공존성에 해당한다고 여러 자료에 입각해서 주장한다. 이 모형에 따르면 자기도취자들은 거대한 자기이미지를 유지하기 위해서 성공 그리고 그것에 대한 타인의 칭송이 필요한 반면, 관계적인 측면에서 다른 사람의 수용이나 유대에는 큰 관심을 보이지 않는다. 즉, 그들은 공동체적 동기보다는 주체적 동기에 집중되어 있다. 그들의 모든 관계적 행위는 궁극적으로 자신이 권력과 지위, 역량을 가지고 있다는 이미지를 확인받고 유지하기 위한 것이다. 비슷한 맥락에서 그들은 자기를 잘 돌봐 주거나 정서적으로 친밀함을 제공하는 사람보다는 자기를 칭찬해 주고 훌륭하게 보이도록 해 주는 사람에게 매력을 느낀다(Baumeister et al., 2013).

자기도취적인 사람의 이러한 특성은 대인관계에서 불리하게 작용하기 쉽다. 그들은 외향적이고 자신감이 있으며 에너지가 넘치는 인상을 주기 때문에, 낭만적 관계 초기에는 매우 매력적으로 보인다(Back et al., 2010; Campbell et al., 2006). 그러나 이러한 사람은 다른 사람이나 그들과의 관계에 큰 관심이 없기 때문에, 장기적으로 친밀한 관계를 맺는 데 취약하다. 또한 이러한 사람은 특권 의식이 강해 다른 사람과의 관계를 자기중심적으로 이해하고, 그 속에서 자기를 높이는 데에만 집중한다. 이러한 우월감에 빠진 특권 의식은 타인과의 단절과 분리, 경쟁을 경험하게 만든다(Exline, 2008). 이들은 또한 앞서 살펴본 것처럼 자신의 기대가 충족되지 않을 때 상대방을 비난하거나 공격함으로써 관계를 훼손한다.

3) 자기제시

자기를 과시하기 위한 또 다른 전략으로 자기제시를 들 수 있다. 인상 관리(impression management)는 한 개인이 자기나 타인 혹은 집단에 대하여 다른 사람이 형성하는 인상에 영향을 주기 위해 관련 정보를 통제하는 목표 지향적 행동을 의미한다. 특히 그 개인이 타인이나 집단이 아닌 자신의 인상을 통제하고자 할 때 이러한 행동을 자기제시(self-presentation)라고 한다(Schlenker, 2012). 우리는 많은 경우에 자신의 인상을 관리한다. 취업을 위한 면접에서도 그렇고 연인과의 데이트에서도 우리는 상대방에게 좋은 인상을 주기 위해 노력한다. 우리가 자기제시를 하는 것은 다른 사람이 우리를 어떻게 생각하느냐가 우리 삶에 큰 영향을 미치기 때문이다. 우리에 대한 다른 사람의 인상은 우리의 친구 관계, 연인 관계, 직업에서의 성공, 그 외 일상적인 상호작용에도 영향을 준다.

자기제시의 핵심은 바람직성과 신뢰성이다(Schlenker, 2012). 즉, 자신이 원하는 인상을 상대방이 사실이라고 믿을 수 있게 전달하는 것이 핵심이다. 그래서 보통은 자기제시가 성공하면 좋은 인상을 주게 되고, 실패하면 믿을 수 없는 사람이라는 부정적 인상을 주게 된다. 그러나 자기제시가 항상 부정적인 것은 아니다. 자기제시가 사실이 아닌 정보를 제공하는 속임이거나 상대방을 조종하는 행위일 수도 있지만, 때로는 상대방을 배려하는 행위일 수도 있고 자신의 뜻이나 역량을 좀 더 잘 드러내는 행위일 수도 있다. 상대방에 대한 불만이나 부정적인 평가를 그대로 드러내는 것은 상대방의 기분을 상하게 할 수도 있고, 나에 대해 부정적인 감정을 갖게 만들 수도 있다. 그래서 이러한 것들의 강도를 좀 낮추거나 에둘러 표현하는 것은 관계의 유지에 도움이 될 수 있다. 발표를 할 때 자신이 전달하고자 하는 내용을 동영상과 사진, 그래프로 꾸며서 제시하는 것은 발표의 효과를 높이는 데 기여한다.

자기제시는 의식적인 노력 없이 자동적으로 이루어질 수도 있고 의도적으로 이루어질 수도 있다. 카멜레온 효과(chameleon effect)는 상대방의 버릇과 표현을 무의식적으로 따라 하는 것으로(Chartrand &

그림 3-3 **카멜레온 효과.** 우리는 상대방의 버릇이나 표현을 무의식적으로 따라 함으로써 같은 행동을 하게 된다.

Bargh, 1999), 자동적으로 이루어지는 자기제시의 한 사례이다([그림 3-3] 참조). 자기도취자들이 남들에게 좋은 인상을 주기 위해 노력하는 것처럼, 의도적 자기제시는 특정 정보를 의식적으로 통제하는 자기조절의 과정을 수반하기 때문에 에너지와 노력이 필요한 행위이다. 이러한 자기제시에는 이득과 손해가 따른다. 자기도취자들은 자신감, 역량, 매력을 처음에 보임으로써 좋은 인상을 준다. 그러나 시간이 지나면서 대부분의 사람이 보이는 겸손이나 지지보다는 지속적으로 자기중심성과 거만함을 보임으로써 혐오감을 초래한다(Back et al., 2010; Campbell et al., 2006).

관련 연구를 살펴본 문헌에 따르면(Baumeister et al., 2013; Leary, Tchividjian, et al., 1999), 자기제시가 초래하는 부정적 효과를 건강에서 찾아볼 수 있다. 예를 들면, 사람들은 일광욕을 한 사람을 더 매력적으로 지각하기 때문에, 많은 사람이 과도하게 일광욕을 함으로써 피부암에 걸릴 확률이 높아진다. 남들에게 신체적으로 좋은 인상을 주기 위해 과도하게 몸매를 관리하는 것은 영양 부족뿐만 아니라, 거식증과 같은 병리적인 결과를 초래하기도 한다. 이 외에도 알코올, 흡연, 스테로이드, 그 외 약물의 사용, 모험적 행동 등은 모두 다른 사람에게 좋은 인상을 주기 위한 것이지만 궁극적으로 자신의 건강을 해칠 수 있다.

지혜의 샘

사람들은 늘 자신을 높게 평가하고자 하는가?

사람들은 보통 자신을 실제보다 더 높게 평가하고 더 좋게 제시함으로써 자신을 과시한다. 이것이 자아존중감과 자기가치감을 높이기 때문이다. 그러나 우리는 때로 자신을 높이기보다는 지금의 자기를 유지하려고도 한다. 긍정적인 자기관을 가진 사람은 말할 것도 없이, 자신에 대해 부정적인 자기관을 가진 사람도 그러한 견해를 유지하고자 한다([그림 3-4] 참조).

그림 3-4 **부정적인 자기관.** 사람들은 자기관의 유지를 통해 일관성을 느끼고자 한다.

Swann(1987)의 **자기확증 이론**(self-verification theory)에 따르면, 사람들은 자신에 대한 안정적이고 일관적인 견해를 지키기 위해 부정적인 자기관조차도 유지하고자 한다. 여러 연구(Swann & Buhrmester, 2012)에 따르면, 사람들은 다른 사람의 피드백 중에서 자신의 자기관에 부합하는 피드백만 받아들이는 등 자기관을 지지해 주는 단서를 중심으로 정보처리를 함으로써 지금의 자기관을 유지한다. 그래서 부정적인 자기관을 가진 사람은 자신을 호의적이고 긍정적으로 평가하는 사람보다는 부정적으로 평가하는 사람들에 대해 더 큰 신뢰와 친밀감을 갖는다. 또한 상대방이 이와 다른 식으로 자기를 평가하면 그러한 평가에 저항해서 바로잡고자 한다.

부정적인 자기관의 유지는 긍정적인 측면과 부정적인 측면을 모두 가지고 있다. 자기관의 유지는 삶에 대한 안정감과 일관성을 제공함으로써 예측 가능성을 높여 준다. 가령, 주변으로부터 예상하지 못한 긍정적인 요구나 압력을 받을 때 생기는 불안을 줄일 수 있다. 실제로 자신이 그러한 요구나 기대를 충족하기 어려울 때, 부정적인 자기관은 현실을 제대로 파악하게 함으로써 불가능한 시도를 예방해 준다. 반면에 이러한 사람은 높은 성취, 삶의 개선과 같이 자기관과 불일치하는 긍정적인 사건에 스트레스를 받기도 한다. 또한 자신에게 폭력을 행사하는 파트너에게 끌릴 수도 있다.

그러면 이러한 사람은 나아지고 싶은 욕망이 없을까? 이러한 사람들 역시 그러한 욕망을 가지고 있어 자신의 파트너로부터 인정받고 수용되는 것에 무관심하지 않다. 자기관을 유지하기 위해서는 무엇보다도 관계를 유지해야 하고, 그러기 위해서는 신체적 매력처럼 관계 유지에 필수적인 측면에서 파트너로부터 긍정적인 평가를 받아야 한다. 부정적인 자기관을 가진 사람도 이 점을 잘 알고 있고 그래서 파트너에게 긍정적으로 보이고자 한다. 결국 이러한 사람들이 유지하는 부정적 자기관은 관계를 위협하지 않는 차원에 국한된 것이다.

2. 자아존중감

우리는 자기를 존중하고 가치가 있는 사람이라고 생각해야 살맛이 난다. 우리가 자신을 부정적으로 보면, 자신이 다른 사람과 맺는 관계나 하는 일이 모두 무의미해진다. 이러한 사람은 삶에 대한 의욕을 상실하고 무기력하며 허무한 상태에 처하게 된다. 그렇기 때문에 자신을 인정하고 존중하는 경향성은 대부분의 사람에게 나타나는 보편적인 현상이다. 이에 이 절에서는 자아존중감의 의미를 알아본 다음, 자아존중감에 대한 단일요인 접근과 2요인 접근을 알아본다.

1) 자아존중감의 의미

사람들은 보통 자신의 어떤 점들은 좋고 바람직하지만 다른 점들은 그렇지 못하다고 생각한다. 이처럼 한 개인이 자신에 대해 내린 전반적인 평가가 자아존중감이다. 자아존중감(self-esteem)은 한 개인이 자기에 대한 지식에 근거해서 자신을 평가한 것 혹은 자기개념 속에 들어 있는 여러 자질과 특성을 긍정적으로 보는 정도이다(Rosenberg, 1965). 여기에는 자신의 신체 이미지, 가치와 능력, 성취뿐만 아니라 자기에 대한 타인의 평가와 그들과의 대인관계 등 여러 요인이 들어 있다. 자아존중감의 이러한 내용을 제2장에서 언급한 Big Two, 즉 공동체적 차원과 주체성 차원으로 묶을 수 있다(Abele & Hauke, 2019). 일찍이 Coopersmith(1967)는 자아존중감의 원천으로 공동체적 차원에 해당하는 덕성과 중요성, 주체성 차원에 해당하는 권력과 역량을 제시했다. 이때 덕성은 도덕적으로 자신을 인정하는 정도, 중요성은 타인이 나를 수용하고 중요하게 여기는 정도, 권력은 내가 타인을 통제할 수 있는 능력 그리고 역량은 성취할 수 있는 능력을 의미한다.

지금까지 이루어진 자아존중감에 대한 연구는 매우 많다. Rodewalt와 Tragakis(2003)는 사회 및 성격 심리학에서 다루는 상위 3개 주제가 부정적 정서 상태, 성차에 이어서 자아존중감이라고 언급한 바 있다. 권위와 영향력을 갖춘 과학 학술지를 검색하는 사이트 Web of Science에서 자아존중감을 검색하면, 1978~2020년 4월까지 제목에 이 용어를 포함한 연구가 8,579개이고, 이 주제를 다룬 연구는 39,700개에 이른다. 이처럼 많은 학자가 자아존중감을 연구하는 것은 이 주제가 우리의 삶에 그만큼 중요하기 때문이다([그림 3-5] 참조).

관련 문헌(Baumeister et al., 2003; Leary, 2012; Leary, Tambor, et al., 1999)을 보면, 자아존중감이 우리의 삶에 중요한 이유가 여럿 있다. 첫째, 높은 자아존중감은 스트레스와 부정적 정서를 완화하는 역할을 한다. 그래서 높은 자아존중감은 낙관주의, 행복과 같은 긍정적 정서 그리고 성공에 대한 기대를 높여 주는 반면, 낮은 자아존중감은 우울이나 불안과 같은 부적응을 초래한다. 둘째, 자아존중감은 지배나 지위의 신호로, 높은 자아존중감은 목표 달성을 용이하게 한다. 그것은 우리가 원하는 목표를 달성하기 위해 기꺼이 노력하도록 하고, 장애물과 패배에도 불구하고 끈기 있게 추진하게 만든다. 셋째, 사람들은 자아존중감 그 자체를 추구할 수 있다. 자신이 품위가 있고 주어진 환경에 적합하다는 느낌 그리고 가치 있다는 인식이 좋기 때문이다. 마지막으로, 자아존중감은 자신이 다른 사람으로부터 수용받고 있는지, 아니면 거절되고 있는지를 알려 주는 지표로 작용할 수 있다. 그래서 낮은 자아

그림 3-5 **자아존중감.** 자기를 존중하고 높이려는 동기는 대부분의 사람에게 보편적이면서 중요한 심리적 요인이다.

존중감은 사회적 수용과 지위를 회복하기 위한 행동을 유도할 수 있다.

　이처럼 자아존중감은 우리의 삶에 매우 다양한 역할을 수행한다. 자아존중감에 대한 초기의 연구에서는 자아존중감이 높을수록 바람직하다는 견해가 대세였다. 그러나 좀 더 최근에는 높은 자아존중감에 부정적 측면이 있다고 주장하는 연구가 많이 있다. 이러한 점을 여기서는 자아존중감에 대한 여러 접근에 기초해서 알아본다. 즉, 자아존중감을 역량이나 자기가치감에 기초한 단일요인 접근과 이 두 요인의 관계로 설명하는 2요인 접근(Mruk, 2013)에 기초해서 살펴본다(전반적인 특징은 〈표 3-1〉 참조).

표 3-1　자아존중감에 대한 접근의 특징

접근	내용
역량 기초 접근	• 한 개인이 의미를 부여하는 영역에서 이룬 성취나 성공이 자아존중감을 결정한다는 입장으로, 타인과의 비교우위에 있을 때 자신에 대한 만족감과 가치감을 경험 • 자신과 타인에게 해가 되는 방식으로 성공을 추구하고 실패를 회피할 수 있고, 완벽주의 추구로 여러 임상적 문제를 야기할 수 있는 단점이 있음
자기가치감 기초 접근	• 자아존중감은 자신의 가치에 대한 한 개인의 느낌으로, 이러한 자기가치감은 정신적으로 자기를 평가하고 그 산물로 나온 정서적 경험. 대인관계가 영향을 미치는 중요한 요인 중 하나 • 자기가치감은 행동과 밀접한 관련성이 없을 수도 있고, 자기도취적인 사람처럼 객관적인 사실이나 평가와 무관하게 본인만 자신을 좋게 느낄 수도 있다는 단점이 있음
2요인 접근	• 자아존중감을 역량과 자기가치감으로 정의하는 접근으로, 자아존중감은 건강하고 긍정적이며 진정한 자기가치감을 가져오는 방식으로 삶의 도전을 다루는 개인의 역량 • 역량과 자기가치감의 고저에 따라 네 가지 유형, 즉 높은 자아존중감, 낮은 자아존중감, 방어적 자아존중감 I과 II의 유형이 존재함

2) 단일요인 접근

　두 가지 입장.　지금까지 많은 학자가 한 개인의 자아존중감을 그가 가진 역량(competence)에 기초해서 정의했다(Mruk, 2013). 역량이란 자신의 능력과 기술을 효과적으로 사용하여 성공을 가져오는 능력이다. 이 접근은 자아존중감을 한 개인이 의미를 부여하는 영역에서 이룬 성취나 성공으로 본다. 이때 성공하기 위해서는 자

신이 중시하는 영역에서 필요한 기술과 능력을 획득해야 한다. 사람들은 이러한 영역에서 한 성공을 통해 자신의 효능감을 경험한다. 이 접근은 권력, 주도성, 자신감과 같은 성격 특성과 함께 자신의 목표, 희망, 꿈의 실현과 성공을 주요 특성으로 여긴다. 일반적으로 역량이나 성공은 상대적인 것이기 때문에, 이런 유형의 자아존중감은 기본적으로 타인과의 비교와 그들에 의한 평가를 통해 형성된다. 따라서 자아존중감을 높이기 위해서는 타인보다 비교우위에 있어야 하고, 경쟁에서 승리해야 하며, 남보다 더 많은 권력을 행사할 수 있어야 한다. 실제로 다른 사람보다 더 많은 역량을 갖추고 있는 것은 종종 사람들에게 자기에 대한 만족감과 가치감을 준다.

　자아존중감을 역량 중심적으로 볼 경우 사람들은 성공을 추구하고 실패를 회피하는 경향성을 보이게 된다. 여기에는 사람들이 자신과 타인에게 모두 해가 되는 방식으로 성공을 추구하고 실패를 회피하는 부정적 측면이 있을 수 있다(Crocker & Park, 2004; Mruk, 2013). 예를 들면, 사람들은 성공을 위해서라면 어떠한 희생도 감수하는 모험을 할 수 있다. 공격성, 속임, 힘의 사용과 같은 손실을 초래할 수 있고, 성공을 위해 심각한 위험도 무시할 수 있다. 또한 주어진 일에서 완벽주의를 추구함으로써 여러 임상적 문제에 직면할 수 있다. 반면에 성공에 필요한 기술이 부족한 사람들은 자신에 대한 기대를 낮추고 도전을 피하며, 정직과 개방적 자세가 관계에 더 유리할 때도 방어적으로 행동함으로써 관계를 해칠 수도 있다. 마지막으로, 우리가 자아존중감을 유지하려면 계속 성공해야 하는데, 그것은 불가능하고 실패할 가능성은 늘 있다.

　자아존중감에 대한 또 다른 접근은 Rosenberg(1965)의 자기가치감(sense of self-worth)에 기초한 것이다. 그는 자아존중감을 한 개인이 인간으로서 경험하는 자신의 가치에 대한 느낌, 즉 자기가치감으로 정의했다. 그래서 높은 자아존중감은 자신이 매우 훌륭하다는 느낌을 나타내는 것이다. 자신이 가치 있는 존재이기 때문에 자신을 존중하는 것이다. 자기가치감은 기본적으로 정신적으로 자기를 평가하고 그 산물로 나온 정서적 경험이다. 자기가치감은 어떤 행동이나 행동의 결과물이 아니기 때문에 행동과 밀접한 관련성이 없을 수도 있다.

　이러한 유형의 자아존중감에 영향을 미치는 한 요인이 사회적 관계이다. Leary(2012)의 사회성 계측기 이론(sociometer theory)에서는 한 개인의 자아존중감이 그의 사회성을 보여 주는 측정치라고 가정한다. 그래서 한 개인이 다른 사람들과 밀접한 상호작용을 통해 정서적 지지와 수용 등 사회적 유대의 욕구를 충족하면 그의 자아존중감은 높아진다. 실제 그들의 실험 연구에서 아무도 자신을 상호작용 파트너로 선택하지 않았다고 들은 사람들의 자아존중감은 떨어졌고, 이와 반대되는 메시지를 들은 사람의 자아존중감은 올라갔다. 이러한 결과는 자아존중감이 전적으로 사적이고 내적인 세계의 산물만은 아니라는 점을 보여 준다.

이러한 정의의 한계점으로, 한 개인의 자아존중감이 객관적인 사실이나 평가와 무관하게 단지 본인만 자신에 대해 좋게 느끼는 것일 수 있다(Mruk, 2013). 그래서 자아존중감이 품위, 명예, 성실성과 같은 긍정적인 특성과 관련이 있을 수도 있지만, 이기주의, 자기도취, 공격성과 같은 부정적인 속성과도 연결될 수 있다. 이러한 부정적 요인이 일시적이나마 자신을 좋게 느끼게 해 주기 때문이다. 따라서 자아존중감을 단순히 자기에 대한 긍정적인 느낌으로 정의하면, 이와 같은 어두운 면이 있을 수 있다.

관련 연구.   지금까지 자아존중감에 대한 연구는 대부분 역량과 자기가치감을 특별히 구분하지 않고 어느 하나에 기초해서 이루어졌다(Mruk, 2013). 자아존중감의 발달적 변화를 살펴본 연구들은 일반적으로 자아존중감이 아동기 이후에는 상당히 안정적임을 보여 주고 있다(Trzesniewski et al., 2003). 성년기에 시작한 한 종단 연구(Orth et al., 2010)에서 자아존중감은 성년기부터 계속 증가해서 60대에 정점에 도달한 다음 점차 감소했다. 또 다른 종단 연구(Harter, 1999)에서는 자아존중감이 약 6세까지는 자기중심성 때문에 상당히 높았다. 그 이후 다른 사람과 비교를 하면서 좀 낮아졌고, 특히 초기 청소년기에는 사춘기와 학교에 대한 적응 등의 문제로 크게 떨어졌다. 그다음 20대까지 천천히 증가한 후 수십 년간은 안정적으로 높은 수준을 유지하다가 노화와 더불어 감소하는 경향을 보였다.

앞서 언급한 것처럼, 자아존중감은 다양한 측면에서 우리의 적응에 기여한다. 관련 문헌(장민희, 2019; Baumeister et al., 2003; Leary, 2012; McDonald & Leary, 2012)을 살펴보면, 자아존중감은 정서적인 영역과 일관적으로 강한 관련성을 가지고 있다. 자아존중감이 높은 사람은 자신이나 관계, 자신의 전반적인 삶을 긍정적으로 느끼는 등 심리적 행복 수준이 높다([그림 3-6] 참조). 또한 높은 자아존중감은 사람들이 스트레스 상황에서 그것을 더 잘 관리하고 불안을 경감하게 도와줌으로써, 스트레스에 더 적응적이고 기능적으로 대처하도록 도와준다. 반대로 자아존중감이 낮은 사람은 높은 사람에 비해 여러 부정적인 정서, 가령 불안, 슬픔과 우울, 적대감과 분노, 사회적

그림 3-6 삶의 행복과 만족. 자아존중감이 높으면 일반적으로 심리적으로 더 만족하고 행복하다.

불안, 수치심과 죄의식, 당황 등을 더 빈번하게 경험한다. 이처럼 그들은 부정적 정서를 더 많이 경험할 뿐만 아니라, 그것을 조절해서 경감하고자 하는 의욕도 상대적으로 더 적다.

　자아존중감은 대인관계와도 밀접한 관련이 있다(Baumeister et al., 2003; McDonald & Leary, 2012). 자아존중감이 높은 사람은 낭만적 관계 등 친밀한 관계를 맺고 있는 반면, 낮은 사람은 혼자이거나 다른 사람들로부터 거부나 배제를 더 많이 경험한다. 비슷한 맥락에서 자아존중감이 낮은 사람은 상대방이 자기의 긍정적 측면을 평가 절하할 것이라고 생각하고, 자기를 수용하고 있음을 보여 주는 단서보다는 거부하고 있다는 단서에 훨씬 더 민감하다. Downey와 Feldman(1996)은 이러한 현상을 거절 민감성(rejection sensitivity)이라고 언급했다. 이것은 자신에 대한 믿음을 떨어뜨릴 뿐만 아니라, 상대방에 대한 비난이나 폭력을 유발하여 관계를 더욱 악화시킨다.

　높은 자아존중감은 지배나 지위의 신호가 될 수 있다. 관련 문헌도 이러한 입장을 지지해 준다(McDonald & Leary, 2012). 역량이 뛰어난 사람은 집단에서 높은 지위와 많은 권력을 확보할 가능성이 크다. 따라서 자아존중감을 역량으로 정의할 때, 자아존중감이 높은 사람은 지위도 높고 권력도 많을 수 있다. 비슷한 맥락에서 자아존중감이 높은 사람은 자기고양을 지향하는 반면, 낮은 사람은 자기보호를 지향한다(Baumeister et al., 1989). 그래서 전자는 자신감이 있어 자신의 강점을 최대한으로 이용하면서 실패의 위험도 감수하고 상실이나 후퇴를 견딜 만큼 지속적인 반면, 후자는 자존감의 증가만큼이나 상실을 피하는 것에 몰두하기 때문에 성공을 위한 노력만큼이나 실패에 대한 회피를 모색한다. 이러한 차이 때문에 특히 주도적이고 도전적인 과업에서 자아존중감이 높은 사람이 유리하다(Baumeister et al., 2003).

　이처럼 지금까지 대부분의 연구자는 높은 자아존중감이 바람직한 반면, 낮은 자아존중감은 다양한 문제 행동의 원인으로 생각해 왔다. 실제 관련 문헌들을 고찰한 연구에 따르면(McDonald & Leary, 2012), 낮은 자아존중감은 알코올, 마약 사용, 범죄와 비행, 여러 정신병리적 측면과 연결되어 있었다([그림 3-7] 참조). 그러나 다른 한편으로 볼 때, 높은 자아존중감이 항상 긍정적인 것만은 아니다. 자아존중감은 개인적 기준이나 다른 사람과의 비교에 기초해서 이루어진다(Neff, 2011). 그래서 자아존중감이 높은 사람은 자신이 다른 사람에 비해 평균 이상으로 뛰어나고 특별하다고 지각할

그림 3-7 **불안과 우울.** 낮은 자아존중감은 정신병리적인 측면과 관련이 있다.

필요가 있다. 그러나 그들이 남들보다 항상 뛰어날 수는 없기 때문에 때로 실패도 하고 남들보다 뒤처질 수도 있다. 이때 자아존중감이 높은 사람들은 그러한 실패에 대하여 자기를 비난하기도 하고, 그것을 다른 사람의 탓으로 돌리기도 한다. 또한 그들은 자신의 자존감을 위협하는 외부 자극을 왜곡해서 이해하거나 적대적이고 공격적으로 대응하기도 한다.

불안정하고 비현실적으로 높거나 외부의 평가에 과도하게 의존하는 자기도취적 자아존중감을 가지고 있는 사람은 자신의 자존감을 위협하는 외부의 자극에 더 취약할 수밖에 없다(Baumeister et al., 1996). 이러한 취약성 때문에 그들은 자신에 대한 비판이나 다른 사람의 관점을 개방적으로 수용하지 못한다. 그들은 자신의 자존감을 위협하는 자극에 대해 적대감, 방어, 분노와 같은 부정 정서를 경험하고 공격적이고 폭력적인 방식으로 대응한다(Baumeister et al., 1996; Kernis, 2005). 이러한 행동을 야기하는 하나의 주된 이유는 자만심에 대한 위협이다. 이러한 사람들은 자신의 과장된 자부심을 충족하기 위해 다른 사람들보다 늘 비교우위에 있어야 한다. 그래서 타인으로부터 인정받기 위해 자기를 과시하고, 타인보다 자신이 더 우월하다는 느낌을 유지하고자 하며, 자기가 타인보다 더 많은 것을 누려야 한다는 특권 의식이 강하다(장민희, 2019; Feather, 1999).

3) 2요인 접근

자아존중감에 대한 2요인 접근(two-factor approach; Tafarodi & Swann, 1995)은 자아존중감을 역량과 자기가치감으로 정의한다. 이 접근에 따르면, 자아존중감은 건강하고 긍정적이며 진정한 자기가치감을 가져오는 방식으로 삶의 도전들을 다루는 개인의 역량이다(Mruk, 2013). 사람들은 누구나 자신에 대한 가치감을 느끼고 싶은 동기가 있는데, 그러한 느낌은 삶에서 자신의 가치에 부합하는 방식으로 의사결정하고 목표를 달성할 때, 즉 삶의 의미를 창출할 때 가능하다. 이때 역량은 단순히 성공이 아니라 한 개인으로서 자신의 가치를 입증할 수 있는 행동을 의미한다. 즉, 자신의 삶의 가치를 실현하는 방향으로 현실을 직면하고 그에 따른 도전을 다룰 수 있는 능력이다. 비슷하게, Gecas(1982)는 자아존중감을 역량, 권력 혹은 효능감에 기초한 자아존중감과 덕성이나 도덕적 가치감에 기초한 자아존중감으로 구분했다. 전자는 수행과 관련되고, 후자는 한 개인으로서의 가치와 관련된다.

[그림 3-8]에서 보듯이 역량과 자기가치감을 그 고저에 따라 조합하면 네 가지 형

태의 자아존중감이 만들어진
다. Mruk(2013)는 자아존중감
에 대한 기존의 발견을 이러한
유형에 근거해서 설명하고 있
다. 높은 자아존중감 유형은 자
신에 대해 긍정적이고, 자신을
수용하며, 남들로부터 수용받
을 수 있다고 느끼고, 안정적이
며 삶에 대해 만족하는 유형이
다. 또한 새로운 경험에 개방적

		자기가치감	
		고	저
역량	고	높은 자아존중감	방어적 자아존중감 II
	저	방어적 자아존중감 I	낮은 자아존중감

그림 3-8 자기가치감과 역량의 조합에 따른 네 가지 형태의 자아존중감

이고, 자기를 확장하는 데 필요한 위험을 감수하는 능력이 있으며, 관계상의 문제를
피하기보다는 해결하고자 하고, 일반적으로 실패보다는 성공 경험을 더 많이 한다.
이 유형의 자아존중감은 건강하고 진정한 자아존중감으로, 기존의 연구가 보인 자아
존중감의 어두운 측면, 가령 자기도취, 자만심, 반사회적 행동이 이 유형에는 없다.

　낮은 자아존중감 유형은 자기조절의 역량이 떨어져 스트레스를 이겨 내거나 완화
할 능력이 떨어지는 유형이다. 이 유형의 사람은 자신감이 떨어져 삶의 도전을 감당
할 능력이 부족하다. 그들은 자신의 역량을 확장하려다가 지금의 자아존중감마저 상
실할 수 있다는 불안으로, 모험보다는 안전을 더 중시한다. 즉, 자기확장보다는 자기
보호를 우선시한다. 이런 이유로 그들은 손실의 회피, 거절에 대한 민감성, 낮은 수준
의 개인적·관계적 만족 수준을 행동의 기준으로 설정한다. 부정적 사고, 소심, 거절
민감성, 의존, 불안, 우울 등이 이 유형에 해당한다.

　방어적 자아존중감 유형과 관련해서 볼 때, 대인관계에서 방어적인 태도는 크게 두
가지 요소를 가지고 있다(Stamp et al., 1992). 그 하나가 자신이 부족하거나 결점이 있
다고 지각하는 것이다. 이러한 결점이나 부족함은 지금의 자기이미지와 희망하는 자
기이미지와의 격차를 지각할 때 생긴다. 또 다른 요소로 이러한 결점이 자신의 사회
적 이미지에 큰 영향을 주기에 충분할 정도로 두드러지거나 중요한 자기개념과 관련
이 있어야 한다. 이러한 경우 방어적인 사람들은 다른 사람과의 상호작용에서 자신
을 보호하는 방식으로 행동한다. 이들은 때때로 자기 자신에 대한 불안, 걱정, 공격
성, 수치심, 열등감 등과 함께 사회적으로 바람직하지 못한 다양한 속성, 가령 적절하
지 않은 상황에서 느끼는 성적 요구나 부당한 시기심 등과 같은 것을 인정하거나 수
용하지 못한다.

방어적 자아존중감 유형 I은 자아존중감이 자신의 성공이나 다른 사람의 평가에 의해 좌우되는 유형이다. 이처럼 관계 의존적인 사람은 다른 사람에게 수용받으려는 욕구가 강하고 거부에 대해 민감하다. 이들은 자신을 희생하더라도 특정한 이미지를 유지함으로써 다른 사람을 즐겁게 해 주고자 한다. 이런 특성이 강한 사람은 자기도취적인 특성을 보인다. 그래서 자신의 중요성에 대해 과장된 인식을 가지고 있고, 다른 사람들에게 자신의 특별한 능력을 인정해 줄 것을 요구한다. 자신의 이미지에 도전하는 사람들에게는 언어적 공격과 같은 방식으로 대응함으로써 그 위협으로부터 자기를 보호한다. 기존의 연구에서 드러난 거절 민감성, 자기도취, 특권 의식, 공격적 행동 등이 이 유형에 해당한다.

역량에만 기초한 방어적 자아존중감 유형 II는 자기가치감이 낮기 때문에 자아존중감을 위협하는 요인에 특히 취약하고, 늘 성공만 할 수는 없다는 점에서 매우 불안정하다. 성취를 통해 자아존중감을 유지하기 때문에 경쟁, 완벽주의, 집착, 성취에 대한 높은 욕구 등의 특성을 보인다. 문제는 이러한 목표를 달성하기 위해서 대인관계나 자신의 신체적·심리적 안녕을 희생한다는 것이다. 좀 더 심각한 경우 역량에만 기초한 자아존중감은 섭식장애와 연결되기 쉽다. 이 유형의 사람은 능력이 뛰어나 사회적으로 높은 지위와 권력을 획득할 수는 있지만, 그들의 양심이 훼손되어 반사회적으로 행동할 수 있다. 또한 그들은 자신을 방어하기 위해 공격적으로 행동할 수 있다.

3. 자기수용

어떤 사람은 자신이 다른 사람보다 더 뛰어나고 훌륭하다고 왜곡해서 자신의 우월의식을 지키고자 한다. 또 어떤 사람은 이와는 반대로 자신의 단점과 잘못을 인정하고 받아들임으로써 자신이 남들보다 크게 더 나은 점이 없다고 생각한다. 전자와 밀접한 개념으로 앞서 살펴본 자기도취를 들 수 있고, 후자와 관련해서는 자기자비와 자기용서를 들 수 있다.

1) 자기자비

앞에서 살펴본 자기과시와는 반대로, 수용적 자기는 자신의 부족한 점을 인정하고 받아들임으로써 자신을 남들보다 비교우위에 놓지 않는 것과 관련된다. 우리 사회는

치열한 경쟁 속에서 남들과의 비교에서 우위에 있을 것을 요구한다. 그러나 이것이 항상 가능한 것은 아니다. 이때 우리는 종종 자신의 실패나 결점에 대해 자기를 비난하며 고통을 느낀다. 이러한 고통을 경험하는 한 우리는 행복할 수 없다.

　이러한 고통의 문제를 해결하는 하나의 방법이 자기자비(self-compassion)이다. 자기자비는 고통을 느낄 때 과도하게 자기를 비난하는 대신, 자신의 부족한 점과 취약한 점을 너그럽게 이해하고 받아들이는 태도를 의미한다. Neff(2008, 2011)는 [그림 3-9]에서 보듯이 자기자비를 자기친절, 연결감(혹은 공통의 인간성) 그리고 마음챙김이라는 3개의 핵심 요소로 정의했다. 자기친절은 우리가 자신의 부적합성이나 실패 혹은 괴로움에 직면했을 때 자신을 비난하거나 자신의 고통을 무시하는 대신, 자신을 따뜻하게 이해하고 보살펴 주는 것이다. 자기에게 친절하기 위해서는 자신이 이상적 기준에 미치지 못했을 때 분노하는 대신, 자기에 대한 판단과 자기를 폄하하는 평가를 멈추어야 한다. 인간은 불완전하고 실패할 수 있는 존재라는 것을 받아들일 필요가 있다. 인간은 항상 자신이 원하는 존재가 될 수 있는 것은 아니라는 사실을 받아들이지 않을 때, 우리는 고통과 스트레스, 좌절을 더 많이 겪게 된다. 이러한 사실을 받아들이면 심리적 고통은 감소하고 평온함은 증가한다.

　자기자비의 두 번째 요소인 연결감(혹은 공통의 인간성)은 이와 같은 고통의 경험을 다른 사람도 겪는다는 것을 이해하는 것이다. 인간은 모두 불완전하고 취약하며 죽을 수밖에 없는 존재이다. 아무리 지위가 높고 권한이 많은 사람도 약점이 있고, 그래서 잘못된 선택과 그에 따른 후회를 피할 수 없다. 이때 자기자비는 내가 어렵고 힘든

그림 3-9 **자기자비.** 자기자비는 마음챙김, 자기친절, 연결감이라는 세 가지 요인으로 구성되어 있다.

때에 고통을 느끼는 것처럼 다른 사람 역시 힘든 시기에 고통을 느낀다는 것을 이해하는 것이다. 그래서 자기자비는 나와 타인과의 연결감을 제공할 뿐만 아니라, 인간으로서 타인에 대한 이해와 친절을 가능하게 한다.

　우리가 인간에 대한 이러한 큰 그림을 고려하지 못하면, 자신이 실패하거나 수치스러울 때 다른 사람과의 연결감을 느끼는 것이 아니라 그들로부터의 소외와 고립감을 느끼기 쉽다. 자신의 단점과 실패가 자기에게만 국한된 문제라고 인식하면, 자신만 어리석고 잘못된 사람이라는 인식에 사로잡히기 때문이다. 자신만이 세상사로 고통받는 존재라고 생각함으로써, 자기의 문제에 과도하게 몰입하여 타인과 자신의 연결고리를 망각하게 된다. 동시에 이와 같은 사실을 다른 사람들이 알지 못하도록 숨기고 방어적으로 대응함으로써 그들과의 연결을 차단한다. 이것은 결국 자신을 점점 고립되게 만들고 취약하게 만든다.

　자기자비의 세 번째 요소인 마음챙김은 자신의 부정적인 생각과 느낌을 억압하거나 부정하지 않고 있는 그대로 관찰할 수 있도록 하기 위해 그것을 판단하지 않고 수용할 수 있는 마음 상태를 의미한다. 우리는 생각하고 느낄 뿐만 아니라 동시에 우리가 그러한 생각과 느낌을 경험하고 있다는 것을 알 수 있다. 우리는 자신을 거부하고 무시한 동료에게 분노를 느끼면서 동시에 자신이 분노를 느끼고 있다는 것을 알 수 있다. 우리가 이러한 경험을 지금 여기에서 있는 그대로 바라보기 위해서는 동료에 대한 분노에 매몰되지 않아야 한다. 우리가 이러한 분노에 사로잡히면, 분노를 억압하거나 폭발하는 데 자신의 모든 에너지를 소비함으로써 결국에는 탈진한다. 자신이 분노하면서도 그러한 상태를 한 발짝 떨어져서 볼 수 있으면, 우리는 분노에 휘둘리지 않으면서 저항 없이 분노가 생겨나고 지나가도록 허용할 수 있다. 그러면서 우리는 분노가 주는 고통으로부터 자신을 보호할 수 있다.

　다수의 경험적 연구는 자기자비가 높은 사람은 그렇지 않은 사람에 비해 더 적응적이고 바람직하다는 것을 보여 준다. 가령, 자기자비가 높은 사람은 불안, 우울과 같은 부정적 정서를 덜 경험하는 반면(Neff, 2008, 2011), 지혜, 호기심, 행복, 낙관주의 그리고 긍정적 감정과 연결되어 있다(Neff et al., 2007). 한편, 우리는 일단 부정적 생각에 사로잡히면 그러한 생각을 계속해서 반복하는 경향이 있다. 반추(rumination)라고 부르는 이러한 경향은 두려움, 수치심 그리고 부적합성과 같은 느낌에 의해 강화된다. 자기자비는 부정적 생각과 느낌을 판단하지 않고 인식함으로써 그러한 경험에 가중치를 덜 부여하고 반추라는 심리적 경향성에서 벗어날 수 있다. 또한 자기자비는 개인적 성장을 촉진하는 역할을 한다. 자기자비가 높은 사람은 자신의 실패와 단점을 숨기거나 합리화하는 데 혹은 그로 인한 심리적 고통을 겪는 데 에너지를 소모할 필요가 없다. 대신에 그들은 자신의 에너지를 부족한 점을 보완하는 등 자신의 성장을 위해 쓸 수 있다(Donald et al., 2018; Neff, 2011).

자기자비는 자아존중감 이상의 이득을 제공할 수 있다. 앞에서 살펴본 것처럼 자아존중감은 기본적으로 타인과의 비교우위에 기초하기 때문에, 실패에 대한 자기비난이나 타인에 대한 공격을 수반하기 쉽다. 반면에 자기자비가 높은 사람은 이렇게 행동할 필요가 없다. 그들은 자신의 실패와 실수에도 자신을 용서할 수 있는 능력이 있기 때문에 자신의 가치를 높게 평가할 수 있다(Neff & Vonk, 2009). 자기자비는 타인에 대한 자비와도 연결되어 있다. 자기자비는 자신에 대한 판단을 초월해서 타인도 판단하지 않고 있는 그대로 바라보게 한다. 이를 통해 우리는 자신과 타인이 서로 연결된 존재이며, 그들이 모두 인간으로서 평등한 존재라고 인식하게 된다. 타인에 대한 자비는 그들의 고통에 대한 보살핌과 관심뿐만 아니라 그들의 관점을 수용하는 공감을 수반한다. 이러한 점들은 전체적으로 친밀한 대인관계의 유지와 발전에 긍정적인 효과를 준다.

2) 자기용서

자기자비와 밀접하게 관련된 개념이 자기용서(self-forgiveness)이다. 자기용서는 도덕적이거나 법적 기준 그리고 사람들 간에 지켜야 할 윤리나 예의에 대한 위반과 같이 객관적인 잘못을 저지른 자신을 비난하는 대신, 자신에 대한 자비와 관대함을 보이는 것이라고 할 수 있다([그림 3-10] 참조). Woodyatt 등(2017)은 자기용서가 가지는 중요한 두 측면을 제시하고 있다. 먼저, 자기용서는 자신의 잘못에 대해 느끼는 비난, 수치심, 실망과 같은 부정적

그림 3-10 **자기용서.** 자신의 어둡고 잘못된 부분을 모두 용서하는 것이 삶에 긍정적인 영향을 끼친다.

인 정서를 수용이나 용서와 같은 긍정적인 것으로 대체할 필요가 있다. 또한 자기용서는 이러한 정서적 변화와 함께 자신의 잘못에 대한 책임감을 수반한다. 자신이 분명히 한 잘못에 대한 책임감을 느끼지 못하면서 자기용서를 하는 것은 진정한 의미에서의 자기용서라기보다는 거짓 자기용서이기 때문이다. 사회적 규범의 위반은 자신이 사회적으로 적합한 파트너이고 집단 구성원이라는 전반적인 인식을 위협한다. 이

러한 상황에서 자기를 용서하는 것이 어려운 것은 사회적 규범의 위반에 따른 자기 삶의 의미를 재구성하고, 자신이 감당해야 할 책임감을 인정하면서 자신에 대한 수용과 자비를 베풀어야 하기 때문이다.

자기용서는 자기자비와 밀접한 관련성이 있다. Gilbert와 Woodyatt(2017)에 따르면, 자기자비를 위해서는 자신이 느끼는 고통의 본질과 정도에 주목하고 그러한 경험을 견디면서 공감할 필요가 있다. 또한 위반이나 잘못을 범한 자신의 행동에 대해 판단하지 않는 자세가 필요하다. 자기자비에 필요한 이러한 역량을 갖출 때, 사람들은 자기를 좀 더 쉽게 용서할 수 있다. 우리가 자기용서를 잘 할 때 건강이나 개인적 및 관계적 행복 수준이 높아질 수 있다. 자기용서는 개인적 실패, 규범의 위반, 가치와

내 마음의 거울

수용에 대한 척도

우리가 가깝고 친밀한 관계 속에서 서로 돕고 의지하면서 살기 위한 첫 번째 조건은 서로를 받아들이는 것이다. 다음의 질문을 읽고 자신의 특성을 가장 잘 나타내는 숫자를 _____에 적어 보자.

1: 전혀 그렇지 않다   2: 상당히 그렇지 않다   3: 보통이다   4: 상당히 그렇다   5: 매우 그렇다

_____ 1. 모든 사람들은 친절하려고 노력한다.

_____ 2. 사람들은 나에게 매우 비판적이다.*

_____ 3. 사람들은 너무 자기중심적이다.*

_____ 4. 나는 사람들이 나를 원하지 않는 것처럼 혼자 남겨진 느낌이 든다.*

_____ 5. 나는 여러 사람과 함께 다니는 것을 좋아한다.

_____ 6. 사람들은 내 의견을 존중하는 것 같다.

_____ 7. 나는 나와 가치관이 다른 사람과도 즐겁게 함께할 수 있다.

_____ 8. 대부분의 사람은 내 감정을 잘 이해하는 것 같다.

_____ 9. 오늘날 사람들의 도덕적 기준은 매우 낮다.*

_____ 10. 주변의 대부분 사람은 나를 좋아하는 것 같다.

주: *로 표기된 문항의 본인 점수는 6점에서 _____에 적은 점수를 뺀 것이다. 가령, 2번 문항에서 내가 적은 숫자가 2이면, 나의 점수는 6-2=4점이다. 홀수 문항의 점수를 모두 합한 점수(25점 만점)는 타인에 대한 여러분의 수용 점수이다. 짝수 문항의 점수를 모두 합한 점수(25점 만점)는 여러분에 대한 타인의 수용 점수이다.

출처: Fey (1955)의 척도 일부.

행동의 불일치 등으로 생긴 스트레스에 정서 중심적으로 대처하는 것으로, 수십 개의 연구에서 자기용서가 클수록 우울, 불안, 정신적 스트레스는 낮았으며 신체적 건강 수준은 높았다(Davis et al., 2015). 그뿐만 아니라 몇몇 연구는 자기용서가 사회적 지지, 심리적 안녕감과 연결되어 있음을 보여 주고 있다(Massengale et al., 2017).

4. 자기초월

사람이 기본적으로 자기중심적이고 자기에게 이득이 되는 쪽으로 행동한다고 대부분의 연구자는 생각한다(Crocker & Canevello, 2015). 그래서 많은 연구자는 우리가 다른 사람과 관계를 맺는 것도 우리 자신의 욕구 충족을 위한 것이고, 상대방에 대한 배려나 보살핌 역시 관계를 통해 얻는 혜택을 계속 누리기 위한 것이라고 가정한다. 그러나 인간에 대한 이와 같은 그림이 완전한 것은 아닐 수 있다. 어떤 사람은 자기를 초월해서 상대방 중심으로 생각하고 행동할 수도 있기 때문이다. 여기에서는 그러한 특성으로 요란한 자아와 고요한 자아 그리고 자기의 에고시스템과 에코시스템을 각각 비교해서 살펴본다.

1) 요란한 자아 대 고요한 자아

요란한 자아와 고요한 자아는 사람들의 자기중심적인 특성과 그에 대비되는 특성을 지칭하는 용어이다. Bauer와 Wayment(2008)에 따르면, 요란한 자아(noisy ego)는 자기가 중심이 되고 주목받고자 노력하는 것인 반면, 고요한 자아(quiet ego)는 과도하게 자기나 타인 중심적이지 않으면서 자기와 타인을 통합하는 인식을 지칭한다. 요란한 자아는 다른 사람을 배경의 소음 정도로 생각하고, 사람들의 외모가 갖는 떠들썩한 인기와 자랑할 만한 장점에 주목한다. 반면에 고요한 자아는 타인과의 조화를 추구하면서 그들의 말을 경청하고, 사람들의 심리적 역동과 그들의 장점 및 단점에도 주목한다([그림 3-11] 참조).

Bauer와 Wayment(2008)는 고요한 자아의 전형적 특징으로 초월적 인식, 상호의존, 자비 그리고

그림 3-11　**고요한 자아.** 고요한 마음속에서 개별적 자아는 사라지는 동시에 다른 존재와 하나가 된다.

성장을 제시했다. 초월적 인식은 방어하지 않으면서 현재에 집중하여 자기와 타인 그리고 상황의 긍정적 측면과 부정적 측면을 있는 그대로 인식하는 것이다. 상호의 존은 서로 관계하는 자신과 타인을 균형 있고 통합된 방식으로 이해하는 것이다. 상호의존의 핵심 역량은 다른 사람의 관점을 이해하는 것이며, 다른 사람을 인간성의 측면에서 자신과 통합하는 능력이다. 자비는 자기와 타인에 대한 수용과 공감의 정서적 측면 그리고 개인과 집단의 안녕을 조성하고자 하는 욕구와 관련된다. 성장은 시간의 흐름에 따른 인본주의적 혹은 친사회적 발달과 관련이 있다. 이처럼 고요한 자아를 가진 사람은 수준 높은 목표를 세워 자신의 성장을 도모한다. 또한 그들은 현재의 행동이 갖는 장기적인 효과를 고려한다. 반면에 요란한 자아를 가진 사람은 단기적인 측면에 더 많은 관심을 가질 뿐만 아니라, 삶을 장기적인 차원에서 인식하더라도 부의 축적이나 사회적 지위의 상승과 같은 차원에 집중한다.

요란한 자아의 가장 대표적인 형태가 자기도취이다. 앞서 살펴본 것처럼 자기도취자가 추구하는 명성과 지위는 엄청난 자원을 요구하면서 끝이 없는 목표이다. 또한 그들은 자신에게만 주의를 쏟음으로써 다른 사람을 조연 이상으로 보지 않는다. 그러나 고요한 자아는 단기적으로는 자기통제와 자기자비를 필요로 하지만, 장기적으로는 삶을 더 편안하고 쉽게 살 수 있게 해 준다. 고요한 자아는 자신을 정확하게 보게 해 주고, 비합리적인 모험을 하지 않게 해 주며, 실수에 대한 책임을 기꺼이 떠맡게 해 주고, 거짓말과 공격성 그리고 파괴적 경쟁과 같은 관계에 부정적인 행동을 감소시켜 준다. 또한 고요한 자아는 다른 사람을 개방적으로 평등하게 대함으로써 세상을 좀 더 직접적으로 경험할 수 있게 해 준다. 그래서 궁극적으로 삶을 타인과 공존하면서 더 의미 있고 충만하게 살 수 있게 해 준다(Campbell & Buffardi, 2008).

고요한 자아와 관련된 또 다른 요인이 자기인식(self-awareness)이다. 자기가 누구인지를 생각하고 알 수 있는 능력은 우리가 적절하게 기능하는 데 필수적이다. 자기가 누구인지 제대로 알지 못하면 다양한 상황의 요구에 대응하면서 자신의 목표를 달성할 수 없다. Leary와 Terry(2012)는 자기인식이 우리의 삶에서 담당하는 인지적 기능을 크게 네 가지로 구분하면서 자기인식의 장단점을 제시하고 있다. 먼저, 자기인식은 자신의 과거와 미래의 자신을 생각해 볼 수 있게 해 준다. 우리는 자신의 과거를 돌아봄으로써 자신에게 일어난 사건이나 자신의 지난 모습을 알 수 있고, 향후 원하는 결과나 자신의 모습을 결정할 수 있다. 또한 자기인식은 자신의 내면에 대한 성찰로, 사람들에게 자신의 생각, 정서 그리고 동기를 파악할 수 있게 해 준다. 이것은 현명하게 결정하고 부적응적인 반응을 수정하는 데 도움이 된다. 그러나 정신적으로 과거와 미래로 시간 여행을 하거나 자신의 내면을 지나치게 성찰하는 것은 주어진 상황의 요구에 집중해서 노력을 투자하고 적절하게 반응하는 것을 방해할 수 있다.

또한 우리는 자기인식을 통해 자신을 개념화하고 평가할 수 있다. 우리가 자신의 능력이나 특성을 제대로 알아야 주어진 상황에 필요한 자기조절을 통해 목표를 달성할 수 있다. 그러나 때로 사람들은 자기개념과 자기평가를 모든 상황에 부정확하고 과도하게 일반화함으로써 부적응적으로 반응할 수 있다. 가령, 한 개인의 부정적인 자기인식이 상황이나 과업과 상관없이 지나치게 강하다면, 그것은 그의 동기나 행동 및 수행에 좋지 않은 영향을 줄 수 있다. 마지막으로, 우리는 자기인식을 통해 다른 사람들이 우리를 어떻게 보고 평가하는지 알 수 있다. 우리가 주어진 상황에서 효과적으로 행동하기 위해서는 나에 대한 다른 사람의 생각을 이해하고 그것에 맞춰 자신의 행동을 조정할 필요가 있다. 문제는 종종 우리가 다른 사람의 생각을 정확하게 파악하기 어렵다는 점이다.

이처럼 자기인식은 긍정적 측면과 부정적 측면을 모두 가지고 있다. 이러한 상황에서 자기에 덜 집중해서 사고하는 것이 유리할 때에도 필요 이상으로 자기에 몰입하는 것은 부정적인 결과를 초래한다. 많은 문제가 지나치게 자기에 초점을 둔 사고 때문에 발생하고, 그래서 자기에 대한 생각을 줄이는 것이 심리적이거나 신체적인 행복에 긍정적인 영향을 끼친다(Shapiro et al., 2002). 또한 자기를 의식하고 자기와 관련된 사고를 많이 하는 것은 사람들로 하여금 다른 사람의 행복을 고려하기보다는 이기적으로 행동하도록 만든다(Wayment & Bauer, 2008).

이에 Leary와 Terry(2012)는 탈자기 중심적 사고방식 모형(hypo-egoic mindset model)을 제시했다. 여기에서 hypo-egoic은 상대적으로 자기와 덜 관련된 심리적 상태를 의미한다. 이것은 방금 살펴본 자기에 초점을 둔 네 가지 인지적 활동이 낮은 상태를 의미한다. 즉, 과거나 미래가 아닌 현재에 초점을 두고 자기를 생각하고, 자신의 내적인 성찰을 최소화하며, 자기에 대한 개념과 평가를 상황에 따라 구체적으로 다양하게 구축하고, 나에 대한 다른 사람의 평가나 인상을 덜 걱정하는 것이다. 이러한 마음 상태에서는 자신의 목표나 소망의 달성과 같은 자기중심적인 경향이 낮아지고, 자신을 다른 사람과 구분된 개별적 존재로 보는 특성도 적어진다. 특정 상황이나 결과가 자기중심적으로 진행되기를 바라는 경향이 감소하고, 자기를 위협하는 여러 사건, 가령 실패에 대한 두려움, 좌절이나 고통을 야기하는 사건에 덜 취약해진다. 또한 자신에 대한 잡다한 생각을 하지 않음으로써 정신적으로 깨끗한 상태에 있게 된다.

탈자기 중심적인 사고방식은 다양한 심리적 현상과 관련이 있다(Leary & Terry, 2012). 이러한 사고방식을 가진 사람들은 내적으로 자기에 대한 말을 적게 함으로써 정서적으로 차분하고 평온할 수 있다. 자신을 더 정확하게 보고 자신의 부정적인 측면을 더 잘 수용함으로써 궁극적으로 더 겸손하고 다른 사람들로부터 특별한 대우를 받을 것이라고 덜 기대한다. 자기에 대한 생각을 덜 함으로써 자신과 관련된 사건들, 특히 부정적인 사건이 야기하는 슬픔, 분노와 같은 정서를 덜 경험한다. 이러한 사람은 자신에 대한 생각으로 주의를 산만하게 하지 않기 때문에, 과업에 온전히 몰입해서 집중할 수 있다. 또한 정신적으로 명상하는 것과 같은 상태에 있기 때문에, 현재의 자기에 집중해서 사고할 수 있다. 그들은 자신을 다른 존재들과 분리된 것으로 인식하는 경향이 적고 덜 이기적인 반면, 더 자기초월적이며 영적인 특성을 보인다.

2) 에고시스템 대 에코시스템

Crocker(Crocker, 2008; Crocker & Canevello, 2015)는 에고시스템(egosystem)과 에코시스템(ecosystem)이라는 두 동기 시스템으로 사람들의 자기중심과 자기초월을 설명한다([그림 3-12] 참조). 에고시스템은 기본적으로 자기에게 초점을 둔 동기 시스템으로, 이 시스템의 사람들은 상대방보다는 자신의 욕구와 바람을 충족하는 데 먼저 관심을 둔다. 그들은 관계의 결과물을 제로섬으로 보기 때문에 상대방으로부터 이익을 끌어내고자 하며, 관계를 교환적이고 경쟁적인 측면으로 이해하기 때문에 자신의 비용은 최소화하고 이득은 최대화하고자 한다. 이러한 사람들에게 상대방이 중요한 이유는 그들이 단지 자신의 욕구 충족에 필요하기 때문이다. 그래서 이러한 사람들은 다른 사람을 설득, 협상, 아부, 조종 혹은 위협을 통해 통제하고자 한다.

그림 3-12 에고시스템(왼쪽)과 에코시스템(오른쪽). 에고시스템의 사람은 비교우위를 통한 우월감과 인정을 추구하는 반면, 에코시스템의 사람은 타인과의 연결감과 공존을 추구한다.

　　반면에 에코시스템은 자신과 상대방의 관계 전체에 초점을 둔 동기이다(Crocker, 2008; Crocker & Canevello, 2015). 이 시스템에서 자기는 더 큰 전체의 일부이기 때문에, 각 개인의 행동은 다른 사람이 자신의 욕구를 충족하는 능력에 영향을 미친다. 대인 간 에코시스템에서 사람들은 각자 자신의 욕구와 바람을 가지고 있지만, 자신이나 자신의 욕구는 사람들이 서로 연결되어 있는 더 큰 시스템의 일부라고 생각한다. 그들은 이러한 유기적인 시스템 속에서 자신의 안녕감이 타인의 안녕감에 의존한다고 인식한다. 이런 사람들은 자신의 욕구와 바람만큼이나 타인의 욕구와 바람도 중요하고 타당하다고 생각한다.

　　그렇다고 해서 에코시스템 사람들이 모든 사람을 대등하게 대하고, 다른 모든 사람의 욕구를 충족하기 위해 엄청난 양의 노력, 비용, 시간을 들인다는 것은 아니다. 그들은 상대방이 자신의 욕구를 충족하지 못했을 때 그러한 상대방을 통해 나의 욕구를 충족하는 것은 불가능하다고 생각한다. 그래서 그들은 이득의 교환이나 성공적인 투자의 결과를 선택하는 것이 아니라, 타인의 희생 없이 자신의 욕구를 충족할 수 있는 협업을 선택한다. 왜냐하면 그들은 관계를 제로섬 게임이 아니라 모두에게 이득이 되는 것으로 보기 때문이다(Crocker & Canevello, 2012, 2015).

　　에고시스템의 사람들은 다른 사람들에게 자신의 긍정적 이미지를 보여 줌으로써 자신이 원하는 것을 얻고자 한다. 또한 그들은 타인의 인정과 평가, 타인과의 비교를 통한 우월감을 삶의 주된 목표로 삼는다. 이러한 맥락에서 그들이 느끼는 다양한 감정과 느낌은 대부분 자기를 기준으로 한 것이다. 타인의 수용과 인정을 받으면 자부심과 자아존중감이 커지는 반면, 자신에 대한 거절과 비판을 받으면 수치나 창피함과 같은 부정적인 정서에 사로잡힌다. 상대방이 나를 불공정하게 대우하면 분노를, 부정적으로 평가할 것 같으면 두려움을, 버리고 떠나면 슬픔을 느끼고, 그 상대방으로부터 원하는 결과를 얻으면 뽐내고 기뻐한다.

　　에고시스템의 사람들도 때로는 희생하고 베풀지만, 그것은 상대방으로부터 그 대가로 어떤 것을 받기 위한 것이다(Van Lange, Rusbult, et al., 1997). 내가 상대방에게 사랑한다고 말하면 그도 나에게 그렇게 말할 것이라고 기대한다. 문제는 친밀한 관계에서 에고시스템에 기초한 동기가 자기에 대한 이익을 원하는 만큼 증가시키지 않을 수 있다는 점이다. 그 한 가지 이유로 상대방이 나의 이기적 의도를 알아차림으로써 내가 원하는 방향으로 행동하지 않을 수 있기 때문이다(Crocker & Canevello, 2008, 2012). 전반적으로 에고시스템에 기초한 동기는 사람들이 자신의 관계를 단기적이고 협소하게 보도록 유도한다. 그래서 이러한 시스템의 사람들은 관계를 길고 멀리 보는 눈이 부족할 수 있다.

　반대로 에코시스템의 사람들이 경험하는 정서는 기본적으로 타인 지향적인 특성을 가지고 있다(Crocker & Canevello, 2015). 그들은 차분하고 평화롭다. 자신뿐만 아니라 상대방에 대해서도 신경을 쓰기 때문에, 자부심, 수치나 창피처럼 자기중심적 정서는 덜 경험하고 자애, 감사, 공감적 걱정과 같은 타인 지향적인 정서는 더 많이 경험한다. 상대방의 수용은 겸손을 유발하고 타인의 거절과 비판은 슬픔을 야기하지만 질투나 창피를 야기하지는 않는다. 상대방이 부당하게 대우받을 때 분노가 생기고, 상대방이 상처받을까 봐 두려움을 느끼고, 상대방이 상실을 겪을 때 슬픔을 느끼며, 상대방이 원하는 결과를 얻을 때 기쁨을 느낀다.

　에코시스템의 가장 큰 장점은 타인과의 관계를 경쟁 구도로 보지 않음으로써, 비교우위를 추구하는 외적인 동기가 아니라 내적인 동기를 통해 자신의 삶을 진정성 있게 영위할 수 있다는 것이다(Crocker, 2008). 외부의 인정과 평판을 통해 자신의 가치를 인정받으려는 에고시스템의 사람들은 대인관계에서 많은 긴장과 고독을 경험한다. 반면에 에코시스템의 사람들은 타인과의 협력과 돌봄을 중시하고 타인의 평가로부터 보다 더 자유로울 수 있기 때문에, 자신의 내면의 목소리에 충실하게 따름으로써 진정성 있게 살아갈 수 있다.

우리는 평소에 주변 사람들을 보면서 그들이 어떤 사람인지 판단한다. 이러한 판단은 우리와 오랫동안 친밀하게 지내온 가족이나 친구뿐만 아니라 처음 보는 사람에게도 해당한다. 더군다나 타인에 대한 이러한 판단이 한 번으로 끝나는 것이 아니라 때때로 반복해서 이루어지기도 한다. 또한 우리가 상대방을 지각하는 것처럼 상대방도 우리를 지각한다. 우리 자신도 이와 같은 사실, 즉 상대방이 우리를 지각한다는 것을 대개는 알고 있다. 이처럼 대인지각은 매우 흔하지만 그렇다고 단순해 보이지는 않는 현상이다. 이에 이 장에서는 먼저 다른 사람에 대한 지각, 즉 대인지각의 기본 특징을 살펴본다. 그다음 다른 사람에 대한 지각에서 보는 사람, 즉 지각자가 미치는 영향을 알아본다. 이어서 자신과 타인 그리고 긍정적 행동과 부정적 행동을 지각하는 데 나타나는 차이점을 살펴보고, 마지막으로 대인지각과 관련된 첫인상, 일치성, 상호성 그리고 정확성을 살펴본다.

1. 대인지각의 특징

이 절에서는 대인지각의 의미를 알아본 다음, 사회적 관계 모형에 기초해서 지각에 영향을 미치는 여러 요인을 알아본다. 특히 그러한 여러 요인의 상대적 영향력을 지금까지의 연구 결과에 기초해서 비교하고 검토한다.

1) 대인지각의 의미

지각(perception)은 사물, 사건 및 그들 간의 관계를 감각기관을 통해 인식하는 과정이나 그 결과를 의미하는데, 여기에는 파악하고 관찰하며 구분하는 행위가 들어 있다(VandenBos, 2015). 우리는 다른 사람에 대해서도 지각하는데, 그것을 대인지각(person perception)이라고 한다. 이것은 사람들이 다른 사람을 생각하고 가늠하고 평가하는 과정으로, 타인에 대한 인상형성과 같은 개념으로 사용되어 왔다. 즉, 대인지각은 우리가 상대방은 어떤 사람이라는 것을 알아 가는 과정 혹은 그 결과로, 우리는 이러한 지각을 통해 그 사람의 성격을 추론하거나 그의 인상이 좋은지 아니면 나쁜지를 평가한다. 우리는 또한 상대방이 우리를 지각한다는 것을 알고 있다. 그래서 우리는 그 사람이 나를 어떻게 지각하는지 궁금해한다. 이처럼 대인지각은 일방적이지 않고 쌍방적이다.

두 사람 A와 B가 마주 보면서 대화를 하고 있다고 생각해 보자. 여기에는 3개의 서로 다른 지각이 있다. 첫째, 그들은 서로를 지각하는데, A는 B가 외향적인 사람이라고 보고 B는 A를 성실한 사람이라고 볼 수 있다. 이처럼 우리는 다른 사람이 어떤 사람이라고 지각하는데, 이것을 타인지각이라고 부른다. 둘째, 이 두 사람은 상대방이 자기를 어떻게 생각하는지 궁금해할 수 있다. 즉, 그들은 상대방의 마음을 읽고자 할 수 있다. A는 B가 A인 자기를 외향적인 사람이라고 보는지 궁금할 수 있다. 이것을 제2장에서 언급한 반영 평가 혹은 메타지각이라고 한다. 마지막으로, 우리는 자신이 어떤 사람이라는 지각, 즉 자기지각을 한다. A는 자신이 외향적인 사람이라고 생각할 수 있다. 앞으로 제2절에서 살펴보겠지만 때로 메타지각과 자기지각은 타인지각에 영향을 미친다.

2) 사회적 관계 모형

세 종류의 효과.   개인 A가 개인 B를 외향적인 사람이라고 볼 때 이러한 지각은 어디에서 온 것일까? 사회적 관계 모형(social relations model: SRM)은 대인지각에 영향을 미치는 요인을 세 가지로 구분해서, 대인지각이 지각자 효과, 대상자 효과 그리고 이 둘의 관계 효과에 따른 산물이라고 가정한다(Kenny, 2020; Kenny & La Voie, 1984). 지각자 효과는 한 지각자가 다수의 타인을 전반적으로 비슷하게 보는 경향을 지칭한다. A는 사람들을 전반적으로 이기적이라고 보는 반면, B는 그들을 전반적으로 이타적이라고 볼 수 있다. 이처럼 다른 사람을 보는 전반적인 지각이 A와 B 간에 크게 다를 때 지각자 효과가 큰 것이다.

대상자 효과는 특정 대상자의 특성이 그 대상자에 대한 다른 사람들의 지각에 미치는 효과이다. A가 B를 외향적이라고 지각하는 것이 B가 실제로 일정 부분 외향적인 특성을 가지고 있기 때문이라면, 이것은 B의 효과, 즉 대상자 효과 때문이다. A가 B를 좋아하는 것도 한편으로는 B가 따뜻하고 착해서 좋아할 만한 특성을 가지고 있기 때문이라면, 이것 역시 대상자 B의 효과이다. 그래서 대상자 효과는 대상자 B가 실제 외향적이고 대상자 C가 실제 내향적이기 때문에 사람들이 이 둘을 서로 다르게 볼 때 나타난다.

마지막으로, 관계 효과는 특정 지각자가 특정 대상자를 특별하게 본다는 것을 의미한다. 만약 A와 B가 연인 관계라면, A는 B를 특별히 더 사랑할 수 있다. 이처럼 두 사람 사이의 독특한 관계가 대상자에 대한 지각에 미치는 효과가 관계 효과이다.

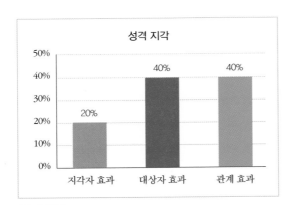

그림 4-1 서로를 잘 알고 있는 상황에서 세 가지 효과가 타인의 성격 지각에 미치는 상대적 영향

효과의 상대적 크기.   우리가 다른 사람을 지각할 때 이 세 가지 효과가 영향을 미친다. 그러면 그 효과의 상대적 크기는 어떠한가? Kenny(2020)는 이 세 가지 효과를 동시에 측정한 수십 편의 연구를 종합했다. 이때 다른 사람에 대한 지각을 외향성, 친화성, 성실성, 정서적 안정성, 교양의 Big Five라고 일컫는 성격 특질로 측정했다. [그림 4-1]에서 보듯이 친숙성이 높아 상대방을 잘 알고 있을 때 그의 성격에 대한 지각에는 대략 지각자 효과가 20%, 대상자 효과가 40%, 관계 효과가 40%의 영향을 미쳤다.

이러한 결과는 친숙성이 낮아 서로를 잘 모르는 사람들을 대상으로 연구한 결과와는 차이가 있다. 즉, 상대방에 대한 친숙성이 낮을 때보다 높을 때, 그 사람에 대한 지각자 효과는 감소하고 대상자 효과는 증가하는 경향이 있었다. 이것은 당연해 보이는데, 평가할 대상자들을 잘 모르면 그들 간의 개별적 차이를 알지 못해 서로를 비슷하게 평가하기 쉽다. 그래서 지각자 효과는 크고 대상자 효과는 작게 나타난다. 반면에 대상자들을 잘 알수록 서로의 개별적 특성을 잘 알게 됨으로써 그들을 서로 다르게 평가할 가능성이 높아진다. 한편, 관계 효과는 친숙성과는 아무런 상관이 없었다.

대상자에 대한 호감 지각은 성격 지각과는 그 패턴이 다르다. 친숙성이 높아 서로 잘 알고 있는 관계에서 상대방이 얼마나 좋아할 만한 사람인지에 대한 지각이 [그림 4-2]에 있다. 이 그림에서 보듯이 호감 지각에는 대략 지각자 효과가 15%, 대상자 효과가 20%, 관계 효과가 65%로 나타났다. 상대방과의 친숙성이 낮을 때와 비교한 결과, 친숙성이 높을 때 그 사람에 대한 지각자 효과는 감소하고 관계 효과는 증가하는 경향을 보였으며, 대상자 효과는 큰 변화가 없었다. 친숙성이 높을 때 지각자 효과가 감소하는 것은 앞의 성격 지각과 마찬가지로 다른 사람들의 매력을 좀 더 잘 구분할 수 있기 때문이다. 그런데 이러한 변별이 대상자에 대한 객관적인 매력을 증가시키기보다는 상대방

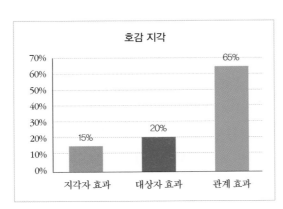

그림 4-2 서로 잘 알고 있는 상황에서 세 가지 효과가 타인의 호감 지각에 미치는 상대적 영향

을 특별히 더 좋게 지각하는 관계 효과의
증가로 이어졌다. 이것이 성격 지각과의
차이점이다.

　[그림 4-3]에서 보듯이 상대방의 신체
적 매력에 대한 지각은 성격 지각이나 호
감 지각과는 또 다른 특성을 보여 주고
있다. 여기에서는 지각자와 대상자의 성
별에 상관없이 대상자 효과가 지각자 효
과보다 더 컸다. 이것은 지각자가 보는
시각보다는 상대방이 가지고 있는 매력
의 정도가 그 사람을 평가하는 데 더 큰
영향을 준다는 것을 의미한다. 특히 대
상자 효과는 남성이 여성을 평가할 때 더

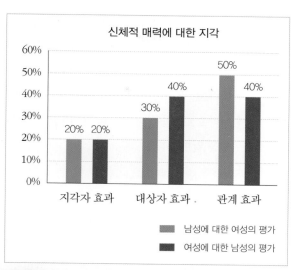

그림 4-3 세 가지 효과가 타인의 신체적 매력에 대한 지각에 미치는 상대적 영향

크게 나타났다. 전체적으로 볼 때 세 가지 효과 중 관계 효과가 신체적 매력에 대한 지
각에 가장 큰 영향을 미쳤다. 이것은 성격 지각이나 호감 지각에서도 마찬가지이다.

　이러한 결과가 함축하는 것은 상대방에 대한 지각이 그 사람의 객관적인 특성보다
는 보는 사람의 시각과 두 사람과의 관계에 더 많은 영향을 받는다는 점이다. 보통 우
리는 내가 상대방을 외향적이라고 지각하는 것은 그 사람이 외향적인 사람이기 때문
이고, 내가 상대방을 미워하는 것은 그 사람이 미움받을 만하기 때문이라고 생각한
다. 그러나 이러한 생각은 사실과 거리가 있다. 상대방의 성격이나 호감, 신체적 매력
을 지각할 때, 지각자 효과와 관계 효과의 합이 대상자 효과보다 더 크다는 것은 대인
지각이 상대방의 특성보다는 보는 사람이 그를 어떻게 보느냐와 그 상대방과 어떤 관
계를 맺고 있느냐에 따라 더 큰 영향을 받는다는 것을 의미한다. 특히 호감 지각에서
관계 효과가 매우 크다는 것은 상대방에 대한 호감은 상당 부분 관련된 두 사람이 만
들어 내는 공동의 결과물이라는 점을 의미한다.

2. 지각자 특성과 인상형성

　앞서 살펴본 것처럼 상대방에 대한 지각은 그 사람의 특성에만 의존하는 것은 아니
다. 그 사람을 보는 사람, 즉 지각자가 가지고 있는 많은 요인에도 영향을 받는다. 여

기서는 그중에서도 가장 일반적이면서도 중요한 몇몇 요인을 알아본다. 먼저, 자기지각의 영향, 즉 지각자가 자기 자신을 어떻게 보고 있는지가 상대방을 보는 데 미치는 영향을 알아본다. 그다음 메타지각의 영향, 즉 상대방이 우리 자신을 어떻게 보고 있다고 생각하는지가 우리가 그 상대방을 지각하는 데 미치는 영향을 살펴본다. 마지막으로, 인종, 성별, 나이에 대한 지각자의 고정관념이 상대방의 지각에 미치는 영향을 알아본다.

1) 자기지각

우리가 자신을 어떻게 보는지에 따라 다른 사람에 대한 지각이 달라질 수 있다. 우리는 때로 상대방을 자신과 비슷하다고 지각하기도 하고, 또 때로는 자신과 반대라고 지각하기도 한다(Molouki & Pronin, 2015; Mussweiler et al., 2005). Dunning(2012)은 자기지각이 타인지각에 주는 효과를 세 가지 형태, 즉 유사성 효과, 강조 효과 그리고 비교 효과로 구분해서 설명하고 있다.

유사성 효과.   이것은 [그림 4-4]에서처럼 우리가 특정 개인이나 집단에 대한 정보가 없거나 애매할 때 그들의 반응이 자신과 비슷할 것이라고 가정하는 것이다. 특히 사람들은 자신의 긍정적인 속성보다는 부정적인 속성을 더 많은 사람이 공유하고 있다고 판단하는 경향이 있다. 예를 들면, 여러 사회적 현안에 대해 소수집단의 입장을 지지하는 참가자들은 자신의 운명을 통제할 수 있다는 믿음이 약화된 조건에 있을 때, 더 많은 사람이 자신과 같은 입장을 취할 것이라고 추정했다(Pyszczynaki et al., 1996). 자신의 부정적 속성을 다른 사람들에게도 일반화하는 것은 그러한 속성이 심각한 결함이 아니라는 것을 의미하기 때문에, 우리의 자아존중감을 유지하는 데 도움이 된다. 반대로 자신의 강점에 대해서는 일반화하지 않음으로써, 자신이 특별히 유능하고 뛰어나다는 인식을 유지할 수 있다.

그림 4-4 **유사성 효과.** 사람들은 다른 사람이 자기와 유사할 것이라는 가정하에 그를 평가한다.

또 다른 유사성 효과로 속성의 투영(attributive projection)이 있다. 이것은 사람들이 자신의 태도와 속성을 특정 다른 사람들에게 똑같이 부여하는 경향을 말한다. 사람들은 자신이 행복하면 다른 사람도 행복할 것이라고 생각하고, 자신이 협동적으로 행동하면 상대방도 그럴 것이라고 생각하는 경향이 있다. 이때 사람들은 자신의 속성을 모든 사람에게 투영하는 것은 아니고, 자신이 우호적으로 보는 사람에게만 투영한다(Dunning, 2012).

유사성 조건부 모형(similarity contingency model; Ames, 2004)에 따르면, 사람들은 전반적인 수준에서 자신과 비슷하다고 생각하는 사람의 구체적인 특성을 판단할 때 자기중심적인 투사를 하는 반면, 전체적인 수준에서 자신과 다르다고 지각하는 사람에 대해서는 그들에 대한 고정관념이나 암묵적인 이론을 사용한다. Ames(2004)는 대학생 참가자들에게 자기가 속한 대학의 나머지 학생들 그리고 다른 대학의 학생들과 자신이 전반적으로 얼마나 비슷한지 평가하도록 했다. 그다음 참가자들에게 다양한 주제에 대한 16개의 항목을 제시하고, 각 주제에 대해 자신이 찬성하는지, 자기 대학교의 학생들이 찬성할 것 같은지 그리고 다른 대학교의 학생들이 찬성할 것 같은지를 평가하도록 했다. 그 결과, 참가자들은 다른 대학 학생들에 비해 자기 대학의 학생들이 자신과 더 비슷하다고 평가했고, 각 주제에 대해서도 더 유사한 태도를 가지고 있을 것으로 평가했다. 비슷하게, 사람들은 자신의 속성을 적에게는 투사하지 않고 친구에게는 투사했으며, 특히 성격 특질보다는 정서 상태를 더 많이 투사했다(Weller & Watson, 2009). 이처럼 자신이 유능하거나 능숙하고 지위가 높은 사람 혹은 친밀하고 가까운 사람과 비슷하고 동시에 자신의 속성을 그들과 공유하고 있다고 생각하면, 그러한 속성이 사회적으로 바람직하다는 것이 된다. 부정적인 속성도 마찬가지이다. 자신의 부정적 속성을 지위가 높은 사람이나 친밀한 사람과 공유한다면, 그러한 속성이 그렇게 나쁜 것은 아니다.

마지막으로, 자기본위적 특질 정의(self-serving trait definitions)가 있다. 사람들은 다른 사람을 판단할 때 사용하는 개념이나 범주를 자신의 특성에 기초해서 정의하는 경향이 있다. 리더는 외향적이고 지적이며 유쾌한 사람이어야 한다고 생각하는 사람은 부분적으로는 자신이 그러한 특성을 가지고 있는 사람이다(Beauregard & Dunning, 2001). 그러나 이러한 투사는 긍정적 개념에 국한한다. 사람들은 부정적 개념으로 자신을 보지 않는 경향을 보인다. 상대방에게 저녁 데이트 일정을 맡기는 것이 순종적인 성격을 보여 주는 것인지를 사람들에게 물으면, 이러한 행동을 자주 하는 사람은 이 행동을 순종적이라고 보지 않고, 자기주장을 하는 사람은 이 행동을 순종적이라고 본다(Dunning et al., 1991). 이러한 경향성 역시 자신의 자아존중감을 높이는 데 도움을 준다.

강조 효과와 비교 효과.   강조 효과는 사람들이 다른 사람을 판단할 때 자신의 특별한 강점과 능숙함을 강조하는 경향을 말한다. 강조 효과의 하나인 극단적 판단은 사람들이 자신의 긍정적 특성에 기초해서 다른 사람을 좀 더 극단적으로 평가하는 경향성을 말한다. 예를 들면, 자신이 사교적이라고 생각하는 사람은 그렇지 않은 사람에 비해 사교적 특성을 보이는 사람을 더 외향적이라고 평가하고, 그러한 특성을 보이지 않는 사람을 더 내향적이라고 평가한다(Critcher et al., 2011; Lambert & Wedell, 1991). 자신과 비슷한 사람을 긍정적으로 평가하고 그렇지 않은 사람을 부정적으로 평가하는 것은 자신의 자아존중감을 높이는 데 기여할 수 있다.

또 다른 강조 효과는 추론 효과이다. 사람들은 자신의 특성에 기초해서 다른 사람을 추론하는 경향이 있다. 내향적인 대학생에 비해 외향적인 대학생은 다른 사람의 성공을 예측할 때 사교적인 역량에 더 큰 중요성을 부여하기 쉽다(Carpenter, 1988). 이와 관련해서 Lewicki(1983)는 자기이미지 편향(self-image bias)을 제안했다. 이 편향에 따르면, 사람들은 자신이 강한 영역에 해당하는 성격 특성에 기초해서 다른 사람을 판단하는 경향이 있다. 즉, 자신에게 가장 유리한 성격 특성이 다른 사람의 전체적인 인상이나 다른 차원의 성격 특성을 평가할 때 가장 중요하고 핵심적인 기준이 된다. 이러한 현상 역시 자아존중감으로 설명할 수 있다. 자신이 가지고 있는 바람직한 성격 특성을 다른 사람들도 가지고 있음을 보임으로써, 자신의 강점이 사회생활에 중요하다는 것을 강조할 수 있다.

이와 비슷하게, 비교 효과는 다른 사람을 판단할 때 자신을 비교의 기준으로 삼는 것이다. 어느 한 사람의 키는 절대적으로 동일하더라도, 그 사람보다 키가 작은 사람의 눈에는 크게 보이지만 그 사람보다 키가 큰 사람에게는 작게 보인다. 이것을 대비 효과라고 한다. 이런 효과는 다양한 성격 특성이나 능력의 차원에서 나타난다. 한 연구(Dunning & Cohen, 1992)에서 참가자들은 수행 성적이 높은 사람, 평균적인 사람 그리고 낮은 사람을 평가했다. 그 결과, 자신의 수행 수준이 낮은 참가자는 대상자의 수행 수준에 상관없이 모두를 매우 긍정적으로 평가했다. 이렇게 평가함으로써 그들은 수행 수준이 낮은 자신도 긍정적으로 평가할 수 있게 된다. 반면에 수행 수준이 높은 참가자는 수행 수준이 낮은 대상자를 평가 절하하고 높은 대상자만을 매우 긍정적으로 평가함으로써, 자신의 높은 성취에 대한 차별성을 높일 수 있다.

2) 메타지각

앞에서 언급한 것처럼 메타지각은 상대방이 나를 어떻게 보고 있는지에 대해 내가 추측한 것이다. 메타지각은 상대방에 대한 나의 지각에 영향을 미칠 수 있다. 일반적으로 우리는 상대방이 나를 좋아한다고 생각하면 우리 자신도 그를 좋아하는 반면, 상대방이 나를 싫어한다고 생각하면 우리도 그를 싫어할 가능성이 크다([그림 4-5] 참조). Finkel과 Eastwick(2009)은 참가자들을 한 쌍으로 짝 지은 다음 한 집단에게는 상대가 자신을 좋아한다고 믿도록 했고, 다른 집단에게는 상대가 자신을 싫어한다고 믿도록 했다. 그 결과, 상대가 자신을 좋아한다고 믿은 참가자들은 상대방에게 자기개방을 더 많이 했고 상대방의 말에 반론을 거의 하지 않았으며 더 따뜻하고 즐거운 모습을 보였다. 결과적으로 상대방은 이 참가자들을 더 호의적으로 평가했다.

Murray와 Rose 등(2002)은 실험실 연구를 통해 메타지각이 타인지각에 미치는 영향을 보여 주었다. 그들은 커플들에게 서로 등지고 앉아서 소통하지 말고 동일한 설문지에 응답해 달라고 요청했다. 사실 두 사람이 받은 설문지는 서로 달랐다. 한쪽은 자기 마음에 들지 않는 상대방의 부분에 대해 묻는 설문지에 응답했다. 보통 그들은 연인의 이상적이지 못한 점 한두 가지를 적고 펜을 내려놓았다. 다른 쪽의 파트너는 자기 집에 있는 물건을 모두 적는 설문지를 받았는데, 적어도 25개 이상의 물건을 적도록 지침을 받은 후 쓰

그림 4-5 **긍정적 메타지각과 사랑의 고백**. 상대방이 나에 대해 좋은 인상을 가지고 있다고 믿고 있어야 그에 대한 나의 사랑을 고백할 수 있다.

기 시작했다. 그들이 쓰고 있는 동안, 그들의 파트너는 한두 가지 불만을 적는 것으로 응답을 마치고 상대방이 적는 소리를 들으며 앉아 있었다. 그러는 동안 그들 눈에 상대방은 자기의 개인적 실패를 길게 나열하고 있는 것으로 보였다.

그 결과, 자아존중감이 높은 사람들은 약간의 위협감을 느꼈지만 곧 그것을 털어버렸다. 그들은 상대방이 자신을 가치 있게 여긴다고 믿을 만큼 자신감이 있었기 때문이다. 그러나 자아존중감이 낮은 사람들은 상대방이 자신을 비판한다고 생각해서, 상대방이 자신을 거부할까 봐 두려움을 느꼈다. 그들은 연인에 대한 존중과 애정을 낮추었다. 자신의 관계를 덜 가깝고, 덜 믿음이 가고, 덜 낙관적이라고 느꼈다. 실제로는 그들의 파트너 역시 자신감이 높은 사람의 파트너만큼 자기 연인의 가치를 높게 평가하고 있었다. 그러나 자아존중감이 낮은 사람들은 자신에 대한 부정적 평가를

연인에게 투사해서, 연인도 자신을 가혹하게 판단할 것이라고 생각한 것이다.

3) 범주화와 고정관념

Big Three.   특정 대상자에 대한 지각은 자동적으로 그가 속한 집단의 성격 특성을 추론한 다음, 필요하면 의도적으로 새로운 정보를 찾아 처음의 인상을 조정해 가는 과정을 거친다(Fiske & Neuberg, 1990). 이처럼 대인지각은 자동적으로 이루어지는 범주화를 통해 이루어지는데, 우리가 어떤 사람을 보고 가장 먼저 사용하는 범주에는 크게 Big Three로 알려진 인종, 나이, 성별이 있다(Fiske & Neuberg, 1990). 우리는 여러 두드러진 생물학적 단서로부터 이 범주에 대한 정보를 쉽게 얻을 수 있다. 특히 얼굴이 주는 시각적 정보를 이용해서 여러 사회적 범주 간의 구분을 매우 빠르게 한다. 한 연구(Ito & Urland, 2003)에서 대학생 참가자들에게 남녀 백인과 흑인의 사진을 보여 준 후, 자신이 본 사진의 성별과 인종을 판단하도록 했다. 그 결과, 참가자들은 인종과 성별에 따라 서로 다르게 조합한 사진에 따라 서로 다른 뇌파의 반응을 보였다. 또한 흑인에 대한 주의는 100ms 이내에 나타났으며 성별에 대한 주의는 150ms 이내에 나타났다.

우리는 다른 사람 얼굴의 전체 윤곽, 세부 형태와 크기 등 구조적인 측면뿐만 아니라, 크게 흑, 백, 황과 같은 피부색을 보면 그 사람의 인종을 쉽게 알 수 있다. 황인종의 눈은 홑꺼풀인 경우가 많고, 서양인의 콧대는 상대적으로 높고, 흑인종은 입이 큰 특징이 있다. 그러면 연령에 대한 지각은 어떨까? 연령에 대한 얼굴 단서에는 머리털, 피부와 생김새에 관한 것이 많다. 우리가 흔히 볼 수 있듯이 검버섯, 기미, 주근깨 등 피부와 머리털의 색소 변화, 피부 주름과 표면이 건조하고 거칠어지는 변화, 피부의 탄력 저하와 처짐과 같은 단서가 있다. [그림 4-6]에서 보듯이 얼굴의 생김새도 나이가 듦에 따라 달라진다. 아이의 머리는 이마가 크고 그 아랫부분에 얼굴의 여러 요소가 모여 있다. 성인에 비해 눈이 크고 코와 턱은 작다. 성인기에 도달하면 이마가 작아지면서

그림 4-6 **아이와 성인의 얼굴 차이.** 아이의 머리는 이마가 크고 그 아래부분에 얼굴이 모여 있다(왼쪽). 성인은 이마가 작아지면서 머리에서 얼굴이 차지하는 부분이 증가한다(오른쪽).

머리에서 얼굴이 차지하는 부분이 증가한다(Pittenger & Shaw, 1975).

일반적으로 사람들이 다른 사람의 얼굴을 보고 추정한 나이는 실제 그 사람의 나이보다 ±3년 사이에 있다(Rhodes, 2009). 특히 사람들은 자신과 연령이 비슷한 사람의 얼굴을 보고 그의 연령을 잘 추정했다. 이것을 자기 연령 편향(own age bias)이라고 한다. Nkengne 등(2008)의 연구에서 모든 참가자가 나이 추정을 잘했지만 특히 여성이 남성보다 더 뛰어났으며, 35세 미만의 젊은이들이 50세 이상의 사람보다 더 뛰어났다. Willner와 Rowe(2001)는 웨일즈의 술 판매원에게 16세 소년과 소녀의 사진을 보여 주고 그들이 술을 살 수 있는 18세 이상인지를 판단하게 했다. 그 결과, 그들은 소년의 38%, 소녀의 56%를 18세 이상으로 판단했다. 또한 이 아이들이 직접 술을 사고자 했을 때, 그들은 소년이 시도한 횟수의 60%, 소녀가 시도한 횟수의 70%에서 신분증을 확인하지 않았다.

우리는 머리 스타일이나 옷과 같은 단서를 통해 남녀를 쉽게 구분할 수 있지만, 얼굴의 물리적 구조에서도 남녀 차이가 있다. Brown과 Perrett(1993)은 실험을 통해 얼굴의 다양한 특징이 성별 지각에 기여한다는 점을 입증했다. 그들은 남녀 각각 16명의 얼굴을 평균을 내서 그들의 전형적인 얼굴을 만들었다. 그다음 참가자들에게 얼굴의 개별적인 특징과 쌍으로 묶은 특징을 하나씩 제시해서 그것이 어느 성의 특징인지를 변별하도록 했다. 그 결과, 성별을 결정하는 데 눈썹과 눈, 눈썹, 눈, 턱선, 턱, 코와 입, 입의 순으로 기여했다. Campbell 등(1999)은 눈썹과 눈 사이의 거리가 여성에 비해 남성이 더 짧아 이것이 성을 구분하는 데 중요한 역할을 한다는 것을 실험을 통해 입증했다. 그러나 사춘기 이전에는 머리 스타일이나 옷과 같은 단서를 제외하면 이러한 단서로 성별을 구분하는 것은 어렵다. 왜냐하면 남녀 간의 두개골 차이는 사춘기 이전에는 거의 없기 때문이다(Enlow, 1982).

고정관념.　　범주에 기초한 지각은 각 범주에 대한 우리의 기존 지식에 영향을 받는다. 예를 들면, 우리는 백인과 흑인의 생김새뿐만 아니라 그들의 성격 특성이나 행동 방식에 대해서도 다양한 지식을 가지고 있다. 노인과 청년, 여성과 남성에 대해서도 마찬가지이다(그림 4-7 참조). 범주에 기초한 이러한 기존의 지식을 그 범주에 대한 고정관념(stereotype)이라고 한다. 고정관념이란 특정 범주에 속하는 몇몇 사례의 속성을 그 범주에 속하는 모든 사람에게 일반화하는 현상이다. 인종주의, 성차별주의, 연령주의에서처럼 고정관념은 편견 및 차별과 함께 집단 간 갈등의 핵심 요인으로 작용한다.

그림 4-7 **고정관념.** 사람들은 인종과 남녀에 대한 고정관념을 발전시킨다. 이것은 그들을 부정적으로 보고 차별하는 데 기초가 된다.

고정관념 내용 모형(stereotype content model; Fiske et al., 2002)에 따르면, 사람들은 다른 집단을 호의-신뢰성 차원과 유능성 차원에서 평가한다. 이것은 제2장에서 살펴본 인간의 두 동기인 Big Two, 즉 공존성과 주체성 동기와 그 맥을 같이한다. 여기에서 호의-신뢰성 차원은 외집단이 선의를 가지고 있고 도덕적이며 협동하고자 하는지, 아니면 적대적이고 공격적이며 경쟁적인지를 평가하는 것이다. 유능성 차원은 그 외집단이 그들 자신의 의도를 실행할 수 있는 지위와 능력이 있는지를 평가하는 것이다. 지금까지 여러 연구(Fiske & Tablante, 2015)를 보면, 인종이나 국가, 성별, 연령, 동성애 등 다양한 집단에 대한 고정관념의 내용을 이 두 차원으로 설명할 수 있다.

예를 들면, 아프리카계 미국인들은 게으르고 범죄를 저지르며 교양이 없지만 음악적 재능이 있고 운동을 잘한다고 평가받는 반면, 아시아계 미국인들은 지적이고 근면하며 보수적이고 수줍어하는 것으로 여겨진다(Lin et al., 2005). 노인에 대한 고정관념도 매우 다양하다. 여기에는 무능하고, 노망이 든, 의존적인, 불평이 많은, 우울한 등과 같은 부정적인 내용과 함께 현명한, 친절한, 평온한 등과 같은 긍정적인 내용도 있다(Kite et al., 2005). 이처럼 사람들은 다른 사람에 대해 그가 속한 특정 범주에 따라 다양한 고정관념을 가지고 있다. 마찬가지로 사람들은 여성이 남성에 비해 덜 지적이고 역량이 떨어지며 포부가 적다고 평가한다(Rudman, 2005). 그러면서 사람들은 여성이 남성들에 비해 관계 지향적인 특성이 강해 타인의 반응에 둔감하지 않고 공동체적이라고 평가한다(Holt & Ellis, 1998).

얼굴 지각과 고정관념은 밀접하게 관련되어 있다. 이때 사람들은 처음 본 사람이 친숙하지 않을 때 그 사람에게 좀 더 부정적으로 반응하는 경향을 보인다. 한 연구(Zebrowitz et al., 2007)에서 평가해야 할 얼굴에 대한 참가자의 친숙성이 미치는 효과를 제거했다. 그 결과, 백인 참가자들이 흑인 얼굴을 백인 얼굴보다 덜 유능하다고 지각하는 경향성은 줄었고, 아시아인 얼굴을 백인 얼굴보다 더 유능하다고 지각하는 경향성은 증가했다. Hugenberg와 Bodenhausen(2004)은 컴퓨터를 이용해서 흑인과 백인을 합쳐 인종적으로 모호한 얼굴을 만든 다음 각 얼굴의 표정이 분노나 행복을 표현하도록 조작했다. 백인 참가자들은 각 얼굴이 흑인인지, 아니면 백인인지 구분하

도록 요청받았다. 그 결과, 그들은 분노한 얼굴을 더 많이 흑인으로 범주화했고, 행복한 표정을 하는 얼굴을 더 많이 백인으로 범주화했다.

내 마음의 거울

인간 본성의 복잡성 척도

인간의 본성이 복잡하다고 생각하는 정도는 사람마다 다르다. 여러분이 각 문항에 동의하는 정도를 다음의 척도를 이용해서 _____에 적어 보자.

1: 전혀 동의하지 않는다	2: 상당히 동의하지 않는다	3: 약간 동의하지 않는다
4: 약간 동의한다	5: 상당히 동의한다	6: 매우 동의한다

_____ 1. 보통 다른 사람에 대한 내 첫인상은 정확하다.*

_____ 2. 어떤 사람은 너무 복잡해서 이해하기가 어렵다.

_____ 3. 어떤 사람이 정말로 중시하는 것이 무엇인지 쉽게 알 수 있다.*

_____ 4. 우리는 어떤 사람을 단지 한두 단어로 정확하게 기술할 수는 없다.

_____ 5. 우리는 모든 사람을 단지 좋은 사람과 나쁜 사람으로 구분할 수는 없다.

_____ 6. 사람들은 매우 복잡하기 때문에 우리가 그들을 완전히 이해할 수는 없다.

_____ 7. 어떤 사람에 대한 몇몇 사실만 알면 내가 그 사람을 좋아할지 쉽게 판단할 수 있다.*

주: 끝에 *로 표기된 문항의 본인 점수는 7점에서_____에 적은 점수를 뺀 것이다. 2번 문항에서 내가 적은 숫자가 2이면, 나의 점수는 7-2=5점이다. 모든 문항의 총점(42점 만점)이 큰 사람일수록 다른 사람을 더 복잡한 존재로 본다.

출처: Wrightman (1964)의 척도 일부.

연령 관련 노인에 대한 고정관념이 다양하듯이, 그들의 얼굴에 대한 지각 역시 다양하다. Brewer 등(1981)은 얼굴 그림과 진술문 분류, 성격 평가와 같은 방법을 이용해서 노인에 대한 대학생의 지각을 알아보았다. 그 결과, 노인에 대한 인식은 신체적 특징, 성격 그리고 행동적 특징에 따라 세 가지 하위유형으로 나타났다. 긍정적 유형에는 수용적, 도움을 주는, 쾌활한 특징을 지닌 할머니 유형 그리고 적극적이고, 위엄이 있고, 지적인 특징을 지닌 나이 든 정치가 유형이 있었고, 부정적 유형으로는 외로운, 걱정이 많은, 나약한 특징을 지닌 고령자 유형이 있었다. 또한 사람들은 성숙한 얼굴을 가진 사람에 비해 동안을 가진 사람이 더 순종적이고 순진하며 정직하지

만 정신적으로 도전적인 과제는 잘하지 못한다는 고정관념을 가지고 있다. 그러나 Livingston과 Pearce(2009)의 연구에서는 동안의 흑인 최고경영자들이 성숙한 얼굴의 흑인 최고경영자보다 더 성공적이었다.

3. 대인지각의 비대칭성

우리는 다양한 차원에서 자신을 포함한 여러 사람을 지각한다. 이때 이러한 지각이 모두 동일한 원리나 기준에 따라 이루어지지는 않는다. 사람들은 자기를 볼 때와 타인을 볼 때 동일한 잣대를 사용하지 않을 수 있다. 또한 상대방을 지각할 때 긍정적 특성과 부정적 특성이 미치는 영향이 다를 수 있다. 이에 이 절에서는 Big Two 동기 차원에서의 대인지각, 대인지각에서의 긍정성과 부정성 효과 그리고 귀인에서의 편향을 알아본다.

1) Big Two 동기 차원

제2장에서 살펴본 것처럼 인간은 다른 사람과 관계를 맺고자 하는 공존성 동기와 개인적 목표를 달성하려는 주체성 동기를 가지고 있다. [그림 4-8]에서 보듯이 우리

	주체성의 성장	공존성의 성장
지적 성장	• 자기에 대한 개념적 이해를 높이는 것 • 자신의 지식을 함양하기 위해 개념적으로 탐구하고 학습하는 것	• 다른 사람 및 관계에 대한 개념적 이해를 높이는 것 • 다른 사람의 지적 발달을 육성하는 것
사회·정서적 성장	• 자신, 자신의 행위와 사건을 깊이 있게 경험하는 것 • 개인적으로 의미 있는 능력을 강화하는 것	• 다른 사람 및 관계를 깊이 있게 경험하는 것 • 공정하고 다정하게 행동하는 능력을 강화하는 것 • 다른 사람의 성장을 육성하는 것

그림 4-8 Big Two 동기의 특성. 우리는 지적 성장과 사회·정서적 성장을 통해 공존성 동기와 주체성 동기를 추구한다.

는 지적 성장과 사회·정서적 성장을 통해 개인의 주체성을 추구하면서 동시에 관계적 공존성을 추구한다. 그래서 우리는 효율적으로 다른 사람과 상호작용을 하면서 그 속에서 개인적 목표와 차별성을 달성하고자 한다(Ybarra et al., 2008). 이 두 동기는 인간의 생존과 관련된 기본적 동기이기 때문에, 우리의 사회적 지각도 거의 이 두 차원에서 이루어진다. 즉, 상대방이 우리가 관계를 맺을 만큼 가치가 있는지 그리고 우리의 목표를 달성하는 데 기여할 만큼 유능한지를 판단한다. 사람들에게 자신이나 다른 사람을 자유롭게 기술하도록 했을 때, 그들 반응의 75~85%가 이 두 차원에 해당하는 내용이었다(Abele & Bruckmuller, 2011). 이때 공존성이 높은 사람은 공정하고, 선하며, 정직하고, 충성하며, 이타적이고, 성실하며, 진실한, 즉 도덕적인 사람인 반면, 주체성이 높은 사람은 영리하고, 효율적이고, 활기차며, 지적이고, 논리적인, 즉 유능한 사람이다(Wojciszke et al., 2011).

집단의 소속과 수용은 우리의 생존에 중요하다. 그래서 사람들은 우선적으로 상대방의 친화성을 판단할 수 있는 단서를 민감하게 파악해서 반응하도록 되어 있다. 그들은 상대방이 얼마나 호의적이고 협동적이며 믿을 만한지를 얼굴 단서만으로 자동적으로 능숙하게 평가한다(Zebrowitz, 2017). 또한 이상적인 집단 구성원으로서 주체성과 관련된 특질보다는 공동체적 특질을 더 우선시한다. 참가자들에게 자기 주변의 사람들에 대한 전반적인 인상을 평가하도록 했을 때, 공동체적 특질이 사람들 간 인상의 차이를 53% 좌우한 반면, 주체적 특질은 29%를 좌우했다(Wojciszke et al., 1998). 이처럼 사람들은 먼저 공동체적 특질에 대한 지각을 통해 집단에 기여할 수 있는 협동적이고 호의적인 사람을 좋아하는 반면, 무임승차하고 속이는 사람을 회피한다(Neuberg & Corttrell, 2008).

일단 상대방이 친화적이고 협동적으로 보이면, 그다음으로 우리는 그 사람이 역량이 있는지를 평가한다. 우리는 자신의 개인적 탁월함과 성장도 추구하는데, 이러한 목표 달성에 다른 사람의 기여가 필수적이다. 우리가 사회적 환경에서 직면하는 문제를 잘 대처하면서 적응적으로 살아가기 위해서는 후천적으로 배워야 할 것들이 매우 많다. 의식주를 해결하기 위해 사냥을 하고 집을 짓고 옷을 만드는 것도 그렇고, 의사소통을 위해 언어를 사용하는 것도 학습과 타인의 도움을 필요로 한다(Tomasello, 1998). 이때 개인적으로 유능한 사람이 이러한 학습에 기여할 수 있기 때문에, 우리는 그러한 사람을 선택하게 된다. 주체적이지 못한 사람을 잘못 판단하면, 자신의 시간을 낭비하고 비능률적으로 일을 해야 하기 때문이다. 진화론적으로도 유능한 파트너의 선택은 자손을 번식하는 데 절대적으로 유리하다는 점에서, 상대방이 협동적이면서 주체적인지를 정확하게 평가할 필요가 있다.

그럼 우리는 타인을 지각할 때와 비슷하게 자신을 지각할까? 사람들은 기본적으로 자신을 자유의지와 의도적으로 추구할 목표를 가지고 있는 주체자로 지각하는 경향이 강해서, 자신의 공동체적 특질보다는 주체적 특질에 초점을 두는 경향이 강하다(Wojciszke & Abele, 2019). 그 결과, 사람들은 자신의 공동체적이지 않은 비도덕적 행위를 무시할 수 있다. 실제 그들은 자신의 비도덕적 행위를 다른 유형의 행위보다 더 잘 망각한다(Kouchaki & Gino, 2016). 이것은 하나의 방어 전략일 수도 있지만, 자신의 도덕적 행위에 그만큼 무관심하다는 것을 의미한다. 우리는 자신의 공동체적 특성을 함양하기보다는 개인적 역량을 개발하는 데 더 투자한다. 이것은 타인에게 요구하는 특질의 우선순위와 정반대로, 이러한 차이가 원만한 대인관계를 방해할 수도 있다.

Big Two 차원의 지각과 관련해서 또 다른 측면으로 친밀성과 지위를 고려할 필요가 있다. 일반적으로 사람들은 자신과 가깝고 자신이 믿고 의존하고 있는 사람에 대해서는 주체적인 차원에서 지각하는 경향이 강한 반면, 자신과 거리가 있거나 의존하고 있지 않은 사람에 대해서는 공동체적 차원에서 지각하는 경향이 있다(Wojciszke & Abele, 2019). 예를 들면, 상사의 역량과 큰 관련이 없는 부하들은 그 상사에 대한 태도를 주체성보다는 공존성 차원에서 형성한다. 그러나 상사의 역량에 의존해 있을 때는 그의 주체성 차원을 더 중시한다(Wojciszke & Abele, 2008). 지위가 높은 사람은 부하들을 지각할 때 그들의 주체적 특질을 더 강조하는 경향을 보인다(Cislak & Cichocka, 2019). 이처럼 긴밀한 부하-상사 관계에서 주체성 관련 특성을 강조함으로써 성취 수준을 높일 수는 있다. 그러나 사람들이 일반적으로 중요시하는 공동체적 특성이 그들 사이에 발달해 있지 않을 경우, 그러한 결핍이 대인관계에서 많은 갈등과 충돌을 야기할 수 있다.

4의 법칙: 긍정 대 부정의 비율

세상사 좋은 일이 있으면 나쁜 일도 있고, 나쁜 일이 있으면 좋은 일도 있기 마련이다. 그러면 좋은 일과 나쁜 일의 비율은 어느 정도일까? 학생들의 정서 경험을 1개월간 기록한 Fredrickson(2013)의 연구에 따르면, 그들은 부정적 정서에 비해 긍정적 정서를 2~3배 더 경험했다. Larsen과 Prizmic(2008)이 사람들의 좋은 날과 나쁜 날을 1~3개월간 측정한 결과, 보통 사람들은 좋은 날 세 번에 나쁜 날 한 번을 경험했다. 이에 Tierney와 Baumeister(2019)는 나쁜

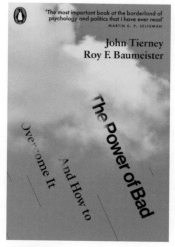

그림 4-9 도서 『The Power of Bad』

것의 영향력이 좋은 것보다 최소 2~3배 더 강력하기 때문에, 나쁜 것을 제압하려면 좋은 것이 4배 더 많아야 한다는 4의 법칙을 제안했다.

당신이 직장에서 월요일부터 목요일까지 보낸 네 번의 좋은 날은 나쁜 금요일 하루를 보상하기에 충분하다. 당신과 배우자가 한 번 말다툼하고 적어도 네 번의 성관계를 가진다면, 그 관계는 꽤 건강하다고 할 수 있다. 운동이나 다이어트를 할 때에도 5일 중에 4일을 목표로 삼을 수 있다. 비슷하게 회의에 한 번 늦었다면 다음 회의에 한 번 일찍 가는 것만으로 지각한 것이 주는 부정적 영향을 회복할 수는 없다. 다른 사람에게 상처 주는 말이나 행동을 했다면, 한 번의 좋은 일로 속죄할 수는 없다. 적어도 네 번은 해야 한다. 다른 한편, 뉴스 헤드라인이 아무리 슬프고 절망적이어도 대부분의 날에는 나쁜 일 하나에 좋은 일이 4개 이상 생긴다. 그것이 대다수 사람의 삶이 점점 나아지는 이유이다.

2) 긍정성 · 부정성 편향

Big Two와 편향.   다른 사람에 대한 정보처리는 앞서 살펴본 Big Two 차원에 따라 다르다(Wojciszke & Abele, 2019). 능력과 관련된 주체성 차원에서는 부정적인 특성보다는 긍정적인 특성이 더 큰 영향을 미친다. 어떤 사람이 창의적이지는 않지만 분석력이 뛰어나다면, 사람들은 전자의 부정적 영향보다는 후자의 긍정적 영향을 더 크게 지각한다. 그래서 주체성 차원에서는 부정적 인상을 긍정적 인상으로 바꾸기가 그 반대의 경우보다 더 쉽다. 반면에 도덕과 관련된 공존성 차원은 긍정적 특성보다는 부정적 특성의 영향력이 더 크다. 어떤 사람이 정직하지만 불성실하다면, 사람들은 전자의 긍정적 효과보다는 후자의 부정적 효과를 더 크게 지각한다. 그래서 공존성 차원에서는 긍정적 인상을 부정적 인상으로 바꾸기가 그 반대의 경우보다 더 쉽다(Reeder, 1993).

두 차원의 이러한 차이는 부분적으로는 발생 빈도에 기초한다(Mende-Siedlecki et al., 2013). 능력 영역에서 낮은 성과는 동기의 결여, 다양한 장애물, 소진과 같은 여러 이유 때문에 누구에게나 일어날 수 있지만, 높은 성과는 이 모든 실패의 원인을 극복한 사람에게만 나타난다. 낮은 수준의 성과는 일반적인 현상이기 때문에 그것이 주는 부정적 효과보다는 흔하지 않은 높은 수준의 성과가 주는 긍정적 효과가 더 크다. 또한 여러 번의 시행에서 단 한 번만 성공해도 긍정적 인상을 줄 수 있다는 점에서, 부정적 인상에서 긍정적인 인상으로의 변화가 그 반대보다 더 흔하다. 반면에 도덕성 영역에서는 사회가 도덕적 행동을 기대하고 강제하기 때문에, 거의 모든 사람이 도덕적으로 행동한다. 이처럼 도덕적 행동은 일반적이기 때문에, 그것의 긍정적 효과보다는 특이한 비도덕적 행동의 부정적 효과가 더 크게 보인다. 또한 매번 잘하다가도 한 번만 잘못하면 나쁜 인상을 준다는 점에서, 긍정적 인상에서 부정적 인상으로의 변화가 그 반대보다 더 흔하다.

부정성 편향의 우월성.   Big Two의 이러한 차이에도 불구하고, 인상형성에는 부정적 특성의 영향이 더 클 가능성이 높다([그림 4-10] 참조). Wojciszke 등(1998)은 참가자들에게 도덕성 정보(도덕적 대 비도덕적)와 유능성 정보(유능한 대 무능한)의 조합으로 기술한 가상적인 사람들에 대한 인상을 형성하도록 했다. 그 결과, 인상의 긍정성과 부정성은 도덕성 정보에 따라 결정되고, 유능성 정보는 그러한 인상의 강도에만 영향을 미쳤다. 이것은 부정적 특성의 영향력이 더 크게 작동하는 공존성 차원이 인상의 좋고 나쁨을 결정하는 핵심 요인임을 보여 준다.

또 다른 연구에서는 속이는 사람이거나 믿을 만한 사람의 얼굴에 노출된 참가자들이 일주일 후 사기꾼의 얼굴을 더 잘 기억했다(Mealey et al., 1996). 도덕성 정보(청렴한 대 부패한)와 유능성 정보(영리한 대 멍청한)를 함

그림 4-10 긍정성 편향과 부정성 편향. 타인에 대한 인상형성에서 일반적으로 부정적 특성이 미치는 효과가 긍정적 특성이 미치는 효과에 비해 더 크다.

께 제공해서 평가하도록 하면, 정보의 종류에 상관없이 부정적 특성이 인상에 더 큰 영향을 미쳤다(Martijn et al., 1992). 이것은 주체성 차원에서도 '멍청한'처럼 부정적인 요인은 '영리한'처럼 긍정적인 요인보다 더 큰 영향을 준다는 것을 의미한다. 참가자들에게 사교성과 시민운동 두 측면에서 긍정적이거나 부정적인 행동을 기술한 내용과 함께 다양한 사진을 보여 주고 각 사진에 대한 호감도를 평가하도록 했을 때, 부정적인 정보의 영향력이 긍정적인 정보보다 더 컸다(Fiske, 1980).

우리는 왜 부정적 편향을 더 많이 보일까? Skowronski와 Carlston(1989)은 이 편향을 범주 진단성이라는 개념으로 설명한다. 그들은 어떤 사람이 긍정적 또는 부정적 범

주에 속하는지를 진단할 때 부정적 정보가 더 가치 있다고 주장한다. 어떤 사람을 정직한 범주에 속한다고 판단하기 위해서는 그 사람이 여러 상황과 시간대에 일관적으로 정직한지를 관찰해야 한다. 그러나 그 사람이 부정직한 범주에 속하는지 판단하기 위해서는 소수의 부정직한 행동을 관찰하는 것만으로 충분하다. 이처럼 이 사람을 정직한 범주에서 제외하는 데 부정적 행동이 더 큰 영향력을 행사하기 때문에, 우리는 긍정적 정보보다는 부정적 정보에 더 민감하게 반응한다.

또 다른 설명은 긍정적인 것의 안정성과 관련된 것이다. 우리가 새로운 도전과 위협을 수반하는 환경에 적응하기 위해서는 과거의 행동 방식을 고수하기보다는 지금의 환경에 부합하는 새로운 행동을 할 필요가 있다. 이때 현재의 좋고 유리한 상황을 유지하는 것은 다수의 조건을 충족할 때 가능한 반면, 그중 하나의 조건이라도 충족하지 못하면 이러한 상황은 나쁘게 변한다(Rozin & Royzman, 2001). 가정의 행복은 그것을 결정하는 많은 요인을 충족할 때 가능하지만, 그중 소수의 요인만 실패해도 깨지게 된다. 그래서 부정적인 사건이 발생할 경우 우리는 그것에 더 주목하고 그것을 해결하기 위해 새로운 행동을 취한다. 우리의 사회나 건강도 여러 요인이 상호작용하는 하나의 시스템으로 작동한다. 그렇기 때문에 이 모든 요인이 제대로 작동할 때 건강과 사회가 유지된다. 그중 일부만 문제가 있어도 이 시스템은 멈추게 된다. 그래서 삶은 매일 건강을 지킬 필요가 있지만, 죽음은 단 한 번이면 충분한 것이다. 그래서 우리는 건강을 해치는 사건이나 그와 관련된 정보에 더 민감하다(Baumeister et al., 2001).

부정적 편향에 대한 또 다른 설명은 판단의 오류가 가져오는 위협을 추정하고 그것을 줄이는 것과 관련이 있다(Nesse, 2005). 협동적인 사람을 비협동적인 사람으로 잘못 평가한 것이 비협동적인 사람을 협동적인 사람으로 잘못 평가한 것보다 그 손해가 덜하고 덜 위협적이며 덜 치명적이다. 전자의 경우는 실제 협동적인 사람을 얻지 못함으로써 잃는 손실이 있지만, 그 사람과 더 이상 상호작용을 하지 않기 때문에 적어도 지금의 상태를 유지할 수는 있다. 반면에 후자의 경우 협동적으로 보이는 상대방에게 나도 양보하고 희생함으로써 협동적으로 행동하기 쉽다. 그러나 상대방이 나의 협동적 행동을 이용함으로써 나는 결국 손해를 보게 된다. 또한 나는 상대방과의 상호작용에 더 많은 것을 투자함으로써 더 큰 손실을 겪게 된다. 상대방을 사기꾼으로 잘못 판단하면 그 사람과 같이 사업을 하지 않기 때문에 아무것도 사기당하지 않지만, 사기꾼을 정직한 사람으로 잘못 판단해서 사업을 같이 하면 결국에는 내가 투자한 만큼 손해를 보게 된다.

이처럼 우리는 상대방에게 공동체적 차원에서 긍정적 인상을 주고 그것을 유지하기가 어렵다. 즉, 우리는 상대방에게 인간적으로 좋은 인상을 주고 그러한 인상을 지속시키는 것이 쉽지 않다. 그럼에도 우리가 좋은 인상, 그중에서도 좋은 첫인상을 주는 것은 대인관계에서 상당히 중요하다. 첫인상이 사실에 근거하든 그렇지 않든 상관없이, 우리는 첫인상에 기초해서 이후의 관계를 계속할 것인지를 결정하기 때문이다. 일단 우리가 다른 사람에게 적대감을 갖게 되면 우리는 그 사람과의 의사소통을 회피하기 때문에 그 적대감을 바로잡을 기회가 없다. 우리는 그 사람이 실제 어떤 사람인지를 알려 주는 이용 가능한 정보를 무시하고, 우리 자신의 지각을 사회적 실체에 대입하여 정기적으로 점검하지도 않는다. 이와 반대로 처음에 좋아하는 사람은 이후에 상호작용을 더 많이 하고 그러면서 서로에 대해 제대로 알게 된다.

3) 귀인 편향

귀인(attribution)은 행위의 원인을 찾는 것으로, 사람들은 자신이나 타인의 행동이 왜 일어났는지 설명하고자 한다. 내가 왜 학교 성적이 우수한지, 친한 친구가 왜 오늘 나에게 화를 냈는지 등 사람들은 다양한 상황에서 일어나는 행동의 원인을 파악하고자 한다. 이때 그들은 자신의 행위와 타인의 행동을 다른 식으로 설명한다. 아주 많은 연구가 이와 같은 귀인의 비대칭성을 보고하고 있다.

사람들은 자신의 성공을 노력이나 능력과 같은 개인의 내적인 성향에 귀인하는 반면, 자신의 실패를 불리한 상황이나 나쁜 운과 같은 외적인 요인에 귀인하는 경향이 있다([그림 4-11] 참조). 이처럼 '잘되면 내 탓, 못되면 조상 탓'이라는 식의 귀인은 매우 흔한 현상이다. 운동시합에서 이긴 감독은 자신의 팀이 열심히 노력했고 더 우수한 재능을 가지고 있어서 승리할 수 있었다고 말하는 반면, 시합에서 진 감독은 심판의 판정이 제대로 이루어지지 않았다거나 상대방이 운이 좋았다는 식으로 자신의 실패를

그림 4-11 **귀인 편향**. 우리는 실패나 문제의 원인을 다른 사람에게 돌리는 경향이 있다.

변명했다(Grove et al., 1991). 학교에서 시험을 잘 본 학생은 자신의 성공을 능력이나 노력 때문이라고 판단한 반면, 시험에 실패한 학생들은 운이 나빠서 혹은 교수가 출제한 문제가 일반적이지 않기 때문이라고 생각했다(de Jong et al., 1988).

이와 같은 현상에 대한 하나의 설명이 자기중심적 편향(self-serving bias)이다. 성공을 자신에게 귀인하는 것은 긍정적 자아존중감과 관련된 정서를 유발하고 자기 능력

을 높게 지각할 수 있도록 함으로써 궁극적으로 자신을 높일 수 있게 해 준다. 실패를 외부에 귀인하는 것은 내부에 귀인하는 것보다 비참한 정서를 좀 덜 경험하게 함으로써, 자신의 능력에 대한 의심을 불러일으키지 않을 수 있다(McFarland & Ross, 1982). 그러나 모든 현상을 자기중심적 편향으로 설명하기는 어렵다. Ross와 Sicoly(1979)는 부부에게 자신이 다양한 집안일에 어느 정도 기여하는지를 추정하도록 했다. 그 결과, 집안일에 대한 각자의 추정 값이 100%를 넘을 정도로 그들은 자신의 기여를 과대 추정했다. 흥미롭게도, 이와 같은 과대 추정은 긍정적인 사건에만 국한하지는 않았다. 그들은 부부간 논쟁의 시작과 같은 부정적 사건에서도 자신의 책임을 과대하게 평가했다. 이에 대한 하나의 설명으로, 자신이 한 것이 기억 속에 더 두드러지고 그래서 우리는 그것을 더 생생하게 회상함으로써 그 빈도나 정도를 더 크게 평가할 수 있다.

또 다른 설명으로, 우리는 수행할 과제나 데이트할 상대방을 선택할 때 보통은 성공 가능한 대안을 선택한다. 우리는 취업을 준비하면서 자신이 합격할 수 있다고 믿는 곳을 목표로 준비한다. 즉, 사람들은 자신이 필요한 능력을 가지고 있다고 믿는 활동에 개입한다. 이처럼 전형적 비관주의자는 실패할 것이라고 생각하는 과제에 착수하겠지만, 대부분의 사람은 자신이 좋은 결과를 달성할 수 있다고 생각하는 일에 집중해서 도전을 한다. 그래서 성공하게 되면 그것은 우리의 이전 생각이나 기대와 일치하기 때문에, 우리는 성공의 결과를 자신의 내부에 귀인한다. 반대로 실패하게 되면 그것은 기대하지 않은 결과이기 때문에 우리는 그것을 외부에 귀인한다(Molouki & Pronin, 2015).

그러면 사람들은 타인의 성공과 실패도 자신의 경우처럼 귀인할까? 일반적으로 우리는 자신의 행동과 타인의 행동을 다른 식으로 설명한다. 행위자-관찰자 효과(actor-observer effect; Jones & Nisbett, 1972)에 따르면, 우리는 다른 사람의 행동은 성향귀인을 하고 자신의 행동은 상황귀인을 한다. 10대 운전자들은 자신이 위험하게 운전하는 것을 '시간에 늦어서'와 같이 상황에 귀인한 반면, 다른 10대들의 위험한 운전은 그들 자신을 '멋있게 보이기 위해서'와 같이 성향에 귀인했다(Harré et al., 2004). 그러나 지금까지의 연구를 보면 전반적으로 이 효과는 매우 제한적이다. Malle(2005)는 총 1만 2천 명이 참여한 137개의 연구를 담고 있는 95개의 논문을 검토했다. 그 결과, 행위자-관찰자 효과는 전체적으로는 거의 없을 정도로 미미했다. 세부적으로 이 효과는 부정적인 사건에서는 나타났지만 긍정적인 사건에서는 거꾸로 나타났다.

지금까지의 연구 결과를 종합해 볼 때, 사람들은 자신의 성공은 내적으로 귀인하고

실패는 외적으로 귀인하지만, 다른 사람의 성공과 실패는 이와 반대로 귀인하는 경향
이 있다고 할 수 있다. 이러한 귀인의 비대칭성은 관계상의 문제를 야기하거나 악화
시키는 주요 원인 중의 하나이다. 가령, 사람들은 자신의 성공을 인정해 주지 않고 자
신의 실패를 성향 탓으로 비난하는 상대방을 좋아하지 않는다. 왜냐하면 보통 우리
는 자신에 대한 높은 가치감을 느끼고 싶어 하는데, 이러한 귀인은 자아존중감에 대
한 우리의 기본적인 욕구와 배치되기 때문이다. 또한 장기적으로 우리는 자기도취적
인 성향이 강한 사람에게 호감을 느끼지 않는 것처럼, 성공은 자기의 공이고 실패는
다른 사람이나 상황의 탓으로 돌리는 사람에게 매력을 느끼지 않는다.

4. 대인지각의 주요 현상

대인지각을 연구하는 심리학자들이 지금까지 다루어 온 연구 주제는 꽤 많이 있
다. 그중에서 특히 관심의 중심에 있는 것 중 하나는 첫인상에 관한 것이다. 또 다른
주제는 일치성으로, 이것은 어떤 사람을 평가할 때 평가자들 간의 의견이 얼마나 서
로 일치하는지의 문제이다. 이러한 주제와 함께 두 사람이 서로를 비슷하게 보는지
의 상호성 문제, 우리가 상대방의 특성을 정확하게 보는지 혹은 그의 마음을 정확하
게 읽는지 등의 정확성 문제도 주요 연구 주제이다.

1) 첫인상과 그 변화

우리는 상대방을 만나면 그가 어떤 사람인지 판단해서 그에 대한 첫인상을 형성한
다([그림 4-12] 참조). 앞서 살펴본 것처럼 고정관념이나 Big Two와 같은 많은 요인

그림 4-12 **첫인상.** 우리는 다른 사람에 대해 다
양한 첫인상을 형성한다.

이 첫인상에 영향을 미치지만, 처음 본 상대방의 얼굴
이 미치는 영향 역시 매우 크다. 얼굴은 인종, 나이, 성
별과 같은 인구학적인 특징뿐만 아니라, 정서적 상태
나 신체적 적합성, 다양한 성격 특성에 대한 단서를
제공하기 때문이다(Zebrowitz & Montepare, 2015). 이
때 첫인상에는 크게 두 가지가 있다. 친분 제로(zero
acquaintance) 연구는 상호작용 없이 그 사람의 사진이
나 강의실에서 앉아 있는 모습을 아주 짧은 시간 관찰

하고 형성한 첫인상을 연구한다. 반면에 박편(thin slice) 연구는 5~10분 정도 길지 않은 시간 동안 상호작용을 한 후에 형성한 첫인상을 연구한다.

이러한 첫인상은 얼마나 정확할까? 거의 대부분의 연구에서 외향성에 대한 첫인상은 상당히 정확한 것으로 나타났다. 정확성의 기준을 목표 인물의 자기지각 점수나 그 사람을 잘 아는 지인의 평가 혹은 객관적인 행동 지표로 사용한 친분 제로 연구에서 Big Five 성격 특성에 대한 정확성은 평균적으로 상관 .25 정도였으며, 외향성에서 정확성 상관은 .50 정도였다(Kenny, 2020). Levesque와 Kenny(1993)는 여성 참가자 4명으로 구성된 20개 집단을 이용하여 외향성의 정확성을 연구했다. 각 집단의 구성원들은 서로의 외향성을 평가한 다음, 5분 정도 일대일로 상호작용을 했다. 연구자들은 이러한 상호작용에서 각 참가자가 말한 시간을 측정한 다음, 이것을 다른 사람이 이 참가자에 대해 평가한 외향성 점수와 갖는 관련성을 조사했다. 그 상관은 .56으로 매우 높아, 다른 사람의 외향성에 대한 사람들의 지각은 매우 정확했다.

첫인상에 대한 많은 연구가 박편을 이용한 연구이다. Ambady와 Rosenthal(1992)은 38개의 연구에서 나온 44개의 결과를 종합했다. 그 결과, 첫인상에 대한 정확성이 평균적으로 상관 .39로 나타나, 친분 제로 연구에서 얻은 평균 상관 .25보다 높았다. 이러한 결과는 상당히 타당해 보인다. 친분 제로 조건에서는 상대방에 대하여 지각자가 이용할 수 있는 정보가 외모에 국한한다. 그러나 박편 연구에서는 이 외에도 다양한 성격과 관련된 여러 행동적 정보가 이용 가능하고, 이것이 정확성의 증가를 가져올 수 있다.

대인지각과 관련해서 흥미로운 또 다른 주제가 첫인상의 변화에 대한 것이다. 일반적으로 우리는 첫인상은 잘 변하지 않고 지속적이라고 생각한다. 실제 최근의 한 연구는 첫인상이 지속적일 수 있음을 보여 준다. Gross 등(2015)은 대학생들에게 6분간 강의하는 교수들의 영상을 보여 준 다음 그 교수들을 평가하도록 요청했다. 그다음 3~6주 후에 대학생들은 각 교수의 강의를 40분 동안 직접 들은 다음 그들을 재평가했다. 그 결과, 각 교수에 대한 학생들의 전반적인 인상은 매우 안정적이었다. 한 교수가 6분 동안의 강의 영상에서 대부분의 대학생에게 부정적이거나 긍정적인 인상을 주었다면, 좀 더 길게 강의한 두 번째 기회에서도 처음 인상과 동일하게 부정적이거나 긍정적인 인상을 줄 확률이 93%에 달했다.

다른 한편으로, 초기의 부정적 첫인상은 긍정적 첫인상에 비해 변화에 더 저항적일 수 있다(Ybarra et al., 2001). Yzerbyt와 Leyens(1991)는 참가자들에게 특정 배우에 대한 호의적이거나 비호의적인 정보를 조금씩 제공하면서, 호감이 가는 역(character)

이나 그렇지 않은 역에 그 배우가 적합한지를 판단하도록 했다. 그 결과, 호감이 가는 역과는 달리 호감이 가지 않는 역에 그 배우가 적합하다고 판단하는 데에는 약간의 부정적 정보만으로 충분했다. 또한 초기에는 호의적인 정보를 제공하다가 그다음 부정적인 정보를 제공하면, 참가자들은 자신의 판단을 바로 바꿔 호감이 가는 역에서 그렇지 않은 역에 그 배우가 적합하다고 판단했다.

비슷한 맥락에서 어떤 사람이 호감도가 높은 성격 특질을 가지고 있다고 판단하기 위해서는 그것을 확증하는 사례가 많아야 했지만, 그러한 판단을 뒤집는 것은 소수의 사례만으로 충분했다. 반대로 어떤 사람이 호감도가 낮은 성격 특질을 가지고 있다고 판단하는 데는 소수의 사례만으로 충분했지만, 그러한 판단을 뒤집는 데는 많은 사례가 필요했다(Rothbart & Park, 1986). 이처럼 부정적 인상을 바꾸기가 어려운 것은 우리가 다른 사람의 부정적인 행동을 그의 잘 변하지 않고 안정적인 성격 때문이라고 생각하기 때문이다. 결론적으로, 한 번의 부정적인 행동은 그 행위자의 성격을 부정적으로 평가하게 만들고, 그에 대한 인상이 잘 변하지 않도록 한다.

2) 일치성

일치성의 크기.   일치성(consensus)은 특정 대상자를 평가할 때 평가하는 다수의 판단이 서로 비슷한 정도를 말한다. 4명의 지각자 A, B, C, D가 대상자 T를 외향성 차원에서 평가할 때, 이 4명 모두가 T를 매우 외향적이라고 평가할 수 있는 반면, A나 B와는 달리 C와 D는 T를 상당히 내향적이라고 평가할 수 있다. 이때 전자의 경우는 지각자 간 일치성이 높은 반면, 후자는 그 일치성이 낮은 경우이다.

Kenny(2020)는 앞서 살펴본 사회적 관계 모형에서 얻은 자료를 기초로 일치성과 불일치성을 계산했다. 그 결과가 [그림 4-13]에 제시되어 있다. 이 그림에서 보듯이 성격 지각, 호감 지각, 신체적 매력 지각 모두에서 일치성보다는 불일치성이 더 크다. 일치성은 성격 지각에서는 40%, 호감 지각에서는 20%

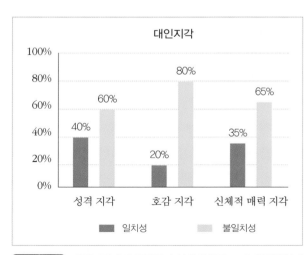

그림 4-13 **대인지각에서 일치성과 불일치성의 크기.** 일치성보다는 불일치성이 훨씬 더 크고 호감 지각에서 그 차이가 가장 크다.

그리고 신체적 매력 지각에서는 남녀 평균 35%인 반면, 불일치성은 각각 60%, 80%, 65%이다. 이처럼 우리가 다른 사람을 지각할 때 그를 서로 다르게 볼 확률이 훨씬 더 높다. 특히 그 사람에 대하여 갖는 호감은 사람마다 다를 확률이 같을 확률보다 4배나 더 크다.

　거짓 일치성 편향.　　앞에서 살펴본 것처럼 대인지각에서 일치성보다는 불일치성이 훨씬 더 큰데, 사람들은 이러한 사실을 잘 알고 있을까? 실제로 사람들은 이러한 사실을 잘 모르는 것처럼 보인다. 그들은 자신의 태도와 행동이 실제보다 더 일반적이라고 가정해서 다른 사람들도 자신과 같은 식으로 생각하고 행동할 것이라고 과대추정하는 경향이 있다. Ross 등(1977)은 이것을 **거짓 일치성 편향**(false consensus bias)이라고 명명했다.

　Ross 등(1977)은 대학생 참가자들에게 큰 글씨로 쓰인 '회개하라!'라는 포스터를 들고 캠퍼스 곳곳을 다닐 마음이 있는지 물었다. 이 요청에 50%의 참가자들이 동의했는데, 동의한 참가자들의 58.3%는 다른 사람들도 이러한 요청에 동의할 것이라고 추정했다. 반면에 이 제안을 거부한 나머지 50%의 학생들 중에서는 23.3%만이 다른 학생들도 이 요청에 동의할 것이라고 판단했다. 그러면서 참가자들은 자신의 결정이 더 보편적이라고 생각했다. Kunda와 Nisbett(1986)은 참가자들에게 사람들의 속성과 과학 논문에 대해 평가하도록 하고, 그들의 평가가 얼마나 서로 일치하는지 조사했다. 또한 연구자들은 참가자들 간의 실제 일치성과 그들이 지각한 일치성을 비교했다. 그 결과, 참가자들은 자신들의 의견이 실제로는 매우 다름에도 불구하고 실제보다 더 크게 일치할 것이라고 판단했다. 이러한 결과는 참가한 학생들이 다른 사람들도 자신과 동일하게 행동할 것이라고 가정하는 경향을 잘 보여 주고 있다.

　거짓 일치성 편향에 대한 하나의 설명은 **사회적 투영**(social projection)과 관련된다. 이것은 다른 사람들의 행동을 이해하는 데 자신에 대한 정보를 일반화하는 현상이다. 우리는 다른 사람의 생각이나 느낌을 그의 내부로 들어가 직접 파악할 수는 없다. 이러한 상황에서 사용할 수 있는 한 방법은 자신에 대한 정보를 이용해서 타인을 예측하는 것이다. 한 연구(Van Boven & Loewenstein, 2003)에서 실험자는 3명의 도보여행자가 알래스카 산악 초원을 힘들게 걷는 사진을 참가자들에게 보여 주었다. 그다음 이 여행자들이 4일간 음식 없이 이 황야를 여행하게 된 이유를 시나리오로 제시했다. 참가자들은 이 여행자들이 시련 속에서 무슨 생각과 느낌을 가졌을지 추측해 본 다음, 어떠한 방식으로 그러한 추측을 했는지 보고했다. 분석 결과, 참가자들의 79%

가 자신을 그 도보여행자의 입장과 바꿔 놓고 그들의 생각과 느낌을 상상한 것으로
나타났다. 이러한 투영이 자기중심적으로 편향됨으로써 자신과 타인의 유사성을 과
대 추정하도록 할 수 있다.

거짓 일치성 편향에 대한 또 다른 설명은 타인과의 선택적 상호작용과 관련이 있다.
일반적으로 태도나 행동의 유사성은 사람들 간의 매력을 증가시키는 중요한 요인이
다. 또한 사람들은 매력적인 사람과 더 빈번하고 친밀하게 상호작용할 가능성이 높
다. 그래서 사람들은 자신과 비슷하게 행동하고 비슷한 태도를 가진 사람들과 선택적
으로 상호작용할 수 있고, 이것이 거짓 일치성 효과를 초래할 수 있다(Nisbett & Kunda,
1985). 예를 들면, 대부분 비흡연자들과 어울리는 흡연자보다는 다른 흡연자들과 어
울리는 흡연자가 전체 인구의 흡연자 비율을 과대평가했다(Sherman et al., 1983). 이처
럼 사람들은 대부분의 주제에 대하여 의견이 같은 사람과 선택적으로 어울림으로써,
자신의 행동에 대한 일치성이 높다고 과대 추정하는 편향을 보이기 쉽다.

이러한 편향은 사람들로 하여금 자신에 대한 또 다른 인지적 오류를 범하게 만든
다. 즉, 사람들은 일치성을 실제보다 더 높게 추정함으로써, 자신의 행동이나 선택이
합리적이고 객관적이라는 과잉확신을 가질 수 있다. 기본적으로 사람들은 직접 자신
의 감각을 통해 지각한 것이 사실이라고 믿는 경향이 있다. 자신이 본 강아지, 식탁,
건물이 실제 거기에 그렇게 존재한다고 믿는다. 또한 앞서 살펴본 사회적 관계 모형
의 결과에서처럼, 상대방의 성격을 판단할 때 그 상대방의 특성보다는 보는 사람의
주관적 요인이 더 큰 영향력을 행사함에도 불구하고, 사람들은 타인의 성격에 대한
자신의 지각이 객관적이고 타당하다고 믿는 경향이 있다. 이때 거짓 일치성 편향은
이러한 경향성을 강화하는 역할을 한다.

타인에 대한 자신의 주관적인 지각이 객관적인 사실을 반영한다고 보는 경향은 순
진한 사실주의(naive realism)에 기초한다. 이것은 자신의 지각이 객관적이기 때문에 다
른 사람들도 합리적이라면 자신의 지각에 동의할 것이고, 동의하지 않는 사람은 잘못
알고 있거나 비논리적이고 혹은 편향되어 있다고 결론짓는 경향성이다(Ross & Ward,
1996). 이처럼 자신의 지각과 판단이 객관적이고 합리적이기 때문에 남들도 자기와
같을 것이라고 생각하는 사람은 자기와 의견이 다른 사람을 이해하지 못할 뿐만 아
니라 부정적으로 평가한다. 또한 그들을 사실보다 더 극단적이고 획일적으로 자신과
의견이 다르다고 평가하는 소위 거짓 극단화(false polarization) 경향을 보인다(Molouki
& Pronin, 2015). 이러한 경향성은 의견이 다른 상대방과의 협상을 어렵게 만들고 심
하면 폭력을 유발할 수도 있다.

3) 상호성

대인지각에서 상호성(reciprocity)은 사람들이 서로를 비슷하게 보는 정도를 의미한다. 사회적 관계 모형(Kenny, 2020; Kenny & La Voie, 1984)에 따르면, 여기에는 일반적(generalized) 상호성과 양자적(dyadic) 상호성이라는 두 형태가 있다. 일반적 상호성은 가령 A가 다른 사람들을 전반적으로 지성적이라고 생각하면, 다른 사람들도 전반적으로 A를 지성적이라고 생각하는가의 문제이다. 양자적 상호성은 A가 B를 특별히 더 지성적이라고 생각하면, B도 A를 특별히 더 지성적이라고 생각하는가의 문제이다.

다양한 친숙성 수준에서 이루어진 논문들을 종합한 결과(Kenny, 2020), 성격 판단에서는 두 종류의 상호성이 거의 없거나 있어도 미약했다. 다만, 일반적 상호성에서 친화성은 정적 상관이 있어, A가 다른 사람을 전반적으로 우호적으로 보면 그들도 A를 우호적으로 보는 경향이 있었다. 지배성은 부적 상관이 있어, A가 다른 사람들을 순종적이라고 판단하면 그들은 A를 지배적이라고 보는 경향이 있었다. 이와 달리 호감은 일반적 상호성이 매우 미미했지만 양자적 상호성은 평균 상관계수가 .38 정도로 높았다. 그래서 A가 B를 특별히 더 좋아하면 B도 A를 특별히 더 좋아했다. 친분이 깊은 사람들 사이에서는 이 상관계수가 .52 정도로 특히 더 강했다. 신체적 매력의 일반적 상호성은 부적 상관을 보였다. 즉, 다른 사람들 눈에 매력적으로 보이는 사람은 다른 사람들을 덜 매력적으로 지각했다. 이것은 인기 있는 사람은 상대방을 매우 까다롭게 선택한다는 것을 함축한다.

또 다른 형태의 상호성으로 가정적 상호성(assumed reciprocity)이 있다. A가 B를 좋아하면, B도 A를 좋아할 것이라고 A 자신이 그렇게 생각할 수 있다. 이것은 자신이 상대방을 보는 것처럼 상대방도 자기를 볼 것이라고 가정하는 것이다. 성격과 달리 호감 지각에서는 가정적 상호성이 일반적 수준과 양자적 수준 모두에서 크게 나타났다(Kenny, 1994). 일반적 수준에서 사람들은 누군가가 주변의 사랑을 받으면 그도 다른 사람들을 좋아할 것이라고 생각했다. 또한 다른 사람들을 좋아하는 사람은 그들의 사랑을 받을 것이라는 믿음을 사람들은 가지고 있었다. 양자적 수준의 가정적 상호성은 실제 상호성보다도 훨씬 더 커서, 사람들은 자신이 누군가를 특별히 더 좋아하면 그 사람도 자기를 특별히 더 좋아할 것이라고 거의 확신했다.

상호성에 관한 이러한 결과는 여러 의미를 가진다. 성격 특성에 대한 지각에서 상호성은 거의 존재하지 않았다. 대인관계에서 유사성은 매력을 결정하는 핵심 요인인데(Miller, 2015), 서로의 성격 지각에서 유사성이 없다는 것은 성격의 유사성이 매력을 결정하는 중요한 요인이 아닐 수 있음을 시사한다. 부부들의 유사성을 살펴본 Watson 등(2004)에서 성격의 유사성은 없거나 있어도 상당히 미약했다. 행복하고 만족스러운 부부생활에서 중요한 것은 각자가 친화적이고 성실하며 정서적으로 안정되어 있어서 함께하기에 편안하고 유쾌한 자질을 갖추는 것이다(Watson et al., 2014). 우리는 부부들이 이혼의 이유로 흔히 성격 차이를 드는 경우를 본다. 그러나 이러한 연구들을 고려하면, 성격의 차이보다는 필요한 자질의 부족이 결혼생활에서의 갈등을 야기하는 실제 원인일 가능성이 크다.

호감 지각에서는 양자적 상호성이 매우 강했다. 상호의존 이론(interdependence theory; Kelley & Thibaut, 1978)에 따르면, 우리는 서로 의존적인 관계 속에서 상호작용을 한다. 제1장에서 살펴본 것처럼 상호의존이란 사고와 감정, 동기, 기호, 행동에 서로 영향을 주고받는 것으로, 한 사람의 행동은 상대방에게 영향을 주고, 영향을 받은 상대방의 반응은 영향을 준 사람의 그다음 반응에 영향을 준다. 이러한 점에서 볼 때 호감은 상호의존적인 특성이 매우 강한 경험으로, 일방적이기보다는 서로 주고받는 쌍방적인 것이다. 가정적 상호성이 실제 상호성보다도 훨씬 더 크다는 것은 사람들이 호감의 상호성을 하나의 강력한 행동 원리나 신념으로 받아들이고 있음을 시사한다. 그래서 이러한 교환적인 원칙이 지켜지지 않으면, 상대방에게 호감을 가지고 있던 사람도 그러한 호감을 낮추거나 없앨 확률이 매우 크다.

4) 마음 읽기와 정확성

때때로 우리는 다른 사람이 나에 대해서 어떻게 생각하고 있는지 혹은 그 사람의 기분이 어떤지 추측한 후 그것에 기초해서 행동한다. 여기에는 그러한 추론이 상대방의 실제 생각이나 기분과 얼마나 일치하는지, 즉 얼마나 정확한지의 문제가 있다. 이러한 정확성에는 크게 두 가지가 있을 수 있다. 그중 하나가 메타지각의 정확성(meta-accuracy)으로, 이것은 나에 대한 상대방의 지각을 내가 얼마나 정확하게 추론하는가의 문제이다. 다른 하나는 공감적 정확성으로, 이것은 다른 사람의 의도나 생각, 정서 상태 등을 얼마나 정확하게 추론하는가의 문제이다.

상호성처럼 메타지각의 정확성에도 일반적 정확성과 양자적 정확성이 있다. 지금까지의 연구 결과를 종합해서 살펴보면(Kenny, 2020), 성격 특성에 대한 메타지각에서 일반적 정확성은 상당히 높았다. 즉, 우리는 전반적으로 다른 사람들이 나의 성격을 어떻게 판단하고 있는지 상당히 정확하게 알고 있었다. 그뿐만 아니라 상대방과의 친숙성이 증가할수록 이 정확성도 커졌다. 또한 양자적 정확성도 있는 것으로 나타나, 우리는 특정 상대방이 나의 성격을 특별하게 지각하고 있다는 것을 알고 있었다. 그러나 양자적 정확성은 일반적 정확성보다는 떨어졌다.

호감에 대한 메타지각도 두 유형 모두에서 정확했다. 즉, 우리는 전반적으로 다른 사람들이 나를 어느 정도 좋아하는지 혹은 싫어하는지 꽤 정확하게 알고 있었다. 그러나 그 수준은 친숙성의 정도와 상관없이 높지 않아, 성격에 대한 메타지각에서의 일반적 정확성보다 상당히 낮았다. 또한 우리는 특정 상대방이 나를 특별히 좋아하거나 싫어하는 것을 알고 있었지만, 그 정도는 친숙성 수준에 따라 크게 달랐다. 잘 모르는 사람 사이에서의 정확성은 거의 없거나 미미했지만, 오랫동안 알고 지낸 사람 사이에서는 아주 정확했다.

공감적 정확성(empathic accuracy)은 다른 사람이 주관적으로 경험하는 생각이나 느낌과 같은 정신적인 사건의 내용을 정확하게 추론하는 인지적 능력이다([그림 4-14] 참조). 발달적으로 이러한 능력을 갖추기 위해서는 존재, 필요, 추론 그리고 응용의 네 가지 지식이나 기술을 획득해야 한다(Flavell, 1992). 존재(existence)는 사고, 지

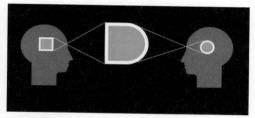

그림 4-14 **공감과 그 정확성.** 다른 사람의 마음을 정확하게 이해하는 것은 쉽지 않다.

각, 정서 등 정신적 상태가 있다는 지식을 의미한다. 필요(need)는 특정 상황에서 다른 사람의 정신 상태에 대한 지식을 얻기 위해서는 노력이 필요하다는 것을 아는 것이다. 추론(inference)은 그와 같은 과정을 통해서 다른 사람의 상태에 대한 지식을 획득하는 실질적인 능력을 의미한다. 응용(application)은 이러한 지식을 구체적인 상황에 적용하는 능력을 의미한다.

공감적 정확성을 연구하기 위해 사용해 온 전형적 방법 중 하나가 Ickes 등(1990)이 개발한 것이다. 3단계로 이루어진 이 방법의 1단계에서는 목표 인물이 다른 사람과 대화를 하거나 면담을 받는 동안 녹화를 한다. 그다음 목표 인물은 녹화된 그 영상을 다시 보다가 자신이 특정 생각이나 느낌을 경험한 시점에서는 영상을 멈춘 다음 그 내용을 기술한다. 2단계에서는 지각자가 그 영상을 보면서 특정 시점에서 목표 인물이 경험한 생각이나 느낌을 추론해서 기술한다. 마지막 3단계에서는 훈련받은 채점자들이 특정 시점에서 목표 인물이 보고한 내용과 지각자가 보고한 내용을 비교해서 그 둘의 일치 정도를 평가한다. 이후의 연구자들은 이 방법을 다양하게 변형해서 사용하기도 했다.

　　공감적 정확성에 영향을 미치는 요인으로는 연령, 지능, 친숙성 등이 있다(Eigenberg et al., 1997; Hodges et al., 2015). 연령과 관련해 매우 어린 아이들은 공감적 정확성이 떨어지는데, 그들은 자기중심적인 경향이 강해 다른 사람의 내적 상태가 자기와 다르다는 것을 알지 못하기 때문이다. 지적 능력도 공감적 정확성을 예측하는 경향을 보이지만, 이러한 경향은 확정적이지 않고 여러 조건에 따라 다를 수 있다. 또한 일반적으로 사람들은 낯선 사람보다는 친숙한 사람의 마음을 더 잘 읽는다. 개인적으로 모르는 사람의 마음을 추론할 때는 상대적으로 정확성이 떨어지는 고정관념에 의존하는 경향이 강하다. 반면에 상대방과 다양한 경험을 공유함으로써 개인적 정보를 획득하는 것은 그의 내적 상태를 정확히 추론하는 데 기여한다.

　　공감적 정확성에 대한 하나의 주된 관심사가 성차에 관한 것이다. 우리는 보통 여성의 직관이 남성에 비해 더 정확하다고 생각한다. 그러나 관련 연구들을 보면 그 결과가 일관적이지는 않다. 몇몇 연구에서는 여성이 남성에 비해 다른 사람의 마음을 더 정확하게 추론한 반면, 또 다른 연구에서는 성차가 없었다. 그럼에도 남성이 여성보다 더 정확하다고 보고한 연구는 없다(Graham & Ickes, 1997; Hodges et al., 2011). 공감적 정확성에서 보이는 성차는 단지 생물학적인 차이 이외에도 성역할 태도에서 보이는 차이 때문일 수 있다. 성역할 고정관념에 따르면, 여성은 더 공동체적이면서 타인과의 관계에서 표현적이고 타인 지향적인 반면, 남성은 주도적이면서 타인과의 관계에서 도구적이고 자기지향적이다. 이와 같은 맥락에서 여성의 성역할과 일치하는 행동을 많이 보고한 사람들은 남녀에 상관없이 더 높은 공감적 정확성을 보였다(Laurent & Hodges, 2009).

제2부

소통과 관계의 발달

소

김기택

소의 커다란 눈은 무언가 말하고 있는 듯한데
나에겐 알아들을 수 있는 귀가 없다.
소가 가진 말은 다 눈에 들어 있는 것 같다.

말은 눈물처럼 떨어질 듯 그렁그렁 달려 있는데
몸 밖으로 나오는 길은 어디에도 없다.
마음이 한 움큼씩 뽑혀나오도록 울어보지만
말은 눈 속에서 꿈쩍도 하지 않는다.

수천만 년 말을 가두어 두고
그저 끔벅거리고만 있는
오, 저렇게도 순하고 동그란 감옥이여.

…후략…

제5장

의사소통 일반

우리는 늘 다른 사람과 소통하면서 살아간다. 서로에 대한 감정이나 생각을 공유하거나 일을 하는 데 필요한 기술과 전략을 소통한다. 침묵하고 있는 것이나 잠을 자는 행동까지도 모두 의사소통의 기능을 한다. 이처럼 의사소통은 우리의 삶에 가장 필요한 과정이다. 그 과정이 손쉽고 간단하게 보일 수 있지만, 실제로는 매우 복잡하고 어려운 일이다. 우리가 다른 사람과 겪는 갈등이나 문제의 상당 부분이 오해나 부적합한 표현과 같이 원만하지 못한 의사소통 때문이라는 점을 고려하면, 소통을 잘한다는 것이 쉽지 않다는 것을 알 수 있다. 이러한 까닭에 의사소통이 갖는 다양한 특성을 살펴보는 것은 대인관계를 잘하는 데 도움이 될 수 있다. 여기서는 신호로서의 의사소통, 의사소통의 특성과 모형 그리고 비대면 의사소통을 차례로 알아본다.

1. 신호로서의 의사소통

이 절에서는 관련된 개체들이 서로 신호를 주고받는 과정으로서 의사소통이 갖는 의미를 살펴본다. 그다음 의사소통이 생명을 가진 모든 유기체에서 나타나는 보편적인 현상이라는 점을 알아본다.

1) 의사소통의 의미

의사소통을 의미하는 영어의 communication은 공유라는 의미의 라틴어 communis에서 온 말로, 인간을 포함한 생물체가 다른 생물체와 지식, 정보, 의견, 의도, 감정, 느낌 등을 공유하는 행동을 의미한다(차배근, 1987). 이러한 공유가 필요한 이유는 인간을 비롯한 모든 생명체는 혼자 독립해서 살지 못하는 불완전한 존재이기 때문이다. 그래서 자신의 필요와 욕구를 충족하기 위해서는 다른 유기체와 상호작용을 해야 하는데, 거기에 필수적인 요소가 의사소통이다. 35억 년 전에 광합성을 할 수 있는 세포가 이 지구상에 처음 등장했는데(Mancuse & Viola, 2016), 이 세포 역시 생존하기 위해서는 빛이라는 자기 이외의 존재가 필요했고, 그 속에서 외부 환경과 다양한 소통과 교류를 할 수밖에 없었다. 인간을 포함한 오늘날의 모든 동물과 식물은 이러한 소통의 산물인 동시에 여전히 그 과정 속에 있는 존재들이다.

사인.　　의사소통은 기호 혹은 징후나 기미를 뜻하는 사인(sign)과 깊은 관련이 있다. 사인은 다른 대상이나 상태, 사건과 같은 것을 대신해서 나타내는 어떤 것으로, 그 지시 대상이 유발하는 것과 같은 반응의 일부를 유발한다. 사인 중에는 앞으로 살펴볼 아이콘, 지표, 상징이 있다. 상징을 제외한 좁은 의미에서의 사인은 그것이 지칭하는 것의 특성을 자연적으로 보여 준

그림 5-1　햇무리. 햇무리는 무엇의 사인일까?

다([그림 5-1] 참조). 또한 사인은 특정 실체의 존재를 보여 주거나 형태와 의미 사이의 관계를 보여 준다(Burgoon et al., 2010). 예를 들면, 연기는 불이 났다는 사인이다. 이때 연기와 불의 관계는 인위적이거나 의도적인 것이 아니라 자연적인 것이다. 또한 연기라는 사인은 불의 존재를 알려 주기도 하고, 연기라는 형태와 불이 났다는 의미를 연결시켜 준다. 마찬가지로 열이 나는 것은 아프다는 것의 사인이다. 때로 울음과 웃음 같은 비언어적 정서의 표현도 내적으로 느끼는 슬픔과 기쁨과 같은 감정의 외적 표현이다(Buck, 1994).

아이콘(icon)은 그것의 지시 대상을 물리적으로 닮거나 대표하는 사인을 말한다(Burgoon et al., 2010). 예를 들면, 조각상은 그것이 가리키는 사람과 매우 유사하게 형상화하기 때문에 그 사람의 아이콘이다. 사진이나 그림도 특정인의 아이콘이지만, 3차원을 2차원으로 표현하고 있다는 점에서 아이콘으로서의 특성이 좀 덜하다. 컴퓨터에서 어떤 기능이나 사물, 내용을 표시하기 위해 사용하는 작은 그림도 아이콘이다. 나이팅게일이나 테레사 수녀도 특정 직업이나 역할의 아이콘이 될 수 있다. 또한 정의의 아이콘이나 질투의 아이콘 혹은 사랑의 아이콘처럼, 아이콘은 추상적인 개념을 나타낼 수도 있다.

지표(index)는 그것이 지칭하는 대상의 특정 성질과 필연적으로 연결되어 있는 사인을 말한다(Schaefer & Ruxton, 2011). 식물의 이산화탄소 배출은 호흡률과 필연적으로 연결되어 있어, 이산화탄소 배출량은 호흡률을 나타내는 지표가 될 수 있다. 이러한 연결로 인해 털독말풀(Datura wrightii)이 배출하는 이산화탄소 양은 꿀 생산의 지표가 되는데, 이 꽃이 개화하는 첫 30~60분 동안 이산화탄소의 배출량과 꿀의 생산량은 모두 최고치에 도달한다(Goyret et al., 2008). 반면에 동물의 크기와 싸움 능력 간에 불가분의 관계가 있다면 전자는 후자의 지표이지만, 보통은 그렇지 않기 때문에 동물의 크기가 그의 싸움 능력을 보여 주는 지표는 아닌 것이다.

이처럼 아이콘과 지표는 그 지시 대상과 물리적으로 유사하거나 내적으로 연관되

어 있다. 반면에 상징(symbol)은 그것이 지시하는 대상과의 이러한 관련성이 약하거
나 아예 없다. 상징은 다른 어떤 것을 나타내기 위해서 임의적이고 의도적으로 만든
사인이다. 상징의 가장 대표적인 사례가 언어이다. 언어는 인위적인 것이기 때문에
말과 그 지시 대상 사이에 자연적인 관계가 없다(Burgoon et al., 2010). 한자로는 木,
영어로는 tree로 표기하는 나무라는 우리말은 나무의 본래 의미를 담고 있지 않다. 대
신에 그 의미는 그것이 가리키는 나무에 있다. 사철 푸른 소나무가 절개를 의미하듯
이, 나무라는 말은 물리적인 나무만을 지칭하는 것은 아니다. 몇몇 행동도 상징적이
다. 가령, 우리 문화에서는 상대방에게 머리를 숙이는 것이 공손한 인사를 의미하지
만, 다른 문화권에서는 굴복을 의미할 수도 있다.

   신호   앞서 살펴보았듯이 사인은 어떤 다른 대상을 가리켜 나타내 주는 것이다.
의사소통 측면에서 볼 때 사인은 본질적으로 상대방에게 정보를 전달하려는 계획이
나 의도와는 상관이 없다. 반면에 신호(signal)는 어떤 자극에 대하여 한 개인이 하는
경험이나 반응에 대한 정보를 소통시켜 준다. 신호는 송신자가 수신자에게 정보를
제공하기 위해 발달시켜 온 특징으로, 자기에게 유리하도록 수신자의 행동을 바꾸기
위한 것이고, 수신자도 이 신호를 통해 자신의 행동을 바꿈으로써 때로는 이득을 얻
을 수 있다(Schaefer & Ruxton, 2011). 꽃의 향기와 색깔이 꿀벌과 같은 꽃가루 매개자
에게 자신의 위치를 알려 줌으로써, 꽃은 수분할 수 있는 기회를 얻고 꿀벌은 꿀을 얻
는다. 이때 꽃의 향기와 색깔은 신호인 것이다.
   신호는 때때로 의도적이다. 그러나 한쪽이 의도하지 않게 보인 사인을 상대방이
의도적인 의미를 가진 것으로 해석하면, 그 사인은 상대방에게 신호가 될 수 있다. 어
떤 사람이 비의도적으로 자기도 모르게 두려움 때문에 눈썹을 치켜 올렸는데, 수신
자는 그것을 자신에 대한 그 사람의 경계와 공포와 같은 신호로 해석할 수 있다. 이것
이 의미하는 것은 송신자의 특성에 대한 동일한 정보도 수신자에 따라 다르게 해석할
수 있다는 것이다. 비슷하게, 수신자는 자신의 이익을 위해서 다른 유기체의 특정 사
인을 이용할 수 있다. 침으로 상대방을 쏘는 다수의 곤충은 포유동물이 호흡을 할 때
부수적으로 발산하는 이산화탄소를 이용해서 포유동물의 무리를 찾아낸다(Schaefer
& Ruxton, 2011). Schaefer와 Ruxton(2011)은 이와 같은 사인을 단서(cue)라고 부른다.
그에 따르면 이 사례에서 이산화탄소는 신호가 아닌 단서인 셈이다.
   송신자는 신호를 의도적으로 조작해서 보냄으로써 상대방을 속일 수 있다. 자신이
분노를 느끼고 있지만 그것과 관련된 사인을 의도적으로 조작해서 마치 즐거움을 느

끼고 있다는 신호를 보낼 수 있다. 먹잇감도 포식자를 피하기 위해 자신을 은폐함으로써 신호를 조작할 수 있고, 식물도 곤충을 속일 수 있다. 꽃은 꽃가루를 운반해 준 곤충에게 그 대가로 꿀을 제공하는데, 이때 지구상의 약 1/3의 꽃이 벌을 속인다(Mancuse & Viola, 2016). [그림 5-2]에서 보듯이 난초의 일종인 오프리스 아피페라(ophrys apifera)의 꽃은 벌의 암컷의 모양, 조직, 향기뿐만 아니라 수컷을 유혹하는 페로몬까지도 흉내 낸다. 그래서 수벌은 진짜 암벌을 제쳐 두고 오프리스와 교미를 시도하면서 머리에 꽃가루를 묻힌다. 이것은 그 수벌이 다른 꽃을 방문할 때 전달된다. 아룸 팔라에스티눔은 초파리를 과일 썩는 냄새로 유혹하는데, 그것이 꽃송이 속으로 들어오면 얼른 꽃잎을 닫아 하루 정도 감금한다. 그사이 초파리는 나가려고 발버둥 치면서 온몸에 꽃가루를 묻힌 다음, 꽃이 열리면 나와 근처에 이런 냄새를 풍기는 또 다른 꽃에 가서 뒹굴면서 그것을 전달한다.

그림 5-2 **오프리스 아피페라.**
이 식물의 꽃은 벌의 암컷을 닮아 수컷을 유혹한다.

2) 의사소통의 보편성

때로 사람들은 의사소통이 자신들의 전유물인 것처럼 생각하지만, 실제 의사소통은 모든 유기체의 다양한 수준에서 일어나는 현상이다. 생명체가 있는 곳에는 반드시 의사소통이 있을 정도로, 이러한 현상은 매우 보편적이다. 생명의 세계에서 이루어지는 고도로 체계화된 의사소통 전략을 간략하게나마 살펴보는 것은 우리로 하여금 의사소통의 진정한 의미 그리고 그것이 우리 삶에 주는 통찰을 깨닫게 해 줄 것이다.

단세포 생물의 의사소통.   단세포인 점균류도 서로 소통을 한다(Zahavi, 2008). 점균류는 토양에서 자라는 아메바로, 스트레스나 음식이 부족한 상황에서는 수천 개 이상의 아메바가 모여 하나의 큰 덩어리를 형성한다. 이 덩어리는 새로운 곳을 찾아 움직이다가 음식을 찾지 못하면 자실체를 만든다. 자실체는 살아 있는 포자로, 죽은 아메바로 이루어진 줄기에 붙어 있다. 움직이는 덩어리의 중앙이나 뒤에 있는 세포는 DIF라고 하는 화학물질을 분비해서, 덩어리 앞에 있는 세포들에게 적극적으로 죽어서 줄기를 만들도록 신호를 보낸다. 그러면 이 신호에 따라 덩어리 앞부분의 아메바

30%가 죽어서 줄기를 만든다. 사람들이 매우 단순한 생물체라고 생각하기 쉬운 단세포조차도 실제로는 이처럼 정교한 방식으로 소통한다. 이러한 사실에 기초해서 Buck과 Ginsburg(1997)는 의사소통과 공감의 진화와 관련해서 의사소통 유전자 가설(communicative genes hypothesis)을 주장하기도 했다.

단세포 박테리아는 집단적으로 이주하고, 항생물질에 내성을 키우고, 독성을 발휘하기 위해 집단을 형성한다(Williams et al., 2007). 우리의 치아를 썩게 만드는 플라크는 일정한 수가 모여야 활동을 시작한다. 오징어 내부의 발광박테리아 비브리오 피

지혜의 샘

식충식물의 의사소통 활용법

그림 5-3 **식충식물**. 파리지옥(Venus flytrap; 왼쪽)과 벌레잡이통풀(Tropical Pitcher Plant; 오른쪽)

고정된 식물이 움직이는 동물을 잡아먹는다는 것이 잘 믿기지 않지만, 35억 년 역사를 지닌 식물이 지구의 생물량 중 99%를 차지한다는 점을 고려하면 불가능한 것도 아니다. 실제 이 지구상에는 최소 500 혹은 600종의 식충식물이 있다(이상태, 2010; Mancuse & Viola, 2016). 이 식물은 광합성을 하면서도 동물과의 의사소통을 이용하여 그것을 잡아 영양분을 섭취하는 식물이다. 파리지옥은 먹잇감을 유혹하기 위한 미끼로 포충엽에서 매우 향기롭고 달콤한 분비물을 분비한다. 이 두 잎의 표면에는 작은 털이 3개씩 돋아나 있는데, 이것은 일종의 감지기로 작용한다. 이때 2초 이내에 이 털 2개 이상을 건드리면 이 덫이 닫힌다. 곤충이 더 이상 움직이지 않으면 잎은 소화효소를 분비한다. 벌레잡이통풀은 포충낭 입구 언저리에서 달콤하고 향기로운 물질을 분비한다. 곤충이 달콤한 액체를 빨아먹으며 포충낭 속으로 미끄러져 들어가면 다시는 못 나온다. 벌레잡이통풀 속(屬)에 있는 어떤 식물은 곤충과 함께 도마뱀, 소형 파충류, 상당히 큰 쥐도 잡아먹는다.

서리도 수백만 마리가 모여 하나의 기관을 이룬다. 이들은 오징어가 먹이를 쫓을 때 필요한 빛을 제공하고, 달빛에 비친 오징어의 그림자를 희석시켜 포식자로부터 보호한다(Wagner, 2012). 그러면 박테리아들은 자신들이 얼마나 모여 있는지 어떻게 알 수 있을까? 그들은 정족수 감지 시스템(quorum sensing system)을 통해 서로 의사소통하고 협동하는 것으로 밝혀졌다(Diggle et al., 2007; Williams et al., 2007). 이 시스템을 통해 하나의 세포는 주변에서 신호를 보내는 분자들을 축적해서 박테리아 수를 감지한 다음, 그 수가 일정한 수준에 도달하면 하나가 되어 조화로운 반응을 보인다.

　　식물의 의사소통.　　식물도 다양한 차원에서 의사소통을 한다. 그들은 한 개체 내 서로 다른 부분에서 오는 정보와 주변 환경으로부터 오는 정보를 후각, 시각, 촉각, 청각 등 여러 감각을 이용하여 처리하고, 자신과 환경의 상태에 따라 적절한 행동을 결정하는 등 다양한 지적 활동을 한다(Mancuse & Viola, 2016; Trewavas, 2006). 식물은 매우 정교한 의사소통 시스템을 갖추고 있다. 뿌리의 끝은 뇌와 같은 통제 중추의 역할을 하고, 식물체 속에 있는 관다발계는 식물의 뉴런으로 기능한다. 옥신(Auxin)은 식물의 신경전달물질로, 빛과 중력에 따라 뿌리와 잎의 축을 따라 이동하면서 식물의 형태를 결정한다. 뿌리는 영양분을 흡수하기 위해 가장 적합한 곳을 탐색해서 이동하고, 잎은 신진대사와 재생산을 위한 역할을 수행한다. 그러면서 뿌리와 잎은 소통을 통해 물과 무기염료, 당분을 적절한 곳에 공급하고, 잎의 기공을 조절하는 것과 같은 활동을 수행한다(Baluska et al., 2006).

　　식물끼리도 의사소통을 한다. 식물은 곰팡이나 곤충, 더위와 추위 등으로 스트레스를 받으면, 생체 내 휘발성 유기 화합물(BVOCs)을 방출해서 그 식물의 다른 부위뿐만 아니라 다른 식물에게 경고 신호를 보낸다(Mancuse & Viola, 2016). 가령, 토마토가 초식동물에게 공격을 받아 이 화합물을 분출하면, 수백 미터 떨어진 식물도 그것을 감지한다. 또한 식물도 인간처럼 유전적으로 유사한 개체끼리는 덜 경쟁한다. Dudley와 File(2007)은 한 화분에는 동일한 모계의 서양갯냉이 씨앗 30개, 다른 화분에는 모계가 다른 서양갯냉이 씨앗 30개를 심고 자라게 했다. 그 결과, 후자의 경우에 그들은 영토 지배와 수분 및 양분 확보를 위해 경쟁적으로 뿌리를 뻗었다. 그러면서 다른 식물에게 불이익을 주었다. 반면에 전자의 경우 그들은 뿌리를 덜 뻗으며 제한된 공간에서 공존하는 것으로 나타났다.

　　동물의 의사소통.　　동물들 사이에 이루어지는 의사소통에도 흥미로운 점이 많다.

부전나비 애벌레는 등에 당분과 아미노산이 듬뿍 든 즙을 내는 분비샘을 갖고 있다. 이 애벌레는 이 화학물질을 분비해서 개미들이 먹도록 해 준다. 개미가 말벌이나 거미 같은 포식곤충들로부터 자신을 보호해 주기 때문이다. 얼마나 많은 즙을 줄 것인지는 애벌레가 느끼는 위험의 정도에 따라 달라, 가까이 있는 포식자의 수와 애벌레의 수에 따라 결정된다(Wagner, 2012). 흥미롭게도, 이 애벌레의 분비물을 먹은 개미는 그렇지 않은 개미에 비해 도파민의 분비가 현저히 낮았다. 또한 이 개미는 애벌레 곁에 있으면서 포식자들을 더 적극적으로 경계했다. 이것은 애벌레가 개미에게 도파민과 같은 약물을 주입함으로써 둘 간의 관계를 유지하는 것이다(Hojo et al., 2015).

동물 사이에서 소통을 하기 위해 시각적·청각적 신호를 보내는 개체는 자신에게 닥칠 수 있는 위험을 감수해야 한다. [그림 5-4]처럼 포식자로부터 자기 집단을 보호하기 위해 높은 곳에서 망을 보거나 큰 소리로 위험을 알리는 개체는 그들의 눈에 띄어 공격을 받을 가능성이 높다. 화학적 신호도 마찬가지이다. 화학물질을 분비해서 신호를 보내는 개체는 그러한 분비로 생기는 손상을 견딜 수 있는 능력이 있어야 한다. 예를 들면, 새는 신호를 보내기 위해 카로티노이드를 분비하는데, 이것은 적은 양이면 이로울 수 있지만 많으면 활성산소의 생존 기간을 증가시킴으로써 새에게

그림 5-4 **망을 보는 동물**. 망을 보는 개체는 적의 공격을 받을 수 있는 위험에 처한다.

해를 미친다(Haila, 1999).

그러면 어떤 개체가 이와 같은 위험과 손상을 감수하는가? 집단적으로 영토 생활을 하는 조류 아라비아 꼬리치레는 지위가 높은 개체가 낮은 개체보다 집단의 안녕을 위해서 더 많은 투자를 한다. 그래서 떼를 지어 포식자를 공격하는 중에 지위가 낮은 개체가 이타적인 행동을 하면 지위가 높은 개체가 그들을 방해한다(Berger, 2002). Zahavi(2008)의 불이익 원리(The handicap principle)에 따르면, 송신자는 여분의 투자를 통해 자신의 특성을 수신자에게 더 정확하게 알릴 수 있다. 공작이 매력을 과시하기 위해 생존에는 불리한 화려하고 긴 꼬리를 발달시키는 것이나, 용감한 사람이 자신의 용감성을 보이기 위해 위험한 행동을 하는 경우이다. 위험과 손해를 감수하면서 집단을 위해 신호를 보내거나 이타적인 행동을 하는 개체 역시 그러한 행동을 통해 자신이 사회적으로 품위와 명망을 갖춘 존재라는 것을 표현하는 것이다.

식물과 동물 간 의사소통.   식물과 동물은 다양한 방식으로 소통한다. 리마콩은 초
식성 진드기 점박이응애의 공격을 받으면, 휘발성 화학물질을 분비하여 육식성 진드
기 칠레이리응애를 불러들여 점박이응애를 모두 잡아먹게 한다(Karban et al., 2000).
옥수수, 토마토, 담배 등이 이런 전략을 쓴다. 옥수수근충은 옥수수의 뿌리를 갉아먹
어 고사시킨다. 그래서 옥수수는 옥수수근충의 유충이 뿌리 근처에 오면 카리오필렌
이라는 물질을 분비해서 선충이라는 작은 벌레를 불러들인다. 이 벌레는 옥수수근충
의 애벌레를 잡아먹어서 옥수수를 구해 준다(Rasmann et al., 2005).

　식물은 수분(受粉, pollination)과 씨앗의 유포를 위해 동물과 소통한다. 식물은 수
분을 위해 꽃가루를 수술에서 암술로 운반해야 한다. 이를 위해 어떤 식물은 곤충, 조
류, 파충류나 유대류와 같은 동물을 이용한다. 식물에게는 씨앗을 널리 퍼트리는 것
이 생존의 가능성을 높이는 데 기여한다. 이때 꿀과 열매는 모두 동물들을 유인하
는 수단이고 그들에게 주는 보상의 의미도 있다. 3천 종 이상의 식물은 지방이 풍부
한 씨앗을 가지고 있어서 많은 종의 개미들에게는 매우 매력적인 대상이다. 그들은
대부분의 씨앗을 3m 이내로 옮기지만 11m까지 옮기기도 한다(Gómez & Espadaler,
1998). 200종 이상의 민물고기가 과일과 씨앗을 소비하는
데, 그들은 보통 100~2,000m까지 그것을 운반한다(Horn,
1997). 파충류의 도마뱀과 같은 동물은 과일을 먹으면
서 그 씨앗을 더 멀리 퍼트릴 수 있다(Jerozolimski et al.,
2009).

　이러한 과정에는 모두 의사소통이 관여한다. [그림
5-5]에서 보듯이 벚나무가 번식기 때 아름다운 흰색 꽃
을 피우는 이유는 그 색이 수분을 해 주는 벌의 눈에 잘 보
이기 때문이다. 나중에 빨간색 체리를 여는 것은 녹색 바
탕의 빨간색이 씨앗을 운반해 주는 새의 눈에 잘 보이기
때문이다. 벌은 빨간색을 보지 못한다(Mancuse & Viola,
2016). 체리처럼 익지 않은 과일 대부분은 많은 양의 엽록
소를 가지고 있어서 녹색이다. 이에 대한 한 설명은 이 엽
록소가 과일이 익어 가는 초기의 성장과 발달에 필요한 에

그림 5-5　**벚나무의 꽃과 열매의 색깔.** 꽃
과 열매의 색깔이 다른 것은 모두 번식을 위한
것이다.

너지를 공급하는 데 크게 기여하는 반면, 초기 이후에는 덜 중요하다는 것이다(Ashan
& Pfanz, 2003). 또 다른 설명은 익지 않아 발아될 준비가 되어 있지 않은 씨앗을 퍼뜨
리는 것은 식물에게 이득이 되지 않는다. 그래서 대부분의 식물은 과일이 자신의 잎

과 동일한 색을 갖게 함으로써, 그것을 다른 포식자들에게 잘 띄지 않게 함으로써 보호할 수 있다(Schaefer & Ruxton, 2011).

요약하면, 의사소통은 단세포 생물에서부터 서로 다른 종(種) 사이에 이르기까지 생명체가 있는 곳에는 어디든 존재하는 보편적인 현상이다. 이러한 의사소통은 상호성에 기초한 행위로, 그 목표는 기본적으로 협동을 위한 것이다. 의사소통을 위해서 누군가는 때로 희생과 손해를 감수하기도 한다. 이러한 사실은 인간을 포함한 유기체가 살아가는 데 그만큼 의사소통이 중요하다는 것을 함축한다.

2. 의사소통의 특성

대인 간 의사소통이 외견상으로는 두 사람이 정보를 주고받는 꽤 단순한 형태의 활동으로 보일 수 있지만, 실제 그것은 종종 둘 이상의 사람이 관여하는 복잡한 과정을 거치는 현상이다. 사람들 사이에서 이루어지는 의사소통에는 그 나름의 다양하고 독특한 특성이 있다. 또한 이에 못지않게 그에 대한 여러 오해도 존재한다. 이 절에서는 기존의 문헌(예: Adler & Proctor II, 2016; Knapp, Vangelisti, et al., 2014; Sillars & Vangelisti, 2018; Vangelisti, 2015)에서 고찰한 내용을 중심으로 대인 간 의사소통의 다섯 가지 특성, 즉 상호의존성, 복잡성, 모호성, 연속성, 불완전성을 고찰한다.

1) 상호의존성

의사소통의 주요 특성 중 하나는 상호의존성이다. 이것은 한 개인의 언어적 및 비언어적 메시지는 상대방의 이전 메시지에 의해 영향을 받을 뿐만 아니라, 상대방의 이후 메시지에도 영향을 준다는 것을 의미한다(Vangelisti, 2015). 상호의존성에 대한 하나의 사례를 대화에서 서로의 반응이 일치하는 상호성에서 찾아볼 수 있다. 우리는 대화를 할 때 끼어들기나 특정 유형의 단어 사용, 자신에 대한 정보의 개방, 고개 끄덕이기, 웃음, 목소리의 크기 등이 서로 일치하는 경향이 있다(Cappella, 1987). 그래서 보통 상대방이 자신의 말에 끼어들면, 우리도 그의 말을 가로채서 중단시킨다. 상대방이 부정적인 어휘를 사용하면 그 말을 똑같이 되받아치기도 하고, 똑같이 목소리가 커지기도 한다. 상대방이 웃음을 보이면 우리도 그와 같은 행동으로 반응한다. 정서도 전염이 되는데, 상대방이 즐거워 보이면 우리도 즐거워지고 상대방이 슬퍼 보이면 우리도 슬픔을 느낀다(Gaelick et al., 1985).

　의사소통의 상호의존성은 두 사람의 상호작용 패턴에 잘 나타난다. 상호작용 패턴은 사건이 순차적으로 일어나는 방식을 보여 주는 개념으로, 대인 간 의사소통에 관한 몇 가지 사실을 보여 준다(Sillars & Vangelisti, 2018). 먼저, 서로의 메시지가 쌍방적으로 영향을 미침으로써, 의사소통은 전체적으로 일관성을 갖게 된다. 그래서 둘의 상호작용은 안정적으로 나름의 특성을 갖게 된다. 이와 같은 패턴은 과거와 현재의 사건 그리고 맥락적인 요인에 의해 영향을 받아 형성된다. 일단 상호작용 패턴이 구축되면, 그 속에서 각자의 행동 패턴도 상당 부분 고정화된다. 그래서 어떤 관계는 칭찬과 애정을 주고받지만, 또 다른 관계는 비방과 불만을 교환한다. 또 어떤 관계는 한쪽의 요구와 다른 쪽의 회피 혹은 한쪽의 지배와 다른 쪽의 순종과 같은 패턴을 띠기도 한다. 이와 같은 상호작용 패턴은 궁극적으로 그 관계의 만족, 스트레스, 불만 등을 예측하게 해 준다.

　이처럼 의사소통의 본질은 각 구성원이나 메시지의 개별적인 성질이나 특성보다는 그들의 상호의존적인 상호작용 패턴이 결정한다. 그럼에도 불구하고 사람들은 의사전달자들이 서로 독립적으로 행동한다는 오해를 한다(Knapp, Vangelisti, et al., 2014). 의사소통의 상호의존성을 인정하지 않으면, 특정 의사소통 행위의 결과물, 특히 부정적인 결과물을 모두 그 행위자의 책임으로 판단하기 쉽다. "당신은 나에게 친절하지 않아." 혹은 "당신은 내 말을 들으려고 하지 않아."와 같은 불평이 모두 상대방 때문이라고 생각한다. 상대방의 이러한 행동이 자신과의 상호작용의 산물이라고 인정하면, 상대방의 행동에 자신도 일정 부분 책임이 있다는 것을 받아들이게 된다. 즉, 상대방이 그렇게 행동하는 것은 내가 상대방에게 친절하지 않고 그의 말을 경청하지 않았기 때문일 수 있음을 인정할 수 있다.

2) 복잡성

　우리가 다른 사람과의 소통에서 하는 말은 그 의미가 단순하지 않다([그림 5-6] 참조). 말은 하나의 상징이기 때문에 그것이 갖는 의미는 고정되어 있지 않다. 그래서 말은 누가, 언제, 어떤 상황에서, 어떻게 말하느냐에 따라 그 의미가 다를 수 있다. 여대생에게 "나는 너를 사랑해!"라는 말을 그 부모가 할 때와 동급생인 남학생이 할 때 그 의미는 다르다. 부모가 자녀에 대한 불만을 아침 등교 시간에 얘기하는 것과 토요일 저녁 야외에서 가족 파티를 하며 얘기하는 것은 자녀의 입장에서 그 의미가 다를

그림 5-6 **복잡하게 얽혀 있는 철길.** 이것은 의사소통의 복잡성과 비슷하다.

수 있다. 전자는 잔소리가 되기 쉽지만, 후자는 충고나 요청 또는 바람으로 받아들일 수 있다.

말의 의미에는 문자 그대로의 의미와 활용적 차원의 의미가 있다(Sillars & Vangelisti, 2018; Vangelisti, 2015). "믿을 수 없어."라는 말은 문자 그대로는 상대방을 신뢰할 수 없다는 뜻이다. 상대방이 기대 이상의 성과를 냈을 때의 이 말은 감탄과 칭찬을 의미하는 반면, 그럴 것 같지 않은 사람이 음주운전을 했을 때의 이 말은 놀람이나 실망을 의미한다. 이처럼 말이 갖는 문자 그대로의 의미는 복잡하지 않고 분명한 반면, 그것이 갖는 활용적 차원의 의미는 여러 맥락 요소에 따라 달라지기 때문에 겉으로 잘 드러나지 않으면서 복잡하다.

말이 갖는 활용적 특징은 친밀성, 칭찬, 인상 관리, 통제, 설득과 같은 기능을 한다(Street & Cappella, 1995). 상대방을 비판하는 맥락에서 "잘한다."라는 말은 칭찬이 아니라 빈정거리는 것이다. 때로 사람들은 욕을 통해 친밀함을 나타내기도 하고, "너무 잘하면 곤란한데!"와 같은 표현으로 상대방을 칭찬하기도 한다. 기분이 언짢으면서도 하는 "저는 괜찮아요."라는 말은 자신의 품위를 지키기 위한 인상 관리 전략일 수 있고, 상대방에게 부탁하거나 애원하는 식의 말이 때로는 그를 통제하고 설득하기 위한 것일 수 있다. 상대방의 질문에 대해 반응하지 않음으로써 그의 의견을 받아들이지 않겠다는 의중을 드러내기도 한다.

이와 같은 기능은 그에 상응하는 비언어적 표현과 연결되어 있다(Sillars & Vangelisti, 2018). 비언어적 행동도 그 의미가 단순하지는 않다. 여러분을 사랑하는 사람이 오래 쳐다보는 것과 낯선 사람이 오래 쳐다보는 것, 혹은 여러분의 상사가 오래 쳐다보는 것은 그 의미가 서로 다르다. 신체적 접촉도 하는 사람에 따라 애정, 칭찬 혹은 성적 추행이 될 수 있다. 이처럼 말이 갖는 의미가 맥락에 따라 다양하기 때문에, 의사소통을 잘하기 위해서는 맥락이 말의 의미에 주는 효과를 정확하게 파악할 필요가 있다. 이러한 능력이 부족하면 상대방의 말을 문자 그대로만 해석함으로써 여러 소통상의 문제에 직면할 수 있다.

3) 모호성

언어와 같은 상징이 갖는 의미는 본질적으로 규정되어 있지 않다. 앞서 살펴본 것

처럼, 나무라는 말은 그 자체로 나무의 의미를 담고 있지 않
다([그림 5-7] 참조). 어느 시인이 나무를 자기보다도 너무나
쉽게 그늘을 통해 자비를 베푸는 존재로 노래한 것처럼, 나
무라는 말이 물리적 나무 이외에 갖는 여러 상징적인 의미
도 미리 정해져 있거나 고정되어 있는 것이 아니다. 그래서
이 말이 특정 의미를 갖기 위해서는 우리 사이에 이 둘의 관
계에 대한 합의나 공유된 인식이 있어야 한다. 이러한 측면
에서 언어는 상징에 대한 사람들의 공유된 시스템에 기초한
다(Guerrero & Flyod, 2005; Moore et al., 2014). 즉, 우리는 특
정 언어가 전달하는 의미를 공유해야 그 말을 통해 서로를
이해할 수 있다.

그림 5-7 **모호한 사진**. 언어의 의미도
이 사진처럼 불분명하다.

　언어의 이러한 특성이 함축하는 것은 어떤 말의 의미는 이미 태생적으로 모호하다
는 것이다. 사랑이라는 말의 의미를 모든 사람이 공유해서 이해할 수 있는 식으로 명
백하게 정의할 수 없는 것처럼, 말이 갖는 의미를 완전히 보편적으로 정의하는 것은
불가능하다. 그래서 상대방이 한 말의 의미를 이해하기 위해서는 그 말의 피상적인
의미 이상을 추론해야 한다. 또한 말의 의미가 모호하기 때문에, 우리는 자신의 생각
이나 느낌을 말로 완벽하게 표현할 수가 없다(Carston, 2002). 어휘 구사력이 아무리
뛰어난 사람이라도 상대방에게 전달하려는 내용을 100% 정확하고 완벽하게 말로 표
현하지는 못한다. 언어의 복잡성에서 살펴본 것처럼, 어떤 말이 갖는 의미가 맥락에
따라 가변적이라는 점은 말의 모호성을 증가시키는 또 하나의 요인이다.

　이처럼 언어가 가지는 내재적 모호성과는 별도로, 사람들은 자신의 목적을 달성하
기 위해 전략적으로 불분명하게 의사소통할 수 있다(Sillars & Vangelisti, 2018). 예를
들면, 우리는 자신의 의견을 직접적으로 표현하라고 요구받는 상황에서 간접적이고
애매모호한 방식으로 반응할 수 있다. 상대방에 대한 부정적인 평가를 있는 그대로
표현하지 않음으로써, 그 사람에게 공손하다는 인상을 주거나 그 사람과의 관계를
해치지 않을 수 있기 때문이다. 또한 대화하는 사람의 의도나 동기가 분명하지 않을
수 있다. 한 친구가 여러분에게 "이번 주말에 계획 있어?"라고 물으면, 이러한 질문
을 한 그의 동기는 무엇일까? 단순히 궁금해서 물어봤을 수도 있고, 주말을 함께 보
내고 싶다는 소망의 표현일 수도 있다. 이러한 경우 그의 말이 갖는 의미는 불분명하
다. 결국 상대방이 하는 말이나 행동의 의미는 모호하기 때문에, 우리 자신의 틀이나
잣대로 이해하고 평가하는 것은 의사소통상의 오해와 갈등을 일으키기 쉽다. 대신에

상대방이 전달하고자 하는 본래의 의미가 무엇인지를 제대로 파악하려고 노력할 필요가 있다.

4) 연속성

때로 우리는 어떤 일이 끝나면 그와 관련된 사람들과의 소통과 교류도 종결되어 더 이상의 노력이나 관심, 에너지가 불필요하다고 생각한다(Knapp, Vangelisti, et al., 2014). 특정 프로젝트를 위해 계약을 맺은 관계에서는 그 일이 마무리되면 관련된 사람 사이의 소통은 끝난다. 그러나 대부분의 경우 의사소통은 하나의 분절되고 시작과 끝이 분명한 현상이기보다는 처음과 끝이 불분명하고 그물망처럼 서로 연결되어 있는 과정이다. 깊고 친밀한 사람들 사이에서 의사소통의 내용과 메시지는 끝나는 것이 아니라 계속 진행하면서 변하는 것이다. 예를 들면, 상대방과 만족스럽고 친밀한 관계를 맺는 것은 일정 시기 동안의 관심이나 노력만으로 완성되는 문제가 아니다. 그것은 서로에 대한 지속적인 관심과 배려 그리고 노력을 요구한다. 이와 같은 필수 사항을 제대로 소통하지 못하면, 그 관계는 불만족스럽거나 심지어 해체될 수 있다. 그래서 의사소통은 늘 변화하면서 살아 숨 쉬는 생물과 같은 현상이다.

관계는 변화하면서 진행하는 과정이기 때문에 그 속에서 한 이전의 행동을 이후에 되풀이하는 것은 불가능하다(Adler & Proctor II, 2016). 상대방에 대한 나의 첫 칭찬이 그 사람을 즐겁게 했다고 해서, 이후의 똑같은 칭찬이 이전과 동일한 결과를 가져온다고 아무도 장담할 수 없다. 상대방은 그런 칭찬에 식상해할 수도 있고, 처음과는 달리 나를 가식적인 사람이라고 생각할 수도 있다. 이처럼 같은 것을 반복할 수 없는 이유는 우리가 예전과 동일한 사람이 아니기 때문이다. 관계가 지속되면서 우리 각자가 변했을 수 있고 서로에 대한 느낌도 달라졌을 수 있다. 그래서 때로 우리는 지속적인 관계에서 좀 더 색다르게 행동하고 소통할 필요가 있다.

또한 대인관계는 시간적인 차원에서 앞으로 나아가는 과정이기 때문에, 일단 어떤 시기를 지나가면 그 시기로 다시 되돌아갈 수가 없다. 그래서 이전에 이루어진 의사소통은 취소할 수가 없다(Adler & Proctor II, 2016). 때로 우리는 상대방에게 상처를 주는 말이나 행동, 자신의 부주의로 저지른 실수나 잘못을 지우고 싶어 한다. 그러나 이러한 사건에 대해 부연 설명을 덧붙이거나 그것을 만회하기 위한 새로운 행동을 할 수는 있지만, 그것을 취소하는 것은 불가능하다. 한번 뱉은 말은 주워 담을 수 없고, 한번 보낸 전자 메시지는 되돌릴 수가 없다. 이러한 사실이 의미하는 것은 의사소통에서 내가 할 행동에 대해 신중을 기해야 한다는 것이다. 일단 저지르고 나면 아무리 후회한다고 한들 그것을 취소해서 없앨 수 있는 방법은 없기 때문이다.

5) 불완전성

흔히들 의사소통은 많을수록 좋다고 생각하지만 항상 그런 것은 아니다. 불충분한 의사소통 때문에 많은 오해나 갈등이 발생할 수 있지만, 그렇다고 해서 의사소통을 많이 하는 것이 항상 그러한 문제를 해소하는 것은 아니다(Adler & Proctor II, 2016). 우리가 겪는 문제나 갈등의 주요 원인 중 하나는 서로가 다르다는 점이다. 태도나 가치관, 성격에서 서로 다르고, 그러한 차이가 갈등이나 다툼을 불러일으킨다. 그러나 서로가 다르다는 것을 정확히 소통한다고 해서 모든 문제가 해결되는 것은 아니다. 그러한 차이를 더 분명하게 알게 됨으로써 갈등이나 문제가 더 심각해질 수 있다([그림 5-8] 참조). 또한 우리는 호감이 가지 않거나 적대감이나 경쟁심을 느끼는 사람들과는 거리를 두고 소통하지 않음으로써 그와 같은 부정적 감정을 피하려는 경향을 가지고 있다. 이와 같은 상황에서

그림 5-8 　갈등과 의사소통. 때로 갈등 상황에서의 의사소통은 관계를 더 악화할 수 있다.

부정적인 소통을 하면 할수록 상대방과의 관계는 더욱 나빠질 가능성이 높다(Sillars, 1998).

의사소통과 관련된 오해나 갈등의 문제는 어느 관계에나 존재한다. 일반적으로 좀 더 친밀한 관계에 있는 사람들은 서로에 대한 지식이나 기억을 공유함으로써, 상대방의 말이나 행동이 의미하는 복잡하고 숨겨진 측면을 더 잘 이해할 수 있다(Colvin et al., 1997). 이것이 의사소통과 관련된 오해나 여러 문제를 줄일 수 있다. 그러나 때로는 낯선 사람들보다는 서로 잘 알고 있는 사람들 사이에서 서로를 오해할 가능성이 더 높다(Wu & Keysar, 2007). 낯선 사람들 사이에서의 상호작용은 대체로 한정된 맥락에서 사회적으로 정해진 방식대로 이루어지기 때문에, 갈등을 유발하는 요인이 적고 오해를 불러올 수 있는 주관적이고 심층적인 교류가 적다. 반면에 가깝고 친밀할수록 상호작용하는 주제가 다양해지고 깊어짐으로써, 그만큼 서로 오해하고 갈등을 경험할 가능성도 커진다.

3. 의사소통의 모형

의사소통에 대한 모형(model)은 의사소통의 개념이나 과정에 대한 이해를 높이거나, 의사소통을 구성하는 요소 및 그들 사이의 관계를 보여 주기 위해 특정 개념이나 과정을 시각적 혹은 이론적 형태로 나타낸 하나의 표현이다(VandenBos, 2015). 그래서 이런 모형을 보면 의사소통에 관여하는 요소와 그들의 관계를 이해할 수 있고 의사소통이 이루어지는 과정도 알 수 있다. 이 절에서는 지금까지 연구자들이 제시한 의사소통 모형 중에서 자주 등장하는 몇몇 모형을 살펴본다.

1) Shannon-Weaver의 선형 모형

Shannon과 Weaver(1949)가 제시한 모형은 의사소통을 송신자가 특정 정보를 부호화해서 그 메시지를 정확하게 수신자에게 전달하는 일방적이고 기계적인 과정으로 보고 있다. [그림 5-9]에서 보듯이 이 모형은 정보원(information source), 송신자(transmitter or encoder), 수신자(receiver or decoder), 목적지(destination) 그리고 소음원(noise source)으로 이루어져 있다. 여기에서 정보원은 메시지를 만들어 그것을 특정 경로를 통해 전송하는 화자(話者, the speaker), 특히 화자의 뇌를 의미하고, 경로는 메시지를 보내기 위해 사용하는 매개체를 뜻한다. 송신자는 메시지를 신호로 전환하는 기계를 사용하는 사람 혹은 그러한 기계나 부호기 또는 화자의 입을 지칭한다. 수신자는 받은 신호를 메시지로 전환하는 기계나 해독기 또는 청자(聽者, the hearer), 특

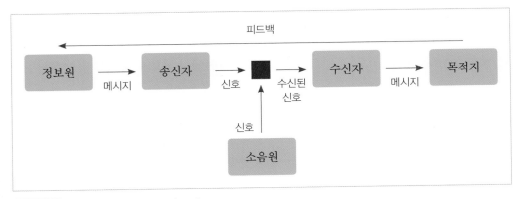

그림 5-9 Shannon-Weaver 모형(1949)

히 그의 귀를 의미한다. 목적지는 메시지를 받는 사람, 특히 그의 뇌를 의미한다. 이
때 수신자가 보이는 반응이 송신자에게는 피드백이다. 소음원은 송신자가 보낸 메시
지가 수신자에게 그대로 전달되지 못하도록 방해하는 요소이다.

 이 모형에 따르면 송신자는 메시지를 부호화한 다음 그것을 핸드폰과 같은 기계를
이용해서 수신자에게 보낸다. 그러면 수신자는 그 메시지를 이해하기 위해 송신자
의 경우처럼 핸드폰과 같은 기계를 이용해서 받은 신호를 해독해야 한다. 이때 핸드
폰이 여러 소음을 발생시켜 경로로서의 제 기능을 완벽하게 하지 못한다면, 수신자는
송신자가 보낸 메시지를 있는 그대로 받지 못함으로써 의사소통상의 문제가 발생한
다. 수신자가 보이는 반응은 송신자의 입장에서 자신이 보낸 메시지가 제대로 전달
되었는지를 평가할 수 있는 피드백의 역할을 한다. 일상생활에서 이 모형을 적용할
수 있는 사례는 무수히 많다. 소음이 심한 전철 속에서 전화로 친구와 한 약속이 제대
로 전달되지 않아 낭패를 본 경우, 회의 중 상대방이 내 말을 제대로 듣지 못해 반복
해서 얘기해야 하는 경우 모두 이 모형으로 설명할 수 있다.

 이 모형을 만든 연구자들은 전화처럼 라디오 음파를 통해 음성을 전달하는 데 관
심이 있었다. 그 후 이 모형은 대인 간 의사소통이나 매스컴 등 다양한 소통을 설명하
는 데 사용되었다(Baldwin et al., 2009). 그럼에도 이 모형은 여러 한계점을 가지고 있
다. 이 모형에서는 메시지를 보내는 송신자에 비해 그것을 받는 수신자는 수동적인
역할을 한다. 그 한 가지 이유는 고정된 부호화 경로를 통해 특정 정보를 있는 그대로
전달하는 것을 의사소통의 목표로 삼기 때문이다. 그러나 실제로는 수신자가 송신자
로부터 온 메시지에 대해 단순히 반응하는 것을 넘어서서 적극적으로 평가하고 대응
하는 등 의사소통에서 그 영향력이 클 수 있다. 또한 사람들은 기계가 메시지를 전달
하는 것과 같은 방식으로 소통하지 않을 수 있다. 주변의 다양한 환경과 문화, 의사소
통에 관여한 사람들의 심리적 특성 등도 소통에 영향을 줄 수 있다(Adler & Proctor II,
2016).

2) Schramm의 순환 모형

 Schramm(1954)은 앞에서 살펴본 Shannon과 Weaver(1949)의 모형에 기초해서 자
신의 의사소통 모형을 개발했다. 이 모형도 의사소통을 화자와 청자 사이에 이루어
지는 과정으로 가정한다. 또한 부호화(encoding)와 탈부호화(decoding)의 과정을 중
요시해서, 화자가 자신의 메시지를 잘 부호화해서 전달하고 그것을 청자가 잘 해석하

고 이해할 때 의사소통이 제대로 이루어진 것으로 평가한다. 마찬가지로 화자가 청자로부터 오는 피드백을 받아야 비로소 의사소통이 종료된다. 두 모형의 이러한 유사점에도 불구하고 그 차이 또한 여럿이 있다.

[그림 5−10]에서 보듯이 Schramm 모형은 2명의 의사전달자와 메시지라는 3요소로 구성되어 있다. 앞서 살펴본 선형 모형과는 달리, 이 모형은 의사소통을 2명의 의사전달자가 메시지를 동시에 주고받는 순환적이고 교환적 과정으로 생각한다. 의사소통은 송신자가 특정 정보를 수신자에게 일방적으로 전달하는 과정이 아니라, 각 의사전달자가 정보의 송신자이면서 동시에 수신자 역할을 하는 쌍방적 과정이다. 송신자는 자신이 전달하고자 하는 메시지를 적합한 신호나 상징으로 구성(부호화)해서 그것을 수신자에게 보낸다. 그러면 수신자는 그 메시지를 언어적으로나 비언어적으로 받은(탈부호화) 다음, 그 메시지에 의미를 부여한다(해석). 그다음 수신자는 자신이 받은 메시지에 대한 피드백을 제공함으로써 송신자의 역할을 한다.

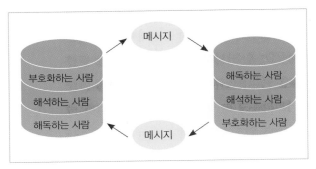

그림 5−10 Schramm의 순환 모형(1954)

이러한 과정을 통해 A와 B 두 의사전달자는 부호화(A) → 탈부호화(B) → 해석(B) → 부호화(B) → 탈부호화(A) → 해석(A)의 단계를 순환적으로 거친다. 이때 두 의사전달자가 매번 주고받는 메시지는 이전의 것과는 다른 새로운 내용의 메시지이다. 친구 A가 친구 B에게 "너 요즘 기분이 좀 가라앉아 있는 것 같아."라는 말을 했다고 하자. Shannon-Weaver 모형에 따르면, B가 A의 이 말을 정확하게 이해하면 의사소통은 거기에서 종결된다. 또는 B가 제대로 이해하지 못했다는 반응을 보이면 A는 자신이 한 말을 좀 더 조용한 곳에서 B에게 반복한다. 반면에 Schramm 모형에 따르면, B는 "아, 그래! 나 요즘 기분 괜찮은데 왜 그런 생각을 했어?"와 같은 메시지를 보낼 수 있다. 그러면 A는 이 피드백을 반영한 새로운 메시지를 B에게 보낼 것이다. 여기에는 메시지의 내용뿐만 아니라 그것을 전달하는 경로의 변화도 포함된다. 여기에서 말하는 경로는 사람들의 대면 의사소통에서 정보를 전달해 주는 감각적인 수단으로, 말, 몸의 움직임, 목소리, 접촉, 냄새, 거리 등과 같은 것이 있다.

Schramm(1954)은 의사전달자의 다양한 내외적 요인이 의사소통에 영향을 미친다고 주장한다. 두 사람 사이에 존재하는 관계의 역사가 의사소통에 영향을 준다. 예

를 들어, 친밀감의 증가로 다양한 영역에서 상호작용을 함으로써 서로에 대한 지식이 많아지면, 상대방과의 의사소통이 오해 없이 좀 더 정확하게 이루어질 수 있다. 이와 함께 관계의 역사는 두 사람 사이의 상호작용 패턴을 결정하는 데 기여한다(Sillars & Vangelisti, 2018). 이러한 상호작용 패턴은 때로 상대방의 메시지를 왜곡해서 반응하도록 유도할 수도 있다. 두 의사전달자가 가지는 다양한 사회문화적 · 심리적 요인, 가령 인종, 사회경제적 수준, 거주 지역, 주제에 대한 관심과 같은 요인도 그들의 소통에 영향을 미친다(Adler & Proctor II, 2016). 그래서 여러분이 상대방의 이러한 특성을 이해하지 못하면, 그와 의사소통을 하는 데 어려움을 겪을 수 있다.

선형 모형처럼 순환 모형도 의사소통 경로를 중시한다(Adler & Proctor II, 2016). 상대방에 대한 사랑을 면전에서 고백하는 것과 핸드폰 문자를 통해서 하는 것은 맥락에 따라 그 효과가 다를 수 있다. 또한 Schramm 모형 역시 선형 모형처럼 소음 개념을 강조하면서 물리적 요인과 함께 심리적 요인을 강조하고 있다. 이때 선형 모형은 전화기 자체로 생기는 소음이나 주변의 시끄러운 소리처럼 경로에 존재하는 소음에 초점을 두고 있다. 반면에 Schramm 모형은 이러한 외적인 소음 이외에도 의사전달자 내부에 존재하는 소음도 고려한다(Adler & Proctor II, 2016). 예를 들어, 의사전달자가 가지고 있는 질병이나 피로 혹은 청각장애는 메시지의 정확한 이해를 방해할 수 있다. 그들의 심리적인 상태에 큰 영향을 미칠 수 있는 좌절이나 환희, 뜻밖의 사건도 특정 주제에 대한 의사소통을 방해할 수 있다.

3) Dance의 나선 모형

종종 우리는 다른 사람과 의사소통하면서 사소한 충돌이나 갈등이 점점 크게 번지거나, 사소한 인연으로 시작된 호감이 이후 평생 사랑하는 관계로 발전하는 경우를 본다. 이와 같은 현상을 좀 더 체계적으로 보여 줄 수 있는 모형이 Dance의 나선 모형(the Dance helix model)이다. 이 모형은 의사소통에 대한 선형 모형과 순환 모형을 통합한 것이다(Dance, 1967). [그림 5-11]에서 보듯이 이 모형은 의사소통이 순환적이지만 동일한 상태를 반복하는 것이 아니라 기존의 것을 축적하는 것이고, 계속해서 앞으로 나아가면서 진화하고 발전하는 것으로 본다. 그래서 나선 모형은 개별적으로 분리된 선형 모형이나 순환 모형과는 질적으로 다르다.

의사소통에 대한 나선 모형에서 helix('나선'으로 번역)라는 개념은 스프링과 같은 3차원 형태의 물체를 의미한다. 원뿔형 스프링은 그 밑바탕은 매우 작지만 앞

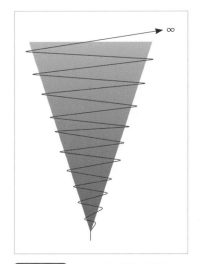

그림 5-11 Dance의 나선 모형(1967)

뒤로 그리고 점차 위로 움직이면서 더 큰 원을 형성한다. Dance(1967)는 이러한 나선 구조에 기초해서 의사소통의 과정을 설명한다. 시간이라는 개념을 도입한 나선 모형은 관계를 하는 사람들 사이의 의사소통과 상호작용이 지속적이라는 점을 강조한다. 또한 의사소통이 처음에는 매우 느리고 한정된 작은 원으로 시작한다. 이때 의사전달자들은 자신에 대한 정보의 일부만을 공유한다. 그 후 점차적으로 다음 수준에 도달하면서 그들은 자신들의 관계에 더 몰입하고 자신에 대한 것을 더 많이 공유한다.

나선 모형이 주장하는 것과는 달리, 모든 의사소통이 단순하지도 않고 시간이 흐르면서 커지거나 성장하는 것도 아니다. 그럼에도 불구하고 이 모형으로 최적의 설명을 제공할 수 있는 현상이 있다. 예를 들면, 매스컴을 보면 술자리에서 발생한 폭행이나 살인과 같은 사건의 발단이 알고 보면 사소한 말다툼이나 무시하는 행동에 기인하는 경우가 자주 있다. 애인이나 부부 간의 다툼도 처음에는 가사, 음주, 귀가, 생활습관, 지출과 같은 하나의 주제에서 시작했다가, 이것이 점점 불어나서 서로의 성격, 가족, 과거의 행동 등 관계된 모든 것이 총동원되기도 한다.

4) 개인차 모형

의사소통에 대한 개인차 접근은 의사소통에서 보이는 사람들 사이의 일관적인 차이점을 밝히고자 한다. 몇몇 연구자는 의사소통 불안 개념을 통해 의사소통에 대한 사람들 간의 차이를 개념화했다. 가령, McCroskey(1978)가 제시한 구두로 하는 의사소통에 대한 불안은 사회적 상황에서 다른 사람과 말로 하는 현재 혹은 향후 의사소통과 관련된 한 개인의 두려움이나 불안과 관련된다. 이러한 불안이 높은 사람은 구두로 하는 소통을 회피하기 때문에 그러한 행동을 덜 한다. 그뿐만 아니라 그들은 의사소통 역량이 낮아 다른 사람으로부터 부정적으로 평가받는다. 비슷하게, Daly 등(1997)은 사회적 의사소통 불안이라는 개념을 통해 어떤 사람은 다른 사람과 기꺼이 소통하고자 하는 반면, 다른 사람은 의사소통 상황에서 불안이나 두려움을 경험하는 개인차를 제시했다.

Daly 등(1997)은 의사소통 불안에 영향을 미치는 발달적 요인을 네 가지로 제시하고 있다. 그 하나가 유전적인 소양으로, 일란성 및 이란성 쌍생아 그리고 입양아에 대한 연구는 유전이 의사소통 불안에 미치는 영향을 보여 주고 있다. 세 가지 환경적인 요인으로, 아동기 때 의사소통을 하면서 부모로부터 받은 강화나 처벌, 의사소통에 필요한 기술의 습득을 어렵게 만드는 환경 요인 그리고 사회적인 고립이나 빈약한 환경으로 의사소통 모델을 통한 학습의 기회 부족이 이러한 불안을 야기하는 데 관여한다. 또한 의사소통 불안은 높은 내향성과 언어적 과묵, 낮은 자아존중감과 자기수용, 높은 우울과 외로움, 낮은 개인주의와 연관되어 있다(Beatty et al., 1998; Daly et al., 1997).

4. 비대면 의사소통

여러분이 담당 교수에게 보고서에 대한 질문을 하는 경우를 생각해 보자. 수십 년 전만 해도 학생이 교수를 직접 찾아가서 질문을 하고 그에 대한 답을 듣는 것이 가장 효율적이고 일반적인 방법이었다. 그러나 오늘날에는 첨단 과학기술의 발달 덕분에 때로는 굳이 그럴 필요가 없다. 화상 회의를 통해 실시간으로 서로를 보면서 의논할 수도 있고, 이메일을 통해 소통할 내용을 체계적으로 정리해서 교류할 수도 있다. 이처럼 비대면 의사소통 방식은 우리가 상호작용할 수 있는 대안을 확장해 줌으로써, 우리의 삶을 좀 더 편리하고 풍요롭게 하는 데 기여한다. 그러나 비대면 의사소통이 항상 유리하거나 바람직한 것만은 아니다. 비대면 소통 방식의 독특한 특성이 때로는 부정적으로 작용할 수도 있다. 이에 이 절에서는 비대면 의사소통의 다양한 특징과 그 결과를 알아본다.

1) 비대면 의사소통의 특징

대면 의사소통과 마찬가지로 비대면 의사소통도 다른 사람과의 소통을 통해서 그들과 관계를 맺고자 하는 자신의 욕구를 충족하기 위한 것이다. 비대면 의사소통은 현실 세계에서의 관계를 보완하거나 확장함으로써 타인과의 유대감을 확보하는 데 기여한다. 이러한 과정 역시 대면 의사소통과 크게 다르지 않다. 메시지를 주고받는 교류를 통해 서로에 대한 이해가 넓고 깊어지며 친밀감도 증가하는 일반적인 궤적을 거친다. 이러한 유사점과 함께 비대면 의사소통은 대면 소통과는 다른 그 나름의 독특한 특성을 가지고 있다.

높은 익명성과 낮은 상황적 압력.   카카오톡과 같은 비대면 소통에서 가명으로 소통하는 사람을 찾기란 어렵지 않다([그림 5–12] 참조). 심지어 다른 사람의 사진으로 자신의 이미지를 대신하기도 한다. 이처럼 비대면 의사소통에서는 때로 자신의 정체성을 드러내지 않을 수 있다. 그러나 우리가 상대방을 직접 만나는 상황에서는 그 상대방에게 자신이 누구인지 드러내지 않을 수 없다. 자신의 얼굴과 여러 신체적인 특징을 보임으로써, 상호작용하는 사람들은 서로가 누구인지를 확인할 수 있다. 이와 달리 비대면 상황에서는 우리가 자신의 물리적 존재를 드러내지 않으면서 여러 개인적인 정보를 숨기고 소통하면, 상대방은 우리가 누구인지를 적어도 즉각적으로는 정확하게 파악하거나 확인할 수가 없다.

그림 5–12 **익명성**. 비대면 의사소통에서는 자신의 정체성을 숨기기가 쉽다.

비대면 상황에서는 즉각적 상황이 주는 다양한 압력으로부터 벗어날 수 있다. 예를 들면, 상사와 대화할 때나 애인과 데이트할 때 어떻게 행동해야 하는지 그 나름의 규칙과 관습이 있다. 이와 같은 규범은 대면이나 비대면 상황 모두에 존재한다. 가상공간에서도 우리가 어떤 모임의 사람들과 채팅을 하느냐에 따라 의사소통의 내용이나 기간이 달라질 수 있다. 친구들과 편하게 수다를 떠는 공간과 학술대회를 하는 공간에서 이루어지는 대화의 내용은 질적으로 다르다. 이처럼 모든 상황에는 지켜야 할 규범이 있다. 그럼에도 비대면 상황에서 지위의 차이가 주는 압력, 규범을 위반했을 때의 처벌이나 부정적 반응의 근접성과 즉각성은 상대적으로 훨씬 덜하다 (Thibault, 2011).

이러한 요인이 온라인 상황에서 사람들로 하여금 자신을 덜 억제하고 더 표출하도록 촉진할 수 있다. 그래서 때로 사람들은 대면 상황에서는 하지 않을 행동을 온라인에서는 한다. 이것을 탈억제(disinhibition)라고 한다(Suler, 2004). 탈억제는 긍정적인 측면과 부정적인 측면을 모두 가지고 있다. 긍정적인 측면으로 어떤 사람들은 대면 상황에서는 드러내지 못하는 자신의 생각이나 감정, 애정을 온라인상에서 더 솔직하게 드러낼 수도 있고, 이것이 서로를 더 잘 이해하고 수용하는 데 기여할 수 있다 (Walther, 2007). 이와는 대조적으로 어떤 사람들은 온라인 상황에서 성적으로나 도덕적으로 부적절한 행위를 한다. 그와 같은 행위 중 상당 부분은 서로가 직접 만나는 상황에서는 하지 않는 것이다. 이것은 온라인에서 사람들의 책임감이 감소하고 부정적 평가에 대한 두려움이나 당황스러움이 덜하기 때문이다.

빈약한 비언어적 단서.   우리가 상대방을 만나 소통할 때는 그의 말뿐만 아니라 목소리, 얼굴 표정, 몸짓, 자세, 옷차림과 같은 여러 비언어적 단서도 이용하여 그의 의도나 생각을 파악한다. 그러나 문자를 이용한 온라인 의사소통은 상대방이 보내는 문자 외에 이러한 단서를 이용할 수가 없다. 화상 통화는 이와 같은 점을 어느 정도 보완할 수 있지만, 대부분의 소셜 미디어는 문자를 중심으로 정보를 전달한다. Daft와 Lengel(1986)의 정보 풍요 이론(information richness theory)에 따르면, 대면 의사소통은 언어 및 비언어적 단서를 제공하고 피드백이 즉시 이루어지며 일상적인 언어를 손쉽게 사용한다는 점에서 풍요로운 반면, 비대면 의사소통은 이러한 점에서 빈약하다.

이 점에 기초해서 정보 풍요 이론은 과업 수행과 같은 분명한 과제에서는 단서가 빈약한 온라인 소통이 적합하다고 주장한다. 위계적 지위에 따른 동조 압력이나 구성원들 간의 사회·정서적 관심이 줄어들면, 사람들은 과업 지향적인 소통에 몰입함으로써 더 우수한 의사결정을 할 수 있고, 더 높은 수행성적을 가져올 수 있기 때문이다. Smolensky 등(1990)은 집단적 의사결정의 성공률이 개인적 발언의 빈도가 높을수록 떨어지는 것을 발견했다. 사람들은 과외적인 의사소통을 양적으로 많이 할수록 과업에 대한 성취를 많이 이루지 못했다.

그렇다고 해서 과제 해결이 온라인 상황에서 항상 유리한 것은 아니다. Bolye 등(1994)은 두 사람에게 각자의 지도를 준 후, 한 사람이 자신의 지도에 그려져 있는 경로를 상대방에게 설명해서 그가 그 경로를 똑같이 재현하도록 했다. 이때 두 지도에는 서로 다른 주요 지형지물과 이름이 적혀 있었다. 그 결과, 말로만 소통하는 조건보다는 말도 하고 볼 수도 있는 조건에서 주어진 시간에 말을 더 적게 하고 비슷한 수준의 성공을 달성했다. 즉, 시각적 정보가 있을 때 말을 하는 노력을 덜해도 되었다.

동시성과 비동시성 그리고 영속적 기록.   의사소통의 동시성은 소통을 하는 사람들이 실시간으로 연결해서 메시지를 주고받는 상태이다. 우리가 대면으로 만나서 의사소통을 하는 것은 동시적이다. 주어진 시공간에서 듣고 말하는 것이 동시에 이루어지기 때문이다. 일반 전화 통화나 화상 통화와 같은 비대면 의사소통도 동시적이다. 비동시성은 메시지를 주고받는 사이에 시간적인 차이가 있는 경우이다. 이메일이나 문자 메시지, 카카오톡, 여러 소셜 미디어에 게시하는 글은 비동시적이다. 우리는 동료가 보낸 이메일을 몇 시간이나 며칠 후에 읽을 수도 있고, 때로 어떤 이메일은 영원히 읽지 않을 수도 있다. 비동시적인 의사소통 상황에서 사람들은 자신이 원하는 정보만을 선택적으로 제공할 수 있고, 이것이 속임의 문제로 이어질 수도 있다.

대면과 달리 비대면 의사소통의 또 다른 특징은 소통한 내용이 그대로 남아 있어 언제든 다시 접근할 수 있다는 점이다. 대면 상황에서는 음성을 통해 소통하기 때문에, 특정 내용을 발화하면 그 소리는 아주 빨리 소멸하고 만다. 그래서 발화한 내용은 오직 들은 사람의 기억 속에만 존재한다. 반면에 오늘날 비대면 의사소통의 경우 최첨단 전자기기를 사용해서 이루어지기 때문에, 우리가 소통한 내용을 영상, 문자, 음성의 형태 그대로 저장할 수 있다. 비대면 의사소통의 이러한 특징이 장점만 있는 것이 아니다. 연인이나 친구, 동료나 상사와 주고받은 이메일이나 문자, 영상을 통해 즐거운 추억을 회상할 수도 있고 업무상 필요한 정보를 회복할 수도 있다. 그러나 때로는 그 당시 남들 모르게 한 말이나 행위가 나중에 드러나서, 관계상의 어려움이나 손실뿐만 아니라 심지어 법적인 책임까지도 져야 하는 경우가 드물지 않게 있다.

내 마음의 거울

인터넷 동기 척도

우리는 여러 이유나 동기 때문에 인터넷을 한다. 다음 각 이유나 동기에 여러분 자신이 해당하는 정도를 다음의 척도를 이용하여 _____에 적어 보자.

1: 전혀 그렇지 않다   2: 조금 그렇지 않다   3: 조금 그렇다   4: 매우 그렇다

_____ 1. 리플/답글을 확인하기 위해

_____ 2. 새로 올라온 글/자료가 궁금해서

_____ 3. 자주 못 만나는 사람과 연락하기 위해

_____ 4. 외로움을 잊고 싶어서

_____ 5. 대화하거나 함께할 상대가 없어서

_____ 6. 긴장되고 불안해서

_____ 7. 고민이나 괴로움을 잠시 잊을 수 있어서

_____ 8. 내 관심사를 보여 줄 수 있어서

_____ 9. 내 생각과 감정을 표현할 수 있어서

_____ 10. 오프라인에서 하기 힘든 말을 할 수 있어서

_____ 11. 내 공간을 가질 수 있어서

주: 1~3번은 다른 사람과의 상호작용 동기(12점 만점), 4~7번은 현실 도피 동기(16점 만점), 8~11번은 자기표현 동기(16점 만점)를 측정하는 문항이다. 하위 요인별 총점을 계산해서 여러분의 특정 동기 수준을 알아보자.

출처: 곽신웅, 이영호(2008)의 척도 일부.

2) 비대면 의사소통의 결과

비대면 의사소통은 한편으로는 대면 소통의 기능을 보완하고 확장하지만, 다른 한 편으로는 그 속에서 나름의 독특한 특성과 효과를 내기도 한다. 여기에서는 비대면 의사소통이 관계의 형성과 유지에 미치는 효과를 알아본 다음, 자기노출이나 자기제 시에 미치는 영향을 살펴본다. 마지막으로, 사이버 공간에서 이루어지는 사이버폭력 을 알아본다.

관계의 형성과 유지. 전자기기를 이용해서 다른 사람과 비대면으로 만나는 것은 그 나름의 특징이 있다. 사람들은 소셜 미디어를 통해 모르는 사람과 쉽게 연결해서 관계를 맺을 수 있다. 블로그나 게시판을 이용해서 서로의 생각을 나누고 토론할 수 도 있으며, 자신과 취미나 흥미가 비슷한 사람들끼리 가상 공동체를 만들어 함께 활 동하기가 상대적으로 쉽다. 그래서 어떤 사람은 자신의 소셜 미디어 친구가 수백에 서 수천 명에 이른다고 얘기하기도 한다. 가상공간에서는 구애와 데이트 상대를 쉽 게 찾을 수 있는 기회도 매우 많다. Cacioppo 등(2013)은 기혼자 1만 9천 명 이상을 대상으로 그들의 결혼생활에 대하여 조사했다. 그 결과 1/3 이상이 자신의 결혼 관계 가 온라인에서 시작되었다고 보고했다. 직접 만나 결혼 관계를 시작한 사람들과 비 교해 볼 때, 온라인에서 시작한 사람들에게서 결혼에 만족하는 사람의 비율이 조금 더 높았으며 이혼하는 비율은 약간 더 낮았다.

소셜 미디어를 통한 만남이 용이한 것에는 몇 가지 이유가 있다. 온라인에서는 시 공간의 제약을 벗어나서 동시에 여러 사람과 소통할 수 있다. 자기 자신에 대한 정보 를 블로그에 올려 한번에 여러 사람에게 보낼 수 있고 그들의 반응도 손쉽게 받아 볼 수 있다. 또한 보통 대면에서는 서로에 대한 정보의 획득이 점진적으로 이루어지는 반면, 소셜 미디어에서는 자신에 대한 다양한 정보, 가령 외모뿐만 아니라 나이, 직 업, 취미, 성격 등 다양한 정보를 사이트에 올려 공개함으로써 서로를 이해하는 속도 가 훨씬 빠르다. 이러한 정보를 통해 자신과 관심이 같은 사람을 만나거나 성적으로 호감이 가는 상대를 선택하는 것이 어렵지 않다. 이런 과정에서 자신의 마음을 솔직 하게 표현하는 것이 대면보다 용이하다는 점도 관계의 형성을 촉진하는 요인이다.

Granovetter(1973)는 대인관계에서 대면과 비대면의 차이를 유대감 강약 이론 (strong and weak tie theory)으로 설명한다. 이 이론에 따르면 시간, 정서적 강도, 친밀 감 그리고 상호성이 관계의 강도를 결정한다. 주로 대면에서 이루어지는 몇몇의 강한 유대는 서로의 연결을 많이 공유하고 있고, 서로의 사회적 네트워크가 많이 겹친다. 그 속에서 사람들은 서로를 지지해 주고 중시하지만 외부의 사람들에게는 배타적이다. 반면, 온라인에서처럼 약한 유대는 공통점이 적은 사람들끼리 정보 공유를 위해 연결해 주는 기능을 한다. 시간이나 에너지의 투자를 요구하지 않고, 그래서 다수의 사람과 빨리 관계를 맺고 빨리 끊을 수 있다. 비슷하게, Putman(2000)은 이 둘의 차이를 가교(bridging)와 결합(bonding)으로 설명한다. 가교 관계는 다양한 사람과 연결을 맺는 것으로, 포괄적이고 임시적이며 얕은 관계이다. 이러한 관계 속에서 사람들은 친밀하지 않은 사람들과 정보와 자원을 공유할 기회를 갖는다. 결합 관계는 이와는 정반대의 특징을 가지고 있는 관계이다.

소셜 미디어는 관계를 유지하고 발전하는 데에도 여러 방식으로 기여한다(Bryant et al., 2011). 우리는 친밀한 사람과 관계를 유지하기 위해서는 그에 적절한 행동을 할 필요가 있다. 이때 그러한 행동의 상당 부분이 전화, 문자, 채팅, 이메일 등 비대면으로 이루어진다. 일상적인 경험을 공유할 수도 있고 생일이나 좋은 일을 축하할 수도 있다. 또한 소셜 미디어는 개인적 실패나 역경에 대해 사회적 지지를 제공하는 원천이기도 하다. 대면 상황에서는 이러한 지지가 친구나 가족과 같이 가까운 사람들 사이에서만 이루어진다. 그러나 온라인에서는 모르는 여러 사람 사이에서도 이루어진다. 한 연구(Sanford, 2010)에서는 병적으로 비만한 사람들이 블로그를 통해 자신들의 투병을 공유하고 서로를 격려하는 메시지를 주고받았다. 이처럼 서로 모르지만 유사한 조건의 사람들끼리 친구처럼 느끼면서 도움을 줄 수 있다.

비대면 의사소통이 대인관계에 부정적인 영향을 주는 측면도 있다. 그중 하나는 과도하게 많은 피상적인 관계이다. 앞에서 언급한 강한 유대와 약한 유대의 관계는 모두 우리에게 필요하다. 그러나 온라인에서 다수의 사람과 피상적인 관계를 맺는 인터넷 활동에 몰두하면, 정작 대면에서 친밀한 관계를 형성하고 유지하는 것이 어려워 고독감을 느낄 수 있다. 실제 평소에 긍정적 정서를 많이 느끼는 사람은 부정적 정서를 많이 느끼는 사람보다 오프라인에서 친밀한 사람이 더 많다(장민희 외, 2017). 또한 [그림 5-13]에서 보듯이 사회적으로 고립감과 외로움을 많이 느끼는 사람이 사회 관계망 시스템(SNS)을 이용해서 관계를 더 많이 맺는다(이경탁 외, 2013). 그렇다고 이와 같은 온라인에서의 관계가 오프라인에서의 관계를 대체하지는 못한다. 그들은 그 속에

그림 5-13 소셜 미디어와 외로움. 외로운 사람이 소셜 미디어에 더 의존하기 쉽다.

서 정서적으로 소진되고 짜증을 경험하는 등 피로감을 더 많이 호소하는 경향이 있다(장민희 외, 2017).

　　자기노출과 자기제시.　　온라인 상황은 익명성이 높고 상황적 압력이 낮기 때문에, 사람들은 온라인에서 자기의 의견이나 생각을 더 잘 표현하는 경향이 있다. Tachakra와 Rajani(2002)의 연구에서 의사, 간호 실습생, 경미한 사건으로 치료를 받는 환자가 대면 조건과 비디오 조건에서 상호작용을 하도록 했다. 그 결과, 비디오를 통해 소통한 조건에서 환자와 간호 실습생이 의사와 상호작용을 시간적으로 더 길고 양적으로 더 많이 했으며, 환자는 의사의 말에 끼어들거나 질문을 더 많이 했다. 이것은 대면보다는 비대면 상황에서 지위에 따른 압력이 상대적으로 약해서 지위가 낮은 사람들이 자신의 개인적 의견이나 주장을 표현하는 데 위협을 덜 느낀다는 것을 의미한다.

　　자신에 대한 사실이나 정보를 드러내는 것과 함께, 우리는 특정 관계에 대한 자신의 생각이나 느낌을 표현하기도 한다(Baxter, 1987). 이와 같은 관계적 자기노출은 경우에 따라 상대방으로부터 부정적인 반응을 불러오기도 하지만, 때로는 친밀감을 증가시키기도 하고 상호성의 원칙에 따라 상대방의 자기노출을 유도하기도 한다. 이때 사람들은 대면이나 온라인 의사소통을 전략적으로 선택할 수 있다. 그들은 싫거나 부정적인 정보를 솔직하고 개방적으로 전달해야 할 때는 비대면 의사소통을 선호하고, 반대로 긍정적인 정보를 공유할 때는 대면 상황을 선호한다(O'Sullivan, 2000). 상대방을 직접 보면서 좋지 않은 얘기를 한다는 것은 불편하기 때문이다.

　　대면 의사소통에 대한 불안이 높은 사람은 온라인 상황에서 자기개방을 더 많이 하고, 그럼으로써 다른 사람과 관계를 형성할 가능성이 높다. 그들은 보통 자아존중감이 낮아, 사실과 달리 자신이 부정적인 정보를 더 많이 드러내고 덜 정직하다고 생각한다(McCrokey & Richmond, 1977). 그러나 온라인 상황에서는 자기노출에 대한 이러한 위협이 여러 이유로 감소한다(Caplan, 2007). 그들은 문자 중심의 소셜 미디어를 이용함으로써 자신의 비언어적 정보를 제한할 수 있다. 또한 미리 계획해서 제시하는 등의 방법을 통해 자신에 대한 노출을 통제하고 자신을 좀 더 긍정적으로 보이게 제시함으로써, 타인의 부정적인 피드백을 줄일 수 있다. 이처럼 대면으로 소통하는 것을 불안해하는 사람에게는 온라인 의사소통이 좋은 대안이 될 수 있다.

　　비슷한 맥락에서 Walther(1996)의 과잉 사적 모형(hyperpersonal model of computer mediated communication)은 컴퓨터 매개 의사소통에 대한 대면에 비해 온라인에서, 특

히 문자에 기초한 관계에서 친밀한 표현을 더 많이 한다고 주장한다. 그 근거로 온라인에서는 외모에 대한 단서가 없어서 그것에 대한 평가에 신경 쓰지 않고 의사소통에 집중할 수 있다. 또한 온라인의 비동시적 특성 때문에, 사람들은 자기를 긍정적으로 보일 수 있는 정보를 선별해서 제시할 수 있다. 그래서 사람들은 상대방을 이상적으로 지각해서 그에게 친밀감과 애정을 갖게 된다. 그러나 이 모형을 검증한 11편의 연구 결과는 다양해서 연구마다 편차가 컸고, 전반적으로는 온라인과 오프라인에서 사람들의 친밀성에 대한 표현에 차이가 없었다(Kim & Dindia, 2011). 심지어 Rosen 등(2008)의 연구에서는 온라인 데이트 상황에서 초기에 자기노출과 정서적 표현을 많이 하는 것이 인상형성에 부정적인 영향을 미쳤다.

때로 사람들은 온라인에서 자신을 솔직하게 드러내지 않는다. 그들은 자신의 좋은 점만 제시하거나 자신을 사실과 다르게 제시함으로써 다른 사람에게 긍정적인 인상을 주고자 한다. 이것이 직장을 구하거나 원하는 친구와 데이트 상대를 얻는 데 유리하기 때문이다. 이처럼 온라인에서의 속임은 대면 상황에서보다 더 흔한 현상이다. Hancock(2007)은 온라인에서의 속임을 정체성에 기초한 속임과 메시지에 기초한 속임으로 구분했다. 전자는 나이, 성별, 인종, 성적 취향, 건강, 신체적 매력 등을 속이는 것이고, 후자는 게으름을 피우다 약속 시간에 늦었음에도 교통 상황을 탓하는 메시지를 보내는 것과 같은 것이다. 보통 남자들은 자신의 키나 사회적 지위를 부풀리고, 여성은 자신의 몸무게와 연령을 줄여 제시하는 경향이 있다. 문제는 상대방이 이러한 사람을 실제로 만나면 약간이나마 실망하기 쉽고 특별하지 않다고 생각해서 호감이 떨어질 수 있다는 것이다(Norton et al., 2007).

사이버공간에서의 성.　　이처럼 사람들은 온라인에서 데이트 상대를 찾기도 한다([그림 5-14] 참조). 연구자들은 이런 사이트를 이용하는 사람들에 대해 두 가설을 제시했다(Poley & Luo, 2012). 하나는 사회적 보완 가설로, 데이트 불안이 크고 사회적 역량이 떨어지는 사람이 온라인 데이트를 선호한다는 것이다. 다른 하나는 부익부 가설로, 데이트 불안이 낮고 사회적 역량이 뛰어난 사람은 이미 데이트 기술이 뛰어나 온라인 데이트도 더 많이 한다는 것이다. 전반적인 연구 결과는 후자보다는 전자의 가설을 지지하지만, 좀 더 최근의 연구 결과는 이 가설에 부합하지 않는 결과도 많다

그림 5-14　가상공간에서의 데이트. 오늘날 가상공간에서 성적 행동이 많이 이루어진다.

(Whitty & Young, 2017). 흥미롭게도, 온라인에서 데이트 상대를 찾기 위한 전략에서 성차가 존재한다. 대부분의 여성은 자신의 프로파일을 작성하고 다른 사람의 프로파일을 꼼꼼히 읽어서 자신에게 잘 맞는 상대를 찾고자 하는 반면, 남성은 많은 사람과 접촉해서 누군가가 반응하기를 바라는 소위 숫자 게임을 한다(Whitty, 2008).

　가상공간은 사이버섹스라고 하는 새로운 형태의 성적 활동을 가능하게 한다. 사이버섹스는 적어도 두 사람이 실시간 디지털 메시지로 상호작용을 해서 성적 흥분을 추구하는 행위이다. 이때 물리적 단서나 비언어적 단서가 제한적이기 때문에, 당사자들은 자신의 성적 욕구를 말로 신속하고 분명하게 드러내야 한다. 사이버섹스는 성적 취향을 탐색하고 성적 욕구를 해소하는 데 기여할 수도 있지만, 다양한 형태의 중독이나 성매매라는 부정적 측면도 있다(Whitty & Young, 2017). 그러면 왜 인터넷이 성적 활동의 강력한 공간이 되는가? Cooper(1998)는 이것을 접근성(access), 저비용(affordable) 그리고 익명성(anonymous)이라는 Triple A Engine으로 설명한다. 즉, 온라인에서의 성행위는 언제든 이용 가능하고, 비용이 저렴하거나 무료이며, 자신의 신분을 드러내지 않아도 되기 때문이다.

　가상공간에서 벌어지는 성적 문제 중 하나인 성희롱(sexual harassment)은 피해자의 입장에서 원치 않거나 불쾌한 성적 행동으로, 특히 직장에서 자주 발생한다. 오프라인에서와 마찬가지로 가상공간에서도 성(gender)에 대한 희롱, 원하지 않는 성적 관심 그리고 성적 강요가 발생할 수 있다(Barak, 2005). 성에 대한 희롱은 특정 성을 폄훼하는 말이나 그림, 지저분한 농담 등의 성적 언급과 같은 행동이다. 원하지 않는 성적 관심은 허락 없이 만지는 것, 성적인 욕설과 희롱에서부터 강간과 성폭력까지 다양하다. 성적 강요는 강간에서부터 여성들로 하여금 자신의 의지와는 반대로 성적 행동을 하도록 하는 정신적인 압력까지 포함한다. 사이버성희롱보다 더 심각한 형태로, 사이버스토킹(cyberstalking)은 가상공간에서 상대방을 강박적으로 감시하거나 그 사람과의 관계를 강박적으로 추구하는 것이다. 한 연구에 따르면 사이버스토커들은 주로 남성으로, 보통 그들의 과거 애인을 감시하는 경우가 많다(DreBing et al., 2014).

여러분은 어려움에 처한 친구를 어떻게 위로하는가? 전화나 문자로 격려의 말을 전할 수도 있고, 만나서 따뜻하게 포옹하거나 어깨를 토닥거려 줄 수도 있다. 이처럼 우리는 언어나 비언어적 행동을 통해 의사소통한다. 우리가 소통할 때 사용하는 경로, 단서, 신호 혹은 코드는 다양한데, Anderson(1999)은 그것을 아날로그 코드와 디지털 코드로 구분했다. 비슷하게 Buck(1991)은 신호 시스템을 생물학적으로 공유된 시스템과 사회적으로 공유된 시스템으로 구분했다. 아날로그 코드나 생물학적으로 공유된 신호는 비언어적 메시지처럼 그것이 지시하는 대상과 밀접하게 연결되어 있고, 주로 우뇌에서 통째로 처리된다. 당황했을 때 얼굴이 붉어지고, 슬플 때 울고, 초조할 때 몸이 떨리는 것은 그 개인의 내적 상태를 알려 주는 코드이다. 디지털 코드나 사회적으로 공유된 신호는 대표적으로 언어와 같이 그 지시대상과의 관계가 임의적이다. 이것은 문장의 경우처럼 논리적 분석과 참·거짓의 판명이 가능하고, 주로 좌뇌에서 요소별로 처리된다. 이에 이 장에서는 언어를 통한 의사소통을 알아본 다음, 다양한 형태의 비언어적 의사소통을 알아본다.

1. 언어와 의사소통

언어는 말의 소리에 대한 음운론, 형태소에서 단어까지의 형태를 다루는 형태론, 문장의 구조를 다루는 구문론, 발언이 갖는 뜻을 다루는 의미론의 4개 시스템으로 구성되어 있다(Krauss & Chiu, 1998). 우리가 일상적으로 대화나 담론을 수행할 수 있는 것은 이 시스템과 관련해서 특별히 어떤 문제에 직면하지 않기 때문이다. 일반적으로 말은 우리가 표현하고자 하는 내용을 가장 분명하게 드러내는 방법으로, 그 내용은 상황과 맥락에 따라 무수히 다양하다. 이 절에서는 말과 관련된 대인관계 측면에서 중요한 호칭의 문제, 언어를 통해 드러나는 화자의 특징 그리고 언어에서의 성차를 알아본다.

1) 호칭

우리가 다른 사람과 하는 소통의 상당 부분은 대화를 통해 이루어진다. "너는 참 멋진 친구야!" 혹은 "부장님, 여기 서류 준비해 왔습니다."와 같은 대화에는 두 사람의 관계에 대한 정보와 서로에게 전달하는 내용이 들어 있다(Watzlawick et al., 1967). 대화에 들어 있는 내용은 상황과 맥락에 따라 다양하기 때문에, 그것이 구체적으로 어떤 것인지는 각 사례를 분석해 보면 알 수 있다. 반면, 두 사람의 관계에 대한 경우의 수는 직장에서의 상하 관계, 친구나 동료 관계, 연인 관계, 모르는 사람 간의 관계, 부모-자녀 관계나 형제 관계 등 상대적으로 제한적이다. 또한 서로에 대한 호칭은 그들이 어떤 관계인지를 상당히 잘 드러내 준다([그림 6-1] 참조).

그림 6-1   **관계와 호칭.** 관계에 따라 거기에 적절한 호칭을 사용하는 것이 쉬운 것만은 아니다.

몇몇 언어에서 이인칭 대명사는 상대방과의 친밀성, 예의, 공손, 나이, 모욕 등의 차원에 따라 친밀하거나 비공식적인 T형태(라틴어의 tu에서 유래)와 거리가 있거나 공식적인 V형태(라틴어의 vos에서 유래)를 취한다. Brown과 Gilman(1960)은 놀이나 문학, 사람들 간의 상호작용에서 화자가 T형태와 V형태를 선택하는 데 근간이 되는 사회적 및 관계적 요인을 검증했다. 그들은 권력(power)과 결속력(solidarity)이라는 두 차원이 T와 V의 선택을 결정한다고 결론지었다. 지위가 높은 사람이 지위가 낮은 사람에게 혹은 친밀하고 우호적인 사람들끼리는 T형태의 호칭을 많이 사용한다. 반대로 거리가 있거나 지위가 낮은 사람은 상대에게 V형태의 호칭을 많이 쓴다.

Wikipedia가 제공하는 T와 V의 구분에 따르면, 오늘날 현대 영어에서는 이인칭 대명사 you를 단수나 복수, 친밀성 정도에 상관없이 사용하지만, 현대 초기 영어만 하더라도 친숙한 표현의 단수 주격은 thou, 목적격은 thee를 썼다. 이 외에 덜 친숙하거나 깍듯한 표현은 단·복수에 상관없이 주격은 ye, 목적격은 you를 썼다. 독일어 이인칭의 경우 친숙한 표현의 단수는 du이고 복수는 ihr인 반면, 깍듯한 표현의 단수와 복수는 모두 Sie이다. 호주 영어에서는 Mary 대신에 Marz, Barry 대신에 Baz, Caroline이나 Catherine 대신에 Caz를 사용하는 것처럼, 종종 이름의 단축형이 애정을 표현하기 위해 자음 z로 끝난다. 이러한 접미사가 붙은 이름은 전적으로 호칭을 위한 것으로, 보통은 누군가를 제3자로 지칭하기 위해 쓰이지는 않는다(Wierzbicka, 1986).

한국 사회에서도 상대방과의 관계에 따라 다양한 호칭어가 발달해 왔다. 우리는 아버지, 어머니, 삼촌, 이모, 형, 언니 등 촌수에 따라 상대방을 부르는 친족어를 호칭어로 사용하는 경우가 많다. 우리는 이런 말을 친족 이외의 사람들에게도 광범위하게 사용한다(김희숙, 2005; 박정운, 2005). 우리는 아는 사람을 철수 아버지, 영희 할아버지, 민수 삼촌이라고 부르거나 옆집 할아버지, 가겟방 주인아주머니 등으로 부른다. 또한 우리는 다른 사람과 가까워지면서 그들을 연령과 성에 따라 형이나 누나, 언니, 오빠로 부르기도 한다. 심지어 우리는 모르는 사람들도 친족어를 통해 부른다. 음식점에서 주인을 이모, 어머니, 아저씨, 언니 등으로 부르는 것을 흔하게 볼 수 있다. 이처럼 친족 중심의 1차 사회의 언어를 여전히 많이 사용하는 데에는 인칭대명사가 미분화되어 있고, 이름보다는 경어 중심적인 언어 사용과 같은 이유가 있을 수 있다 (김희숙, 2005).

최봉영(2005)은 한국 사회의 호칭어가 갖는 또 다른 특징으로 상대방을 높이거나 낮추는 존비어(尊卑語) 체계를 깊이 연구해 왔다. 그의 연구에 따르면, 우리는 자기를 부를 때 아랫사람 앞에서는 '나'를 사용하지만, 자신을 낮출 때에는 저, 소인, 소생, 시생, 쇤네 등을 사용한다. 상대에 대한 호칭도 직위나 서열에 따라 다양하다. 상대방을 높일 때는 영감님, 어르신, 선생님으로 부르거나 총장님, 사장님, 장관님처럼 직위에 '님'을 붙이기도 하며, 이분, 이 어른 등으로도 부른다. 반대로 지위가 낮은 사람은 이이, 이 사람, 이 남자, 이 녀석, 이놈 등으로 낮춰 부른다. 이처럼 존비어의 발달로 인해, 우리는 상대방뿐만 아니라 자신을 높이는 데에도 많은 신경을 쓴다. 모르는 사람을 사장님으로 부르고, 연구원, 통역관, 변호사처럼 원, 관, 사를 붙여 중요한 일에 종사하는 사람들을 높인다. 반대로 청소부, 잡역부, 배달부나 운전수, 목수처럼 부(夫나 婦)나 수(手)로 불리는 사람들은 호칭 때문에 불이익을 받는다고 생각한다.

존비어 체계는 상하관계에 따라 어휘나 조사, 어미 등에 차이를 두어 호칭함으로써 그 상하관계를 더욱 엄격하게 담아낸다(최봉영, 2005). 언어는 우리의 생각을 담아내는 가장 중요한 수단이다. 그래서 우리가 자신의 생각을 어떤 언어의 그릇에 담느냐에 따라 그 의미가 달라진다. 이러한 측면에서 존비어 체계는 차별과 억압의 수단으로 작용할 수 있다. 지위가 높은 사람은 호칭을 통해 낮은 사람을 무시하거나 억압할 뿐만 아니라, 지위에 따른 기존의 차별을 고착화하거나 합리화할 수 있다. 지위가 낮은 사람이 이미 자기를 낮춰서 부르는 종속적 상황에서, 기존의 상하관계를 평등관계로 이끄는 것은 애초부터 어려울 수 있다. 또한 이러한 존비어 체계 속에서 한국인들은 다양한 서열화를 추구한다. 학교에서는 학년과 학번을 따지고, 군대에서는 계급과

그림 6-2 존중의 상호성. 말을 할 때 상대방을 존중해야 나도 존중받는다.

밥그릇을 따지며, 직장에서는 직급과 기수를 따지고, 사회에서는 나이와 직위를 따진 다(최봉영, 2005). 말할 필요도 없이 이와 같은 서열화를 파괴하는 행위는 대인 간 갈 등의 주요 원인이 되기도 한다([그림 6-2] 참조).

2) 언어와 사회적 지각

우리가 하는 말에는 문자 그대로의 내용 이외에도 다양한 정보가 들어 있다. 우리 는 상대방의 말을 통해서 그가 어떤 사람인지를 추측하고 그에 대한 인상도 형성한 다. 가령, 우리는 상대방의 목소리를 통해 그의 나이와 성별을 상당히 정확하게 지각 한다. 상대방이 쓰는 방언을 통해 그가 어디 출신인지를 알 수 있다. 한국 사회의 경 우에도 서울말을 표준말로 볼 때, 충청도, 전라도, 경상도 등 출신 지역에 따라 쓰는 방언이 다르다. 한 사람의 말은 그가 속한 사회경제적 계층도 드러내 준다. 일반인들 이 내리는 평가조차도 상당히 정확해서, 화자가 짧은 글을 읽는 것을 듣고 그의 사회 경제적 지위에 대해 사람들이 내린 판단은 실제 그의 사회경제적 지위와 상당히 일치 했다(Ellis, 1967). 일반적으로 사람들은 중산층의 화자보다는 저소득층의 화자를 덜 우호적으로 평가한다(Smedley & Bayton, 1978).

사람들은 언어를 통해 화자의 성격을 평가하기도 한다. 화자의 성격에 대한 평가 는 지위(status)와 결속력이라는 두 차원으로 범주화할 수 있다(Ryan et al., 1982). 지위 차원은 학식, 부유, 성공, 역량 그리고 지성 등의 속성을 포함한다. 결속력 차원은 신 뢰, 우호, 친절 그리고 자애 등의 속성을 포함한다. 관련 연구를 보면 일반적으로 지 위 차원에서의 평가는 특정 언어 집단의 사회정치적 권력을 반영한다(Krauss & Chiu, 1998). 그래서 사람들은 지배집단의 말을 쓰는 화자를 그 말에서 벗어난 말을 쓰거나 소수집단의 말을 쓰는 사람보다 더 우호적으로 평가한다. 반면에 결속력 차원의 경 우 전형적으로 소수집단의 사람들은 자신의 언어로 말하는 사람을 주류 언어로 말하 는 사람보다 더 우호적으로 평가한다. 예외적으로, 집단 정체성이 강한 사람들은 지 위 차원에서도 자신의 소수집단 언어로 말하는 사람을 더 호의적으로 평가한다.

언어는 또한 사고방식뿐만 아니라 자신의 성격에 대한 지각에도 영향을 미친다. Chen 등(2013)은 중국어와 영어를 모두 구사하는 사람들이 각 언어를 사용할 때 보 이는 인지적 특성을 알아보았다. 그 결과, 참가자들은 중국어를 사용할 때 변증법적 인 사고 특성을 더 많이 보였다. 변증법적 사고는 서로 모순적인 사실이나 견해 그리 고 목표를 받아들이고 타협하는 사고를 의미한다. 변증법적 사고의 사례로, 어떤 사람에게 좋은 점도 있지만 나쁜 점도 있고, 사람들은 오늘은 서로를 좋아하지만 내일은 미워할 수도 있다는 사고를 들 수 있다. 학자들은 변증법적 사고가 동양 철학의 전통을 이어받은 것이라고 생각하는데, 이 연구의 결과는 참가자들이 중국어를 사용할 때 그 문화의 사고방식으로부터 더 많은 영향을 받는다는 것을 보여 준다. 또한 참가자들은 영어를 사용할 때보다 중국어를 사용할 때 자신의 성격의 변화 가능성을 더 크게 지각해서 그 일관성을 낮게 지각했다. 일반적으로 서양의 개인주의 문화에서는 성격의 일관성을 중시하는 반면, 동양의 집단주의 문화에서는 상황에 따라 행동을 적절히 조정하는 능력을 강조한다. 이러한 점에서 볼 때 성격 지각에서 나타난 언어에 따른 차이 역시 문화적인 특성을 반영한 것으로 볼 수 있다.

언어는 사람들을 특정 집단의 구성원으로 범주화하는 작업의 기초가 되기 때문에, 그들의 **자아정체성**을 규정하는 데 중요한 역할을 한다. Yang과 Bond(1980)는 중국어와 영어를 모두 구사하는 중국인 대학생에게 그들의 정체성을 묻는 설문지를 영어나 중국어 중 하나로 작성해서 제시했다. 그 결과 영어로 쓰인 설문지를 한 참가자들이 자신을 중국인으로 가장 강하게 동일시했는데, 영어가 자신의 정체성을 두드러지게 만들었기 때문이다. 같은 맥락의 또 다른 연구(Mercuri, 2012)에서는 미국의 학교나 가정에서 영어 사용의 압박을 받는 소수집단 사람들은 자신의 문화적 정체성을 추구하는 것이 매우 어려웠고 주류문화에 동화되기 쉬웠다. 그래서 자신의 정체성을 확보하기 위한 그들의 노력은 문화적인 관습뿐만 아니라 자신들의 언어를 구사하는 것에 집중되어 있었다. 이러한 결과는 언어가 사람들의 정체성을 규정하는 중요한 요인이라는 점을 잘 보여 준다.

이러한 맥락에서 한국 사람들이 출신 지역의 방언을 쓰는 것은 자신의 정체성을 드러내기 위한 것일 수 있고, 특히 자신의 출신 지역을 긍정적으로 볼 때 더욱 그럴 수 있다. 관련된 연구를 살펴보면 언어가 집단 간 지각에 지대한 영향을 미친다(Krauss & Chiu, 1998). 일반적으로 서로 다른 출신의 사람들은 상대방과의 심리적 거리를 줄이기 위해 자신의 독특한 말투를 완화해서 상대방과 비슷하게 하려고 한다. 그러나 한 집단의 구성원들이 대중적이고 폭넓게 인정받는 언어를 구사한다면, 그들은 자신을 다른 집단과 구분 짓는 전략을 사용할 것이다. 그래서 자신이 구사하는 방언이 긍정적인 이미지와 의미를 담고 있을 때, 사람들은 그러한 방언을 교정하거나 완화하지 않을 것이다. 반대로 언어적으로 좀 덜 우세한 집단의 사람들은 주류집단의 언어와 비슷하게 자신의 언어를 수렴시킬 가능성이 크다.

3) 언어와 성차

　어떤 사람은 남성과 여성이 마치 서로 다른 행성에서 온 종(種, species)처럼 전적으로 다르다고 생각한다. 특정 이론적 입장에 기초한 연구자나 저술가는 이러한 입장을 취하기도 한다. 그러나 지금까지의 여러 연구를 종합적으로 살펴보면(Hyde, 2018; Zell et al., 2015), 남성과 여성은 다양한 측면에서 다르기보다는 유사한 점이 훨씬 더 많고, 차이가 있더라도 그 정도가 일반적으로 생각하는 것만큼 크지는 않다. 또한 그러한 차이는 성(性, sex) 고정관념이 함축하는 것처럼 전적으로 생물학적인 요인에 근거하는 것도 아니다.

　우리 사회에는 여성이 남성보다 말을 더 많이 한다는 생각, 즉 다변(多辯, talkativeness)에 대한 흔한 고정관념이 있다. 실제 Brizendine(2006)은 여성들이 하루에 2만 단어를 사용하는 반면, 남성은 7천 단어를 사용한다고 보고했다. 그러나 이에 대한 여러 체계적인 연구를 보면, 이러한 고정관념은 사실이 아닐 가능성이 크다. Mehl 등(2007)은 약 400명의 미국과 멕시코 대학생이 일상에서 다른 사람과 하는 상호작용을 기록했다. 깨어 있는 17시간 동안 12.5분마다 30초씩 말한 것을 기록하는 장치를 이용하여 그들이 하루에 하는 말을 추정했다. 그 결과, 평균적으로 여성은 16,215개의 말을 하고 남성은 15,559개의 말을 하는 것으로 나타나, 이 둘 사이에 의미 있는 차이가 없었다.

　심지어 한 메타분석 연구(Leaper & Ayres, 2007)에서는 고정관념과는 반대로 남성들이 여성보다 말을 더 많이 했다. 남성들은 여성보다 자주 말하지는 않지만, 일단 말을 시작하면 중간에 끼어드는 것을 용납하지 않으면서 여성들보다 더 오래 이야기했다. Dovidio 등(1988)은 대화의 주제에 대한 친숙성이나 전문성이 말의 양을 결정한다는 것을 보여 준다. 이 연구에서 스포츠나 정치와 같은 남성적인 주제에 대해서는 남성이 더 많은 말을 하면서 대화를 주도한 반면, 가사나 양육과 같은 여성적인 주제에 대해서는 여성이 더 많은 말을 하면서 대화를 주도했다. 중립적인 주제에 대해서는 남성이 더 많은 말을 하면서 대화를 주도했다. 결국 종합하면 다변에 대한 생물학적 성차는 없는 것으로 보인다.

　사람들은 보통 여성이 남성보다 더 관계 지향적이기 때문에 부가의문문이나 얼버무리는 표현과 같은 잠정적인 형태의 말을 더 많이 한다고 생각한다. 이러한 성차가 있는지를 알아보기 위해 약 30개의 연구와 3,500명의 참가자로부터 얻은 자료에 대한 메타분석을 했다(Leaper & Robnett, 2011). 그 결과, 여성들이 남성들보다 말을 할 때 잠정적인 표현을 더 많이 사용했지만 그 차이가 크지는 않았다. 여성들이 잠정적인 표현을 더 많이 하는 것은 자기주장이 약해서라기보다는 대인 간 민감성이 크기 때문이다. 여성들은 이러한 표현을 통해 자신의 주장을 좀 완화함으로써 자신이 지시적인 사람으로 보이지 않게 하고, 자신의 의견을 직설적으로 말하기보다는 상대방에게 질문을 함으로써 그 상대방이 자신의 의견을 제시할 수 있는 기회를 주는 것이다.

비슷한 맥락에서 흔히들 여성은 좀 더 친화적인 반면, 남성은 자기주장이 더 강하다고 생각한다([그림 6-3] 참조). 아이들의 말에 대한 메타분석(Leaper & Smith, 2004)에서 남아가 여아에 비해 자기를 주장하는 말을 더 많이 했지만 그 차이는 미미했다. 또한 대화에서의 끼어들기가 자기주장과 같은 남성성과 관련이 있을 수 있다. 그러나 여러 문헌을 고찰한 결과(Krauss

그림 6-3 **여성의 대화.** 대화의 여러 차원에서 성차가 있을 수 있다.

& Chiu, 1998)를 보면, 끼어들기에서 남녀 간에 차이가 없고 끼어들기가 남성성과도 관련성이 없다. 심지어 Bilous와 Krauss(1988)의 연구에서는 동성 간 대화에서 여성은 남성에 비해 2배 더 끼어들었으며, 이성 간의 대화에서는 남녀가 비슷하게 끼어들었다. 다른 한편으로, 남성에 비해 여성은 상대방과 정서적으로 더 친밀하며 지지적인 상호작용을 더 많이 한다(Reis, 1998). 종합적으로 볼 때 관계 지향적인 말에서 성차가 있다 하더라도 그 차이는 크지 않다.

대화의 주제에서도 남녀 간의 차이가 있을 수 있다. 대화가 이루어지는 상황이 그 주제에 큰 영향을 미치지만, 전반적으로 여성은 다른 사람에 대한 자신의 느낌과 그들의 삶에 대한 개인적인 측면을 얘기하는 것을 선호한다. 왜냐하면 이것이 친밀성을 발전시키는 기본적인 방안이기 때문이다. 반면에 남성은 전형적으로 사람과 관련이 없는 정치, 스포츠, 사업과 같은 주제에 대한 얘기를 선호한다(Wood, 2000). Kipers(1987)가 교사들의 자유로운 대화를 주제별로 분석한 결과, 여교사 사이에서는 가정과 가족, 개인과 가족의 재정, 아동 학대와 여성의 권리가 공통된 주제인 반면, 남교사 사이에서는 오락과 일에 관련된 주제가 공통적이었다. 남교사와 여교사 간의 대화 주제는 이 둘 사이에 있었다. 특히 여성들은 자신의 일상적인 삶과 활동의 세부 사항을 공유하는 것을 좋아하는 반면, 남성들은 자세한 설명은 불필요하거나 심지어 지루하다고 생각했다(Becker, 1987). 그러나 이와 관련된 50개의 연구를 분석한 결과, 대화의 주제와 자기노출에서 나타나는 성차는 매우 작았다(Dindia & Allen, 1992).

2. 시각, 후각과 의사소통

비언어적 의사소통은 언어 외의 신호나 코드를 통해 메시지를 전달하고 받는 의사소통 과정이다. 얼굴의 생김새나 목소리, 제스처나 시선 행동 등이 모두 여기에 해당한다. 이러한 메시지는 보완, 반박, 강조, 반복, 조절 그리고 대체 등의 기능을 한다 (Richmond et al., 2012). 보완은 부드럽고 진지한 목소리로 사랑을 고백할 때처럼, 비언어적 메시지가 말의 의미를 강화하는 것이다. 반박은 말로는 화가 나지 않았다고 하면서 얼굴은 붉으락푸르락 하는 경우처럼, 두 메시지가 모순되는 경우이다. 강조는 중요한 부분을 더 크게 말하는 것처럼, 말의 핵심을 두드러지게 하는 것이다. 반복은 이쪽으로 오라고 말로 하면서 동시에 손짓도 하는 경우처럼, 두 메시지가 중첩되는 경우이다. 조절은 상대방의 말이 마음에 들지 않을 때 반응을 보이지 않는 것처럼, 비언어적 메시지를 통해 상대방의 행동을 통제하는 것이다. 마지막으로, 대체는 이쪽으로 오라고 말하는 대신 손짓을 하는 것처럼, 비언어적 메시지가 말을 대신하는 경우이다. 우리가 상대방을 보면서 가장 먼저 받는 메시지가 그의 신체적 외모에 대한 것이다. 따라서 여기서는 몸이 갖는 특징과 옷이나 장식품, 향수 등이 전달하는 메시지를 살펴본다.

1) 얼굴

우리의 얼굴이 갖는 의미나 기능은 매우 다양하다. 가령, 얼굴은 미적 판단의 한 기준이 되기도 하고, 얼굴 표정은 우리의 생각이나 정서를 드러내는 바탕이기도 하다([그림 6-4] 참조). Hwang과 Matsumoto (2016)에 따르면 우리 얼굴에는 20개의 독립적인 근육이 있는데, 이 모든 근육은 뇌에서 비롯된 하나의 신경에 의해 움직인다. 얼굴 표정은 해부학적으로 이 근육의 움직임에 따른 형태의 변화이다. 일찍이

그림 6-4 **다양한 얼굴**. 얼굴은 정서와 성격에 대한 정보를 준다.

Darwin(1872)은 정서 표현은 타고나는 것으로 유전적이며 보편적이라고 주장했다. 지금까지 이루어진 많은 연구가 이러한 주장을 지지하고 있다(Hwang & Matsumoto, 2016). 예를 들면, Biehl 등(1997)은 다양한 정서를 드러내는 얼굴 그림을 이용하여 정

서 인식에 대한 연구를 수행했다. 그 결과, 얼굴 표정에서 드러난 분노, 혐오, 두려움, 기쁨, 놀람, 슬픔, 경멸 등 기본 정서에 대한 인식은 헝가리, 일본, 폴란드, 수마트라, 미국 그리고 베트남에서 상당히 일치했다.

정서가 생물학적으로 선천적이라는 입장을 지지하는 설득력 있는 증거도 많다. 예를 들면, Matsumoto와 Willingham(2009)은 2004년 아테네 패럴림픽에 참가한 시각장애 유도선수들이 게임 장면에서 보이는 자발적 정서 표현을 연구했다. 모두 23개국에서 온 이 선수들은 정서의 얼굴 표현에서 2004년 아테네 올림픽 게임에 참가한 시력이 정상인 유도선수들과 동일했다. 유사하게, 정서 유발 자극에 대한 얼굴 표정에서 일란성 쌍생아는 이란성 쌍생아에 비해 기쁨, 놀람 그리고 분노에서 더 유사했다. 이 쌍생아들이 서로 다른 환경에서 자랐고 거의 접촉이 없었다는 점을 고려하면, 이 결과는 정서 표현에 유전적 유사성이 관여하고 있음을 시사한다.

그럼에도 정서 표현의 보편성을 지지하는 발견이 정서 표현에 문화적 차이가 없다는 것을 의미하는 것은 아니다. 사람들은 정서에 대한 문화적 표현 규칙(cultural display rule)에 따라 의사소통을 한다(Ekman & Friesen, 1975). 그래서 동일한 정서도 문화에 따라 서로 다르게 표현될 수 있다. 가령, 개인주의 문화의 사람들에 비해 집단주의 문화의 사람들은 집단의 응집력이나 조화를 더 강조하는 반면, 개인주의 문화의 사람들은 개인의 자유 그리고 개인적 욕구와 목표의 달성을 상대적으로 더 중시한다. 따라서 개인주의보다는 집단주의 문화의 사람들이 부정적인 정서를 더 억제하기 쉽다(Matsumoto, 2006). 행동생태학적 입장(behavioral ecology perspective)은 환경과 그 환경 속에 있는 유기체와의 상호작용 관점에서 행동이 가지는 적응적인 측면을 강조한다. 이 입장에 따르면 사람들은 얼굴 표정을 다른 사람에 대한 자신의 의도나 상태를 전달하기 위한 수단으로 사용한다(Fridlund & Russell, 2006). 화난 얼굴은 상대방을 공격하겠다는 의도를 전달하고, 웃음은 상대방과 더 함께 하고 싶다는 의도를 전달한다. 이때 이러한 표현은 사회문화적으로 적합하고 받아들여지는 방식으로 이루어져야 한다.

얼굴이 주는 또 하나의 정보는 개인의 성격에 대한 것이다. 대부분의 사람은 얼굴이 성격을 반영한다는 고정관념을 가지고 있다. Laser와 Mathie(1982)는 화가에게 한 남성의 얼굴을 눈썹과 입술의 두께 그리고 얼굴의 형태를 변화시켜 흑백의 아홉 가지 모습으로 그리도록 했다. 사람들은 이 얼굴을 보고 성격 차원에서 평가했다. 그 결과, 얇은 눈썹에 비해 두꺼운 눈썹을 가진 얼굴은 덜 따뜻하고, 더 엄격하고, 더 화나 있고, 덜 쾌활하고, 덜 편안한 것으로 보였다. 입술이 두꺼운 얼굴은 덜 긴장해 있고 더

따뜻한 것으로 보였으며, 얼굴이 좁으면 더 긴장해 있고 더 의심하는 것으로 보였다. 또한 사람들이 얼굴의 한 이미지, 짧은 동영상, 혹은 매우 짧은 시간 동안의 만남을 통해 지각한 상대방의 성격이 그 상대방이 보고한 자신의 성격과 일치하고 있음을 많은 연구가 보여 주고 있다(Re & Rule, 2016). 이러한 결과로 볼 때 얼굴과 성격의 관계는 어느 정도 사실일 수 있다.

2) 키와 몸무게

우리 문화권에서는 키가 큰 사람을 선호하는데([그림 6-5] 참조), 남성의 키는 보통 권력이나 지배성과 연결되어 있다. 키가 큰 사람은 다른 사람보다 더 높이 있어서 대화하는 동안 다른 사람을 지배하는 것처럼 보인다. 한 연구자(Henley, 1977)가 학생들에게 대학 교원과 학생의 키를 추정하도록 했을 때, 그들은 대학 교원의 키는 과대 추정한 반면 학생의 키는 과소 추정했다. 또한 다른 학생들에게 남자들을 정교수, 부교수, 강사 등 대학 교원의 다섯 가지 지위

그림 6-5　키와 몸무게. 오늘날 사람들은 큰 키와 마른 몸을 선호한다.

중 하나로 소개했을 때, 그들은 지위가 높은 남자일수록 그의 키를 더 크게 추정했다. Guerrero 등(1999)은 학생들에게 한 사람을 소개했는데, 이때 학생, 강사, 의사, 교수 등으로 그 사람의 지위를 다르게 소개했다. 그 결과 학생들은 그 사람의 지위에 따라 그의 키를 왜곡해서 지각했는데, 지위가 높을수록 그 사람의 키를 더 크게 추정했다.

키에 대한 지각은 그 대상이 되는 사람의 성별에 따라 차이가 있다. 한 연구(Biernat, 1993)에서 유치원생, 초등 3학년생, 중등 1학년생, 고등 1학년생 그리고 대학생 등의 다양한 학생은 키가 동일한 남녀 쌍의 사진을 여럿 본 후 그들의 키가 다른지 평가했다. 그 결과, 참가자들은 남자의 키를 더 크게 평가했다. Duguid와 Goncalo (2012)는 자신의 키에 대한 지각도 권력의 영향을 받는다는 것을 입증했다. 연구자들은 참가자들을 높은 권력 조건과 낮은 권력 조건에 할당한 다음, 참가자들에게 자신의 키와 비교해서 특정 막대의 길이를 추정하도록 했다. 실제로 이 막대는 각 참가자의 키보다 정확하게 20인치 더 크게 맞춰져 있었다. 연구 결과, 높은 권력 조건의 참

가자들이 그 막대의 길이를 상대적으로 더 짧게 지각했다. 또 다른 실험에서도 높은 권력 조건의 참가자들은 낮은 권력 조건의 참가자들에 비해 자신의 키를 더 크게 평가했다.

몸무게도 사람들에게 특정 메시지를 전달해 주는 단서이다. 오늘날 서구화된 대부분의 사회에서는 마른 몸을 가진 사람을 더 매력적으로 생각한다([그림 6-5] 참조). 반대로 비만인 사람은 게으르고, 무능하며, 권태롭고, 버릇없는 성격 특질을 가진 부정적인 사람으로 평가한다(Brochu & Morrison, 2007). 비만에 대한 부정적인 태도는 다양한 차별을 초래한다. 한 연구(Crandall, 1991)에서 과체중 학생은 그렇지 않은 학생들에 비해 부모로부터 재정적 지원을 덜 받는 것으로 나타났다. 이러한 차이는 가정의 수입, 인종, 가족 크기 혹은 대학생 자녀의 수 등에 상관없이 나타났다.

과체중에 대한 부정적인 인식은 특히 여성들에게 엄격하다. 자신이 이상적으로 생각하는 체중과 비만이라고 생각하는 체중 사이의 간격이 남성에 비해 여성에게서 훨씬 좁다. 그래서 남성에 비해 여성은 자신의 이상적 체중보다 조금만 더 나가도 비만이라고 생각하는 등 자신의 체중에 대해 더 민감하게 반응하는 경향이 있다. 미국과 영국의 자료에 의하면 남성보다는 여성이 비만에 대해 더 많이 이야기할 가능성이 높다(Payne et al., 2011). 이러한 이야기는 보통 부정적인 결과를 초래한다. 왜냐하면 비만에 대한 이야기를 많이 하는 여성은 자신을 객관화하기 쉽고, 이것이 낮은 자기효능감이나 낮은 내재적 동기와 같은 부정적 결과뿐만 아니라 부정적 자기이미지를 초래하기 때문이다(Gapinski et al., 2003).

3) 모발

사람의 모발 중에서 머리와 얼굴에 있는 것은 우리의 사회적 지각에 영향을 준다. 유행하는 머리 스타일이나 그에 대한 이미지는 시대와 문화 그리고 맥락에 따라 다를 수 있다. 고용주들이 선호하는 남직원의 머리 스타일은 짧은 머리에 수염을 깨끗하게 깎은 스타일이다. 반대로 남성의 긴 머리는 직업을 얻는 데 불리하게 작용해서, 긴 머리를 가진 남성은 고용될 가능성이 낮을 수 있다. 이처럼 남성의 긴 머리에 대해서는 예전이나 지금이나 부정적인 반응이 대다수이다(Knapp, Hall, et al., 2014). 한 연구에서는 참가자들에게 연설자의 신뢰성을 평가하도록 했다. 한 학급에서는 연설자의 머리를 길게 보이도록 만들었고, 다른 학급에서는 동일한 연설자의 머리를 짧게 보이도록 만들었다. 그 결과, 학생들은 짧은 머리의 연설자를 역량과 활력의 두 신뢰성 차원에서 더 높게 평가했다(Richmond et al., 2012).

Pellegrini(1973)는 턱수염이 있는 남자 대학생들을 모집해서 완전히 깨끗해지도록 단계적으로 수염을 깎도록 요청했다. 이 과정을 단계별로 사진을 찍은 다음, 그것을 남녀 참가자들에게 보여주고 사진 속 남자의 성격을 평가하도록 했다. 그 결과, 얼굴에 털이 많을수록 남성성, 성숙, 자신감, 지배성, 용기, 진보, 독립성, 성실성 그리고 미모에서 높은 점수를 받았다. Addison(1989)의 연구에서도 참가자들은 턱수염이 있는 사람을 남성성, 공격성, 지배성 그리고 강인함에서 높게 평가했다. 또 다른 연구(Ebesu-Hubbard et al., 2009)에서 여성들은 얼굴에 털이 많은 사람을 사회적으로나 신체적으로 매력적으로 보지만, 신뢰성이 떨어지고 과업적으로 덜 매력적으로 보기도 했다.

여성의 경우 긴 머리는 짧은 머리보다 남성들에게 더 매력적으로 보인다([그림 6-6] 참조). 한 연구(Boynton, 2008)에서는 컴퓨터 이미지를 통해 머리 길이가 다른 여성들의 사진을 남성들에게 제시하고 각 여성을 평가하도록 했다. 그 결과, 남성들은 긴 머리의 여성을 성적으로 더 매력적으로 평가해서 그런 여성을 선호했다. 그러나 직업 장면에서의 긴 머리는 여성에게도 부정적으로 작용하기 쉽다. 가령, 사무실에서 긴 머리로 일하는 여성은 업무 역량의 측면에서 낮은 평가를 받을 수 있다(Richmond et al., 2012). 그래서 업무상의 편의성을 위해서라도 근무 중에는 승무원처럼 머리를 단정하게 묶는 것이 유리할 수 있다.

그림 6-6 **여성의 긴 머리.** 남성은 여성의 긴 머리를 더 매력적으로 본다.

4) 의상

옷은 다른 사람의 눈에 가장 먼저 띄는 것 중 하나로 여러 기능을 한다. 옷은 입은 사람의 안락함, 보호, 단정함, 은폐 등을 위한 것이다. 또한 옷은 Morris(1985)가 말한 문화적 표현(cultural display)처럼 우리 자신에 대한 중요한 정보와 신호로서 작용한다. 15~16세 여학생이 좋아하는 옷과 그 여학생의 이상적 자기이미지 사이에 분명한 관계가 있듯이(Gibbins, 1969), 옷은 착용한 사람의 이상적 자기이미지를 충족하는 데 기여한다. 그뿐만 아니라 옷은 성이나 나이, 국적, 사회경제적 지위, 성격, 소속 집단, 직업 등 여러 정보를 제공한다. 옷은 경찰이나 군대처럼 특정 유니폼이나 복장 규

그림 6-7 **옷과 매력.** 옷은 사람들의 호감을 결정하는 요소 중 하나이다.

정(dress code)을 통해 조직에 대한 정체성이나 태도를 나타내는 기능도 한다. 우리가 상가에 조문을 갈 때는 화려한 색깔이 아닌 정장 차림을 하는 것처럼, 문화마다 역할과 상황에 적합한 옷에 대한 규범이 있다.

옷은 보는 사람의 호감을 결정하는 중요한 요소이다([그림 6-7] 참조). 여성들은 성별에 상관없이 상대방을 처음 만날 때 가장 먼저 옷에 주목하는 반면, 남성들은 동성의 남성을 볼 때는 옷에 가장 먼저 주목하지만 여성을 볼 때는 몸매, 얼굴 그리고 옷에 주목한다(First Impression, 1983). 상류층은 옷에 더 많은 신경을 쓰기 때문에(Rosencranz, 1962), 옷을 잘 입음으로써 상류층으로 인정받기 쉽고 이를 통해 호감을 높일 수 있다. 이때 옷에 대한 민감성은 여성에게서 더 크다. 보통 남성들은 직장에서 청색과 같은 어두운 색의 정장이나 전문적으로 보이는 셔츠와 바지를 입는다(Kaiser, 1997). 이처럼 남성들은 업무상 선택할 수 있는 옷의 범위가 제한적이어서 옷에 따른 차이가 크지 않다. 반대로 여성들은 선택의 폭이 넓어서 옷에 따른 영향을 많이 받고 그래서 옷에 더 민감하기 쉽다.

옷에 대한 여성들의 취향에는 의식형, 현실형, 노출형, 보수주의형 그리고 유희형이 있다(Rosenfeld & Plax, 1977). 의식형은 자신이 입을 옷에 대해 신경을 많이 쓰는 유형이다. 이런 여성은 많은 돈을 투자해서 차려입고 유행을 따르는 것을 중시한다. 그러면서 다른 사람이 자신의 옷에 주목할 것이라고 믿는다. 현실형이 추구하는 옷의 목적은 좋은 인상을 주거나 유행에 따르는 것이 아니라 편안하기 위한 것이다. 노출형은 독특하거나 몸에 꽉 끼는 또는 몸이 드러나는 옷으로 사람들의 주목을 끌고자 한다. 보수주의형은 진지하게 일을 하려고 정장을 입는 유형이다. 그들은 보통 검은색이나 중립적인 색의 옷, 콤비 상의와 스커트, 단순한 디자인의 구두를 신는다. 정장 차림의 스커트는 전문가라는 인상을 주고, 힘 있고, 독립적이며, 자기주장이 강하고, 단호하지만, 다가가기 어렵다는 인상을 준다(Kaiser, 1997). 유희형은 섹시하거나 파티에 적합한 옷을 입는 유형의 여성이다.

의상은 입은 사람의 사회적 지위에 대한 메시지를 전달한다. 고급 브랜드의 정갈하고 품위 있어 보이는 옷차림은 그 사람의 지위가 높다는 것을 보여 준다. 지위가 높은 옷차림은 상대방의 행동에 더 강력한 영향을 미친다. Bickman(1974)의 연구에서 옷차림을 달리한 실험 협조자들은 동전을 공중전화 박스 안에 보이게 놓아두었다. 그다음 전화를 걸러 온 사람이 그 동전을 가지고 나오면, 그 사람에게 다가가 자신이

동전을 전화기 안에 두고 나왔다고 이야기했다. 그 결과, 높은 지위의 옷차림을 한 실험 협조자는 77%의 동전을 돌려받았지만, 낮은 지위의 옷차림을 한 실험 협조자는 38%의 동전만 돌려받았다.

공식적인 옷차림은 일상적인 옷차림보다 좀 더 긍정적인 기능을 한다. 일반적으로 공식적인 옷차림은 보는 사람에게 존경과 주의, 협동, 신뢰를 더 많이 유도한다(Kaiser, 1999). 또한 사람들은 업무 복장의 사람을 권위 있고 역량이 있으며 믿을 만하다고 지각한다(Peluchette & Karl, 2007). 비슷한 맥락에서 여성들이 회사에서 여성으로서 매력적으로 보이는 옷을 입는 것은 불리하다. 그러한 옷차림은 일단 고용이 되면 사무직 이상의 직급을 가진 여성에게는 장점이 되기 어렵다. 여러 연구(예: Fischer-Mirkin, 1995)에서 성적 매력은 수행 평가와는 부적 상관이 있을 가능성이 높기 때문이다.

유니폼은 사람들의 행동에 강력한 영향을 미친다. Bickman(1974)의 연구에서 4명의 남자는 거리에서 수백 명의 성인을 세우고 다른 사람을 위해 떨어져 있는 동전을 주워 주차요금 징수기에 넣도록 요청했다. 이때 남자들의 옷은 평상시 복장, 총은 없지만 배지(badge)와 휘장을 단 경호원 유니폼 등으로 다양했다. 그 결과, 경호원 유니폼을 한 사람의 요청에 시민들의 83%가 응했다. 공공 서비스 방송에서 간호사나 여성 사업가 복장을 한 여성이 백혈병 퇴치를 위한 기부를 요청했을 때 더 큰 액수를 모금했다(Lawrence & Watson, 1991). 교복은 예외이지만(Brunsma & Rockquemore, 1998), 사람들은 유니폼을 입은 사람을 관련 분야의 전문가라고 생각해서 그들의 행동에 더 많은 영향을 받는다.

우리가 색을 따뜻한 색이나 차가운 색으로 구분하듯이, 색은 다양한 메시지를 전달한다. 특히 검은색에 대한 연구가 흥미롭다. 지위가 높은 사람이나 권위적인 사람이 검은색 차량을 선호하는 것처럼, 검정색 근무복은 과도한 권위와 권력의 이미지를 준다. 검은색은 공격성과도 관련이 있다. Frank와 Gilovich(1988)의 연구에 따르면, 미국의 하키 리그나 미식축구 리그에서 검은색 유니폼을 입은 팀은 그 리그에서 거의 가장 많은 벌칙을 받았다. 또한 검은색이 아닌 유니폼에서 검은색 유니폼으로 갈아입은 팀은 그 후에 더 많은 벌칙을 받았다.

5) 장식품과 화장

사람들은 귀걸이나 반지, 안경, 문신이나 화장 등 매우 다양한 방식으로 자신의 몸을 치장한다. 이러한 것은 그 나름의 메시지를 전달하지만, 문화가 빨리 변화하기 때문에 어떤 것은 그 의미가 시간에 따라 다를 수 있다. 가장 흔한 장식품으로 보석을 들 수 있다. 보석으로 자신을 치장함으로써 자신의 부나 사회적 지위, 종교 등을 드러낼 수도 있고, 귀걸이나 반지를 통해 성적 취향이나 결혼 상태를 나타내기도 한다. 일과 관련해서 직장여성이 과하게 치장하는 것은 대화하는 동안 주의를 산만하게 하고, 사실보다 자신의 지위를 더 높게 보이게 할 수 있고, 자신의 지위가 불안전하다는 것을 암시할 수도 있다(Fischer-Mirkin, 1995; Guerrero et al., 1999; Kaiser, 1999).

사람들은 담배와 관련된 물건도 다른 의미로 지각한다. 예전에는 담배를 피우는 것이 남성성과 권위의 상징이었지만, 오늘날에는 흡연이 낮은 사회경제적 지위의 상징으로 인식되기도 한다. 오래전에 Hickson 등(1970)은 파이프 흡연자, 시가 흡연자, 궐련 흡연자 그리고 비흡연자의 매력을 비교했다. 그 결과, 사람들은 신뢰성, 동료와의 유사성 그리고 매력에서 파이프 흡연자를 가장 높게 지각했고, 그다음 비흡연자, 시가 흡연자 그리고 궐련 흡연자 순이었다. 반면, 좀 더 최근의 Amsbary 등(1994)의 연구에서는 담배에 대한 인식의 변화로 모든 유형의 흡연자가 비흡연자보다 신뢰성 측면에서 낮은 평가를 받았다.

사람들이 흔하게 사용하는 또 다른 장식품으로 안경을 들 수 있다. 안경을 낀 사람은 지적이고, 성실하며, 정직하게 보인다는 것이 기존 연구의 일반적 결론이다. 하지만 오늘날에는 다양한 디자인의 안경이 있어서 안경의 착용이 지적인 이미지에만 국한되지 않는다. 하나의 흥미로운 연구는 안경과 화장의 상호작용에 관한 것이다(Hamid, 1972). 이 연구에 따르면 남성들은 화장하고 안경을 낀 여성을 예술적이고, 지적이며, 자신감이 있고, 세련되었다고 지각하지만, 수줍음과 진지함 그리고 감성 수준은 낮다고 지각했다. 여성들은 이러한 여성을 지적이지만 차갑고, 자만심이 높다고 지각했다. 화장만 한 여성은 외적으로는 긍정적으로 보이지만, 성격 특성으로는 부정적으로 평가를 받았다. 안경만 낀 여성은 보수적이고 개성이 약한 사람으로 보였다.

전통적으로 여성은 시대나 문화에 따라 정도의 차이는 있지만 화장을 해 왔다. 최근에는 남성도 화장을 할 정도로 화장이 자신을 좀 더 매력적으로 보이는 데 도움이 되기 때문이다. 립스틱은 입술을 더 도톰하게 보이도록 해 주고, 마스카라와 아이섀도는 눈에 입체감을 주며, 피부 화장은 얼굴에 있는 여러 결점을 가려 준다. 화장을 한 여성은 일반적으로 더 매력적이고, 섹시하며, 여성스럽고, 우호적이며, 건강한 것으로 보인다(Cox & Glick, 1986). 그러나 과도한 화장은 역효과를 가져올 수 있다.

Molloy(1978)는 18~40세 여성이 가볍게 화장한 경우와 짙게 화장한 경우 남성들의 선호를 알아보았다. 그 결과, 가볍게 화장한 여성에 대한 선호도가 25세 이하의 남성에게는 92%, 25~35세 남성에게는 67% 그리고 35~45세 남성에게는 62%에 달했다. 과도한 화장은 허세를 부리는 것처럼 보이고, 여성스러운 특징을 보여 주는 자연스러운 얼굴의 아름다움을 떨어뜨릴 수 있다(Cox & Glick, 1986). 향수의 과도한 사용도 매력을 떨어뜨린다. 한 연구(Aune & Aune, 2008)에서 사람들은 향수를 사용하지 않은 여성을 가장 매력적으로 지각한 반면, 과도하게 사용한 여성을 매력이 가장 떨어지는 것으로 지각했다.

오늘날에는 문신과 피어싱도 몸을 치장하는 대표적인 방법 중 하나이다([그림 6-8] 참조). 예전의 우리 사회에서는 문제가 있는 사람이나 문신을 하는 것으로 생각해서 그것을 금기시해 왔고, 피어싱은 아예 그 예를 찾아보기 어려울 정도로 생소한 것이었다. 그러나 요즘에는 문신과 피어싱을 한 사람들이 증가하고 있는데, 그들에 대한 평가는 복합적이다. Tate와

그림 6-8 **피어싱.** 오늘날에는 사람들이 피어싱으로 몸을 치장하기도 한다.

Shelton(2008)의 연구에 따르면, 남들도 그렇고 그들 스스로도 자신을 모험적이고, 성적으로나 정치적으로 진보적이며, 충동적이고, 독립적이며, 개방적이고, 독특하지만, 친화성과 성실성은 떨어진다고 보았다. 눈썹, 귀, 입술, 코에 피어싱을 한 여성은 더 창조적이고, 예술적이며, 신비롭지만, 덜 종교적인 것으로 보였다. 코에 피어싱을 한 사람은 취업을 할 가능성이 다른 보석을 한 사람들보다 떨어졌다(Seiter & Sandry, 2003). 이러한 결과로 볼 때 문신과 피어싱은 좀 보수적으로 생각하는 것이 최선으로 보인다.

3. 청각과 의사소통

말하는 사람의 태도를 지각하는 데 55%는 시각적으로 볼 수 있는 얼굴 표정, 38%는 음성 그리고 7%는 말의 의미에 달려 있다고 한다(Mehrabian & Ferris, 1967). 이러한 주장이 항상 타당한 것은 아니지만, 음성이 상당히 중요하다는 것을 보여 준다. 목소리가 갖는 특징에는 높낮이, 크기, 전반적인 패턴, 강조, 중지, 속도, 음색, 강세, 유창성, 발음의 명료성 등이 있는데, 이러한 요소가 목소리의 질을 결정한다. 음성은 사람들 간의 대화에서 맥락에 따라 다양한 기능을 한다.

1) 목소리의 확인과 매력

음성은 화자가 누구인지를 알려 주는 식별의 기능을 한다. 한 연구(Ladefoged & Ladefoged, 1980)에서 사람들은 친숙한 사람을 그의 목소리를 통해 83% 정확하게 식별했다. van Lancker 등(1985)의 연구에서 참가자들은 8~10명의 동료가 한 문장을 읽는 목소리를 듣고 그들을 97% 이상 정확하게 구별

그림 6-9   **스펙트로그램.** 사람의 목소리는 스펙트로그램에서 서로 다르다.

했다. 우리가 어떠한 단서를 이용하여 이러한 구별을 하는지는 아직 명확하지 않다. 그 한 방법이 음성지문이라고도 하는 스펙트로그램(spectrogram)을 분석하는 것이다. [그림 6-9]에서 보듯이 이것은 시간에 따라 서로 다른 주파대역에서 보이는 소리의 에너지를 그림으로 보여 주는 것이다. 이 방법으로 분석한 결과 그 정확성은 50%에서부터 90% 이상까지 매우 다양하다(Moore et al., 2014). 화자가 자신의 목소리를 가장하거나 숨기는지 그리고 대화의 어떤 부분을 분석하는지에 따라 그 결과는 상당히 다를 수 있다.

지혜의 샘

메라비언 법칙

우리는 상대방의 언어와 비언어 단서를 이용해서 그의 태도나 느낌을 판단한다. 상대방이 나에게 화가 났는지 파악하기 위해서 우리는 그가 하는 말, 즉 언어적 단서와 함께 그의 얼굴 표정이나 목소리의 톤과 같은 비언어적 단서를 이용한다. 이때 이 두 종류의 단서가 일치하면, 우리는 그의 상태를 판단하기가 쉽다. 반대로 두 경로의 단서가 불일치하면 우리는 상대방의 진짜 상태를 판단하기 어렵다.

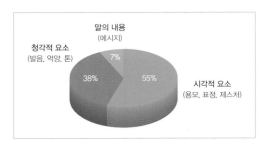

그림 6-10   **메라비언 법칙.** 상대방의 정서를 알려 주는 두 경로의 단서가 불일치할 때, 사람들은 비언어적인 단서에 더 큰 가중치를 부여해서 판단한다.

상대방이 말로는 화가 나지 않았다고 하지만 눈도 마주치지 않은 채 잔뜩 찌푸린 얼굴을 하고 있다면, 여러분은 그를 어떻게 판단하겠는가? 심리학자 Albert Mehrabian에 따르면 상대방

의 정서 상태를 알려 주는 두 경로의 단서가 일치하지 않을 때, 우리는 언어적 단서보다는 비언어적 단서를 더 중시한다. 그래서 우리는 상대방이 실제로는 화가 났다고 판단한다. 우리는 이러한 판단을 위해 얼굴 표정, 눈 맞춤, 제스처와 같은 몸짓 언어(body language)를 55%, 목소리의 톤이나 억양, 말의 속도와 같은 부언어(paralanguage)를 38% 그리고 말의 내용을 7% 사용한다. 이것이 메라비언 법칙(the law of Mehrabian)이다.

그렇다고 해서 사람들이 모든 의사소통에서 이와 같은 비율로 단서를 이용하는 것은 아니다. 실제 대부분의 의사소통에서 우리는 상대방의 말을 통해 그의 생각이나 의도를 판단한다. 메라비언 법칙은 정서적 메시지를 소통할 때 그리고 언어적 단서와 비언어적 단서가 불일치할 때 우리는 이와 같은 비율로 그 단서를 이용한다는 것을 의미한다. 또한 이 법칙은 비언어적 의사소통이 언어적 의사소통보다 더 중요하다는 것을 보여주는 것은 아니다.

목소리는 화자의 여러 다른 특징과 관련이 있다. 일상적으로 경험하듯이 우리는 사람들의 목소리를 듣고 그 사람의 성별과 연령을 상당히 정확히 파악할 수 있다. 몇몇 연구는 목소리가 몸의 크기, 얼굴의 형태와 관련이 있음을 보여 주지만, 또 다른 연구는 이러한 관련이 없다고 보고하고 있다(Moore et al., 2014; Scott & McGettigan, 2016). 목소리와 내외향성 그리고 남성성에 대한 연구를 보면(Knapp, Hall, et al., 2014; Lippa, 1998), 내향적인 사람에 비해 외향적인 사람은 더 유창해서 서로 화자의 순서를 바꿀 때나 자신이 발언할 때 정지하는 기간이 짧고 덜 주저한다. 그들은 말의 속도가 빠르고, 목소리가 크고 높으며, 높낮이의 변화가 더 크고, 말의 양도 더 많다. 남녀 모두 지배적인 사람은 목소리가 크고 높낮이에서 낮은 특성을 가지고 있다.

신체적인 매력처럼 목소리의 매력에도 개인차가 있다. Zuckerman과 Miyake(1993)는 참가자들에게 목소리를 들려주고 목소리의 질, 매력 그리고 성격 특성을 평가하도록 했다. 그 결과, 목소리가 지나치게 높거나 높낮이의 변화가 지나칠 때, 목소리가 날카롭고 단조로울 때, 작고 울림이 없을 때, 이러한 목소리의 매력은 떨어졌다. 또 다른 연구(Riding et al., 2006)에서는 콧소리가 나지 않고 높낮이가 낮은 목소리가 매력적이었다. 목소리가 매력적인 사람은 성격적으로도 외향적이고, 따뜻하고, 개방적이며, 정직하고, 성실하며, 덜 신경증적이라고 여겨진다(Zuckerman & Miyake, 1993). 사람들은 목소리가 매력적이면 얼굴도 매력적이라고 생각한다. 사람들에게 매력적인 얼굴과 그렇지 않은 얼굴 사진, 매력적인 목소리와 그렇지 않은 목소리를 제시했을 때, 사람들은 매력적인 얼굴을 가진 사람이 매력적인 목소리도 가지고 있다고 판단했다(Hughes & Miller, 2015). 또한 매력적인 목소리의 소유자는 지배적이고, 호감이 가고, 성취 지향적인 사람으로 보였다(Semic, 1999).

2) 발언의 중지와 교대

우리는 말을 하는 중간에 일시적으로 말을 멈추고 중지(pause)하는 경우가 있다. 중지는 백분의 몇 초에서부터 몇 분에 이르기까지 다양하다. 메시지를 잘 전달하기 위해서는 말을 하는 도중에 문장의 끝에서처럼 적절하게 중지할 필요가 있지만, 그 외에도 여러 중지를 한다(Knapp, Hall, et al., 2014). 우리가 중지하는 한 이유는 무슨 말을 어떤 형태로 할 것인지를 결정하고자 숙고하기 위해서이다. 뇌에서 정보를 처리하는 데 어느 정도의 시간이 필요하기 때문이다. 또 다른 이유로 어떤 경우에는 부정적인 피드백이나 시간 압박 때문에 중지할 수 있다. 이것은 이후에 할 말을 계획하는 시간이 아니라 혼란스러워 단절된 행위이다. 이러한 중지는 토론하고 있는 주제에 대한 두려움이나 다른 일을 동시에 수행해야 하는 압박 또는 즉시 말을 해야 하는 압력 때문일 수 있다.

중지에는 '음~'이나 '에~' 등과 같은 형태의 음성으로 채워진 '찬 중지'와 침묵하는 '빈 중지'가 있다. 중지를 너무 많이 사용하는 것은 바람직하지 않다. 빈 중지를 지나치게 많이 사용하는 사람은 불안하거나 화가 난 혹은 업신여기는 사람으로 보이고, 찬 중지를 지나치게 사용하는 사람은 불안하거나 지루해하는 사람으로 보인다(Lalljee, 1971). 그러나 대학 강의와 같은 장면에서 찬 중지는 복잡한 사고 과정이나 더 많은 어휘 사용과 관련이 있어서(Schachter et al., 1994) 긍정적인 메시지를 전달하기도 한다.

사람들은 때로 일시적인 중지보다 좀 더 긴 시간 동안 침묵하기도 한다. 이와 관련된 문헌들을 보면(Knapp, Hall, et al., 2014; Moore et al., 2014; Richmond et al., 2012), 침묵은 상황과 맥락에 따라 매우 다양한 의미를 가진다. 문장 사이의 침묵은 자신의 말에 주의를 끄는 데 기여할 수 있고, 다른 사람의 행동을 인정하거나 반대하는 식의 평가 수단이 될 수도 있다. 분노나 두려움, 사랑과 같은 감정을 표현하거나, 무엇을 알고 있거나 숨기고 있다는 의미일 수도 있으며, 숙고, 무지, 성찰과 같은 정신적인 활동을 의미할 수도 있다. 또한 사람들은 보통 이성 간의 침묵보다는 동성 간의 침묵을 더 편하게 느낀다.

음성은 발언의 교대와 관련해서 다양한 기능을 한다(Knapp, Hall, et al., 2014; Richmond et al., 2012). 발언을 계속하겠다는 신호로 크게 말하거나 빨리 말할 수도 있

고 '찬 중지'를 사용할 수도 있다. 내가 발언의 순서를 다른 사람에게 넘기겠다는 신호에는 그 사람에게 질문을 하거나, 마지막 말의 높낮이를 낮춰 발음할 수도 있고, 길게 침묵할 수도 있다. 발언의 순서를 요구할 때 사람들은 상대방이 빨리 말을 끝내도록 도와주기도 하고, '그러나' '나는' 등의 말을 더듬으면서 시작하기도 한다. '음' '그렇지' 등의 말을 빠르게 반복할 수도 있다. 사람들은 음성을 통해 발언의 순서를 거절하는 신호를 보내기도 한다. 상대방이 순서를 넘기고자 할 때 조용히 있다거나, 상대방의 발언에 고개를 끄덕이거나, 몸을 앞으로 숙이며 '으음' 등의 지지하는 메시지를 보내기도 한다.

4. 움직임, 접촉과 의사소통

비언어적 의사소통 중에서 제스처와 자세 그리고 시선은 몸의 움직임과 관련된 것이다. 이러한 행동은 모두 그 나름의 독특한 메시지를 담고 있다. 신체적 접촉은 공간 속에서 이루어지는 친밀성과 밀접하게 관련된 요소이다. 비언어적 의사소통으로 시간에 대한 인식과 관련 행동은 문화나 개인의 특성에 따라 크게 다를 수 있다.

1) 제스처와 자세

제스처.   제스처는 전형적으로 손과 팔의 움직임을 수반하지만, 머리나 어깨 등 몸의 다른 부분과도 관련된다. 제스처의 한 유형은 화자가 하는 말과 무관한 것으로, 그것을 언어 독립적 제스처, 관습적 제스처 혹은 **상징 행동**(emblems)이라고도 부른다. 이것은 화자가 하는 말의 내용과는 독립적으로 존재하는 것으로, 관습적인 의미를 담고 있다. 그래서 이러한 제스처를 어떻게 생각하고 사용해야 하는지 그것에 대한 기대가 문화적으로 구체화되어 있다. 상징 행동은 특정 문화권의 사람들이 공유한 구체적인 의미를 가지고 있다는 점에서 말이나 문장과 비슷하지만, 어떤 일련의 순서대로 모아져 있지는 않다는 점이 차이점이다(Cartmill & Goldin-Meadow, 2016).

다수의 상징 행동은 그 의미가 문화에 따라 다르다. 가령, 북미를 포함해서 우리 문화권에서는 고개를 위아래로 끄덕거리면 승인이나 동의를 뜻하고 가로로 저으면 부정이나 거부를 뜻하지만, 불가리아와 같은 다른 문화권에서는 이와 반대이다(Kita, 2009). [그림 6-11]에서 보듯이 엄지와 검지의 끝을 서로 붙여 만든 동그라미도 그 의

그림 6-11 엄지와 검지로 만든 동그라미.
이것이 갖는 의미는 문화마다 다양하다.

미가 다양하다(Knapp, Hall, et al., 2014). 이것이 미국에서는 O와 K의 모양을 닮아 오케이를 뜻하지만, 일본에서는 동전의 형태를 닮아 돈을 나타낸다. 프랑스와 벨기에에서는 너의 값어치는 0이라는 의미를 나타내며, 남부 이탈리아에서는 항문이나 나쁜 사람을 뜻한다. 그리스나 터키에서는 이것을 모욕적이거나 저속한 성적 초대로 해석한다. 엄지를 검지와 중지 사이에 끼우는 것은 독일, 네덜란드, 덴마크에서는 성관계를 하자는 의미이지만, 포르투갈과 브라질에서는 행운이나 보호에 대한 소망을 의미한다.

또 다른 형태의 제스처는 예시자(illustrators) 혹은 언어 의존적 제스처나 언어 공존 제스처(cospeech gestures)라고 부르는 것이다. 이것은 화자가 말을 할 때 하는 제스처로, 그 의미는 화자가 하는 말과 맥락에 큰 영향을 받는다. 이러한 제스처를 네 가지 형태로 구분할 수 있다(Cartmill & Golden-Meadow, 2016). 그 하나가 아이코닉(iconic) 제스처로, 이것은 자신이 언급하는 것의 형태나 움직임을 보여 줌으로써 그 의미를 전달한다. 낚시로 잡은 물고기의 크기를 손동작으로 보여 주거나, 기차의 경로를 손가락으로 허공에 굽은 선으로 그려 보여 줄 수도 있다. 은유적(metaphoric) 제스처는 추상적인 생각이나 개념을 몸짓으로 표현해서 보여 주는 것이다. 손을 아래에서 위로 올리는 것으로 사람들의 시민의식을 높여야 한다는 생각을 표현할 수 있다. A가 B의 원인이라는 아이디어를 손가락으로 두 원을 그리고 그것을 화살표로 연결하는 식으로 표현할 수도 있다.

지시적(deictic) 제스처는 청자의 주의가 주변에 있는 대상, 사람, 사건 혹은 장소로 향하도록 하는 것이다. 검지를 이용해서 가리키는 것이 가장 전형적인 것이지만, 손바닥을 위로 펴거나 옆으로 해서 손으로 가리키기도 한다. 턱을 원하는 방향으로 들어 올리거나, 주목할 대상을 집거나 만짐으로써 상대방의 주의를 유도하기도 한다(Wilkins, 2003). 마지막으로, 비트(beat) 제스처는 말의 운율을 두드러지게 하는 데 도움을 주기 위해 그에 맞게 손이나 머리를 리듬 있게 움직이는 것이다. 한 정치인이 자신을 후원한 사람들의 이름을 호명할 때마다 지지자들이 책상을 두드리며 호응할 수 있다. 비트 제스처는 그 자체로 의미나 이미지를 가지고 있지는 않지만, 어떤 말을 할 때 몸을 움직임으로써 그 말이 갖는 특정 요소나 내용을 강조할 수 있다.

관련 연구를 고찰한 문헌을 보면(Knapp, Hall, et al., 2014), 제스처의 빈도에 영향을 미치는 요인이 다수 있다. 일반적으로 사람들은 서로를 볼 수 없는 상황에서의 의사소통보다는 대면 의사소통에서 더 많은 제스처를 선보인다. 또한 화자가 토론하는 주제에 열정적으로 몰입하고 있을 때 더 많은 제스처를 한다. 사람들은 청자가 자신의 메시지를 제대로 이해하지 못할 것이라고 걱정할 때에도 제스처를 더 많이 한다. 청자가 자신에게 주의를 기울이지 않거나 자신의 발음이 유창하지 못할 때, 또는 자신의 생각을 표현할 만한 적합한 말을 찾지 못할 때처럼, 상황이 복잡하고 어려울 때에도 사람들은 더 많은 제스처를 한다. 흥미롭게도 대화를 지배하려는 사람이 그렇지 않은 사람에 비해 제스처를 더 많이 하는 경향이 있다. 마지막으로, 미국인들이 중국인들보다 말을 할 때 더 많은 제스처를 하는 것처럼(So, 2010), 문화에 따라서도 제스처의 빈도에 차이가 있을 수 있다.

　　자세. 제스처뿐만 아니라 몸의 자세도 대인관계 관련 태도나 감정에 대한 정보를 전달한다. 몸의 방향은 어깨와 다리가 상대방을 향하는 정도를 의미하는데, 상대방을 정면으로 향할수록 그를 더 좋아하고 긍정적으로 생각한다는 것을 의미한다. [그림 6-12]처럼 팔짱을 끼거나 사물 뒤에 서거나 아니면 얼굴을 가리는 것과는 달리, 상대방이 자기의 몸에 접근할 수 있는 여지를 두는 자세가 개방적인 자세에 해당한다. 이처

그림 6-12 **몸의 자세.** 팔짱을 끼는 것은 폐쇄적인 자세에 해당한다.

럼 사람들이 개방적이고 정면을 바라보는 몸의 자세를 취할 때 친밀감을 준다(Palmer & Simmons, 1995). 또한 사람들은 대면 상황에서 대화에 크게 관여해 있을 때에도 자신의 몸을 상대방의 정면으로 향한다. 이러한 자세는 두 사람을 하나의 커플로 보이도록 함으로써 다른 사람의 개입을 막아 준다.

　몸을 앞으로 숙이고 듣는 것도 상대방의 이야기에 대한 관심과 흥미를 보여 주는 자세이다. 또한 카멜레온 효과(Chartrand & Bargh, 1999)로 알려진 것으로, 상대방의 자세, 제스처, 말투 따라 하기(mirroring)는 그 상대방으로 하여금 따라 하는 사람을 긍정적으로 배려하도록 한다. 그러나 상호작용하는 사람이 자기를 조종하기 위해 상대방이 일부러 따라 한다고 느끼면, 이것은 친밀감에 부정적인 효과를 초래한다. 그 외에도 꼬지 않은 다리, 적절한 수준의 눈 맞춤, 웃음, 앞으로 기대는 자세는 모두 친밀감을 높여 주는 비언어적 행동이다(Matsumoto et al., 2016).

　두 사람의 자세는 지위의 차이에 따라 다를 수 있다. Scheflen(1964)이 분류한 두 사람의 자세 유형 중 하나가 일치(congruence) 대 불일치(incongruence)이다. 자세의 일

치는 두 사람이 비슷한 자세를 취하거나 따라 하는 것을 의미한다. 이것은 서로의 의
견이나 태도가 동일하고 서로가 평등하며 서로를 좋아한다는 것을 의미한다. 자세의
불일치는 두 사람 사이의 지위가 다르다는 메시지를 전달한다. 지위가 높은 사람은
몸을 정면으로 향하지 않고 뒤로 기대어 있으며, 손과 발을 비대칭의 자세로 취하면
서 전체적으로 좀 편안한 자세를 보인다. 반면에 지위가 낮은 사람은 몸을 정면으로
향하고, 몸을 앞으로 숙여 상대방과 좀 더 가까이 있으며, 근육이 긴장되어 있고, 허
리를 똑바로 세우는 등 전체적으로 좀 긴장된 자세를 취한다(Richmond et al., 2012).

2) 시선 행동

외부 세계에 대한 자극의 80%가 우리의 눈을 통해 들어오고, 우리 눈은 150만 개의
메시지에 동시에 반응할 수 있을 정도로 강력하다(Morris,
1985). 우리가 상대방의 얼굴을 볼 때에는 주의의 70%를
그의 눈 주변에 고정한다(Walker-Smith et al., 1977). 이러
한 점에서 시선 행동은 우리의 의사소통에 막강한 영향력
을 행사할 수 있다. 시선 행동에는 서로가 쳐다보는 상호
응시, 서로가 눈을 쳐다보는 눈 맞춤([그림 6-13] 참조), 한
쪽만이 쳐다보는 일방 응시, 상대방을 일부러 보지 않는
응시 회피 등이 있다. 우리는 이러한 시선 행동을 통해 의
사소통을 조절하기도 하고 자신의 정서를 표현하기도 한

그림 6-13   **눈 맞춤**. 친밀한 사람들 간에는
눈 접촉을 더 많이 한다.

다. 또한 시선 행동은 다른 사람 혹은 그의 행동에 대한 자신의 생각이나 판단을 표현
하기도 한다.

관련 문헌을 전체적으로 볼 때(Knapp, Vangelisti, et al., 2014; Krauss & Chiu, 1998), 일
반적으로 호감과 응시는 서로 연합되어 있다. 사람들은 자신이 좋아하는 대상을 더
오래 쳐다보고, 특히 상대방과의 물리적 거리가 클수록 직접 쳐다보는 행위는 증가한
다. 똑같은 말이라도 쳐다보면서 할 때 더 호의적인 평가를 받는다. 서로를 평소보다
좀 더 오래 쳐다보는 것은 좀 더 친밀하게 지내고 싶다는 바람을 드러내는 신호일 수
도 있다. 반면에 적대적인 맥락에서 상대방을 10초 이상 쳐다보는 것은 대부분의 경
우에 불안이나 짜증을 유발한다. 특히 상대방이 선글라스를 쓰고 있어 우리가 그의
눈을 볼 수 없을 때, 그 사람이 우리를 계속해서 응시하면 불쾌감을 느낀다(Moore et
al., 2014). 우리는 상호작용하는 사람에 대한 정보를 얻기 위해 그의 눈을 볼 필요가

있는데, 그럴 수 없는 상황은 의사소통을 제약하거나 불가능하게 할 수 있다.

시선 지배 비율(visual dominance ratio: VDR)을 통해 말하는 사람의 지위와 지배성을 알 수 있다. 이것은 내가 상대방에게 말을 할 때 그 사람을 보는 시간을 상대방이 말을 할 때 내가 그 사람을 보는 시간으로 나눈 값이다. 사람들은 보통 지배적이고 지위가 높은 사람이 그렇지 않은 사람보다 더 많이 쳐다본다는 고정관념을 가지고 있다. 그러나 전반적으로 지위에 상관없이 전체적으로 다른 사람을 보는 시간은 비슷하고, 한 집단의 각 구성원이 받는 시선의 양은 상대적으로 비슷하다. 그러나 일반적으로 사람들은 자신이 말을 할 때 상대방을 보는 시간은 전체의 40%이고 자신이 상대방의 말을 들을 때 그를 보는 시간은 전체의 60%인 반면(혹은 VDR=40/60), 지위가 높은 사람은 이와는 반대로 상대방의 말을 들을 때보다 자신이 말을 할 때 그들을 더 많이 쳐다보는(혹은 VDR=60/40) 경향을 보인다(Koch et al., 2010).

사람들은 시선 행동과 성격이 연관되어 있다고 생각한다. 한 연구(Kleck & Nuessle, 1968)에서 참가자들은 상대방을 적게 쳐다보는 사람을 차갑고, 불안하고, 방어적이며, 비관적이고, 미성숙하다고 보는 반면, 많이 쳐다보는 사람을 우호적이고, 자신감이 있으며, 자연스럽고, 성숙하며, 진실하다고 지각했다. 사람들은 화자가 자기들을 정면으로 쳐다보고 말하는 사람을 그렇지 않은 사람에 비해 더 설득력이 있고, 더 많이 알고 있으며, 더 진실하고 믿을 만하다고 지각했다(Wyland & Forgas, 2010). 몇몇 성격 특성은 시선 행동과 관련이 있다. 의존적인 사람은 긍정적인 태도를 전달하고 상대방으로부터 그러한 태도를 유도하기 위해 시선 행동을 사용한다. 자아존중감이 높은 사람은 긍정적인 피드백을 받을 때 더 많이 쳐다보는 반면, 사회적 불안이 크거나 자폐증, 조현병이 있는 사람은 상대적으로 눈 맞춤을 회피한다.

시선 행동에는 문화적 차이가 있다(Byers & Byers, 1972; Martin & Nakayama, 1997). 북미의 사람들은 말하는 상대방을 쳐다보도록 배우며 일반적으로 눈 맞춤을 존경의 표시라고 생각한다. 반면에 아시아나 아프리카의 많은 국가는 다른 사람이 말할 때 그의 눈을 똑바로 쳐다보지 말라고 배운다. 특히 그들은 말하는 사람의 지위가 높을 때 그의 눈을 똑바로 쳐다보는 것은 불경스러운 일이라고 생각한다. Watson(1970)이 여러 문화를 광범위하게 조사한 결과, 말을 하거나 들을 때 남미, 서유럽, 아랍 사람들은 눈을 똑바로 쳐다보는 반면, 북유럽, 인도, 파키스탄 그리고 아시아 사람들은 주변을 보거나 아예 보지 않는 경향이 있었다.

남녀 간에도 시선 행동의 차이가 있는데, 일반적으로 남성보다 여성은 말하거나 들을 때 모두 상대방을 더 많이 쳐다본다(Krauss & Chiu, 1998). Mulac 등(1987)의 연구

에서는 남성과 여성이 동성 및 이성과의 상호작용에서 상대방을 어느 정도 쳐다보는
지 알아보았다. 그 결과, 여-여 쌍이 남-여 쌍이나 남-남 쌍보다 함께 쳐다보고 함
께 말하거나, 함께 쳐다보고 함께 침묵하는 경우가 더 많았다. 반면에 여-여 쌍에서
한쪽만 쳐다보거나 예의상 나누는 말은 더 적었다. 시선 행동과 관련된 또 하나의 현
상으로 응시 단서 주기(gaze cueing)가 있다. 이것은 상대방이 보는 방향으로 자신의
시선이 따라가는 자동적인 경향성을 말한다. 여성들이 남성들보다 응시 단서 주기를
더 많이 한다는 다수의 연구 결과가 있다(Bayliss et al., 2005).

3) 신체적 접촉

신체적 접촉(touch)은 서로의 몸의 일부가 닿는 것이다. 이것은 우리의 삶에 매우 중
요한 기능을 하는 만큼, 그것이 맥락과 상황에 따라 가지는 의미도 중요하고 다양하
다. 어깨나 머리를 토닥거리는 것에서부터 키스를 하거나 포옹하는 것, 쓰다듬거나
간질이는 것, 잡거나 손을 올려놓는 것, 세게 치거나 비틀고 꼬집거나 발로 차는 것까
지, 신체적 접촉은 긍정적인 것에서부터 부정적인 것에 이르기까지 매우 다양하다.
Heslin과 Alper(1983)는 신체적 접촉을 친밀성의 수준에 따라 다섯 가지로 범주화
했다. 친밀성이 가장 낮은 접촉은 의사가 환자를 만지는 것과 같은 기능적 · 직업적
접촉이다. 그다음이 사회적 · 공손한 접촉으로, 이것은 어떤 사람을 처음 만났을 때
의례적으로 나누는 악수와 포옹 같은 것이다. 세 번째 범주로 우정 · 따뜻함의 접촉
은 친구 간 호감을 보여 주는 포옹이나 팔짱을 끼는 것 등으로, 낭만적 사랑이나 성적
유혹으로 오해받기 쉽다. 사랑 · 친밀감 접촉은 머리나 얼굴 쓰다듬기와 같이 매우
가까울 때 나누는 접촉이다. 마지막으로, 성적 흥분 접촉은 가장 개별적이고 독특하
며 친밀한 형태이다. 이 외에도 장난 삼아 만지거나 건드리는 혹은 때리는 접촉, 상사
가 부하의 팔이나 어깨를 건드리면서 지시하는 접촉, 위로하거나 축하하기 위한 접촉
그리고 이러한 여러 유형이 혼합되어 있는 접촉도 있다(Jones & Yarbrough, 1985).
신체적 접촉이 갖는 의미는 접촉 그 자체가 가지고 있는 특성뿐만 아니라, 접촉이
이루어지는 상황과 맥락 그리고 그것과 관련된 사람의 개인적 특성에 따라 달라진
다. 접촉은 그 강도, 기간, 위치, 빈도, 접촉의 도구와 같은 여러 요인의 영향을 받는
다(Hertenstein, 2002). 강도는 접촉이 세거나 부드러운 정도, 기간은 접촉이 짧거나 긴
정도, 위치는 접촉하는 몸의 부위, 빈도는 접촉하는 횟수 그리고 접촉의 도구는 접촉
을 손으로 하는지, 아니면 발가락, 입술, 어깨, 혹은 물건으로 하는지를 의미한다. 접

촉은 누가, 언제, 어디서, 어디를, 그리고 어느 정도 접촉
하느냐에 따라서도 그 의미가 달라진다.

　　신체적 접촉의 빈도는 문화마다 다를 수 있다([그림
6-14] 참조). Remland 등(1991, 1995)은 서유럽 사람이 북
유럽 사람보다 신체적 접촉을 더 많이 한다는 것을 발견
했다. 그들은 15개 국가의 기차역에서 약 1,000쌍의 커
플을 관찰했다. 그 결과, 신체적 접촉을 가장 많이 하는
국가는 그리스, 그다음이 스페인, 이탈리아, 헝가리 순
이었다. 또한 대부분의 문화에서는 신체적 접촉이 관계

그림 6-14　코로 하는 인사. 아랍에서는 코를
접촉해서 인사를 하는 문화적 특성이 있다.

적 및 사회적으로 예민하고 중요한 의미를 갖고 있기 때문에, 그에 관한 규범이나 관
습을 상당히 자세하게 발달시켜 왔다(Matsumoto et al., 2016). 서구 문화 및 그 영향을
많이 받은 문화에서는 손, 팔, 어깨, 등의 상부와 같은 부분은 접촉을 해도 안전한 부
분이고, 나머지는 부적절하게 접촉하면 문제가 될 수 있는 부분이다(Jones, 1999). 이
와 같은 기준에 대한 위반은 오해와 불쾌감 그리고 심지어 성희롱으로 이어질 수도
있다.

　　접촉에 대한 지각에서 남녀 간의 성차는 이와 관련된 문제를 더욱 복잡하고 미묘하
게 만드는 요인이다. 여러 연구(예: Guéguen, 2010)를 보면, 여성은 자신의 몸에서 접
촉할 수 있는 부분을 남성보다 더 세분해서 구별하고 있는 반면, 남성은 토닥거림, 애
무, 포옹에 해당하는 신체적 접촉의 유형을 더 구분한다. 여성들은 낯선 사람의 신체
적 접촉을 가장 불쾌하게 생각하는 반면, 남성은 낯선 여성의 접촉을 편안하게 생각
한다(Heslin et al., 1983). 어떤 사람들은 접촉에 대한 우려를 가지고 있어 다른 사람을
만지지 않을 뿐만 아니라, 다른 사람이 만지는 것 자체를 좋아하지 않는다. 동성 간의
접촉에 대한 우려는 남성에게서 더 강하고, 이성 간의 접촉에 대한 우려는 여성에게
서 더 강하다(Matsumoto et al., 2016).

4) 영토와 개인적 공간

　　영토는 한 개인이나 집단이 통제하고 지키는 자신만의 고정된 지형적 영역이다.
개인적 공간은 사람들이 자신과 함께 가지고 다니는 보이지 않으면서 고정되어 있지
않은 공 모양의 공간이다. 주어진 공간에 있는 사람들의 수를 물리적 수준에서 밀집
도(density)라고 하고, 그것에 대한 심리적인 경험이 혼잡함(crowding)이다. 그러나 사

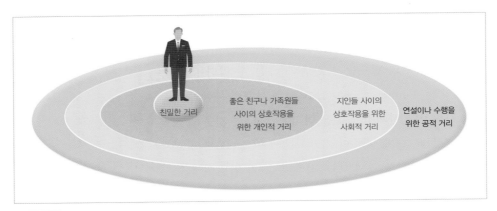

그림 6-15 Edward Hall이 제시한 개인 간 근접 행동

람들은 과밀한 스포츠 응원석에서 불쾌하기보다는 신이 나는 것처럼, 밀집도가 높다고 항상 혼잡함을 느끼는 것은 아니다. 자신을 쳐다보는 낯선 사람들이 과도하게 많을 때, 몸을 자유롭게 움직이지 못할 때, 소리와 시선 등의 자극이 과도하게 많을 때, 사람들은 혼잡함을 느낀다. 사람들은 자신의 영토나 개인적 공간이 침범을 당하면, 그 자리를 떠나거나 그곳을 지키기 위해 경계를 짓기도 하고, 침입한 사람을 쫓아내거나 언어적으로 싸우기도 한다. 또는 대화와 시선을 피하거나, 적대적으로 쳐다보거나 혹은 자세를 바꾸는 식의 대응을 한다(Richmond et al., 2012).

[그림 6-15]에서 보듯이 Hall(1963)은 대인 간 근접 행동을 물리적 근접성, 접촉의 양, 몸의 열기, 체취, 몸의 방향 등을 포함하는 네 범주로 제시했다. 미국 자료에 기초한 친밀한 거리의 범위는 0~45.72cm로 팔을 뻗어서 닿을 수 있는 거리이다. 이 범위에서는 다양한 감각기관과 관련된 자극이 많고 때로는 상대방의 얼굴에만 주목할 수도 있다. 개인적 거리의 범위는 45.72cm~1.22m로 친구, 가족, 동료들과 사적으로 대화를 할 수 있는 거리이다. 이때는 상대방의 눈을 보는 것이 편안하다. 사회적 거리의 범위는 1.22~3.66m로 잘 모르는 사람과 대화를 하거나 사업 등 공적인 일에 대해 논의할 때의 거리이다. 이때는 주의를 얼굴에만 집중할 필요 없이 손과 같은 다른 곳으로 쉽게 이동할 수 있다. 공적 거리는 3.66m 이상으로 보통 이때는 지위가 높은 한 사람이 지위가 낮은 다수를 대상으로 말을 한다. 다수의 대중은 그 사람의 얼굴이나 눈이 아닌 몸 전체를 보게 된다.

Edney(1976)는 공간을 개인적 공간, 소집단과 대인관계 공간 그리고 공동체 공간으로 구분했다. 개인적 공간의 크기는 다양한 요인의 영향을 받는다. 문화에 따라 개인적 공간의 크기가 다르다. 전반적으로 북미보다는 지중해, 중동, 남미 문화에서 상호작용하는 거리가 더 짧다(Matsumoto et al., 2016). 개인적 공간은 연령에 따라서도 다르다. 메타분석을 한 연구에 따르면, 공간은 3세부터 21세까지 점진적으로 증가한다(Hayduk, 1983). 상호작용하는 사람의 성별에 따라서도 그 거리가 다르다. 전반적으로 여성들 간의 상호작용은 가장 가까운 거리에서 이루어지는 반면, 남성들 간의 상호작용은 가장 먼 거리에서 이루어지며, 남녀 간의 상호작용 거리는 이 둘 사이에 있다(Knapp, Hall, et al., 2014; Moore et al., 2014).

이 외에도 사람들은 직사각형의 탁자에서 양끝에 앉은 사람을 리더로 지각하는 경향이 있는데, 실제 그들은 대화를 주도하고 더 말을 많이 하는 것으로 나타났다

내 마음의 거울

전반적 신속성 척도

즉각적이고 신속한 행동은 사람들 사이의 물리적 · 심리적 거리를 줄여 주는 의사소통 행동이다. 여러분은 친한 사람과 소통할 때 얼마나 신속하게 반응하는가? 다음의 각 문항에 대하여 동의하는 정도를 _____에 표기해 보자.

1: 전혀 동의하지 않는다	2: 상당히 동의하지 않는다	3: 약간 동의하지 않는다
4: 약간 동의한다	5: 상당히 동의한다	6: 매우 동의한다

_____ 1. 나는 상대방과 눈을 많이 맞춘다.

_____ 2. 나의 몸은 좀 긴장해 있다.*

_____ 3. 나는 많은 제스처를 한다.

_____ 4. 나는 몸의 자세를 상대방 쪽으로 향하게 한다.

_____ 5. 나는 상대방과 이야기하면서 시간을 보내고 싶어 한다.

_____ 6. 나는 상대방과 가벼운 신체적 접촉을 많이 한다.

_____ 7. 나는 많이 웃는다.

_____ 8. 나는 목소리를 통해 내 감정을 표현하지는 않는다.*

_____ 9. 나는 몸의 자세를 편안하게 한다.

_____ 10. 나는 좀 더 거리를 둔다.*

주: 끝에 *로 표기된 문항의 본인 점수는 7점에서 _____에 적은 점수를 뺄 것이다. 가령, 2번 문항에서 내가 적은 숫자가 2이면, 나의 점수는 7-2=5점이다. 모든 문항의 총점(60점 만점)이 클수록 상대방에게 즉각적이고 신속하게 반응하는 사람이다.

출처: Anderson & Anderson (2005)의 척도 일부.

(Taylor & Fiske, 1975). 우리 문화에서 생각하는 상석은 보통 출입문을 바라볼 수 있는 곳의 중앙에 위치한 자리이다. 다른 한편으로, 사람들은 자신보다 지위가 높은 사람보다는 낮은 사람에게 더 가깝게 접근해서 걷는 경향이 있다(Dabbs & Stokes, 1975). 지위가 낮은 사람이 지위가 높은 사람의 공간을 침범하는 것이 그 반대보다 더 어렵다는 것을 고려하면, 이러한 사실을 쉽게 이해할 수 있다.

5) 시간

시간에 대한 지각과 이미지도 사람과 문화에 따라 다양하다. 여러 종류의 시간 중 하나가 태음력이나 태양력과 같은 물리적 시간이다. 오늘날 우리는 시계에 기초한 기계시를 사용하고 있다. 또 다른 시간이 생물학적 시간이다. 우리는 밤이 되면 잠을 자는 것처럼 생물학적 리듬에 따라 행동을 달리하고, 시간의 흐름을 체내 시계와 같은 생물학적 시스템을 통해 파악한다. 개인적 시간은 시간이 빠르거나 느리게 간다고 느끼는 것처럼 시간에 대한 각자의 주관적인 경험을 의미한다. Zimbardo와 Boyd(1999)는 심리적으로 시간을 보는 다섯 가지 입장을 제시했다. 지나간 부정적 사건이 여전히 자신을 괴롭히는 과거-부정 유형, 과거에 대한 향수를 가지고 있는 과거-긍정 유형, 미래의 결과보다는 현재의 즐거움을 더 중시하는 현재-쾌락주의 유형, 현재에 고정되어 미래를 바꿀 수 없다고 느끼는 현재-운명 유형 그리고 미래에 중요한 목표를 달성하는 데 초점을 두는 미래-초점 유형이 있다.

문화적으로 시간에 대한 인식은 단일시간형과 다중시간형으로 구분할 수 있다(Hall & Hall, 1990). 단일시간형은 한 번에 하나의 행위를 하고 일을 여러 부분으로 분리해서 신속하게 처리하는 것을 강조한다. 일에는 순서, 시간표, 조직화가 되어 있어야 한다. 이러한 문화의 사람들은 시계의 시간에 따라 움직이고 정확히 시간을 엄수할 것을 요구한다. 더군다나 디지털 시대가 되면서 모든 일은 더욱 즉각적으로 이루어져야 한다. 인터넷에서 클릭을 하고 바로 그 화면이 열리지 않으면 사람들은 답답함을 느낀다. 반면에 다중시간형은 동시에 여러 개의 일을 하는 것으로, 이러한 문화권의 사람들은 시간을 좀 더 전체적이고 유동적이며 덜 구조화된 것으로 본다. 그들은 시간에 대한 엄격성이 덜해서 약속한 시간에 몇 분씩 늦는 것은 큰 문제가 아니다.

단일시간형 사회는 시간에 대한 또 다른 인식을 가지고 있다(Moore et al., 2014). 이런 사회의 사람들은 시간을 제한된 재화로 본다. 시간이 많을수록 더 많은 제품을 만들어 팔 수 있기 때문에 시간이 돈인 것이다. 그래서 그들은 시간을 사기도 하고 팔기도 한다. 시간은 가치 있는 것이기 때문에, 그들은 아무것도 하지 않으면 죄책감을 느끼고 그런 사람을 부정적으로 본다. 시간 또한 호감의 표현이다. 그래서 좋아하는 사람과는 자신의 시간을 많이 할애한다. 이런 사회에서 시간은 권력의 표현으로, 지위가 높은 사람이 자신과 타인의 시간을 자유롭게 관리하고 통제할 수 있다. 이런 측면에서 보면 사람들이 부와 권력을 추구하는 것은 시간에 대한 통제력을 높이기 위한 것이다.

제**7**장

표현과 경청

리는 다른 사람과 만나 상호작용하면서 늘
대화를 한다. 장시간 동안 만나면서 침묵으
로 일관하는 관계는 거의 없다. 이처럼 대화는 우리의 사회적 삶에 필수적인 요소이
기 때문에, 대화를 잘 하는 것은 원만한 관계를 유지하는 데 중요한 역할을 한다. 우
리가 관계에서 겪는 갈등의 상당 부분은 대화의 부족이나 상대방의 말에 대한 오해에
서 비롯한다. 기본적으로 대화를 잘 하기 위해서는 자신이 하고 싶은 말을 분명하면
서도 공손하고 겸손하게 전달하고, 상대방의 말을 겸손한 자세로 경청하는 것이 중요
하다. 이 장에서는 자신의 의사나 감정의 표현, 대화할 때의 공손과 겸손, 마지막으로
경청에 대해서 알아본다.

1. 말과 대화

우리는 말을 통해 다른 사람에게 자신의 의견, 주장, 정서 등을 표현한다. 이러한
표현을 얼마나 적절하고 효율적으로 하느냐에 따라 자신의 개인적 목표를 달성하기
도 하고 상대방과의 관계를 더 좋게 개선할 수도 있다. 이와 관련해서 여기서는 대화
의 의미, 자기주장, 비판하기에 대해 알아본다.

1) 대화의 의미

대화는 사람들 사이에서 말을 이용해서 생각과 정보를 소통하는 행위이다. 대화
는 주제, 목표, 시간적 및 환경적 제약, 개인의 말하는 스타일 등에 따라 매우 다양하
게 이루어진다(VandenBos, 2015). 가령, 공식적인 주제에 대해 토론하고 협상하는 대
화인지, 아니면 친목 모임에서 사적으로 잡담하는 대화인지에 따라 그 형태와 내용은
유연하게 달라진다. 어떤 사람은 자기주장을 강하게 하면서 짤막하고 직선적으로 말
하는가 하면, 또 어떤 사람은 좀 더 수용적이며 에둘러 자신의 의사를 표현하기도 한
다. 이처럼 다양한 대화가 잘 이루어지기 위해서는 말을 하는 사람, 즉 화자는 자신이
전달하고 싶은 메시지를 분명하고 정확하게 말로 전달해야 한다. 또한 듣는 사람, 즉
청자는 그러한 메시지를 잘 경청해서 화자의 의도를 정확하게 이해할 필요가 있다.
또한 대화가 잘 이루어지기 위해서는 화자와 청자 사이의 협응(coordination)이 필

요하다(Clark, 1985). 이것은 여러 부분이 함께 조화롭게 기능할 수 있는 역량을 의미한다. 우리가 잘 걷기 위해서는 두 다리가 교대로 앞으로 나아가는 동안 손의 움직임과 눈의 방향도 거기에 부합해야 하듯이, 대화에서도 두 사람이 서로 자연스럽게 순서를 바꿔 가면서 말을 하는 기술이 필요하다([그림 7-1] 참조). 대부분의 대화에서 한쪽이 말하기와 듣기를 동시에 할

그림 7-1 대화하기. 대화를 잘 하기 위해서는 화자와 청자의 협응이 필요하다.

수는 없기 때문이다. 발언의 순서 바꾸기(turn-taking)가 잘 되려면 양쪽이 간명하게 말하고, 상대방이 원할 때나 말을 해야 할 때 말을 할 수 있도록 해야 한다. 한쪽이 대화를 독점하는 것은 대화를 지루하거나 일방적으로 만들기 쉽다. 또한 상대방이 자신의 생각을 표현하지 못함으로써 대화를 통해 추구하려는 서로의 목표를 달성하기 어렵게 만든다. 제6장에서 살펴본 것처럼 우리는 말을 통해 다양한 방식으로 발언의 순서 바꾸기에 대한 신호를 보낸다. 이러한 신호를 정확히 파악해서 적절하게 반응하는 것이 발언의 순서를 원활하게 바꾸면서 대화를 할 수 있게 해 준다.

대화를 잘하기 위해서는 지켜야 할 원리가 있다. Grice(1969)는 대화가 본질적으로 협동적인 노력으로 이루어지는 활동이라고 주장했다. 그는 원만한 의사소통을 위해 지킬 필요가 있는 협동 원리라고 부르는 다음 네 가지 일반적인 금언 혹은 규칙을 제시했다. 질(quality)은 메시지가 진실하고 거짓이 없어야 한다는 것이다. 양(quantity)은 메시지가 필요한 만큼 정보적이어야 하고, 정보가 과도하게 많지 않아야 한다는 것이다. 관계(relation)는 메시지가 토론하고 있는 주제와 관련이 있어야 한다는 것이다. 격식(manner)은 메시지가 명확하고 조리 있고 간결해야 한다는 것이다. 그에 따르면 청자는 화자가 이러한 식으로 발언하기를 기대한다. 화자가 이러한 금언을 어기면, 청자는 화자가 일부러 그것을 어김으로써 말의 내용과는 다른 것을 전달하고자 한다고 생각한다.

우리가 말로 표현하려는 내용은 여럿이다. Bach와 Harnish(1979)는 언어 행동의 유형을 Searle(1975)이 제시한 5개 중 하나를 둘로 세분하여 총 여섯 가지를 제시했다. 주장은 자신의 신념이나 믿음을 표현하는 유형이고, 지시는 화자가 상대방에게 무엇을 하도록 시키는 유형이다. 약속은 미래의 특정 행동에 몰입하게 하는 유형이고, 표현은 감사, 사과, 환영, 인상 등을 상대방에게 드러내는 유형이다. 효과는 조직에서 말을 통해 원하는 결과를 내거나 인정을 받는 것과 같은 유형이고, 판결은 심판이 스트라이크를 판단하듯 판단하는 유형이다. 이 중에서 주장은 이어서 좀 더 자세

히 알아볼 것이고, 지시는 뒤의 공손 부분에서 일부 다루고 있다.

2) 자기주장

자기주장의 의미.   우리는 주체적이고 자율적으로 삶을 운용하고 싶은 강한 동기를 가지고 있다(제2장 참조). 그래서 자기의 의견이나 생각이 있으면 그것을 다른 사람에게 주장해서 관철시키고자 한다. 이와 함께 의사소통이나 임상심리와 같은 분야에서는 자기주장을 매우 중요한 역량으로 생각해 왔다. 그래서 몇몇 경우에는 자기주장의 기술이나 역량의 달성이 심리치료의 목적이기도 하다. 이때 자기주장(self-assertiveness)은 자신의 의견을 제시하거나 욕구, 권리 혹은 소망을 직접적이고 정직하게 표현하는 행위이다.

그러나 대인관계에서 양쪽이 모두 자기주장만 하면 서로 의견이나 이해관계가 부딪힐 경우 갈등이 생길 수 있다. 그래서 자기주장의 중요한 요소 중 하나가 다른 사람의 권리를 침해하지 않고 존중하는 것이다. 자기주장의 목표는 대부분 적극적이고 효과적으로 반응하는 개인의 능력과 관련이 있지만, 행동의 목록에는 자신에 관한 것만 있는 것은 아니다(Hargie, 2011). 자신과 관련된 것에는 자신의 권리를 보호하기, 합리적인 요구하기와 비합리적인 요구에 저항하기, 비합리적인 거절을 효과적으로 다루기, 자신의 입장을 자신 있게 소통하기, 개인적 자기효능감을 개발하기 등이 있다. 타인과 관련된 것으로는 다른 사람의 권리를 인정하기, 다른 사람의 행동을 바꾸기, 타인과 불필요한 갈등 피하기 등이 있다.

자기주장에는 5개의 핵심 유형이 있다(Hargie, 2011). 기본적 자기주장은 자신의 권리나 신념, 느낌이나 의견을 표현하는 것이다. 누군가 끼어들어 말을 끊을 때, "나는 하던 말을 다 마치고 싶습니다."라고 말하는 것이다. 공감적 자기주장은 다른 사람의 상황이나 감정을 인정하는 말을 하면서 자기주장을 하는 것이다. "자신의 견해를 밝히고 싶은 당신의 간절한 마음을 잘 알지만, 나는 하던 말을 다 마치고 싶습니다."라고 말하는 것이다. 상승적 자기주장은 처음에는 자기주장을 조금만 하지만, 상대방이 이것에 제대로 반응하지 못하면 자기주장의 수준을 높이는 것이다. 직면적 자기주장은 상대방이 동의한 것을 수행하지 않을 때 그것을 해야 한다고 단호하게 말하는 것이다. 1인칭-언어 자기주장은 상대방의 행동이 나의 삶과 기분에 어떠한 영향을 미치는지 그리고 그러한 행동을 왜 바꿔야 하는지를 기술하는 것이다. "당신이 내 말을 계속 끊으니, 내 기분이 좀 상합니다."와 같이 말하는 것이다. 이러한 자기주장은

상대방의 적대적인 반응을 덜 불러일으킨다.

반응 유형.   모든 사람이 다른 사람과의 상호작용에서 자기주장적으로 반응하는 것은 아니다. 그들의 반응은 순종, 자기주장, 공격성 등으로 다양하다(Hargie, 2011; Hayes, 2002). 순종적인 사람은 문제를 만드는 것을 피하고, 자신의 의견을 표현하지 않으며, 자신감이 없고, 다른 사람에 비해 자신의 가치를 폄하하며, 무조건 동의한다. 그들의 목적은 다른 사람을 달래서 어떻게든 갈등을 피하는 것이다. 자기주장적인 사람은 주요 현안에 대하여 자신의 느낌과 의견을 자신 있게 표현하고, 다른 사람만큼 자신을 가치 있게 생각하며, 상대방의 말을 경청하고, 누구의 감정도 해치지 않는다. 그들의 목적은 모두에게 공정한 경기를 확실히 하는 것이다. 공격적인 사람은 다른 사람의 말에 끼어들어 자신의 의견을 강요하고, 상대방을 비난하고 무시하면서 독단적으로 자신의 의견을 말하고, 남들보다 자기를 더 높게 생각하면서 그들에게 상처를 준다. 그들의 목적은 무조건 다른 사람을 제압해서 이기는 것이다.

Leaper(2000)는 자기주장적–순종적 차원과 친화적–비친화적 차원을 조합해서 총 네 가지 반응 유형을 도출했다. [그림 7-2]에서 보듯이 자기주장적이면서 친화적인 사람은 협동적인 사람이다. 이러한 사람은 다른 사람과 좋은 관계를 유지하는 것에 높은 가치를 두고 필요할 때 자기주장을 한다. 반면에 자기주장적이지만 비친화적인 사람은 다른 사람을 친절하고 우호적으로 대하는 것에는 관심이 없다. 대신에 그들을 통제하고 자기 마음대로 하고자 자기주장을 이용한다. 순종적이면서 친화적인 사람은 기본적으로 우호적이고 돕고자 하는 사람이다. 그들은 다른 사람이 원하는 것

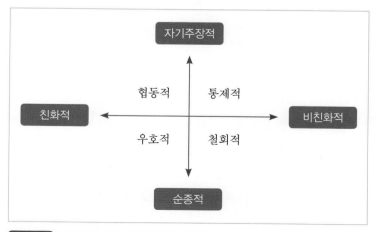

그림 7-2 **자기주장–친화성 조합.** 이 두 차원에 따라 네 가지 반응 유형이 만들어진다.

에 맞춰서 해 주는 것을 좋아한다. 마지막으로, 순종적이면서 비친화적인 사람은 다른 사람들과 상호작용하는 것으로부터 물러나서 혼자 있는 것을 좋아한다. 이러한 사람은 조용하고 존재감이 없다.

　　Swanson과 McIntyre(1998)는 자기주장 차원과 공격성 차원의 조합으로 4개의 반응 유형을 도출했다. [그림 7-3]에서 보듯이 공격적인 사람은 공격성은 높지만 자기주장은 낮은 사람이다. 이러한 사람은 신체적이거나 언어적인 공격을 사용하고 분노와 적대감이 높다. 반면에 선택-공격적인 사람은 공격성과 자기주장 모두 높은 사람이다. 이들은 처음에는 자기주장적인 방식으로 행동하지만, 자신이 원하는 것을 얻기 위해 필요하다면 공격적으로 행동할 준비가 되어 있다. 이러한 사람은 공격적인 사람에 비해 자신의 불만을 친구나 가족들과 더 많이 소통하는 것으로 나타났다. 순종적인 사람은 공격성과 자기주장이 모두 낮은 반면, 자기주장적인 사람은 공격성은 낮고 자기주장은 높은 사람이다.

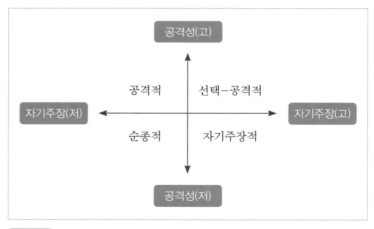

그림 7-3 **공격성-자기주장 조합.** 이 두 차원에 따라 네 가지 반응 유형이 만들어진다.

　　자기주장의 기술.　　효과적인 자기주장 메시지의 특징은 언어적으로 간략하고 직접적이면서 다른 사람을 존중하고 고려하는 것이다(Hayes, 2002; Rakos, 1997). 무엇보다도 자신의 입장이나 주장을 비방어적이고 정직하게 전달하는 것이 중요하다. 그러기 위해서는 상대방이 한 구체적 행동, 자신의 느낌, 기분이나 감정과 같이 상대방의 행동이 자신에게 미치는 영향, 금전적 및 시간적 측면의 비용 등을 언어적으로 표현하는 다양한 목록을 개발할 필요가 있다. 상대방을 공격하지 않으면서 자신을 정확하게 드러내는 것이 중요하지만 쉽지 않기 때문이다. 이와 함께 자신의 자기주장이 상대방에게 줄 수 있는 영향, 특히 불리하고 부정적인 여러 영향에 대해서는 공감한다는 표현을 하면서 짧게나마 사과하는 진술을 하는 것도 중요하다. 동시에 자신에 대한 상대방의 긍정적인 말이나 관심, 배려에 대해서는 감사의 말을 하는 것이 바람직하다.

내 마음의 거울

대인 간 지배성 척도

우리가 다른 사람과 대화할 때 어떤 사람은 그 대화를 주도하는가 하면, 또 어떤 사람은 따라가는 식으로 행동한다. 다음의 각 문항에 대하여 동의하는 정도를 _____에 표기해 보자.

| 1: 전혀 동의하지 않는다 | 2: 상당히 동의하지 않는다 | 3: 약간 동의하지 않는다 |
| 4: 약간 동의한다 | 5: 상당히 동의한다 | 6: 매우 동의한다 |

_____ 1. 나는 평상시에 사람들의 대화를 관장한다.

_____ 2. 나는 보통 듣기보다는 말을 더 많이 한다.

_____ 3. 나는 다른 사람들에게 거의 영향력을 행사하지 못한다.*

_____ 4. 나는 종종 대화의 중심에 있다.

_____ 5. 나는 종종 다른 사람이 원치 않더라도 어떤 것을 토론하자고 고집한다.

_____ 6. 나는 때때로 나중에 후회할까 봐 어떤 것을 말하지 않으려고 한다.*

_____ 7. 내가 주로 의사결정을 한다.

_____ 8. 나는 대화를 하면서 숨기지 않고 다 표현한다.

_____ 9. 나는 종종 내가 있다는 것을 다른 사람이 느끼게끔 행동한다.

_____ 10. 나는 사람들 사이의 대화를 다루는 기술이 거의 없다.*

_____ 11. 나는 종종 나에 대한 다른 사람의 인상에 신경을 쓴다.*

_____ 12. 나는 대화할 때 다른 사람을 끌어들이는 기술이 있다.

_____ 13. 나는 대화할 때 종종 참을성을 잃는다.

주: 끝에 *로 표기된 문항의 본인 점수는 7점에서 _____에 적은 점수를 뺀 것이다. 가령, 3번 문항에서 내가 적은 숫자가 2이면, 나의 점수는 7−2=5점이다. 모든 문항의 총점(78점 만점)이 클수록 대화를 지배하는 경향성이 큰 사람이다.

출처: Dunbar & Burgoon (2005)의 척도 일부.

효과적인 자기주장은 비언어적인 기술과도 관련이 있다(Hayes, 2002). 자기주장을 잘하는 사람은 순응하는 사람보다는 더 크게 말하지만 공격적인 사람만큼 크지는 않다. 지나치게 작은 목소리로 말하면 자신감이 없어 보이는 반면, 너무 크면 강요하는 식으로 들린다. 중간 수준의 억양은 상대방이 말의 중요한 내용에 집중하는 데 도움을 주고, 어느 정도 말이 단호할 때 자기주장의 효과가 나타난다. Rakos(1997)에 따르면, 얼굴 표정에서 입을 통제하지 못해 가만히 두지 않거나 이마를 찡그리고 눈썹을 계속 움직이는 것은 자기주장의 효과를 떨어뜨린다. 눈 맞춤도 중요해서 자기주장적인 사람은 눈 맞춤을 더 많이 하고, 특히 말을 할 때 간간이 눈을 접촉한다. 부드럽고 안정적인 손의 움직임, 경청할 때는 이리저리 움직이지 않는 몸짓이 자기주장의 메시지가 주는 영향력을 증가시킨다. 자세의 경우에도 꾸부정하기보다는 똑바른 자세로 상대방을 정면으로 보는 것이 중요하다.

자기주장을 잘 하기 위해서는 상호작용의 기술도 필요하다. Rimms와 Masters(1987)에 따르면, 처음의 자기주장은 최소한의 효과적인 반응이면 충분하다. 우리가 자기주장을 하는 목표는 상대방으로 하여금 자신의 행동이 이치에 맞는지 다시 생각해 보고, 우리의 입장을 고려해서 자신의 행동을 수정하도록 하는 것이다. 이때 우리가 처음부터 너무 강하게 자기주장을 하면, 상대방은 그것을 자신에 대한 공격으로 판단해서 우리에게 반감을 가질 수 있다. 처음의 자기주장이 원하는 효과를 내지 못하면, 그때 자기주장의 강도를 점차 증가시킬 수 있다. 그 한 가지 방법이 상대방이 원하는 반응을 할 때까지 반복해서 주장하는 것이다. 또 다른 방법은 자기주장을 통해 상대방에게 원하는 것이 무엇인지를 좀 더 분명하게 밝히는 것이다. 그렇게 함으로써 의사소통의 모호함을 줄이고 자신의 뜻을 상대방에게 직접적으로 전달할 수 있다.

3) 조언과 비판

조언.   우리는 때로 다른 사람의 상황이나 문제를 보고 조언을 하는 경우가 있다. 그러한 조언이 상대방에게 도움을 주기도 하지만 항상 그런 것은 아니다. 특히 자신의 입장에서 상대방의 문제나 생각을 분석해서 조언하는 것은 자신의 생각을 강요할 수 있다. 또한 상대방이 원하거나 필요로 하지 않는 조언을 할 수 있고, 도움이 되지 않는 조언을 할 수도 있다. 적절한 언어적 표현과 순서로 이루어진 효과적인 조언은 하나의 사회적 지지로 유용한 정보를 제공할 뿐만 아니라, 당사자들의 체면을 고려함으로써 관계에도 긍정적인 영향을 줄 수 있다.

Goldsmith와 Fitch(1997)는 미국의 대학가에서 수집한 조언의 사례들 그리고 친구나 가족, 동료에 대한 면담 자료를 분석했다. 그 결과, 사람들은 조언이 문제해결에 대한 전문적인 의견, 의사결정에 대한 새로운 견해, 선택에 대한 도움 등 정보적인 기능을 한다고 인정했다. 그럼에도 조언에는 세 가지 딜레마가 있었다. 첫째, 조언자가 전문가이고 상대방의 결정을 우려할 만큼 가까운 관계라도, 조언이 상대방에 대한 침범과 끼어들기 그리고 그의 역량에 대한 비판으로 보일 수 있었다. 둘째, 조언자는 상대방을 지지하면서도 동시에 자신에게 정직해야 한다는 상충적인 기대에 놓여 있었다. 셋째, 피조언자는 상충적인 동기를 경험했다. 즉, 조언을 수용하면 자신이 덜 자율적이고 덜 역량 있게 보이는 반면, 조언을 거절하면 불손하고 감사를 모르는 사람으로 보일 수 있었다.

그래서 조언이 끼어드는 것이 아니라 도움을 주는 행위가 되려면, 전문가가 조언을 하고, 두 사람 사이의 관계가 가깝고, 한쪽이 다른 쪽의 조언을 원해야 한다. 피조언자가 실제 의사결정을 하지 못해 조언을 원한다면, 조언자는 자신의 정직한 의견을 제공하는 것이 바람직하다. 피조언자가 이미 결정을 하고 조언을 구하면, 조언자는 그의 결정을 지지해 주는 의견을 제시하는 것이 좋다. 실제로 이러한 경우에 피조언자는 친구, 가족, 동료 등 자신과 가까운 사람의 조언을 받아들이면서 그들에 대한 존경과 감사의 마음을 가지게 된다(Goldsmith & Fitch, 1997). 이러한 결과는 조언이 적절한 조건을 충족할 때 사회적 지지로서의 기능을 한다는 것을 보여 준다.

비판.　조언과는 달리 비판은 잘못을 지적하는 행위이기 때문에 대부분의 사람은 비판을 회피하고 싶어 한다([그림 7-4] 참조). 그래서 비판이 도움이 되기 위해서는 건설적으로 비판하는 것이 중요하다(Hanna, 2000). 첫 번째 단계는 비판을 하는 이유를 자문하는 것이다. 비판은 합당하고 도움이 될 때에만 해야 한다. 비판적인 말을 할 때는 앞서 살펴본 1인칭 진술문

그림 7-4　**비판하기.** 건설적으로 비판하기 위해서는 갖추어야 할 기술이 있다.

을 사용하는 것이 중요하다. 2인칭 진술문은 상대방을 비판하고 그에게 책임을 추궁하는 것으로 들리기 때문에, 방어적이고 적대적인 반응을 일으키기 쉽다. 이와 함께 상대방이 비판을 잘 받아들이도록 하려면, 그의 개인적 성격에 초점을 두기보다는 자신이 좋아하지 않는 구체적인 상황이나 행동에 주목할 필요가 있다. 또한 비판하기 전에 상대방의 좋은 점을 먼저 언급하는 것이 비판을 더 잘 받아들이게 한다. 상대방

이 처한 상황이나 입장을 인정하면서 여러분이 원하는 것을 말하는 것이 중요하다.

비판을 잘하는 것만큼이나 비판에 효과적으로 반응하는 것도 중요하다. 비판에 대한 부적절한 반응은 공격적이거나 수동적인 반응이다(Hanna, 2000). 공격적인 반응은 더 이상의 비판을 못하게 하고 상황을 더욱 악화시킬 뿐이다. 수동적인 반응은 사과하거나 침묵하고 순응하는 것으로, 이것은 비판이 계속되도록 함으로써 여러분의 정신건강을 해친다. 또 다른 부적절한 반응이 부정과 방어이다. 이러한 반응은 비판을 인정하지만 받아들이기 어려울 때 나타나는 반응이다.

우리가 관계를 개선하고 상황을 더 좋게 만들며 자신의 자아존중감을 높이려면, 비판에 대해 긍정적으로 반응하는 것이 핵심이다(Hanna, 2000). 비판에 대해 효과적으로 반응하기 위해서는 자기주장적인 유형을 사용할 필요가 있다. 즉, 그것은 비판을 공격하거나 방해하지 않으면서 비판에 굴복하지 않는 것이다. 만약 여러분이 상대방의 비판이 정당하다고 생각하면, 그것에 전적으로 동의하거나 부분적으로 동의하면 된다. 그러나 비판이 불분명하고 자신이 이해할 수 없으면, 여러분이 그 비판을 이해하지 못하겠다고 솔직히 표현하는 것이 좋다. 그러면 상대방이 비판하는 이유를 더 설명할 수도 있고, 때로는 그 이유를 제대로 파악하지 못하고 비판했을 수도 있다. 가장 어려운 상황은 상대방의 비판에 동의하지 않는 경우이다. 이때는 자신의 의견을 솔직하게 드러낼 수도 있고, 긍정도 부정도 아닌 형태로 얼버무리는 것도 도움이 될 때가 있다.

2. 정서와 표현

흔히 우리는 다른 사람과의 관계 속에서 행복과 즐거움을 비롯해서 슬픔과 분노, 실망 등 매우 다양한 정서를 경험한다. 또한 우리는 자신이 경험한 정서의 상당 부분을 다른 사람들과 공유한다. 정서가 우리의 사회적 삶에서 차지하는 비중이 매우 크다는 점에서, 정서를 체계적으로 이해하고 적절하게 표현하는 방법을 아는 것은 원만한 대인관계를 위해 필수적이다. 이 절에서는 정서의 의미와 유형, 기능 그리고 표현에 대해 알아본다.

1) 정서의 의미와 유형

정서(emotion)는 생리적·인지적 그리고 행동적 요소를 수반하는 주관적 경험으로, 우리는 이러한 경험을 통해 개인적으로 의미 있는 일이나 사건을 처리하고자 한다(VandenBos, 2015). 생리적 요소는 신체적 흥분으로, 이것은 몸속에 있는 신경계, 다양한 분비선, 기관의 생물학적 반응과 활동이다. 예를 들어, 우리가 두려움을 느끼면 호르몬이 분비되어 심박수가 증가하고 동공이 확장된다. 인지적 요소는 신체적 흥분과 같은 주관적 경험을 특정 정서와 연결시키는 것이다. 우리가 행복하다고 말할 때, 여러분은 자신이 행복하다는 것을 어떻게 아는가? 이것은 자신이 느낀 감정을 행복이라고 인지적으로 평가했기 때문이다. 이러한 평가는 사건이나 상황의 구체적 의미에 대한 평가이다. 우리는 어떤 사건이 위협적이라고 평가하면 두려움을 느끼고, 성공을 의미한다고 평가하면 행복을 느낀다. 행동적 요소는 정서의 표현과 동기적 측면으로, 우리는 자신의 정서를 표현하고 그에 해당하는 행동을 하고자 한다.

그러면 우리가 경험하는 정서의 유형에는 어떤 것이 있을까? 연구자에 따라 다르지만, 감정 원형 모형(circumplex model of affect; Russell, 1980)은 정서를 활성-비활성, 유쾌-불쾌 차원으로 구분한다. [그림 7-5]에서 보듯이 '들뜬'과 '행복한'처럼 1사분면에 있는 정서는 각성 수준이 높으면서 긍정적인 정서를 의미한다. 이와 정반대의 특성을 가진 정서는 3사분면에 있는 '슬픈'이나 '힘든' 등이다. '초조한'과 '괴로운' 등의 2사분면에 있는 정서는 각성 수준이 높으면서 부정적인 정서이다. 이와 정반대의 특성을 가진 정서는 4사분면에 있는 '고요한'이나 '차분한' 등이다.

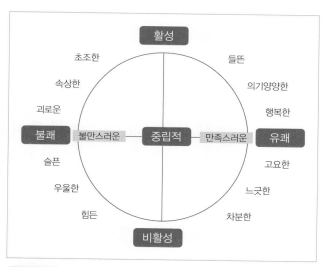

그림 7-5 **감정 원형 모형.** 이 모형은 정서를 활성-비활성, 유쾌-불쾌 차원으로 구분한다.

이처럼 다양한 정서는 특히 친밀하고 가까운 관계에서 경험할 가능성이 크다. 친한 사람들은 상호의존성이 커서 여러 상황에서 빈번하게 상호작용하면서 영향을 주고받기 때문이다. 이때 상대방에 대한 정서는 상황에 대한 판단의 영향을 많이 받는다. 예를 들면, 연인 관계에서 느끼는 서운함, 슬픔, 분노는 모두 두 사람이 원하지 않는 사건의 발생 때문이다(Fitness & Warburton, 2009). 그러나 서운함은 파트너가 관계를 폄하하거나 관심이 없을 때 발생하지만, 분노는 파트너의 부당함과 그에 따른 비난을 수반한다. 이 두 감정은 모두 통제할 수 있지만 기대하지 않은 사건 때문에 발생하는 반면, 슬픔은 통제할 수 없지만 예상할 수 있는 상실을 가져오는 사건 때문에 발생한다.

또한 우리 자신의 정서 상태가 상대방과의 관계에서 경험하는 정서에도 큰 영향을 미친다. 예를 들면, 부정적 정서성(affectivity)이 강한 사람은 파트너와의 관계에서 긍정적 정서보다는 부정적 정서를 더 많이 경험한다. 그들은 또한 불안이나 불쾌한 감정을 일으키는 사건에 대해 더 과민하게 반응함으로써 문제를 악화시킨다. Biglan 등(1985)의 연구를 보면, 우울한 아내는 자신에게 주어지는 가사의 압력과 부담에 대해 불평을 한다. 그러면 남편은 공격적인 말을 통해 우울한 아내의 불평을 감소시킨다. 남편의 공격적 반응은 다시 아내의 우울을 증가시킨다. 혹은 남편이 아내를 안심시키더라도 그것이 남편의 자발적인 행동이 아니라 아내의 요구에 따른 것이다. 그래서 아내는 남편의 이러한 행동을 계속 요구하기 위해서 새로운 불만을 찾아낸다.

2) 정서의 기능

인간은 불완전한 존재이기 때문에 자신의 생존과 행복을 위해서 다른 사람에게 의존할 수밖에 없다. 이때 우리가 타인의 돌봄과 도움을 받고 있는지 그렇지 않은지를 알려 주는 기제가 정서이다. 우리는 즐거움과 사랑, 두려움과 분노, 슬픔과 수치심 등의 경험을 통해서 타인과의 관계가 어떤 상태인지를 알 수 있다. 그러면서 정서는 사람들로 하여금 자신의 생존과 행복을 촉진하는 방향으로 행동하도록 해 준다(Fredrickson, 2001). 두려움은 사람들로 하여금 자신을 안전하게 지켜 주는 회피행동을 하도록 동기화하고, 행복은 자원을 구축하고 사회적 유대를 강화하는 행동을 하도록 동기화한다.

긍정 정서의 기능.   Fredrickson(2001)은 확장-구축 모형(broaden-and-build model)에서 긍정 정서의 세 가지 기능을 제시하고 있다([그림 7-6] 참조). 첫째, 긍정 정서는 우리의 지각, 인지, 행동을 더 폭넓게 하고, 자신의 문제나 일을 회피하지 않고 접근하도록 해 주며, 자신의 환경에 몰입하도록 한다. 둘째, 이러한 확장과 개입의 결과로, 긍정 정서는 우리가 지적 · 심리적 · 신체적 자원을 구축하도록 해 줌으로써 대인

관계를 강화하는 데 기여한다. 셋째, 스트레스 이후의 긍정 정서는 스트레스가 주는 부정적인 효과를 해소하고 스트레스로부터의 회복을 촉진한다. 그래서 전체적으로 관계에 대한 큰 그림을 그릴 수 있게 해 주고, 사소하고 일시적인 문제는 무시하게 해 준다. 이 외에도 긍정 정서는 문제를 더 창조적으로 해결하게 해 준다. 사람들은 기분이 좋을 때 새로운 아이디어들

그림 7-6 긍정 정서. 긍정적 정서 경험은 우리를 행복하게 해 준다.

을 통합하고, 유연하게 사고하며, 새로운 정보에 개방적일 가능성이 높다.

긍정 정서는 갈등을 해결하는 데 크게 기여한다(Hocker & Wilmot, 2018). 우리가 어떤 문제를 흥미와 긍정적인 태도로 접근하면 그러한 느낌을 상대방과 소통하게 되고, 그러면 그 상대방도 우리와 함께 일하려는 동기를 갖게 된다. 긍정 정서는 상대방에 대한 공감과 연민을 불러일으킨다. 우리가 원하는 것을 상대방도 똑같이 원한다는 것을 그 상대방의 입장에서 생각해 봄으로써, 우리는 상대방을 문제의 원인이 아니라 문제를 함께 풀어 가야 할 파트너로 보게 된다. 또한 상대방에 대한 따뜻한 마음을 소통하면, 갈등의 당사자를 적이 아니라 파트너로 본다는 메시지를 전달하게 된다. 그래서 서로의 목표가 충돌하더라도 이러한 갈등을 하나의 기회로 삼아 서로에게 이득이 되는 방식으로 문제를 해결하고자 한다.

관계를 형성하고 유지하는 데 기여하는 긍정 정서에는 만족, 기쁨, 흥미, 열광과 더불어 감사가 있다. 특히 감사는 우리가 상대방이 우리의 중요한 욕구를 충족하기 위해 비용이 많이 드는 행동을 했다고 우리 스스로 인정할 때 느끼는 정서이다(Kubacka et al., 2011). 우리가 상대방에게 감사하는 마음을 갖게 되면, 그런 마음은 우리와 그 세심한 상대방과의 공동체적 관계를 강화시켜 주고 서로를 신뢰하도록 해 준다. 감사는 격려처럼 상대방이 관계를 유지하기 위해 하는 행동 그리고 갈등을 해결하고 서로를 도우려는 노력과 같은 것으로부터 나온다. 그러한 행동은 상호성을 유발함으로써, 서로를 돕고 상대방의 요구나 필요에 반응하게 해 준다(Clark et al., 2001).

부정 정서의 기능.   부정 정서를 포함해서 모든 정서는 적응적인 기능을 한다([그림 7-7] 참조). 분노는 자신, 자신의 소유물이나 정체성에 대한 위협을 지각했을 때, 혹은 상대방이 우리를 공정하게 대우하지 않거나 우리의 핵심 가치와 안전을 위협할 때 경험하는 정서이다(Izard, 1991). 그 강도는 약한 짜증에서부터 좌절과 격노에 이르기까지 다양하다. 문명화된 사회에서는 분노를 장점보다는 약점으로 보는 경향이 크지

그림 7-7 **부정 정서.** 부정적 정서도 각각
의 기능이 있다.

만, 분노는 우리가 직면하는 다양한 도전과 위험에 대처
하는 데 결정적인 역할을 함으로써 우리의 생존에 필수적
이다. 왜냐하면 분노는 행동에 필요한 에너지를 동원하고
기세와 자신감을 유발함으로써, 그 사람으로 하여금 자신
을 더 잘 방어할 수 있게 해 주기 때문이다.

불안은 앞으로 일어날 일에 대해 느끼는 걱정으로, 그
핵심적인 정서가 두려움이다(Hocker & Wilmot, 2018). 두
려움은 우리의 안전에 위협이 닥쳤을 때 느끼는 정서로, 상황이 위험하다고 평가함으
로써 발생한다. Bowlby(1969)는 위험을 알려 주는 자연적인 4개의 단서를 제시했다.
즉, 고통과 연합된 사건이나 대상, 혼자 남겨지는 것, 자극의 급격한 변화 그리고 낯
선 사람의 빠른 접근이 두려움을 야기한다. 두려움은 우리로 하여금 안전한 곳으로
도망가도록 함으로써 자신을 보호하게 해 준다. 반면에 슬픔은 보통 가족과 같은 친
밀한 사람의 상실로 인해 발생한다. 이때 함께 슬퍼하는 것은 남은 사람들 간의 유대
를 강화시킨다. 또한 슬플 때의 삶은 정신적으로나 신체적으로 매우 느리게 기능한
다. 그래서 슬픈 사람은 일어난 일에 대해 숙고하고, 자신과 타인을 돌볼 수 있는 기
회를 가질 수 있다. 실패나 실망으로 생긴 슬픔은 우리가 그러한 문제를 해결하도록
동기를 유발해 줄 수 있다.

혐오와 경멸은 해롭거나 역겨운 것을 쫓아내게 하는 정서이다(Hocker & Wilmot,
2018; Izard, 1991). 혐오는 기본적으로 맛과 섭식 행동에 대한 화학적 감각과 관련되
어 있다. 그래서 혐오는 나쁜 음식이나 오염된 물처럼 맛이 없고 위험한 물질을 거부
하게 하는 기능을 한다. 혐오는 또한 특정 성적 관행에 대해서도 생길 수 있고, 이것
이 성행위에 대한 수용 가능한 규범을 세우는 데 기여할 수 있다. 이처럼 혐오는 우리
로 하여금 특정 사건이나 대상을 거부하고 회피하도록 하는 행동을 유도함으로써, 우
리의 환경을 좀 더 위생적으로 만드는 데 기여한다. 경멸은 상대방을 깔보고 업신여
기는 것으로, 상대방이 경쟁에서 졌을 때, 상대방이 배신하거나 실망을 시킬 때, 혹은
상대방의 행동이 탐탁지 않을 때 생기는 정서이다. 경멸은 위험한 적에 대항해서 방
어나 공격을 준비하도록 해 주고, 사회적 규범에서 이탈한 사람이 자신의 행동을 바
로잡도록 도와준다.

자의식이 강한 부정적인 정서로 죄책감과 수치심을 들 수 있다(VandenBos, 2015).
죄책감은 옳지 않은 일을 한 것에 대해 후회하고 고통스러워할 때 느끼는 정서이다.
죄책감의 기능은 무엇보다도 자신의 잘못된 행동을 바로잡기 위한 조치를 취하도록

한다는 점이다. 수치심은 자신의 행동이나 환경에서 불명예스럽고 불손한 혹은 상스러운 것이 있다는 느낌 때문에 생기는 매우 불쾌한 정서이다. 상대방의 모욕적 언사를 접했을 때나 자신의 기준에 미흡한 수행이나 행동을 했을 때 수치심을 느낄 수 있다. 수치심은 우울, 불안, 낮은 자존감과 연결되기도 하고, 회피 행동과 방어적이고 보복적인 행동을 유발할 수도 있다. 그럼에도 수치심은 자신에 대한 타인의 시각이나 견해에 주의를 기울이게 한다. 또한 자신의 부적절한 행동을 사회적 규범이나 자신의 가치에 부합하도록 조절하고 필요한 기술을 개발하도록 유도한다. 죄책감과 다른 점으로 수치심은 자신의 행동이 다른 사람의 판단이나 조롱에 노출될 수 있다는 강한 두려움을 수반한다.

3) 정서의 표현

우리는 상대방과 상호작용하면서 자신의 정서를 언어적으로나 비언어적으로 표현하는데, 이러한 표현은 중요한 의사소통 수단이다. Rimé 등(2002)은 대인관계에서 서로의 정서를 공유하는 정도를 다양한 자료를 통해 조사한 연구들을 살펴보았다. 그 결과, 사람들은 나이와 성별에 상관없이 자신이 느낀 정서 중 90%를 가족이나 친구와 같은 가까운 사람들과 공유했다. 또한 사람들은 상대방의 정서 표현에 사회적 지지나 위로와 같은 반응을 보였고, 이것은 그들의 관계를 더욱 친밀하게 해 주었다. 이처럼 우리가 정서를 표현해서 소통하는 이유는 그것이 서로의 느낌, 신념, 의도를 알려 주고, 이러한 정보가 서로의 협응을 용이하게 해 주기 때문이다. 〈표 7-1〉에서 보듯이 각 정서는 관련된 주제가 있고 상대방에게 전달하려는 메시지가 있다. 가령, 사랑은 애정에 대한 소망을 담고 있고 그러한 소망을 상대방에게 전달해서 함께하고 싶다는 메시지를 전달한다. 가까운 관계에서 정서의 공유를 통해 서로의 욕구를 충족하면, 그 관계의 친밀성과 연결감은 더욱 강해진다(Clark et al., 2001).

우리가 서로의 정서를 잘 소통하려면 먼저 자신이 전달하려는 정서를 정확하게 파악해야 한다. 그러려면 〈표 7-1〉에 있는 것처럼 개별 정서의 특징과 기능, 전달하는 메시지를 잘 알아야 한다. 우리는 보통 자신의 정서를 정확하게 알고 있다고 생각하기 쉽다. 가령, 상대방에 대해 느끼는 나의 정서는 분노이고, 그것은 상대방의 부당한 행동 때문이라고 생각할 수 있다. 그러나 나의 정서는 서운함에 더 가까울 수도 있고, 내가 다른 일로 기분이 언짢아서 상대방의 사소한 말에도 화가 났을 수 있다. 그다음 상대방의 정서적 반응에 대한 정보를 갖고 있어야 한다(Fitness, 2015). 상대방이 말을

표 7-1 개별 정서의 관계 관련 주제와 전달 메시지

정서	관계 관련 주제	의사소통 메시지
희망	성공에 대한 잠재력	계속 시도해 볼 것
사랑	애정에 대한 소망	나의 친구나 애인으로 남아 있을 것
자부심	자신에 대한 고양	나를 높게 평가할 것
행복	성공	나를 축하해 줄 것
감사	고마움	상대방에게 보답할 것
두려움	위험	나를 도와주고 보호해 줄 것
죄책감	자기비난	나를 용서해 줄 것
슬픔	상실	나를 위로해 줄 것
혐오	거부	내 곁에서 멀어질 것
분노	타인에 대한 비난	나를 진지하게 대하고 존중해 줄 것
질투	애정의 상실에 대한 불안	우리 관계에 끼어들지 말 것

출처: Parkinson (1996) 참조.

하지 않는 것이 나에 대한 분노 때문인지 아니면 서운해서 그러는지 아는 것은 쉽지 않다. 상대방의 정서 상태를 보여 주는 다양한 단서를 민감하게 파악하고 그의 정서에 공감할 수 있을 때, 우리는 상대방이 어떻게 느끼고 있는지를 제대로 알 수 있다.

건설적인 정서 표현은 자신의 감정을 건전하면서도 다른 사람에게 상처를 주지 않는 방식으로 표출하는 것이다. 이러한 정서 표현은 우리 자신과 관계적인 측면에서 매우 많은 혜택을 준다. 즐거운 감정을 웃음으로 표현하는 것은 면역력, 심혈관계 그리고 통증의 인내력을 향상시키는 것으로 밝혀졌다(Pennebaker, 1997). 우는 것도 자신의 감정을 해소하는 하나의 방법이다. 한 실험실 연구(Levoy, 1988)에서 정서적으로 흘리는 눈물과 양파 조각 때문에 흘리는 눈물의 성분이 달랐다. 이러한 결과는 눈물을 흘리는 것이 스트레스 때문에 쌓인 물질을 제거하는 한 방법임을 시사한다. 반대로 분노나 두려움, 불안과 같은 감정을 억누르는 것은 우울이나 절망감을 수반하는 스트레스에 대처하지 못하는 특성과 함께 암에 걸릴 확률을 증가시켰다(Eysenck, 1988).

분노 역시 억압하는 것보다는 표현하는 것이 더 바람직하다. 분노를 억압하는 것은 불안, 죄책감, 우울, 과식, 고혈압, 강박적 사고와 행동, 수면장애 등 매우 다양한 부정적 효과를 초래하기 때문이다(Rubin, 1998). 문제는 분노를 지나치게 자주 또는 폭력적인 방법으로 표출하는 것이다. 가령, 호의적이지 않은 부부는 상대방이 표출

한 부정적인 감정을 자신도 표출한다. 이러한 상호적 경향성 때문에 그들은 적대감이나 분노와 같은 부정적인 정서를 빈번하게 경험하게 된다(Fitness, 2015). 그들은 사소한 부정적인 감정도 적대적으로 해석해서 그 감정을 고조시키는 메시지를 주고받는다. 분노를 건설적으로 표현하기 위해서는 분노의 원인이 어디에 있는지 객관적으로 파악하려는 노력을 해야 한다. 그다음 상대방을 도발하거나 비난하지 않는 비공격적 방식으로 자신의 분노를 1인칭 진술문에 기초해서 표현하는 것이다.

보통은 정서의 표현이 바람직하지만 그렇다고 해서 늘 그런 것은 아니다. 정서를 표현하더라도 상황에 맞게 할 필요가 있고, 심지어 자신의 감정을 숨기거나 없는 감정을 가장해서 표현하는 것이 때로는 더 적응적이다. 사람들은 정서에 대한 문화적 표현 규칙이나 규범에 따라 의사소통을 한다(Ekman & Friesen, 1975). 그래서 우리는 자신의 정서를 그 사회가 가지고 있는 규칙에 맞게 드러내는 것이 중요하다. 서구의 개인주의 사회에서는 상대방에 대한 서운한 감정을 직접 표현하는 것을 선호하지만, 우리와 같은 집단주의 사회에서는 그렇지 않을 수 있다. 심지어 문화에 따라서는 금지된 정서도 있다. 대표적으로 가족 간에 낭만적 사랑을 느끼는 것은 많은 문화에서 금지되어 있다.

이처럼 정서의 표현은 사회문화적 영향을 받기 때문에, 종종 우리는 자신이 경험한 정서를 상황에 맞게 적절하게 조절할 필요가 있다. 우리가 대인관계에서 정서를 조절하기 위해 쓰는 방법에는 여럿이 있다(Saarni, 1993). 그 하나가 강화 혹은 극대화로, 감사하는 마음을 더 크게 표현하는 것처럼 자신이 느낀 정서를 실제보다 더 과장해서 표현하는 것이다. 또 다른 하나는 이와 반대로 약화 혹은 극소화하는 것이다. 실제로는 매우 화가 났지만 그것을 좀 약하게 드러내는 경우가 여기에 해당한다. 행복하지 않으면서 행복한 척하는 것처럼, 가장이나 흉내 내기는 느끼지 않는 정서를 마치 느끼는 것처럼 꾸미는 것을 의미한다. 이와 반대로 억압은 자신이 느끼는 정서를 마치 느끼지 않는 것처럼 숨기는 것이다. 행복하지만 행복하지 않은 척하는 경우이다. 마지막으로, 대치는 자신의 정서를 그와는 완전히 다른 정서로 숨기는 것이다. 속으로는 시기하는 사람에게 겉으로는 더 친절하게 행동하는 경우가 한 예이다.

3. 공손과 겸손

우리가 상대방에게 자신을 표현하거나 그를 대할 때 갖추어야 할 예의와 자세가 있다. 그러한 것의 대표적인 것이 공손과 겸손이다. 이와 같은 태도를 갖추는 것은 관계를 훼손하지 않고 원만하게 유지하도록 해 줄 뿐만 아니라, 개인적으로도 상대방에게 긍정적인 인상을 줌으로써 그로부터 수용과 호의, 배려, 존중과 같은 다양한 혜택을 받을 수 있다. 이러한 점에서 공손과 겸손은 상대방을 위한 나의 희생이 아니라, 대화의 당사자 모두를 위한 자산이다.

1) 공손

공손의 의미. 우리는 지나치게 따지거나 적대적인 사람하고는 같이 대화하기가 불편하고 어렵다. 상대방을 비웃거나 폄하하는 사람은 쉽게 짜증을 내기 때문에 서로 부정적인 정서를 주고받기 쉽다. 이와는 대조적으로 우리와 의견이 달라도 공손하고 비공격적으로 대하는 사람과 대화하는 것은 편안하고 유쾌한 경험이다([그림 7-8] 참조). 왜냐하면 그것은 상대방이 나의 견해에 관심이 있고 존중한다는 느낌을 주기 때문이다. 이처럼 공손은 바람직한 대화의 필수

그림 7-8 **공손.** 공손한 행동은 대인관계에서 여러 유리한 점이 있다.

적인 요소이다. 공손(politeness)은 말하는 사람이 상대방을 위협하지 않고 체면을 살려주는 방식으로 말을 해서, 그의 공적 이미지나 사적 자기개념이 손상되는 것을 피하는 과정이다. 그래서 공손한 사람은 상대방을 당황하게 하거나, 불편하게 만들거나 혹은 그의 자존감을 훼손하는 말이나 말투를 피한다. 대신에 그들은 상대방의 품위, 위신 그리고 자율성을 지켜 주거나 높이는 말을 적극적으로 사용한다(VandenBos, 2015).

Fraser(1990)는 공손에 대한 네 가지 견해를 소개하고 있다. 그중 하나가 공손을 사회적 규범으로 보는 견해이다. 이 견해에 따르면, 모든 사회나 시대에는 행위의 기준이 있고 그것을 잘 지켜서 말의 격식이 높으면 공손한 것이 된다. 실제로 규범을 지키지 않는 사람은 부정적인 인상을 주거나 거부의 대상이 되기 쉽다. 또 다른 견해가 공손을 대화의 격언으로 보는 것이다. 이 견해는 공손이 우리가 배워야 할 대화의 교훈이라고 본다. 연구자들은 공손이 강요하지 않는 것, 대안을 주는 것, 기분 좋게 해 주는 것이라는 격언을 내놓기도 했다. 공손을 대화상의 계약으로 보는 입장에 따르면, 각자의 권리와 의무, 권력의 분포, 대화의 목표 등에 따라 공손해야 할 사람이 결정된다. 가령, 상대방에게 부탁을 해야 하는 쪽이나 채무자와 채권자의 관계에서처럼, 권

리보다는 의무가 많은 사람이 더 공손하다. 또 다른 입장은 공손을 체면의 유지로 보는 입장이다. 사람들은 유능하게 보이고 부담과 구속으로부터 벗어나 자율적으로 살고 싶은 욕구가 있다. 또한 그들은 타인에게 인정과 존경을 받고 소속감을 갖고자 하는 욕구가 있다. 우리가 상대방의 이러한 욕구를 충족시켜 주는 방향으로 행동할 때, 우리는 그의 체면을 지켜 줌으로써 공손한 사람이 되는 것이다.

공손의 전략과 효과.　　우리가 서로의 체면을 훼손할 수 있는 상황에서 체면을 지키기 위해 사용하는 공손 전략에는 여러 가지가 있다(Brown & Levinson, 1987). 하나의 전략은 "내일 꼭 다시 올게."처럼 상대방에게 나의 의도를 분명하게 밝히는 것이다. 이 전략은 화자가 솔직하고 상대방을 조종하지 않는 사람으로 보이게 해 주고, 의사소통에서 오해의 소지를 없애 준다. 또 다른 전략은 "지금 현금이 없어. 은행가는 것을 잊었거든."처럼 에둘러 표현하는 것이다. 이 말은 돈을 빌려 달라는 의도로만 들리지는 않는다. 이런 전략은 상대방에게 강요한다는 느낌을 주지 않고, 상대방의 체면을 손상할 가능성이 적다. "내일까지 제안서를 작성해서 보고하시오."처럼 또 다른 전략은 부수적인 언급 없이 단도직입적으로 분명하게 요구하는 것이다. 이것은 상대방이 거부하거나 보복할 가능성이 없을 때, 혹은 상황이 급박하거나 상대방의 체면을 손상하지 않을 때 쓰는 전략이다. 이와 같은 경우가 아닐 때, 사람들은 상대방과의 친밀함이나 그의 자율성을 고려하는 말을 덧붙여서 요구한다. "내 친구로서 이것 좀 해줘." 혹은 "네가 이것 좀 하면 좋겠는데, 내키지 않으면 하지 않아도 돼."와 같은 경우이다.

우리가 다른 사람에게 요구하거나 지시할 때 사용하는 말의 공손한 정도는 여러 요인에 따라 다르다. Brown과 Levinson(1987)은 화자가 하는 요구의 크기, 화자의 권력 그리고 화자와 청자의 친밀성이라는 세 가지 요인이 말의 형태를 결정한다고 보았다. 전반적으로 많은 연구가 이러한 요인의 영향을 입증하고 있다(Holtgraves, 2010). 화자의 요구가 커서 상대방이 감당해야 할 부담이 크면, 화자는 감사를 표현하거나 합리화를 하는 등 좀 더 공손하게 요구하게 된다. 지위가 높은 사람은 직접적으로 요구하는 반면, 그렇지 않은 사람은 부가의문문, 망설임, 얼버무림, 요청의 포기와 같은 행동을 보인다. 보통 친밀감이 높은 사람들 사이에는 덜 공손하지만 그렇지 않은 경우도 있다. 한 연구(Slugoski & Turnbull, 1988)에서 모욕은 사람들 간의 사회적 거리와 상관없이 그에 대한 해석이 동일했다. 즉, 모욕감이 주는 불쾌나 상처는 관계의 친밀성과 상관이 없었다.

때로 지나친 공손은 빈정거림으로 보이지만, 필요할 때 공손하지 않은 것은 무례한 것이다. 사람들은 상대방으로부터 인정과 존중을 받고 싶은데, 무례한 대우를 받으면 존중받지 못한다고 느껴 분노와 스트레스를 겪는다(Miller, 2015). 그래서 그러한 사람과는 관계를 멀리하거나 단절한다. 무례는 과업 수행에도 악영향을 미친다. Porath와 Erez(2007)의 연구에서 실험자는 한 집단의 참가자들에게 그들이 재학하는 학교를 무시하는 식으로 행동했다. 또 다른 참가자들에게는 다양한 형태의 무례한 행동에 대해 어떻게 반응할지 상상해 보도록 했다. 그다음 철자 바꾸기를 통한 단어 만들기와 브레인스토밍으로 그들의 인지적 수행을 측정했다. 그 결과, 이 두 조건의 참가자들은 통제집단에 비해 현저하게 떨어지는 수행 성적을 보였다. 또한 무례는 학생들을 소진시키고 공부에 대한 만족도와 자기효능감을 떨어뜨렸다(전미경, 오재우, 2017). 이에 반해 교사가 공손할수록 학생들이 행복과 같은 긍정 정서를 경험할 가능성이 더 높았다. 또한 이러한 긍정 정서는 학생들이 교사의 요구에 따르겠다는 의도를 증가시켰다(Zhang, 2011).

2) 겸손

겸손(humility)의 어원은 영어의 humus에 해당하는 라틴어 humilitas이다(Nielsen et al., 2014). humus는 동물과 식물을 분해한 후에 남는 유기물질이다. 이것이 땅속으로 들어가면 새로운 생명이 자랄 수 있게 하는 영양분이 된다. 이것은 흙의 일부로 그 흙에서 다른 생명이 태동하는 출발점이자 재생산 과정의 핵심 요소이다. 흙이라고 하는 가장 낮은 곳에서 자신이 아닌 다른 생명체를 위해 헌신한다는 점에서, 겸손은 자기를 낮추는 것과 같다. 오늘날 겸손의 의미는 우리가 흔히 생각하는 것과 동일하지 않고 그 의미도 다차원적이다. 겸손에는 여러 종류가 있고 겸손과 관련된 변인도 다양하다. 그러면서 겸손은 우리의 개인적 삶과 대인관계에도 매우 폭넓은 영향을 미친다.

겸손의 의미와 종류.   겸손에 대한 다양한 정의를 검토한 Tangney(2009)에 따르면, 사전이나 심리학 문헌 그리고 일반적인 말에서 의미하는 겸손은 자신의 무가치함, 하찮음, 나쁨과 같이 낮은 자아존중감을 의미한다. 그러나 이와는 달리 철학자, 신학자, 심리학자 등의 전문가들은 겸손을 여러 요소로 구성된 풍부하고 다양한 측면의 개념으로 보고 있다. 겸손의 한 요소는 자신에 대한 정확한 인식이다. 그래서 겸손한 사람

은 자존감이 낮거나 자아를 비하하는 것이 아니라, 자신의 능력과 성취를 정확히 평가하고, 자신의 실수, 불완전성, 지식의 부족, 한계점 등을 정직하게 인정한다. 그러면서 새로운 아이디어, 상충적인 정보 그리고 충고에 개방적이다.

그림 7-9　**겸손**. 겸손은 곧 인간성이다.

　겸손의 또 다른 요소는 거시적 안목이다. 겸손한 사람은 자신의 삶과 사건을 세계와 같은 더 큰 전체 속에서 바라본다([그림 7-9] 참조). 그러면서 모든 존재의 가치를 높게 평가하고, 사람과 사물이 우리의 세계에 기여하는 여러 다른 방식을 인정한다. 이와 함께 겸손은 낮은 자기중심성이라는 요소를 가지고 있다. 겸손한 사람은 자신이 더 큰 우주의 일부라고 인정하면서 거만하거나 우월하다고 보지 않는다. 그들은 다른 사람에게 자신을 낮춰서 말하고, 자신뿐만 아니라 다른 사람의 안녕과 복지를 위해서도 관심을 갖는다.

　겸손과 연관된 개념으로, 겸허 혹은 단정(modesty)은 자신의 장점이나 성취를 중간 정도로 낮춰서 평가하는 것이다. 이 개념은 겸손의 낮은 자기중심성이나 거시적 안목과 같은 특성을 반영하지 못한다. 또한 이 개념은 단정한 옷차림이나 예의에 맞는 행동을 지칭하는데, 겸손에는 이러한 의미가 없다(Nielsen et al., 2014; Tangney, 2009). 오만(arrogance)은 자신이 우월하고 중요하다는 과장된 믿음으로, 과도하고 주제넘은 요구로 나타난다(Johnson et al., 2010). 자기도취는 거대 자아, 과도한 자만심, 능력에 대한 과대평가, 자기중심성 등의 특징이 있다. 오만하거나 자기도취적인 사람은 겸손한 사람은 아니지만, 그렇다고 그 반대적인 사람이 곧 겸손한 사람과 동일한 것은 아니다. 왜냐하면 거기에는 개방성이나 거시적 안목과 같은 겸손의 다른 특성이 없기 때문이다(Nielsen et al., 2014; Tangney, 2009).

　겸손은 상태나 성향에 기초할 수 있다. 어떤 사람이 종교적 예배 때와 같은 특정 상황의 영향으로 겸손할 수도 있고, 안정적인 성격 때문에 그럴 수도 있다. 이때 겸손에는 여러 종류가 있다(Worthington, 2017). 그중 하나인 관계적 겸손은 특정 관계 내에서의 겸손이다. 어떤 학생은 교수와의 대화에서 자신을 겸손하게 드러낼 수 있지만, 다른 동료 앞에서는 거만할 수도 있다. 우리 사회에는 특정 관계에서 겸손함을 어떻게 드러내야 하는지에 대한 규범이 있고, 그런 규범을 어기는 사람에 대해서는 부정적인 평가를 내리기 쉽다. 지적 겸손은 자신의 지적 한계를 정확히 알고 수용하는 것이다. 즉, 자신이 틀릴 수 있다는 것을 진심으로 인정하고, 자신이 다른 사람과 의견을 공유할 때 그 사람의 가치를 인정하고, 그의 생각을 진지하게 여기는 것이다. 동시에 이것은 다른 사람과의 상호작용을 통해 자신의 가치관이나 신념을 기꺼이 수정하는 것도 포함한다.

정치적 겸손은 특정 국가나 조직의 리더, 그러한 리더의 영향을 받는 사람 등에 대해 느끼는 정서와 관련된다. 우리는 보통 이러한 사람들이 자신의 정치적 이념과 비슷하면 그들을 존중하지만, 그렇지 않은 경우 무시하거나 비난한다. 정치적 겸손은 특히 다른 사람의 정치적 생각과 신념을 존중하고 서로 타협하는 것을 의미한다. 문화적 겸손은 자신이 속한 문화의 세계관이 갖는 한계를 깨닫고, 다른 사람의 문화적 배경과 경험을 이해하는 데 한계가 있다는 것을 인정하는 것이다. 또한 다른 사람의 문화적 배경과 세계관을 그 사람의 입장에서 바라보는 것이다. 영적 겸손은 성스러운 존재 앞에서 느끼는 겸손이다. 그러한 존재는 많은 사람에게는 신이고, 어떤 사람에게는 자연이나 환경 혹은 초월적인 것이다. 비슷하게, 종교적 겸손은 사람들이 성스럽게 여기는 것이 다양할 수 있음을 인정하는 것이다.

겸손 관련 변인. 종교적으로나 사회적으로 겸손은 오랫동안 하나의 미덕으로 여겨져 왔다. 그럼에도 불구하고 사람들은 겸손보다는 자기과시나 자기주장을 더 우선시하는 경향이 강하다. 그렇다고 철학적인 측면에서 볼 때 자부심이 다 부정적인 것은 아니고, 거기에는 좋은 형태와 나쁜 형태가 있을 수 있다. 자신감, 리더십에서의 권위, 품위, 자신의 국가나 가족에 대한 자부심, 가치 있는 목표에 대한 열망 등은 좋은 형태의 자부심이다. 반면에 자만, 허영, 오만, 독선, 건방짐, 지배 등은 나쁜 형태의 자부심이다. 이때 나쁜 형태의 자부심이 갖는 공통점은 자기과시와 자만심에 있다 (Roberts & Cleveland, 2017).

사람들은 왜 겸손하기가 어려운가? 한마디로 사람들은 다양한 방식으로 과장된 자기이미지를 유지하거나 자기중심적으로 판단하고, 타인보다 우월하고 자신이 두드러지려는 욕구를 강하게 가지고 있기 때문이다(Van Tongeren & Myers, 2017). 앞의 제2~4장에서 살펴본 것처럼, 사람들은 자신과의 유사성에 근거해서 상대방을 비교하고 평가하는 등 주변 상황이나 사람들을 자기중심적으로 해석하고 판단하는 경향이 강하다. 그들은 자신을 평균적인 사람보다 더 높게 지각하고 자신에 대한 귀인 편향이나 낙관주의 편향을 보인다. 또한 자신의 능력이 다른 사람에 비해 독특하다고 생각하고, 다른 사람보다 우월하려

그림 7-10 겸손한 사람. 어떤 사람은 다른 사람에 비해 좀 더 겸손한 성격을 가지고 있다.

는 욕구가 강하다. 이와 같은 여러 인지적 편향과 동기적 욕구가 사람들로 하여금 자기를 과시하고 우쭐하게 만든다.

　겸손의 정도는 개인마다 다를 수 있는데([그림 7-1] 참조), 이러한 개인차에 영향을 주는 요인을 성격적인 특성에서 찾을 수 있다(Leman et al., 2017). Paulus와 Williams (2002)가 어둠의 3인조(dark triad)라고 부른 정신병, 마키아벨리즘 그리고 자기도취의 성격 특성이 강한 사람은 덜 겸손하고 덜 정직하다. 정신병은 무분별한 충동성과 다른 사람에 대한 냉담함의 특성을 지니고 있다. 마키아벨리즘은 다른 사람과의 관계에서 상대방을 조종해서 자신에게 이득이 되도록 하는 것이다. 자기도취는 제3장에서 살펴본 것처럼 특권 의식, 거대 자아 그리고 강한 인정 욕구의 특징을 가지고 있다. 이러한 성격의 공통점은 자기중심적이라는 점으로, 타인에 대한 배려나 겸손은 떨어지면서 심리적으로는 불안과 좌절 등 부정적 경험에 취약하다(Leary & Terry, 2012).

　겸손의 효과.　　겸손은 우리의 삶에 여러 긍정적인 기능을 한다. 예를 들면, 한쪽의 겸손이 다른 쪽을 덜 이기적이고 더 관계 지향적으로 만든다(Green et al., 2017). Kelley와 Thibaut(1978)의 상호의존 이론(interdependence theory)에 따르면(제8장 참조), 우리는 매우 친밀한 관계가 아닌 경우 최소한의 비용으로 최대한의 보상을 얻고자 한다. 그러면서 상대방보다는 자신의 행복과 선호를 더 중시한다. 그러나 대인관계에서 겸손은 자기중심적인 입장에서 아량, 희생과 용서를 통해 관계 중심적 입장으로 나아가게 한다. 그래서 우리는 관계에 더욱 몰입하게 됨으로써, 상대방에게 정서적으로 유대를 느끼고, 관계에 대해 장기적인 입장을 취하며, 관계를 유지하고자 하는 의도를 가지게 된다. 또한 겸손은 신뢰를 발달시켜, 우리는 일반적으로 자신의 요구나 필요에 대해 상대방이 그것에 부합하는 식으로 반응할 것이라고 믿게 된다. 이러한 두 가지 요소가 순환적 상호 성장을 가능하게 해 준다. 즉, 우리는 겸손을 통해 자신에 대해 좀 더 긍정적으로 느끼고, 상대방을 더 수용하며, 긍정적인 교환의 경험을 더 많이 하게 된다.

　이와 같은 맥락에서 겸손은 사회적으로 여러 순기능을 한다(Leman et al., 2017; Van Tongeren & Myers, 2017). 겸손한 사람은 협동적이고, 사과와 용서를 잘하며, 학교나 직장에서 다른 사람과 조화롭게 지내고, 사회적으로 지배 성향이 낮다. 또한 겸손한 사람은 자기조절을 잘한다. 그래서 다른 사람의 행복을 위해 자신의 이기적 소망을 잘 절제한다. 그들은 다른 사람을 착취하는 대신 그들의 행복을 위해 노력하고, 그들에 대한 편견이 적은 대신 관대함과 아량이 크다. 이러한 특성으로 인해 겸손한 사람은 다른 사람들로부터 우호적인 평가를 받는다. 사람들은 자기의 성취에 대해 겸손한 사람에게서는 덜 위협을 느끼기 때문에 그러한 사람을 좋아한다(Tangney, 2009). 이와 같은 상호적 배려와 호감은 사회적 유대를 촉진하고 강화하는 역할을 한다.

겸손은 개인적 차원에서도 여러 기능을 한다. Toussaint와 Webb(2017)은 수십 편의 연구 결과를 메타분석해서 겸손이 우울과 불안은 낮추는 반면, 자율성, 자기수용, 목적의식, 성장, 긍정적 관계 등의 전반적인 행복과 함께 신체적 건강을 증가시킨다는 것을 입증했다. 이 연구자들은 겸손이 자기조절, 감사와 용서를 장려하고 스트레스는 낮추는 반면 사회적 지지는 높임으로써 건강과 행복을 증진시킨다고 설명한다. 심리치료사들은 지나친 자기중심이 불안, 우울, 사회적 공포와 같은 다양한 심리적 증상과 관련되어 있다는 것을 오랫동안 언급해 왔다(Tangney, 2009). 그뿐만 아니라 겸손은 자신의 경력 개발에 긍정적으로 작용하는 자산일 가능성이 높다(Dik et al., 2017). 겸손한 사람은 자신의 장단점을 정확히 파악하고, 다른 사람의 피드백을 개방적으로 수용하며, 도전을 통해 학습하고 그것을 활용하고자 노력하기 때문이다.

4. 경청

우리가 다른 사람과 소통하며 잘 살기 위해서는 경청(listening), 즉 잘 듣는 것이 중요하다([그림 7-11] 참조). 우리가 사용하는 의사소통 종류 중에서 듣기의 비율이 가장 크다. Wolvin과 Coakley(1996)에 따르면, 평균적으로 우리가 의사소통에 사용하는 시간의 45%는 듣기, 30%는 말하기, 16%는 읽기 그리고 9%는 쓰기에 할애한다.

그림 7-11 **경청의 의미.** 청(聽)이라는 한자어가 갖는 의미는 넓고 깊다.

또한 피고용자들은 55%를 듣는 데 할당하는 반면, 관리자는 63%를 할애한다. 여러 연구를 살펴보면, 잘 듣는 것은 우리가 잘 살아가는 데 필수적이다(Hargie, 2011). 잘 듣는 사람은 대인관계에 유리하다. 우리가 일상생활에서 직면하는 많은 문제가 상대 방의 말을 잘 듣지 못하기 때문이라는 점을 고려해 보라. 잘 듣는 학생은 학업 성적 이 우수하고 리더십도 상대적으로 더 높다. 잘 듣는 직장인들은 지위도 높고 과업을 수행하는 성적도 뛰어나다. 남의 말을 경청하는 사람은 건강과 행복 수준도 더 높다. 이 절에서는 듣기의 유형, 듣기에 영향을 미치는 요인 그리고 잘 듣기 위한 조건을 살 펴본다.

1) 듣기의 유형

듣기는 적극적으로 이루어지는 몇 가지 과정을 수반한다. 그 첫 단계가 물리적인 소리 자극에 대하여 우리의 귀가 생리적으로 반응하는 청각(hearing)이다. 이것은 물 리적 자극이 존재하고 우리의 귀가 정상적으로 작동하면 자동적으로 발생하는 현상 이다. 듣기의 두 번째 단계는 청각을 일으킨 자극을 이해하는 것이다. 메시지 속에 들어 있는 언어적 내용과 비언어적 단서를 정확히 해석함으로써 비로소 듣게 된다. 세 번째 단계에서 사람들은 특정 맥락과 관련된 정보를 기억하고 메시지를 전달한 상대방에게 반응한다. 이러한 과정을 거쳐 이루어지는 듣기에는 여러 유형이 있다 (Hanna, 2000; Hargie, 2011).

듣기의 유형 중에는 식별과 이해를 위한 듣기가 있다. 식별을 위한 듣기는 가장 기 본적인 형태의 듣기로, 청각적인 자극이 무엇인지를 파악하는 것이다. 우리가 서로 다른 단어를 듣고 그 의미를 구분하는 것, 어머니가 자기 아이의 울음소리를 듣고 자 녀의 상태를 아는 것, 내가 한 행동에 대해 상대방이 보이는 다양한 언어적 반응을 구 분하는 것은 모두 여기에 해당한다. 이해를 위한 듣기 혹은 정보적 듣기는 주어진 메 시지의 내용을 이해하기 위해 그 메시지에 들어 있는 주요 사실, 아이디어, 주제를 파 악하기 위해 듣는 것이다. 현재나 미래를 위해 우리의 이해나 경험을 높이고, 자료를 얻기 위해 정보를 담은 메시지를 들을 때 이러한 듣기가 이루어진다. 심리학 과목에 대한 강의를 듣거나 처음 만난 사람과 서로 알아 가는 단계에서 듣는 것, 채용 면접에 서 지원자의 자기소개를 듣는 것 등이 있다. 이러한 듣기를 잘 하기 위해서는 글의 내 용을 체계적으로 이해하는 능력이 필수적이다.

듣기와 말하기의 기술

우리가 상대방과 열띤 토론을 하고 있을 때 차분한 상태를 유지하려면 어떻게 해야 할까? Markman 등(1994)은 다음과 같은 규칙을 제시하고 있다.

★ 화자와 청자 모두를 위한 규칙

• 발언권은 화자에게 있다. 발언권을 가진 사람은 그가 누구든 말할 수 있는 유일한 사람이다.

• 발언권을 공유하라. 여러분이 화자일 때 계속해서 말하지 말라. 대신에 서로 교대로 짤막짤막하게 발언하라.

• 발언은 문제해결을 위한 것이 아니다. 의견이 다른 점을 자세히 기술하라. 문제해결을 위한 방안의 제시는 그다음의 문제이다.

그림 7-12 대화의 기술. 그것은 곧 듣기와 말하기의 기술이다.

★ 화자를 위한 규칙

• 자신에 대한 이야기만 하라. 자신의 생각, 느낌, 우려를 이야기하라. 여러분이 생각하는 상대방의 동기나 견해 등은 언급하지 말라.

• 청자로 하여금 자신이 들은 것을 다른 말로 표현하도록 하라. 자신이 말한 것을 청자가 정확히 이해하고 있는지 말하는 중간중간에 확인하라.

★ 청자를 위한 규칙

• 여러분이 들은 것을 다른 말로 표현해 보라. 이를 통해 화자가 말한 것을 자신이 잘 이해하고 있음을 알려 줄 수 있다.

• 화자의 메시지에 집중하라. 반박은 하지 말라. 자신의 생각이나 의견은 화자가 되었을 때 피력하라. 청자로서의 역할은 화자의 말을 잘 들어서 이해하는 것이다.

또 다른 형태의 듣기가 평가적 듣기와 지시적 듣기이다. 평가적 듣기는 주로 설득을 위한 메시지의 장점과 단점을 파악하기 위한 것이다. 정치인들이 자신의 정책이 상대방의 정책보다 더 낫다는 것을 설득하기 위해서는, 상대방의 주장이 가지고 있는 취약점이나 편향된 점들을 반박할 필요가 있다. 상대방과 협상할 때나 판매원이 물건을 팔고자 할 때 하는 주장의 편향이나 장단점을 파악하는 것도 평가적 듣기에 해당한다. 지시적 듣기는 좀 더 통제적인 듣기로, 주어진 문제를 효율적으로 해결하기

위해 관련된 질문을 하고, 지시하고, 신속히 결정하는 방식을 사용한다. 특정 문제에 대한 실질적 지식이나 해결에 필요한 문제 중심적 사고가 지시적 듣기의 효율성을 높일 수 있다.

평가적 듣기 및 지시적 듣기와 대조적인 형태로 공감적 듣기와 수용적 듣기가 있다. 공감적 듣기는 상대방이 소통하려는 것을 그의 입장에서 이해하려는 것이다. 이러한 듣기는 말하는 사람의 생각과 느낌, 신념을 그와 비슷하게 이해하고 느끼고자 노력하는 것이다. 공감적 듣기의 단계에는 상대방의 입장에 자신을 놓아두는 단계, 기존의 자기 생각을 확증하는 것이 아니라 새롭게 생각할 수 있음을 깨닫는 단계 그리고 상대방에 대해 기존의 기준으로 평가하는 것이 아니라 그에 대한 걱정과 사랑을 느끼는 단계가 있다(Cocola & Matthews, 1992).

수용적 듣기는 자신의 반응을 억제하면서 상대방의 말에 대한 끼어들기, 판단, 깎아내리기 없이 듣는 것이다(Hanna, 2000). 한쪽이 상대방을 비난하면 상대방도 그렇게 반응하는데, 수용적 듣기는 이러한 파괴적인 대화의 고리를 끊어 준다. 그렇다고 해서 수용적 듣기가 상대방의 문제를 해결해 주기 위해 듣는 것도 아니다. 우리는 상대방의 말을 들으면서 바로 조언과 도움을 주고자 할 수 있다. 이것은 대화가 너무 일찍 끝나게 함으로써 상대방의 말을 다 듣지 못하게 할 수 있다. 또한 우리는 상대방의 이야기를 한술 더 떠서 자신의 이야기로 대체하기 쉽다. 하룻밤을 새웠더니 힘들다고 얘기하는 친구에게, 자기는 3일 밤을 샌 적도 있다면서 하룻밤 샌 것은 아무것도 아니라고 자기 얘기를 할 수 있다. 이처럼 우리가 상대방의 말을 개방적이고 있는 그대로 듣는 것은 쉽지 않기 때문에 많은 인내심과 노력이 필요하다.

이 외에도 감상적 듣기나 대화적 듣기가 있다. 감상적 듣기는 음악 감상, 시낭송 감상 등 즐거움을 위해서 듣는 것이다. 대화적 듣기는 서로 말을 주고받는 일련의 과정 속에서 상대방의 말을 듣는 것이다. 이처럼 듣기 유형에는 여럿이 있고 모두 그 나름의 의미와 중요성을 가지고 있다. 그럼에도 대인관계 맥락에서는 공감적 듣기와 수용적 듣기가 가장 중요하다고 할 수 있다. 이 절에서는 이러한 점을 염두에 두고 이후의 주제들을 다루겠다.

2) 듣기의 영향 요인

우리가 상대방의 말을 있는 그대로 받아들이면서 그의 입장을 이해하는 방식으로 듣는 데에는 많은 요인이 영향을 준다([그림 7-13] 참조). 그러한 요인을 청자 요인, 화자 요인, 메시지와 환경 요인으로 구분해 볼 수 있다.

그림 7-13 **듣기의 방해 요인.** 듣기는 잘못하면 많은 오해가 생긴다.

청자 요인.   우리가 상대방의 말을 있는 그대로 들으려면 말하기보다는 들으려는 준비가 되어 있어야 한다. 또한 상대방의 말을 들을 때 자기와 상대방 사이에 어떠한 심리적 거름망이나 방어막을 설치하지 말아야 한다. 그래야 화자의 말이 어떤 왜곡이나 변형 없이 그대로 우리의 귀에 들어온다. 많은 경우 사람들은 상대방의 말을 들을 때 이와 같은 심리적 도구를 사용함으로써 있는 그대로 듣지 못하게 된다(Hanna, 2000; Hargie, 2011; Hayes, 2002).

우리가 상대방의 말을 공감적이고 수용적으로 듣지 못하게 하는 하나의 요인은 자기과시의 욕구와 관련이 있다. 우리는 자기라는 개념을 형성하고 나면 이 세상을 자기를 중심으로 이해하고 판단하며 행동한다(Boven & Lowenstein, 2005). 그러면서 자기를 표현하고 싶은 욕구 그리고 제3장에서 살펴본 것처럼 자신을 높이려는 욕구가 강하게 드러난다. 이러한 욕구의 충족은 상당 부분 타인의 인정을 통해 이루어지는데, 이를 위해서는 내가 누구이고 얼마나 뛰어난 사람인지를 보일 필요가 있다. 그렇지 않으면 상대방이 나의 특성이나 자랑거리를 알지 못하기 때문이다. 그래서 이런 욕구가 강한 사람은 상대방의 말을 듣기보다는 자주 끼어들거나 발언을 독차지해서 자기 이야기를 하는 데 몰두하게 된다.

수용적 듣기를 방해하는 또 다른 심리적 요인이 자기방어이다. 사람들은 자기의 가치를 위협하는 외부 자극으로부터 자기를 보호하려는 강한 경향성을 보인다. 왜냐하면 그러한 자극은 자신이 가치 있고 남들보다 뛰어나다는 자아존중감을 훼손하기 때문이다. 상대방이 여러분의 단점이나 실수, 좋지 않은 습관을 솔직하게 얘기할 때 여러분은 어떻게 반응하는가? 이럴 때 대부분의 사람은 상대방의 말을 100% 다 받아들이지는 않는다. 그 원인이나 책임을 다른 곳으로 돌리거나 상대방의 말이 사실이 아니라고 부정한다. 상대방도 별반 다르지 않다고 반격하기도 한다. 심지어 상대방이 나의 자존심을 건드리고 무시한다고 판단해서 공격적으로 대응하기도 한다(Hoorens, 2011). 이와 같은 듣기는 모두 자기의 자아존중감을 방어하기 위해 왜곡된 것이다.

상대방의 말을 있는 그대로 듣기가 어려운 또 다른 이유를 화자에 대한 청자의 고정관념이나 편견, 가정, 낙인 등에서 찾을 수 있다(Hanna, 2000). 우리는 다른 사람의 외모나 말투, 출신 지역, 성별 등에 대한 정보를 통해 그에 대한 인상을 빠르게 형성한다. 그러면서 이후에 상대방이 하는 말을 이러한 인상에 기초해서 해석하고 평가

한다. 상대방의 옷차림이 허름할 때와 그렇지 않을 때, 상대방의 인종이 백인일 때와 흑인일 때, 상대방의 외모가 출중할 때와 그렇지 않을 때 등, 우리는 이와 같은 요인에 의해 그가 한 말을 다르게 해석하고 평가한다. 그러면서 자신의 생각과 일치하는 방식으로 선택적으로 듣는다. 이처럼 말한 내용이 아니라 말한 사람을 중요하게 여기면, 정작 주의를 기울여서 들어야 할 중요한 내용을 놓칠 수 있다(Buscaglia, 1992).

　　청자와 관련해서 이러한 요인 이외에도 충실한 듣기를 방해하는 요인이 있다(Hayes, 2002). 그중 하나가 성급하게 판단해서 다 듣기 전에 어떻게 반응할지를 미리 결정해 놓는 경우이다. 이렇게 하는 사람은 상대방의 말에서 핵심적인 단어나 표현을 몇 개 듣고는 판단한다. 그러면서 상대방이 하는 이후의 말은 더 이상 듣지 않고 끼어들면서 자기의 생각이나 충고 혹은 대안을 제시한다. 이러한 사람들은 주로 평가적으로 듣거나 지시적으로 듣는다. 또 다른 요인은 상대방의 말에 대한 관심의 부족과 개인적인 일에 대한 몰두이다. 이러한 사람은 화자의 말을 듣는 척하거나 건성으로 듣는다. 우리가 신체적으로 피곤할 때나 상대방의 말을 잘 이해할 수 없을 정도로 문장 이해력이 낮을 때에도 잘 듣기가 어렵다.

　　화자 요인.　　우리가 효과적으로 듣는 데에는 말하는 사람의 특성도 중요하다. 그중 하나가 말의 속도이다. 화자가 아무리 유창하고 발음이 분명해도 말을 지나치게 빠르거나 느리게 하면, 청자는 그의 말을 잘 이해하기 어렵다. 보통 우리가 말하는 속도는 분당 125~175개 단어이고, 정보처리 속도는 분당 400~800개 단어이다(Hargie, 2011). 사람들은 이러한 차이를 이용해서 자신이 들은 내용을 비슷한 것끼리 묶고 조직화해서 기억할 수 있다. 또한 이 시간을 이용해서 발언의 핵심과 이유, 비교나 기준으로 삼은 참조의 틀, 청자에게 더 필요한 정보 등에 대한 질문을 할 수 있다. 또 다른 연구(Wolff et al., 1983)에서 사람들은 보통 분당 190개 단어 혹은 그 이상 속도의 말을 듣기 좋아하고, 280개 단어일 때 이해력이 최고점에 도달한다. 그러나 그 이상의 속도에서는 이해력이 떨어지고, 125개의 단어보다 속도가 느리면 주의의 분산이나 다른 생각 등으로 이해력이 감소한다.

　　화자의 정서적 상태는 효과적인 듣기에 영향을 미친다. 이것은 청자의 경우도 마찬가지이다. 화자가 정서적으로 각성되어 있으면, 청자는 그것 때문에 주의가 흐트러져서 말하는 내용을 정확하게 듣지 못한다. 정서적인 메시지에 주목하다 보면, 정작 중요한 메시지를 놓칠 수도 있다. 이러한 상황에서 상대방의 감정을 다루는 방법에는 몇 가지가 있다(Ostell et al., 1999). 그중 하나는 화자가 정서적 흥분을 분출하면서 자신의 감정을 이야기하고 이해할 수 있도록 하는 것이다. 이때 그러한 행동을 긍정적으로 강화하거나 그 사람을 질책하는 것은 바람직하지 않다. 왜냐하면 이와 같은 반응은 화자의 행동을 더욱 촉진하기 때문이다. 또 다른 방법으로 잠시 대화를 중단하고 화자가 자신의 감정을 누그러뜨린 다음에 대화를 재개할 수 있다. 혹은 청자가 잘못한 점이 있으면 사과하는 것도 한 방법이다.

화자의 사회적 지위가 청자의 듣기에 영향을 미친다(Hargie, 2011). 사람들은 중요한 사람이나 전문가의 말에 더 주의를 기울임으로써 그 내용을 더 잘 이해한다. 말하는 사람이 자신보다 지위가 높은 상사일 때, 사람들은 그의 말에 더 많은 주의를 기울인다. 시선 행동에서 지위의 차이를 다룬 한 연구(Richmond et al., 2012)에 따르면, 지위가 다른 두 사람이 대화하는 장면에서 지위가 낮은 사람은 높은 사람을 더 많이 쳐다본다. 지위가 낮은 사람은 이러한 행동을 통해 존경을 표시하고, 지위가 높은 사람이 하는 말을 정확하게 이해하는 것이 중요하기 때문이다. 끼어들기에 대한 연구에서도 이와 비슷한 지위에 따른 차이가 있다. Bargiela-Chiappini와 Harris(1996)는 지위가 높은 사람에 비해 낮은 사람들이 다른 사람의 말을 좀처럼 끼어들어 중단시키지 않는다는 것을 발견했다.

메시지와 환경 요인.　　화자가 전달하는 메시지의 특성도 청자의 듣기에 영향을 미친다(Hargie, 2011; Hayes, 2002). 그 하나가 메시지의 구조이다. 체계적이고 논리적으로 잘 구성되어 있지 않은 메시지는 들어서 이해하기가 어렵다. 메시지를 장황하고 지루하게 나열식으로 제시함으로써 중요한 점을 일목요연하게 강조하고 요약하지 않는 것도 듣기의 어려움을 야기한다. 메시지의 중요성도 듣기에 영향을 주는데, 일반적으로 사람들은 중요하고 흥미로운 메시지에 더 많은 관심과 주의를 쏟아 잘 듣는다. 이 외에도 전달하고자 하는 메시지의 내용이 지나치게 어렵고 복잡하거나 제시한 항목이 지나치게 많으면, 청자는 그 메시지를 듣고 이해하기가 쉽지 않다.

듣기는 대화가 어떤 환경에서 이루어지느냐에 따라서도 달라진다. 일반적으로 소음은 상대방의 말을 듣는 데 방해하는 작용을 한다. 주변의 시끄러운 차 소리나 음악 소리는 화자가 전달하고자 하는 메시지의 내용을 정확하게 파악하지 못하게 한다. 그렇다고 모든 음악이 그런 것은 아니다. Bowman 등(2007)의 연구에서 록음악에 비해 모차르트의 느린 음악을 듣는 것이 동영상 강의를 듣는 학생들의 이해력을 증진시켰다. 그러나 외부에서 주어진 것이 아니라 스스로 선택한 배경 록음악이 듣기에 부정적인 영향을 미치는지는 확실하지 않다. 또 다른 환경적 요인으로 의자가 있다. 강의실에서처럼 오랫동안 들어야 하는 상황에서는 안락한 의자가 듣기의 효율성에 중요한 요인으로 작용한다. 집단 맥락에서는 사람들을 여기저기 흩어져서 앉히는 것보다는 조밀하게 모여서 앉히는 것이 더 효과적이다(Hargie, 2011).

3) 적극적 듣기

상대방의 말을 수용하고 공감하면서 듣기 위해서는 갖추어야 할 여러 조건이 있다. 그중 하나가 듣기 위한 마음의 준비를 하는 것이다. 자신을 과시하고 돋보이게 함으로써 남들로부터 인정받고자 하는 욕구가 지나치지 않아야 한다. 제3장에서 살펴본 것처럼 자기과시적인 사람은 다양한 방식으로 다른 사람의 주목과 인정을 받고자 노력한다(Campbell et al., 2006; Rhodewalt, 2012). 이러한 사람은 모든 대인관계에서 자신이 그 중심에 있어야 한다고 생각하고 그러기 위해 노력한다. 그러면서 그들은 내적으로 취약한 자기상을 보호하기 위해 다른 사람의 비판에 방어적으로 대응한다.

이러한 점을 극복하는 방법은 자신의 부족한 점을 있는 그대로 수용하는 것이다(제3장 참조). 우리는 보통 자신이 완벽해야 하고 남들보다 뛰어나야 한다고 생각한다. 자신이 이러한 기준에 미치지 못하면 심리적으로 위협을 느끼거나 상처를 받는다. 그러나 우리 모두는 결점이 있고 남들보다 항상 뛰어날 수는 없다. 그렇기 때문에 자신에 대한 이러한 기준은 달성할 수 없는 비현실적인 것이다. 우리는 자신의 부정적이거나 취약한 부분도 자신의 일부로 인정할 수 있다. 그렇게 하면 자신의 약점을 방어하기 위해 정보를 왜곡하거나 부정할 필요가 없다. 왜냐하면 그러한 점을 모두 있는 그대로 수용하기 때문이다. 이러한 상태에 도달할 때, 우리는 자신에 대한 상대방의 부정적인 의견이나 평가에 개방적일 수 있고, 자신의 부정적인 특성도 상대방에게 개방할 수 있다. 자신이 부족하다는 것을 인정함으로써 자신을 과시하거나 자랑할 필요성도 느끼지 않는다.

자신에 대한 우리의 인식이 이러한 수준에 가까워질수록, 우리는 상대방의 말을 잘 들을 수 있게 된다. 관계의 중심에 자신을 두고자 하는 욕구가 약해지기 때문이다. Egan(1998)은 주의, 경청, 공감, 탐구라는 네 가지 듣기 기술을 제시했다([그림 7-14] 참조). 여기서 주의는 상대방에 대하여 진정한 관심을 갖고 그가 하는 말과 비언어적 행동을 관찰하는 것이다. 이것은

그림 7-14 **적극적 듣기.** 이를 위해서는 공감과 경청이 필수적이다.

관심의 중심을 내가 아닌 상대방에게 둘 때 가능한 일이다. 경청은 무엇보다도 자신의 마음이 비어 있을 때 가능하다. 그릇이 비워져 있어야 물을 담을 수 있듯이, 내 마음이 비워져 있어야 상대방의 말을 받아들일 수 있는 공간이 생긴다. 상대방에 대한 여러 고정관념이나 선입견을 가지고 있을 때, 혹은 자신이 주장하고 과시하고 싶은 생각으로 가득 차 있을 때, 우리가 상대방의 말을 끼어들거나 평가하지 않으면서 듣는 것은 어렵다.

공감은 상대방을 그의 입장에서 이해하는 것이다. 거의 모든 관계의 산물은 어느 한쪽이 아니라 두 사람이 만들어 낸 공동의 작품이다. 그래서 좋은 결과물을 얻기 위해서는 어느 한쪽의 주장, 결정, 노력만으로는 불가능하다. 내가 아무리 훌륭한 아이디어를 가지고 있더라도 상대방이 수긍하지 않으면 그것을 잘 수행하기 어렵다. 그뿐만 아니라 대부분 관계의 목적은 서로 만족하면서 행복하게 지내는 것이다. 이때 나를 통해 상대방이 만족하고 행복할 때, 나도 그 상대방을 통해 그럴 수 있다. 이런 점에서 공감은 건강한 관계의 필수적인 요소이다. 탐구는 상대방이 자신의 관심사를 더 구체적으로 얘기하도록 격려하는 것이다. 화자가 표현한 내용이나 감정을 이해하고 수용한다는 점을 표현하면서, 상대방이 자신을 더 자세히 드러낼 수 있도록 해 주는 것이다.

이와 같은 여러 심리적 특성과 함께 다양한 비언어적 행동도 적극적 듣기에 중요한 요인이다(Hanna, 2000). 왜냐하면 화자는 청자의 듣는 태도를 이러한 행동이 제공하는 단서를 이용해서 이해하고 판단하기 때문이다. 제5장에서 살펴보았듯이 자신이 상대방의 말에 개방적이고 주의를 기울이고 있음을 보여 주는 몸의 자세가 바람직하다. 상대방과 불편함을 느끼지 않는 거리와 공간을 유지하고 팔짱을 끼지 않는 등 열린 자세가 그것이다. 긍정적으로 눈을 맞추고 얼굴을 쳐다보는 것도 중요하다. 보통 듣는 사람은 말하는 사람의 얼굴을 대화하는 시간의 3/4 동안 쳐다보고 한 번에 1~7초 정도 쳐다본다. 반면에 말하는 사람은 그 시간의 1/2 이하로 듣는 사람을 바라본다. 게다가 상대방의 말을 들으면서 그에 따른 다양한 반응을 보여 주는 것이 필요하다. 가령, 웃음, 찡그림, 놀람 등의 얼굴 표정이나 머리의 끄덕거림, 몸의 동작 그리고 적절한 수준의 접촉도 중요하다. 이처럼 잘 듣기 위해서는 자신에 대한 수용적 마음과 상대방에 대한 공감적 태도, 적절한 비언어적 행동 등 청자가 갖추어야 할 역량이 많이 있다.

우리는 다양한 상황과 맥락에서 여러 사람과 만
나고 헤어지면서 살아간다. 그중 어떤 사람과
는 첫 만남이 곧 마지막 만남이지만, 또 다른 사람과는 첫 만남이 계속 이어져 좀 더
가까운 관계로 발전한다. 이처럼 관계의 지속을 결정하는 요인을 상대방의 매력에서
찾을 수 있다. 우리는 보통 매력적인 사람에게 호감을 느끼고 그런 사람과 좀 더 가까
이 지내고 싶어 한다. 또한 관계가 발전하면서 우리는 서로에 대해 새롭고 비밀스러
운 점까지 알게 된다. 이러한 점이 우리가 다른 사람과 친밀해지는 과정에 관여하는
요인이다. 이에 이 장에서는 매력의 요인, 관계의 발전과 변화, 자기노출 그리고 상호
의존을 알아본다.

1. 매력의 요인

매력이라는 말은 끌어들이는 힘이라는 의미로, 한 사람에 대한 혹은 서로에 대한
관심과 호감을 의미한다. 사람들 사이의 매력을 결정하는 요인에는 신체적 매력, 근
접성, 유사성, 상호성, 보상성 등이 있다.

1) 신체적 매력

신체적 매력은 다른 사람과의 상호작용을 유발하는 첫 번째 요인이다([그림 8-1] 참
조). 그것은 우리가 상대방의 매력을 평가할 때 가장 먼저 이용하는 정보이기 때문이
다. 신체가 상대방을 끌어들이는 힘이 없다면 많은 관계는 그냥 스쳐 지나갈 뿐이다.
남녀가 정서적으로 강한 낭만적 유대를 형성하고 자손을 재생산하는 것은 서로 상대
방의 신체에 끌리는 것으로부터 시작한다. 이성애자에 대한 Eakins와 Eakins(1978)의
연구에서 여성은 남성을 볼 때 전체적인 몸, 차림새, 단정한 모습, 눈의 순으로 본 반
면, 남성은 여성의 가슴, 전반적인 몸매, 눈의 순으로 봤다. 그러면서 신체적 매력에
대한 평가는 아주 빨리 이루어진다. 얼굴을 110ms보다 더 짧은 시간에 제시해도 참
가자들은 그 사람의 매력을 평가할 수 있었다(Olson & Marshuetz, 2005).

신체적 매력의 결정 요인.   신체적 매력을 결정하는 요인 중 하나가 평균적인 얼굴

이다. 보통 우리는 잘생긴 사람은 특출한 특징을 가지고 있
을 것이라고 생각하기 때문에, 여러 사람의 특징을 평균적으
로 가진 얼굴이 매력적이라는 생각은 좀 이상해 보일 수 있다.
그러나 매력이 없는 얼굴은 보통 특정 부위가 지나치게 크거
나 작고, 심하게 오밀조밀하거나 너무 떨어져 있는 경향이 있

그림 8-1 **신체적 매력**. 우리는 신체
적으로 매력적인 사람에게 끌리기 쉽다.

다. Langlois와 Roggman(1990)은 남녀 대학생 96명의 얼굴 사
진을 찍은 다음, 각각 4, 6, 8, 16, 32개의 얼굴을 조합해서 눈,
코, 입, 이마, 광대뼈 등에서 평균이 되는 얼굴을 컴퓨터 프로그램을 이용해서 만들었
다. 그 결과, 16개나 32개를 평균해서 만든 얼굴이 전체적으로 가장 매력적인 것으로
평가받았다. Rhodes(2006)는 다수의 연구를 메타분석해서 평균적인 얼굴은 성별이
나 인종에 상관없이 매력적이라는 것을 입증했다.

　　그러나 평균적인 얼굴이 항상 매력적인 것은 아니다. 예를 들면, 매력적이지 않은
여러 얼굴을 평균했을 때 그 얼굴은 여전히 매력적이지 않다. 평균적인 얼굴이 매력
적이기 위해서는 개별 얼굴이 어느 정도는 매력적일 필요가 있다. 또한 어떤 경우에
는 평균이 아니라 평균에서 벗어난 얼굴이 더 매력적이다. 매력적인 여성의 얼굴은
평균보다 좀 더 높은 이마, 평균보다 더 도톰한 입술, 평균보다 짧은 턱 그리고 평균
보다 작은 턱과 코를 가지고 있다(Knapp, Hall, et al., 2014). 게다가 매력적인 여성은
깨끗한 피부, 높은 광대뼈, 윤기가 흐르는 머릿결, 큰 눈과 같은 특징도 가지고 있다.

　　대칭성은 얼굴의 매력을 결정하는 또 다른 요인이다. 우리의 몸은 다른 동물과 마
찬가지로 대칭적인데, 이것은 보행, 시각, 청각과 같은 기능에 중요한 역할을 한다.
그러나 우리의 몸이 완벽하게 대칭적이지는 않다. Rhodes(2006)는 메타분석을 통해
대칭성이 매력의 지각과 정적 상관이 있다는 것을 발견했다. 그러나 완벽하게 대칭
적인 얼굴은 덜 매력적일 수 있다. Zaidel과 Choi(2007)는 컴퓨터 프로그램을 이용하
여 거울에 비친 얼굴 왼쪽의 모습을 그대로 복사해서 오른쪽에 넣거나, 오른쪽의 얼
굴을 복사해서 왼쪽에 넣음으로써 완벽한 대칭 얼굴을 만들었다. 그 결과, 사람들은
약간 비대칭적인 자연스러운 얼굴을 더 선호했다.

　　동안(童顔), 성별에 맞는 체형, 피부색과 같은 요인도 얼굴의 매력에 영향을 미친
다. Johnston과 Franklin(1993)은 참가자들이 가장 좋아하는 여성의 얼굴을 선별한 다
음 그 특징을 조합해서 이상적인 얼굴을 만들었다. 그 결과, 이 얼굴은 도톰한 입술,
넓은 눈, 작은 턱, 눈과 코와의 짧은 거리, 넓은 이마와 같은 동안의 특징을 가지고 있
었다. 동안인 사람은 따뜻하고 정직하며 진실하다는 평가를 받는다(Berry, 1991). 그

러나 지나친 동안은 종종 미성숙하게 보이기에, 가장 매력적인 얼굴은 아이 같은 얼굴과 성숙한 얼굴이 합쳐진 얼굴이다. 성숙한 여성의 얼굴은 작은 하반부, 도톰한 입술, 작은 턱 그리고 높은 광대뼈를 가지고 있다. 성숙한 남성은 솟아 오른 두꺼운 이마, 얇은 입술, 큰 사각 턱과 작은 눈의 특성을 보인다(Rhodes, 2006). 마지막으로, 피부 관련 백인 여성에 대한 평가에서는 피부가 하나의 색깔로 일정하면서 약간 붉은 기운을 띠고 있을 때 가장 매력적이라는 평가를 받았다(Fink et al., 2001).

몸매의 매력을 결정하는 하나의 기준이 허리 대 엉덩이 너비의 비율(waist-to-hip ratio: WHR)이다. 진화론적인 입장에 따르면 여러 문화에 걸쳐 가장 매력적인 여성의 WHR은 약 .70인데, 이 비율의 여성이 성공적인 임신과 재생산의 가능성이 가장 높다. Singh(1993)의 연구에서 1923년부터 1987년까지 미스아메리카의 WHR은 .69에서 .72까지였다. 선천적으로 시각장애를 가진 사람들도 여성들의 몸매를 만져서 평가했을 때 WHR이 낮은 몸매를 더 선호했다(Karremans et al., 2010). 반면에 가장 매력적인 남성의 WHR은 .9 정도이며, 어깨가 엉덩이보다 넓고 근육이 있을 때 매력적이다(Hughes & Gallup, 2003). 또한 남성들은 가슴이 큰 여성을 선호한다. Voracek과 Fisher(2006)는 한 회사의 데이터베이스에서 125명의 여배우가 영화와 잡지에서 주연으로 출연한 횟수를 검색한 다음, 이것을 그들의 신체적 매력을 보여 주는 측정치로 사용했다. 분석 결과, 잡지의 경우 여성의 신체적 매력은 가슴이 클수록 그리고 허리의 길이 대 곡선의 가슴 길이의 비율(waist-to-bust ratio: WBR)이 낮을수록 더 컸다. 영화의 경우는 이 두 측정치와 여성의 신체적 매력과는 상관이 없었다.

신체적 매력의 효과. 신체적 매력의 효과를 종합적으로 고찰한 문헌을 보면(예: Burgoon et al., 2010; Moore et al., 2014; Richmond et al., 2012), 그 긍정적인 효과는 광범위하고 강력하다. 사람들은 신체적으로 매력적인 사람은 친절하고, 야망이 있으며, 호감이 가고, 지적이며, 사교적인 것과 같은 내적 특성이 있다고 생각한다. 또한 그들은 사회경제적 수준도 높고, 학습 역량도 뛰어나며, 덜 공격적이고, 규범도 덜 위반한다고 생각한다. 미에 대한 이런 편향을 후광 효과(halo effect) 혹은 '아름다움은 좋은 것이라는 가설(what is beautiful is good hypothesis)'이라고 한다([그림 8-2] 참조). 이러한 편향은 아동기부터 노년기까지 광범위하게 존재한다(Larose & Standing, 1998). 또한 신체적으로 매력적인 사람은 법정에서 동

그림 8-2 **후광 효과.** 신체적 매력은 강력한 후광 효과를 발휘한다.

일한 범법 행위에 대해서도 상대적으로 더 적은 형량을 선고받고, 고용과 승진 및 연봉에서도 유리하다. 심지어 정신병원 입원환자 중에서도 신체적으로 매력적인 사람이 회복 속도가 더 빠르다.

이처럼 신체적 매력이 갖는 효과가 강력하기 때문에, 우리는 자신의 외모에 많은 신경을 쓴다. 한 개인이 자신의 몸이나 이미지에 대해 가지고 있는 장기적인 견해를 이미지 고착(image fixation)이라고 한다. 이것은 외모 강박(appearance obsession)과 유사한 것으로, 몸매, 크기, 키, 몸무게 등 자신의 외모나 신체적 특징에 극도로 집착하는 것이다. 이러한 사람 중에는 여성이 많은데, 그들은 자신의 삶에서 다른 것보다 외모를 더 중시하고, 보통은 지금의 자신의 외모에 만족하지 못한다. 그들은 다른 사람이 만든 비현실적이고 비합리적인 기준에 자신을 맞추기 위해 노력하면서, 우울, 불안, 자의식, 무기력, 건강상의 문제를 겪는다(Johnston, 1994). 이러한 사람은 다른 사람들의 말에 쉽게 상처를 받고, 다른 사람들이 매력적이라고 생각해도 스스로를 매력이 없다고 지각하기도 한다.

그럼에도 신체적 매력의 효과에는 한계가 있다. 매력적인 사람은 허영, 이기주의, 물질주의, 속물, 냉정과 같은 특성을 가지고 있다고 여겨진다(Dermer & Thiel, 1975). 이것을 '아름다움은 자기중심적이라는 가설(what is beautiful is self-centered hypothesis)'이라고 한다(Cash & Janda, 1984). 여직원의 업무 평가에서도 그들의 신체적 매력이 사무직 여성에게는 유리했지만 관리직 여성에게는 불리했다(Heilman & Stopeck, 1985). Tsai 등(2012)의 연구에서도 매력은 고객을 대하는 일을 하는 직원에게는 중요한 요인이었지만, 나머지 일을 하는 직원에게는 중요하지 않았다. 또 다른 연구(Solnick & Schweitzer, 1999)를 보면 사람들은 잘생긴 사람들한테 더 많은 것을 기대하지만, 곧 그들이 일반인과 크게 다르지 않다는 것을 깨닫게 된다. 이런 일이 일어나면 매력적인 사람은 자신의 받침대 아래로 추락해서 갑자기 덜 매력적으로 보이는데, 이것을 받침대 효과(pedestal effect)라고 한다.

일반적으로 신체적 매력은 애인이나 배우자의 선택을 결정하는 강력한 요인이다. 그러나 때로 사람들은 지나치게 매력적인 사람을 접근하기 어렵다고 생각하고, 접근하더라도 거부당할 가능성이 크다고 생각해서 피하는 경향이 있다. 대응 가설(matching hypothesis) 혹은 유사성 가설(similarity hypothesis)에 따르면, 사람들은 자신의 신체적 매력 범위 내에 있는 파트너를 찾는 경향성이 강해서 자신과 비슷하거나 약간 더 매력적인 사람을 선택한다(Hinsz, 1989). Berscheid와 Walster(1974)는 대학생들을 무도회 파트너로 짝을 지은 다음, 그들이 춤을 춘 후에 데이트에 대한 설문을 실시했다. 그 결과, 특히 잘생긴 사람들은 신체적으로 매우 매력적인 사람과 데이트를 하면서 더 좋은 시간을 가졌고, 보통 정도로 매력적인 사람은 그와 비슷한 수준의 사람과 데이트를 하면서 더 좋아했다.

한 개인의 매력에는 신체적 매력만 있는 것은 아니다. McCroskey와 McCain(1974)에 따르면, 신체적 매력은 상대방의 신체적 특징 때문에 매력을 느끼는 정도이다. 사회적 매력은 그 사람과 같이 놀고 활동하며 사귀고 싶은 정도이다. 과업적 매력은 그 사람과 함께 일하고 같은 직장 동료이거나 팀원이고 싶은 정도이다. 이때 뒤의 두 매력이 높은 사람은 신체적 매력도 높게 보일 수 있다. 이에 Albana 등(2002)은 상호작용 외모 이론(interaction appearance theory)을 제시했다. 이것은 긍정적 혹은 부정적 상호작용이 파트너의 신체적 매력을 각각 높게 혹은 낮게 지각하게 만드는 현상이다. 그들은 이러한 현상을 경험적으로 입증했는데, 특히 부정적인 상호작용이 외모 평가에 더 강한 부정적 영향을 미쳤다. 우리가 사랑하는 사람을 제3자가 보는 것보다 더 매력적으로 보는 이유가 여기에 있다.

짧은 상호작용조차도 신체적 매력의 지각에 영향을 미칠 수 있다. Berge(2004)의 연구에서 참가자들은 중간 정도의 매력적인 대학생들을 처음 만나 6분 동안 대화를 했다. 그 결과, 그들의 신체적 매력에 대한 평가의 75%가 긍정적으로 바뀌었는데, 동의와 지지, 관심, 정보의 공유 그리고 유머가 이러한 변화를 이끌었다. 상호작용 동안 이루어지는 행동에 대한 모방도 우리의 판단에 영향을 미친다. 남성은 스피드 데이트에서 여성이 자신의 언어적 · 비언어적 행동을 따라 하면 그녀를 성적으로 더 매력적이라고 판단했다(Guéguen, 2009). 마지막으로, 상호작용은 종종 그 사람의 성격에 대한 정보를 드러내 준다. 이러한 정보가 상대방의 신체적 매력 수준에 상관없이 그의 매력에 대한 지각에 변화를 가져온다(Lewandowski et al., 2007).

2) 근접성

우리와 친밀한 사람은 보통 시공간적으로 제약을 받지 않는 사람이다. 아무리 매력적이고 호감이 가는 사람이더라도 물리적으로 멀리 떨어져 있어 자주 만날 수 없다면 마음도 멀어지기 쉽다. 그래서 종종 우리의 애인이나 친구는 근처의 사람들과 만나면서 만들어진다. 근접성은 지리적으로 동일한 영역을 물리적으로 함께 점유하는 현상을 일컫는다. 말하자면 서로가 물리적으로 얼마나 가까이 있는가의 문제이다.

많은 연구가 매력에 미치는 근접성의 긍정적 효과를 보여 주고 있다. Kossinets와

Watts(2006)는 한 대학교에서 한 해 동안 수천 명의 학생이 주고받은 수백만 건의 전자메일을 분석했다. 그 결과, 처음에 서로 모르면서 수업을 함께 들은 학생이 서로 전자메일을 교환할 확률이 수업을 따로 들은 학생에 비해 140배 높았다. 한 강좌에서 교수가 수강생들의 자리를 임의적으로 배정한 지 일 년 후, 그들이 옆자리, 같은 열, 혹은 먼 거리에 앉은 학생들에게 느끼는 친밀감을 측정했다. 그 결과, 대학생들은 멀리 앉은 학생보다 옆이나 같은 열에 앉은 학생에게 더 큰 친밀감을 느꼈고, 교실이 매우 작은 경우에도 그랬다(Back et al., 2008).

근접성이 매력을 증가시키는 요인 중 하나가 빈번한 접촉을 통한 친숙성의 증가이다. 우리는 어떤 대상을 자꾸 보기만 해도 그에 대한 호감도가 증가하는데, 이러한 현상을 단순 노출 효과(mere exposure effect)라고 한다(Zajonc, 1968). Moreland와 Beach(1992)는 나이와 생김새가 비슷한 4명의 여성이 사회심리학 수업에 임의로 참석하도록 했다. 이때 3명의 여성은 각각 5주, 10주 혹은 15주 동안 참석했고, 나머지 한 명의 여성은 한 번도 참석하지 않았다. 수업에 참가한 여성은 교실의 뒤로 들어와서 모든 학생이 그녀를 볼 수 있도록 앞자리로 걸어와 앉았다. 수업에 참여한 학생들은 이 4명의 여성에 대한 매력과 자신과의 유사성을 수업 마지막 주에 평가했다. 그 결과, 학생들은 수업에 자주 참석한 여성일수록 그녀를 더 매력적이고 자신과 더 유사하다고 평가했다.

그러면 왜 친숙성이 매력을 증가시킬까? 그 하나의 이유로 우리는 보통 낯선 것에 대해 불안해하고 긴장하며 경계심을 갖는다. 낯선 곳으로 여행을 떠나 그곳에 도착하면 불안을 느끼고, 밤늦게 귀가하다가 어두운 곳에서 낯선 사람을 만나면 긴장하고 경계하게 된다. 우리는 익숙하지 않은 대상은 잘 몰라서 그들이 우리에게 어떻게 행동할 것인지 예측하거나 통제할 수 없기 때문에, 그 대상을 경계하는 것은 생존과 관련해 매우 적응적인 것이다(Zajonc, 1998). 우리는 낯선 대상과 지속적으로 접촉하면서 그들이 해롭지 않고 믿을 수 있다는 것을 확인하게 되고, 그 과정을 통해 경계심을 낮추고 친밀감을 발달시킨다. 광고를 통해 특정 상품을 계속 접하면 그 상품에 대한 호감도가 증가하는 것도 이와 같은 원리를 이용한 것이다.

근접성은 다른 사람과 상호작용할 수 있는 기회를 제공한다(Sprecher et al., 2015). 우리는 가까이 있을 때 서로가 제공하는 다양한 보상을 즐길 수 있는 기회가 많아진다. 만나기 위해 이동할 때 드는 교통비와 시간처럼, 멀리 있으면 다양한 종류의 비용을 지불해야 한다. 더군다나 이러한 비용의 감당이 그 당시에 끝나는 것이 아니라, 그 비용을 회복하기 위해 가외로 일을 해야 하는 것과 같이 나머지 시간의 생활에도 적지 않은 부담을 준다. 멀리 있으면 서로에 대한 사랑을 표현하는 것도 어렵다. 영상을 통한 의사소통에서조차도 접촉과 같은 다양한 애정 표현이 불가능하다.

우리는 또한 타인과의 상호작용을 통해서 세상을 이해할 수 있게 된다. 자신의 생각과 견해를 타인과 공유하는 것은 지금의 상황을 명확히 이해하고 그 대처 방안을 생각하는 데 도움이 된다(Rofé, 1984). 그래서 우리가 어떤 사람과 향후 교류할 것 같다고 기대할 때, 그에 대한 우리의 호감은 증가한다. 참가자들에게 2명의 여성에 대한 불분명한 정보를 주면서 그중 한 여성과는 더 대화를 할 수 있다는 기대를 갖게 했을 때, 그 여성에 대한 참가자들의 호감이 상대적으로 더 컸다(Darley & Berscheid, 1967). 사람들은 다시 볼 수 있다고 생각하는 사람에게 더 공손하고 예의를 갖추는 경향이 있다. 함부로 할 경우 그 사람과의 향후 관계가 원만하지 못할 것을 알기 때문이다. 우리는 자주 접촉하면서 서로에 대해서 알게 되고 소속감도 느끼면서 친밀감을 발달시킨다.

친숙성의 효과에도 한계가 있다([그림 8-3] 참조). 우리는 싫어하는 사람은 회피함

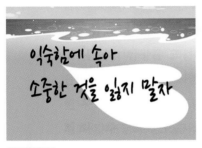
[그림 8-3] **친숙성의 한계.** 우리는 때로 너무 친숙한 것의 가치를 모를 수 있다.

으로써 접촉으로부터 오는 부정적인 감정이나 생각을 예방한다. 그런 사람을 계속 만나는 것은 그들에 대한 부정적인 평가를 심화시킨다(Norton et al., 2013). 또한 자주 만나는 사람이 모두 우호적인 것은 아니다. 콘도 거주자들을 대상으로 한 Ebbesen 등(1976)의 연구에서 대부분 거주자들의 친구뿐만 아니라 적도 가까이 있었다. 자신으로부터 멀리 떨어진 곳에 사는 사람을 정말로 싫어하는 사람은 매우 드물었다. 가까이 있는 사람과 이해관계가 얽힐

가능성이 상대적으로 더 크기 때문이다. 또 다른 경우로 파트너와 한동안 떨어져 있다가 재결합하면 그것이 문제가 될 수 있다. 서로에게 몰입한 커플들은 떨어져 있을 때 서로를 더 이상적으로 생각하고 사랑과 관심을 더 많이 표현하며 그리워한다(Le et al., 2011). 그러나 실제 재결합해서 자주 만나면, 그것이 생각보다 많은 스트레스를 야기할 수 있다.

3) 유사성

유사성 측면. 우리는 자신과 다른 사람보다는 비슷한 사람을 더 선호한다. 좋아하는 음식에서부터 취미, 생활 습관, 일하는 방식, 종교와 정치적 이념에 이르기까지, 우리는 자신과 비슷한 사람에 대해 더 큰 매력을 느낀다. 사람들이 갈등하고 다투는

거의 대부분의 이유가 서로 생각과 행동이 다르기 때문이라는 점을 고려하면, 유사성이 매력에 미치는 영향이 얼마나 막강한지를 쉽게 알 수 있다. 학문적으로도 수없이 많은 연구가 이러한 사실을 입증해 왔다. Ireland 등(2011)에 따르면, 40쌍의 스피드 데이트 커플은 대명사, 관사, 전치사, 조동사와 같은 기능어를 비슷하게 사용할수록, 서로에 대해 이성으로서의 관심을 더 많이 가졌다. 또한 86쌍 커플이 즉흥적인 메시지에서 사용한 기능어의 유사성이 3개월 후 그들 관계의 안정성을 예측했다.

　　친밀한 사람들은 다양한 측면에서 유사할 수 있다. Murstein(1987)이 제안한 자극-가치-역할 이론(stimulus-value-role theory)에 따르면, 우리는 새로운 관계가 발전하면서 상대방에 대한 세 가지 유형의 정보를 얻는다. 처음 만난 사람에 대해서는 아는 것이 거의 없기 때문에, 그에 대한 매력은 나이, 성별, 외모, 인종과 같이 겉으로 보이는 속성에 기초한다. 그다음 가치 단계에서의 매력은 상대방의 다양한 내적 특성을 알게 되면서 음식, 영화, 정치 등 다양한 태도와 신념의 유사성에 달려 있다. 마지막 단계에서는 역할의 양립성이 중요하다. 가령, 양육, 경력, 집안 청소 등에서 서로의 의견이 일치하는 것이 매력을 증가시킨다. 가족의 규모와 양육의 방식, 선호하는 삶의 방식, 여가 등에서 서로 유사해서 만족하는 것이 핵심이다.

　　유사성의 강도는 고려하는 측면에 따라 서로 다르다. 커플에 대한 전반적인 연구 결과(Watson et al., 2004)에 따르면, 나이의 유사성은 상관계수 .90 전후로, 거의 일정하게 남성이 여성에 비해 약간 더 나이가 많았다. 그다음으로 유사성이 높은 변인이 정치적 이념과 종교에 대한 태도로, 대략적으로 상관계수가 .55 전후였다. 그 뒤를 이은 변인이 가치관, 교육 수준, 지능, 여러 인지적 능력 등으로, 이들의 상관계수는 그 범위가 상당히 넓지만 대략 .40 전후로 분포했다. 반면에 성격에 대한 유사성은 매우 낮아, 전반적인 상관계수가 .20을 밑도는 수준이었다. 동거나 결혼한 커플들은 가사나 성역할에 대해 비슷한 태도를 가지고 있을 때 더 우호적이고 만족한 관계를 유지하기 쉽다. 서로 비슷한 부부에 비해 성역할이 분명히 다른 남성적인 남편과 여성적인 아내는 결혼생활에서 상대방으로부터 덜 이해받는다고 느끼고 사랑과 만족, 동료애를 덜 느꼈다(Helms et al., 2006).

　　이처럼 유사성이 관계에 미치는 긍정적 효과는 포괄적이고 강력하지만, 그 크기가 비유사성이 미치는 부정적 효과보다 큰 것은 아니다. 우리는 자신과 태도가 유사한 사람과 함께하려는 동기보다 태도가 다른 사람을 피하고자 하는 동기가 더 클 수 있다. 제4장에서 살펴본 것처럼 긍정의 힘보다는 부정의 힘이 훨씬 더 크다는 것을 고려할 때 이와 같은 생각이 그럴듯해 보인다. Singh와 Ho(2000)는 참가자들에게 낯선 사람의 매력을 사교성 차원과 지성 차원에서 평가하도록 했다. 그 결과, 지성 차원에서는 비유사성의 부정적 효과가 유사성의 긍정적 효과와 동일했지만, 사교성 차원에서는 비유사성의 부정적 효과가 더 컸다.

지각된 유사성과 상보성. 두 사람의 유사성에는 사실상 비슷한 정도를 나타내는 실제 유사성과 비슷하다고 주관적으로 생각하는 지각된 유사성이 있다([그림 8-4] 참조). 이때 매력에는 지각된 유사성이 더 큰 영향을 미치는 것으로 보인다. 한 연구(Tidwell et al., 2013)에서 사람들은 4분 정도의 스피드 데이트 전후에 성격, 흥미, 지각된 유사성, 호감 등 다양한 변인을 측정하는 설문지에 응답했다. 그 결과, 그들의 호감은 실제 유사성과는 무관하게 서로의 성격과 흥미가 비슷하다고 지각하는 정도에 달려 있었다. Montaya 등(2008)은 1861년부터 2004년 사이에 이루어진 313개의 연구를 메타분석했다. 그 결과, 실제

그림 8-4 **유사성의 효과.** 사람들은 자신과 유사하다고 생각하는 사람에게 매력을 느낀다.

유사성은 상호작용을 하지 않은 조건과 짧게 한 조건에서는 매력을 증가시켰지만, 진행 중인 관계에서는 효과가 없었다. 반면에 지각된 유사성은 이 세 가지 조건 모두에서 매력을 증가시켰다. 한편, 사람들은 서로의 유사성을 과도하게 평가하는데, 이러한 사실을 시간이 흐르면서 깨닫게 된다(Goel et al., 2010). 문제는 그러면서 실제로 낮은 유사성이 다양한 갈등을 야기할 수 있다는 점이다.

서로 다른 유형의 행동이 잘 맞는 상보성(complementarity)도 매력의 한 요인일 수 있다. 여행을 할 때 한쪽이 새로운 아이디어를 내고 상대방은 신중하게 계획을 짜서 실행하면, 이 둘은 서로 잘 어울리는 상보적 관계이다. 이때 주목할 점은 두 사람의 관계가 서로 달성하고자 하는 목표가 동일하다는 유사성에 기초할 때, 때로 그들은 자신과 다른 상보적인 특성을 지닌 사람을 좋아한다는 것이다. 이러한 측면에서 상보성은 공동의 목표를 달성하기 위한 수단의 성격이 강하다. 큰 차원에서의 유사성이 없는 상보성은 매력적이기보다는 갈등의 원인이기 쉽다.

그러면 우리는 왜 자신과 유사한 사람에게 끌리는 것일까? 무엇보다도 공통적인 관심사는 상호작용의 기회를 제공한다(Hill et al., 1976). 운동을 좋아하는 사람들은 체육관에서 자신들이 좋아하는 운동을 함께 할 수 있고, 독서를 좋아하는 사람들은 도서관에서 서로의 관심사를 나눌 수 있다. 이처럼 유사한 사람들은 서로가 좋아하는 활동을 공유할 수 있는 기회가 더 많고, 이것이 서로에 대한 친밀성을 높이는 데 기여

한다. 또한 우리와 비슷한 사람은 우리 자신의 신념과 태도가 옳고 타당하다는 근거를 제공해 준다. 종종 친구나 동료들 사이에서 벌어지는 여러 논쟁은 모두가 자신의 생각이 옳다고 믿기 때문에 발생하는 것이다. 이때 자신과 유사한 사람은 나의 입장을 지지해 줌으로써, 내 신념이나 생각이 타당하다는 것을 보여 주는 증거가 된다. 그래서 우리는 자신과 비슷한 사람을 좋아하게 된다(LaPrelle et al., 1990).

4) 상호성

우리 대부분은 자기를 좋아해 주는 사람을 좋아한다([그림 8-5] 참조). 상대방이 아무리 매력적이고 훌륭하더라도 그 사람이 나를 싫어한다면, 내가 그를 좋아하는 것은 쉽지 않다. 내가 좋아하는 사람이 나를 좋아하는 것처럼, **상호성**(reciprocity)은 두 사람이 서로를 비슷하게 지각하는 정도를 의미한다. 여러 연구(Finkel & Eastwick, 2009; Murray, Rose, et al., 2002)에 따르면, 우리는 상대방이 나를 좋아하지 않는다고 생

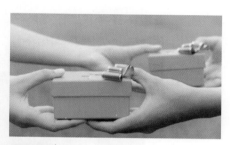

그림 8-5 **상호성.** 대인관계에서 호감에 대한 지각은 상호성이 강하다.

각할 때 그 상대방을 좋아하기는 좀처럼 어렵다. 특히 자아존중감이 낮은 사람은 더 그렇다. 두 사람 사이의 호감은 매우 상호적이어서, 우리가 상대방을 특별히 좋아하면 그 사람도 나를 특별히 좋아할 가능성이 높다. 특히 친밀한 사이에서는 이러한 상호성이 더 크다(Kenny, 2020).

우리는 왜 자기를 좋아하는 사람을 좋아하는 것일까? 그 이유를 우리가 가지고 있는 다양한 동기나 목표와 관련해서 찾아볼 수 있다. 앞의 제2장에서 살펴본 것처럼 우리는 공존성과 주체성이라는 Big Two 동기를 가지고 있다(Chan et al., 2019). 이러한 동기는 다른 사람과의 관계를 통해서만 충족할 수 있다는 점에서, 모든 관계는 도구적인 기능을 한다. 그래서 사람들은 도구적 가치가 높은 사람들을 긍정적으로 평가해서 더 가까이 접근하고 좋아하는 반면, 도구적 가치가 낮은 사람은 부정적으로 평가해서 회피한다(Fitzsimons & Shah, 2008). 이때 내가 좋아하는 상대방이 나를 긍정적으로 평가하고 좋아할 때, 그 사람이 나의 동기를 충족하는 데 더 큰 도구적 가치를 가진다. 왜냐하면 그러한 사람이 나의 목표를 달성하는 데 필요한 자원을 제공할 가능성이 크기 때문이다.

흡혈박쥐의 우정

　　흡혈박쥐는 주먹보다 작은 60g 정도의 크기이다. 이 박쥐는 면도날 같은 날카로운 이빨로 말이나 소의 피부에 상처를 낸 다음 피를 핥아 먹는다. 흡혈박쥐는 매일 자기 몸무게의 반 이상에 해당하는 피를 먹어야 살 수 있고, 하루 이틀만 굶어도 허약해지고 사흘째에는 목숨이 위태롭다. 이때 피를 먹는 데 실패한 동료가 있으면, 피를 많이 먹은 개체가 그것을 게워내어 그 동료에게 나누어 준다. 피를 나눠 준 박쥐가 사냥에 실패하는 상황이 오면, 예전에 그 박쥐에게서 피를 얻어먹은 박쥐가 이 박쥐에게 자신의 피를 나누어 준다. 상호성의 원칙을 보여 주는 전형적인 사례이다.

　　이처럼 피를 나누면서 형성된 유대는 상당히 안정적으로 유지된다는 것을 Ripperger 등 (2019)이 입증해 주고 있다. 그들은 약 22개월간 실험실에서 관찰해 온 암컷 흡혈박쥐 23마리의 등에 작은 추적 장치를 달아 야생으로 돌려보낸 뒤, 포획 상태에서 먹이를 나누고 털 손질을 해 주면서 형성된 유대관계가 계속 유지되는지를 8일 동안 확인했다. 그 결과, 실험실 환경에서 강한 유대를 보인 흡혈박쥐들이 야생에서도 서로를 파트너로 선택해서 함께 보내는 시간이 많았다.

그림 8-6　흡혈박쥐. 흡혈박쥐의 우정은 상호성을 잘 보여 준다.

　　또한 이 연구자들은 실험실에서 키운 흡혈박쥐 암컷이 생전에 친분을 나누다 죽은 동료의 새끼를 입양해 어미 역할을 하는 것을 확인했다고 밝혔다. 그들은 하루 6시간씩 4개월 동안 박쥐들의 행동을 촬영했다. 그 결과, 릴리스와 BD라는 이름의 두 암컷은 서로 몸단장을 해 주고 먹이를 토해 나누기도 했다. 릴리스가 출산한 지 19일 만에 죽자, BD는 남은 그 자식을 보살피기 시작했다. 이 암컷은 한 번도 새끼를 낳은 적이 없음에도 젖을 분비해 고아가 된 어린 박쥐를 먹였다고 연구진은 밝혔다. BD의 신경내분비계에 뭔가 변화가 생긴 것이다.

　　우리는 다른 사람과의 관계를 통해 소속감 욕구를 충족하고자 하는 공존성 동기를 가지고 있다. 이 욕구를 충족하는 것은 상대방이 나를 수용하고 긍정적으로 평가할 때 가능하다. 상대방이 나를 배척하고 거부한다면 이러한 욕구를 충족하는 것은 불가능하다. 주체성 동기의 충족도 우리에게 호의적인 상대방과 상호작용할 때 훨씬 더 유리하다. 이 동기는 한마디로 다른 사람들로부터 자신의 가치를 인정받고 싶어

하는 동기이다. 이러한 목표를 달성하기 위해서는 다른 사람과 효율적으로 연결해서 다양한 사회적 지지를 받을 필요가 있다(Ybarra et al., 2008). 그뿐만 아니라 그들로부터 칭찬이나 인정과 같은 긍정적인 피드백을 받을 때, 우리는 자신의 자아존중감을 높일 수 있다.

5) 보상성

정신분석학이나 행동주의 등 다양한 입장에서 인간의 동기를 볼 때, 인간은 신체적이고 심리적으로 즐거움을 지향하고 고통을 회피하는 경향이 있다. 그렇기 때문에 당연하게도 사람들은 즐거움과 관련된 사람에겐 접근하고 고통과 관련된 사람은 회피하는 경향을 보인다. 예를 들면, 우리는 우리 자신을 칭찬하고 지지해 주며 물리적으로 보상을 주는 사람을 좋아하고, 우리를 비난하고 배척하며 처벌하는 사람을 싫어하고 회피한다. 이와 같은 인간의 쾌락주의적 경향성은 매우 보편적이라는 점에서, 관계를 유지하고 잘 발전시키기 위해서는 서로에게 보상을 주는 것이 매우 중요하다. 제3장에서 살펴본 것처럼 비난이나 거부, 처벌과 같은 부정성의 효과가 칭찬이나 지지, 보상과 같은 긍정성의 효과보다 훨씬 더 크다는 것을 고려할 때(Tierney & Baumeister, 2019), 관계 관련 보상의 중요성은 더욱 크다고 할 수 있다.

앞서 살펴본 것처럼 우리가 신체적으로 매력적인 사람을 선호하는 것도 보상적인 측면에서 해석할 수 있다. 여러 신경학적인 연구(예: Cloutier et al., 2008)는 아름다운 사람을 보는 것이 쾌락적인 가치가 있다는 것을 보여 준다. 이러한 연구는 아름다운 사람의 얼굴을 보면 뇌의 보상 회로가 작동한다는 것을 입증했다. 비슷하게, 사람들은 자신에게는 없지만 가치 있고 중요한 요인을 가지고 있는 타인에게 매력을 느낀다. 가령, 남성들은 더 젊고 아름다운 여성을 선호하고, 여성들은 약간 더 나이 많고 사회적 지위가 높은 남성을 선호한다(Buss, 1989). 이때 남성에게는 없는 여성의 아름다움이나 여성에게는 없는 남성의 사회적 지위처럼, 자신에게는 없는 상대방의 바람직한 특성이 보상으로 작동하기 때문이다.

우리는 자신에게 보상을 주거나 긍정적 감정을 제공하는 사람과 사물뿐만 아니라 그것과 관련된 대상도 좋아한다. 예를 들면, 많은 광고는 외모가 출중한 모델을 이용해서 특정 상품을 홍보한다. 이때 시청자들은 멋있는 모델을 보면서 즐거움을 느끼고, 그 모델과 연합된 그 상품에 대해서도 긍정적인 인상을 형성한다. 우리는 쾌적한 환경이나 맛있는 식사와 같이 외적인 요인과 연결된 사람도 긍정적으로 평가할 가능성이 높다. 가령, 대학생들은 낯선 사람을 불편하고 더운 방에서 평가할 때보다 쾌적한 방에서 평가할 때 더 호의적으로 평가했다(Griffitt, 1970). 이러한 연구가 함축하는 바는 상대방에게 호감을 주기 위해서는 긍정적으로 보상을 줄 수 있는 환경이나 활동이 도움이 된다는 것이다.

2. 관계의 발전과 변화

일단 첫인상이 좋으면 우리는 그 사람과 상호작용을 시도한다. 그러면서 상대방이 매력적이면 그다음 과정으로 나아가고 그렇지 않으면 거기서 끝이 난다. 이처럼 모든 관계는 시간이 흐르면서 변화하는데, 그 과정은 전반적으로 볼 때 몇 개의 단계나 순서를 거치기도 하고 때로는 급격하게 변화하기도 한다. 여기서는 관계의 발달을 단계적으로 접근한 Knapp(Knapp, Vangelisti, et al., 2014)의 입장과 변증법적으로 접근한 Baxter(Baxter & Montgomery, 1996)의 입장을 살펴본다.

1) 상호작용 단계 모형

Knapp(Knapp, Vangelisti, et al., 2014)은 대인관계의 발달이 특정 패턴을 보이면서 선형적이고 직선적으로 이루어진다고 보았다. 그의 모형은 이러한 패턴을 총 10개의 단계로 구분하였으며, 크게는 처음의 5단계를 포함하는 결합하기와 이후의 5단계를 포함하는 분리하기로 구분했다. 이러한 단계는 완전히 구분되어 있기보다는 어느 정도 중첩되는 점이 있어서, 각 단계가 강조하는 측면이 다르다는 점에 유의할 필요가 있다. 또한 이 단계 모형은 동성의 관계에도 적용되지만 이성의 관계를 더 염두에 둔 모형이다.

결합하기.   결합하기는 두 사람이 처음 만나 점차적으로 하나가 되는 과정이다([그림 8-7] 참조). 이 과정의 첫 단계는 시작하기(initiating)이다. 이 단계는 우리가 다른 사람을 처음 만났을 때 하는 모든 행동을 포괄한다. 날씨나 교통 등 피상적인 대화를 나누면서 상대방이 매력적인지를 평가하고, 자신이 괜찮은 사람이라는 인상을 주고자 노력한다. 상대방에게 매력을 느끼면 그것을 전달하는 한 방법이 추파를 던지는 것(flirting)이다. 이것은 다른 사람에게 연애의 관심을 보여 주는 미묘하거나 장난스

러운 언어적 · 비언어적 행동을 말한다. 추파를 던져 구애
하는 것 외에도 관계를 시작하는 방법은 매우 다양하다. 몸
단장, 몸을 앞으로 기울이기와 같은 자세, 초대하기, 웃기,
긴 눈 맞춤, 부드러운 터치와 같은 것이 있고, 직접 요청하
거나 제3자를 통하기도 하고 선물을 주기도 한다(Sprecher
et al., 2015).

그림 8-7　**결합하기**. 이것은 모르는 사람
이 하나가 되는 과정이다.

　실험하기(experimenting) 단계는 새로운 사람에 대한 정
보를 확보해서 그에 대한 불확실성을 줄이는 단계이다. 다
음 절에서 자세히 알아보겠지만 자기노출은 관계의 시작과 발전에 중요하다. 왜냐하
면 이것이 상대방의 특성, 자신과의 유사성, 신뢰성, 관계의 지속 여부를 결정하는 데
필요한 정보를 제공하기 때문이다. 우리는 다른 사람을 이해하고 예측하기 위해 그
가 속한 인종이나 민족 등에 관한 문화적 정보, 그가 속한 집단이나 단체에 대한 사회
적 정보 그리고 가치나 태도, 성격과 같은 심리적 정보에 기초한다(Miller & Steinberg,
1975). 이 단계에서는 주로 서로에 대한 인구학적인 정보, 사고방식, 취미와 선호, 의
견 등에 대한 대화가 이루어진다.

　강화하기(intensifying) 단계는 서로가 친밀하고 몰입하고 있다는 것을 보여 주는 지
표이다. 신체적으로도 더 자주 친밀하게 만지고, 비언어적 메시지의 교환이 증가하
고, 다양한 활동도 공유한다. 전에는 숨기고 있던 비밀들, 특히 자신이나 가족 관련
부정적인 사실을 다양한 측면에서 공유한다. Tolhuizen(1989)은 대학생들을 대상으
로 진지하고 배타적인 데이트 관계로 나아가는 전략을 연구했다. 그 결과, 가장 빈번
한 다섯 가지 전략에는 함께하는 시간의 증가와 빈번한 전화 등 접촉의 증가, 관계의
미래에 대한 논의 등 관계에 대한 협상, 지지와 충고의 요청 등 사회적 지지와 지원,
칭찬과 호의 등 보상의 증가, 더 진지하고 배타적인 관계 등에 대한 직접적인 요구가
있다. 상대방에 대한 사랑의 인식, 사랑의 고백 그리고 첫 성관계가 관계의 질적 변화
를 가져온다.

　통합하기(integrating) 단계는 두 사람의 성격이 이전 어떤 단계보다도 더 하나로 융
합하고 합쳐지는 시점의 단계이다. 자신들을 특별한 하나의 단위로 인식하는 태도나
정체성이 발달한다. 다른 사람들도 이들을 하나의 쌍으로 인식하기 시작한다. 옷, 언
어적 행동의 유사성, 공동의 관계망이나 소유물이 발달한다. 그렇다고 완전히 하나
가 되어 각자의 개성과 뚜렷한 자기를 상실하는 것은 아니다. 결합하기의 마지막 단
계인 융합하기(bonding)는 서로에게 헌신할 것을 공식적으로 약속하는 공적 의례이

다. 이것은 약혼이나 결혼처럼 관계를 제도적으로 공식화하는 것이다. 이 단계는 관계에 긍정적이거나 부정적인 영향을 미칠 수 있다.

분리하기.   분리하기는 하나가 된 두 사람이 다시 개별적인 둘로 떨어지는 과정이다([그림 8-8] 참조). 이 과정의 첫 단계인 구분하기(differentiating)는 관계가 멀어지거나 해체되는 과정이다. 개인 간 차이는 모든 단계에서 문제가 되지만, 특히 이 단계에서는 개인 간 거리를 증가시키는 주요 요인으로 작용한다. 그러면서 관계가 '우리' 중심에서 '나' 중심으로 변화하고, 가장 눈에 띄는 의사소통은 갈등이나 다툼이다. 제한하기(circumscribing) 단계에서는 서로 교환하는 정보가 양적으로나 질적으로 감소한다. 의사소통이 안전한 영역에 국한해서 이루어지기 때문에, 상호작용의 빈도나 논의하는 주제의 깊이가 감소

그림 8-8 **분리하기.** 이것은 둘이 개별적인 하나가 되는 과정이다.

하게 된다. 서로의 구속과 제약에서 벗어나 상대방에 대한 관심이나 몰입이 감소하고 함께 하는 사교 활동도 줄어든다.

침체기(stagnating)는 움직임 없이 소극적인 상태로 남아 있는 단계이다. 많은 영역에서 대화의 문이 닫혀 있고, 효과적으로 소통하겠다는 노력이 멈추어 있다. 말로 직접 소통하기보다는 암묵적으로 대화하고, 상호작용이 어떻게 흘러갈지 이미 다 알고 있다고 판단한다. 주고받는 몇몇 메시지는 비언어적 행동을 통해 전달되는 서로에 대한 여러 불쾌한 감정이다. 사용하는 언어와 메시지를 전달하는 전략이 낯선 사람에게 사용하는 것과 매우 흡사하다. 관계에 대한 얘기는 거의 하지 않으며, 의사소통은 경직되고 피상적이며 협소하다. 소원한 부모-자녀 관계나 부부 관계에서 볼 수 있다.

회피하기(avoiding) 단계는 상대방에게 거리를 두고 어떤 상호작용도 하지 않으려는 단계로, 장기적인 분리의 신호이다. 상대방이 시도하는 접촉을 불친절하고 적대적으로 거부한다. 문제가 있는 모든 관계가 이러한 쇠퇴의 과정을 거치는 것은 아니다. Rands 등(1981)의 연구에서 어떤 부부는 짜증나는 일이나 불공정한 일을 개선하는 식으로 행동함으로써 쇠퇴를 막았지만, 다른 부부는 그것을 회피함으로써 자신의 걱정거리가 곪아 터지게 놔두었다. 또 다른 부부는 이러한 문제에 공격적으로 대처해서 문제를 더 심각하게 만들었다. 마지막 단계로 종결하기(terminating)는 서로를 묶어 주던 유대가 약해져서 마침내 끊어지는 단계이다. 이러한 과정은 점진적으로 이

루어질 수도 있고 갑자기 나타날 수도 있다. 일반적으로 두 사람 사이의 물리적 및 심리적 거리와 불만족을 드러내는 의사소통을 통해 그들 관계의 종결을 예측할 수 있다.

2) 변증법적 이론

관계의 발전과 변화에 대한 상호작용 단계 모형은 관계가 발달하는 순차적인 과정을 이해하는 데 도움을 준다. 그러나 모든 관계가 이러한 단계를 거치면서 예측 가능한 방식으로 나아가는 것은 아니다. 때로 인간의 관계는 여러 단계의 특성을 동시에 다 가지고 있을 수 있고, 어떤 단계는 건너뛰기도 하며, 이 단계들을 왔다 갔다 할 수도 있다. 변증법적 이론(Baxter & Montgomery, 1996; Baxter & Norwood, 2016)은 단계 모형의 이러한 한계점을 보완할 수 있는 이론이다.

변증법적 이론은 사회생활이 서로 다른 힘이나 욕구를 가진 사람들의 지속적인 역동적 관계라고 본다. 즉, 우리는 서로 반대되는 욕구를 가지고 의사소통하고 상호작용하면서 변화와 안정을 반복적으로 경험한다. 이 이론에 따르면 우리의 사회생활에는 서로 반대되는 욕구가 하나의 전체를 이루고 서로 영향을 주고받으면서 작용하고 있다. 예를 들면, 우리는 오직 한 사람과 사랑하고 싶으면서도 동시에 구속받지 않고 자유롭게 살고 싶은 욕구를 가지고 있다. 이처럼 우리는 상충적인 두 욕구를 모두 달성하려 노력하기 때문에, 그 속에서 변증법적 긴장(dialectical tension)이 발생한다.

상충적인 두 욕구의 정도는 고정되어 있는 것이 아니라 서로 영향을 주고받으면서 끝없이 변화한다. 한 사람에게 묶여 있으면 자유롭고 싶고, 너무 자유로우면 외로워서 누군가와 사랑하고 싶은 욕구가 생긴다. 이처럼 하나의 욕구는 다른 욕구를 유발하기도 하고 그 욕구에 의해 유발되기도 한다. 그 속에서 관계는 변화와 안정을 반복하고, 사람들은 능동적이고 적극적으로 이러한 욕구를 충족하고자 한다. 변증법적 이론은 사회생활에서 발생하는 상반되는 욕구로 다음과 같은 세 가지를 제시하고 있다.

연결 대 분리.　　Baxter와 Montgomery(1996)는 가까운 관계에 대한 기존의 입장을 크게 상호의존, 동일성 그리고 긍정적 감정으로 요약했다. 기존의 입장에 따르면 가까운 관계는 두 사람 사이의 상호작용이 증가하면서 서로에게 미치는 영향력이 크다. 가까운 관계는 인지적으로 태도, 가치관, 신념에서 동일하다. 관계가 발전하면서 서로의 관점이 같아지고 하나로 융합된 결과이다. 반대로 불일치나 비유사성과 같은 차이는 가까운 관계를 방해한다. 마지막으로, 가까운 관계는 정서적인 측면에서 긍정적인 애정에 기초하기 때문에, 친밀한 사람들은 다양한 형태로 서로를 좋아하고 사랑한다.

이에 반해 가까움에 대한 변증법적 관점은 개인과 관계가 상호독립, 차이 그리고 부정적 정서라는 또 다른 축에 의해서도 변화한다고 주장한다. 이 주장에 따르면 사람들은 다른 사람과의 연결뿐만 아니라 그들과 분리하고 싶은 자율성의 욕구도 가지고 있다. 제2장에서 살펴본 것처럼 우리는 다른 사람에게 의존하지 않고 자신이 원하는 것을 스스로 결정하고자 하는 욕구를 강하게 가지고 있다(Soenens et al., 2018). 그래서 이러한 욕구의 충족은 연결만큼이나 개인의 행복에 중요하다. 만약 우리가 연결의 욕구만 있다면 가까운 사람과 헤어지는 일은 없을 것이다. 그러나 현실은 이와 달리 많은 사람이 파경을 맞이하는데, 이것 역시 관계에서 분리의 중요성을 보여 주는 하나의 증거이다.

관계를 맺는 사람들 사이의 차이 역시 밀접한 관계의 발전에 여러 긍정적인 기능을 할 수 있다(Wood et al., 1994). 당사자들 간의 차이는 어떤 사안에 대한 각자의 견해를 넓히는 데 기여할 수 있다. 자녀를 양육하는 두 부부가 이와 관련해서 자신과 생각이 다른 상대방의 말을 들으면서, 전에는 모르던 방식의 장점과 자신이 선호하는 방식의 단점을 알 수 있다. 또한 사람들은 차이를 인정하는 관계 속에서 편안하고 안전감을 느낄 수 있다. 자신이 상대방과 다른 의견이나 취향을 드러낼 수 있다는 것은 그 관계가 안전한 관계라는 것을 보여 주는 지표이다. 만약 차이를 수용할 수 없는 관계라면, 그러한 차이가 있더라도 숨길 것이기 때문이다. 그 속에서 각자는 서로의 차이점을 받아들이면서 자신의 정체성을 자유롭게 추구할 수 있다.

친밀한 관계라고 해서 늘 긍정적인 정서와 애정만 공유하는 것은 아니다. 사람들은 가까운 관계에서 실망과 분노, 질투와 시기심을 경험하기도 한다. 사람들이 자신의 관계에서 이와 같은 부정적 정서를 만성적으로 경험한다면, 그것은 그 관계가 건강하지 못하다는 신호이다. 그러나 때로는 이러한 경험이 관계를 더욱 친밀하게 만드는 촉진제 역할도 한다. 상대방에 대한 부정적 정서의 표현은 그 상대방이 자신의 행동을 수정하게 만드는 계기가 되기도 한다. 이러한 변화는 궁극적으로 관계에 대한 만족도를 높이는 데 기여할 수 있다. 게다가 부정적 정서의 표현은 그들의 관계가 탄탄한 신뢰와 개방성에 기초하고 있다는 증거이기도 하다(Metts & Bowers, 1994).

　　확실성 대 불확실성.　　　전통적으로 연구자들은 관계가 발달하면서 그 관계가 더욱 안정되고 예측 가능해진다고 본다(Baxter & Montgomery, 1996). 그래서 그들은 안정성, 예측성, 확실성을 가치 있게 여기는 반면, 불안정성, 비예측성, 불확실성을 친밀감의 장애물로 본다. Berger와 Calabrese(1975)는 불확실성 감소 이론(uncertainty reduction theory)을 제시하면서 상대방에 대한 불확실성을 줄이고자 하는 소망이 상호작용의 기본 목표라고 보았다. 이 이론에 따르면 상대방의 태도, 신념, 행동, 느낌에 대한 불확실성은 그 상대방에 대한 친밀감이나 호감을 줄이는 반면, 그러한 측면에 대한 정보를 추구하는 행동을 증가시키고 상호작용의 비율을 높인다.

　　많은 연구가 이 이론을 지지하는 것처럼, 다른 사람과 편안하게 지내려면 일정한 정도의 예측성과 확실성은 필수적이다. 오랫동안 상대방에게 불확실하고 애매한 점이 너무 많다면, 우리가 그 사람을 예측 가능한 방식으로 믿으면서 그와 가깝게 지내기는 어렵다. 그럼에도 특정 상황에서는 불확실성, 흥분, 비예측성 그리고 색다른 자극이 서로에게 긍정적일 수 있다. 한 연구(Planalp et al., 1988)에서 대학생들에게 자기들이 알던 것과 다른 사건이 그들의 관계에 미치는 영향에 대해 3개월간 일기를 쓰도록 했다. 그 결과, 참가자들의 40%가 불확실한 사건이 관계의 친밀감을 증가시킨다고 응답했다.

　　불확실성은 관계 속에서 경험하는 행복에도 중요한 기능을 한다([그림 8-9] 참조). 일상에서도 깜짝 선물이나 파티가 우리를 특히 즐겁게 해 주는 것은 그 사건을 예측할 수 없기 때문이다. 사람들이 더 가까워질수록 그들의 상호작용은 더욱 즉흥적이고, 하나의 행동이나 주제에서 다른 것으로 유연하게 넘어간다(Altman & Taylor, 1973). 즉흥성은 본질적으로 비예측성을 수반한다. 어떤 관계가 새로움이나 색다름을 수반하지 못하면, 그 관계

그림 8-9　불확실성. 관계에서의 불확실성이 때로 삶의 활력이 될 수 있다.

는 단조롭고 지루해서 불평과 결별의 원인이 되기 쉽다. 관계는 고정되어 있는 것이 아니라 지속적으로 새로운 자극의 유입이 필요한 개방적 시스템이다.

　　개방과 폐쇄.　　　다음 절에서 자세히 살펴보겠지만 자기개방은 다양한 적응적 기능을 한다. 자기를 개방하는 것은 서로를 이해하고 예측하게 함으로써 안정적인 관계를 형성하게 해 준다. 그러면서 서로에 대한 신뢰와 친밀감을 증가시켜 준다. 그렇다고 해서 모든 개방이 가깝고 친밀한 관계를 촉진하는 것만은 아니다. 과거에 자신이

한 너무 부끄러운 행동이나 상대방에 대한 부정적인 감정을 있는 그대로 드러내는 것은 관계를 친밀하게 만들기보다는 위험에 빠뜨릴 가능성이 크다.

이와는 별개로 사람들은 자신만의 사적인 영역을 지키려는 욕구를 가지고 있다. 그래서 자신의 사적 영역이 침해당할 위험이 있을 때, 사람들은 때로 속이거나 얼버무리고 아니면 침묵한다. 이처럼 자신의 폐쇄적인 영역을 유지하는 것이 개인적 삶의 안녕에 필수적이다. Petronio(1994)의 의사소통 경계 관리 모형(communication boundary management model)에 따르면, 사람들은 자신의 노출 욕구와 사생활 욕구 사이의 균형을 유지하면서 의사소통의 경계를 관리한다. 때로 자기노출은 자신을 취약하게 만들거나 상대방의 노출이 나에게 상처를 줄 수 있다. 그래서 이러한 위험을 최소화하기 위해 사적인 자기 공간을 명확하게 구축할 필요가 있다. 왜냐하면 개인은 이 영역 속에서 타인과의 접촉을 통제할 수 있기 때문이다.

3. 자기노출

앞에서 언급한 것처럼 사람들은 상대방과 친밀하다고 해서 자신의 모든 것을 개방하는 것은 아니다. 또한 자기에 대한 개방이 서로에 대한 친밀감을 반드시 증가시키는 것도 아니다. 그럼에도 일반적으로 우리는 소원한 관계에 비해 가까운 관계에서 자신을 더 많이 드러낸다. 여기서는 자기노출의 원리, 노출의 내용과 노출을 금기시하는 내용 그리고 자기노출의 효과를 차례로 알아본다.

1) 자기노출의 원리

관계가 얼마나 가깝고 깊은지를 가늠할 수 있는 한 방법은 서로를 얼마나 잘 알고 있는지 따져 보는 것이다. 관계가 깊은 사람들은 보통 상호작용도 많이 하고 서로 공유하는 정보도 많기 때문이다. 자기노출은 한 개인이 자신의 생각, 느낌, 경험을 상대방에게 언어적으로 드러내는 것이다. 자기노출은 상대방과의 관계를 친밀하게 하고 그의 사회적 지지를 받게 할 수도 있지만, 상대방에게 거부당하거나 이용당하게 할 수도 있다. 그래서 개인적 정보의 노출과 보호라는 두 욕구의 균형이 필요하다. 또한 자기노출은 하나의 분절된 행위가 아니고 일정하게 직선적으로 이루어지는 것도 아니다. 자기노출은 역동적이고 지속적이며 순환적인 과정이다.

자기노출에 대한 주요 이론으로 Altman과 Taylor(1973)의 사회적 침투 이론(social penetration theory)을 들 수 있다. 사회적 침투는 개인 내적인 과정뿐만 아니라 개인 간 상호작용에서 이루어지는 개인 간 외적 행동이다. 이 이론은 개인적 혹은 관계적 맥락에서 당사자들이 주고받는 명시적 행동에 대한 이론이다. 이 이론에 따르면 한 개인의 성격은 자신과 타인에 대한 생각, 느낌, 믿음과 정서로 구성되어 있다. 이러한 요소는 성격이라는 큰 구조 속에 각각의 영역으로 이루어져 있다. [그림 8-10]에서 보듯이 친구, 가족 등 다양한 대상에 대한 이러한 요소가 공과 같은 형태를 띠는 성격의 다층 구조 속에 일정한 영역을 차지하고 있다.

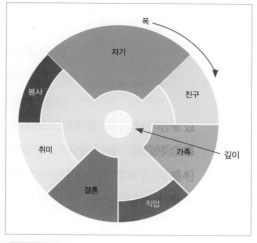

그림 8-10 **사회적 침투 이론**. 이 이론은 폭과 깊이로 대인관계의 발달을 설명한다.

성격의 구조에는 폭(breadth)과 깊이(depth)라는 두 차원이 있다. 폭은 상호작용의 양으로 직업, 친구, 애인, 종교와 같은 주제의 수와 상호작용의 빈도를 포함한다. 깊이는 성격의 핵심부를 향해 나아가는 침투를 의미한다. 특정 주제의 영역은 주변과 중심을 따라 변화한다. 나이나 성별처럼 피상적이고 공적인 정보는 주변의 층에 위치하고, 태도나 의견은 중간의 층 그리고 두려움이나 자기개념과 같은 내용은 중심의 층에 위치한다. 중심에 위치한 영역이 주변에 위치한 영역에 더 많은 영향력을 행사하고, 내부로 갈수록 좀 더 독특하고 관찰하기 어려운 내용이 위치한다. 성격의 취약성은 깊이가 증가할수록 커지고, 사회적으로 덜 바람직한 특성은 중심의 층에 자리한다. 또한 성격의 중심적 측면은 주변적 측면보다 더 일반적이기 때문에, 구체적인 상황에서의 자아보다는 전체적인 자아에 더 기여한다.

Altman과 Taylor(1973)는 사회적 침투가 이루어지는 4단계를 제시했다. 1단계는 처음 만나 기본적인 정보를 교환하는 지향(orientation) 단계이다. 2단계는 탐색적 애정(exploratory affective) 단계로 교환하는 정보의 폭은 넓어지지만 그다지 깊지는 않다. 공통적으로 좋아하고 싫어하는 것을 알고, 관계를 계속할 만큼 서로 좋아하는지를 결정한다. 3단계인 애정(affective) 단계에서는 친한 친구나 애인에 대한 신뢰가 깊이 발전한다. 이 단계의 사람들은 부정적인 정보까지 깊이 있게 교환하면서 서로의 긍정적·부정적 정보를 모두 수용한다. 4단계는 안정(stable) 단계로 비밀이 없고 어떤 주제도 개방한다. 상대방에 대한 가장 내면적인 특성을 알기 때문에 그들의 반응을 예측할 수 있다. 탈침투(depenetration)는 이와는 반대의 과정을 거치면서 교환의 폭, 깊이, 빈도가 감소하고 친밀감이 떨어지는 것이다.

관계가 발전하면서 이루어지는 사회적 침투는 주변적 수준에서 중심적 수준으로 나아간다. 침투를 결정하는 요인은 개방에 따른 보상과 비용의 비율인데, 자기개방의 비용이 크지 않는 한 침투는 지속된다. 비용에 비해 보상이 클수록 관계도 더 빠르게 발전한다. 관계에서 성격의 주변부를 노출하는 것은 빠르게 이루어지는 반면, 중심부에 대한 노출은 천천히 점진적으로 이루어진다. 이러한 노출은 상호적이기 때문에 한쪽의 노출이 상대방의 노출을 유도한다. 그래서 일반적으로 이러한 노출의 속도는 서로 비슷하게 이루어진다. 그렇지 않고 어느 한쪽이 지나치게 많이 노출할 경우, 그것은 관계의 발전에 부정적인 영향을 줄 수 있다.

2) 자기노출의 내용과 금기

자기노출의 내용에는 나이나 출신지역처럼 피상적이고 공적인 정보의 노출과 가치관이나 태도처럼 사적이고 비밀스러운 노출이 있다. 개인적인 정보에 대한 노출과 다른 사람과의 관계에 대한 노출도 있다. 자신의 가족 관계나 취미 등 개인적인 내용을 기술하는 내용과 자신이나 타인에 대한 감정이나 의견, 판단처럼 평가하는 내용도 있다. Mathews 등(2006)의 연구에서 대학생들은 신체 이미지에 대한 지각, 실패에 대한 두려움, 자아존중감 등 자신의 자기개념과 밀접하게 관련된 정보를 가장 사적인 것으로 판단했다. 이성 관계에 대한 느낌, 음란물, 중독, 성적 취향, 우울, 섭식장애 등도 친밀한 사람에게만 국한된 주제였다.

자기노출에서 나타나는 성차는 주로 노출하는 내용에서 두드러진다. 남녀의 첫 만남에서는 남성들이 관계를 주도하면서 대화를 이끌기 위해 여성보다 더 친밀한 주제를 선택해서 자기노출을 많이 한다(Davis, 1978). 청소년기 동성 친구에 대한 연구(Youniss & Smollar, 1985)에서는 여학생이 친밀한 주제로 이야기하는 것을 더 좋아한 반면, 남학생은 오락이나 스포츠, 약물, 알코올 관련 활동을 더 선호했다. 대학생에 대한 연구(Caldwell & Peplau, 1982)에서도 이야기를 하면서 시간을 보내는 것을 여학생은 57%, 남학생은 16%가 선호했다. 활동에 대한 선호는 여학생이 43%인 반면, 남학생은 84%에 달했다. 평균 50세인 사람들의 경우에도 여성은 개인적이거나 관계적 혹은 가족의 문제를 더 많이 이야기한 반면, 남성들은 오직 스포츠에 대한 이야기를 더 많이 했다(Aries & Johnson, 1983).

자기노출에서 나타나는 성차의 원인을 문화적 요인에서 찾을 수 있다. 사회적으로 남성은 과업 지향적이고 감정적이지 않을뿐더러 자기노출을 억제하는 반면, 여성은 관계 지향적이고 감정적이며 자기노출을 지향하도록 요구하는 성역할 규범이 존재한다. 이러한 성역할에 충실한 남성은 자신의 개인적인 정보를 노출하면 다른 사람의 배척이나 비웃음을 받을까 봐 걱정할 수 있다. 한 실험 연구(Derlega & Chaikin, 1976)에서 참가자들은 자신의 문제를 다른 사람에게 털어놓지 않는 남성을 심리적으로 더 잘 적응한다고 평가한 반면, 그러한 여성에 대해서는 반대로 평가했다.

우리가 다른 사람에게 노출하는 내용 못지않게 노출을 금기(taboo)시하는 주제도 있다([그림 8-11] 참조). 금기는 사회적 관습이나 보호 장치로, 여기에는 말, 행동, 생각 등 다양한 것이 있으며 그 나름의 특성도 있다(Krajewski & Schröder, 2008). 모든 사람이 금기가 무엇인지 다 알고 있다고 가정하기 때문에, 그것에 대해 명시적으로 만들어진 규범은 없다. 그래서 사람

그림 8-11 금기. 친밀한 관계에서도 노출하기 어려운 내용이 있다.

들은 누군가 금기를 어기면 그것에 대해 토론은 하지 않으면서 그를 낙인찍고 사회로부터 고립시키고 회피한다. 금기를 위반한 사람은 자신을 방어할 기회가 없다. 그러면서 위반에 대한 처벌은 주로 죄책감, 혐오감, 수치심에 달려 있다. 보통 금기의 기능은 긍정적인 관계나 사회에 위협이 될 수 있는 행동을 막는 역할을 한다.

관계의 질을 위협하기 때문에 금기시하는 주제가 있다. Baxter와 Wilmot(1985)의 연구에서 대학생들은 관계에서 금기시하는 주제로 여섯 가지를 내놓았다. 그것은 파트너와의 관계에 대한 상태, 이 파트너 이외의 사교적 관계, 관계 규범이나 행동 규칙, 과거 이성 교제 경험, 정치나 종교 등 갈등 유발 주제, 자존심에 손상을 주는 것 등이다. 특히 참가자들의 68%는 현재 관계에 대한 만족도나 불만 사항, 결혼에 대한 생각, 지금의 관계를 더 발전시킬지에 대한 얘기를 금기시했다. 31%는 자신이나 상대방의 또 다른 관계에 대해 말하는 것을 금기시했다. 이것은 질투나 분노를 유발할 수 있고, 사생활의 권리, 다른 두 사람의 관계에 자신이 끼는 것에 대한 염려 때문일 수 있다. 25%는 과거의 이성 관계를 얘기하는 것을 금기시했는데, 이것은 현재의 관계에 대한 몰입에 의문을 제기하게 한다.

사람들은 상대방의 이러한 점을 알아보기 위해 간접적인 여러 방식으로 추론하고자 한다(Baxter, 1984). 그러한 전략 중의 하나가 상대방을 잘 아는 제3자에게 물어보

는 것이다. 또한 자기노출이나 접촉과 같은 친밀성을 시험해 볼 수도 있고, 상대방의
반응을 알아보기 위해 자신을 깎아내려 보거나, 가상적인 상황을 이용해서 상대방의
생각이나 상황을 알아볼 수도 있다. 혹은 잠시 서로를 분리시켜서 그 상황에서 상대
방의 반응을 보거나 관계를 시험해 보기 위해 상대방을 특정 상황, 가령 다른 사람과
함께 있어 보게 해 보기 등의 전략을 쓸 수 있다.

3) 자기노출의 효과

Finkenauer 등(2018)은 자기노출이 가지는 긍정적인 효과를 세 가지 측면에서 기
술하고 있다. 첫째, 자신의 정보를 다른 사람에게 노출하는 것은 본질적으로 보상을
주는 행위이다. 자기노출은 보상을 받을 것이라고 예상하거나 보상을 받았을 때 반
응하는 뇌의 영역과 밀접하게 관련되어 있다. 그래서 자기노출은 성관계와 음식과
같은 일차적인 보상이 주는 만족과 즐거움을 준다. 또한 때때로 사람들은 자신의 정
보를 숨기는 것은 사기를 치거나 다른 사람을 조종하는 것으로 생각해서, 그것을 노
출하는 것이 깨끗하고 최선이라고 믿는다.

둘째, 자기노출은 정화 효과가 있다. 그것은 걱정, 반추, 신체적 흥분, 긴장과 같
은 스트레스를 줄임으로써 신체적 및 심리적 안녕을 증가시킨다. Pennebaker(1989)
의 억제 이론(inhibition theory)에 따르면, 고통스러운 사건을 억제하는 것은 상당한 노
력과 에너지를 필요로 한다. 이것은 스트레스를 유발하여 건강을 해친다. 시험에서
의 낙방이나 애인과의 이별 같은 부정적 사건을 생각하는 것은 괴로움, 근심, 자기의
심, 자신감 저하를 야기한다. 이러한 생각은 회피할수록 더욱 떠오르는데, 자기노출
은 이와 같은 강박감을 줄여 준다. 자살이나 사고로 배우자를 잃은 사람들 중에서 다
른 사람에게 그 아픔을 얘기한 사람이 건강상의 문제가 적었고, 배우자의 죽음에 대
한 생각도 덜했다(Pennebaker & O'Heeron, 1984). 수백 명의 청소년을 대상으로 한 연
구(Frijins et al., 2013)에서도 개인적 비밀을 개방하는 사람은 그렇지 않은 사람에 비해
낮은 우울증, 높은 자아존중감, 낮은 신체적 문제, 낮은 외로움을 보고했다.

셋째, 우리는 자신을 노출함으로써 관계를 시작하고 유지하는 데 유리하고 상대방
과의 친밀감을 높일 수 있다. 친밀한 사람이 특정 주제를 회피하고 은폐한다고 느끼
면, 그것은 서로 간의 분리, 거리, 거부를 보여 주는 신호로 작용해서 서로의 신뢰를
떨어뜨리고 갈등을 증가시킨다(Finkenauer et al., 2009). 반면에 다른 사람과 긍정적인
경험을 공유하면 관계가 더 좋아진다. 부정적인 것을 공유하는 것은 자신의 비밀을

공유함으로써 상대방과의 관계를 특별하게 생각하고 있다는 신호로 작용한다. 이때 자기노출에 반응적으로 행동하는 것이 중요하다. 왜냐하면 우리는 그렇지 않은 사람에게는 자기노출을 꺼리기 때문이다. 가령, 청소년들은 반응적이지 않은 부모보다는 자기 친구들에게 비밀을 털어놓는 등 자기노출을 더 많이 한다(Villalobos Solis et al., 2015). 이처럼 자신의 어려움을 친밀한 사람에게 털어놓음으로써 다양한 종류의 지지도 받을 수 있다. 상대방이 나의 어려움에 대해 정서적으로 위로해 줄 수도 있고, 물질적으로나 정보적으로도 도움을 주는 등 도구적인 기능을 할 수 있다.

    자기노출은 상호적인 경향이 강해서 동등한 개방이 하나의 기준으로 작동한다(Caughlin & Vangelisti, 2009). 또한 자기노출은 호감과 밀접한 관련이 있다. Collins와 Miller(1994)의 메타분석에서 사람들은 자신이 좋아하는 사람에게 자기를 더 노출했고, 그러한 노출 후에 그들을 더 좋아하게 되었으며, 자신을 노출하는 사람을 더 좋아했다([그림 8-12] 참조). 부정적인 노출도 상호적이다. 부정적인 상호성은 관계의 만족도 감소와 연결되고 관계의 해체를 예측한다(Ramos Salazar, 2015). 친밀하고 장기적인 관계에서는 일대일로 상호적으로 노출할 필요는 없다. 소통할 시간도 많고 상대

그림 8-12   **자기노출**. 보통 자기노출은 관계의 호감과 친밀성을 증가시킨다.

방에 대해 알고 있는 것도 많기 때문이다. 그럼에도 일상적인 경험이나 사사로운 일에 대한 공유가 필요하고, 서로 관심을 보여 주는 정서적 공유도 필수적이다. 일상적인 자기노출과 친밀한 정서의 노출은 관계를 지속적으로 유지하는 데 중요하다.

    때로 자기노출은 부정적인 효과를 초래한다. 사람들은 상대방을 조종하기 위해 자기노출을 할 수 있다. 특정 정보를 노출해서 상대방에게 상처, 충격, 당황을 초래하기도 하고 친밀함을 속여서 상대방을 이용할 수도 있다. 그뿐만 아니라 사람들은 자기노출이 초래하는 여러 부정적 결과 때문에 비밀을 지킨다(Vangelisti, 1994). 자신의 부정적 측면을 노출함으로써 거부당하거나 창피를 당할 수 있고, 상대방이 그러한 점을 악용할 수도 있다. 또한 어떤 주제를 논의할 수 있는 역량이 자신이나 타인에게 없을 때, 혹은 가족사와 같이 특정 주제에 대해 비밀을 지켜야 한다는 의사소통 규범이 있을 때, 사람들은 자기노출을 하지 않는다. 게다가 자신의 사생활을 보호하고자 할 때 그리고 관계의 유대를 지키기 위해 상대방이나 관계에 대한 부정적인 생각이나 느낌을 드러내지 않을 수도 있다.

4. 상호의존

관계가 가까워진다고 해서 반드시 연결의 강도가 강해지는 것은 아니다. 우리에게는 연결과 독립에 대한 욕구가 모두 있기 때문이다. 그럼에도 일반적으로 관계가 발전하면 서로 의존하는 정도가 커지는 경향이 있다. 특히 관계 초기에 비해 이후의 시기에는 서로 영향을 주고받는 정도가 증가한다. 이 절에서는 이와 같은 상호의존이 관계가 발전하면서 어떻게 달라지는지 살펴본다.

1) 교환적 관계

대인관계에서 상호의존을 포괄적이고 체계적으로 다룬 이론이 Kelley와 Thibaut (1978)의 **상호의존 이론**(interdependence theory)이다. 이 이론에 따르면 대인관계의 본질은 상호작용으로, 상호작용하는 사람들은 사고와 감정, 동기, 기호, 행동과 그 결과에 서로 영향을 주고받는다는 점에서 상호의존적이다. 상호의존 이론은 대인관계를 쇼핑에 비유하는데, 이것은 Alan Fiske(1992)가 제시한 관계 모형 이론에서 시장 가격 유형에 해당한다. 즉, 우리가 싼 가격에 좋은 물건을 구매하고자 하는 것처럼, 사람들은 다른 사람과의 관계에서 최소한의 비용으로 최대한의 보상을 얻는 방식으로 자신의 목표를 달성하고자 한다([그림 8-13] 참조). 이러한 입장에서 대인관계는 바람직한 보상의 교환, 즉 **사회적 교환**(social exchange) 과정이다.

그림 8-13 **보상**. 사람들은 때로 대인관계에서 자신의 이득을 최대화하고자 할 수 있다.

이 이론에서 보는 보상은 한 개인이 타인과의 상호작용을 통해 얻는 즐겁고 바람직한 결과이다. 비용은 처벌적이고 바람직하지 않은 결과 혹은 목표의 달성을 방해하는 요인이다. 보상은 선물과 같이 가시적이거나 애정이나 따뜻함과 같이 비가시적이고 상징적이다. 비용은 상호작용 중에 발생하는 부정적 산물로, 투자하는 시간이나 에너지, 갈등의 발생 등과 같은 요인이다. 보상과 비용을 결정하는 요인 중에는 개인적 욕구, 가치, 능력, 재정, 유사성, 근접성과 같이 관계와는 무관한 요인이 있다. 동시에 두 사람의 상호작용도 보상과 비용을 결정한다(Shaw & Costanzo, 1982). 가령, 두 사람이 개별적으로는 매우 친절하더라도 만나기만 하면 서로 적대적으로 다툰다면,

그들의 상호작용 산물은 매우 부정적일 것이다. 상호작용의 결과물은 둘이 교환할 수 있는 행동 목록에도 달려 있다. 공격적이고 부정적으로 반응하는 행동 목록만 가지고 있는 부부의 상호작용 결과물이 긍정적이기는 어렵다.

　상호작용의 결과물은 보상에서 비용을 뺀 값이다. 여기에는 두 사람이 모두 이득을 얻거나 손해를 보는 두 가지 경우와 어느 한쪽은 이득을 얻고 다른 쪽은 손해를 보는 두 가지 경우가 있다. 그러면 사람들은 어떻게 타인과의 상호작용과 그 관계를 평가하는가? Kelley와 Thibaut(1978)는 비교 수준과 대안적 비교 수준이라는 두 기준을 제시했다. 비교 수준(comparison level)은 우리가 다른 사람과의 관계에서 기대하는 결과의 가치를 기술하는 것으로, 만족과 불만족의 연속선상에 위치한다. 그래서 어떤 관계의 보상이 비교 수준보다 높으면 그 관계는 만족스럽고, 그것보다 낮으면 불만족스럽다. 비교 수준은 자신의 과거 경험이나 다른 사람과의 비교를 통해 설정된다. 또한 비교 수준은 상황과 시간에 따라 변화 가능하다.

　대안적 비교 수준(alternative comparison level)은 지금의 관계 이외의 새로운 관계에서 얻을 수 있는 결과물 측면에서 볼 때, 한 개인이 받을 수 있는 최소한의 결과물을 지칭한다. 대안적 비교 수준은 자신의 욕구를 충족하기 위해 지금의 관계를 지속할 것인지, 즉 상대방에 대한 의존 수준을 결정하는 데 영향을 준다. 지금의 관계가 주는 보상이 새로운 대안적 관계가 줄 수 있는 보상보다 클 경우 지금의 관계를 지속할 가능성이 높다. 반대로 지금의 관계가 주는 보상이 대안적 비교 수준보다 낮을 경우, 지금의 관계를 정리하고 새로운 대안을 찾을 가능성이 크다(Van Lange & Rusbult, 2012).

　그러면 정말 사람들은 더 나은 대안적 관계를 위해 지금 만족하는 관계를 떠날까? 당연히 그럴 수 있지만 이런 경우 그 계산이 간단하지는 않다. 그중 하나로 사람들은 지금 만족한 관계에 투자한 다양한 요인, 가령 시간이나 돈과 같은 물질적인 투자와 사랑과 존경, 배려와 같은 심리적 투자를 고려한다. Rusbult 등(2012)의 투자 모형(investment model)에 따르면, 헌신은 보상이 크고 비용이 적으며 지금보다 더 좋은 대안이 없을 때 증가할 뿐만 아니라 투자에 의해서도 영향을 받는다. 한 사람이 자신의 관계에 더 많은 자원을 투자하면, 그는 그 관계에 더 헌신하게 된다. 왜냐하면 많이 투자한 관계가 해체되면 그에 따른 비용이 상대적으로 더 증가하기 때문이다.

　또 다른 요인으로 자아존중감이 낮은 사람은 자신의 바람직성을 낮게 평가해서 대안적 비교 수준을 평가 절하하는 경향이 있다(Swann & Buhrmester, 2012). 그래서 이러한 사람은 지금의 관계에 남아 있을 가능성이 상대적으로 더 크다. 또한 지금의 관계에 만족하는 사람은 자신에게 좀 더 바람직한 대안이 될 수 있는 사람을 찾는 데 크게 관심을 두지 않을 수 있다. 이러한 사람들은 대안을 열심히 찾는 사람에 비해 자신의 대안적 비교 수준이 주는 보상이 낮다고 생각한다(Miller, 2008).

사회적 교환의 개념을 확장한 또 다른 개념이 공평(equity)이다. 공평은 상호작용이나 조직의 참여자들이 각자 한 투입에 비례해서 결과물을 할당받는 것을 말한다. 가사와 양육을 많이 한 만큼 더 많은 휴식과 자유 시간을 갖는 것처럼, 공평은 각 개인이 자신이 기여한 만큼의 이득을 얻는 것을 의미한다. 이처럼 공평 이론(equity theory; Adams, 1963)은 공정성을 강조한다. 공평성이 무너져서 자신이 받아야 할 것보다 더 적은 혜택을 받는 사람은 착취를 당했다고 생각해서 분노를 느끼게 된다. 반면에 더

내 마음의 거울

공동체적 관계의 강도

여러분은 상대방에 따라 그와의 관계가 갖는 공동체적 특성을 비교해 볼 수 있다. 특정 상대방에 대하여 다음의 질문에 응답해 보자. 다음의 척도에서 가장 적합한 숫자를 _____에 적어 보기 바란다.

0	1	2	3	4	5	6	7	8	9	10

전혀 그렇지 않다   매우 그렇다

_____ 1. 나는 그 사람을 방문하기 위해서 기꺼이 멀리까지 갈 수 있다.

_____ 2. 나는 그 사람을 돕기 위해 무언가를 할 때 매우 행복하다.

_____ 3. 나는 그 사람에게 많은 혜택을 베풀 수 있다.

_____ 4. 나는 그 사람의 욕구를 충족해 주기 위해 큰 부담도 감수할 수 있다.

_____ 5. 나는 그 사람의 욕구를 생각하지 않고 쉽게 지워 버릴 수 있다.*

_____ 6. 그 사람의 욕구를 충족해 주는 것이 나에게는 최우선이다.

_____ 7. 나는 그 사람을 위해 희생하고 싶은 마음이 들지 않는다.*

_____ 8. 나는 그 사람에게 이득이 된다면 기꺼이 포기할 수 있다.

_____ 9. 나는 그 사람을 위해 내 길을 많이 벗어나더라도 무언가를 할 수 있다.

_____ 10. 나는 고민할 필요 없이 그 사람을 돕지 않을 수 있다.*

주: *로 표기된 문항의 점수는 10에서 _____에 적은 숫자를 뺀 값이 여러분의 점수이다. 가령, 5번에 3점으로 응답했으면 10−3=7점이 되고, 6점으로 대답했으면 10−6=4점이 된다. 그다음 각 문항에 응답한 여러분의 점수를 모두 합산하면, 그 총점(100점 만점)이 여러분과 특정 상대방과의 관계가 갖는 공동체적 강도를 보여 주는 지표이다.

출처: Mills et al. (2004).

많은 혜택을 받는 사람은 죄책감을 느낄 수 있다(Guerrero et al., 2008). 혜택을 덜 받는 사람은 공평성 회복을 요구할 수도 있고, 지금의 분배가 공정하다고 자신의 생각을 바꿀 수도 있으며, 그 관계를 그만둘 수도 있다.

2) 공동체적 관계

상호의존 이론(Kelley & Thibaut, 1978)에 따르면 사람들은 최소한의 비용으로 최대한의 이득을 얻고자 한다. 그렇다고 해서 우리가 항상 그런 것은 아니다. 장기적인 파트너는 우리의 삶에 상당한 영향을 미친다. 그래서 우리는 상대방이 행복하게 살면서 우리 곁을 떠나지 않기를 바란다. 이러한 목적을 달성하기 위해서 우리는 자신의 변화를 통해 상대방의 행동과 결과물을 변화시키고, 이를 통해 상대방이 우리의 기대나 바람과 일치하는 방식으로 행동하도록 만든다. 이러한 변화는 동기의 탈바꿈으로, 자기이익에 대한 선호로부터 벗어나 좀 더 폭넓게 상호작용하는 당사자들의 목표 달성을 증진하는 것이다(Kelley, 1984).

이러한 동기의 탈바꿈은 몇 가지 기능적인 가치가 있다(Rusbult & Arriaga, 1997). 먼저, 탈바꿈된 동기에 의한 행동은 개인적 이익만을 위해 상호작용할 때보다 더 우수한 결과물을 가져올 수 있다. 이러한 행동이 안정적으로 이루어지면, 상대방의 행동을 예측하기가 쉬워지고 협동이 용이해진다. 상대방에게 좋은 결과물을 주기 위해 때로는 희생하고 노력함으로써, 궁극적으로 가치 있는 보상을 보답으로 받도록 해 준다. 탈바꿈의 유형에는 결과물을 배분할 때 자신뿐만 아니라 상대방도 배려하는 것, 다른 사람과 관련해서 좋은 결과물을 얻고자 하는 것, 서로 보조를 맞추면서 행동하는 것, 상대방의 행동에 부응해서 반응하는 것 등이 있다.

이러한 점에서 상호의존 이론이 인간의 이기주의만을 용인하는 것은 아니다. 우리의 행동이 공정성에 대한 고려, 상대방의 행복을 증진하고 싶은 바람과 같이 즉각적인 자기이익을 넘어서는 관심도 반영한다고 보기 때문이다. 비슷한 맥락에서 Clark와 Mills(2012)는 교환적 관계에 대비되는 것으로 공동체적 관계를 제시하고 있다. 교환적 관계에 있는 사람들은 기본적으로 자신의 이익을 극대화하는 것에 관심을 둔다. 그들은 상대방에게 베푼 혜택에 대하여 보답을 받으면 그 상대방에 대한 호감이 증가하고, 그러한 보답을 받지 못하면 착취당했다고 느낀다. 또한 교환적 관계의 사람들은 보상과 비용을 공평 원리에 기초해서 분배하는 것을 중시한다. 그래서 성공과 실패에서 공평함을 강조할 때 만족도가 높다.

그림 8-14 **공동체적 관계**. 이런 관계에서는 상대방을 우선시하는 경향이 강하다.

반면, **공동체적 관계**를 맺고 있는 사람은 기본적으로 상대방의 욕구에 더 많은 주의를 기울인다([그림 8-14] 참조). 그들은 이익과 비용을 따지지 않고 상대방의 행복이나 필요를 위해서 조건 없이 줄 수 있다. 이런 관계의 사람들은 자신이 베푼 혜택에 대해 상대방이 빨리 보답하면 그 상대방에 대한 호감이 떨어진다. 혜택을 받는 사람도 상대방에게 도움이 되는 행동을 생각하지만 의무적으로 꼭 갚아야 한다는 생각을 하지는 않는다. 공동체적 관계의 사람들이 정서적 표현을 더 많이 하며 상대방의 정서 표현에 더 긍정적으로 반응한다. 이러한 사람들은 공동의 노력으로 성공했을 때 상대방에게 더 많은 공을 돌리고, 실패하면 그를 덜 비난한다.

한 사람이 상대방을 착취하거나 서로 경쟁하는 관계도 있다는 점에서 모든 관계가 이 둘 중의 하나는 아니다. 이러한 구분이 단기적인 관계와 장기적인 관계의 구분을 의미하는 것도 아니다. 실제 단기적이거나 장기적인 관계에서 이 두 유형을 모두 찾아볼 수 있다. 또한 공동체적 관계가 반드시 쌍방적인 것은 아니다. 부모는 공동체적 관계를 지향하지만, 자녀는 교환적 관계를 지향할 수도 있다. 게다가 특정 관계가 교환적이면서 동시에 공동체적일 수 있다. 어머니가 평소에는 자녀에게 무조건적으로 베풀기도 하지만, 때로는 자녀의 집안일을 도와준 대가로 용돈을 받기도 한다. 마지막으로, 교환적 관계는 이기적이고 공동체적 관계는 이타적이라고 가정하지는 않는다.

제3부

관계의 다양성

시(詩)가 있는 창

우화의 강 1

마종기

사람이 사람을 만나 좋아하면
두 사람 사이에 물길이 튼다.
한쪽이 슬퍼지면 친구도 가슴이 메이고
기뻐서 출렁이면 그 물살은 밝게 빛나서
친구의 웃음소리가 강물의 끝에서도 들린다.

처음 열린 물길은 짧고 어색해서
서로 물을 보내고 자주 섞여야겠지만
한세상 유장한 정성의 물길이 흔할 수야 없겠지.
넘치지도 마르지도 않는 수려한 강물이 흔할 수야 없겠지.

...중략...

큰 강의 시작과 끝은 어차피 알 수 없는 일이지만
물길을 항상 맑게 고집하는 사람과 친하고 싶다.
내 혼이 잠잘 때 그대가 나를 지켜보아주고
그대를 생각할 때면 언제나 싱싱한 강물이 보이는
시원하고 고은 사람을 친하고 싶다.

제9장

성격, 문화 그리고 관계

우리가 만나는 사람들은 서로 다르다. 어떤 사람은 외향적인 반면, 또 어떤 사람은 내향적이다. 어떤 사람은 협동적이지만, 또 어떤 사람은 경쟁적이다. 종종 이러한 이유 때문에 우리가 맺는 관계는 상대방의 성격에 따라 다르다. 자기주장이 강한 사람도 자기보다 더 완고한 사람 앞에서는 평소보다 좀 더 순응하는 태도를 보일 수 있다. 보통 때는 너그러운 사람도 까다롭고 트집을 잘 잡는 사람 앞에서는 화를 내기 쉽다. 사람들 간의 이러한 차이는 비단 개인 사이에서만 존재하는 것은 아니고 그들이 살아가는 문화에 따라서도 존재한다. 한국 사람들은 퇴근 후에 동료나 친구와 만나 저녁을 함께 먹는 경우가 빈번하다. 심지어 주말에도 만나 함께 시간을 보낸다. 이러한 풍경이 서구의 개인주의적인 문화권에서는 흔한 일이 아니다. 그러면 어떤 요인이 이와 같은 차이를 가져오는 것일까? 이 장에서는 성격의 특징과 차원, 문화의 의미와 차원 그리고 한국인의 대인관계를 알아본다.

1. 성격의 특징

성격의 의미.   성격은 한 사람이 자신의 특질, 성향, 목표, 이야기와 같은 개인적 속성을 반영하는 방향으로 행동하는 것을 설명하기 위해 사용하는 개념이다. 성격은 한 개인의 주요 특질, 흥미, 욕구, 가치, 능력, 정서적 패턴, 자아개념 등을 포함해서 그 개인이 보이는 특성과 행동의 지속적인 형태이다(VandenBos, 2015). 각 개인은 이와 같은 자신만의 일관적인 방식으로 주어진 환경에 적응해 나간다. 우리가 흔히들 말하듯이 어떤 사람은 외향적인 방식으로 외부의 대상들과 상호작용하고, 또 어떤 사람은 지속적으로 우울한 정서에 휩싸여 있을 수도 있다. 어떤 사람은 자신이 다른 사람보다 우월하다는 생각을 계속 가지고 있을 수 있고, 또 다른 사람은 성실한 삶을 최고의 가치로 여기며 살아갈 수도 있다([그림 9-1] 참조). 이처럼 성격은 어떤 특성이나 행동에서 개인들 간의 안정적인 차이를 보여 주는 개념이다.

성격은 타고나는 유전적 요인과 후천적인 환경적 요인에 의해 형성된다. Polderman 등(2015)은 17,804개의

그림 9-1 **성격의 다양성.** 사람들은 생김새만큼이나 성격도 서로 다르다.

성격 특질에 대하여 50년간 이루어진 쌍둥이 연구를 메타분석했다. 그 결과 모든 성격 특질에 걸쳐 평균적인 유전 가능성은 49%이었으며, 성격 특질의 17%가 환경적 요인에 의한 것이었다. 이 환경적 요인은 함께 자란 쌍둥이들의 유사성과 따로 자란 쌍둥이들의 차이를 증가시키는 가족 환경의 영향이다. 그렇다고 해서 환경의 영향이 적다고 할 수 없다. 왜냐하면 나머지 34%는 유전이나 가족이 아니면서 쌍둥이가 공유하지 않은 환경에 의한 것이기 때문이다. 또한 유전과 환경은 서로 영향을 주고받는다. 지적으로 뛰어난 유전자를 가진 사람도 환경이 열악하면 그 잠재력을 제대로 발휘하기 어렵다. 이러한 점에서 볼 때, 성격 특질의 유전 가능성이 49%라고 해서 유전이 우리의 성격 형성에 49% 기여한다고 말하기 어렵다(Kandler & Zapko-Willmes, 2017).

성격에 대한 주요 가정 중 하나가 일관성이다. 즉, 특정 성격을 가진 사람은 그것에 해당하는 행동을 여러 상황과 시간에 걸쳐 일관적으로 한다는 것이다. 그러면서 일관적인 사람을 더 바람직하게 평가하는 경향이 있다. 상대방이 자신의 정치적 이념을 뒤집거나 엊그제 말한 것과 다르게 행동하면, 우리는 그 사람을 좋지 않게 생각한다. 그러나 사람이 늘 일관적이지는 않다. Mischel(1968)은 성격의 일관성이 상관계수 .3 정도라고 지적한 바 있다. 보통 우리의 행동은 상황이 변하면 달라질 가능성이 크다(제1장 참조). 적합하거나 필요한 행동이 상황마다 다르기 때문이다. 어떤 사람은 집에서 가족들과 있을 때는 조용하고 순종적이지만, 토론 수업에서는 자기주장이 강할 수 있다. 이처럼 비일관적인 행동은 대인관계에서 자연스러운 현상이다. 그래서 이상적인 관계는 상대방의 일관성과 비일관성을 모두 수용하는 것이다. 상대방의 비일관성에 대한 인내심이 낮으면, 그것이 관계상의 갈등을 야기할 수 있다.

성격 강점.   사람들의 성격 특성은 매우 다양하지만 그중에는 우리의 적응에 기여하는 것이 있다. 이러한 성격 특성을 성격 강점이라고 한다. 세기가 바뀔 무렵에 긍정심리학이 심리학이라는 학문 영역에서 싹트면서, 연구자들 사이에 인간의 강점과 덕목에 대한 관심이 증가하기 시작했다. 그러한 관심 사항 중 하나인 성격 강점은 특별한 역량이나 기술처럼 장점이나 자산으로 여길 수 있을 만큼 우리 삶의 특정 영역에서 성공 가능성을 높이는 어떤 성격적 특성이다. 진화론적인 입장에서는 성격 강점을 우리의 생존과 재생산의 성공 가능성을 높이는 특질로 정의한다. 반면에 심리학자들은 성격 특성을 범주화하면서 일반적으로 '좋은 것'을 성격 강점으로 본다(Ryff & Singer, 1998). 여기에는 다른 사람과 의미 있는 관계, 일에서의 성취 그리고 전반적인 심리적 및 신체적 건강을 위한 역량이 들어 있다.

그림 9-2   회복탄력성. 성격 강점 중 하나인 회복탄력성은 우리의 적응을 돕는다.

우리의 적응을 돕는 성격 강점은 매우 많다(King & Trent, 2013). 그중 하나로 회복탄력성(resilience)을 들 수 있다. 회복탄력성은 고난으로부터 회복해서 적응할 수 있는 개인의 능력을 지칭한다([그림 9-2] 참조). 회복탄력성이 높은 사람은 역경에 대해서도 여러 적응적인 방식으로 대처한다. 그들은 부정적인 정서를 덜 경험하고 유쾌한 경험을 최대로 활용한다. 그들은 자기효능감, 낙관주의, 통제감이 높다. 또 다른 성격 강점으로 Big Five 성격 특질(외향성, 친화성, 성실성, 신경증, 경험에 대한 개방성)을 들 수 있다. 이것은 특정 상황에서는 적응에 유리한 강점인 반면, 또 다른 상황에서는 약점이 될 수 있다. 이 외에도 동기적인 측면에서 성취 동기, 권력 동기, 친애 동기와 같은 사회적 동기는 특정 영역에서 강점으로 작용할 수 있다. 자신의 목표를 달성하기 위해 자기의 충동을 조절할 수 있는 능력도 강점에 속한다.

그러면 친밀한 관계에서 상대방의 성격이 왜 중요한가? 그 이유는 특정 사건에 대한 한 개인의 경험이나 반응은 상대방의 특성에 따라 달라지기 때문이다. 즉, 두 파트너의 성격 특질은 서로 영향을 주고받아 그들 간의 상호작용 패턴에 영향을 주기 때문이다. Herrero 등(2020)은 젊은 이성 커플 361쌍을 대상으로 그들 사이의 공격을 연구했다. 그 결과 상호 간 공격이 50% 이상의 커플에서 발생했다. 여자가 남자를 공격하는 이유는 남자가 먼저 여자를 공격했기 때문이고, 남자가 여자를 공격하는 이유도 여자가 먼저 남자를 공격했기 때문이다. 이처럼 한쪽의 공격이 상대방의 도발에 따른 반응이라는 점에서, 한 개인의 행동은 상대방의 행동에 의해 영향을 받는다. 이러한 점에서 친밀한 관계에서는 우리 자신의 성격뿐만 아니라 상대방의 성격도 중요하다.

2. 성격의 차원

사람의 성격은 매우 다양한 차원에서 유형화할 수 있다. 이 절에서는 그러한 방식 중에서 Big Five로 알려진 성격 특질에 기초한 방식, 애착 유형에 따른 방식 그리고 접근-회피 차원을 살펴본다.

1) 성격의 5요인 모형

일반인들은 자신과 타인의 성격을 기술할 때 외향적인, 신경질적인, 따뜻한, 소심한 등의 형용사를 사용한다. 심리학자들은 불확실성에 대한 인내심, 초자아의 강도, 성취 욕구 등과 같은 용어를 사용한다. 이러한 용어는 모두 사람들의 성격 특질을 나타내는 말이다. 성격 특질은 한 개인이 꽤 지속적이고 안정적으로 보이는 자기 나름의 독특한 사고, 감정 그리고 행동 방식이라고 할 수 있다(Allport, 1937). 영어의 경우 17,000개 이상의 성격 특질을 나타내는 형용사가 있는데, 이것을 크게 Big Five 성격 특질로 묶을 수 있다. 그것은 외향성(extraversion), 친화성(agreeableness), 성실성(conscientiousness), 신경증(neuroticism) 그리고 개방성(openness to experience)이다. 이것을 5요인 모형 혹은 5요인의 머리글자를 따서 OCEAN 혹은 CANOE 모형이라고 부른다.

요인별 특징.   이 다섯 가지 요인은 어느 정도 서로 독립적이면서 독특한 특징을 가지고 있다(McCrae & Sutin, 2007). 외향성은 에너지 원천이 외부에 있으며 빠르게 결정하고 행동하는 성향이다. 이 점수가 높은 사람은 강렬하고 빈번한 상호작용을 선호하며 에너지가 넘치고 낙관적이다. 친화성은 사회적 조화와 타인과의 공동체적 관계를 추구하는 성향이다. 이 점수가 높은 사람은 다른 사람을 공감하고 배려하며 비이기적으로 행동한다. 성실성은 목표의 성취를 추구하는 성향이다. 이 점수가 높은 사람은 자신의 목표를 달성하기 위해 충동을 억제하고 체계적으로 행동을 조절하고 관리한다. 신경증은 분노나 불안과 같은 불쾌한 정서를 쉽게 느끼는 성향이다. 이 점수가 높은 사람은 정서적 스트레스, 비현실적 생각 그리고 부적절한 충동을 경험한다. 개방성은 경험의 다양성을 추구하는 성향이다. 이 점수가 높은 사람은 새로운 경험을 추구하고 유연한 사고를 하는 등 보수주의와 반대적인 경향을 보인다.

성격 5요인을 다시 상위 2개의 요인으로 묶어 범주화할 수 있다. Digman(1997)은 친화성, 성실성 그리고 신경증의 반대를 자신이 알파라고 부른 하나의 요인으로 묶고, 외향성과 개방성을 자신이 베타라고 부른 또 다

그림 9-3 **HEXACO 성격 모형**. 이 모형은 성격을 6요인으로 구분한다. 여기에서 정서성(emotionality)은 신경증 요인에 해당한다.

른 요인으로 묶었다. DeYoung(2006)은 전자를 안정성이라고 부르고 후자는 가소성 이라고 부른 반면, Anusic 등(2009)은 전자를 시민의식이라고 부르고 후자는 성장이 라고 불렀다. Ashton과 Lee(2007)는 5요인 모형에 정직-겸손(honesty-humility) 요인 을 추가해서 HEXACO 모형(X는 외향성을 나타내고, 나머지는 5요인의 영어 머리글자)을 제시했다([그림 9-3] 참조). 그들은 정직-겸손이 친화성과 미묘하지만 중요한 차이가 있다고 주장해 왔다. 전자는 다른 사람을 이용하는 것과 관련이 있는 반면, 후자는 이 용당하는 것과 관련이 있다는 것이다. 그래서 정직-겸손 차원에서 점수가 높은 사람 은 다른 사람을 공정하게 다루고 이용하지 않는다. 반면에 친화적인 사람은 이용을 당하더라도 다른 사람과 기꺼이 협동하고자 한다.

지혜의 샘

DISC 성격 유형

미국의 심리학자 William Marston은 주변 환경을 지각하는 방법과 정서를 표현하는 방식 에 따라 네 가지 행동 유형을 제시했다. [그림 9-4]에서 보듯이, 이것에 기초한 DISC 성격 유 형은 성격을 내외향성 차원과 과업/관계 중심 차원의 조합으로 주도형(Dominance), 사교형 (Influence), 안정형(Steadiness), 신중형(Conscientiousness)의 네 가지로 구분한다.

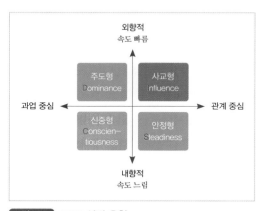

주도형의 사람은 도전과 통제를 통 해서 자신의 의미를 추구한다. 자신이 주도권을 행사하면서 의사결정과 권 한이 보장되는 환경을 좋아한다. 일을 추진하는 속도가 매우 빠르고 에너지 가 아주 많다. 그들이 겪는 갈등은 대 부분 지나치게 주도적이고 타인의 의 견을 무시하는 독재자 같은 태도 때 문이다. 이 유형의 사람들은 대화하는

그림 9-4 DISC 성격 유형

방식을 개선할 필요가 있다.

사교형의 사람은 자신이 긍정적이고 재미있는 사람이라는 인정을 받고 싶은 욕구가 강하다. 다양성과 창조성이 보장되는 환경을 선호한다. 열정이 넘쳐 충동적이거나 다혈질처럼 보이기도 한다. 그들은 자신의 시간을 잘 관리할 필요가 있다. 업무를 잘 마감하고 약속을 잘 지키는 것이 중요하고, 업무에 대한 서툴고 부적합하다는 평가를 개선할 필요가 있다.

안정형의 사람은 변화를 싫어하는 유형으로, 남들과 원만하고 협력적인 대인관계를 유지하며 조력자 역할을 선호한다. 예측 가능하고 잘 정돈된 환경을 좋아하기 때문에, 경쟁적이고 공격적인 환경에서는 극심한 스트레스를 받는다. 변화를 두려워해 발전이 없을 수 있고, 자신의 감정이나 의견을 잘 드러내지 않아 주위 사람은 답답할 수 있으며, 과도하게 느긋하고 의존적일 수 있다.

신중형의 사람은 무엇이든 정확하고 완벽하게 하고자 하는 욕구가 강하다. 매사에 신중하고 과정과 절차에 치밀하며 일에 대한 분석 능력이 뛰어나다. 일관성이 없거나 시간에 쫓기는 상황에서 스트레스를 받는다. 자신이 비판받는 상황을 매우 두려워하고, 일에서 즐거움을 찾기 때문에 대인관계의 폭이 좁다. 그래서 타인과 소통하고 감정을 조절하고 표현하는 연습이 필요하다.

요인별 영향.   우리 삶의 다양한 측면이 성격 5요인과 관련되어 있음을 매우 많은 연구가 밝혀 왔고, 여러 문헌이 그러한 발견을 종합적으로 기술하고 있다(예: King & Trent, 2013; Winterheld & Simpson, 2018). 이러한 문헌에 따르면 외향성은 대부분 긍정적인 결과와 연결되어 있다. 외향적인 사람은 행복하고 문제에 대해 적극적으로 대처하며 정서적으로도 긍정적인 경향을 보인다. 외향적인 사람은 관계적인 측면에서도 상대방과 대화할 때 긍정적인 정서를 경험하고, 상대방으로부터 더 많은 지지를 받으며, 관계 만족도도 높다. 그러나 사회적 상호작용을 수반하지 않는 상황에서 외향성은 학업과 같은 과업에서 항상 높은 성취를 가져오지는 않는다.

친화성은 공격성, 반사회적 행동 그리고 사회적 불안이나 우울과 같은 문제와 부적으로 관련되어 있다. 반면에 친화성은 공손이나 이타주의, 공정, 자비, 친절과 정적 상관이 있다. 친화성이 높은 사람은 갈등을 건설적으로 해결하는 경향이 있고 타인을 배려하는 경향이 강하다. 이러한 사람은 만족스러운 관계를 맺기 때문에 다른 사람들로부터 수용받을 가능성이 크다. 과업적인 측면에서도 친화적인 사람은 자기조절을 잘하고 학업적인 성취도 뛰어나다. 한편, 성실성과 관계상의 만족에 대한 연구 결과는 일관적이지 않아, 성실한 사람이 대인관계에서 더 만족하는지는 불분명하다. 성실성은 학교 성적이나 일의 수행과 같은 과업상의 성취와는 정적인 상관이 있다. 성실한 사람은 문제에 대한 적극적 대처, 충분한 운동, 술이나 담배의 절제 등을 잘해서 그들의 사망률이 상대적으로 낮다.

신경증은 대부분 부정적인 결과와 연관되어 있다. 신경증이 높은 사람은 부적 정서를 경험하기 쉽고, 정서나 성격이 불안정하며, 회피 동기가 강하다. 그들은 환경에 존재하는 잠재적 위협에 매우 민감하고 부정적인 정보에 바짝 경계하고 있다. 관계 측면에서도 신경증은 좋지 않은 결과를 초래한다. 신경증적인 사람은 상대방에게 적대적으로 행동하는 경향이 있고, 사실과 달리 파트너가 적대적이고 부정적이라고 지각한다. 그들의 관계는 덜 만족스럽고 관계의 질과 안정성도 덜어진다. 마지막으로, 개방성과 관계 만족도의 상관은 일관적이지 않다. 개방성은 뛰어난 인지적 기능과 관련성이 높아, 개방적인 사람은 호기심, 창조성, 독창성, 지능이 높다.

2) 애착 유형

이론적 설명.   우리의 관계를 설명하는 하나의 중요한 입장이 애착 이론(Bowlby, 1973)이다. 애착은 유아나 동물의 어린 새끼와 그 부모나 양육자 사이에 형성된 정서적 유대이다. Bowlby(1973)에 따르면 유아는 위협이나 위험에 직면하면 자동적으로 애착 행동 시스템을 작동시킨다. 이 시스템은 필요할 때 지원을 해 주는 사람, 즉 부모와 같은 애착 인물에게 가까이 가도록 해 준다. 이를 통해 유아는 믿을 만하고 견고한 안전감을 갖게 된다. 자신이 필요할 때 다른 사람이 반응해 주고 지지해 줄 것이라는 확신, 자신이 사랑과 돌봄을 받을 만한 가치가 있다는 확신 그리고 세상은 탐구하고 배우기에 안전한 곳이라는 확신을 갖게 된다. 위협이 없을 때 애착 인물은 안전 기지로 작용함으로써, 유아는 이를 기반으로 환경을 탐색할 수 있다. 반면에 위협의 조짐이 보일 경우 애착 인물은 안전한 피난처로 작용함으로써, 유아는 지지를 얻기 위해 애착 인물에게 돌아올 수 있다.

유아는 이와 같은 애착 시스템을 가지고 태어나지만, 부모와의 관계에 따라 애착에 중요한 개인차가 발생한다. 이러한 개인차는 유아가 필요할 때 요청하는 지지에 대하여 애착 인물이 하는 반응에 따라 만들어진다. 애착 인물이 유아가 필요로 할 때 근처에 있으면서 민감하게 반응하고 따뜻하게 지지해 주면, 유아는 안정 애착을 형성한다. 그래서 다른 사람들과 행복한 관계를 맺으면서 주변의 환경을 적극적으로 탐색한다. 애착 인물이 어떤 때는 따뜻하게 돌봐 주지만 다른 때는 관심이 없고 곁에 있지 않으면, 유아는 불안-양가적 애착을 형성해서 다른 사람에 대해 초조하고 복합적인 감정을 느낀다. 이런 유아는 양육자가 떠나면 언제 돌아올지 확신할 수 없기 때문에 불안해하고 매달린다. 적대적이고 거부적인 성인이 마지못해 양육하면, 유아는 회피 애착을 형성한다. 그들은 보통 다른 사람을 의심하거나 분노하고 쉽게 신뢰하지 못한다.

유아는 이와 같은 애착 경험을 통해 자신과 타인에 대한 애착 관련 내적 작동 모형 (internal working model)을 형성한다. 이것은 관계의 작용에 대한 인지적인 틀이나 가정의 집합이다(VandenBos, 2015). 우리는 이와 같은 모형을 통해 다른 사람에 대한 정보를 해석하고 그에 따라 정서적인 경험을 하게 된다. 안정 애착의 유아는 다른 사람들로부터 지지와 애정을 기대하고 그것과 일치하는 긍정적 정서를 느끼는 반면, 회피 애착의 유아는 처벌이나 거부를 기대하고 그에 따라 부정적인 정서를 경험하는 내적 작동 모형을 가지고 있다. 이 모형은 어릴 적 부모와 맺은 애착이 이후 성인기의 친밀한 관계에 대한 애착 유형으로 이어지는 데 그 매개체 역할을 한다.

Hazan과 Shaver(1987)는 유아에게서 발견한 애착 유형이 성인기의 친밀한 관계에서도 나타난다는 것을 처음으로 입증했다. 그 후 많은 연구자는 성인기 애착 유형이 4개라는 것을 발견했다. Bartholomew(1990)는 Bowlby의 내적 작동 모형에 기초해서 자신과 타인에 대한 각각의 작동 모형을 제시했다. 자기에 대한 작동 모형은 긍정적 자기개념이나 자기는 사랑받을 만하다는 믿음처럼 긍정적이거나, 부정적 자기개념이나 자기는 무가치하다는 믿음처럼 부정적일 수 있다. 타인에 대한 작동 모형 역시 상대방이 믿을 만하고 늘 곁에 있다고 생각하는 것처럼 긍정적이거나, 거부하고 무관심하며 거리감이 있다고 보는 것처럼 부정적일 수 있다. 이러한 두 작동 모형을

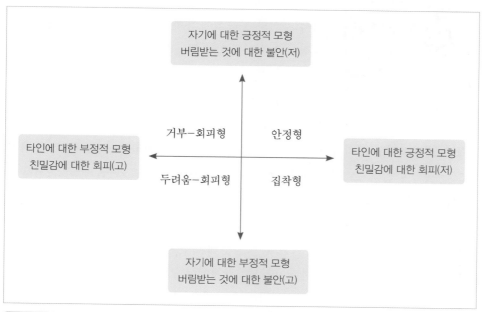

그림 9-5 **성인 애착의 네 가지 유형.** 자기와 타인 차원 혹은 불안과 회피 차원에 따른 네 가지 유형

조합하면 네 가지 애착 유형이 만들어진다.

Mikulincer와 Shaver(2016)는 성인기 애착 유형을 두 포괄적인 차원에 기초하여 네 가지로 구분했다. 그 하나가 버림받는 것에 대한 불안 차원으로, 이러한 불안이 큰 사람은 작은 사람과는 달리 자신이 무가치해서 다른 사람들이 자기를 떠날 것이라고 걱정한다. 이 차원은 앞에서 살펴본 자기에 대한 작동 모형에 부합한다. 또 다른 차원은 친밀감에 대한 회피로, 이러한 회피가 큰 사람은 작은 사람에 비해 타인을 불신하고 그들과의 관계에서 불편함과 거리감을 느낀다. 이 차원은 앞에서 살펴본 타인에 대한 작동 모형에 부합한다. 자기와 타인에 대한 작동 모형을 불안과 회피 차원과 통합해서 도출한 네 가지 애착 유형이 [그림 9-5]에 제시되어 있다. 여기에서 안정형을 제외한 나머지 세 가지 유형은 불안정 애착으로, 네 가지 유형 중 안정형이 가장 많지만 세 가지 불안정 애착의 총합보다는 적다(Schmidt, 2008).

애착 유형별 특징. 낭만적 사랑뿐만 아니라 친구나 직장 동료와 같은 다양한 형태의 친밀한 관계에서 네 가지 애착 유형은 여러 차이를 보이고 있다(Bartholomew, 1990; Miller, 2015). 안정형은 자신과 타인을 긍정적으로 보면서 애착 관련 불안과 회피 수준이 모두 낮다([그림 9-6] 참조). 이러한 사람은 의존과 자율성이 상충한다고 생각하지 않는다. 그래서 상대방과 가까워지고 그들에게 의존한다고 해서 자신의 자율성에 대해 위협을 느끼지는 않는다. 자율적이고 독립적으로 행동한다고 해서 분리나 거부되었다고 느끼지도 않는다. 그들은 자신의 감정을 효율적으로 조절하고, 상대방의 서운한 감정에 공감하며, 그들의 도움에 감사함으로써 관계의 만족도를 높인다. 그들은 또한

그림 9-6 **안정 애착.** 안정 애착은 불안정 애착에 비해 대인관계에서 유리한 점이 많다.

갈등을 개방적이고 지지적인 방식으로 해소하기 때문에, 상대방의 잘못을 더 잘 용서하고 문제를 합리적으로 분석해서 건설적으로 해결한다(Mikulincer & Shaver, 2018).

거부-회피형은 자기에 대해 긍정적인 작동 모형을 가지고 있지만 타인에 대해서는 부정적인 작동 모형을 가지고 있는 경우로, 애착 관련 불안 수준은 낮고 회피 수준은 높다. 이들은 높은 자존감과 자기신뢰, 독립성에 대한 자부심을 가지고 있고, 타인은 자신과 무관한 존재라고 생각한다. 따라서 관계에서 오는 즐거움, 헌신, 친밀성 수준이 낮다. 이러한 사람들은 자신의 생각이나 느낌을 상대방과 공유하는 것을 좋아하지 않고, 상대방의 자기개방에도 주목하지 않는다. 대화할 때 웃음, 얼굴 쳐다보기,

주의와 같이 애정을 표현하는 행동을 적게 한다. 심지어 그들은 애착 관계에서 경험할 수 있는 분노와 불안을 회피하는 등 부정적인 정서 경험을 막는 방어적인 태도를 취한다(Cassidy & Kobak, 1988). 그들은 파트너가 지지해 주고 주의를 쏟는 경우에도 그들을 쉽게 용서하기 어렵고 그들에게 감사의 마음을 갖기가 어렵다. 이러한 사람은 대인관계를 적극적이고 능동적으로 통제하고자 하고, 관계를 맺는 것에 대해 적대적인 특성을 많이 보이는 유형이다(Kobak & Sceery, 1988).

집착형은 자기에 대해서는 부정적인 작동 모형을 가지고 있지만 타인에 대해서는 긍정적인 작동 모형을 가지고 있는 경우로, 애착 관련 불안 수준은 높으면서 회피 수준은 낮다. 이러한 사람의 특징을 살펴보면(Mikulincer & Shaver, 2018), 그들은 자신이 무가치하다는 뿌리 깊은 인식을 가지고 있으면서, 다른 사람에 대한 의존 동기가 강하고 그들의 인정을 받으려는 채울 수 없는 욕망을 가지고 있다. 그들은 상대방이 자기를 거절하고 버릴 것 같은 신호에 과민하게 두려워하고, 친밀성과 지지에 대한 과도한 욕구 때문에 스토킹처럼 상대방을 침범하는 행위를 할 수 있다. 이러한 특성 때문에 집착형의 사람들은 자신의 욕구와 소망을 너무 과하게 노출함으로써, 상대방과 만족스러운 대화를 주고받기 어렵고, 상대방의 메시지를 정확히 해석하기 어렵다. 이러한 사람은 갈등 상황에서 상대방과 멀어질까 봐 걱정하고, 갈등과 관련된 스트레스를 매우 강하게 받으며, 상대방을 용서하기가 쉽지 않다.

두려움-회피형은 자신과 타인을 모두 부정적으로 보면서 애착 관련 불안과 회피 수준이 모두 높다. 이러한 사람들은 집착형과 거부-회피형의 특징을 모두 가지고 있다(Bartholomew, 1990). 그들은 집착형과 마찬가지로 낮은 자신감과 자기가치감을 가지고 있으면서 매우 강한 의존 욕구를 가지고 있다. 그러나 두려움-회피형의 사람들은 발생할 수 있는 거부에 대한 고통을 최소화하기 위해 상대방과 가까워지는 것을 방어적으로 회피한다. 즉, 그들은 사회적 접촉과 친밀함을 원하지만 좌절을 겪어 타인에 대한 불신과 거부에 대한 두려움을 많이 가지고 있다. 그래서 거부-회피형과 마찬가지로 만족스러운 사회적 관계를 회피하는 경향을 보이고 대인관계에서 적대적인 특성을 보인다. 그러나 이러한 적대감을 직접적이고 적극적으로 표출하는 거부-회피형과는 달리, 두려움-회피형은 상대방과 거리를 두거나 사회적으로 회피하는 등 수동적인 형태로 적대감을 보이는 유형이다(Kobak & Sceery, 1988).

대인관계에서 애착 관련 다양한 유형의 특징은 관계의 질과 안정성에서 잘 드러난다. 많은 연구는 애착에 대한 불안과 회피에서 높은 점수를 받은 사람은 데이트와 결혼생활에서 만족도가 낮고 헤어질 가능성이 높다는 것을 보여 준다(Mikulincer

& Shaver, 2016). 불안정 애착이 관계의 질과 관련해서 갖는 부정적 의미는 청소년기
와 성인기 우정의 질과도 연결되어 있다. 즉, 불안정 애착은 낮은 신뢰 수준, 낮은 자
기노출, 낮은 상호성과 만족, 높은 갈등과 긴장 등 우정의 낮은 질과 연결되어 있다
(Domen et al., 2012). 비슷한 결과가 치료사와 내담자의 관계에서도 나타났다. 치
료사에게 안정 애착을 보이는 내담자는 그 치료사와 더 잘 협력해서 일을 수행했다
(Mallinckrodt & Jeong, 2015). 결론적으로, 불안정 애착은 조화롭고 만족스러운 관계를
방해하는 동기와 정서, 인지 그리고 행동을 촉발시킴으로써 관계의 분리와 해체를 초
래할 수 있다.

3) 접근-회피 유형

유형의 특징. 한 친구에게 부탁하는 경우를 생각해 보자. 그 친구가 부탁을 들
어줄 것 같으면 우리는 그에게 다가가 부탁하지만, 그렇지 않을 것 같으면 거절당할
까 봐 뒤로 물러서서 부탁하는 것을 피한다. 이처럼 우리는 어떤 사람이나 사건에 대
해 접근하거나 회피하는 특성을 가지고 있다. 또한 이러한 특성이 사람에 따라 안정
적인 동기나 성격으로 자리하고 있을 수 있다. 즉, 어떤 사람은 접근적인 경향이 강
한 반면, 또 어떤 사람은 회피적인 경향이 강할 수 있다. 예를 들면, 외향성과 신경
증 차원에서 이 두 기질이 차지하는 위치가 [그림 9-7]에 제시되어 있다(Eysenck &
Eysenck, 1985). 이 그림에서 보듯이 높은 접근 지향을 보이는 사람은 외향성과 높은 충동성 사이의 A영역에 있다. 반면에 높은 회피 지향을 보이는 사람들은 신경증과 높은 불안 사이의 B영역에 있다.

접근 대 회피 특성을 나타내는 개념은 여럿이 있지만 그 의미는 대동소이하다. Elliot와 Thrash(2002)는 외향성, 긍정적 정서성 그리고 접근적 행동 시스템이 하나의 접근 기질로 묶이는 반면, 신경증, 부정적 정서성 그리고 회피적 행동 시스템이 하나의 회피 기질로 묶인다는 것을 입증했다. 이 두 유형의 사람은 다양한 측면에서 대

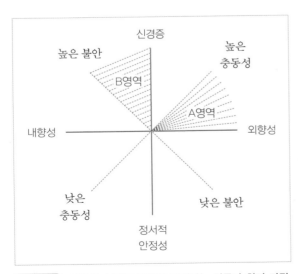

그림 9-7 **외향성-신경증 차원에 존재하는 접근과 회피 기질.**
A 영역의 사람들은 접근 지향이 강하고, B 영역의 사람들은 회피 지향이 강하다.

조적인 특징을 보인다(Simpson et al., 2006). 접근 지향적인 사람은 잠정적으로 보상을 주는 자극에 인지적 · 정서적 · 행동적으로 민감하다. 그들은 긍정적인 단서, 특히 이득을 가져다줄 수 있는 단서에 더 민감하다. 그들은 사교적이고 활발하며 낙천적인 특성을 보이고, 긍정적인 정서성을 보이며, 충동성과 함께 행동을 촉진하는 특성을 보인다.

회피 지향적인 사람은 부정적이거나 혐오적인 자극에 민감하다. 그들은 부정적인 단서, 특히 손실을 초래할 수 있는 단서에 더 민감하다. 그들은 잠정적으로 처벌을 주는 상황에 대해 인지적으로 경계하고, 정서적으로 대응하며, 행동적으로 멀리한다. 가령, 자신이 일을 제대로 못해 불쾌한 일이 일어날 것이라고 믿을 때, 접근 지향적인 사람보다 회피 지향적인 사람이 더 큰 불안을 경험한다. 자신이 일을 잘해서 보상을 받을 것이라고 믿을 때, 그들이 경험하는 행복의 정도는 상대적으로 더 적다. 그래서 그들은 불안을 느끼기 쉽고, 정서적으로 불안정하고, 부정적인 정서성이 높고, 행동을 억제하는 특성이 강하다.

유형의 영향.　회피 지향보다는 접근 지향이 대인관계에서 더 긍정적인 결과를 가져온다는 것을 다양한 연구에서 보여 준다(Simpson et al., 2006). 접근 지향의 사람은 여러 유형의 사람들과 상호작용하는 비율이 높고, 새로운 관계를 더 많이 형성한다. 그들은 친구나 동료와 친밀한 관계를 유지하고, 그러한 관계를 소중하게 생각하며, 협동적으로 행동한다. 그러한 사람은 긍정적 정서성을 가지고 있어서 연인 관계의 수가 많고, 그 관계의 질과 만족도가 높으며, 관계에 대한 헌신도 크다. 그들은 갈등 상황에서 더 적극적이고 건설적인 전략을 사용한다. 이와 같은 여러 긍정적인 특징은 접근 지향의 사람들이 낭만적 사랑 관계에서 더 만족하게끔 해 준다.

진화론적 관점에서 회피 시스템은 즉각적인 위험을 신속하고 효과적으로 다루는 데 도움을 준다. 그러나 회피 지향의 사람들은 부정적인 사건에 성격적으로 과도하게 민감해서, 호의적이고 약간은 지배적인 행동 등 긍정적 정서를 가져오는 활동을 덜 하고, 행동을 할 때 덜 긍정적인 정서를 경험한다. 반대로, 그들은 순종적으로 행동하거나 상대방과 다투는 등 부정적인 정서를 초래하는 활동을 더 많이 한다. 그들은 친구들과의 관계에서 정서적인 친밀감은 덜 느끼면서 짜증은 더 많이 느낀다. 친구들과 갈등이 발생하면 이러한 사람들은 무시와 같은 수동적이고 파괴적인 전략과 함께 퇴장과 같은 적극적이고 파괴적인 전략을 쓴다. 그들은 낭만적인 관계에서 부정적 정서를 많이 느끼고 결혼 적응력이 떨어진다. 그들은 갈등 상황에서 거리두기와 회피 전략을 선호하는데, 이것이 단기적으로는 스트레스를 없앨 수 있지만 장기적으로는 주요 문제에 대한 해결책이 되지 못한다.

접근-회피와 유사한 또 하나의 심리적 과정을 Higgins(2012)의 조절 초점 이론(regulatory focus theory)에서 찾을 수 있다. 이 이론은 조절 초점으로 향상 초점 자기조절 시스템과 예방 초점 자기조절 시스템을 제시하고 있다. 향상 초점 시스템은 자신의 이상을 달성하기 위한 것으로, 성장의 욕구, 희망, 포부의 실현을 촉진한다. 향상 초점의 사람은 접근 지향의 사람과 비슷하게 이득이나 보상과 같은 긍정적인 결과에 민감하고, 적극적으로 그러한 것을 성취하고자 한다. 이들은 목표 달성에 성공하면 행복과 같은 유쾌한 느낌을 경험하고, 실패하면 슬픔과 같은 낙담한 느낌을 경험한다.

예방 초점 시스템은 사회적 필요를 수행하기 위한 것으로, 안전 욕구, 의무, 책임의 수행을 촉진한다. 예방 초점의 사람은 회피 지향의 사람과 비슷하게 손해나 처벌과 같은 부정적인 결과에 민감하고, 안전하다고 느끼기 위해 그러한 결과를 적극적으로 회피한다. 그들은 이러한 목표 달성에 성공하면 평온과 같은 차분한 느낌을 경험하고, 실패하면 긴장과 같은 동요하는 느낌을 경험한다. 예방 초점의 사람은 거부가 임박해 보일 때 높은 거부 민감성을 보인다. 예방 초점을 가지고 있으면서 거부에 민감한 사람은 침묵하기와 같이 겉으로 드러나지 않으면서 수동적인 형태의 부정적 대처를 한다. 이러한 사람이 갈등을 겪고 있는 애인이나 잠정적인 파트너의 거부를 지각할 때, 그들은 냉담하고 거리를 두거나 사랑과 지지와 같은 애정의 표현을 하지 않는 등 수동적인 공격을 선호한다.

3. 문화의 의미와 차원

문화의 핵심적인 특징 중 하나는 다양성이다. 문화가 가지는 의미도 다양하고, 이 세상에 존재하는 문화도 다양하다. 그러한 문화 중의 하나가 한국 문화이다. 우리 문화가 가지고 있는 특성을 제대로 이해하기 위해서는 먼저 문화의 의미와 다양한 차원을 알아볼 필요가 있다.

1) 문화의 의미

인간과 동물은 생물학적인 측면에서 유기체라는 점에서는 비슷하지만, 그들이 살아가는 세계의 측면에서는 많은 차이점이 있다. 한마디로 말해서 인간만이 문화적인 세계에서 살아가는 유일한 존재일 수도 있다. 비록 인간이 식욕, 수면욕 등 다른 동물과 동일한 기본적인 욕구와 소망을 가지고 있지만, 그러한 욕구를 충족하는 방법은 크게 다르다. 이와 관련해서 먼저 유기체들이 살아가는 서로 다른 세계의 종류를 살펴본 다음, 문화가 가지는 의미와 특징을 살펴본다.

세계의 종류.   Baumeister(2005)는 환경을 세 가지 서로 다른 세계로 구분해서 인간과 여타 동물의 차이를 분석했다. 그 첫 번째 세계는 물리적 환경이다. 모든 유기체는 생존과 재생산이라는 보편적인 욕구를 가지고 있다. 그들은 이러한 욕구를 충족하기 위해 주어진 환경에서 음식, 물, 공기와 같은 특정 물질을 얻어야 한다. 또한 그들은 자신의 종을 계속 유지하기 위해 재생산의 방법을 찾아야 한다. 그래서 인간을 포함한 모든 유기체는 물리적 환경으로부터 자신이 원하는 것을 얻는 데 도움이 되는 내적 구조를 가지고 있다. 가령, 대부분의 식물은 뿌리와 잎, 줄기를 통해 자신이 원하는 것을 감지하고 얻는다. 동물은 다양한 감각기관을 통해 자신이 원하는 것을 파악하고, 입과 소화기관 등을 통해 음식을 섭취하고 소화한다. 하등동물과 같은 유기체에게는 이런 식으로 물리적 환경과 직접 상호작용하는 것만으로도 살아가는 데 충분하다.

그러나 다른 동물들은 두 번째 세계에서 살아가는데, 이것은 첫 번째 세계 위에 덧붙여진 사회적 세계이다([그림 9-8] 참조). 사회적 세계는 진화하는 동물들이 물리적 환경을 다루는 데 좀 더 좋은 방법을 제공하기 때문에 존재하는 것이다. 예를 들면, 함께 사냥을 하는 한 무리의 늑대는 혼자서는 잡을 수 없는 큰 동물을 구석으로 몰아 죽일 수 있다. 이처럼 사회적 동물은 함께 일하기 때문에, 그들의 생존과 재생산의

그림 9-8 동물의 사회적 세계. 많은 동물도 조직화된 집단 속에서 살아간다.

가능성은 혼자 작업하는 동물보다 더 높다. 이때 사회적으로 되기 위해서 동물들은 자신이 원하는 음식과 물을 얻는 것 이상의 또 다른 내적 구조를 가지고 있어야 한다. 즉, 그들은 사회적 상호작용을 위해 다른 존재와 협동할 수 있는 역량을 필요로 한다. 또한 사회적 동물은 집단을 조직하고 집단의 목표와 그것을 달성하기 위한 방법을 함께 결정할 수 있어야 한다.

세 번째 세계는 문화적 환경이다. 문화적 전략을 사용하는 동물은 거의 없고, 오직

인간만이 자신의 삶을 더 좋게 만들기 위해 문화의 잠재적인 힘을 활용한다. 문화는 더 나은 사회적 방법이다. 인간은 생존과 재생산의 목표를 달성하기 위해 사회적 상호작용의 과정에 도구, 언어, 제도 등 다양한 문화적 산물을 이용할 수 있다. 음식을 얻는 경우를 보더라도, 인간은 단지 모여서 사냥을 하는 것을 넘어서 식물을 재배하거나 동물을 사육해서 좀 더 효율적으로 먹이를 조달한다. 그러면 왜 소수의 종만이 문화를 사용하는가? 왜냐하면 문화를 활용할 수 있는 능력은 외부적인 자연, 즉 환경에 의해 주어지는 것은 아니기 때문이다. 문화 속에서 사는 것은 사회적 혹은 물리적 세계에 사는 것보다 상당히 더 많은 내적인 특성과 구조를 요구한다. 이러한 구조는 유기체와 환경의 장기간 상호작용 과정 속에서 나온 진화의 산물이다.

문화의 의미.   문화(culture)라는 용어는 매우 다양하고 복잡한 의미를 가지고 있는 개념이다. Williams(1961)는 문화에 대한 정의를 세 가지 범주로 구분했다. 그 하나가 문화를 이상(ideal)으로 정의하는 것이다. 이러한 의미의 문화는 인간을 원시인과 같은 자연적인 상태의 존재가 아니라, 우주의 질서나 진리를 알고 그것에 부합하는 삶의 가치를 추구하는 존재로 본다. 따라서 특정 문화에 대한 분석은 그 문화 속의 인간이 우주의 질서와 진리를 기준으로 해서 얼마나 발전하고 완전한가를 판단하고 평가하는 것이다. 수 세기 전만 해도 문화는 단지 식물의 재배나 동물의 사육을 의미했다. 그러다 점차 문화는 지능, 취미, 예술적 재능과 예절의 함양을 의미하게 되어, 오늘날에도 문화인은 교육받고 세련되며 공손한 사람이라고 생각하게 되었다. 그래서 문화는 학식을 갖춘 세련된 상태이면서 역사적으로 발전하는 과정을 의미하는 문명화(civilization)와 동의어가 되었다(Gould & Byington, 1997). 18세기까지 대부분의 영어권 사람은 이러한 과정이 보편적이고 필연적으로 유럽 특권 계급의 관습, 기호와 태도를 취하는 식으로 나아간다고 생각했다. 비슷한 맥락에서 문화는 동물과 인간을 구분하고 인종 간 차별을 합리화하는 잣대가 되기도 했다.

두 번째 범주는 문화를 기록물(documentary)로 정의하는 것이다. 이에 따르면 문화는 지적이고 예술적인 활동의 축적물로, 인간의 사고와 경험을 다양한 방식으로 기록한다. 문화에 대한 분석은 비판하는 행위로, 사고와 경험의 본질, 언어의 세부 사항, 언어 활동의 형식과 관습을 기술하고 평가한다. 이러한 비판은 특별한 작품에 초점을 두고 연구함으로써 이 세상에서 사람들이 최상이라고 생각한 것을 발견하는 것에서부터, 특별한 작품이 그 사회의 전통과 어떠한 관련성이 있는지를 분석해서 일종의 역사적 비판을 하는 것에 이르기까지 다양하다. 그럼에도 인간의 축적물은 비단 지적이거나 예술적인 기록물에만 국한하지는 않는다. 기계나 도구와 같은 다양한 인공물도 모두 문화의 산물이기 때문이다. 이와 같은 물리적 산물은 한 세대에서 다른 세대로 문화를 전수하는 데 결정적인 역할을 하고, 한 사회에서 다른 사회로의 문화적 변동에도 강력한 영향력을 행사한다.

　Williams(1961)가 제시한 세 번째 범주는 문화에 대한 사회적 정의이다. 이 정의에 따르면 문화는 특별한 삶의 방식을 드러내는 것으로, 예술과 학습뿐만 아니라 제도와 일상적인 행동이 갖는 의미와 가치를 표현한다. 문화에 대한 분석은 특별한 삶의 방식과 문화 속에 있는 명시적이거나 암묵적인 가치와 의미를 분명하게 밝히는 것이다. 이러한 정의에 따르면 문화는 국가와 역사적 시기에 따라 다양하고, 하나의 국가 내에서도 집단에 따라 다르다. 오늘날 문화를 구성하는 요소에는 그 문화권의 사람들이 당연시하는 도덕적 가치, 예절, 관습, 의례, 성역할, 그 외의 다양한 요소가 들어 있다. 이처럼 문화를 좀 더 포괄적으로 정의하는 것은 문화에 대한 절대적 가치 평가를 약화시키는 반면, 문화는 집단에 따라 특수하고 상대적이라는 문화 상대주의를 강화시킨다. 따라서 이러한 정의 차원에서 특정 문화를 제대로 이해하려면 특정 행위나 사건에 대한 그 문화의 상징 체계나 의미 체계를 알고 있어야 한다([그림 9–9] 참조).

그림 9–9　문화의 다양성. 인간의 문화는 지역, 인종, 민족 등에 따라 매우 다양하다.

　다른 한편으로, Sewell(1999)은 문화에 대한 논쟁의 핵심을 세 가지로 요약하고 있다. 첫 번째 입장은 어떤 인류학자는 문화를 학습된 행동으로 이해하는 것이다. 문화는 한 집단의 사람이 구축한 일련의 신념, 관례, 제도, 풍습, 신화 등으로 한 세대에서 다음 세대로 전수되는 것이다. 두 번째 입장은 첫 번째와 관련된 것으로 문화를 의미 체계와 상징 체계로 보는 것이다. 문화가 특정 종류의 활동을 가치 있게 생각하고 특정 신념을 수용한다는 것은 이러한 접근에 기초한 것이다. 세 번째 입장은 두 번째와는 반대로 문화를 관례로 보는 것이다. 이 입장은 사람이 삶의 문제로 씨름하는 다양한 실질적인 행동을 강조한다. 이러한 구분에도 불구하고, 문화는 하나의 특징만 가지고 있는 것이 아니라 이와 같은 세 가지 측면을 모두 가지고 있다. 그래서 동일한 문화 속의 사람들은 동일한 의미의 세계에 살면서 신념, 관례, 제도뿐만 아니라 관례적인 행위도 공유한다. 이러한 의미에서 문화는 행위와 아이디어를 모두 아우르는 개념이다.

2) 문화의 차원

문화를 구분하는 차원에는 여럿이 있을 수 있다. 이러한 차원 중에서 잘 알려진 것 중의 하나가 Hofstede 등(2010)이 제시한 문화의 여섯 가지 차원이다. 〈표 9-1〉에서 볼 수 있듯이 이것은 개인주의/집단주의, 권력 거리, 불확실성 회피/수용, 남성성/여성성, 장기 지향/단기 지향 그리고 허용/규제이다. 특히 개인주의와 집단주의 차원은 지금까지 가장 많이 연구된 차원이다.

표 9-1 Hofstede 등(2010)이 제시한 문화의 여섯 가지 차원

차원	내용
개인주의/ 집단주의	개인적 욕구와 목표를 우선시하는지, 아니면 집단과 조직의 욕구와 목표를 우선시하는지의 문제
권력 거리	사람들이 자신의 상사에게 영향을 미치는 것에 대해 편안하게 느끼는 정도 혹은 권력의 불평등을 수용하는 정도
불확실성 회피/ 수용	사람들이 일이나 삶의 방식을 편하게 바꾸는지, 아니면 익숙한 방식을 좋아하는지의 문제
남성성/여성성	남성적인 사회는 남녀에 대해 서로 다른 규칙을 적용하지만 여성적인 사회는 그 정도가 약한 사회
장기 지향/ 단기 지향	장기 조망은 미래를 위해 계획하고 인내하는 것을 중시하지만 단기 조망은 과거와 현재 지향적인 사회
허용/규제	기본적 욕구의 충족을 허용해서 삶을 즐기고 재미를 추구하는지, 아니면 엄격한 사회적 규범을 통해 그것을 조절하는지의 문제

개인주의와 집단주의.   이 차원은 개인이 집단의 압력으로부터 자유롭다고 느끼는 정도 혹은 개인의 목표가 집단의 목표와 유사한 정도를 의미한다(제2장 참조). 이 차원의 핵심 속성을 요약하면(Triandis, 1995), 미국과 같은 개인주의 문화에서 자기는 집단으로부터 독립적이지만, 한국이나 일본과 같은 집단주의 문화에서 자기는 집단과 상호의존적이다. 개인주의 문화에서 개인의 목표는 집단의 목표에 우선하지만, 집단주의 문화에서는 집단의 목표가 개인의 목표에 우선한다. 개인주의 문화에서는 태도, 개인적 욕구와 권리, 타인과의 계약이 행동의 주요 결정 요인인 반면, 집단주의 문화에서는 규범, 의무, 책임이 행동을 이끈다. 개인주의 문화의 사람들은 불만족스러운 관계를 떠나는 경향이 강한 반면, 집단주의 문화의 사람들은 공동체적 관

계(제8장 참조)를 자주 형성하고 불편한 관계도 유지하는 경향이 강하다. 76개국에 대한 IBM 데이터베이스와 확장 연구(1990~2002년)에서 얻은 자료의 분석에서 한국은 개인주의 순위에서 65위(일본 35위, 중국 58위)이고 지수는 18점으로 집단주의 특성이 꽤 강했다(Hofstede et al., 2010).

내 마음의 거울

개인주의-집단주의 척도

여러분은 개인주의 성향이 강한가, 아니면 집단주의 성향이 강한가? 다음의 각 문항에 대하여 동의하는 정도를 _____에 표기해 보자.

1: 전혀 동의하지 않는다　　2: 약간 동의한다　　3: 보통으로 동의한다
4: 상당히 동의한다　　5: 매우 동의한다

_____ 1. 내 소망을 희생하더라도 가족을 돌보는 것이 내 의무이다.
_____ 2. 내가 타인보다 일을 더 잘하는 것이 중요하다.
_____ 3. 희생이 따르더라도 가족끼리는 뭉쳐야 한다.
_____ 4. 경쟁은 자연의 이치이다.
_____ 5. 내가 소속된 집단의 결정을 존중하는 것이 중요하다.
_____ 6. 나보다 타인이 일을 더 잘하면 긴장되고 자극을 받는다.
_____ 7. 나는 동료가 상을 받으면 자랑스럽다.
_____ 8. 나는 타인보다 나 자신을 더 믿는다.
_____ 9. 나는 동료의 행복이 중요하다고 생각한다.
_____ 10. 나는 종종 나만의 일을 한다.
_____ 11. 나는 타인들과 협력할 때 기쁘다.
_____ 12. 타인으로부터 독립된 개인적 정체성은 나에게 매우 중요하다.

주: 홀수 문항의 총점(30점 만점)이 클수록 여러분은 집단주의 성향이 강한 사람이고, 짝수 문항의 총점(30점 만점)이 클수록 개인주의 성향이 강하다.
출처: Triandis & Gelfand (1998)의 척도 일부.

개인주의와 집단주의는 다양한 사회·심리적 현상에 영향을 미친다(한성열 외, 2015; Triandis & Gelfand, 2012). 개인주의 문화에서는 자부심, 분노, 좌절 등 자기의 욕구 충족과 관련된 정서를 많이 경험하고 강하게 표현한다. 그러면서 자기주장과

자기고양에 기초한 긍정적인 자기상과 정서를 추구한다. 반면에 집단주의 문화에서는 조화나 동정심과 같은 타인과의 관계에 초점을 둔 정서를 많이 경험하고 잘 표현한다. 그러면서 사회적 기준에 부족한 자기의 모습을 개선하는 데 초점을 둔다. 개인주의 문화의 사람들은 모든 현상에는 일정한 순서의 원인과 결과가 있다는 선형적이고 분석적인 사고를 하는 반면, 집단주의 문화의 사람들은 여러 사건이 서로 영향을 주고받는다는 순환적이고 전체적인 사고를 한다. 개인주의 문화에서 다른 사람에게 의존하는 것은 큰 결점이고 문제이지만, 집단주의 문화에서는 배척당하는 것이 큰 결점이고 문제이다.

Triandis(1995)는 개인주의와 집단주의는 여러 하위 유형이 있고, 그중 하나로 수직적이거나 수평적일 수 있다고 주장했다. 수직적 문화의 사람들은 두드러지고자 하는 반면, 수평적 문화의 사람들은 눈에 띄는 것을 회피한다. 수직적 개인주의가 추구하는 핵심 가치는 성취로, 이러한 문화는 경쟁의 가능성을 높인다. 이런 문화의 사람은 권력, 성취, 명망에 대한 욕구가 강하다. 수평적 개인주의의 핵심 가치는 독특성으로, 이러한 문화의 사람은 선하고 안락한 삶을 추구하고 눈에 띄지 않으면서 독특한 것을 좋아한다. 수직적 집단주의의 주요 가치는 책임감으로, 이런 문화의 사람들은 권위에 대해 복종하려는 동기가 강하다. 수평적 집단주의의 주요 가치는 협동으로, 이런 문화의 사람들은 유대와 겸양의 욕구가 강하다. 이러한 차원에서 문화 간 뚜렷한 차이가 있지만, 각 개인은 이러한 특성을 모두 가지고 있을 수 있다.

권력 거리.　이 차원은 조직이나 기관 혹은 사회의 구성원들이 권력의 불공평한 분배를 수용하는 정도를 의미한다(Hofstede et al., 2010). 권력 거리가 작은 문화의 구성원들은 정서적으로 거리가 가깝고, 권력을 가진 사람에게 상대적으로 독립적이며, 그들 사이의 권력 배분이 덜 불공평하다. 또한 의사결정의 책임이 분산되어 있어서, 상급자는 하급자를 더 수용하고, 하급자는 자신의 상급자에게 반대 의견이나 새로운 제안을 할 가능성이 높다. 반면에 권력 거리가 큰 문화에서 권력 관계는 가부장적이고 독재적이다([그림 9-10] 참조). 위계상 지위가 다른 사람들 사이에는 정서적 거리가 크고, 하

그림 9-10 **권력 거리.** 권력 거리가 큰 사회는 부정적인 측면이 더 많다.

급자는 상급자에게 많이 의존한다. 또한 하급자는 자신의 낮은 지위를 기꺼이 수용하고, 상급자는 의사결정에서 부하들의 폭넓은 참여를 요청하지 않는다. 이러한 리더십 스타일에서는 부하들이 상급자에게 접근하거나 반박하기 쉽지 않다. 76개국에 대한 IBM 데이터베이스와 확장 연구(1990~2002년)에서 얻은 자료의 분석에서 한국은 권력 거리 순위에서 41위(일본 49위, 중국 12위)이고 지수는 60점으로, 권력 거리가 중간 수준인 것으로 나타났다(Hofstede et al., 2010).

권력 거리에 대한 Mulder(1977)의 연구 결과에 따르면, 더 많은 특권을 가진 사람들은 자신의 권력 거리를 유지하거나 더 확장하고자 했다. 권력자들은 하급자와 자신의 권력 거리가 클수록 그 거리를 더 늘리고자 노력했다. 반면에 권력이 적은 사람들은 자신의 상급자와 권력 거리를 줄이고자 노력했으며, 권력 거리가 작을수록 그러한 노력을 더 많이 하고자 했다. 이와 같은 권력의 불균형은 여러 맥락에서 부정적인 결과를 초래하기 쉽다. 조직 장면에서 권력 거리가 큰 국가 출신의 하급자는 상급자에게 도움을 요청하기가 쉽지 않다(Ji et al., 2015). 왜냐하면 하급 직원이 상사를 만날 시간과 기회가 없을 뿐만 아니라, 상사에게 도움을 요청하는 것은 자신의 무능을 드러내는 것으로 보이기 때문이다. 또한 권력 거리가 낮은 사회와는 정반대로, 권력 거리가 높은 사회의 상급자는 직원보다는 과업에 신경을 써서 일의 수행에 더 많은 관심을 보인다. 동시에 상사와 부하 간 의사소통의 부재는 이러한 거리감을 더 크게 만든다(Bochner & Hesketh, 1994).

권력 거리는 사회문제에 대한 접근에도 영향을 미친다. Winterich와 Zhang(2014)의 연구에 따르면, 권력 거리가 큰 국가 출신의 사람들은 자선 행동에 대한 책임이 상대적으로 덜하다. 이러한 사회는 불평등을 뿌리 깊이 수용해서 불공정하고 부적절한 상황에 대한 사람들의 민감성을 낮추기 때문이다. 또한 이러한 사회의 사람들은 사회적으로 통제할 수 있는 불평등조차도 도덕적으로 옳다고 생각해서 그러한 성가신 일에 끼어드는 것을 좋아하지 않는다. 반대로 권력 거리가 작은 사람들은 불공정을 참지 않고 그러한 문제를 제거하고자 한다. 권력 거리는 앞에서 살펴본 개인주의와 집단주의 중 집단주의 문화와 정적인 상관이 있다(Watson & Hill, 2015). 개인주의 문화는 개인의 소망에 초점을 두기 때문에 권력의 지위가 덜 중요한 역할을 하는 반면, 집단주의 문화는 전체적인 이득에 초점을 두기 때문에 권력의 지위가 중요하기 때문이다.

불확실성 회피와 수용.   이 차원은 불확실성과 모호성이 야기하는 불안을 다루기 위해 특정 문화가 개발한 제도와 의례의 정도를 의미한다. 이 차원은 특정 사회의 구성원들이 불확실성 그리고 알려지지 않은 것에 대해 편안하게 느끼는 정도와 관련이 있다. 불확실성 회피가 큰 문화는 틀에 잡힌 상호작용, 형식적인 절차와 정책에 대한 의존, 변화에 대한 저항, 비전통적인 방법에 대한 반감이라는 특징을 가지고 있다(Hofstede et al., 2010). 그들은 통제에 대한 가치를 높게 평가하기 때문에 삶의 모든 것에 틀을 만들고자 한다. 이러한 문화의 사람들은 스트레스와 불안 수준이 높다(Hofstede, 2001). 사회적 관심의 경우 불확실성 회피가 큰 사회의 사람들은 정책이나 억압에 대한 시민들의 저항에 관심이 적다. 왜냐하면 정치적 불안은 자신들이 불편하게 느낄 변화를 가져올 수 있기 때문이다.

불확실성 회피가 작은 문화의 사람들은 다른 사람과의 상호작용에서 격식을 사용하지 않고, 대부분의 경우에 비공식적인 규범과 행동에 의존한다. 그들은 미래를 통제나 계획 없이 맞이할 수 있고, 스트레스나 불안 수준이 낮으며, 새로운 사고나 변화를 개방적으로 받아들인다. 사회적 관심의 측면에서 볼 때 불확실성 회피가 작은 문화의 사람들은 사회적 변화의 도구로서 정치와 저항에 대한 관심이 매우 크다. 76개국에 대한 IBM 데이터베이스와 확장 연구(1990~2002년)에서 얻은 자료의 분석에서 한국은 불확실성 회피 순위에서 23위(일본 11위, 중국 70위)이고 지수는 85점으로, 불확실성에 대한 회피가 상당히 강했다(Hofstede et al., 2010).

남성성과 여성성. 이 차원은 문화가 구성원들 사이에 전통적인 성적 차이나 성역할을 촉진하는 정도를 의미한다(Hofstede et al., 2010). 어떤 연구자들은 이 차원을 '삶의 양 대 질' 차원 혹은 '거친 대 부드러운(tough vs. tender)' 차원이라고 부르기도 한다. 이 차원에서 남성성은 한 사회가 성취, 야망, 영웅심, 자기주장, 물질의 소유 그리고 부의 축적을 선호하는 정도를 의미한다. 여성성은 그 사회가 협동, 겸양, 약자에 대한 돌봄, 관계 그리고 삶의 질에 가치를 부여하는 정도를 의미한다. 남성적인 사회에서는 성역할에 대한 구분이 매우 엄격하기 때문에, 이러한 구분이 남녀 모두에게 심리적으로나 사회적으로 부정적인 영향을 준다. 가령, 남녀는 자신의 성과 일치하지 않는 직업의 세계에 들어가기 어렵다(Faulkner, 2009). 남성은 자신의 관계 지향적 특성을, 여성은 자신의 성취 지향적 특성을 드러내기가 어렵다. 또한 이 두 사회에서 여성의 행동은 서로 다른 경향이 있다. 여성적 사회의 여성은 돌봄과 겸양을 남성과 똑같이 공유하는 반면, 남성적 사회의 여성은 약간 자기주장적이고 경쟁적이지만 남성보다는 덜하다.

남성성과 여성성 어느 한쪽의 특성만 가지고 있는 것보다는 두 성적 특성을 모두

가지고 있는 것이 더 바람직하다는 입장, 즉 양성성(androgyny)을 선호하는 입장이 대두했다(Santrock, 2008). 이것은 생물학적 성, 성 정체성 그리고 성적 표현에서 남성성과 여성성을 혼합한 형태를 취한다. 양성성에 대한 하나의 대안이 성역할을 초월한 무성주의(agenderism)이다. 이것은 한 개인의 역량을 성적 특성이 아닌 인간적 특성에 기초해서 개념화해야 한다고 주장하는 입장이다(Pleck, 1995). 76개국에 대한 IBM 데이터베이스와 확장 연구(1990~2002년)에서 얻은 자료 분석에서 한국은 남성성 순위에서 59위(일본 2위, 중국 11위)이고 지수는 39점으로, 상대적으로 여성성이 좀 더 강했다(Hofstede et al., 2010).

장기 지향과 단기 지향.   이 차원은 한 사회가 자신의 시간을 얼마나 멀리 보는지, 즉 미래를 중시하는지, 혹은 과거와 현재를 중시하는지를 나타낸다(Hofstede et al., 2010). 장기 지향의 사회는 장기적인 성공을 위해 단기적인 성공이나 만족을 멀리한다. 이런 사회는 적응과 상황에 따른 실용적인 문제해결이 필요하다고 생각한다. 또한 미래에 영향을 주는 행동이나 태도, 가령 끈기, 인내, 검소, 수치심, 장기적 성장을 가치 있게 여긴다. 반면에 단기 지향의 사회는 가까운 미래에 초점을 두기 때문에, 단기적인 성공이나 만족을 중시하고 미래보다는 현재를 강조한다. 이러한 사회는 빠른 결과를 강조하고 전통을 존경하고 유지한다. 또한 규범적인 말, 현재의 안정, 체면의 유지, 인사와 호의 그리고 선물 주고받기, 착실함과 같이 과거나 현재의 영향을 받는 행동과 태도를 중시한다.

장기 지향의 사회는 결혼을 남녀가 실용적인 목적을 위해 결합하는 것으로 보고, 친인척과 사는 것을 정상으로 생각한다. 겸손은 남녀 모두에게 필요한 것이고, 노년은 행복한 시간으로 일찍 시작된다고 생각한다. 또한 아이들은 교육과 발전을 통해 선물을 받고, 돈과 물건을 모으는 것을 배워야 하고, 학생들의 성공과 실패는 노력 여하에 따른 것이라고 생각한다. 장기 지향적인 가난한 국가에서는 경제성장이 빠르게 이루어진다. 반면에 단기 지향의 사회는 결혼을 남녀의 정신적인 결합으로 보고, 친인척과 사는 것은 불행의 원인이라고 생각한다. 겸손은 여성에게 필요한 것이고, 노년은 비참한 시간이지만 늦게 시작된다고 생각한다. 아이들은 재미와 사랑을 통해 선물을 받고, 타인에게 봉사하는 것을 배워야 하고, 학생들의 성공과 실패는 운에 따른 것이라고 생각한다. 단기 지향적인 가난한 국가에서는 경제성장이 더디거나 없다. 93개국에 대한 세계 가치 조사(World Values Survey) 자료에서 한국은 장기 지향 순위에서 1위(일본 3위, 중국 4위)이고 지수는 100점으로, 극도로 장기 지향적인 사회인 것으로 나타났다(Hofstede et al., 2010).

그림 9-11 **허용과 규제.** 허용적인 사회는 인간의 행동을 좀 덜 규제한다.

허용과 규제. 이 차원은 한 사회가 자신의 욕망을 충족하도록 구성원들에게 부여하는 자유의 정도를 의미한다(Hofstede et al., 2010). 허용은 삶을 즐기고 노는 것과 관련된 인간의 기본적이고 자연적인 욕망을 자유롭게 충족하도록 허용하는 사회를 의미한다([그림 9-11] 참조). 규제는 엄격한 사회적 규범으로 욕구의 충족을 통제하고 조절하는 사회를 의미한다. 허용하는 사회의 사람들이 더 행복한 경우가 많고, 자신의 삶에 대한 통제감을 가지고 있으며, 여가를 중시하고, 음악, 영화, 스포츠 등을 좋아하고, 친구를 중시한다. 도덕적 절제력이 덜하고, 절약을 덜 중시하며, 외향적이고 긍정적이며 낙관적이다. 남녀에 대한 구분이 덜하고, 배우자들 간 가사 분담이 잘 되어 있으며, 표현의 자유를 중시하고, 국가의 우선 가치가 질서 유지는 아니다.

규제하는 사회에서의 사람들은 행복한 경우가 적고, 자신의 삶에 대한 무력감이 크며, 다양한 여가 활동을 덜 하고, 친구를 덜 중시한다. 도덕적 절제력이 강하고, 절약을 중시하며, 신경증적이고 비관적이고 냉소적이다. 남녀에 대한 구분이 강하고, 배우자들 간 불평등한 가사 분담이 문제되지 않으며, 표현의 자유는 주요 관심사가 아니고, 국가의 질서를 유지하는 것이 우선적인 가치이며, 인구 10만 명당 경찰의 수가 많다. 또한 무알코올 음료와 맥주의 소비량이 적고, 부유한 국가에서 비만율이 낮으며, 고학력 인구의 국가에서 출생률이 낮고, 심혈관계 질환으로 사망하는 사람의 비율이 높다. 93개국에 대한 세계 가치 조사 자료에서 한국은 허용 순위에서 67위(일본 49위, 중국 75위)이고 지수는 29점으로, 규제가 꽤 심한 국가인 것으로 나타났다(Hofstede et al., 2010).

4. 한국인의 대인관계

앞 절에서 우리는 한국 사회가 개인주의에 비해 집단주의 특성을 더 가지고 있다는 점을 살펴보았다. 그러나 이와 같은 구분은 상당히 단순해서, 같은 집단주의 문화라고 하더라도 그 구체적인 특성은 사회마다 다르다. 문화에 대한 많은 연구에서는 한

국, 중국, 일본의 동아시아 3국을 동일한 집단주의 사회로 분류하지만, 실제 그러한 특성은 각 국가마다 매우 다른 양상으로 나타난다. 그럼 한국 사람들의 집단주의 특징은 어떤 형태를 띠고 있을까? 대인관계 측면에서 한국인의 집단주의 특성을 가장 잘 나타내 주는 핵심적인 요소를 꼽는다면 그것은 정과 우리성 그리고 관계주의라고 할 수 있다.

1) 정(情)

정의 의미와 형성.　　한국 사람들이 친밀한 관계를 얘기할 때 가장 많이 쓰는 말 중의 하나가 정이다. 정이 없는 사람, 정이 많은 사람, 정 주고 정 받기, 정 떼기처럼 정에 관한 표현이 수없이 많다. 그럼 정이란 무엇일까? 정은 사람들 사이에 일어나는 정서적이고 심리적인 유대라고 할 수 있는데, 여기에는 애정이나 연민, 동정심과 같은 다양한 감정이 포함되어 있다. 대학생을 대상으로 한 연구에 따르면, 그들이 정을 느끼는 관계에서 경험하는 가장 흔한 느낌은 편안함이다(최상진, 이장주, 1999). 이처럼 정 관계는 긴장하거나 격식을 지나치게 의식할 필요가 없는 관계이다. 또한 그들은 정을 느끼는 사람에게 기쁨과 즐거움, 든든함과 안정감을 느낀다. 이것은 정을 느끼는 사람과 공유하는 다양한 활동, 가령 도와주기나 선물 주기, 지속적인 연락과 만남이 서로를 지지해 주는 버팀목 역할을 함으로써, 당사자들은 그 속에서 다양한 긍정적 정서를 경험한다는 것을 의미한다. 이러한 친밀한 상호작용은 서로에 대한 고마움과 관계에 대한 만족감도 느끼게 해 준다.

　보통 우리는 누군가에게 정이 들었다는 것을 쉽게 인식할 수는 없다. 왜냐하면 정은 의식할 수 있는 짧은 기간에 의도적으로 만들어지는 것이 아니기 때문이다. 보통 정은 당사자들이 의식하지 못하는 과정을 거쳐서 서서히 만들어지는 심리적 구성물이다. 이때 우리가 상대방에게 정이 들었다는 것을 알려 주는 단서나 기준이 있다(최상진, 이장주, 1999). 그중의 하나가 상대방과 느끼는 일체감이다. 상대방을 잘 알고 있고, 함께 오랫동안 지내 오고, 비슷한 점이 많고, 옆에 없으면 허전함을 느낄 때, 사람들은 그 사람과 정이 들었다고 생각한다. 또 다른 기준은 아껴 주는 것으로, 정을 느끼는 사람들은 서로 도와주고 어려움을 함께 나누며 관심과 배려를 베푸는 관계이다. 또한 허물없음도 또 하나의 기준인데, 정이 든 사람들은 고민을 부담 없이 말하고 친하고 편하게 대하는 관계이다.

　같은 맥락에서 한국 사람들은 정이 드는 조건으로 네 가지를 들고 있다(최상진,

2000). 그 하나가 역사성으로, 정은 오랜 기간 함께하는 시간이 필요하다는 것이다. 또 다른 조건은 동거성으로, 즐거움과 어려움을 함께하는 동고동락이 정이 드는 조건 이다. 정이 들기 위해서는 다정성도 필요하다. 이것은 상대방에게 도움을 베풀고 흥 미와 관심을 보이며 상대방을 친절하게 대하고 좋아하는 등, 상대방에 대한 편안하고 친근한 감정을 의미한다. 정이 들기 위한 마지막 조건은 허물없음으로, 이것은 자신 의 비밀이나 고민과 같은 속마음을 편안하게 공유하는 것이다. 이처럼 정은 상대방 과 오랜 기간 함께 가까이 동고동락하면서 모든 것을 편하게 공유하면서도 그 사람을 배려하고 위하는 마음이다.

그림 9-12   정이 가는 사람. 정을 주는 것도 대상 에 따라 다르다.

우리는 어떤 사람에게는 정을 주기가 쉬운 반면에 또 어떤 사람에게는 정을 붙이기가 어렵다(최상진 외, 1997). [그림 9-12]에서 보듯이 우리가 정을 주고 싶은 사람은 무엇보다도 밝고 부드러우며 친절해서 성격적 으로 원만하고 편안한 사람이다. 그들은 타인을 배려 하고 인정이 많으며 남의 말을 잘 수용하고 들어 주는 등 이타적이고 이해심이 많은 특성을 가지고 있다. 또 한 그들은 성실하고 솔직하며 순수해서 신뢰할 수 있

는 사람이고 자신을 낮추는 사람이다. 흥미롭게도, 우리가 정을 주고 싶은 사람은 다 른 사람에게 정을 많이 주는 사람이기도 하다(최상진, 2000). 즉, 우리가 정이 가는 사 람은 곧 정이 많은 사람이다.

반대로 정이 가지 않는 사람은 타인에 대한 배려 없이 이기적이고 타산적인 자기중 심적인 사람이다. 그러한 사람은 상대의 마음을 배려하지 않고 무시하거나 독선적으 로 행동하고, 비판하고 냉소적인 태도를 취한다. 그들은 정서적으로 불안정해서 무 례하고 신경질적이며 짜증과 화를 잘 낸다. 그러면서 그들은 자기과시적이면서 폐쇄 적이고 차갑고 완벽주의적인 성격의 소유자들이다. 마찬가지로 정이 없이 무정한 사 람은 타인의 고통에 무감하고 이기적이고 감정이 없는 사람이다(최상진, 2000). 그래 서 우리가 정을 주고 싶지 않은 사람은 무정한 사람과 다르지 않다. 이러한 결과는 정 이 개인주의나 지적 능력과는 거리가 먼 심리적 속성으로, 감정적이고 주관적이며 관 계적인 속성을 가지고 있다는 점을 시사한다(이수원, 이헌남, 1993).

정의 기능.   한국인의 대인관계에서 정의 핵심적인 기능은 사람들을 하나로 묶어 주는 접착제와 같은 역할을 하는 것이다(최상진, 2000). 한국인이 생각하는 친밀한 관

계의 가장 이상적인 형태는 너와 나의 구분 없이 하나가 되거나 일체가 되는 것이다. 이처럼 서로를 하나가 되게끔 통합시켜 주는 정서적인 요소가 정이다. 앞에서 살펴본 것처럼 정이 들었다는 것을 알려 주는 중요한 기준이 상대방과 느끼는 일체감(최상진, 이장주, 1999)이라는 점도 정의 통합적 기능을 잘 보여 준다. 정을 통해 너와 내가 하나로 묶여 있을 때 '우리'라는 의식이 생겨난다. 이처럼 우리 의식은 서로 정을 느낄 때 생겨나기 때문에, 한국인은 정을 느끼는 상대방을 우리로 경험하게 된다(최상진, 1997a).

너와 내가 우리로 하나가 된 관계는 한국인들이 이상적으로 생각하는 관계인데, 그런 관계의 원형을 가족에서 찾을 수 있다. 전통적으로 유학에서는 한 국가의 기본적인 구성요소를 가족으로 본다(신수진, 1999). 그래서 가족은 더 이상 분해할 수 없는 최소한의 단위로, 가족 구성원들은 서로 뗄 수 없는 존재이다. 특히 부모-자녀 관계는 구분된 존재가 아니라 미분화된 전체로서 하나이다(Choi & Choi, 1990). 이러한 최소 단위의 가족이 사회생활의 근간이며 더 큰 영역으로 확장해 가는 출발점이다. 그래서 가족 구성원 사이의 관계가 그 경계를 넘어 다른 사람과의 관계에서도 그 이상형으로 작동한다. 오늘날에도 친한 친구나 선후배 간에는 서로를 구분하기보다는 하나로 인식하는 것을 최고로 생각한다. 가족이 아닌 다른 사람에 대한 호칭도 이모, 언니, 오빠, 아버님, 어머님 등 대부분이 가족관계에 근거하고 있다. 이러한 점도 가족이 한국인의 대인관계에서 차지하는 비중이 크다는 것을 보여 준다.

그러나 정이 한국인의 대인관계에서 긍정적인 기능만 하는 것은 아니다. 정이 많은 사람의 성향은 인간적으로 연약해서 타인의 부탁을 거절하지 못하고, 타인의 입장을 이해하고 공감하는 등 타인을 배려하는 마음이 크며, 다정다감해서 감성이 풍부하고 눈물이 많은 특성을 가지고 있다(임영식, 1993). 이러한 성향이 강한 사람은 신체적으로나 심리적으로 스트레스를 더 많이 겪고, 생활 만족도가 낮고, 문제를 적극적으로 해결하기보다는 회피하는 경향이 있다(최인재, 최상진, 2002). 그래서 정이 많은 사람은 필요할 때 자기주장이나 거절을 하지 못함으로써 스트레스를 더 많이 겪기 쉽다.

2) 우리성

우리성의 의미.   한국 사람들의 대인관계를 살펴볼 때 고려해야 할 또 다른 개념이 우리성이라는 마음틀이다. 한국인들은 우리 집, 우리 친구, 우리 학교 등 일상적인 대화에서 우리라는 말을 수도 없이 많이 쓴다. 사전적으로 '우리'라는 말은 말하는 사람이 자기와 자기 말을 듣는 사람을 총칭해서 일컫는 1인칭 대명사이다. 그러나 이 말이 화자의 말을 듣는 사람을 반드시 포함하는 것은 아니다. 예를 들면 성인 남자들의 대화에 등장하는 '우리 아내'라는 말은 지금 대화하는 남자들이 공유하는 아내가 아니라, 말하는 나와 나의 아내로 이루어진 우리를 의미한다. 즉, 나와 나의 아내가 우리로 등장하는 것이다(한성열 외, 2015). 이처럼 '우리'는 자신이 속한 집단을 의미하기도 한다. 이 집단에는 가족, 출신지역 등 자신의 의사와 무관하게 소속되는 집단이 있고, 출신학교, 동아리 등 자신의 능력이나 노력, 의지, 선호에 따라 속할 수 있는 집단이 있다.

또한 '우리'는 자기와 타인의 공통점이나 유사점에 대한 인식을 통해 동질감을 경험함으로써 느끼는 정체성으로, 개인정체성이 집단정체성으로 전환한 것이다(박수현, 최상진, 1990). 이때 우리라는 개념은 구성원들에 대한 인지적 범주화와 그들의 관계에 대한 인식에 기초해서 만들어지는 사회인지적 산물이다(최상진, 2000; 한성열 외, 2015). 또한 우리성은 사람들이 자신이 속한 집단을 우리라는 하나의 범주로 인식하는 경향성 혹은 자신이 속한 우리라는 집단에 긍정적인 가치를 부여하는 특성을 의미한다. 이때 앞에서 살펴본 정은 우리라는 집단의 구성원들을 하나로 묶어 주는 정서적 요소인 반면, 우리성은 사람들을 우리와 남으로 구분하여 우리라는 범주에 속하는 구성원들을 통합된 하나로 인식하는 인지적 요인이다([그림 9-13] 참조). 이러한 점에서 볼 때 한국인의 대인관계의 핵심은 우리성-정 관계라고 할 수 있다.

그림 9-13 **우리성.** 한국인들은 다른 사람을 우리와 남으로 구분하기 쉽다.

제2장에서 살펴본 것처럼 서구와 같은 개인주의 문화에서는 개인을 독립적으로 기능하는 독특한 존재로 보기 때문에, 각 개인은 집단 속에서도 개체로서 자신의 속성을 유지한다(Markus & Kitayama, 1991). 그러나 한국 문화에서 개인은 보통 우리라는 사회적인 관계 속에서 전체의 일부로서 기능하기 때문에, 개체로서의 개인은 상당 부분 사라지고 하나의 우리가 전체로서 강하게 남아 있게 된다(최봉영, 1994). 이러한 상황에서 개인의 정체성은 집단 속의 역할이나 기능으로 규정되기 때문에, 한국인들의 주요 관심 사항은 우리라는 집단을 만들고 유지하는 일이다. 그렇게 함으로써 그들은 우리라는 집단을 통해 자신의 정체성을 강화할 수 있는 것이다.

우리성의 형성과 영향.   한국인들이 상대방을 '우리'나 '남'으로 범주화하는 기준은 그와 갖는 공통점이나 유사점이다(최상진, 2000). 우리 편 마음틀을 작동시키는 사회

적 단서로 혈연, 지연, 학연 등과 같은 연고가 중요한 역할을 한다. 우리가 연고를 통해 상대방과의 공통점을 확인하면, 그가 처음 만난 사람이더라도 우리 편 마음틀이 바로 작동한다. 가령, 상대방이 같은 고향 사람이라는 것을 알게 되면, 남으로 대하던 마음이 달라진다. 그래서 불친절, 무관심, 부정적 인식에서 벗어나 호의, 친절, 편안함과 같이 친한 사이에서 느끼는 태도와 행동을 보이게 된다(최상진, 2000). 실제 한 실험 연구에서 사람들은 회사에서 알게 된 상사가 자신과 연고관계에 있을 때, 그 사람에게 더 친근한 행동을 할 가능성이 그렇지 않을 때보다 더 컸다(Han & Choe, 1994). 그러면서 그 사람과 관련해서는 공적인 일도 사적인 감정으로 접근한다. 반면에 자신과 무관한 사람에 대해서는 제3자 입장에서 객관적이고 합리적인 논리에 따라 행동한다.

이처럼 한국 사람들은 상대방이 자신과 갖는 사회적 관계에 따라 그를 우리나 남으로 구분해서 지각한다. 이때 그들은 우리와 남을 극히 다르게 대하는 2개의 마음틀을 가지고 있다(최상진, 1997b). 그들이 우리라고 인식하는 사람에게는 우리 편 마음틀이 작동하고, 남이라고 인식하는 사람에게는 남의 편 마음틀이 작동한다. 우리 편 사람에게는 정과 정성을 쏟고, 자신의 모든 것을 베풀고자 하며, 자신의 속마음을 드러내고, 허물없이 행동한다. 그러나 남의 편 사람에게는 불친절하고 경계하며 배척하는 태도를 보인다. 한국인에게 남의 의미는 나, 우리 혹은 제3자가 아니라 우리 속에 포함되지 않은 사람으로, 비호의적이고 마음으로 거리가 먼 사람이며 이질적인 사람이다(최상진, 1997b). 이처럼 우리와 남에 대한 한국인의 호불호는 매우 강하다. 그래서 한국인들은 머릿속에 우리라는 단어를 활성화시키면 남이라는 단어를 활성화시켰을 때보다 동일한 낯선 사람을 더 좋아하고 더 좋게 평가한다(허태균 외, 2002).

이렇듯 한국 사람들은 우리성 관계를 형성하면, 그 속의 구성원들끼리는 서로를 아껴 주고 상호의존하며 서로를 위해 희생하는 것을 이상으로 생각한다. 그러면 한국인들은 어떤 사람을 우리 혹은 우리 편이라고 생각할까? 박정열 등(2001)은 대학생들에게 우리, 남, 우리 편, 남의 편에 해당하는 사람이 어떤 사람인지를 개방형으로 질문했다. 그 결과, 그들이 우리라고 생각하는 사람은 오랫동안 가까이 있으면서 접촉을 많이 하고, 서로 친하고 좋아하는 등 사적으로 친밀하며, 성격이나 마음, 생각이 비슷하고, 서로 이해하고 아껴 주며 신뢰할 수 있는, 격의 없는 사람이었다. 반면에 남 혹은 남의 편에 속하는 사람은 이와 반대의 특성을 지닌 사람이었다. 우리나 우리 편에 속하는 사람의 이러한 특징은 앞에서 살펴본 정이 가는 사람이나 정이 많은 사람의 특징 그리고 정이 쌓이는 조건 등과 실질적으로 동일하다. 결국 한국 사람들이 우리 편이라고 생각하는 사람과 정이 가는 사람은 동일한 특성을 가진 사람이다.

3) 관계주의

많은 심리학자가 개인주의와 집단주의 차원에서 문화를 연구해 왔지만, 또 다른
여러 학자는 한국, 중국, 일본 등의 동아시아 국가를 집단주의 사회로 보는 것에 대
해 여러 문제를 제기해 왔다(Oyserman et al., 2002). 가령, 한국은 권위주의와 같은 집
단주의적 가치가 빠르게 쇠퇴하고, 자율성이나 독립성과 같은 개인주의적 가치가 급
속히 확산하고 있다. 또한 한국인들은 개인주의와 집단주의가 혼용된 사고와 행동을
모두 드러낸다. 이와 함께 집단주의에 대한 불분명한 정의가 한국 사회를 집단주의
문화로 규정하는 데 혼란을 야기한다. 집단주의 개념은 가족이나 친구 등과 같은 친
밀한 관계와 사회 조직 및 국가 등과 같은 집단을 참조 대상으로 혼용하고 있다. 그래
서 집단주의를 관계 차원에서 볼 것인지, 아니면 집단 측면에서 볼 것인지가 개념적
으로 불분명하다(Wong et al., 2018).

한국 문화를 집단주의가 아니라 사회적 관계망을 중시하는 관계주의로 보는 것이
더 타당하다는 주장이 그 힘을 얻고 있다(최상진, 한규석, 1998). 앞에서 살펴본 것처럼
우리성에 기초한 가족주의와 지연과 학연 중심의 연고주의는 한국 문화의 관계 중심
적 특징을 잘 보여 준다. 한 메타연구에 따르면, 한국인의 집단주의는 반드시 가까운
사람들과의 관계를 포함하고 있다(Oyserman et al., 2002). 또한 한국인들은 개인적 수
준에서도 관계주의적인 특성을 가지고 있다. 일반적으로 서구인들은 상황이나 관계
에 상관없이 좀 더 일관적인 자기를 추구하고 유지하지만, 동아시아인들은 상황이나
관계에 따라 가변적인 자기개념을 가지고 있다. 이것은 동아시아 사람들이 자기개념
에 관계적인 특성을 더 많이 반영하고 있음을 함축한다(Brewer & Gardner, 1996).

이처럼 한국 문화가 관계주의 특성이 강하다고 하더라도, 한국인들이 모든 상황이
나 맥락에서 이와 같은 특성을 보이는 것은 아니다. 앞에서 살펴본 것처럼 한국인들
은 상대방을 우리성-정 관계에 따라 우리 편이나 남
의 편으로 구분한다. 말하자면, 상대방과의 심리적 거
리가 가깝고 먼 정도에 따라 그 사람을 우리성 관계에
서 볼 것인지, 아니면 남이라는 관점에서 볼 것인지
결정한다(김동직, 한성열, 1998). 이러한 친소 관계에
따라 한국인은 상대방을 대하는 원리가 다르다([그림
9-14] 참조). 친밀한 관계에서는 의리 규범이 더 강력
하게 작동하는 반면, 소원한 관계에서는 공정 규범이

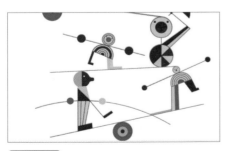

그림 9-14 **관계주의.** 한국인들은 상대방과의 친
소에 따라 그에 대한 태도와 행동이 매우 다르다.

더 강력하게 작동한다(김기범 외, 2002). 여기에서 의리는 서로를 아껴 주고 어려울 때 도와주는 것으로, 우리성 관계에서는 보편적인 논리보다는 사적이고 상황 특수적인 논리의 지배를 받는다.

박은미(2020)는 한국인의 행동이 친소에 따라 매우 다르다는 점을 잘 보여 주고 있다. 그녀는 한국, 중국, 일본의 대학생들에게 여러 가족 구성원에서부터 낯선 사람에 이르기까지 다양한 사람을 대상으로 그 친소 정도를 평가하도록 했다. 그 결과, 대학생들의 출신 국가와 상관없이 가장 친밀한 관계는 어머니 및 동성 친구와의 관계, 두 번째로 친밀한 관계는 아버지 및 이성 친구와의 관계 그리고 소원한 관계는 모르는 사람과의 관계로 나타났다. 이때 친밀한 관계와 소원한 관계 사이의 자기개념 가변성이 한국 대학생들에게서 가장 컸다. 이것은 한국 대학생들의 행동이 친소 관계에 따라 상대적으로 매우 다르다는 것을 의미한다. 그뿐만 아니라 상대방의 부탁을 들어주는 것에서도 그 사람과의 친소에 따른 차이가 한국 대학생에게서 가장 컸다. 그들은 가까운 사람의 부탁은 잘 들어준 반면, 낯선 사람의 부탁은 거절하는 경향이 매우 강했다.

한국인들은 우리성 집단의 구성원끼리 청탁을 주고받는 것은 당연하고, 그 청탁에 응하지 않는 사람을 의리 없는 사람이라고 비난하는 경향이 있다. 말하자면, 우리성 관계에서 의리는 자신의 희생도 감수해야 할 최대 도덕인 반면, 사회 정의는 사회 구성원으로서 지켜야 할 최소 도덕이다(이승환, 1998). 그래서 우리성에 기초한 의리와 사회적 정의에 기초한 공정이 충돌할 때, 의리 규범에 따라 행동할 가능성이 크다. 한 연구에서는 사람들에게 공정과 인정이 상충하는 시나리오를 제시하고, 교통경찰이 위반자를 봐주는 행위처럼 주인공이 인정 지향 행동을 했을 때 그러한 행동을 판단하도록 했다(한규석, 2000). 그 결과, 상당수의 참가자는 판단 차원에서는 공정 지향 행동이 옳다고 판단했지만, 행동 차원에서는 인정 지향 행동을 할 것이라고 응답했다. 이처럼 우리성과 정에 기초한 관계주의가 한국인 대인관계의 근간을 이루고 있다.

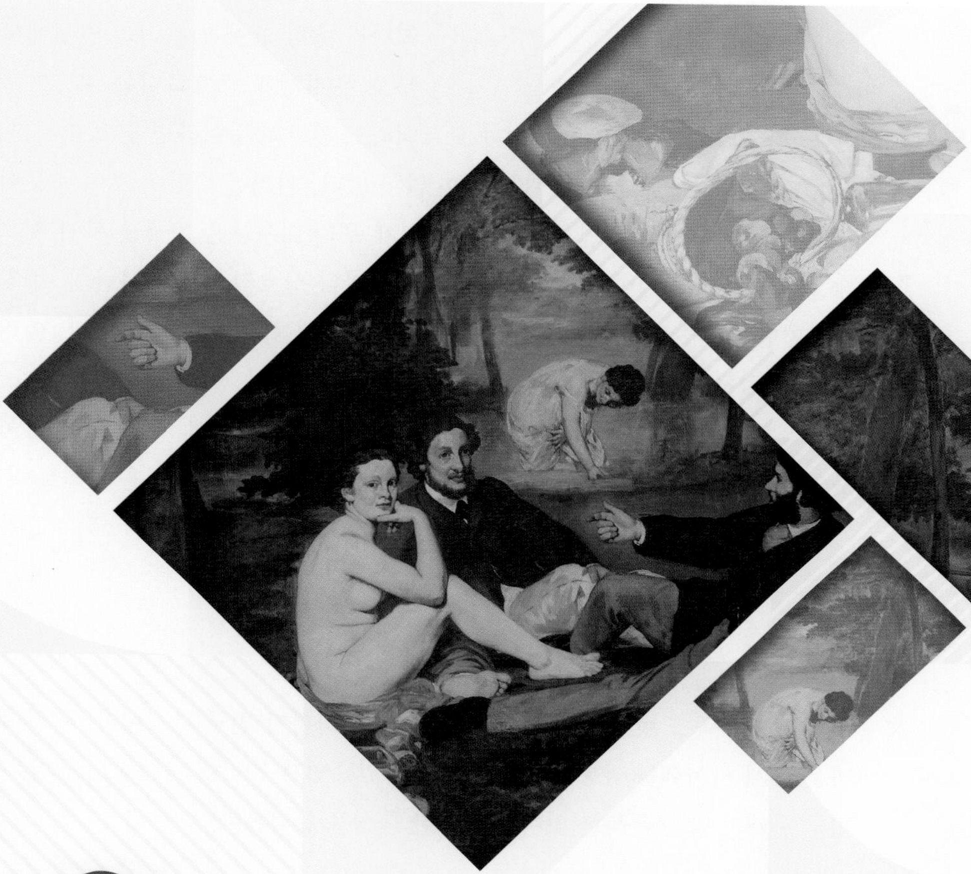

제10장

친구 관계

1. 친구 관계의 본질
2. 인생의 주기와 우정
3. 성별에 따른 우정
4. 직장에서의 우정

우리나라 속담 중에는 우리의 인생에서 친구가 부모 못지않게 중요하다는 "부모 팔아 친구 산다."라거나, 자신이 원치 않거나 모르더라도 친구의 뜻이라면 믿고 따른다는 "친구 따라 강남 간다." 등 친구에 관한 것이 많이 있다. 이러한 속담이 보여 주듯이 우리에게 친구는 삶의 필수적인 동반자이다. 실제 우리 대부분은 친구를 사귀고 그와의 관계를 유지하면서 살아간다. 친구는 우리가 만나 상호작용하는 사람의 여러 유형 중 하나지만, 친구 관계는 다른 관계에는 없는 독특한 특성도 가지고 있다. 이러한 특성이 모든 친구 관계에 공통적일 수도 있고, 인생의 발달 시기에 따라 다를 수도 있다. 우정의 형태도 동성 간 우정뿐만 아니라 이성 간 우정 등 여럿이 있다. 뿐만 아니라 친구 관계에도 그 나름의 여러 갈등이 있다. 이 장에서는 이러한 점을 차례로 살펴본다.

1. 친구 관계의 본질

우리가 가족을 벗어나 맺는 가까운 관계 중 하나가 친구 관계이다. 여러 형태의 가까운 관계 사이에는 공통점이나 유사점이 있으면서 동기에 차이점도 있다. 여기서는 친구 관계가 갖는 독특한 의미와 다양한 특성을 살펴본다.

1) 친구 관계의 의미

우리가 평소에 친구라는 말을 많이 쓰지만 그 의미를 정의하는 것은 간단하지도 않고 쉽지도 않다([그림 10-1] 참조). 왜냐하면 우리가 친구 관계에서 하는 경험은 매우 다차원적이기 때문이다. 친구 관계는 둘 이상의 사람들 사이에서 이루어지는 상대적으로 장기적이고 자발적인 관계로, 친구 관계에 있는 사람은 자신의 욕망뿐만 아니라 상대방의 욕구와 관심을 충족하는 데 관심을 가지는 경향이 있고, 서로 연합함으로써 상호적으로 만족을 주는 경험을 통해 관계가 발전한다(VandenBos, 2015).

친구 관계는 그 나름의 독특한 특성을 가지고 있다(Rawlins, 2017). 친구 관계는 개인 대 개인의 관계로, 자

그림 10-1 **친구 관계**. 친구 관계는 다른 유형의 관계와 비슷한 점도 있지만 차이점도 있다.

연적으로 주어지는 친척과는 달리 자발적으로 이루어지는 관계이다. 그렇기 때문에 도덕적 자질이나 태도, 성격과 같은 개인적 특성이 관계의 형성과 유지에 중요한 역할을 한다. 친구 사이에는 나이뿐만 아니라 가치관과 태도가 비슷하고, 심지어 사회적 지위의 측면도 유사한 경향이 있다. 친구 관계에서는 정서적인 유대가 강한데, 이것은 사랑이 아닌 호감으로 열정보다는 친밀감과 헌신의 측면을 중시한다. 친구 관계는 또한 상호적인 관계이다. 그래서 어느 한쪽이 일방적으로 관계를 주도하거나 지배하는 것이 아니라, 영향을 주고받으면서 서로의 욕구를 충족해 가는 관계이다. 이와 함께 친구 관계는 개인의 발달 시기에 따라 서로 다른 특성을 보인다.

이러한 점에서 볼 때 우리에게 친구는 친척, 이웃, 동료, 지인과는 다르다. 친척은 혈연으로 맺어진 관계로, 강제적이며 법적인 측면을 수반하고 때로는 해야 할 의무가 주어진다. 친척과의 관계에 애정이나 친밀감은 없을 수 있다. 이웃은 지리적인 면에서 근접한 사람들이고, 동료는 일을 함께 하는 사람이다. 일반적으로 이웃과 동료는 우리가 일차적으로 선택하는 대상은 아니다. 이 두 관계는 우리가 살 지역을 선택하고 일할 직장을 결정한 후에 자연적으로 뒤따라오는 관계라는 점에서 전적으로 자발적인 관계는 아니다. 또한 여기에는 애정이나 친밀감이 없을 수 있다. 지인은 친구처럼 사회적 상호작용을 기초로 하지만 애정이나 친밀감, 의무와 같은 요소가 없는 관계이다.

친구 관계와 연인 관계는 모두 서로를 신뢰하고 수용하며 즐거움을 누리는 유사점이 있지만, 서로 다른 점도 있다(Fuhrman et al., 2009; Wright, 1985). 첫째, 친구 관계는 연인 관계에 비해 덜 배타적이다. 연인 관계는 관여하는 두 사람에 국한해서 이루어지지만, 친구 관계는 성별이 다른 다수의 사람을 포함할 수 있다. 둘째, 친구 관계는 정서적으로 덜 강력하고 덜 표현하며 성적 친밀성은 없다. 이 두 관계 모두 따뜻하고 긍정적인 느낌을 수반하지만, 연인 사이의 사랑은 친구 사이의 호감보다 좀 더 복잡한 감정이다. 사랑은 지속하는 한 강력하고, 매혹, 강한 성적 욕망, 모든 것을 주고자 하는 강한 욕구를 수반한다. 셋째, 친구 관계는 사회적 규칙이나 기대에 따른 규제를 덜 받는 반면, 연인 관계는 행위의 기준이 엄격하며 관계에 더 충실해야 한다. 넷째, 연인 관계에 비해 친구 관계는 해체하기도 쉽지만 내구성이 강해, 오랫동안 헤어져 있던 친구를 만나는 것도 어렵지 않다. 또한 상대방이 기대에 부합하지 못하더라도 그를 용서하기가 쉽다.

친구에 따라 그 의미도 다르다. Grief(2009)는 성인 남자의 친구를 가까운 정도에 따라 must, trust, rust 그리고 just 친구의 네 가지로 구분했다. must 친구는 가장 가까운 친구로, 아주 좋거나 나쁜 일이 생기면 그것을 반드시 공유하는 친구이다. 그들은 서로 의지하고 개인적 문제를 논의하는 친구이다. 그들은 자기의 개인적인 비밀을 믿고 얘기할 수 있으며 서로의 삶을 더 풍요롭게 만들어 준다. trust 친구는 여전히 믿음을 가지고 있는 친구이지만 must 친구만큼 가깝지는 않다. 이러한 친구들 간의 개인적 대화는 우연히 혹은 상황이 적절하면 이루어진다. 그들 간에 오래된 상호작용 패턴이 있고 어느 정도 공유된 역사가 있다. rust 친구도 오랫동안 알고 지낸 친구이지만, 전형적으로 우정의 강도가 강하지 않아 특별히 찾지는 않는다. just 친구는 특별한 활동이나 취미를 함께 할 때 즐거운 친구이다. 그러나 서로에 대해 책임감이 있거나 친밀한 정보를 공개하는 친구는 아니다.

2) 친구 관계의 특징

친구 관계는 하나의 통합된 사회적·심리적 시스템으로, 이 시스템은 행동뿐만 아니라 그 기저에 있는 느낌이나 동기로 이루어져 있다. 선물을 주거나 친절한 말을 주고받는 것과 같이 친구들 간의 행동은 눈에 잘 보이는 부분이지만, 그 아래에 있는 지각, 느낌, 동기와 같은 여러 심리적인 과정이 그런 행동을 인도한다(Hruschka, 2010).

친구 관계의 한 차원이 애정과 관련된다(Fuhrman et al., 2009; Hall, 2012). 친밀한 친구는 서로를 좋아하고 존경하며 신뢰한다. 친구에게 느끼는 감정은 가까움, 상대방의 행복을 증진하고 상처를 주지 않으려는 마음, 같이 있으면 행복하고 떨어져 있으면 힘들고 외로운 느낌에 기초하고 있다. 친구 관계에서는 서로를 존경하고 칭송한다. 여기에는 높은 도덕성, 타인에 대한 배려와 수용, 정직성과 같은 요인이 관여한다. 친구 관계에서는 서로를 믿고 진실하며 충성스럽게 대한다. 이때 신뢰는 한쪽이 상대방을 믿고 자신의 비밀을 누설하거나 돈을 빌려 주는 것처럼, 자신에게 부정적인 결과를 초래할 수 있는 행동을 할 때 상대방이 그러한 행동을 배신하지 않는 것이다. 이때 친구가 신뢰를 저버리면 그것을 회복할 수 있는 공식적인 방안은 없다. 우리는 우리에게 호의적이고 우리의 흥미를 최대한으로 고려해 주는 사람을 신뢰하게 된다. 이러한 확신을 갖기까지는 시간이 걸리지만, 우리는 신뢰하는 관계에서 편안하고 느긋하며 만족감을 느낀다.

그림 10-2 **친구 사이의 지지.** 서로 돕고 지지하는 것이 친구 관계의 한 특징이다.

친구 관계의 또 다른 특징은 서로를 돕고 지지하는 것이다([그림 10-2] 참조). 그들은 서로의 문제에 귀를 기울이고, 도움을 주고받으며, 서로를 이해하고 보호한다. 이때 도움과 호의를 주고받는 행동은 단기적으로나 장기적으로 상호성의 규범에 따른다. 주는 만큼 받고 받는 만큼 베푼다는 것이다. 그러나 이러한 규범 이상으로 상대방을 위해 자신이 더 희생하고 베푸는 경우도 많다. 즉, 가까운 친구 관계에서는 자기보다는 상대방을 지향하는 경향성이 강하다(Hruschka, 2010). 친구들이 도움을 주고받는 방식에는 애정, 수용, 안심과 같은 형태의 정서적 지지, 포옹이나 쓰다듬기와 같은 신체적 위로, 정보와 지침을 제공하는 조언으로서의 지지 그리고 돈이나 상품을 제공하는 물질적 지지가 있다(Barry et al., 2009). 이러한 지지는 관계의 만족도를 높이고 서로를 더 친밀하게 느끼게 해 준다. 더군다나 애정이 넘치는 친구를 가진 사람은 혈압, 콜레스테롤, 스트레스 호르몬 수준이 낮을 만큼, 친구 사이의 애정은 건강에도 도움을 준다(Seeman et al., 2002).

친구 관계는 서로 교감하면서 공유하는 시간을 제공한다. 그들은 흥미 있는 활동을 공유하고, 서로를 오락, 재미, 놀이, 즐거움의 원천으로 생각한다. 친한 친구끼리는 함께 공부를 하거나 과업을 하고 다양한 여가를 즐기면서 많은 시간을 즐겁게 보내기 마련이다. 이와 같은 상호작용은 공감과 친밀감에 기초한 것으로 서로의 삶에 생기와 활기를 부여한다. 특히 가까운 친구와 좋은 소식을 공유하는 것은 그 기쁨을 증가시키는 기능을 한다(Gable & Reis, 2010). 가까운 친구와 좋은 소식을 공유하면, 그들은 열정적이고 보상이 되는 반응을 해 줌으로써 우리의 기쁨을 증가시킨다. 그래서 이러한 사람과 함께 있을 때 우리의 행복감은 커진다.

친구 관계의 이런 특성을 반응성(responsiveness)으로 요약할 수 있다(Miller, 2015). 반응성은 상대방이 우리의 욕구와 흥미에 주의하고 지지하는 행동을 보여 주는 것이다. 반응적인 사람은 우리가 가치 있고 이해와 사랑을 받고 있다는 느낌을 갖게 해 준다. 그들은 우리에게 관심을 기울이고 있다는 것 그리고 우리와 함께 있는 것을 가치 있게 생각한다는 것을 전달해 준다. 이때 그들은 다양한 방식으로 이것을 전달한다. 그들은 편지, 식사, 전화, 동행과 같은 행위를 통해 자신이 상대방에게 특별한 관심이 있고 시간과 에너지를 쏟는다는 것을 보여 준다. 그들은 웃음, 손과 팔, 손가락, 몸짓을 통해 반응하기도 한다. 때로는 상대방을 장난으로 놀리거나 약을 올리는 행동도 친밀한 사이에서 할 수 있는 반응이다. 파트너가 반응적일 때 그 파트너에 대한 사람들의 친밀감, 자기노출, 신뢰, 상호의존이 증가한다. 이와 같은 장기적인 과정을 통해 관계는 피상적인 관계에서 깊은 관계로 발전한다.

일반적으로 친구 관계는 우정의 형성에서부터 관계의 유지와 해체에 이르기까지 일련의 발달 과정을 거친다(Fehr, 2000; Perlman et al., 2015). 우정의 시작에 영향을 미치는 환경적 요인에는 이웃, 학교와 직장 등 근접해서 만날 수 있는 물리적 요인, 새로운 친구를 소개시켜 줄 수 있는 다른 친구나 친척과 같은 요인이 있다. 개인적으로는 신체적 매력, 사회적 기술, 반응성과 같은 요인이 있고, 관계적으로는 서로 좋아하거나 나이와 성별, 종교 등의 유사성과 같은 요인이 있다. 관계의 친밀성은 자기노출, 가치관이나 삶의 목표와 같이 심층적인 측면에서의 유사성 그리고 재미와 여가의 공유를 통해 이루어진다. 이와 동시에 친구 관계는 물리적 분리, 서로에 대한 반감, 새로운 친구 관계의 형성, 상대방 친구의 애인과의 불화, 서로의 차이점의 발견, 배신

친구에게 돈 빌려 주기

친구는 필요할 때 서로 도와주고 지지해 주는 관계이다. 그래서 우리는 친구에게 도움을 요청하면 그들이 도와줄 것이라고 기대한다. 그러나 물질적인 도움처럼 어떤 형태의 도움은 다른 형태에 비해 좀 덜 적합할 수도 있다. 때로는 친구에 대한 물질적인 지지가 우정을 더 돈독히 하는 데 도움이 되지만, 어떤 경우에는 우정을 심각하게 훼손할 수도 있다.

그림 10-3 친구에게 돈 빌려 주기

그중 대표적인 것이 친구에게 돈을 빌려 주는 것이다. 일찍이 우리 옛말에 "친한 사이일수록 돈거래를 하지 말라."라는 말이 있다. 그러면서 "이왕 빌려줄 바에는 되돌려 받을 것을 기대하지 말고 빌려 주어라."라는 충고도 빠지지 않는다. 이와 비슷한 충고가 미국 사회에서도 매우 흔하다고 한다. 가령, "사회에서 낙오한 친구에게 돈을 빌려 주는 것은 그들로 하여금 나쁜 짓만 하게 할 뿐이다." 또는 "돈 문제는 우정을 약화시키고, 빌려 준 돈은 돌려받지 못할 것이다."라는 말이 있다. 이러한 부정적 인식에도 불구하고, 실제로는 많은 미국인이 친구에게 매우 정기적으로 돈을 빌려 준다고 한다(Glaeser et al., 2000).

친구와의 돈거래가 얼마나 수용 가능하고 중요한지는 문화에 따라 다르다. 영국의 3개 도시에서 가게를 차린 사람들 중에서 아시아인과 백인은 매우 다른 방식으로 자금을 확보했다. 아시아계 주인들은 가게를 내기 위한 자금을 상당 부분 친구를 통해서 모았다. 반면에 백인 주인들은 친구를 통해서 거의 돈을 모으지 않았다. 그것은 아마도 친구와 돈을 섞는 것에 대한 문화적 우려 혹은 금전 시장에 대한 색다른 접근 때문일 수 있다(Zimmer & Aldrich, 1987). 친구와의 의리와 동고동락을 강조하는 우리 문화에서도 친구와의 금전거래가 적지 않을 듯싶다.

등으로 쇠퇴하거나 끝이 나기도 한다.

2. 인생의 주기와 우정

친구는 어릴 때부터 나이가 들 때까지 우리의 삶에 늘 필요한 요소이다. 왜냐하면 친구 관계는 앞서 살펴본 것처럼 우리의 다양한 욕구를 충족시켜 주고 심리적 건강을 유지하게 해 주기 때문이다. 이때 친구 관계는 우리가 인지적 · 정서적 · 사회적으로 발달하면서 변화한다.

1) 아동기

아동의 언어 세계에 친구라는 용어가 나타나는 시기는 3세쯤이다(Perlman et al., 2015). 그러면서 아동은 친구들과 놀고 음식과 장난감을 공유하는 등 상호성의 원칙에 따라 교류한다. 아이들은 자라면서 더 많은 시간을 친구와 보내고 친구 관계망도 더 커진다([그림 10-4] 참조). 그들의 친구 관계는 성별과 관련이 있다(Hartup, 2006). 학령기 이전 아동의 친구 중 30% 이상은 성이 다르지만, 그 비율이 아동 중기까지는 5% 정도로 감소한 다음 그 이후 청소년

그림 10-4 **아동기의 친구**. 어릴 때 친구는 아동의 발달에 여러 기능을 한다.

기에 접근할수록 다시 증가한다. 또한 아동은 발달하면서 친구를 다르게 지각한다. Selman(1980)에 따르면, 아이들은 처음에 친구를 단순히 놀이 친구로 생각하다가(단계 0) 욕구 충족의 원천(단계 1), 상호적 관계(단계 2), 친밀감과 상호 지지의 원천(단계 3) 그리고 마지막으로 서로 의지하면서 동시에 각자 독립성을 지닌 관계(단계 4)로 본다.

일찍이 Sullivan(1953)은 아동의 발달 시기에 따라 서로 다른 사회적 욕구가 등장한다고 제안했다. 아동기 초기에 발달하는 애정(0~2세)과 동료의식(2~6세)에 대한 욕구는 부모와의 관계를 통해서 발달한다. 그 이후에는 동료의 수용(6~9세), 동성 친구와의 친밀감(9~12세)에 대한 욕구 그리고 청소년기에는 이성의 또래에 대한 성적 욕구(12~16세)가 발달한다. 이러한 욕구는 그것과 반대되는 정서, 즉 두려움, 외로움, 고립, 권태 그리고 불안과 긴장 상태에 놓여 있다. 이 긴장 상태에서 사람들은 바람

직한 대인관계를 형성함으로써 불쾌한 긴장을 제거하고 안전, 사랑, 자아존중감이
라는 긍정적인 정서를 경험하고자 한다. 여러 연구에 따르면, 이러한 입장과 일치하
게 친구는 욕구를 충족시켜 주는 사람으로, 특히 동료의식과 친밀감을 느끼게 해 준
다(Buhrmester & Furman, 1986). 또한 아동은 친구들과의 상호작용을 통해 협동, 타협,
경쟁 등 사회적 역량을 키울 수 있다.

구체적으로 애정은 부모와의 정서적 유대를 통해 발달한다. 이를 위해서는 서로
협응해서 반응하는 역량이 필요하고, 발달에 실패하면 불안정 애착이 나타난다. 애
정 발달 과정에서 스트레스, 두려움, 안전감 같은 정서를 경험한다. 동료의식은 상대
방을 여러 활동을 함께 하는 동반자로 인식하는 것으로, 부모와의 놀이를 통해 발달
한다. 이를 위해 순응과 자기주장 같은 역량이 필요하고, 실패하면 고립과 적대감이
나타난다. 동료의식의 발달 과정에서는 고립감, 권태, 즐거움을 경험한다. 수용은 친
구들과의 놀이를 통해 발달하고, 이를 위해 협동, 타협, 경쟁과 같은 역량이 필요하
다. 발달에 실패하면 또래집단으로부터의 고립과 다른 사람에 대한 폄하가 나타난
다. 수용의 발달 과정에서는 고립, 불화, 거절, 자기가치감과 같은 정서를 경험한다.
친밀감은 사랑과 고립에 대한 회피 경험을 통해 발달한다. 이를 위해 행동 조정과 협
응, 조망 수용, 공감, 이타심과 같은 역량이 필요하고, 발달에 실패하면 고독과 고립
이 나타난다. 친밀감 발달 과정에서는 고독감과 사랑을 경험한다. 성적 욕구는 이성
과의 관계를 통해 발달하는데, 실패하면 성적 취향에 혼란을 겪는다. 이러한 발달 과
정에서는 주로 성적 좌절과 욕망을 경험한다.

아동기의 친구 관계가 늘 긍정적인 것만은 아니다. 아동은 서로에 대해 적대감과
반감을 가질 수 있다. 학령 전기 아동이 상호 적대적인 경우는 매우 드문 반면, 학령
기 아동에 대한 6개의 연구에서 그 퍼센트는 중앙치가 30%이었다(Hodges & Card,
2003). 몇몇 아동은 또래로부터 지속적으로 괴롭힘을 당하기도 한다. 불안하고 뒤로
물러나 있으면서 잘 우는 아이는 요구를 잘 들어주고 반격을 하지 않기 때문에 쉽게
또래 괴롭힘의 피해자가 된다. 다른 아이에게 시비를 걸어 도발하지만 효과적으로
공격하지 못하는 아이들은 그들의 괴롭힘으로부터 자신을 보호하지 못한다(Olweus,
1978). 이때 가장 친한 단짝 친구는 동료의 괴롭힘으로부터 아동을 보호해 주는 역할
을 한다. 게다가 원만한 친구 관계는 학교에 대한 인식이나 학업 수행과 같은 측면에
서 학교에 대한 적응을 도와주는 반면, 친구 관계의 어려움은 외로움, 우울, 불안을
증가시키고 자아존중감을 떨어뜨린다(Erdley & Day, 2017; Rose & Asher, 2000).

2) 청소년기

특징과 기능.   청소년기의 친구 관계는 아동기 때보다는 좀 더 오래 지속되면서 색다른 특성을 보인다. 가령 청소년들은 친구 관계를 규범이나 기대에 기초해서 정의한다. 그들은 가까운 친구 관계에서 행동적으로 함께 하거나 공유하는 것 이상으로 충성심과 몰입, 친밀감과 같은 정서적인 요인이 필요하다고 생각한다(Youniss & Smollar, 1985). 그들은 또한 사회적 교환과 권한의 공유를 또래 관계의 형성과 기능에 중요한 원리로 판단한다. 아동기의 친구는 주로 놀이를 함께 하는 것에 초점을 둔 반면, 청소년기의 친구는 부모를 대신해서 비밀을 나누고 여가를 함께 하는 사람으로 기능한다. 청소년에게는 부모뿐만 아니라 또래가 정서적 지지의 중요한 원천으로, 그들은 자율성과 친밀성의 욕구 사이의 균형을 추구한다(Bryant, 1989). 그래서 그들은 부모로부터의 자율성을 발달시키고 친구를 통해서는 정서적 욕구를 충족하는데, 이때 우정 관계가 친밀성의 중요한 원천이 된다.

구체적으로 청소년기의 친구 관계는 애착의 여러 기능을 담당한다. 애착을 구성하는 요소에는 크게 네 가지가 있다(Hazan & Zeifman, 1994). 근접성 추구는 애착 인물에 접근해서 그 사람과 가까이 있으면서 연결하려는 요소이다. 분리에 대한 저항은 파트너와 떨어지는 것에 저항하고 분리로 인해 스트레스를 받는 요소이다. 피난처 요소는 스트레스를 받을 때 애착 인물에 의존해서 안락함과 지지를 받는 것이다. 마지막으로, 안전지대는 파트너를 기반으로 해서 새롭거나 두려운 환경을 탐색하는 것이다. 이와 같은 애착의 요소는 어린 자녀와 부모의 관계에서 찾아볼 수 있다. 그러나 청소년들은 자신의 애착을 점차적으로 부모에서 또래로 옮겨 간다. 실제 10대 후반 청소년들의 1/3은 또래, 특히 이성 친구를 자신의 일차적 애착 인물로 지목했다(Rosenthal & Kobak, 2010). 이처럼 청소년기 초기에는 부모에 대한 친밀감을 바탕으로 동성 또래에 대한 친밀감을 발달시키고, 그 이후 이러한 친밀감을 바탕으로 이성과 가까운 애정의 유대를 형성하기 시작한다.

이 시기의 원만한 친구 관계는 여러 긍정적인 역할을 한다. 그 하나가 자기탐색을 촉진하는 것으로(Gottman & Mettetal, 1986), 청소년들은 가깝고 지지적인 동료에게 자기를 노출하고 논의한다. 그 속에서 자신과 또래를 비교하면서 자기에 대한 이해와 정체성을 형성한다. 또한 청소년기 후기부터 사람들은 이성과의 애정 관계를 형성한다. 애인 관계는 개인의 정서적 욕구를 충족하는 반면, 친구 관계는 한 개인으로 하여금 공동체의 일부라는 소속감을 느끼게 해 준다(Weiss, 1982). 그래서 전자가 없으면 외로움을 느끼지만, 후자가 없으면 사회와의 통합감을 갖지 못한다. 그뿐만 아니라 친구 관계는 부실한 가족 유대를 보완하는 역할을 할 수 있다. 고등학생을 대상으로 한 연구(Way & Greene, 2006)에서 어떤 학생에게는 가족 유대의 질과 친구 관계의 질 사이에 정적 상관이 있어 두 관계가 비슷한 패턴을 보였다. 반면에 친구 관계의 질이 가장 크게 증가한 학생은 가족 유대의 질이 떨어지는 사람들이었다. 친구 관계의 또 다른 기능으로 Shulman과 Kanfo(1997)의 연구에서 과업을 협동적으로 수행한 54%의 학생은 그렇지 않은 학생에 비해 갈등을 더 조화롭고 상호적인 방식으로 해결했다.

　　이론적 설명.　　청소년기에 부모와는 멀어지고 또래와는 가까워지는 현상을 설명하는 이론적 접근으로 Collins와 Laursen(2000)은 세 가지를 제시하고 있다. 그 하나는 내재적 변화의 관점으로, 이 관점은 청소년기의 생물학적이고 동기적인 압력이 관계의 발달적 변화에 미치는 영향을 강조한다. 가령, 정신분석적 접근은 부모-자녀 관계의 동요는 또래에 대한 관심의 증가 그리고 관계의 대상을 성인의 역할을 수행하는 데 적합한 사람으로 바꾸라는 심리적 압력 때문이라고 본다. 진화론적 입장도 관계의 변화를 자율성과 가족이 아닌 사람과의 성적 관계를 촉진하기 위한 것으로 해석한다.

　　또 다른 관점은 외적 요인을 강조하는 입장으로, 사회심리적 관점은 청소년기 관계의 변화를 연령에 따른 기대, 과업 그리고 상황에 따른 압력에서 그 원인을 찾는다. 이 관점에 따르면 부모-청소년 관계와 또래 관계의 차이는 그것과 관련된 맥락과 활동이 다르기 때문이다. 다양한 사회적 맥락에서 이루어지는 가족과 친구의 관계, 수행해야 할 다양한 과업, 가족과 또래의 요구의 차이 때문에, 청소년들은 불안과 긴장을 겪는다. 이때 그들은 상대적으로 안정적인 가족에게 이러한 부정적 감정을 표출하거나 그들과 상호작용을 덜 하는 반면, 깨지기 쉬운 친구 관계에서는 그렇지 않을 수 있다. 또한 청소년기에 대한 사회적 기대가 성공적 또래 관계를 강조하기 때문에, 청소년들은 가족 구성원과의 성공적인 관계를 덜 중시할 수 있다.

　　세 번째 관점은 청소년기에 이와 같은 관계의 변화가 이루어지지만 이러한 관계가 기능적으로는 이전과 유사하다고 보는 입장이다. 제9장에서 살펴본 애착 이론(Bartholomew, 1990; Hazan & Shaver, 1987)은 아동기에서 청소년기로 나아감에 따라 구체적인 상호작용은 달라지지만, 인생 초기에 형성한 내적 작동 모형이라고 하는 인지적 틀이 그러한 상호작용을 지속적으로 지배한다고 본다. Kelley와 Thibaut(1978)의 상호의존 이론(제8장 참조)은 청소년기의 관계적 변화를 두 사람의 상호작용 패턴의 변화에 따른 것으로 이해한다. 상호의존은 상호작용의 빈도, 다양성, 강도, 기간의 측면에서 정의하는데, 상호의존이 클수록 두 사람은 가까운 것이다. 이때 가족 내 상호의존은 청소년기에도 지속하지만, 그 형태는 어린 시기와는 다르다. 가령, 부모와 자녀의 상호작용에서 서로 기대하는 것이 달라진다. 그러면서 가까운 또래들은 공유된 흥미, 몰입, 친밀감 등과 같은 요인에 기초해서 상호의존을 유지하는 기술을 발달시킨다([그림 10-5] 참조).

그림 10-5 **청소년기의 친구.** 청소년들은 친구와의 관계를 통해 친밀성을 발달시킨다.

부모-자녀 관계.   청소년기의 부모-자녀 관계가 이러한 변화를 겪는다고 해서 그 관계의 중요성이 떨어지거나 기능상 의미가 감소하는 것은 아니다. 청소년들은 여러 내외적 요인의 압력과 변화 때문에 불안과 긴장 속에서 부모와 갈등을 겪을 수 있다. 그러나 점차 이러한 상황에 적응하면서 부모에 대한 그들의 태도는 점점 더 긍정적이 된다(Feldman & Quatman, 1988). 청소년들은 자신의 부모가 이전에 경험한 주제에 대해서는 가장 일차적으로 정보를 제공할 수 있는 사람이라고 지각하고, 심각한 스트레스나 어려움을 겪을 때 부모에게서 정서적 지지를 얻고자 하는 등, 그들은 부모가 나름의 독특한 자원을 제공한다고 지각한다. 특히 아버지보다는 어머니와의 상호작용이 가깝고 빈번하기 때문에, 청소년들은 어머니와의 관계에서 더 많은 갈등과 함께 더 많은 애정과 유쾌함을 경험한다(Collins & Laursen, 2000).

또한 일반적인 생각과는 달리, 부모-청소년 갈등이 또래나 연인과 같은 관계보다 더 많거나 더 나쁜 것은 아니다(Collins & Laursen, 2000). 부모-청소년 갈등은 피할 수 없는 것이 아니라 관계의 특성이나 맥락의 영향을 많이 받는다. 가령, 부모와 청소년 자녀의 관계가 권위와 의무적인 특성에 기초한 경우에 더 많은 갈등을 겪지만, 권한을 공유한 경우에는 갈등을 덜 겪는다. 또한 부모와 청소년의 갈등은 정서적 강도에서는 청소년기 초기와 중기에 상대적으로 더 강하지만 그 빈도가 늘어나는 것은 아니다. 게다가 부모-청소년 사이의 갈등을 해결하기 위해 건설적으로 개입하고 소통하면, 이것은 발달적으로 긍정적인 변화를 촉진할 수 있다. 가령, 부모가 자녀의 이견에 반응적으로 대응하면, 이것은 자녀의 인지적·정서적·사회적 발달을 촉진할 수 있다.

3) 성인 초기와 중년기

청소년기와 마찬가지로 성인 초기 사람들도 가족이나 친구들과 가깝고 친밀한 관

그림 10-6 성인 초기의 친구. 성인 초기 대학생들은 친구와 다양한 활동을 공유한다.

계를 형성한다. 가족은 오랫동안 깊게 형성된 정서적 안정감을 제공하고, 친구가 제공하기 어려운 경제적 지원과 같은 지지를 해 준다. 반면에 친구는 정서적으로 가깝고 서로를 지지하면서 비밀을 나누고 여가를 함께 즐기는 파트너의 역할을 한다. 성인 초기에는 교육, 직업, 대인관계 차원에서 다양한 전환기를 경험한다. 이 시기의 사람들은 대학 진학과 졸업 그리고 취업을 하는 과정에서 새로운 친구 관계를 형성함으로써, 청소년기에서보다 더 확장된 연결망을 구축한다([그림 10-6] 참조). 한 연구에서 30세 이전의 젊은 사람들은 새로운 직장에 들어가면 평균 10명의 새로운 친구를 사귀는 것으로 나타났다(Asendorpf & Wilpers, 1998).

그럼에도 불구하고 성인 초기 친구 연결망의 크기는 나이와 함께 감소하는 경향이 강하다. 관련 연구 277개를 메타분석한 연구에서 연결망의 크기는 성인 초기 내내 점진적으로 감소했다(Wrzus et al., 2013). Reis 등(1993)은 113명의 청년에게 대학을 다닐 때와 26~31세 때 자신의 사회적 관계를 일기로 기록하도록 했다. 그 결과, 전체적으로 친구들과 상호작용하는 시간과 빈도 그리고 친구의 수는 졸업한 이후에 감소했다. 특히 동성의 친구나 혼성으로 이루어진 친구와 집단으로 상호작용하는 시간과 빈도가 감소했다. 그러나 이성의 친구나 애인과 상호작용하는 시간과 빈도는 증가했다. 또한 친밀감도 전반적으로 증가했다. Erikson(1950)이 제시한 성인 초기 발달 과업이 친밀감을 형성하는 것이라는 점을 고려할 때, 이러한 결과는 이성과의 친구 관계나 연인 관계가 친밀감 발달에 특히 중요하다는 것을 보여 주는 것이다.

결혼은 친구 관계에 상당한 영향을 미친다. Carbery와 Bhurmester(1998)는 20~35세 사람들의 친구 관계를 정서적 지지와 공유된 활동 차원에서 알아보았다. 그 결과 미혼자에게는 친구가 이러한 지지의 가장 중요한 원천인 반면, 기혼자에게는 배우자와 자녀가 중요한 원천이었다. 또한 기혼자는 시간과 자원을 가족에게 우선적으로 투자함으로써 친구 관계를 위해 투자할 수 있는 것은 상대적으로 적다. 게다가 결혼과 함께 새로 생긴 가족 구성원이 부부의 사회 관계망에 중요한 요인으로 들어온다(de Vries, 1991). 이러한 이유 때문에 성인이 애인이나 배우자를 얻으면 그들과 보내는 시간은 증가하고 친구와 공유하는 시간은 줄어든다. 이것을 양자 간 철수(dyadic withdrawal; Fehr, 1999)라고 한다.

중년기 동안 친구 간 상호작용 역시 감소하는 경향이 있다. 40~85세 사람들에 대한 연구에서, 친구는 정서적 지지를 제공하고 여가 활동을 함께 하는 측면에서 배우자와 자녀 다음에 위치해 있었다(Stevens & Westerhof, 2006). 특히 중년기는 친구와 보내는 시간이 가장 적은 시기인데, 가족, 일, 공동체에 대한 역할이 매우 많아 여기에 많은 시간을 사용하기 때문이다(Larson & Bradney, 1988). 그래서 중년기의 사람들은 친밀하고 가까운 소수의 친구에게 집중해서 그들과의 상호작용을 통해 정서적 유대를 충족한다. 기혼자의 경우는 자신의 가족 그리고 배우자와 공유할 수 있는 친구에게 몰입하는 식으로 바뀐다. 이때 공유할 수 있는 친구가 없는 부부는 결혼생활에서 더 많은 문제를 겪는다(Amato & Hohmann-Marriott, 2007). 한 가지 이유로 애인이나 배우자 한 명이 상대방의 모든 정서적 욕구를 충족시키는 것은 엄청난 부담이기 때문이다.

　성인기 친구 관련 또 다른 요인이 있다. 형제와 같은 친족이 없거나 그들과 가깝지 않으면, 사람들은 위기 때 도움과 지지를 받기 위해 친구에게 더 많이 의존하는 경향이 있다. Wrzus 등(2012)은 친구 관계와 가족 관계를 검증했다. 그 결과 형제가 적은 사람들은 친구가 더 많았고, 가족 구성원들에게 정서적 가까움을 적게 느낄수록 친구들을 더 가깝게 느꼈다. 성격도 친구 관계에 영향을 줄 수 있다. 이에 대한 전반적인 연구 결과를 볼 때, 외향적인 사람은 친구가 많고 다른 사람과의 접촉이나 정서적 유대와 지지를 강조하는 등 친구 관계의 질도 높다(Wrzus et al., 2017). 연구마다 어느 정도의 차이는 있지만, 친화적인 사람도 친구가 많고 우정의 강도가 세며 친구와 갈등이 적은 경향이 있다. 낙천적인 사람은 상대방의 지지를 더 많이 받는 등 친구 관계에서 유리하다.

4) 노년기

　젊은 사람들은 노년기 사람들이 고립된 채 여러 문제와 장애로 어렵고 외로운 삶을 살 것이라고 생각하기 쉽다. 그러나 실제로는 많은 노인이 가족이나 친구와 친밀한 관계를 유지하면서 건강하고 활동적인 삶을 살아간다. 특히 친구는 노년기 사람들이 퇴직, 배우자 상실, 건강의 변화와 같은 전환기에 적응하는 데 기여한다. 친구는 관련 정보, 개인적 경험, 충고 등을 공유함으로써 새로운 대안을 제공한다(Stevens, 2009). 또한 노인들이 퇴직과 같은 사건으로 역할과 자신감을 상실할 때, 친구는 그들의 가치를 확인시켜 주고 활동을 함께 함으로써 그들에게 사회적 통합감을 주는 데 기여한다. 그래서 친한 친구가 있는 노인은 그렇지 못한 노인에 비해 친구로부터 다양한

그림 10-7 **노년기의 친구 관계.** 노년기에도 친구는 한 개인의 삶에 매우 중요한 역할을 한다.

사회적 지지를 받으면서 더 건강하게 오래 산다(Sabin, 1993). 또한 노년기의 친구는 가족을 보완하는 역할을 한다. 이혼, 사별, 미혼의 노인은 배우자가 있는 노인에 비해 친구들과 더 많은 시간을 보내고 더 많이 교환한다(Guiaux et al., 2007). 이것은 가족이 없을 때 친구가 그 역할을 대신 해 준다는 것을 함축한다.

노년기 사람들은 나이가 들어서도 친구를 사귄다([그림 10-7] 참조). 나이가 많이 든 노인들을 대상으로 한 Johnson과 Troll(1994)의 연구에서 반 이상이 65세 이후에 친구를 사귀었으며, 4%는 85세 이후에도 친구를 만들었다. 그럼에도 불구하고 보통 나이가 들면 친구와의 연결망이 감소한다. 한 메타분석에서 가족 연결망은 나이에 상관없이 일정한 반면, 친구의 수는 65세 이상 노년기 사람들에게서 감소했다(Wrzus et al., 2013). 한 장기 종단 연구에 따르면, 나이 든 남성들은 새로운 친구를 사귀고자 하는 욕망이 시간이 지나면서 감소하지만, 나이 든 여성들은 이러한 소망을 계속 유지했다(Field, 1999). 궁극적으로 노인들은 좀 더 적은 사회적 연결망을 가지고 있는데, 이것은 그들이 비사교적이기 때문이 아니라 선택적이기 때문이다. 이 시기의 사람들은 젊은 사람들에 비해 신체적 및 정서적 에너지가 부족하다. 그래서 이러한 에너지를 소수의 가까운 사람과 집중해서 교류하는 데 사용한다(Carstensen et al., 1999). 그들은 아주 가까운 친구를 젊은 시절만큼 많이 가지고 있지만, 주변적이거나 일상적인 친구와 보내는 시간은 줄인다.

사회정서적 선택 이론(socioemotional selectivity theory)에 따르면, 노년기에 이러한 변화가 일어나는 이유는 노인들이 대인관계에서 젊은이와는 다른 목표를 가지고 있기 때문이다(Löckenhoff & Carstensen, 2004). 젊은 성인들은 자신들 앞에 펼쳐질 긴 인생에 유용한 정보를 획득하겠다는 미래 지향적인 목표를 추구한다. 그래서 그들은 다양한 사회적 파트너를 포함하는 폭넓은 사회적 연결망을 구축하고자 한다. 반면에 노인들의 미래는 시간이 흐를수록 점점 더 한정되어 있기 때문에, 그들은 좀 더 현실 지향적으로 정서적인 욕구의 충족을 강조하게 된다. 즉, 노인들은 미래에 대한 시간 전망이 줄어들면서 현재 갈등이 없고 만족스러운 친구 관계를 추구한다. 이러한 사람은 관계의 질적인 측면을 강조해서 넓은 범위의 사람들보다는 소수의 친밀한 사람과 많은 시간을 보내는 것을 선택한다.

노년기의 친구 관계는 은퇴나 이사와 같은 사건의 영향을 받는다(de Vries, 1996). 은퇴는 재정적인 제약을 가져와 친구와의 상호작용이나 접근을 제약할 수 있다. 남성들의 경우 일에 기초한 친구 관계는 그것을 형성하고 유지해 온 맥락을 상실함으로써 쇠퇴할 수 있다. 여성의 경우는 관계가 다양해서 그만큼의 영향을 받지는 않지만, 남편과 가정을 돌봐야 하는 책임이 증가함으로써 친구 관계가 제약을 받을 수 있다. 또한 이사는 친구와의 접촉과 유지에 영향을 준다. 나이 든 사람이 친구와 더 가까운 곳으로 이사해서 그들과 더 빈번하게 접촉할 수도 있다. 반면에 노인들이 친척이나 자식의 거주지 혹은 요양원, 은퇴자 공동 거주지 등으로 이사를 하면, 기존의 친구와 접촉하는 것이 제한받을 수도 있다. 이처럼 이사는 새로운 친구 관계를 시작하는 계기가 될 수도 있지만 기존 친구와의 단절을 초래할 수도 있다.

배우자의 사망은 가장 중요한 정서적 지지와 행복의 원천을 상실하는 사건이다. 이로 인해 노인들은 사회적 지지와 일상의 사회적 활동에 대한 도전에 직면하게 된다. Ha(2008)는 혼자가 된 후 사회적 지지가 어떻게 바뀌는지를 잘 보여 주고 있다. 배우자가 사망하면 자녀가 사회적 지지의 가장 중요한 원천이 되지만, 친구가 사회적 지지의 일차적 원천이 되기도 한다. 왜냐하면 친구는 상실에 대한 공유된 경험으로 상실, 고립감, 정서적 외로움에 대해 공감하는 반응을 보이기 때문이다. 이와 함께 나이가 증가하면서 발생하는 질병과 장애는 노인들의 사회성에 큰 장애를 준다. Johnson(1983)은 병원에 입원한 노인들을 면담한 후 9개월 후에 다시 면담을 했다. 그 결과, 건강과 기능이 좋아진 노인들은 가족 구성원들과의 접촉은 감소하고 친구와의 접촉은 증가했다. 그러나 건강이 호전되지 않은 노인은 가족과의 접촉은 여전하면서 친구와의 접촉은 감소했다.

3. 성별에 따른 우정

친구 관계에 관여하는 중요한 요인 중 하나가 당사자들의 성이다. 친구 관계가 동성으로 이루어진 경우라고 하더라도, 우정의 속성은 때로 남녀에 따라 다를 수 있다. 이뿐만 아니라 친구 관계가 이성으로 이루어진 경우도 있는데, 이러한 관계는 동성의 경우와는 또 다른 특성을 가지고 있다. 이 절에서는 이러한 점을 차례로 살펴본다.

1) 동성 간 우정

친구 관계에 대한 많은 문헌을 보면, 사람들은 연령에 상관없이 자신과 같은 성을

그림 10-8 **동성 간 친구.** 우리는 동성의 친구들과 다양한 활동을 공유한다.

기반으로 해서 나이, 민족, 인종, 결혼과 같은 인구통계학적 측면에서 비슷한 사람들을 친구로 선택한다([그림 10-8] 참조). 이것을 Lipman-Bluman(1976)은 동종사회성(homosociality)이라고 명명했다. 이처럼 동성 간 친구 관계가 흔한 상황에서, 이러한 친구 관계에 성차가 존재한다는 여러 이론이 있어 왔다. 이에 대한 문헌에 따르면, 그중 한 범주의 이론이 사회화에 기초한 것이다(Hruschka, 2010; Perlman et al., 2015). 이러한 이론에서는 소녀가 좀 더 관계 지향적으로 사회화된 반면, 소년은 독립적이고 경쟁적이며 자립적으로 사회화된다고 주장한다. 그래서 남녀는 자신들의 관계에서 매우 뚜렷하게 다른 특성을 발달시킨다는 것이다.

두 번째 범주로 진화론에 기초한 이론은 음식을 구하고 자식을 양육하기 위해 사회적 관계를 유지하고 발전시키는 것이 신체적으로 취약한 여성에게 특히 중요하다고 주장한다. 또 다른 입장에 따르면, 인류 초기에 여성은 남성 중심의 사회에 이주해서 살게 되었다. 이때 남성들은 자신들만의 친족 중심 집단을 구성해서 강한 연합체를 형성하고 있었다. 여기에서 여성들이 남성의 도움과 지지를 받기 위해서는 친화적으로 행동해야 했다는 것이다. 세 번째 범주의 이론은 남녀 모두 우정 관계에 대해 동일한 동기를 가지고 있지만, 사회적 역할, 일, 결혼, 아동 양육과 관련한 남녀의 차이가 친구 관계를 발달시키는 데 서로 다른 기회를 제공한다는 것이다.

실제 많은 연구가 이러한 이론의 주장과 일치하는 성차를 보여 주고 있다. 예를 들면, 여성의 친구 관계는 정서적으로 풍부하고 자기를 개방하는 반면, 남성은 친구를 단합된 동료로서 함께 활동하는 것을 강조한다(Burda et al., 1984). 또한 남성에 비해 여성은 친구에게 개인적인 일을 더 많이 이야기하고 비밀을 털어놓는다. 친구와의 상호작용을 기록한 일기 연구에서 여성은 함께 공부하거나 친구나 가족 또는 개인적 문제에 관한 얘기를 많이 한 반면, 남성은 함께 영화를 보거나 스포츠를 하는 경향이 컸다(Wheeler & Nezlek, 1977). 이러한 성차는 스트레스를 야기하는 상황에서도 나타난다. 죽어 가는 아이와 그 친구들의 부모를 면담한 결과, 동성의 여성 친구들은 정서적으로 더 지지적인 반면, 남성들은 자신의 감정을 공유하고 도움을 요청하거나 정서적 지지를 제공하는 데 어려움을 겪었다(Chesler & Barbarin, 1985).

Wright(1982)는 여성의 우정은 'face-to-face'로 이루어지고 남성의 우정은 'side-by-side'로 이루어진다고 주장했다. 이러한 주장은 여성이 우정의 중요한 요소로 자

기노출과 정서적 지지를 강조하는 반면, 남성은 외부의 활동을 강조한다는 연구 결과를 종합한 것이다. 그러면서 Wright는 성차는 크지 않고, 매우 강하고 오래 지속된 관계에서는 완전히 사라진다는 점을 지적했다. 실제 친구 관계를 다룬 수백 개의 연구를 종합적으로 살펴볼 때, 남성과 여성은 자기노출, 공감, 도움, 가까운 친구의 수 등에서 매우 유사했고, 친구와 관계하는 방식에서 작은 차이만을 보였다(Hruschka, 2010). 또한 남녀 모두 상호 간의 애정, 선의, 신뢰, 충성심과 같은 것을 공유하는 사람을 친구라고 정의했으며, 매우 정기적으로 빈번하게 친구와 대화했다(Burleson, 2003). 제7장에서 살펴본 것처럼 말하는 빈도와 주제에서도 남녀 간에 큰 차이가 없다.

우정의 성차는 발달 시기에 따라 다를 수 있다. Rose와 Rudolph(2006)는 아동기와 청소년기 사이에 나타나는 자기노출에 대해 남녀 차이를 보고한 11개의 연구를 메타분석했다. 그 결과, 남녀 간의 차이가 매우 컸다. 그 한 가지 이유로, 이 시기의 아이들은 주로 동성의 또래들과 상호작용하기 때문에 이러한 성차가 발생할 수 있다. 즉, 소녀들은 도와주고 공감하며 위로하는 친사회적 반응을 더 많이 하고, 소년들은 놀이와 경쟁적인 게임을 통해 위계적인 인식을 발달시킨다. 다른 한편으로, Dindia와 Allen(1992)은 성인 남녀가 자신의 개인적인 일과 걱정을 친구와 어떻게 공유하는지를 알아보았다. 그들은 이와 관련된 50개의 연구를 분석했는데, 그 결과 대화의 주제와 자기노출에서 나타나는 성차는 매우 작았다. 기능상의 장애가 증가하는 노년기에는 이와 같은 성차가 더 줄어들어 불분명하게 되었다(Johnson & Troll, 1994).

친구 관계에 영향을 미치는 또 다른 요인으로 성적 취향을 들 수 있다. 미국 자료에서 대부분의 남녀 이성애자는 남자 동성애자, 여자 동성애자, 양성애자(혹은 GLBs)인 친구가 없었지만, 반대로 GLBs 대부분은 이성애자 친구를 가지고 있었다(Galupo, 2009). 즉, 이성애자들의 약 1/6만이 자신과 성적 취향이 다른 사람들을 친구로 가지고 있었지만, GLBs의 경우 80%가 이성애자 친구를 가지고 있었다. 이것은 성적 소수자에 비해 이성애자가 맺는 친구의 폭이 좁아 그 다양성이 낮다는 것을 보여 준다. 더군다나 GLBs와 이성애자 사이의 우정은 GLBs 사이에서의 친구 관계처럼 가깝고 도움이 된다(Ueno et al., 2009). 즉, GLBs가 이성애자와 맺는 친구 관계가 피상적인 수준에 머물러 있는 것이 아니라 깊고 친밀하다는 것이다.

2) 이성 간 우정

과거에 비해 오늘날에는 성역할의 구분이 약해지고 남녀의 활동 공간이 중첩되면서, 이성 간의 만남과 교류가 더 깊고 빈번하게 이루어지고 있다. 그 속에서 이루어지는 남녀 간의 관계는 다양한 형태를 취하고 있다. 예를 들면, Rawlins(1982)는 남녀 관계를 다섯 가지 유형으로 범주화했다. 그중 하나인 우정은 성적 욕구의 표출 없이 애정이 넘치고 개인적인 관계이다. 플라토닉 사랑은 성관계 없이 친밀감이 깊고 정서적 몰입이 강한 관계이다. 우정-사랑은 어느 정도의 우정을 수반하지만 연인 관계로 전환할 수 있는 애매모호한 관계이다. 신체적 사랑은 기본적으로 정서적 관여보다는 성적 관계에 기초한 관계이다. 마지막으로, 낭만적 사랑은 정서적으로나 신체적으로 배타적인 관계이다. 이러한 분류에서 볼 수 있듯이 남녀 간 우정 관계는 여러 가능한 유형 중 하나이다([그림 10-9] 참조).

그림 10-9 **이성 간 친구.** 성이 다른 사람들이 친구가 되기도 한다.

남녀 간 친구 관계는 모든 연령대에 나타날 수 있지만, 그 연결망의 정도는 발달 시기에 따라 다르다. 다수의 연구 결과를 종합해 보면, 연령과 이성 친구의 수는 전반적으로 역U자형 관계를 가지고 있다(Werking, 1997). 즉, 아동기에서부터 청소년기 초기까지는 동성 또래와의 관계망이 확장된다. 그다음 청소년기 후기부터 성인 초기까지 이성 친구의 연결망이 증가하여 동성 친구의 수보다는 적지만 그 수가 정점에 도달한다(Halatsis & Christakis, 2009). 그 이후 이성 친구는 중년기와 노년기에 이르기까지 계속해서 감소하고, 미혼자에 비해 기혼자의 이성 친구가 수적으로 적다. 가령, Rose(1985)의 연구에서 결혼한 여성과 남성의 각각 47%와 33%가 이성 친구가 없다고 답한 반면, 미혼의 학부생과 남자 대학원생의 73%는 적어도 1명의 이성 친구를 가지고 있다고 응답했다.

이성 간 우정과 동성 간 우정에는 여러 유사점이 있다. 이 두 유형의 친구는 나이, 교육 수준, 결혼, 자녀의 유무 등 인구통계학적인 측면에서 비슷하다. 그들은 거의 동일한 발달적인 시기에 있으면서 가족 관계나 사회경제적인 측면에서 비슷한 경향이 있다. 그들은 모두 신뢰, 존경, 수용, 자발성 그리고 즐거움의 수준에서 차이가 없다(Burleson, 2003). 대학생들이 생각하는 가장 바람직한 이성 친구는 친화적이고 믿을 만한 성격 특성을 가진 사람으로, 이러한 특성 역시 동성 친구에 대한 기대와 유사하다(Lewis et al., 2011). 이것은 아마도 이와 같은 특성이 가까운 친구 관계를 유지하는 데 필수적이기 때문이다. 또한 이 두 유형에 상관없이 남녀는 모두 여성 친구와의 관계를 더 가깝게 느낀다. 즉, 여성에게는 동성 친구가 더 친밀하지만, 남성에게는 이성 친구가 더 가깝게 느껴진다(Reeder, 2003). 이것은 사람들이 여성과 있을 때 자기노출을 더 많이 하기 때문으로 보인다.

이성 친구 관계는 동성 친구 관계와 다른 점도 있다. 이성 친구 관계에서 남성은 자신의 강점을 노출하는 반면, 여성은 자신의 약점을 노출하는 경향이 있다. 이것은 남녀 모두가 이성 친구와의 관계에서 사회가 자신에게 기대하는 성역할을 충족해야 한다는 압력을 받기 때문으로 보인다(Hacker, 1981). 또한 이성 친구는 동성 친구에게서는 얻을 수 없는 점을 보완한다. 남성들은 이성 친구로부터 더 많은 정서적 지지를 이끌어 내는 반면, 여성은 이성 친구와 함께 다양한 활동을 함으로써 동료의식을 느낀다(Werking, 1997). 그래서 이성 친구와의 관계에서 남성은 좀 더 공동체적이고 여성은 좀 더 주체적인 특성을 가진다. 그뿐만 아니라 이성 친구 간에는 동성 친구 사이에서 발생하는 경쟁심과 질투와 같은 문제를 겪지 않아도 된다. 또 다른 차이점으로 이성 친구 사이에서 남성은 여성 친구의 신체적 매력에 더 많은 관심을 갖는 반면, 여성은 남성 친구의 경제적 자원과 신체적 힘에 더 많은 관심을 보였다(Lewis et al., 2011). 이것은 낭만적 사랑 관계에서의 특성과 매우 비슷한 점이다.

남녀는 본질적으로 성이 다르기 때문에, 그들이 우정 관계를 맺을 때에는 여러 어려움을 겪는다. O'Meara(1994)는 이에 대해 다섯 가지의 도전을 제시했다. 친구 관계에서 남녀 간 차이가 존재하기 때문에, 원만한 친구 관계를 유지하려면 그러한 차이를 해결해야 한다. 또한 그들은 남녀 간에 놓여 있는 권력의 차이를 극복해야 하고, 친구 관계 속에서 사랑과 성의 문제를 타협해야 한다. 이성 친구 사이에서는 상대방에 대해 성적 매력에 기초한 연인 감정을 느낄 수 있는데, 이런 경향성은 남성에게 더 두드러진다. 한쪽에서만 상대방에게 성적 매력을 느끼는 것은 관계를 와해시킬 수 있다. 반면에 서로에 대해 이성으로 관심을 갖는 것은 관계상의 문제를 야기하지 않는다(Schneider & Kenny, 2000). 이와 함께 그들은 친구, 가족, 애인, 동료들로부터 합법적으로 친구 관계로 인정받을 수 있는 이미지를 구축해야 한다. 마지막으로, 문화적으로 남녀 간 친구 관계의 발달을 저해하는 많은 요인을 제거할 필요가 있다.

내 마음의 거울

수줍음 척도

여러분은 얼마나 수줍음을 타는가? 다음의 각 문항이 여러분에게 해당하는 정도를
_____에 표기해 보자.

0: 전혀 그렇지 않다   1: 약간 그렇다   2: 꽤 그렇다   3: 상당히 그렇다   4: 매우 그렇다

_____ 1. 나는 사교적인 측면에서 좀 서툴다.

_____ 2. 나는 낯선 사람과 얘기하는 것이 어렵지 않다.*

_____ 3. 나는 내가 잘 알지 못하는 사람과 있을 때 긴장하게 된다.

_____ 4. 나는 대화를 할 때 바보 같은 얘기를 할까 봐 걱정된다.

_____ 5. 나는 지위가 높은 사람에게 얘기할 때 불안하다.

_____ 6. 나는 종종 파티에서처럼 사교적인 모임에 있을 때 마음이 불편하다.

_____ 7. 나는 사람들이 모인 상황에서는 감정 표현을 꺼리게 된다.

_____ 8. 나는 다른 사람의 눈을 똑바로 쳐다보기가 어렵다.

_____ 9. 나는 이성의 사람과 함께 있을 때 수줍음을 더 많이 탄다.

주: *로 표기된 2번 문항의 본인 점수는 4점에서 _____에 적은 숫자를 뺀 점수이다. 가령 내가 적은 숫자가
3이면, 나의 점수는 4-3=1점이다. 모든 문항을 합한 점수(36점 만점)가 여러분의 수줍음을 나타내는 점수
이다.
출처: Cheek & Buss (1981).

우정 관계와 연인 관계의 사이쯤에 있는 하나의 관계가 대중적으로 자선 친구
(friends with benefits: FWB)라고 부르는 관계이다. 이 관계는 연인은 아니지만 성관계
를 갖는 이성 간 친구 관계이다. 자선 친구 관계는 친구라는 맥락에서 이루어지는 관
계로, 몰입과 헌신 그리고 배타적 관계를 기초로 하는 연인 관계와는 다르고, 성관계
를 기반으로 하는 일시적이거나 짧은 기간의 남녀 관계와도 다르다. 자선 친구 관계
는 상당히 흔한 관계 중 하나이다. Williams와 Jovanovic(2015)가 실시한 연구에 따르
면, 참가한 대학생의 절반 이상이 이러한 관계를 가진 경험이 있다고 보고했다. 남녀
모두 이러한 관계를 상당히 긍정적으로 지각하고 있었으며, 특히 남성들이 더 긍정
적으로 인식하고 있었다. 자선 친구 관계가 직면할 수 있는 한 가지 문제는 한쪽이 이
관계를 좀 더 진지한 연인 관계로 발전시키기를 원할 때이다. 이 연구에서 여성에 비
해 더 많은 남성이 자신의 관계가 연인 관계로 발전하기를 원했다.

4. 직장에서의 우정

우리는 다양한 환경과 맥락 속에서 다른 사람들과 친밀한 관계를 형성하고 유지한다. 그중 대표적인 맥락이 직장으로, 사람들은 이곳에서 동료로서 함께 일을 하는 것 이상으로 친밀한 친구 관계를 맺기도 한다.

1) 특징과 유형

특징과 관련 요인.　직장인들은 일터에서 상사, 부하, 동기 직장인들과 많은 형태의 관계를 맺는다. 함께 일하는 사람들과 맺는 동료 관계는 보통 일과 관련된 목표와 책임을 수행하기 위한 것으로, 도구적인 측면에서 상호작용하는 교환적 특성이 강하다. 그래서 동료로서 서로에 대한 관심은 주어진 일을 수행하기 위한 것이다. 또한 동료 관계는 그것에 대한 조직 내 규칙의 영향을 받는다(Morrison & Cooper-Thomas, 2017). 그러나

그림 10-10 **직장에서의 친구.** 사람들은 때로 직장에서 가까운 친구를 사귄다.

직장 내 친구 관계는 동료 관계를 넘어서서 직원들이 자발적이면서 비공식적으로 맺는 관계이다([그림 10-10] 참조). 그들은 주어진 과업을 위한 공식적인 상호작용과 상관없이 시간과 노력을 서로에게 기꺼이 투입한다. 그들은 서로를 하나로 통합된 개인으로 본다. 이것은 상대방을 직장에서 특정 역할을 하는 구성원이면서, 동시에 그 일을 벗어나 수행하는 많은 활동을 모두 포함하는 존재로 보는 것이다. 그들은 서로를 독특하고 대체할 수 없는 사람으로 지각하면서 진정으로 보살피고 관심을 갖는다(Morrison & Cooper-Thomas, 2017; Pillemer & Rothbard, 2018).

사람들이 직장에서 친구 관계를 맺는 데 관련된 요인이 몇 가지 있다(Dotan, 2009). 이러한 요인은 직장 이외의 맥락에도 적용될 수 있지만, 함께 일도 하면서 친구 관계도 맺는 직장만의 특성 때문에 각 기준이 갖는 의미도 조금은 다를 수 있다. 먼저, 직장에서 유사한 가치와 흥미를 가진 사람들은 친구가 되기 더 쉽다. 특히 조직은 자신의 목적에 부합하는 사람들을 선발하기 때문에, 비슷한 사람들이 같은 직장에서 일할 가능성이 크다. 또 다른 요인은 근접성으로, 동료들은 주중에는 거의 매일 사무실로 출근하기 때문에 자주 보고 상호작용하면서 서로 친구가 될 가능성이 높다. 직장

인들은 도구적인 이유로 동료들과 친구 관계를 형성한다. 이런 관계는 직장에서 승진하거나 발전하는 데 유리하다. 또한 직장 내 친구는 어려운 시기에 지지와 도움을 제공해 줄 수 있고, 자신을 보호해 주기도 하며, 자신의 생각이나 행동을 확증해 주고 입증해 준다.

이런 이유로 직장에서의 우정 관계는 매우 보편적인 현상이지만, 그 구체적인 모습은 직장에 따라 다양하다. Fine(1986)은 이러한 다양성에 기여하는 요인으로 크게 조직의 문화와 수행하는 일의 속성을 들고 있다. 모든 조직은 그 나름의 문화가 있어 전통, 분위기, 세계관, 성격에서 뚜렷한 특징을 가지고 있다. 이것이 친구 관계에 영향을 준다. 예를 들면, 어떤 조직은 함께 일을 하지만 완전히 서로 분리되어 있어, 개별적이면서 독립적이고 과업 중심적인 문화를 가지고 있다. 이와 반대적인 조직에서는 모든 직원이 가까운 유대감을 형성하고 있어, 친밀함과 애정에 기초한 문화를 가지고 있다. 우리 사회처럼 이와 관련한 세대 차이가 갈등의 원인으로 작용하기도 한다. 특히 우리와 같은 관계주의적인 문화에서는 조직의 일부 사람만이 가깝게 사회정서적인 관계를 형성하기도 한다. 또 다른 측면에서 지나치게 경쟁적인 조직은 성가심, 분통, 싫어함과 같은 미움의 문화를 가지고 있다.

조직 구성원들이 수행하는 일의 특성에 따라서도 우정 관계는 다를 수 있다(Fine, 1986). 예를 들면, 식당에서 직원들이 하는 일은 서로 보완적이기 때문에 협동하고 원만하게 상호작용할 필요가 있고, 그러기 위해서는 서로 신뢰하고 도움을 주고받아야 한다. 그렇지 못하면 한쪽의 실패는 다른 쪽의 실패를 가져온다. 가령, 한쪽이 지나치게 빨리 일을 하면 다른 쪽이 그 흐름을 따라잡기가 어렵다. 그래서 일을 원만하게 하려면 서로 협상을 해야 한다. 이러한 과정을 통해 우정이 발달하거나 우호적인 관계가 발전할 수 있다. 반면에 의사나 교수처럼 자율적인 속성이 강한 일에서는 긍정적 관계가 과업에 필수적인 것은 아니다. 이러한 사람들은 일보다는 공유한 가치관이나 태도, 선호와 같은 개인적인 특성에 기초해서 친구 관계를 형성하기 쉽다. 다른 한편, 특정 직업에서 채용하는 사람은 나이, 성별, 전문성 등 여러 측면에서 다른데, 이러한 요소가 친구 관계에 영향을 미친다.

앞에서 살펴본 것처럼 동성 간 친구 관계가 남녀 간에 매우 유사하기 때문에 그에 대한 성차가 있어도 크지 않다. 그럼에도 불구하고 많은 연구에서 여성은 좀 더 공동체적이고 자기노출을 많이 하며 지지적인 특성을 보인 반면, 남성은 활동 중심적인 경향을 보여 왔다. 성별에 따른 이와 같은 패턴이 직장이라는 맥락에서도 비슷하게 나타난다. 직장 관련 전문직 여성과 남성에 대한 연구에 따르면, 동성 간 우정에서 여성은 남성에 비해 전반적인 질, 친밀성, 즐거움, 돌봄의 수준이 더 높은 반면, 남성은 동성이 아닌 이성과 상호작용할 때 이러한 특성이 더 높게 나타났다(Sapadin, 1988). 그러나 이와는 달리 Markiewicz 등(2000)은 여러 조직 상황에서 여성과의 우정이 만족스럽지 못하다는 것을 발견했다. 한 가지 가능한 이유로, 많은 직업에서 여성들은 지위가 낮아 친구들에게 도구적 보상을 제대로 제공하지 못하거나 일 관련 혜택을 주지 못할 수 있다. 또한 여성의 성역할에 대한 고정관념 때문에 일 관련 여성의 능력을 부정적으로 평가할 수 있다.

유형.   이처럼 직장에서의 우정은 여러 요인에 의해 매우 다양한 유형을 취할 수 있다. 이에 Zarankin과 Kunkel(2019)은 좀 더 구체적으로 직장 내 우정의 네 가지 유형을 제시했다. 그들은 직장 내 우정을 관계의 질과 양이라는 두 가지 측면으로 접근했다. 그들은 기존의 여러 문헌을 검토한 후 상호성, 몰입, 신뢰 그리고 애정이 직장 내 우정을 구성하는 요소라고 제안했다. 동시에 그들은 이 네 가지 요소가 친구 관계의 질을 결정하는 요소라고 보았다. 또한 기존 문헌과 일치하게, 그들은 직장에서 친구들이 상호작용하는 빈도 또는 상호작용하는 주제나 맥락의 수가 다양할 수 있다고 제안했다. 즉, 직장 내 우정이 그 양 혹은 범위에서 다를 수 있다고 제안했다. 이에 따라 그들은 [그림 10-11]에서 보듯이 직장 내 우정을 관계의 질과 범위라는 두 차원의 조합으로 이루어진 네 가지 유형을 제시했다.

이 유형론에 따르면, 취약한 우정은 관계의 질과 범위가 모두 낮은 형태이다. 이러한 유형은 사람들이 직장에서 일을 하면서 의미 있는 상호작용을 한 후, 팀으로 일을 수행할 때와 같은 상황에서 아주 가끔 만나 교류하는 경우이다. 그들은 관계를 지속

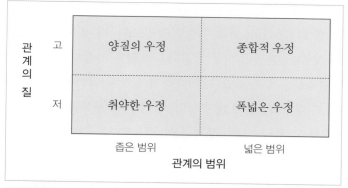

그림 10-11 직장 내 우정에 대한 2요인 모형. 이 모형에서는 친구 관계의 질과 범위라는 2요인의 조합으로 만들어진 네 가지 유형을 제시하고 있다.

하기 위해 노력하지도 않고, 서로에 대한 신뢰도 낮아 상대방과 중요한 정보를 공유하는 데에도 주저하며, 상대방의 조언을 구하지도 않는다. 이러한 관계는 서로에게 이롭지 못해 오래 지속되기가 어렵다. 반면에 양질의 우정은 범위는 작지만 관계의 질은 높은 편이다. 이러한 관계 속의 사람들은 비록 주제나 맥락은 제한적이지만 취약한 우정 유형보다는 더 유익하다. 그래서 이런 관계를 유지하고자 하는 사람들의 동기가 취약한 우정을 맺고 있는 사람들의 동기보다 더 크다.

폭넓은 우정은 관계의 질은 낮지만 범위는 상대적으로 넓은 유형이다. 이러한 관계 속의 사람들은 다양한 상황에서 상호작용을 하는 사람이다. 가령, 그들은 직장에서 다양한 프로젝트나 과제에 관여해서 교류할 수도 있다. 혹은 직장 내에서 약간 상호작용하고 직장 밖에서도 사교적으로 만나 교류할 수 있다. 이처럼 다양한 상호작용은 서로를 여러 측면에서 알 수 있게 해 주지만, 몰입이나 신뢰, 애정이 낮아 이러한 우정이 좀 더 친밀한 관계로 발전하지는 못한다. 전반적으로 이 유형의 우정은 취약한 우정보다는 더 유익하지만 양질의 우정보다는 못하다. 마지막으로, 종합적 우정은 관계의 질과 양이 모두 높은 경우이다. 이러한 관계 속의 사람들은 다양한 주제나 맥락에서 가깝고 친밀한 상호작용을 함으로써, 서로에 대한 깊이 있는 이해뿐만 아니라 배려와 관심을 공유한다. 그래서 이 유형은 다른 세 유형의 우정보다도 서로에게 가장 많은 혜택을 주는 친구 관계이다.

2) 혜택과 손실

직장 내 우정은 대부분의 경우 당사자들에게 유리한 점이 많다. 전 세계에 걸쳐 1,500만 이상의 직장인을 대상으로 한 갤럽 조사에 따르면, 약 1/3이 직장에서 가장 가까운 친구를 가지고 있었다(Rath & Harter, 2010). 그들은 일에 더 몰입했으며, 고객에 대한 서비스를 더 잘 했고, 행복 수준도 높았으며, 더 생산적이었고, 일을 하면서 다치는 경우가 적었다. 반면에 친구가 없다고 응답한 사람의 8%만이 일에 몰입했는데, 그 수행의 결과물은 좋지 않았다. 비슷하게 직장에서의 우정은 직원의 일에 대한 만족도, 창조성, 수행 수준, 일에 대한 몰입, 팀 응집력, 행복과 정적인 상관이 있으며, 이직, 부정적 정서, 스트레스와는 부적인 상관이 있다는 것을 다수의 연구가 입증하고 있다(예: Fliaster & Schloderer, 2010).

이처럼 직장 내 친구 관계에는 여러 유리한 점이 있지만 거기에는 불리한 점도 있다. 기본적으로 직장 내 친구 관계는 일의 측면에서는 동료의 관계이면서 동시에 비공식적인 친구 관계라는 이중성을 가지고 있다. 이때 각 관계가 요구하는 행동이 서로 상충하기 때문에 직장 내 친구 관계에 불리한 점이 생긴다. 예를 들어, 팀장의 친구인 한 팀원이 자주 지각을 해서 업무의 수행에 지장을 준다고 해 보자. 이때 팀장은 업무를 위해 동료의 입장에서 그 팀원에게 마땅한 처벌이나 제재를 가하는 것이 타당하다. 그러나 팀장은 친구의 입장에서 그를 이해하거나 걱정할 수도 있고 이 문제를 그냥 넘어갈 수도 있다. 이러한 행동은 결국 주어진 업무를 제대로 수행하지 못하게 함으로써 조직에 해를 끼치게 된다. 또한 직장 내 친구 관계의 이중적 속성 때문에 그 당사자들은 긴장을 경험하게 된다.

이와 관련해서 Bridge와 Baxter(1992)는 다섯 가지 딜레마를 제시했다. 그 하나가 도구성 대 애정의 딜레마이다. 사람들은 상대방의 도움과 지원을 많이 받는 것이 일과 관련해서는 좋지만, 친구의 입장에서 보면 받은 만큼 주는 상호성의 원칙을 위반하는 것이기 때문에 긴장을 야기할 수 있다. 또 다른 딜레마는 공정 대 편애로, 사람들은 상대방을 공명정대하게 대하고자 하지만, 상대방은 친구인 그 사람으로부터 좀 더 특별한 대우를 받고 싶어 한다. 개방성 대 폐쇄성 딜레마는 친구로서 상대방에게 일과 관련된 자신의 모든 정보나 비밀을 공개해야 하는지, 아니면 필요한 만큼 비밀을 유지할 것인지의 문제이다. 판단 대 수용 딜레마는 친구 관계에서는 상대방에 대해 무조건적으로 수용하고 공감할 필요가 있지만, 일과 관련해서는 서로의 이해가 충돌하거나 의견이 달라 상대방을 판단해야 할 때 생긴다. 자율성 대 연결성 딜레마는 기존의 직원이 자신과 유사한 사람을 고용함으로써 그 사람과 우정을 발달시키기 쉽지만, 그것 때문에 그 사람이 일을 할 때 필요한 자율성을 거의 제공하지 못할 때 생긴다.

Pillemer와 Rothbard(2018)는 친구 관계의 이와 같은 이중성이 초래할 수 있는 불리함이나 손실을 구체적으로 제시하고 있다. 그들에 따르면 직장 내 동료들 사이의 상호적 자기노출과 지각된 유사성이 우정의 발달 및 그와 관련된 혜택을 가져다주지만, 그것이 개인적·집단적·조직적 수준에서 과업의 수행과 기능에 위험을 초래할 수 있다. 개인적인 수준에서 볼 때, 직원들이 일터에서 친구 관계를 과도하게 형성하면 그런 관계에 신경을 쓰느라 정작 자신의 과업에 집중하기 어렵다. 당연히 이와 같은 주의와 노력의 분산은 주어진 업무를 소홀하게 만들어 성과를 떨어뜨린다. 심지어 조직에서 추구하는 목표보다 친구와의 사회·정서적 목표를 더 우선시함으로써 친구로서 해야 할 최적의 행동을 더 중요시하는데, 이것은 조직에서 필요로 하는 최적의 행동과 반대되는 것이다.

집단 수준에서 볼 때, 구성원들이 직장 내 관계에 대한 비슷한 핵심 가치와 신념을 가지고 있는 것은 긍정적인 대인 간 결과를 가져온다. 특히 지각된 유사성과 상호 자기노출은 소속감과 응집성을 증가시키고 대인 간 갈등을 감소시킨다. 그럼에도 불구하고 대다수 혹은 전체가 친구인 집단에서는 이러한 유사성이 의견의 다양성을 훼손할 수 있고, 그래서 복잡한 의사결정이 필요한 상황에서 그 결정의 질을 떨어뜨릴 수 있다. 이러한 집단의 구성원들은 일치하지 않는 의견으로 생기는 불편함을 피하기 위해 공통되거나 비슷한 정보에 초점을 두는 대신, 그렇지 않은 정보나 의견은 공유하지 않고 과업과 관련한 준비와 논의도 소홀히 한다. 이것이 복잡한 과제에 대한 의사결정의 질을 낮춘다. 그럼에도 오랫동안 친구 관계를 유지한 직원들은 다양한 의견을 공유할 수도 있다. 관계의 초기와는 달리 그 관계가 성숙해지면서 안전하다고 느끼면, 유대를 해친다는 두려움 없이 상대방의 의견에 이의를 제기할 수도 있다.

　조직 수준의 차원에서 볼 때, 직장 내 가깝고 배타적인 친구 집단은 그 집단에 속하지 않은 구성원들에게 배제당했다는 느낌을 준다. 특히 친구들 간의 유대가 강할수록 외부의 구성원들과 소통하고 공유하는 정도는 낮아짐으로써 그들에게 배제의 느낌을 더 강하게 준다. 동시에 경계 밖의 사람들은 자신이 수행하는 공식적인 역할이 친구 관계 속의 동료들이 공유하고 있는 행위와 다르다는 것을 파악하게 된다. 이와 같은 요인은 우정 관계의 경계 외부에 있는 사람들에게는 정서적 고통을 주고 소속감이라는 기본적인 욕구의 충족을 위협한다. 그러면서 자신들도 동일시할 수 있는 새로운 파벌을 형성하게 된다. 그래서 궁극적으로는 여러 개의 하위집단이 만들어져서 서로 통과할 수 없는 경계를 갖게 된다. 이것은 일 관련 도움의 추구나 과업 관련 지식의 공유를 방해한다. 또한 친구 관계 속의 사람들은 서로에게 부당한 혜택을 줌으로써 공정성을 해칠 수 있다.

제11장

낭만적 사랑

인류 역사를 통틀어 남녀 간의 낭만적 사랑만큼 인간의 관심을 사로잡은 주제가 있을까 싶다. 그 정도로 사랑은 모든 사람의 삶에서 가장 핵심적인 주제이다. 그래서 우리는 사랑이 왜 중요한지 굳이 그 설명을 듣지 않아도 알고 있다. 사랑하는 사람과 함께 있을 때 경험하는 벅찬 행복을 통해서, 그런 사람을 상실했을 때 느끼는 심적 고통을 통해서 그리고 사랑하는 사람이 없을 때 느끼는 외로움을 통해서, 우리는 사랑이 중요하다는 것을 몸소 깨닫는다. 이러한 경험을 통해 사랑이 무엇인지도 안다. 학술적인 정의하고는 좀 다를 수는 있겠지만, 대부분의 사람은 사랑에는 대략 상대방에 대한 강한 열망과 애정, 친밀감, 헌신과 같은 요소가 있다고 생각한다. 사랑에 대한 이러한 지식을 기초로 해서 사랑의 유형, 성행동에 대한 이론, 성행동의 발달과 남녀 차이를 좀 더 자세히 알아보자.

1. 사랑의 유형

어떤 사람에 대한 우리의 사랑은 매우 복잡한 감정으로, 사랑하는 대상에 대한 강한 애정과 친절, 함께 있을 때 느끼는 기쁨, 상대방의 행복을 위한 헌신 그리고 우리에게 보이는 상대방의 반응에 대한 민감성을 수반한다(VandenBos, 2015). 한편 Rubin(1973)은 사랑을 측정하기 위한 도구를 개발했는데, 여기에서 사랑은 친밀감, 의존, 돌봄으로 구성되어 있다. 이와 같은 식으로 사랑을 전반적인 수준에서 몇 가지 공통적인 요소로 개념화할 수 있다. 그럼에도 불구하고 사랑이 실제 구체적으로 나타나는 모습은 매우 다양하다([그림 11-1] 참조). 그래서 사랑을 제대로 이해하기 위해서는 사랑의 다양한 모습을 살펴보는 것이 필요하다.

그림 11-1   **사랑**. 사랑은 전반적으로 비슷할 수는 있지만 그 구체적인 모습은 매우 다양하다.

1) 사랑의 4유형 모형

Berscheid(2010)는 처음에 열정적(혹은 낭만적) 사랑과 동반자적 사랑을 제시한 후 여기에 자애적(혹은 이타적) 사랑과 애착 대상에 대한 사랑을 추가해서 사랑에 대한 4유형 모형을 제시했다. 애착 대상에 대한 사랑은 제9장에서 자세히 살펴보았기 때문에 여기서는 나머지 세 유형의 사랑을 알아본다. 먼저, 열정적 사랑(passionate love)은 빠른 심장박동과 같이 생리적으로 흥분해 있고 이런 흥분이 매력적인 상대방 때문에 발생한다고 믿을 때 나타난다. 이처럼 열정적 사랑은 자신의 흥분을 매력적인 상대방에 의한 것이라고 판단할 때 나타나기 때문에, 여기에는 강한 성적 욕구가 들어 있다. 이때 이러한 생리적 흥분은 다양한 자극에 의해 유발될 수 있다.

한 연구(White et al., 1981)에서 남성들은 세 가지 테이프 중 하나의 녹음을 들었다. 부정적 흥분 조건의 남성들은 한 대원이 그의 가족이 보는 앞에서 살해되는 내용을 들었고, 긍정적인 흥분 조건에서는 코미디 작품을 들었으며, 중립적 조건에서는 개구리의 혈액순환 시스템에 대한 지루한 내용을 들었다. 그다음 이 남성들이 사랑스러운 여성과 그렇지 않은 여성의 비디오를 보았을 때, 중립적 조건의 남성들에 비해 두 흥분 조건의 남성들은 똑같이 사랑스러운 여성에게 더 큰 매력을 느꼈다. 이러한 결과는 모든 생리적 흥분이 상황에 따라 성적 욕구를 수반하는 열정적 사랑으로 이어질 수 있다는 것을 보여 준다. 가령, 두려움과 분노와 같은 흥분도 열정적 사랑을 촉발할 수 있다. 전쟁의 상황에서 병사들은 생리적으로 흥분한 상태에 있는데, 그들이 여성을 보는 것만으로도 성적 흥분을 느끼기에 충분할 수 있다(Gray, 1973).

열정적 사랑은 이타적이면서 동시에 이기적인 특성을 모두 가지고 있다. 이러한 사랑을 하는 사람은 지금의 파트너만 생각할 뿐 다른 대안적인 사람은 마음에 없다. 그러면서 그 파트너를 위해 모든 것을 하겠다는 강한 느낌을 가지고 있다. 모든 사랑이 이와 같은 맹목적인 특성을 가지고 있지만, 열정적인 사랑의 순간에는 이러한 특성이 더 강력하다. 게다가 열정적 사랑을 하는 사람은 상대방도 자신과 같은 상태에 있기를 바라면서, 그 사람이 자신을 떠나면 매우 비참할 것이라고 생각한다. 상대방의 거절에 대한 두려움, 질투, 오해에 대한 좌절과 같은 것을 경험하기도 한다. 여러 연구를 보면, 여성에 비해 남성의 사랑에 대한 개념이 열정적 사랑에 더 부합하는 경향이 있다(Fehr, 2015). 또한 문화에 따라 열정적 사랑이 갖는 중요성이 다른데, 서아프리카, 인도나 파키스탄, 일본, 중국과 같이 집단주의 문화에서는 개인주의 문화에 비해 결혼을 할 때 사랑이 갖는 중요성을 낮게 평가하는 경향이 있다.

동반자적 사랑(companionate love)은 상대방에 대한 편안함과 다정함 그리고 신뢰를 동반하는 사랑이다([그림 11-2] 참조). 이것은 깊은 우정과 동료애, 공동의 활동과 상호 관심 그리고 재미에 기초하는 것으로, 우리가 함께 사는 사람에게 느끼는 풍요롭

그림 11-2 **동반자적 사랑**. 이런 사랑은 안정적이고 우애적이다.

고 헌신적인 우정의 형태를 취한다. 이러한 사랑은 열정에 의존하지 않기 때문에 안정적이다. 생리적으로 도파민이라는 신경전달물질이 낭만적 사랑에 핵심적인 역할을 하는 반면, 동반자적 사랑은 이완, 스트레스의 감소를 가져오는 옥시토신이라는 일종의 호르몬과 관련되어 있다. 여러 연구에 따르면, 혈관에 이 수치가 높은 사람은 다양한 갈등적인 상황에서 좀 더 친절하고 따뜻하며 유쾌하게 행동한다(Miller, 2015). 전반적으로 볼 때 개인주의 문화보다는 집단주의 문화 사람들이 동반자적 사랑을 더 가치 있다고 생각하고, 남성들보다는 여성들이 동반자적 사랑을 전형적인 사랑으로 더 수용하고 있다(Fehr, 2015). 그러나 각 성별로 비교해 보면, 남성과 여성 모두 사랑에 대한 자신의 개념이 열정적 사랑보다는 동반자적 사랑에 더 가깝다고 평가했다(Fehr & Broughton, 2001).

자애적 사랑(compassionate love)은 상대방의 행복을 강조하는 사랑의 한 형태이다. 이런 사랑의 핵심 특징은 상대방의 행복에 대한 이타적인 관심과 걱정이다. 이것은 신뢰와 이해를 수반하는 친밀감 그리고 상대방에 대한 공감, 이타주의, 희생을 수반하는 자비와 돌봄을 합친 사랑이다. 자애적 사랑을 하는 사람은 상대방에게 다정하고 베풀며, 상대방의 고통을 줄이고 번영을 촉진하는 것에 초점을 둔다. 그들은 사랑하는 사람이 경험하는 고통이나 기쁨을 공유하고, 상대방이 상처를 받기보다는 차라리 자신이 대신 고통받고자 한다. 낭만적 사랑이 맹목적인 반면, 자애적 사랑은 파트너의 강점과 약점에 대한 정확한 이해에 그 뿌리를 두고 있다. 즉, 상대방의 결함을 알고 있지만 그럼에도 불구하고 그 사람을 사랑하는 것이다(Neff & Karney, 2008). 또한 여러 연구를 보면, 자애적 사랑에 대한 성차이나 문화적 차이는 불분명해 보인다(Fehr, 2015).

2) 사랑의 삼각형 이론

사랑의 유형.   Sternberg(1986)는 사랑이 친밀감, 열정 그리고 헌신으로 구성되어 있다는 사랑의 삼각형 이론(triangular theory of love)을 제안했다. 이때 친밀감은 우리가 상대방에게 느끼는 가까움과 연결감으로, 사랑하는 관계에서 흔히 경험하는 이해, 온정, 신뢰, 지지와 공유를 포함한다. 이 요인은 정서적 투자의 측정치로 볼 수 있는데, Sternberg는 친밀감을 사랑의 '따뜻한(warm)' 요인으로 여긴다. 열정은 사랑의 동기적인 측면으로 강렬한 감정, 열망 및 신체적 끌림과 관련된 생리적 흥분 상태를 의미하며 종종 성적인 바람을 수반한다. Sternberg는 열정을 사랑의 '뜨거운(hot)' 요인으로 여긴다. 마지막으로, 헌신은 영원, 안정 그리고 관계에 헌신하고 관계를 유지하고자 하는 결심을 의미한다. 이것은 사랑의 인지적 측면으로 '시원한(cool)' 요인에 해당한다.

[그림 11-3]에서 보는 것처럼 사랑의 삼각형 이론은 사랑을 구성하는 3요소의 조합에 따라 여러 유형의 사랑을 제시하고 있다. 사랑의 3요소가 모두 없는 것은 사랑이 아니다. 친밀감만 존재하는 것은 가까움과 따뜻함을 지닌 호감이고, 열정만 있는 사랑

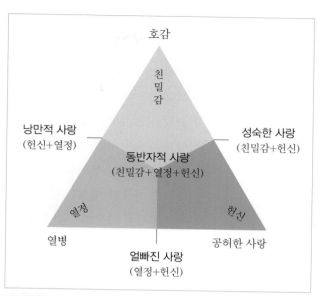

그림 11-3 **사랑의 삼각형 이론.** 이 이론은 사랑을 친밀감, 열정 그리고 헌신의 조합으로 설명한다.

은 강한 생리적 흥분에 기초한 열병이며, 헌신만 있는 사랑은 책임감만 있으면서 무미건조한 공허한 사랑이다. 낭만적 사랑은 친밀감과 열정의 조합 혹은 호감과 열병의 조합으로 이루어진 사랑으로, 쉽게 끝이 날 수 있는 한때의 사랑이다. 동반자적 사랑은 친밀감과 헌신이 조합된 사랑으로, 애정 어린 우정에 기초함으로써 지속적이면서도 성공적인 관계를 만든다. 얼빠진 사랑은 열정과 헌신이 조합된 사랑으로, 서로를 잘 알지 못하면서 과도한 열정으로 쉽게 결혼하는 경우에서 찾아볼 수 있다. 가장 성숙한 사랑은 이 3요소가 모두 높은 사랑이다. 많은 사람이 이와 같은 사랑을 추구하지만, 이러한 사랑을 계속해서 유지하는 것은 쉽지 않다. 왜냐하면 이러한 요소는 시간에 따라 변하기 때문이다.

사랑의 변화.　사랑의 3요소는 시간이 흐르면서 어떻게 변하는가? Sternberg(1986)에 따르면 열정은 관계 초기에 크게 증가했다가 일정 수준이 지나면 급격히 떨어지는 반면, 친밀감과 헌신

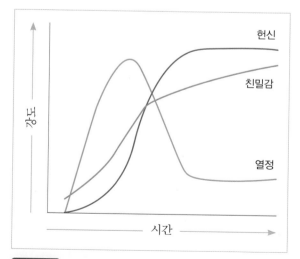

그림 11-4 **시간에 따른 사랑의 3요소의 변화.** 열정은 관계 초기에 강하다가 이후에 급격히 감소하는 반면, 친밀감과 헌신은 시간이 흐르면서 점차 강해지는 경향을 보인다.

은 미약한 상태로 시작해서 점점 강해지는 패턴을 보인다([그림 11-4] 참조). 같은 맥락에서 상당수의 연구가 열정적 사랑은 시간이 지나면서 약해진다는 것을 보여 준다. Tucker와 Aron(1993)은 결혼, 출산 그리고 빈 둥지 시기라는 인생의 주요 전환기에 있는 사람들을 대상으로 열정적 사랑을 측정했다. 그 결과, 갓 결혼한 부부의 점수가 가장 높았지만 나머지 두 집단의 점수도 아주 낮지는 않아, 시간의 흐름에 따른 열정적 사랑의 감소가 매우 크지는 않았다. 반면에 한 종단 연구(Huston et al., 2001)에서 최근 결혼한 다수의 부부를 13년 이상 추적하여 조사한 결과, 결혼 후 2년이 지난 부부가 표현한 사랑과 애정은 결혼 초기의 절반으로 줄었다.

이처럼 열정적 사랑이 시간이 흐르면서 감소하는 데에는 그 이유가 있다(Walster & Walster, 1978). 첫째, 시간이 지나면서 상대방에 대한 환상이 사라지기 때문이다. 열정에 휩싸여 있을 때, 사람들은 상대방을 이상화시키고 비현실적으로 지각한다. 그러나 결혼해서 살면서 이러한 환상은 점차 사라지고 현실이 눈에 들어온다. 동시에 파트너에게 집중하는 것이 점차 피곤하고 지루해지면서 다른 사람과 일에도 주의를 기울이게 된다. 둘째, 새로운 애인이 갖는 참신함은 성적 흥분을 증가시키는데, 이와 같은 현상은 쥐나 닭과 같은 동물에게서도 나타난다. 그러나 시간이 흐르면서 파트너에 대한 친숙함은 증가하고 참신함은 약해진다. 이와 함께 상대방과의 관계에서 추구하는 안전과 이해의 욕구는 상대방을 알아 갈수록 더 잘 충족된다. 상대방에 대한 불확실성이 감소하면서 그의 행동을 더 잘 예측할 수 있고 오해의 소지도 줄어든다. 이와 함께 상대방에 대한 열정은 감소하게 된다.

시간이 흐르면서 열정은 감소하고 친밀감은 증가하는 또 다른 이유를 생리학적인 차원에서 찾을 수 있다. Fisher(2006)는 사랑의 경험을 통제하는 3개의 생물학적 시스템을 제안하면서, 이것이 진화론적으로 이치에 맞는다고 주장했다. 먼저, 성호르몬이 조절하는 성욕 시스템이 작동한다. 이것은 우리에게 다른 사람과 성관계를 갖도록 하는 동기를 유발함으로써 성공적인 재생산을 가능하게 해 준다. 그다음 특별히 선호하는 파트너를 얻기 위해 노력하도록 하는 매력 시스템이 작동한다. 이 시스템은 도파민이 조절하는 것으로, 열정적 사랑을 불러일으킴으로써 둘 간의 유대를 강화한다. 그러면서 사랑에 빠진 사람이 행복하고 낙천적이며 젊어지고 에너지가 넘치는 느낌을 갖도록 해 준다. 마지막에는 옥시토신이 조절하는 애착 시스템이 작동하는데, 이것은 자식들을 보호하고 양육할 만큼 장기간 부부를 함께하게 해 주는 편안함, 안전 그리고 연결감을 갖도록 해 준다. 앞에서 언급한 것처럼 옥시토신은 동반자적 사랑을 유도한다.

내 마음의 거울

사랑의 유형에 대한 척도

여러분이 파트너와 하는 사랑은 어떤 색깔일까? 다음의 각 문항에 여러분이 동의하는 정도를 _____에 표기해 보자.

1: 전혀 동의하지 않는다　　2: 상당히 동의하지 않는다　　3: 약간 동의하지 않는다
4: 약간 동의한다　　5: 상당히 동의한다　　6: 매우 동의한다

_____ 1. 나는 우리 사랑이 깊고 튼튼한 우정에 기초하고 있다고 느낀다.

_____ 2. 나는 때로 파트너에 대한 생각을 강박적으로 한다.

_____ 3. 나는 파트너에 대한 사랑을 함께 활동하고 서로 관심을 보이는 것으로 표현한다.

_____ 4. 나는 내 파트너를 신체적 · 정서적 · 정신적으로 모두 알고 싶다.

_____ 5. 파트너에 대한 나의 사랑은 단단하고 깊은 애정에 기초하고 있다.

_____ 6. 나는 내 파트너의 애정에 끊임없이 목말라하고 있다.

_____ 7. 파트너에 대한 내 사랑에서 중요한 요인은 우리가 함께 웃는 것이다.

_____ 8. 내 파트너는 나에게 완벽한 애인이다.

_____ 9. 파트너에 대한 내 사랑에서 중요한 부분은 우리가 함께 활동하는 것이다.

_____ 10. 나는 내 파트너가 나를 원한다는 신호를 보여 주길 갈망한다.

주: 홀수 문항의 총점(30점 만점)은 여러분의 우애적 사랑 점수이고, 짝수 문항의 총점(30점 만점)은 여러분의 열정적 사랑을 보여 주는 점수이다.
출처: Hatfield & Sprecher (1986); Grote와 Frieze (1994)의 척도 일부 발췌.

3) 사랑의 색깔

　사회학자 Lee(1973)는 사랑의 유형을 구분하는 또 다른 방식을 제시했다. 그는 사람들에게 자신이 과거에 경험했거나 현재 진행 중인 연인 관계에 대하여 다양한 질문을 했다. 가령, 관계의 시작, 관계의 문제점이나 만족하는 점, 당사자들이 느끼는 감정의 강도, 관계의 발달과 종결 등을 물었다. 그다음 참가자들의 이야기를 분석해서 발견한 다양한 유형의 사랑을 다양한 색상에 비유해서 기술했다. [그림 11-5]에서 보듯이 일차적 사랑은 에로스(Eros), 루더스(Ludus) 그리고 스토르게(Storge)이다. 3개의 일차적 사랑이 혼합되면 이차적 사랑인 마니아(Mania), 프라그마(Pragma) 그리고 아가

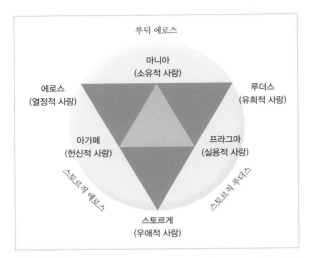

그림 11-5 Lee의 사랑의 색깔. 에로스, 루더스, 스토르게는 원형적 사랑이며 이 세 유형의 조합인 이차적 사랑에는 마니아, 아가페, 프라그마가 있다.

페(Agape) 유형이 나타난다.

에로스 유형의 사람은 사랑을 인생에서 매우 중요한 행위로 생각하고, 보통 첫눈에 선호하는 상대방의 신체적 매력에 크게 반한다. 신체적 접촉을 강하게 열망하며 관계에 대한 불안이 없고 상대방과 빨리 친해지질 원한다. 또한 그들은 강렬한 사랑의 감정을 즐기고 성관계를 빨리 갖고자 한다. 루더스는 여러 유형의 상대와 심리적 거리를 두면서 놀이나 장난 삼아 하는 사랑이다. 이런 유형의 사람은 상대방과의 첫 만남에서도 흥분하지 않고, 강렬한 감정을 피하기 위해 자주 만나지도 않는다. 그러면서 파트너도 너무 강렬하지 않고 자신을 통제할 수 있도록 도와준다. 그들은 거짓말이나 부정도 게임의 일부로 인정하고, 성관계는 깊은 정서적 유대를 위해서가 아니라 재미로 즐긴다. 스토르게 유형은 열병은 없으면서 자연스러운 애정을 가지고 있는 사랑으로, 이 유형의 사람은 동반자적 사랑과 유사하게 연인과 안정적이고 신뢰하는 우정을 나눈다. 파트너와 함께 서로를 점진적으로 알아 가면서 흥미와 활동을 공유하는 것을 좋아한다. 직접적인 정서 표현을 피하는 특성이 있고 성적 행동에 어려움이 있을 수 있다.

마니아는 에로스와 루더스가 혼합된 사랑이다. 이런 유형의 사람은 처음 만난 파트너에 대해 양가감정이나 반감을 느낄 수 있지만, 곧 그에 대한 생각에 몰입하거나 심지어 집착하게 된다. 파트너를 자주 보고 싶어 하지만 그렇지 못함으로써 불행이나 통제감의 상실을 경험한다. 파트너가 사랑과 애정을 더 많이 표현하도록 강요하고 소유욕이 강하다. 파트너의 사랑이 없는 삶은 무가치하다고 느끼고 그 사랑을 얻기 위해 자신을 해칠 수도 있다. 프라그마는 스토르게와 루더스가 합쳐진 사랑이다. 이것은 정서적이거나 현실적인 욕구를 잘 충족시켜 줄 수 있는 사람을 찾기 위해 쇼핑을 하는 사랑이다. 이런 유형의 사람은 사랑을 조건적 거래라고 생각해서 학력, 배경, 외모, 사회경제적 수준에서 공정한 거래를 하고자 한다. 아가페는 스토르게와 에로스를 합한 사랑이다. 이것은 자신의 욕구는 신경 쓰지 않으면서 파트너에게 이타적으로 베풀고, 파트너의 행복에 대해 걱정하는 사랑이다. 이런 유형의 사람은 다른 사람을 사랑함으로써 오는 정신적인 행복을 추구하는 대신, 육체적인 쾌락은 피하고

자 한다.

　이와 같은 6개 사랑의 유형 중에서 한 사람이 강하게 선호하는 하나의 유형이 있다고 하더라도, 그러한 유형이 고정되어 있는 것은 아니다(Hendrick & Hendrick, 1992). 선호하는 유형은 인생 전반에 걸쳐서 달라질 수 있고 심지어 주어진 연인 관계에 따라서도 변할 수 있다. 또한 종종 어떤 사랑의 유형에는 성차가 있다. 남성은 여성에 비해 늘 루더스 유형이 더 많고, 종종 여성은 남성에 비해 프라그마와 스토르게 유형이 더 많다(Hendrick & Hendrick, 1986). 또한 연인 관계에 있는 두 사람은 에로스, 스토르게 그리고 마니아 차원에서 서로 유사해서 매우 강한 상호성을 보이고 있었다(Hendrick et al., 1988).

2. 성행동에 대한 이론

　개념적으로 성행동을 설명하는 입장에는 크게 유전과 같은 생물학적 측면을 강조하는 진화론적 입장과 학습과 같은 사회문화적인 측면을 강조하는 입장이 있다(Sprecher et al., 2018; Tolman & Diamond, 2014). 이때 성행동과 관련해서 많은 논쟁을 불러일으킨 주제 중의 하나가 성차의 문제이다. 연구자들은 자신이 지지하는 이론에

표 11-1 성행동에 대한 이론적 접근. 여기에는 크게 진화론적 접근과 사회문화적 접근이 있다.

접근	이론	특징
진화론적 접근	부양 투자 이론	• 남성은 재생산이 효율적이고 자식의 부양에 부담이 적음 • 여성은 자식의 생존을 위해 많은 투자를 해야 하므로 불리
	성적 전략 이론	• 남녀는 짝짓기와 재생산을 위해 선천적으로 다른 전략을 발달 • 남녀는 각각 배우자의 성적 외도와 정서적 외도에 더 질투
	애착 생식력 이론	• 남성과 여성은 배우자 선택과 성적 경험에서 비슷하다고 가정 • 상호 배우자 선택 모형을 제시
	애착 이론	• 성인기 낭만적 관계가 유아와 양육자 사이의 애착과 일치 • 스테로이드-펩타이드 이론을 통해 짝짓기와 유대의 구축 설명
사회문화적 접근	보상 · 조건화 이론	• 환경이 제공하는 기회나 선택에 따라 성적 반응은 유동적 • 성적 욕망과 행동에서 학습의 과정을 강조
	사회 교환 이론	• 성행동을 이득과 비용의 측면에서 해석하는 입장 • 성적 비용 대비 이윤이 높은 사람의 성적 만족이 높음

따라 남녀 간 차이점을 주장하기도 하고 유사점을 강조하기도 한다(〈표 11-1〉에 요약되어 있음).

1) 진화론적 접근

성행동에 대하여 진화론적인 입장을 취하는 이론은 기본적으로 성행동을 남녀의 재생산 가능성을 높이는 적응적인 반응으로 본다. 즉, 모든 유기체는 자신의 유전자를 확대 재생산하려는 욕구를 가지고 있고, 남녀는 그것을 실현하는 과정에서 성적인 차이로 인해 서로 다른 특성을 진화시켜 이후의 세대로 전수시켜 왔다고 본다.

성차를 강조하는 이론.   Trivers(1972)의 부양 투자 이론(parental investment theory)에 따르면, 남성은 짧은 시간에 다수의 여성을 수정시킬 수 있고, 그 결과로 생긴 자식은 자신의 투자와 상관없이 그 어머니가 돌볼 것이라고 확신할 수 있다. 따라서 부양 투자의 측면에서 남성의 부담은 적다. 반대로 여성은 임신을 위해 9개월을 투자해야 하고 한 아이의 생존을 위해 수년을 더 투자해야 한다. 이러한 점에서 여성의 비용은 막대하다.

Buss와 Schmitt(1993)는 이 이론을 확장해서 성적 전략 이론(sexual strategies theory)을 제시했다. 이 이론은 남성과 여성이 짝짓기와 재생산을 위해 선천적으로 서로 다른 접근을 발달시켜 왔다고 주장한다. 첫째, 파트너의 나이와 관련해서 남성들은 좀 더 젊은 파트너를 선호한다. 둘째, 남성들은 단기적이거나 즉흥적인 성적 만남에 더 관심을 갖는다. 셋째, 남성들은 더 많은 파트너와 성관계하는 것을 더 선호한다. 넷째, 남성과 여성은 자원과 신체적 매력을 교환하는 식으로 짝을 찾는다. 다섯째, 여성이 파트너를 선택하는 데 더 까다롭다. 마지막으로, 성적 전략 이론은 고통과 질투를 야기하는 외도의 유형에도 성차가 있다고 주장한다. 즉, 남성들은 자신의 여성 파트너가 성적으로 외도할 때 고통을 겪는다. 다른 남성과의 성적 접촉이 자기 유전자의 재생산을 직접적으로 위협하기 때문이다. 반면에 여성은 자신의 파트너가 정서적으로 외도할 때 고통을 받는다. 자신의 남성 파트너가 다른 여성에게 투자하고 싶어 하면, 자기의 재생산에 필요한 파트너의 부양 투자가 위험에 처하기 때문이다.

지금까지 다수의 연구가 이러한 성차를 검증했다. 특히 Buss(1989)는 33개국에서 문화적으로 다양한 37개의 표본을 선정해서 1만 명 이상의 참가자를 대상으로 이것을 검증했다. 그 결과, 남성은 자신의 파트너로 자기보다 더 젊은 여성(평균 2.66년)을 선호한 반면, 여성은 자신보다 더 나이 든 남성(평균 3.42년)을 선호했다. 27개국의 자료를 이용해서 결혼한 부부를 조사한 결과, 남성의 나이가 여성보다 2.17~4.92년 더 많았고 결혼 당시 남성은 28.2세, 여성은 25.3세였다. 또한 여성은 자신의 파트너로 재정적으로 전망이 밝고 야망이 있으며 성실한 사람을 선호한 반면, 남성은 신체적으로 매력적인 파트너를 선호했다. 이와 같은 성차는 문화적으로 매우 일관적이었지만 파트너의 순결에 대한 선호는 그렇지 않았다. 23개의 표본(62%)에서만 여성에 비해 남성이 순결한 파트너를 선호했고 나머지 표본에서는 성차가 없었다. 한편, 질투의 유형에 대한 성차를 검증한 다수의 연구는 전반적으로 성적 전략 이론의 주장을 지지하지만 그러한 차이가 일관적이지는 않다는 것을 보여 준다(Tolman & Diamond, 2014).

　　남녀의 유사성을 강조하는 이론.　　진화론에 기초한 또 다른 이론은 애착과 관련된 것으로, 그중 하나가 Miller와 동료들이 제안한 애착 생식력 이론(attachment fertility theory)이다(예: Miller et al., 2013; Miller & Fishkin, 1997). 이 이론에 따르면 남녀 모두 한 쌍으로 결합하려는 경향이 있는데, 부모가 모두 양육에 참여할 때 자녀의 생존 가능성이 증가하기 때문이다([그림 11-6] 참조). 이처럼 이 이론은 남녀가 한 쌍으로 결합하는 것을 강조하면서, 남녀가 배

그림 11-6　**펭귄의 일부일처.** 펭귄은 암컷과 수컷이 한 쌍으로 재생산을 위해 투자한다.

우자 선택에서 비슷한 원리를 가지고 있기 때문에 그들의 성적 경험도 비슷할 것이라고 가정한다. 실제로 여성에 비해 남성이 장기적인 단계보다 단기적인 관계에 더 많은 노력을 투자하지도 않고 더 낮은 기준을 적용하지 않는 등, 남녀 간 공통점은 크고 차이점은 작았다(Pedersen et al., 2011). 또한 30대가 선호하는 파트너의 수는 남녀 모두 동일하게 평균 1명이었으며, 남성(98.9%)과 여성(99.2%) 모두 인생의 어느 시점에 이상적으로는 향후 5년 이내에 오직 1명의 파트너와 최종적으로 살고 싶어 했다(Pedersen et al., 2002).

　　비슷하게, Stewart-Williams와 Thomas(2013)는 남녀의 성행동에 대해 기존과는 다른 진화론적인 입장을 제시했다. 그들의 주장에 따르면, 대부분의 종에서는 수컷이 경쟁하고 암컷은 선택한다는 모형(males-compete/females-choose model)이 맞지만 인간에게는 적합하지 않다. 그 이유로 인간의 뇌가 커지면서 어린 자녀들은 점진적으로 더 의존적이 되어 아동기가 과거에 비해 길어졌다는 것을 들었다. 그 결과, 한 쌍으로서

남녀의 유대 그리고 남성의 부양 투자가 재생산을 위한 필수적인 요인이 되었다. 그래서 남녀 모두 장기적인 짝을 선택할 때는 까다롭게 선택한다. 이러한 입장에서 그들은 상호 배우자 선택 모형(mutual mate choice model)을 제시했다. 실제로 아동의 생존을 위해서는 어머니의 돌봄뿐만 아니라 아버지의 돌봄이 결정적일 수 있다. 예를 들면, 아버지가 부재한 사회와는 달리 아버지가 존재하는 사회에서 청소년기 자녀들은 좀 더 신중하게 파트너를 선택해서 성적인 관계로 나아가며, 더 능숙하게 친밀한 관계를 형성하고 유지하며, 1명과 짝을 이루어 결합하는 경향이 있다(Miller & Fishkin, 1997).

이처럼 진화적으로 남녀의 성적 취향이 비슷하고 부모 모두의 부양 투자가 좀 더 바람직한 결과를 가져옴에도 불구하고, 성적 행동과 관련해 실제 드러나는 남녀 차이는 어떻게 생긴 것일까? 여기에는 여러 이유가 있을 수 있다(Miller et al., 2013). 첫째, 성에 대한 많은 자료를 검토한 연구들이 상대적으로 작은 성차를 보고하고 있다는 점을 고려할 때, 즉흥적인 성관계에서 보이는 남녀 간의 차이가 과장되었을 수 있다(예: Peterson & Hyde, 2011). 또한 남녀 간 차이보다도 각 성별 내에서 보이는 개인차가 더 클 수 있다. 즉, 성행동과 관련해서 남성들 사이에서도 큰 차이가 있을 수 있고 여성들 사이에서도 마찬가지이다. 이와 같은 차이는 호르몬 수준의 변화, 성관계를 하지 않은 기간과 같은 생물학적인 상태, 장기적인 파트너와 정서적으로 가까운 정도, 애착 유형이나 부모의 양육 방식과 같이 장기간에 걸쳐 형성되는 행동 패턴, 초기의 경험, 상대방에 대한 신뢰 등 매우 다양한 요인이 성적 파트너를 원하는 수나 새로운 파트너를 찾고자 하는 정도를 결정할 수 있다.

애착 이론.   진화론에 기초한 또 다른 이론이 제9장에서 살펴본 애착 이론(attachment theory)이다. 이 이론은 진화를 통해 발달한 인간의 신경계가 재생산을 증가시키는 방향으로 우리의 행동 시스템을 구축했다고 가정한다. 본래 Bowlby(1982)는 애착이 유아와 양육자 사이의 근접성을 조절함으로써 유아의 생존 가능성을 높여주는 진화된 행동 시스템이라고 생각했다. 이후에 Hazan과 Shaver(1987)는 파트너가 높은 근접성의 유지, 분리에 대한 저항, 안전과 안락함의 원천이라는 측면에서 그리고 동일한 신경생물학적인 기초에 근거한다는 점에서, 성인기 낭만적 관계가 유아와 양육자 사이의 애착과 일치한다고 주장하면서 애착 유형과 낭만적 관계의 유형을 연결시켰다. 이와 같은 입장은 다양한 연구자(예: Bartholomew, 1990; Miller, 2015)에 의해 많은 경험적 지지를 받았다(제9장 참조).

이 이론에서는 친밀한 신체적 접촉에 민감한 옥시토신과 도파민(앞의 동반자적 사랑 참조)의 관여 덕분에, 성인기 성적 욕망과 행동이 재생산뿐만 아니라 파트너 간 정서적 유대의 강화에도 도움이 된다고 본다(Hazan & Zeifman, 1994). 또한 van Anders 등(2011)은 사회적 유대에 대한 스테로이드-펩타이드 이론(steroid-peptide theory of social bonding)을 통해 짝짓기와 한 쌍으로서 유대의 구축이라는 진화론적 목표를 설명하고 있다. 즉, 성적 친밀감(sexual intimacy)은 성적 쾌락과 재생산을 지향하는 접촉으로, 여기에는 높은 수준의 옥시토신, 바소프레신 그리고 테스토스테론이 관여한다. 반면, 양육적 친밀감(nurturant intimacy)은 사회적 유대를 촉진하는 따뜻하고 애정 어린 접촉으로, 여기에는 높은 수준의 옥시토신과 바소프레신이 관여한다. 이처럼 성행동에 대한 애착 이론은 신경생물학적인 기초에 근거해서 인간의 성적 행동의 다양한 측면을 설명하고자 한다.

2) 사회문화적 접근

이론적 설명.   성행동에 대한 경험적이고 문화적인 접근은 성적 욕망과 행동이 생물학적으로 엄격하게 프로그래밍 되어 있는 것이 아니라, 구체적인 맥락에서 하는 경험을 통해 형성된다고 주장한다. 이러한 접근 중 하나가 보상·조건화 이론(reward and conditioning theory)이다. Pfaus 등(2012)은 성적 반응을 지배하는 신경계가 본래 유연하기 때문에, 환경이 제공하는 서로 다른 기회나 선택에 따라 성적 반응은 유동적이라고 주장한다. 즉, 우리가 성적인 보상 및 그것과 연결된 특정 단서를 지속적으로 경험함으로써, 우리의 선천적인 성향은 구체적인 소망과 행동 패턴으로 탈바꿈한다. 다시 말해서, 우리의 성적 욕망과 행동은 선천적인 성향과 주어진 상황에서 한 직접적인 경험의 상호작용에 따른 산물이다. 예를 들면, 성적으로 왕성한 청소년이 특정 대상을 통해 강한 성적 보상을 받을 경우에 한해서, 그는 그 대상에 대해 자신의 성적 욕망을 자연스럽게 드러내는 행동 패턴을 발달시킬 것이다.

실제 Pfaus 등(2012)은 성적 욕망과 행동에서 학습의 과정이 중요하다는 것을 입증했다. 적합한 상대, 효율적 성기능을 위해 필요한 몸의 움직임 그리고 성행위에 적합한 장소와 시간을 파악하기 위해서는 학습의 과정이 결정적이다. 이때 사람들의 성적 취향은 유전적인 성향의 영향을 받기 때문에, 어느 정도 이러한 요인의 제약 속에서 특정 상황에 적합한 구체적인 행동을 배우면서 자신의 성적 욕망과 행동을 발달시킨다. Pfaus 등(2012)이 제기한 또 다른 핵심 요인이 성적 발달에 대한 결정적 시기이다. 청소년기와 같은 특정 시기에 성적 욕망의 첫 경험, 자위, 첫 성경험 등의 결정적인 사건을 경험하는 동안 성적 취향에 대한 인지적·정서적·행동적 측면이 통합된다. 청소년기의 이러한 과정에서도 학습이 성적 지향을 강화하는 데 중요한 역할을 한다. 예를 들면, 이 시기에는 동료에 대한 매력과 정서적 애착이라는 보상경험을 하면서 동성에 대한 매력을 자연스럽게 느낄 수 있다.

성행동에 대한 또 다른 사회문화적 입장이 심리학자 John Thibaut, Harold Kelley, 사회학자 George Homans, Peter Blau 등이 제시한 여러 형태의 사회 교환 이론(social exchange theory)이다. 상호의존 이론(interdependence theory; Kelley & Thibaut, 1978)은 이 이론을 발전시킨 것으로, 두 이론은 인간에 대한 가정, 비교 수준, 대안적 비교 수준, 공평 등 중요시하는 개념이 동일하고 인간의 행동을 설명하는 원리도 같다(제8장 참조). 이 이론을 성행동에 적용하면 신체적 쾌감, 긴장의 해소, 정서적 표현, 파트너와 가깝다는 느낌 등이 보상에 포함된다. 반면에 특정 행동에 대한 반감, 당황, 성적 불능, 수치심 등은 비용에 포함된다. 성적 이득 대 비용의 비율이 높다고 지각하는 사람은 성적 만족이 더 높다는 것을 많은 연구에서 입증해 왔다(예: Byers & Demmons, 1999). 때로 남녀가 특정 성적 측면에 부여하는 가치가 다른데, 이것이 성행동에서의 성차를 가져온다. 정서적 가까움, 안전 그리고 개방적인 의사소통이 남성보다는 여성의 성적 흥분과 만족에 더 중요한 역할을 한다(Byers, 2002).

영향 요인.   좀 더 포괄적인 측면에서 사회와 문화는 사람들의 성행동에 영향을 준다([그림 11-7] 참조). 체코나 노르웨이처럼 어떤 사회는 동성애자에 대해 더 허용적이고, 독일과 스웨덴 같은 나라는 청소년의 성에 대해 더 관대하다. 반면에 미국이나 폴란드와 같은 나라는 성적으로 매우 보수적이다(Widmer et al., 1998). 문화에 따른 성역할 사회화와 바람직한 성행동에 대한 사회적 기대가 성행동에 대한 남녀 차이를 가져오기도 한다. Peplau(2003)는 성행동에서 나타나는 네 가지 주요 성차를 제시했

그림 11-7 **일부다처.** 문화에 따라 일부다처가 허용되기도 한다.

다. 남성은 여성에 비해 성관계를 더 많이 생각하고 더 자주 갖고 싶어 하는 등 성에 대한 관심이 많다. 그뿐만 아니라 성폭력 등 성과 관련된 공격성은 여성보다는 남성과 더 관련되어 있다. 남성은 자신이 성적으로 공격적이고 지배적이며 경험이 많다고 생각한다. 또한 그들은 좀 더 자기주장적이고 주도적이다. 반면에 성과 친밀성의

관계는 남성보다는 여성에게 더 중요하다. 여성은 정서적으로 몰입하고 심리적으로 가까운 사람과 성관계를 맺는 것을 선호한다.

　성적 취향에서 나타나는 이러한 성차는 사회화의 영향을 받는다(Weiten & Lloyd, 2006). 성역할이 뚜렷하게 구분된 사회는 남성이 성적 행위를 주도하고 정서적 관여 없이 성을 즐기도록 촉구한다. 남성들은 또한 사회로부터 성은 정복하는 것이라는 메시지를 받기 때문에, 일상적인 관계에서 성은 재미를 위한 것이라고 생각한다. 이에 비해 여성은 성관계를 사랑하는 사람과의 맥락에서 보도록 교육을 받는다. 그러면서 성적으로 주도하기보다는 상대방의 요구에 순응하는 식으로 행동하도록 배운다. 또한 여성들은 신체적 매력과 파트너를 잡는 것이 중요하다고 배운다. 즉, 남성들은 본래 성적으로 강력하고 충동적이기 때문에, 여성들은 자신의 신체적 매력을 이용해서 이러한 특성을 지닌 남성을 관리할 수 있어야 한다고 배운다.

　보통 남성에 비해 여성은 성과 관련해 감당해야 할 정서적 부담이 크기 때문에, 그들에 대한 성적 사회화는 더 오래 이루어진다(Weiten & Lloyd, 2006). 여성은 임신에 대한 두려움 때문에 성에 대한 열망을 억제하게 된다. 그들은 부모, 동료, 형제로부터 강간과 근친상간 등 성과 남성에 대하여 부정적인 메시지를 듣는다. 또한 여성은 월경과 관련된 피와 통증으로 인해 자신의 성기와 성에 대한 부정적인 생각을 발달시킬 수 있다. 마지막으로, 사회가 남성과 달리 여성의 적극적 성행동을 위축시키기 때문에 그들은 성적 죄의식을 갖게 된다. 성에 대한 이러한 부정적인 인상이 데이트와 정서적 친밀감이 주는 긍정적인 보상과 연결됨으로써, 많은 여성은 성에 대해 양가적인 감정을 느낀다(Hyde, 2004).

3. 발달 시기와 성행동

　사람들의 낭만적 사랑을 구성하는 하나의 중요한 요소가 성행동이고, 이러한 성행동에 영향을 미치는 한 요인이 발달이다. 성적 발달에는 생물학적인 요인과 함께 환경적 요인도 영향을 미친다. 아동기의 성행동에 대한 경험적 연구는 다른 발달적 시기에 비해 많지 않지만, 이 시기에도 성행동은 다양한 방식으로 나타난다. 여러 자료에 따르면, 10세 이전에도 생리적인 성적 반응, 자위, 성에 대한 언어적 반응 등 여러 성적 행동이 나타나지만, 전반적으로 10세가 성적 발달 과정에서 중요한 시기이다(Hock, 2016; Lamb & Plocha, 2014). 이 시기의 아동은 다른 아동을 성적인 존재로 보기 시작하고, 성적으로 매력적인 대상을 보면 심리 · 생리적으로 안정적이고 뚜렷하게 흥분을 경험한다. 이와 같은 아동기의 성적 발달에는 부모, 또래 그리고 대중매체가 중요한 영향을 미친다. 성행동은 아동기에 이어 청소년기와 성인기를 거쳐 발달해 나간다.

1) 청소년기의 성행동

성적 발달.   아동기가 마무리되고 청소년기로 접어들면서 성적인 발달이 급격하게 이루어진다. 청소년들은 성적으로 깨어나서 낭만적이고 성적인 관계 그리고 사

랑과 같은 복잡한 감정을 경험하기 시작한다([그림 11-8] 참조). 이러한 발달에는 생물학적 · 심리적 · 사회문화적 요인이 영향을 미친다. 사춘기는 신체적이고 생물학적인 변화를 지칭하는 용어로, 뇌하수체가 생식선 자극 호르몬을 분비하면서 이 시기가 시작한다. 이 호르몬의 신호로 고환이 테스토스테론을 분비하고 난소가 에스트로겐을 분비하면서, 이 두 성호르몬이 빠르게 증가한다. 테스토스테론은 소년의 성행위와는 밀접하게 관련되어 있

그림 11-8 **청소년기의 성행동.** 청소년기에 성적 발달이 크게 이루어진다.

는 반면, 소녀의 성행위와는 관련성이 덜하거나 없다. 이 시기에 소년은 정자를 생성하고 소녀는 월경을 시작한다. 이차 성징이 나타나는 시기는 개인에 따라 차이가 심하지만, 보통 소년에게서는 11~16세 사이에 나타나고 소녀에게서는 8~16세 사이에 나타난다(Hock, 2016).

심리적으로 청소년들은 자신의 신체 이미지에 불만스러워할 뿐만 아니라, 자신이 성적으로 주목받는 정도와 다른 사람에게 성적으로 끌리는 정도를 잘 파악하게 된다. 그들은 평균적으로 10세 때에 자신이 이성이나 동성에게 매력을 느낀다는 것을 깨닫게 된다(Herdt & McClintock, 2000). 또한 낭만적 관계가 두드러지면서 이 관계에 대한 시간적 투자도 증가한다. 이와 함께 성적인 자기개념이 발달하는데, 성적 자아존중감, 성적 자기효능감, 신체 이미지, 성적 관심과 탐색, 성적 불안과 같은 측면에서 개인차가 있다(Buzwell & Rosenthal, 1996). 그래서 어떤 청소년은 성적인 측면에서 자기에 대한 긍정적 인식과 관심이 부족하고 불안 수준이 높은 반면, 또 어떤 청소년은 자신을 성적인 측면에서 긍정적으로 바라본다. 비슷하게, 여성성에 대한 이념이 성적 주체성과도 연결되어 있다. 여성성에 대해 전통적인 견해를 가지고 있는 청소년은 성

적인 측면에서 자기주장 수준이 낮고, 몸에 대한 존중감이 약하며, 성적 위험에 대한 지식이 부족하다는 점은 성적 건강과 관련해서 문제가 될 수 있다(Curtin et al., 2011).

파트너의 선택과 관련해서 청소년과 성인 사이에는 유사점과 차이점이 있다. 신체적 매력은 남녀 청소년들이 파트너를 선택하는 데 가장 두드러진 요인이고, 특히 소년에게 그렇다(Ha et al., 2010). 그러나 장기적인 애인을 고를 때 소년과 소녀 모두 상대방의 지성과 유머를 강조한다(Regan & Joshi, 2003). 이러한 경향은 성인에게도 마찬가지이다. 성인들도 단기적인 파트너를 선택할 때 신체적 매력을 중요시하고, 특히 남성들에게 이러한 경향이 강하다. 반면에 장기적인 파트너를 고를 때는 성격과 같은 내면적인 특성을 강조한다. 한편, 청소년들은 성인과 달리 파트너를 고를 때 인기나 사회적 지위와 같은 또래와의 관계를 중시하는 특성도 있다. 또한 그들은 공격적인 행동을 하는 사람에게 더 매력을 느낀다. 한 연구에서 높은 공격성을 보이는 소녀들은 좀 더 어린 나이에 데이트를 하고, 공격적인 소년들은 더 많은 데이트 파트너를 가지고 있었다(Gallup et al., 2011).

성경험.   청소년기에 적지 않은 학생들이 성관계를 경험하는 것으로 보인다. Lim 등(2016)은 한국 정부가 2013~2015년 사이에 조사한 중·고등학생 21만 명 이상의 응답을 분석했다. 그 결과, 5.3%의 학생이 성경험을 가지고 있었다. 질병관리본부가 2017년 중·고등학생 6만 명을 조사한 결과에 따르면, 5.7%의 학생이 성경험이 있었으며 첫 성경험의 시기는 만 13.6세였다. 좀 더 최근에 정다형 등(2019)은 전국 표본 1,348명의 10대(10~13세: 1.4%, 14~16세: 16.6%, 17~19세: 82%)를 조사했다. 그 결과, 전체 응답자의 절반이 넘는 54.7%(738명)가 성경험이 있다고 보고했다. 이렇게 수치가 높은 한 이유는 대부분의 응답자가 10대 후반이기 때문으로 보인다. 한편, 미국의 질병관리 및 예방본부는 2014년도에 중3부터 고3까지의 학생들을 조사했다. 그 결과, 조사대상자 중 47.4%가 성경험이 있었고 학년이 올라갈수록 그 비율도 증가했다.

우리 몸의 성적 시스템은 성관계를 갖는 동안 쾌감과 만족감을 유발할 수 있다. 이와 함께 청소년들의 성관계를 부정적이거나 병리적으로 보는 사회의 시각이나 그와 같은 사회화의 과정 때문에, 그들은 성에 대한 죄책감, 수치심, 불안과 실망을 경험할 수 있다. 특히 소녀들은 앞에서 살펴본 여러 이유로 이와 같은 부정적 정서를 더 많이 경험하기 쉽고, 그것이 성적 만족에 부정적인 영향을 줄 수 있다. 실제로 18~25세의 미국 대학생 약 2천 명을 조사한 연구에서, 여성의 절반 이상은 자신의 첫 성관계가 생리적인 측면에서 만족스럽지 못했다고 회고한 반면, 그렇게 회고한 남성은 15%에 불과했다(Higgins et al., 2010). 또한 여러 연구를 요약한 문헌(O'Sullivan & Thompson, 2014)에 따르면, 첫 성관계를 너무 이른 시기에 갖는 것은 두통, 불안, 외로움, 후회와 같은 증상과 관련될 수 있다. 반면에 너무 늦게 성관계를 갖는 것은 낮은 성적 자기효능감이나 성에 대한 빈번한 혐오와 관련될 수 있다. 이와 같은 결과는 청소년기의 성적 만족에는 다양한 요인이 영향을 미친다는 것을 보여 준다.

2) 성인기의 성행동

청소년기에 비해 성인기 사람들은 성적 호기심 때문에 새로 만난 사람과 성관계를 갖기보다는, 애인이나 배우자와 같은 장기적인 관계의 파트너와 성관계를 갖는 경향이 강하다. 성인기 초기의 사람은 성적 파트너에 대한 친밀감을 발달시키고, 그것이 결혼으로 이어져 지속되는 경향이 강하기 때문이다. 함인희(2012)는 여성가족부가 2008년에 20대부터 60대 이상까지 전국 표본 2,743명의 기혼자를 대상으로 수집한 자료를 분석했다. 그 결과, 남녀 모두 28% 정도가 배우자와 1주일에 평균 1회 정도의 성관계를 갖는 것으로 나타났다. 1주일에 2회 이상 관계하는 사람은 21% 정도인 반면, 전혀 관계하지 않는 경우도 6%를 상회했다. 또한 남성이 여성에 비해 성관계의 만족도와 성관계의 중요성을 좀 더 높게 평가했지만, 남녀 모두 결혼생활에 성관계가 어느 정도는 중요하다는 인식을 가지고 있었다. 전반적으로 그들은 성관계가 만족스러울수록 생활 스트레스는 감소하고 전반적인 결혼만족도는 증가했다.

성관계의 빈도는 나이가 들수록 감소하는 경향을 보인다. 미국의 18세 이상을 대상으로 한 전국 표본 자료에서 지난 3개월 동안 적어도 한 번 성관계를 가진 비율을 보면, 18~24세의 남성은 96%, 여성은 79%로 나타났다. 이러한 비율은 나이의 증가와 함께 꾸준히 감소해서 70세 이상의 남성은 33%, 여성은 32%이었다(Reece, 2010). 57세부터 85세까지 3천 명 이상을 조사한 NSHAP(National Social Life, Health and Aging Project) 자료에서도 그 결과는 비슷했다(Waite et al., 2009). 지난 1년간 파트너와 성관계를 가진 사람의 비율은 57~64세의 경우 남성 84%, 여성 62%였지만, 75~85세의 경우 남성은 47%, 여성은 41%로 감소했다. 연령에 상관없이 열에 일곱 정도는 만족스러운 성관계가 관계의 유지에 중요하다고 보고했지만, 나이가 들수록 성적 능력이 감소한다고 보고한 사람의 비율도 최소한 70% 이상으로 매우 높게 나타났다.

나이가 들수록 성적 활동이 감소하는 것은 일정 부분 생물학적인 영향을 받는다. 신체적 건강이 나쁜 사람은 좋은 사람에 비해 성적으로 덜 적극적이기 쉽다. 실제 건강이 열악한 중·노년기 사람들은 그렇지 않은 사람들과는 달리 지난 1년간 성적 활동이 80% 정도 감소했다(Lindau et al., 2007). 한국, 중국, 대만, 말레이시아 등 아시아 4개국 남성 7천여 명을 무작위로 선정해서 조사한 결과, 20대 남성의 발기부전 비율은 2% 정도인 반면, 50세 이상에서는 그 비율이 11~24%로 증가했다(팜뉴스, 2005. 6. 13.). 비슷하게 미국 자료에서 이와 같은 문제를 가진 남성은 20~30대의 경우 10% 미만인 반면, 50대에서는 20% 정도로 증가했다. 또한 여성은 중년기에 폐경을 겪으면서 성적 느낌, 성적 욕망, 성적 기능, 전반적인 기분과 그 이외의 다른 건강상의 문제에서 어려움에 직면할 수 있다.

　나이의 증가와 함께 성적 활동과 욕망이 떨어지는 것은 심리적인 요인과도 관련이 있다. 나이 든 사람들은 성행동이 자신의 삶에서 차지하는 비중을 낮게 인식한다. 이것은 아마도 성 관련 신체적 기능의 저하에 대한 자연스러운 인지적 적응일 수 있다. 함인희(2012)의 성인들에 대한 연구에서 성관계가 부부 관계에서 차지하는 비중은 남녀 모두 나이가 들수록 감소했다. Waite 등(2009)의 연구에서도 57~64세의 남성 6.2%와 여성 24.0%가 성관계가 삶에 중요하지 않다고 응답한 반면, 75~85세의 경우 그 비율이 남성 25.9%와 여성 52.3%로 증가했다. 또한 아름답기 위해서는 신체적으로 젊어야 한다는 고정관념이 나이 든 사람, 특히 나이 든 여성에게 자신의 성적 매력을 낮게 평가하도록 한다. 종종 이것이 파트너와의 성관계를 불편하게 만들기도 한다(Clarke, 2010).

　지금까지 살펴본 것처럼 비록 나이가 들면서 성관계의 빈도와 성적 욕망이 감소한다 하더라도, 여전히 상당수의 노인은 파트너와의 성관계를 즐기고 있다. 말하자면, 노년기 사람들의 낭만적 관계가 반드시 플라토닉하게 정신적이거나 동반자적 사랑일 필요는 없다([그림 11-9] 참조). 더군다나 노년기 사람들은 파트너와의 성관계를 통해 상당한 수준의 만족감을 느낀다. NSSHB(National Survey of Sexual Health and

그림 11-9　노년기의 친밀감. 나이 든 사람들도 성관계를 즐길 수 있다.

Behavior)의 2009년도 자료에서 50~59세의 남성과 여성 중 각각 79%와 69%가 성관계를 매우 즐겁다고 보고한 반면, 약간 즐겁다고 보고한 사람은 3%와 2%에 지나지 않았다. 이러한 수치는 60~69세의 남녀에서도 매우 비슷했다. 70~79세의 남성과 여성 중에서 성관계가 매우 즐거운 경험이라고 보고한 비율은 각각 68%와 70%에 달했다. 또한 이 시기 남성의 16%가 약간 즐겁다고 응답한 반면, 여성은 최소 중간 정도로 즐겁다고 응답했다(Schick et al., 2010).

이러한 결과를 볼 때 친밀감과 성관계는 모든 연령대의 사람이 행복한 삶을 사는 데 필수적인 요소이고, 노년기 사람들도 전혀 예외가 아니라고 할 수 있다. 그럼에도 불구하고 이 시기의 사람들은 여러 현실적 이유 때문에 성적으로 건강한 삶을 누리기가 쉽지 않다(Hock, 2016). 그중 하나가 노인들의 성에 대한 부정적 고정관념이다. 우리 사회도 바람직한 낭만적 성을 청년기에 국한함으로써, 노인들은 자신의 성적 욕구를 사회적으로 드러내기가 어렵고 그와 관련된 문제를 상담하거나 치료받기가 어렵다. 그뿐만 아니라 인구통계학적인 요인들, 가령 미혼 혹은 이혼이나 사별로 인해 혼자가 된 사람들 중에서 데이트를 하지 못하는 사람은 자신의 성적인 욕구를 충족하기 어렵다. 이 외에도 경제적으로 어렵거나 다양한 세대와 동거를 하는 노인들, 요양원과 같은 시설에 거주하는 사람들은 성적 행동과 관련하여 만족스럽지 못할 가능성이 크다.

4. 성행동과 성차

앞에서 성행동에 대한 사회문화적 접근에서 살펴본 성차처럼, 때로 사람들의 성행동은 남녀에 따라 다를 수 있다. 이러한 차이점 중에는 성적 유연성, 성적 반응, 성적 욕구와 만족 측면에서의 차이점이 있다. 또한 성적 소수자도 이성애자와의 차이가 있을 뿐만 아니라 그들 내에서도 차이가 있다.

1) 성적 유연성

그림 11-10 **성적 유연성.** 한 개인의 성적 신념과 행동은 달라질 수 있다.

성적 유연성(sexual fluidity 혹은 erotic plasticity)은 한 개인의 성적 신념과 행동이 문화적·사회적 그리고 상황적 요인에 따라 달라질 수 있는 정도를 의미한다([그림 11-10] 참조). 어떤 사람은 상황에 따라 자신의 성정체성을 이성애자에서 동성애자로 바꿀 수 있고 그러한 변화에 맞게 성행동을 할 수 있다. 성적 유연성은 선호하는 파트너나 행위의 유형, 선호하는 성교 빈도, 욕망의 표현 행위 등에서 나타나는 변화를 통해 알 수 있다. 한편으로, 높은 유연성은 변화하는 환경에 좀 더 쉽게 적응할 수 있다는 점에서 적응적이다. 다른 한편으로, 유연성이 높은 사람은 외부의 영향을 더 많이 받을 수 있기 때문에 장기적인 측면에서 볼 때 최선이 아닌 것을 선택할 수 있다. 이러한 점에도 불구하고, 성적으로 유연하든 그렇지 않든 간에 어느 쪽이 다른 쪽에 비해 본질적으로 더 도덕적이거나 실질적으로 더 우월하다고 얘기할 수 없다(Baumeister, 2000).

　지금까지 많은 연구자는 남성에 비해 여성의 성행동이 더 유연하다고 지적해 왔다(Baumeister, 2000; Diamond, 2014). 그들은 성적 유연성에 대한 다수의 연구를 고찰하여 이러한 성차가 다양한 측면에 존재하고 있음을 보여 주었다. 예를 들면, 남성에 비해 여성은 삶의 과정에서 성적 변동을 더 많이 겪는다. 여성은 성행위를 많이 하는 시기를 거친 다음 수개월 동안은 성행동을 하지 않다가, 다시 성행동을 많이 하는 시기로 들어간다. 반면에 남성은 성적 파트너와 헤어지더라도 자위나 다른 행위를 통해 자신의 절정 경험을 지속적으로 유지한다. 또한 미혼일 때와 기혼일 때 성행동의 빈도는 남성에 비해 여성에게서 더 크게 변하는 경향이 있다. 또한 여성은 상대방과 꾸준히 데이트를 하거나 좀 더 친밀해지면 성적으로 더 허용적이 되지만, 남성들에게는 이러한 변화를 찾아보기 어렵다.

　성적 유연성과 관련하여 남성 동성애자에 비해 여성 동성애자들이 이성과 성교할 가능성이 더 높다는 것을 많은 연구가 발견했다(Baumeister, 2000). Rosario 등(1996)이 뉴욕에 거주하는 동성애자들을 조사한 결과, 여성 동성애자의 80%가 남성과도 성관계를 가진 반면, 남성 동성애자는 54%만이 여성과 성관계를 가졌다. 이와 함께 여성이 남성에 비해 양성애자일 가능성이 크다. 보통은 남성 동성애자가 여성 동성애자에 비해 더 많은데, 동성애자 중에서 양성애자의 비율이 여성에게서 더 높고, 처음에는 이성애자로 출발해서 이후 양성애자로 변하는 비율도 여성에게서 더 크다. 한 연구에서 동성애자에 비해 양성애자의 비율이 여성의 경우 .50인 반면 남성의 경우는 .32였다(Whisman, 1996). 18~25세의 여성을 대상으로 한 종단연구에서도 5년 사이에 자신의 성정체성을 바꾼 여성이 50%에 달했다(Diamond, 2003). 그럼에도 좀 더 최근의 여러 연구는 성적 유연성에서 남성이 더 크거나 혹은 성차가 없다는 것을 보여 주기도 한다(Katz-Wise & Hyde, 2014).

　성적 유연성의 남녀 차이에는 생물학적 요인이 영향을 미칠 수 있다(Baumeister, 2000). 남성과는 달리 여성은 성행동에 서로 다른 영향을 미치는 2개의 X염색체를 가지고 있다. 이때 어떤 염색체가 우세하게 작동할지는 환경이 결정하기 때문에, 남성에 비해 여성의 성행동은 환경에 따라 더 유동적일 수 있다. 또한 남녀 모두의 성적 행동에 가장 큰 영향을 미치는 호르몬이 테스토스테론이다. 그러나 여성은 이 호르몬 수준이 상대적으로 낮기 때문에, 상황과 같은 요인의 영향을 더 많이 받을 수 있다. 성차의 또 다른 이유를 성적 욕구의 강도 차이에서 찾을 수 있다. 남성에 비해 여

지혜의 샘

성적 지향은 선택의 문제인가?

성적 지향은 남성 파트너, 여성 파트너 혹은 둘 모두에게 지속으로 느끼는 성적 매력이다. 성적 지향에 대한 2차원 모형은 동성과 이성에 대해 성적 욕망을 느끼는지에 따라 성적 지향을 네 가지 유형으로 구분한다. 이 중에서 다수의 사람이 이성애자에 속하는 반면, 소수의 사람이 나머지 유형에 해당한다. 성적 소수자들은 사회의 편견과 차별로 많은 스트레스를 겪고 있다. 우리 사회의 경우도 예외가 아니다. 2018년 한국행정연구원이 19~69세 사이의 8천 명을 대상으로 실시한 사회통합실태조사에 따르면, 참가자들의 52%가 동성애자들을 받아들일 수 없다고 응답했다. 응답자의 약 14%

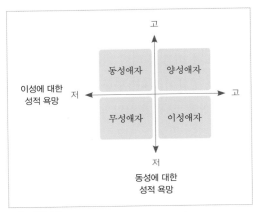

그림 11-11 성적 지향에 대한 2차원 모형

만이 그들과 직장 동료로 지낼 수 있다고 했고, 약 6%만이 친한 친구가 될 수 있다고 했다.

성적 지향에 영향을 미치는 요인에는 생물학적인 요인과 환경적인 요인이 있다. 어떤 연구자들은 인간의 성적 지향을 심리생물학의 영역과 연결시켜 왔다. 그들은 사람의 성적 지향이 유전 이외에도 뇌의 구조와 기능, 호르몬과 같은 생물학적 요인과도 관련되어 있음을 입증해 왔다. 또 다른 연구는 경험이나 환경적인 요인이 성적 지향에 미치는 영향을 보여 준다. 쌍생아에 대한 연구의 전반적인 결과에 따르면, 일란성 쌍생아의 한쪽이 동성애자이면 나머지도 그럴 확률이 30~50%였다(예: Alanko et al., 2010). 이란성 쌍생아의 경우는 그 확률이 20% 전후로 낮아졌다. 말하자면 유전적으로 유사할수록 함께 동성애자가 될 가능성이 더 컸다. 그 나머지의 영향은 경험이나 환경적인 요인에 따른 것이다.

결론적으로, 그렇다면 성적 소수자들은 스스로 성적 지향을 선택할 수 있을까? 앞서 살펴본 연구와 더불어 지금까지 이루어진 수없이 많은 과학적 연구가 분명히 밝히고 있는 점은 성적 지향은 선택의 문제가 아니라는 점이다. 사람들의 성적 지향은 동성애에 반대하는 몇몇 사람이 주장하는 소위 복원 치료를 통해 바뀔 수가 없다.

성이 상대적으로 성적 욕구가 약해서 좀 더 쉽게 다른 요인의 영향을 받을 수 있다. 또한 남성과 비교해서 여성은 재생산에 여러 제약이 있기 때문에 파트너를 좀 더 신중하게 선택한다. 이와 같은 까다로운 선택 경향이 때로는 주어진 상황이나 맥락을 반영하도록 함으로써 성적 유연성을 증가시킬 수 있다.

사회문화적 요인도 성적 유연성에 영향을 줄 수 있다(Baumeister, 2000; Katz-Wise & Hyde, 2014). 문화마다 성행동에 대한 규범이 다양한데, 이러한 규범이 남성보다는 여성에게 집중되어 있다. 그래서 남성에 비해 여성의 성행동이 문화에 따라 다양하기 쉽다. 종교가 성행동의 억제에 미치는 영향도 남성보다는 여성에게 더 크다. 그뿐만 아니라 대학교 교육은 성적인 태도와 행동을 좀 더 진보적으로 만드는데, 이러한 영향은 여성에게 더 크다. 예를 들면, 고등학교와 대학을 졸업할 때 자신을 동성애자나 양성애자로 보고한 남성은 각각 1.7%와 3.3%인 반면, 여성은 각각 0.4%와 3.6%로 무려 900%나 증가했다(Laumann et al., 1994). 또한 성적 태도와 행동의 일관성이 여성에게서 더 낮은데, 이것이 여성의 성적 유연성을 높일 수 있다. 예를 들면 연인 관계에서 자신이 원하지 않는 성관계를 갖는 비율이 여성이 남성보다 2배 높은 경향이 있다(Impett & Peplau, 2003). 이러한 결과는 여성이 성관계에서 자신의 욕구보다는 파트너의 행복을 우선시한다는 것을 함축한다.

2) 성적 반응

인간의 성행동은 동물과 비슷한 점도 있지만 다른 점도 있다. 인간 이외의 동물들이 보이는 성행동은 기본적으로 짝짓기와 재생산에 대한 생물학적인 힘에 의해 결정된다. 암컷이 가임기에 있을 때 그들은 수컷에게 짝짓기를 할 준비가 되어 있다는 신호를 보낸다. 그러면 수컷이 이러한 신호에 반응해서 짝짓기가 이루어진다. 인간의 성행동도 일정 부분 생물학적 요인의 영향을 받지만 심리적인 여러 과정의 영향도 받기 때문에 일반 동물들과는 다른 특성을 보인다. 예를 들면, 여성이 꼭 가임기에만 짝짓기를 하는 것도 아니고, 동성애의 경우처럼 인간의 성행동은 매우 다양하다.

꽤 오래 전에 Masters와 Johnson(1966)은 성적 자극에 대한 인간의 생리적 반응을 EPOR 모형으로 개념화했다. 그들은 성적 자극에 대하여 인간의 몸이 보이는 반응은 매우 일관적이고 사람들 사이에 비슷하다는 것을 발견했다. 그들은 이러한 신체적 반응을 흥분기(excitation: E), 고원기(plateau: P), 절정기(orgasm: O), 해소기(resolution: R)의 4개 시기로 구분했다. 처음의 두 단계는 성적 자극에 대하여 신체가 보이는 각성 상태에 해당한다. 흥분기는 성적 각성으로 신체적 변화가 일어나는 첫 번째 단계이고, 고원기는 높아진 성적인 각성이 안정적인 상태에 있는 단계이다. 이러한 신체적 반응은 단순히 남녀 사이의 성교를 통해서만 나타나는 것은 아니고, 키스나 자위 등 다양한 성적 자극을 통해서도 나타난다.

　절정기는 성적 흥분이 최고조에 달하는 시기이다(Hock, 2016). 절정기는 그 기간이 보통 15초보다 짧지만 성적 반응에서 가장 큰 쾌감을 경험하는 시기이다. 절정 경험의 특성과 강도는 사람마다 다르고, 성적 경험마다 다르며, 자위나 성교 등 성적 행위에 따라 다르다. 절정기의 강도와 기간에 영향을 미치는 요인에는 절정기 이전의 흥분의 길이, 이전 절정기 이후 지난 시간의 길이, 알코올이나 기타 약물의 사용, 파트너에게 느끼는 편안함과 친밀감 등이 있다. 절정 경험은 신체적 · 정서적 쾌감뿐만 아니라 다양한 생물학적 · 심리적 혜택을 준다. 그러한 혜택을 종합해 보면, 일주일에 최소 1~2회의 절정 경험은 독감 등 바이러스에 대한 면역 체계를 강화한다(Hock, 2016). 여성의 경우 절정기에 분비하는 호르몬과 근육의 수축은 생리통을 경감시켜 주고 기분을 개선하며 우울을 피하게 해 준다. 20대에 매주 수차례 절정 경험을 한 남성은 이후 전립선암에 걸릴 확률이 더 낮고 더 오래 산다. EPOR 모형의 마지막 시기인 해소기는 몸이 흥분 이전의 상태로 돌아오는 시기이다.

　남녀의 성적 반응은 매우 유사하지만 차이점도 있다. [그림 11-12]에서 보듯이 남성의 성적 반응은 4개의 단계를 매우 예측 가능하게 거쳐 진행하고(빨간색 선), 또 다른 절정기(녹색 선)에 도달하기 전에 불응기라고 하는 기간을 필요로 한다. 그러나 여

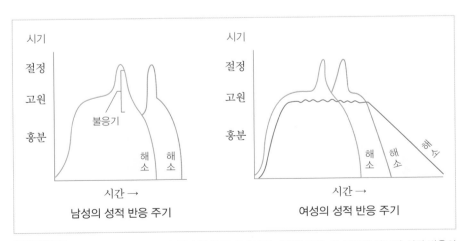

그림 11-12 Masters와 Johnson의 성적 반응 주기에 대한 4단계 모형. 이 모형에 따르면 성적 반응의 남녀 차이가 뚜렷하다.

성은 남성과 비슷한 패턴을 따를 수도 있고(빨간색 선), 불응기 없이 다수의 절정기를 경험할 수도 있다(녹색 선). 한 연구에서 남성의 9%에 비해 여성의 30%가 파트너와의 관계에서 여러 번의 절정 경험을 했다(Haning et al., 2008). 그뿐만 아니라 여성은 절정기를 경험하지 않을 수도 있다(파란색 선). NSSHB 자료에 따르면 남성의 8.7%, 여성의 36.6%가 지난 한 해 절정 경험을 하지 못했다고 보고했다(Herbenick et al., 2010). 또 다른 성차로 절정기에 도달하는 시간을 들 수 있다. Masters와 Johnson(1966)의 연구에서 남성은 파트너와의 성교에서 절정기에 도달하는 데 약 4분이 걸린 반면, 여성은 파트너와의 성교에서는 10~20분이 걸렸고 자위를 통해서는 4분이 걸렸다. 이것은 이성 간 성교가 대부분의 여성에게 성적으로 가장 민감한 음핵(clitoris)을 직접적으로 자극하지 못하기 때문이다. 따라서 전희를 좀 더 길게 하는 것이 여성의 성적 쾌감을 증가시키는 데 중요하다.

그러나 EPOR 모형과는 달리 인간의 성적 반응은 다양할 수 있다. 또한 그들의 성적 욕망과 성행위는 정서적이고 심리적인 요인의 영향을 받는다. 이에 Janssen과 Bancroft(2007)은 성적 반응이 성적 흥분 시스템과 성적 억제 시스템이라는 상반되는 두 심리적이고 생리적인 과정에 달려 있다고 보았다. 그들은 성적 반응에 대한 이중 통제 모형(dual control model of sexual response)에서 한 개인의 성적 흥분은 그것을 촉진하는 요인과 방해하는 요인의 조합에 달려 있다고 보았다. 성적 흥분 시스템에는 파트너에 대한 성적 매력이나 물리적 근접성, 파트너의 재능, 보살핌, 충실성, 지성과 같은 특성, 흥분을 야기하는 상황적 특성, 시각적 및 촉각적 자극 등이 있다. 성적 억제 시스템에는 삶에 대한 걱정, 수줍음, 임신에 대한 두려움, 성병에 대한 불안, 상대방에 대한 불신, 성행위의 비밀 누설에 대한 두려움, 만성적 스트레스, 과거에 겪은 성적 문제에 대한 걱정 등이 있다. 이후의 여러 연구가 보여 준 것처럼, 이러한 요인은 성적 반응에서 성차뿐만 아니라 같은 성 내에서의 개인차를 야기할 수 있다.

3) 성적 욕망

성적 욕망은 성적 대상이나 행위에 대해 흥미를 느끼거나 성행위를 하고 싶다고 느끼는 것을 의미한다. 성적 욕망은 성적 흥분에 선행하며 그러한 흥분을 수반한다. 성적 흥분은 성행동을 하고자 하는 심리적·생리적 경향성이고 성적 행동을 야기하는 에너지이다. 여러 연구를 보면 일반적으로 남성이 여성에 비해 성에 대한 욕망을 더 강하게 가지고 있다. 예를 들면, 많은 사람이 성교를 하거나 이와 다른 성행위를 할

그림 11-13 **성적 공상.** 이것은 성적 욕망을 드러내는 하나의 현상이다.

때 성적 공상(sexual fantasy)을 한다([그림 11-13] 참조). 이때 예외적인 연구도 있지만 전반적으로 남성이 여성에 비해 성적 공상을 더 많이 하는 경향이 있다. 한 연구에서 성적 공상을 보고한 사람들의 수가 전체적으로 95%를 넘었으며, 그 분포는 남녀 사이에서 거의 비슷했다(Fisher et al., 2012). 그러나 다수의 연구는 남성이 여성에 비해 성관계에 대해 더 자주 생각하고, 더 다양한 주제로 더 자주 성적 환상을 하며, 즉흥적으로 성적 흥분과 욕망을 더 자주 경험한다고 보고하고 있다(Baumeister et al., 2001).

구체적으로 성적 공상의 주제는 남녀 간에 동일한 것도 있지만 서로 다른 것도 있다. 미국의 대학생들에게 어떤 성적 공상을 경험했는지 물었을 때, 그들은 이러한 차이점을 잘 보여 주었다(Hsu et al., 1994). 성차가 없는 주제로 육감적으로 만지거나 키스하는 것의 빈도가 가장 높았다. 그다음 알몸으로 애무하는 것, 특이한 자세나 장소에서 성관계를 하는 것, 파트너를 자위해 주는 것 순으로 빈도가 높았다. 성차가 있는 주제로 파트너의 알몸을 보는 것, 구강 성교를 하는 것의 빈도는 남성에게서 더 높았다. 특히 성경험이 없는 파트너와 성관계를 하거나 다수의 파트너와 성관계를 하는 것은 남성에게서 월등히 높았다. 반면, 결혼하는 것, 미래의 애인에 의해 구출되는 것, 자신의 성적 취향과 다른 형태의 성관계를 갖는 것에서는 여성의 빈도가 상당히 더 높았다. 이때 단순히 사람들이 이런 공상을 하기 때문에 그것을 실제 행동으로 옮기고 싶어 한다고 가정하는 것은 위험하다.

성적 욕망과 관련된 성관계의 빈도는 여러 요인의 영향을 받는다(Hendrick & Hendrick, 2000; Sprecher et al., 2018). 가령, 결혼의 횟수나 연령이 증가할수록 성관계를 맺는 빈도는 감소한다. 파트너가 있을 때, 파트너와 친밀할 때, 파트너와 긍정적으로 상호작용할 때 그리고 파트너와 동거하고 있을 때, 사람들은 더 많은 성관계를 가진다. 또한 성관계의 빈도는 남성 동성애자에게 가장 높은 반면 여성 동성애자에게 가장 낮다. 원하는 성관계의 빈도에서도 성차가 있을 수 있다. 여러 연구 결과에 따르면, 사귄 기간이나 나이에 상관없이 남성은 여성보다 매우 일관적으로 더 빈번한 성관계를 원했다(Baumeister et al., 2001). 결혼한 지 20년 된 부부를 대상으로 한 연구에서 여성은 지금의 성관계 횟수에 만족한 반면, 남성들은 지금보다 50% 정도 더 늘어난 횟수를 원했다(Ard, 1997). 대규모 연인 관계를 대상으로 한 연구에서 성관계를 원하지만 그렇

게 하지 못한 사람은 남성이 25%인 반면 여성은 2%에 불과했다(McCabe, 1987).

성적 욕망의 또 다른 지표로 원하는 파트너의 수를 들 수 있다. 사회문화적으로나 진화론적으로 여성에 비해 남성이 더 많은 파트너를 원할 가능성이 크다. 기존의 연구 결과는 이러한 입장을 매우 일관적으로 지지했다. Buss와 Schmitt(1993)의 연구에서 남성들은 향후 2년 동안 약 8명의 파트너를 원했지만 여성은 약 1명에 불과했다. 평생 동안 남성은 18명 정도의 파트너를 원한 반면 여성은 4~5명을 원했다. Miller와 Fishkin(1997)은 대학생들에게 질병이나 법과 같은 어떠한 장애 요인이 없다면 평생 얼마나 많은 파트너를 원하는지 물었다. 그 결과, 남자 대학생들은 평균적으로 64명을 원한 반면 여자 대학생들은 평균 2.7명을 원했다. 실제 혼외 성관계의 파트너 수도 남성에게서 더 크다. 26%의 기혼 남성이 3명 이상의 파트너와 관계를 가진 반면 기혼 여성은 3%에 불과했다(Spanier & Margolis, 1983). 비슷하게, 술집에서 파트너를 만나고자 하는 미혼들 중에서 처음 만난 파트너와 성관계를 가진 남성은 72%인 반면 여성은 49%이었다. 같은 날 다른 파트너와 만나 성관계를 원한 남성은 25%로, 여성의 2%보다 훨씬 많았다(Herold & Mewhinney, 1993).

자위는 파트너가 없이도 성적 흥분을 느낄 수 있다는 점에서 성적 욕망을 측정하는 좋은 지표라고 할 수 있다. 역사적으로 자위에 대해서는 매우 부정적인 태도를 가지고 있었기 때문에, 자위는 매우 은밀하고 당황스러운 행위이며 금기시되는 성적 주제이다. 그럼에도 오늘날에는 과거에 비해 이 주제에 대한 태도가 조금은 더 긍정적으로 바뀌었다. 자위에 대한 대부분의 연구에서 남성은 여성보다 자위를 더 많이 했다. Kinsey 등(1948)의 초창기 연구에서 남성의 92%와 여성의 58%가 자위한 경험이 있다고 보고했다. 177개의 연구를 메타분석한 Oliver와 Hyde(1993) 연구에서도 남성은 여성보다 더 이른 나이부터 더 많이 자위를 했다. 좀 더 최근에 NSSHB 조사에서 16~40세 사이의 남성 81%와 여성 61%가 자위를 한다고 보고했다(Herbenick et al., 2010).

결론적으로 성행동에서의 성차는 구체적인 측면에 따라 그 양상이 매우 다양하다. 그래서 다루는 주제에 따라 성차가 없거나 있어도 작고, 때로는 적지 않은 성차가 일관적으로 나타나기도 한다. 성적 욕망 관련 성적 공상에서는 그 빈도 면에서 성차가 있다고 하더라도 크지 않고, 그 내용 면에서는 남녀 간 유사점과 차이점이 공존하는 것으로 보인다. 반면에 기존의 연구들을 볼 때 원하는 성관계의 빈도와 성적 파트너의 수 그리고 자위의 빈도 측면에서는 남성이 여성에 비해 더 강한 성적 욕망을 일관적으로 보이고 있다고 할 수 있다.

제4부

관계의 위기와 극복

시(詩)가 있는 창

나무와 먼 길

김현승

사랑이 얼마나 중한 줄은 알지만
나무, 나는 아직 아름다운 그이를 모른다.
하늘 살결에 닿아 너와 같이 머리 고운 여인女人을
　모른다.

내가 시詩를 쓰는 오월五月이 오면
나무, 나는 너의 곁에서 잠잠하마,
이루 펴지 못한 나의 전개展開의 이마아쥬를
너는 공중에 팔 벌려 그 모양을 떨쳐 보이는구나!
나의 입술은 메말라
이루지 못한 내 노래의 그늘들을
나무, 너는 땅위에 그렇게도 가벼이 느리는구나!

목마른 것들을 머금어 주는 은혜로운 오후午後가
　오면
너는 네가 사랑하는 어느 물가에 어른거린다.
그러면 나는 물속에 잠겨 어렴풋한 네 모습을
잠시나마 고요히 너의 영혼이라고 불러 본다.

나무, 어찌하여 신神께선 너에게 영혼을 주지시 않
　았는지
나는 미루어 알 수도 없지만,
언제나 빈 곳을 향해 두르는 희망希望의 척도尺度 너
　의 머리는
내 영혼이 못 박힌 발부리보다 아름답구나!

　　　　…중략…

그리고 겨울이 오면
너는 머리 숙여 기도를 올릴 테지,
부리 고운 가난한 새새끼들의 둥지를 품에 안고
아침 저녁 안개 속에 너는 과부寡婦의 머리를 숙일
　테지,
그리고 때로는
굽이도는 어느 먼 길 위에서,
겨울의 긴 여행旅行에 호올로 나선 외로운 시인詩人
　들도 만날 테지.

제12장

관계의 위협 요인

우리는 다른 사람들과 가깝고 친밀한 관계를 맺으면서 살아간다. 친구들과 깊은 우정을 형성하기도 하고, 한 직장에서 같이 일하는 사람들과 끈끈한 동료애를 구축하기도 하며, 이성 친구와 변함없는 사랑의 관계를 맺기도 한다. 이처럼 우리는 다양한 사람과 강한 유대감을 형성하고, 그 속에서 소속감과 같은 정서적 욕구를 충족한다. 그렇다고 해서 친밀한 관계가 항상 순항하는 것만은 아니다. 때로 우리는 가깝게 지내던 사람들과 멀어지기도 하고 심하면 헤어지기도 한다. 이때 가까운 관계를 위협하는 요인에는 여럿이 있고, 그러한 요인은 관계의 유형에 따라 다를 수 있다. 가령, 남녀 관계를 위협하는 외도가 우정 관계를 위협하는 요인으로 작용하지는 않는다. 부모-자녀 관계를 위협하는 가정에서의 생활규범이 직장에서의 동료 관계를 위협하는 요인은 아니다. 여기서는 관계를 위협하는 요인으로, 거부와 외면, 경쟁과 배신, 외도와 속임 그리고 시기와 질투를 살펴본다.

1. 거부와 외면

제1장에서 살펴본 것처럼 우리는 다른 사람과의 관계 속에서 소속감을 느끼고 싶은 욕구를 강하게 가지고 있다. 그러나 우리가 원한다고 해서 상대방도 반드시 우리와의 관계를 원하는 것은 아니다. 말하자면 우리는 종종 다른 사람들로부터 거부당할 수도 있다. 상대방이 우리를 거부하면, 우리는 보통 심리적으로나 행동적으로 큰 타격을 받는다. 이 절에서는 거부 그리고 거부의 한 유형인 외면이 우리에게 미치는 영향을 알아본다.

1) 거부

거부의 본질.　거부(rejection)는 한 개인이 다른 사람과의 관계를 특별히 가치 있고 중요하다고 생각하지 않는 것이다([그림 12-1] 참조). 상대방이 나와의 관계를 가치 있고 중요하다고 생각하지 않아 내가 원하는 만큼의 수준에 미치지 못하면, 우리는 그 상대방으로부터 거절을 당한 느낌을 받는다. 우리는 모든 사람과 매우 친밀한 관계를 맺을 수는 없다. 시간적 · 심리적 · 경제적으로 우리가 관계에 투자할 수 있는 양은 한계가 있기 때문에, 우리가 맺을 수 있는 가까운 관계의 수는 제한적일 수밖에 없다. 또한 연애나 결혼처럼 어떤 경우에는 사회적 규범이 친밀한 관계의 수를 제한한다. 이러한 상황에서 상대방에 대한 적의, 편견 혹은 기타 부정적인 이유가 아니더라도, 보상이나 선호의 측면에서 자신에게 부합하지 않은 사람을 파트너로 선택하지 않는 것은 일견 당연해 보인다.

그림 12-1　**거부.** 때로 우리는 상대방과의 관계를 원치 않을 수 있다.

　그러면 사람들은 어떤 경우에 상대방을 거부하는가? Leary(2001)는 그러한 사람의 특징을 몇 가지로 제시하고 있다. 먼저, 우리는 폭력이나 질병 등 물리적으로 해를 가하는 사람과의 관계를 가치 있게 여기지 않는다. 또한 우리는 우리에게 제공하는 것이 별로 없는 사람과 관계를 맺고 싶어 하지 않는다. 여기에는 물질적·재정적 혜택뿐만 아니라 유익한 대화, 충고, 정서적 지지, 애정 등 사회적 차원의 제공도 들어 있다. 게다가 우리는 우리를 착취하거나 주는 것보다 더 많이 가져가는 사람을 좋아하지 않는다. 사람들은 공정성에 대한 규칙을 위반하는 사람에게 분노와 같은 부정적인 정서를 경험하는 것처럼, 그런 사람과의 관계에 만족하지 않는다. 우리는 또한 우리를 수용하지 않거나 좋아하지 않는 사람과의 관계를 중요시하지 않는다. 그러한 사람은 우리의 안녕이나 행복을 증가시킬 수 있는 사람이 아니기 때문이다.

　어떤 사람은 다른 사람에 비해 상대방의 거부에 더 민감할 수 있다. 이것을 거부 민감성(rejection sensitivity)이라고 한다. 이것은 자신의 욕구가 계속해서 거부당함으로써, 친구나 애인처럼 자기에게 중요한 사람들이 자기를 거부할 것이라고 추측할 때 발달한다(Kang et al., 2009). 이러한 사람들은 상대방으로부터 거부당할 것이라고 생각하면서 불안해한다. 그래서 거부 관련 부정적인 사회적 단서에 더 주목해서 거부의 가능성을 더 크게 지각하고 그에 따라 큰 상처를 받는다. 이러한 사람들은 자아존중감이 낮아 상대방과의 관계에서 그를 폄하하고 방어적으로 행동하기 쉽다. 또한 상대방의 거부 관련 행동에 대해 과도하게 반응하고 때로는 공격적이고 적대적으로 대응한다. 이러한 특성은 그 개인의 건강뿐만 아니라 관계적인 측면에 부정적인 영향을 준다.

　거부의 효과.　거부는 그것을 당한 사람의 내적인 측면에 여러 부정적 결과를 초래한다. 그 하나가 외로움이다. 거부당한 사람은 사회적으로 고립될 수 있다. 사회적 고립은 다른 사람과의 관계를 결여하고 있는 객관적인 상황이다. 이때 어떤 사람은 일부러 잠시 다른 사람과 접촉이 없는 상황을 선택하여 명상을 하거나 혼자 있는 것을 즐기기도 하는데, 우리는 이것을 사생활이라고 부른다. 반면에 어떤 사람은 외로움을 겪는다. 외로움은 자신이 원하는 만큼의 사회적 관계가 없거나 친밀성을 확보하지 못할 때 느끼는 불쾌하거나 용납할 수 없는 주관적 느낌이다. 외로움에는 정서적 외로움과 사회적 외로움이 있다(Weiss, 1973). 정서적 외로움은 애인이나 단짝 친구와 같이 친밀한 사람이 없을 때 느끼는 것이고, 사회적 외로움은 친구나 동료, 이웃 등 넓은 집단이나 사회적 관계망이 없을 때 느끼는 외로움이다.

사람들은 상대방으로부터 거부를 당하면 감정적인 상처를 받는다. 그러면서 겪는 하나의 정서가 분노이다. Buckley 등(2004)은 참가자들에게 주어진 과제를 얼마나 상대방과 함께 하고 싶은지 서로 평가하도록 했다. 연구자들은 참가자들에게 이러한 평가 관련 거짓 정보를 제공했는데, 이때 극단적인 거절의 피드백을 받은 참가자들이 더 많이 분노했다. 거부당한 사람은 슬픔, 우울, 좌절감과 같은 부정적 정서도 경험하지만, 때로는 정서적 마비(emotional numbing)를 겪는다(Leary & Acosta, 2018). 이것은 자기와 상대방의 관계에 대해 그 상대방으로부터 가치를 인정받는 것을 포기했을 때 느끼는 무반응이나 무감각한 상태이다. 거부의 경험이 가져오는 또 다른 내적인 결과가 자존감의 훼손이다. 제3장에서 살펴본 사회성 계측기 이론(Leary, 2012)에서 밝혔듯이, 거부를 당한 사람의 자아존중감은 심각하게 낮아지는 경향이 있다. 그뿐만 아니라 자신을 조절할 수 있는 능력도 감소한다. 이것이 여러 충동적이면서 부정적인 행동을 초래할 수 있다.

거부는 관계적 혹은 사회적 측면에서도 여러 부정적 결과를 초래한다. 지금까지 많은 연구는 거부가 분노와 함께 성폭력, 살인, 조직폭력, 마약, 학교폭력 등 다양한 반사회적 행동을 증가시킨다는 것을 보여 주고 있다(Leary & Acosta, 2018). 가령 친구들로부터 거부된 아이들은 그렇지 않은 아이들에 비해 신체적으로 더 공격적이고 파괴적이며 언어적으로 더 위협적이다([그림 12-2] 참조). 성인들의 경우도 이와 다르지 않다. 진지하게 만나고 있는 연인들의 폭력 사건 중 15% 그리고 동거하는 연인들의 경우는 11%가 거부 때문이었다(Makepeace, 1989). 심지어 한 연구에서 남편이 배우자를 살해한 551건 중에서 45%가 실질적인 거부나 임박한 거부 때문이었다(Crawford & Gartner, 1992). 또 다른 15%가 외도 때문이었는

그림 12-2   **거부와 폭력.** 거부는 종종 폭력을 유발한다.

데, 외도 역시 남편과의 관계를 평가 절하하는 거부의 의미를 강하게 지니고 있음에 주목할 필요가 있다.

거부는 또한 친사회적 행위를 감소시킨다. 반사회적 행동과 함께 친사회적 행동의 감소 역시 자기파괴적인 행동이다. 다른 사람의 수용과 환대를 받고자 한다면, 반사회적 행동을 많이 하거나 친사회적 행동을 적게 하는 것은 도움이 되지 않기 때문이다. Twenge 등(2007)의 연구에서 수용받는 조건이나 중립적인 조건의 참가자들에 비해 배제된 참가자들은 실험 참가의 대가로 받은 돈을 학생들을 위한 기금 마련에 덜 기부했다. 또한 그들은 죄수 딜레마 게임에서 상대방과 협동보다는 경쟁을 하는 선택을 더 많이 했고, 이후의 연구에 덜 참가하는 식으로 도움 행동을 덜 했다. 그렇다고 해서 거부가 반드시 친사회적 행동을 감소시키는 것은 아니다. 남들로부터 수용받기 위해서 친사회적 행동을 더 많이 할 수도 있다. 거부당한 사람이 어떤 행동을 할 것인지는 그들이 친사회적이고 긍정적인 행동을 통해 관계를 회복하고, 그래서 남들과 다시 연결할 수 있다고 믿는가에 달려 있다. 그렇게 믿을 경우 거부당한 사람들은 수용받은 사람들보다 이런 행동을 더 많이 했다(DeWall et al., 2008).

2) 외면

외면의 의미와 분류.　　거부의 한 극단적인 형태가 외면 혹은 배척(ostracism)이다. 외면은 다른 사람들이 있는 상황에서 특정인을 배제하고 무시하는 것을 의미한다. 상대방에게 의도적으로 말을 하지 않고 대할 때, 배척하는 사람은 그 상대방에게 일부러 반응하지 않고 심지어 그 상대방이 없는 것처럼 행동한다. 외면의 정도는 매우 다양하다. 버스 안에서 옆에 앉은 사람에게 말을 하지 않는 것이나 파트너의 말에 대답하지 않는 것에서부터, 심하면 사람들을 집단이나 공동체로부터 쫓아내는 추방에 이르기까지 다양하다.

외면은 인간뿐만 아니라 다른 영장류에게서도 찾아볼 수 있는 매우 흔한 현상이다. 영장류들도 질병이 있거나 이상한 행동을 하는 개체 혹은 주도권 싸움에서 패한 개체를 무리로부터 배제시키고, 부족한 자원 때문에 특정 구성원들을 강제로 이주시키기도 한다(Goodall, 1986). 이와 같은 외면은 부족한 자원에 대한 수요를 줄이는 이점이 있지만, 외면당한 개체는 굶주림과 죽음의 위험에 놓이게 된다. 인간도 매우 다양한 방식으로 외면을 한다. 학교에서 문제를 일으킨 학생을 정학시키는 것, 범죄자를 교도소에 가두는 것, 오늘날 우리 사회의 심각한 문제 중 하나인 집단따돌림도 모두 여기에 해당한다. 사랑하는 사람들 사이에서도 외면은 매우 흔한 일이다. 미국인들의 67%가 사랑하는 사람에게 일부러 말을 하지 않는 경험이 있고, 75%가 그러한 행동의 대상이 된 적이 있었다(Williams, 2001). 나이 든 사람들도 사회나 직장, 심지어 가족으로부터도 외면을 당한다.

Williams(1997)는 다양한 외면을 4개의 차원으로 분류했고, Williams와 Zadro(2001) 는 실험, 조사, 역할극, 인터뷰 등 다양한 방법에 기초한 기존 연구를 분석해서 이러한 차원을 검증했다. 그 하나의 차원이 가시성(visibility)인데, 여기에는 세 가지 유형이 있다. 사회적 외면은 상대방이 있는 상황에서 눈 맞춤을 하지 않고 말을 하지 않거나 듣지 않는 등의 외면을 말한다([그림 12-3] 참조). 물리적 외면은 논쟁하다가 방을 떠나거나 혼자 있게 감금하는 등 상황으로부터 떠나는 것을 말한다. 사이버 외면은 메일이나 전화 및 기타 형태의 가상공간에서 이루어지

그림 12-3 **외면**. 사회적 외면은 외면의 한 형태이다.

는 외면을 의미한다. Williams와 Zadro(2001)에 따르면, 이 중 사회적 외면이 가장 위협적인 것으로 보인다. 물리적 외면은 때로 당사자들이 마음을 가라앉히고 갈등으로부터 한숨 돌릴 수 있게 한다. 사이버 외면은 피해자가 외면하는 사람에 맞서서 언어적으로 공격하거나 자신을 방어하고 저항하는 등 외면을 가장 잘 통제할 수 있다.

Williams(1997)가 제시한 두 번째 차원은 동기(motives)인데, 여기에는 다섯 가지 유형의 동기가 있다. 징벌적 외면은 목표인물의 잘못을 처벌하기 위한 것이다. 망각적 외면은 상대방이 있다는 것을 굳이 알려고 하지는 않지만 그렇다고 처벌을 위한 것도 아니다. 방어적 외면은 상대방의 부정적 피드백이나 배척처럼 부정적 사건이 일어날 것 같을 때 자신을 보호하기 위해서 하는 외면이다. 버스 옆자리에 앉은 사람을 모르는 척해야 하는 것과 같이, 역할에 따른 외면은 사회적 규범이 인정한 외면이다. 마지막으로, 눈 맞춤이나 말을 하지 않는 것처럼 겉으로는 외면하는 행동을 하지만 그것이 순전히 의도적이지 않을 때, 외면이라고 보기 어려운 행동이 일어난다. 이때 방어적 외면이 관계에 가장 나쁜 영향을 미치는 반면, 외면의 대상자는 망각적 외면에 대해 가장 크게 기분이 상하는 경향이 있다(Williams & Zadro, 2001).

세 번째 차원은 양(quantity)으로, 외면을 그 정도에 따라 분류하는 것이다. 낮은 수준의 외면은 직접적인 질문에만 대답한다거나 부분적으로 눈 맞춤을 하는 것이고, 완전한 외면은 모든 대화나 접촉을 회피하고 물리적으로도 그 자리에서 벗어나는 것과 같은 외면이다.

마지막 네 번째 차원은 인과적 명확성 차원이다. 규범에 따라 외면을 해야 하는 상황처럼, 어떤 상황에서는 외면의 원인이 분명해서 외면하는 사람이 목표인물에게 그의 의도를 분명하게 드러낸다. 반면에 또 어떤 상황에서는 외면의 원인이 불분명하거나 여럿일 수 있다. 가령, 아내가 남편을 외면하는 것은 남편이 늦게 귀가했기 때문일 수도 있고 자신의 생일을 잊고 있어서 그럴 수도 있다. Ezrakhovich 등(1998)의 연구에서 원인이 분명한 외면이 불분명한 외면보다 덜 위협적이었다.

외면의 영향.   우리는 외면당하고 있을 때 그것을 몸으로도 느낀다. 외면당한다고 느끼는 사람은 그렇지 않은 사람에 비해 방의 온도가 더 낮다고 느끼고 더 따뜻한 음식과 음료를 원했다(Zhong & Loenardelli, 2008). 또한 그들은 시간이 더 천천히 흐른다고 느낀다. 한 연구에서 그들은 40초 동안 흐른 시간을 64초가 흐른 것으로 지각한 반면, 다른 사람으로부터 수용받고 있다고 느낀 사람은 42초가 흘렀다고 추정했다(Twenge et al., 2003). 외면이 부당하고 불공정하게 보이고 자신의 통제감과 자기가치감을 위협할 때, 때로 사람들은 순응하거나 겁을 먹기보다는 분노와 공격적인 행동을 한다. 그들은 자신을 무시한 사람의 의견을 무시하고 공격적으로 대응할 뿐만 아니라, 심지어 주변의 무고한 사람들까지 공격할 수가 있다(DeWall et al., 2009).

장기적으로 외면을 당하는 사람은 심리적으로 다양한 위협에 노출된다. 기존의 여러 연구에 따르면, 동료로부터 외면당한 사람들은 단기적인 반응으로 친구나 그 상황을 통제해서 문제를 해결하고자 한다(Williams & Zadro, 2001). 그들은 좀 더 열심히 일하고, 다른 사람들의 의견에 더 동조하고, 그들과 자신이 더 비슷하다고 생각한다. 그러나 장기적인 외면은 자아존중감, 통제감, 소속감, 삶의 의미를 위협한다는 많은 증거가 있다. Williams와 Zadro(2001)가 실시한 인터뷰에서 오랫동안 남들로부터 침묵의 대우를 받은 사람은 심각한 우울, 무기력, 소외감을 느끼고 심지어 자살을 시도하기도 했다고 보고하고 있다.

2. 경쟁과 배신

우리는 단짝 친구나 애인과 자주 협동하고 서로 믿음을 주고받는다. 그러나 때로는 그들에게 경쟁심을 느끼기도 하고 상대방의 믿음과 기대를 저버리기도 한다. 이러한 경쟁과 배신은 관계를 위협할 수 있는 또 다른 요인이다.

1) 친구 간 경쟁

경쟁의 본질.   친구 관계가 항상 장밋빛인 것도 아니고 늘 지속되는 것도 아니다. 친구들 사이에도 여러 갈등이 있고 그것이 서로에게 상처를 주기도 한다. 그런 갈등

을 유발하는 하나의 요인이 경쟁이다([그림 12-4] 참조). 우리가 경쟁 상대라고 생각하는 사람은 보통 우리 옆에 가까이 있는 사람들이다. 학교 동료에서부터 친한 친구에 이르기까지, 모르는 사람들보다는 잘 알거나 친밀한 사람에게 경쟁심을 갖는 경우가 흔하다. 우리가 다른 사람보다 잘해서 이겨야 자신의 목표를 달성할 수 있을 때 경쟁이 발생한다. 또한 한쪽의 목표 달성이 다른 쪽의 목표 달성을 배제할 때 경쟁이 발생한다. 경쟁에 대한 다차원적인 접근이 이 현상을 이해하는 데 유용하다. 이 접근에 따르면 경쟁 동기와 행동은 다른 사람보다 더 잘하려는 욕구에 기초하거나

그림 12-4 **친구 간 경쟁**. 이것은 친구 간
갈등을 유발하는 한 요인이다.

자신을 향상시키려는 욕구에 기초한다(Hibbard & Walton, 2017).

다른 사람보다 더 많은 성취를 통해 자신의 우월성을 확보하려는 사람들은 과도한 경쟁심을 가지고 있어서, 수단과 방법을 가리지 않고 경쟁해서 이기고자 한다. 그들은 이러한 승리를 통해 자신의 가치감을 유지하고 높인다. 그들은 다양한 상황에서 타인을 조종, 공격, 착취 및 부정하고, 타인의 발달과 기능에 해로운 영향을 미친다. 그러면서 상대방의 우호적인 행위를 경쟁으로 여기고, 다른 사람보다 더 잘했을 때 우월하고 힘이 있다고 느낀다. 이런 경쟁심은 상대방에게 스트레스와 고통을 야기하고 긴장을 불러일으킨다. 또한 다른 모든 것보다는 이기는 것을 최우선으로 하면서 타인에 대한 배려 없이 그들을 폄하하는 사람은 다른 사람으로부터 호감을 얻지 못한다. 그래서 이러한 경쟁심은 심하면 친구 관계가 깨지도록 만든다.

반면에 경쟁을 통해 자신의 역량을 향상시키고자 하는 사람은 다른 사람과의 상대적 비교에서 자신이 차지하는 지위에 초점을 두지 않는다. 대신에 그들은 자신의 역량과 과거 성취 대비 향상에 초점을 둔다. 즉, 이러한 형태의 경쟁은 자신의 과거 수행, 절대적인 기준, 물리적인 도전을 넘어서려는 욕구에 기초한다. 이러한 유형의 사람들은 학습에 대한 욕구가 강하고, 자신의 개인적 목표를 달성하고 성장을 위해 경쟁심을 가진다. 말하자면 경쟁이나 경쟁심을 자기발전의 한 수단으로 사용하는 사람들이다. 이러한 경쟁은 친구 관계를 더욱 가깝고 건강하게 기능하도록 만들 수 있다.

발달 시기와 성차.   친구들 간의 경쟁은 긍정적이
든 부정적이든 삶 전체에 걸쳐 이루어진다. 아동기의
경우 학령 전기 어린아이들의 친구 관계는 주로 놀이
와 공유에 집중해 있다([그림 12-5] 참조). 그래서 그들
이 겪는 경쟁의 대부분은 물건을 놓고 다투는 것이다.
Hay(1984)가 20개 이상의 연구를 검토한 결과, 평균적

그림 12-5 **아동기의 경쟁**. 이 시기의 아이들은
주로 공유와 관련해서 경쟁한다.

으로 아이들이 겪는 갈등의 71%가 장난감과 같은 물
건의 소유를 놓고 하는 경쟁 때문이었다. 반면에 초등학교 저학년 아동의 친구 관계
는 좀 더 넓어지고 상호적인 특성이 두드러진다. 한 연구(Shantz, 1993)에 따르면, 그
속에서 겪는 갈등은 특히 7세경에 두드러지는데, 욕을 하거나 심리적으로 혹은 신체
적으로 해를 가하는 등 개인적 통제와 주도권을 놓고 경쟁함으로써 겪는 갈등이 40%
에 달했다. 이러한 발견에도 불구하고 다수의 연구를 종합할 때, 아이들은 자신의 친
구에게 더 협동적이고 이타적이며 공감하고 공정하다는 것을 알 수 있다(Hibbard &
Walton, 2017).

청소년들은 아동기에 비해 친구를 더 가치 있게 생각하고 그들과의 친밀성도 더
강하다. 그래서 적대적인 경쟁심은 그들의 친밀성에 해를 미치고 관계의 해체를 가
져오기 쉽다. 실제로 친구 관계에서 과도한 경쟁심은 갈등, 거리감, 관계의 해체와
연결되어 있었으며, 경쟁심이 클수록 우정 관계의 질이 특히 여성에게서 더 낮았다
(Schneider et al., 2005). 비슷하게 청소년기 여성들에게 과도한 경쟁심은 내면적인 문
제, 공격성, 친구 관계의 어려움과 연결되어 있었다(Hibbard & Buhrmester, 2010). 또
한 이 연구는 자신의 역량과 성장을 위한 경쟁은 이와는 다른 효과가 있음을 보여 준
다. 즉, 이런 종류의 경쟁은 더 강한 동료 의식과 지속적 친구 관계와 연결되고, 높은
자아존중감과 낮은 우울증과도 관련되어 있었다. 또한 경쟁이 우정에 미치는 효과는
경쟁이 이루어지는 영역에 따라 다를 수 있다. McGuire(2014)의 연구에서 학업 성취,
스포츠, 인기, 매력 중 자아개념에 중요한 영역에서의 경쟁은 친구 관계에 더 부정적
인 영향을 미쳤다.

대학생을 포함한 성인기 사람들이 주로 경쟁하는 문제는 학업 성취, 직업이나 승
진, 이성과의 애정에 대한 것이다. 일반적으로 성인기의 친구와의 경쟁은 아동기
나 청소년기와 동일하다. 즉, 그들은 낯선 사람보다는 친구와의 관계에서 덜 경쟁적
이고 더 공감하며, 자신의 이익과 함께 친구의 안녕에 대해서도 관심을 가진다. 한
편, 과도한 경쟁심을 가진 사람은 신뢰, 정직한 소통과 같은 긍정적인 관계의 특성과

부적 상관이 있었고, 갈등이나 통제와 같은 부정적인 특성과는 정적 상관이 있었다(Ryckman et al., 2002). 성인기의 경쟁이 친구 관계에 미치는 부정적인 영향도 영역에 따라 다를 수 있다. 한 연구에서 참가자들은 과업이 자아존중감과 관련성이 낮은 경우에는 낯선 사람과 더 경쟁적이었지만, 그 관련성이 높으면 친구와 더 경쟁적이었다(Tesser & Smith, 1980). 또한 이런 과제에서 낯선 사람보다는 친구가 더 잘했을 때, 사람들은 자아존중감에 더 큰 위협을 느꼈다.

남녀에 따라 성인기의 경쟁이 다를 수 있다. 21~55세 사람들을 조사한 결과, 남녀모두 동성 친구 사이의 경쟁심을 극도로 싫어했다. 또한 여성들은 짝짓기 상대를 두고 다른 여성과 경쟁하는 것에 힘들어한 반면, 남성들은 경쟁에서 이기는 것에 가장 많이 힘들어했다(Sapadin, 1988). 비슷하게 남녀 간이나 두 여성 사이에 비해 두 남성간 경쟁이 가장 치열했고, 이러한 경쟁과 갈등은 관계의 만족을 떨어뜨렸다(Singleton & Vacca, 2007). McGuire와 Leaper(2016)는 대학생들을 대상으로 또래 관계, 애인, 학업 그리고 스포츠 영역에서 동성 친구들과 느끼는 경쟁심과 관계의 질 그리고 심리적 고통을 측정했다. 그 결과 남성들이 여성보다 모든 영역에서 더 경쟁적이었으며, 여성들은 또래 관계와 학업 영역에서 더 큰 고통을 겪었다. 그렇다고 여성들이 늘 남성보다 덜 경쟁적인 것은 아니다. 한 연구(Hojjat et al., 2021)에 따르면, 경쟁적인 조건에서 남성과 여성 모두 남성과 경쟁할 때 더 경쟁적이었다. 또한 남성은 동성보다 이성과 경쟁할 때 더 큰 스트레스를 겪었지만, 여성에게서는 이러한 차이가 없었다.

2) 배신

배신(betrayal)은 신뢰하는 사람이 우리의 합리적인 기대와는 달리 저지른 불쾌하고 상처를 주는 행위를 말한다([그림 12-6] 참조). 우리는 중요한 관계에서 당사자들이 서로에게 어떻게 행동해야 하는지 그것에 대한 규칙과 기대를 가지고 있다. 이러한 규칙과 기대가 충족될 때 관계는 원만하게 진행된다. 반대로 이러한 기대가 깨지면 배신한 사람에 대한 신뢰가 깨지게 된다. 그러면서 사람들은 그것이 자신의 목표나 욕구, 관심과 관련해서 어떤 의미가 있는지를 생각해 보게 된다. 배신을 하는 사람은 보통 자신의 이익을 위해서 파트너의 이익을 희생한다. 물론 깜짝 선물처럼 특정 기대의 위반은 즐거운 것이지만, 배신이라고 부

그림 12-6 **배신**. 배신은 당하는 사람에게 매우 큰 상처를 준다.

르는 위반은 그 피해자에게는 모두 불쾌하고 고통스러운 것이다. 특히 친밀한 관계에서 이루어지는 배신의 효과는 매우 파괴적이다. 여기에는 성적 혹은 정서적 외도, 거짓말, 속임뿐만 아니라, 험담, 악의, 무관심 등 친밀한 관계를 지탱하는 충성심, 존경, 신뢰, 선의를 깨뜨리는 행위도 해당한다(Fitness, 2001).

배신은 다양한 맥락에서 발생한다. 배신은 공동체적 관계에서 교환적 관계와 관련된 행동을 할 때 발생할 수 있다. 제8장에서 살펴본 것처럼 교환적 관계는 단기적으로 주고받는 것이 공평해야 하고 서로 계산적이며 자기중심적인 반면, 공동체적 관계는 이와는 반대적인 특성을 가지고 있다. 이때 애인 관계나 부모-자녀 관계, 친한 친구 관계와 같이 공동체적인 관계의 파트너가 특성 상황에서 계산적으로 행동하거나 자기의 이익을 위해 상대방을 이용할 때 그 피해자는 배신감을 느낀다(Fitness, 2001). 가장 가까운 친구가 지난번에 나에게 베푼 호의를 돈으로 계산해서 달라고 할 때, 우리는 배신감을 느낄 수 있다. 직장은 대인 간 배신을 경험할 수 있는 또 다른 맥락이다. 믿었던 동료가 자신의 승진을 위해서 뒤에서 나를 험담할 수도 있고, 상사가 자신의 개인적 이득을 위해 나를 악용할 수도 있다. 한 연구에서 19%의 남성들은 직장 동료들에게 배신을 당한 경험이 있었다(Fitness, 2000).

배신하는 사람은 어떤 특징을 가지고 있을까? 반복적으로 다른 사람을 배신하는 사람은 개인적으로나 관계적으로 여러 문제에 직면해 있다. 그들은 심리적으로 불행하고 부적응적이며, 화를 잘 내고 복수심이 강하며, 의심이 많은 사람이다. 그들은 또한 질투하고 냉소적인 특성이 강하며 정신병적 문제가 있는 경향이 강하다. 그러면서 다른 사람도 자신과 똑같은 이유로 배신할 수 있다고 잘못 판단하면서 그들을 믿지 않는다(Couch & Jones, 1997). 동시에 그들은 자신의 행위가 중요하지 않고 악의가 없다고 생각하면서 자신의 행동을 적대시하는 환경을 완화하고자 한다(Stillwell et al., 2008). 이와 같은 경향 때문에 그들은 자신의 배신이 친밀한 파트너에게 가져오는 피해를 과소평가한다. 배신을 당한 사람의 경우 자신이 겪은 배신의 93%는 관계에 해를 끼쳐 만족도를 떨어뜨리고 늘 의심하게 만든다고 생각하지만, 배신을 한 사람은 단지 자신의 행위의 50%만이 해롭다고 인정한다(Jones & Burdette, 1994).

이처럼 배신을 당한 사람은 고통과 상처를 받는 등 상당한 피해를 입는다. 이러한 고통의 강도를 악화시키는 하나의 요소가 굴욕감이다. 배신을 당한다는 것은 자신이 상대방으로부터 인정과 존중을 받지 못하고 무시당한다는 메시지를 줄 수 있다. 자신이 열등하고 우스운 사람으로 취급받았다고 생각하면, 배신당한 사람의 자아존중감과 사회적 지위는 큰 타격을 받게 된다. 관련 연구들을 검토한 문헌(Fitness, 2001)에 따르면, 배우자나 직장 상사 등 다양한 맥락의 사람들로부터 배신을 당한 사람이 공공연히 창피를 당하거나 조롱을 당하면, 그가 겪는 배신의 고통은 크게 증가한다. 피해자가 느끼는 무력감과 함께 이와 같은 굴욕감은 배신한 파트너에 대한 증오, 물리적 폭력 등 파괴적이고 보복하는 행위를 증가시킨다.

3. 외도와 속임

친밀한 관계가 늘 순항만 하는 것은 아니다. 때로 사람들은 파트너 이외의 사람과 성관계를 맺기도 하고 사실과 다른 말로 속이는 등 기대에 어긋나는 일을 한다. 이러한 행동은 거의 대부분 상대방에게 큰 상처를 주는 배신으로 관계를 위협하는 요인이다.

1) 외도

외도 일반.   친밀한 낭만적 사랑의 관계에서 배신감을 갖게 만드는 가장 강력한 행위 중의 하나가 외도이다. 종종 사람들은 결혼하거나 데이트하는 파트너 이외의

사람과 성관계를 갖는다. 여기에는 일회성 외도, 열정에 따른 외도, 매춘을 통한 외도 등 그 유형이 다양하다. 최근에는 기술의 발달이 또 다른 변화를 가져오고 있다. 인터넷을 활용해서 성 관련 소통과 접촉이 과거에 비해 훨씬 더 용이하기 때문에, 외도도 그만큼 쉽게 이루어질 수 있다. 외도가 친밀한 관계에서 중요한 것은 그것이 상당히 흔한 현상이면서도 관계에 미치는

그림 12-7 외도. 외도는 관계에 강력한 영향을 미친다.

영향이 매우 강력하기 때문이다([그림 12-7] 참조).

외도의 비율은 어떻게 조사하느냐에 따라 많은 차이가 있어 보인다. 우리 사회의 경우 성인을 대상으로 한 조사를 보면, 조사 기관에 따라 그 비율이 남성은 40~50%, 여성은 10~40%로 그 편차가 작지 않다. 2019년 여성가족부가 실시한 배우자 폭력 이유에 대한 조사에서는 배우자의 외도가 차지하는 비율이 2.2%에 불과했다. 외국의 자료도 이와 다르지 않다. 다양한 시기에 조사한 여러 결과를 다룬 Buunk 등(2018)을 살펴보면, 그 비율이 낮게는 1.5%에서부터 높게는 90%까지 나올 정도로 그 편차가 매우 크다는 것을 알 수 있다. 그럼에도 불구하고 여성보다는 남성이 그리고 결혼한

사람보다는 동거나 연애하는 사람이 외도를 더 많이 하는 것으로 보인다.

외도에 대한 일반적인 규범은 그것을 허용하기보다는 금지하는 경향이 훨씬 강하다. 우리 사회는 서구 문화의 유입과 함께 성에 대한 규범이 과거에 비해 매우 허용적으로 바뀌었다. 특히 최근에는 간통죄를 폐지함으로써 외도를 법적으로 처벌할 수 없도록 했다. 그럼에도 불구하고 낭만적 사랑의 관계에서 외도를 금기시하는 경향은 여전히 강하다. 외도에 대한 일반적인 반대에도 불구하고 여기에는 이중 기준(double standard)이 작동하고 있다. 즉, 남자가 저지른 부정은 여자가 저지른 부정보다 더 쉽게 용서받는다. Mackey와 Immerman(2001)은 216개의 문화를 검토해서 남편의 외도가 아내의 외도에 비해 훨씬 더 많이 용납되고 있음을 밝혔다. 아랍계 미국 이민자들 중 여성의 48%와 남성의 23%는 남편이 성적으로 부정한 아내를 때리는 것을 용납했으며, 그런 여성의 18%는 남편이 외도한 아내를 살해하는 것까지도 승인했다 (Kulwicki & Miller, 1999).

외도 요인과 효과.   Buunk와 Dijkstra(2000, 2006)는 외도에 대한 이론적 설명으로 애착 이론, 사회 교환 이론, 진화론적 이론을 소개하고 있다. 애착 이론(제9장 참조)에 따르면, 우리는 애착의 대상과 좀 더 안정적인 관계를 형성함으로써 정서적 친밀감과 몰입의 욕구를 지속적으로 충족할 수 있다. 반면에 불안정한 관계를 형성한 사람은 자신의 현재 관계에서 갈등을 많이 경험하기도 하고, 자신의 욕구를 충분히 충족하지 못하기 때문에 다른 관계를 더 요구할 수도 있다. 여러 사회 교환 이론적 관점의 공평성 규범 차원에서 보면, 외도를 하는 사람의 입장에서는 지금보다 더 공정한 관계가 있을 수 있고 더 나은 대안이 있을 수 있다. 진화론적인 입장에 따르면, 남녀의 재생산 관련 생물학적 구조의 차이 때문에 여성에 비해 남성이 외도를 할 가능성이 더 크다. 왜냐하면 그것이 자신의 유전자를 더 많이 확산함으로써 자신의 투자 대비 효율성을 높일 수 있는 방안이기 때문이다.

이와 함께 외도는 다양한 차원과 연결될 수 있다. 여러 연구를 전반적으로 검토한 문헌(Buunk & Dijkstra, 2000; Buunk et al., 2018)을 볼 때, 개인적인 차원에서 외도의 정도는 사람마다 다를 수 있다. 자기도취적 쾌락을 추구하거나 불안감이 높고, 성실성과 인내력이 낮고, 정신증과 같은 특성을 가지고 있는 사람이 외도를 더 많이 하는 경향이 있다. 또한 외도를 하는 사람들은 정신건강 수준이 낮다. 관계적인 측면에서 볼 때 관계에 대한 불만족이 크고 헌신 수준이 낮을 때, 파트너에게 정서적으로 의존하는 정도가 적을 때 그리고 관계가 공평하지 못할 때, 사람들이 외도할 가능성이 더 크다. 사회적 맥락도 외도에 영향을 준다. 남녀가 가까운 친구 관계나 직장 동료로 지낼 때, 그 관계가 성적 관계로 발전해서 외도로 이어질 수 있다. 이뿐만 아니라 자신의 친구들 다수가 외도를 하면, 이것이 하나의 규범으로 작용함으로써 사람들을 외도로 이끌 수 있다.

외도는 다양한 문제나 어려움을 야기한다(Buunk & Dijkstra, 2000). 외도를 하는 사람은 일시적으로는 성적 흥분, 개인적 성장, 의사소통과 같은 측면에서 원래의 관계에서보다 더 나을 수 있다. 그럼에도 그들은 비밀의 유지 관련 불안, 처음의 파트너에 대한 죄책감, 그 외 심리적 갈등에 시달려야 한다. 이뿐만 아니라 외도는 배우자와의 유대감을 훼손할 가능성이 높다. 한 연구에서 남성 응답자의 40% 정도는 자신의 외도가 그들의 원래 관계를 해칠 것이라고 느낀 반면, 자신의 파트너가 외도를 한 경우에는 남성의 70% 이상이 관계가 훼손될 것이라고 응답했다(Hansen, 1987). 이와 함께 배우자의 외도를 알게 된 사람은 심각한 수준의 고통을 겪는다.

2) 속임과 거짓말

속임 일반.   거의 대부분의 사람은 가까운 관계에서 지켜야 할 가장 중요한 덕목으로 정직과 신뢰를 꼽는다. 정직해야 신뢰할 수 있고, 신뢰할 수 있어야 서로 마음을 열고 가까워질 수 있다. 그럼에도 우리는 종종 이런 덕목을 지키지 못하면서 거짓말을 하고 속이는 행동을 한다. 속임은 무의식적인 수준에서도 이루어질 수 있지만, 일반적으로는 의식적이고 의도적인 수준에서 다른 사람을 호도하는 행위를 말한다. 특히 말로 다른 사람을 속이는 것이 거짓말이다(Levine & Knapp, 2018).

우리는 다양한 방법으로 다른 사람을 속인다. 가령, 완전한 거짓으로 속이는 경우도 있지만, 과장하는 경우처럼 사실과 거짓을 섞어서 속이는 경우도 있다. 때로는 사실을 생략함으로써 속일 수도 있고, 얼버무리거나 애매하게 말함으로써 사실을 전달하지 않을 수도 있다. 거짓말에도 그 형태가 여럿이 있다. 거짓말을 자신의 개인적 이득을 위해서 할 수도 있지만, 다른 사람의 체면이나 이득과 옹호를 위해서 할 수도 있다. 반복적인 거짓말이 있는가 하면 일회적인 거짓말도 있다. 스스로에게 하는 거짓말과 다른 사람에게 하는 거짓말도 있다. 적극적으로 거짓된 진술을 하는 능동적 거짓말이 있는가 하면, 정보나 자신의 태도를 숨기는 것과 같은 수동적 거짓말도 있다. 또한 위험성이 큰 거짓말과 그렇지 않은 거짓말이 있다(Knapp, 2006).

사람들이 친밀한 관계에서 상대방을 속이고 거짓말을 하는 주된 이유는 정직함이 관계에 문제를 초래하기 때문이다([그림 12-8] 참조). 사람들은 종종 상대방의 기분을 상하게 하지 않으려고 거짓말을 한다. 파트너가 자신의 외모에 대해 질문할 때 솔직하게 대답하는 것이 상대방에게 상처를 줄 만큼 심각하다면, 사람들은 거짓말을 한다. 때로는 상대방을 피하기 위해서

그림 12-8 **거짓말**. 가까운 사람들 사이에서도 여러 이유 때문에 거짓말을 한다.

거짓말을 한다. 만나자는 상대방의 제안에 그런 만남을 피하고자 할 때, 우리는 거짓말로 핑계를 대기도 한다. 또한 우리는 상대방을 지지하고 지탱해 줌으로써 그의 자존감을 지켜 주고자 거짓말을 한다. 그가 자신의 목표를 달성하도록 사실과 다르게 능력을 좀 더 긍정적으로 평가하는 것이 여기에 해당한다. 이와 같은 타인 중심적인 거짓말과 함께, 사람들은 앞에서 살펴본 외도의 경우에서처럼 자신을 위해 거짓말을 한다.

거짓말에 대한 탐색과 영향.   그럼 사람들은 파트너의 거짓말을 어떻게 알아차릴까? 대부분의 이론은 속임을 드러내 주는 여러 단서가 있을 것이라고 가정한다. 여러 단서 이론(cue theories)이 공통적으로 가정하는 것은 정직한 소통과 속이는 행동의 심리적 상태가 서로 다르고, 이것이 서로 다른 행동으로 나타나며, 그래서 사람들은 상대방이 거짓말을 하는지 알 수 있다는 것이다. 58개의 나라에서 2천 명 이상의 사람을 조사한 결과, 참가자의 2/3가 거짓말의 단서로 시선 회피를 꼽았다(Bond & Global Deception Research Team, 2006). 그다음으로 약 1/4의 사람들은 그 단서가 초조함, 비논리적인 말, 몸짓 등이라고 응답했다. 그러나 거짓말 탐색의 정확성에 대한 연구들을 종합해 볼 때, 사람들은 상대방의 거짓말을 우연 수준보다 약간 더 높은 54% 정도로 정확하게 파악하는 것으로 보인다(Levine & Knapp, 2018). 그러면서 사람들은 다른 사람이 일반적으로 거짓말을 하지 않을 것으로 판단하는 경향이 강하다.

거짓말 탐색의 정확성에 영향을 미치는 하나의 요인이 친밀성이다. 직관적으로 볼 때 파트너와 가까운 사람은 그 파트너를 잘 알기 때문에 낯선 사람보다는 그의 거짓말을 더 정확하게 파악할 수 있다. 그러나 가까운 사람은 상대방이 진실할 것이라는 편향(truth bias)을 가지고 있기 때문에, 친밀성은 속임을 정확하게 파악하지 못하게 할 수도 있다. 이와 관련해서 McCornack와 Parks(1986)는 관계상의 속임에 대한 모형을 제시하여 입증했다. 이 모형에 따르면 관계적 친밀함은 파트너에 대한 자신의 판단

이 맞다는 확신을 증가시키고, 이러한 확신이 진실 편향을 강화시켜 궁극적으로 정확성을 떨어뜨린다. 그렇다고 해서 진실 편향이 늘 정확성을 떨어뜨리는 것은 아니다 (Levine & Knapp, 2018). 가령, 진실과 거짓이 50:50인 경우, 진실 편향은 진실에 대한 탐색의 정확성은 증가시키고 거짓에 대한 오류는 증가시킴으로써 결국 이 둘은 상쇄된다. 심지어 대부분의 사람은 속이기보다는 진실하기 때문에, 진실 편향이 속임에 대한 탐색의 정확성을 높일 수 있다.

상대방을 배려하기 위한 거짓말처럼, 때로 거짓말은 관계에 긍정적인 영향을 준다. 그러나 관계에 대한 기대나 규범을 위반한 행동은 그렇지 않다. McCornack와 Levine(1990)은 대학생들에게 친한 사람이 자기에게 거짓말한 것을 알았을 때 어떻게 반응할지 질문했다. 그 결과, 거짓말은 분노, 슬픔, 두려움, 죄책감과 같은 정서적인 고통을 불러일으키고 관계를 심각하게 훼손하기도 했다. 상대방이 속이는 것을 알았을 때 겪는 정서적 고통은 여러 요인에 의해 결정된다. 우선 사람들은 가까운 사람일수록 더 믿고 신뢰하기 때문에, 그러한 관계에서의 거짓말은 더 뼈아프다. 또한 심각한 주제에 관한 중대하고 나쁜 거짓말은 매우 큰 충격을 초래한다. 관계의 유지와 관련해서 응답자의 1/4은 이런 사건으로 인해 관계를 종결했다. 이처럼 거짓말은 관련 당사자들 모두에게 그리고 관계 자체에 부정적인 영향을 준다.

내 마음의 거울

일상생활에서의 거짓말 척도

우리는 일상생활에서 매우 다양한 이유로 거짓말을 한다. 다음의 각 문항에 여러분이 동의하는 정도를 _____에 표기해 보자.

1: 전혀 동의하지 않는다   2: 상당히 동의하지 않는다   3: 약간 동의하지 않는다
4: 약간 동의한다   5: 상당히 동의한다   6: 매우 동의한다

_____ 1. 나는 다른 사람과 갈등이나 불화를 피하기 위해 거짓말을 한다.

_____ 2. 나는 사람들과 대립하기 싫어서 거짓말을 한다.

_____ 3. 나는 사람들과 논쟁하지 않으려고 거짓말을 한다.

_____ 4. 나는 다른 사람에게 우호적이고 다정하기 위해 거짓말을 한다.

_____ 5. 나는 내가 한 나쁜 행동을 숨기기 위해 거짓말을 한다.

_____ 6. 나는 나의 수치스러운 것들을 숨기기 위해 거짓말을 한다.

_____ 7. 나는 다른 사람의 감정이 상하지 않도록 거짓말을 한다.

_____ 8. 나는 사람들을 처벌하기 위해 거짓말을 한다.

_____ 9. 나는 사람들을 끌어내리기 위해 거짓말을 한다.

_____ 10. 나는 복수하기 위해 거짓말을 한다.

_____ 11. 나는 내가 싫어하는 사람을 공격하기 위해 거짓말을 사용한다.

_____ 12. 나는 다른 사람에게 상처를 주고 괴롭히기 위해 거짓말을 한다.

_____ 13. 나는 거짓말이 흥미진진하기 때문에 한다.

_____ 14. 나는 거짓말이 재미있어서 한다.

주: 1~4번의 총점(24점 만점)은 회피하기 위한 거짓말, 5~6번의 총점(12점 만점)은 자기방어를 위한 거짓
말, 7번 점수(6점 만점)는 타인을 위한 거짓말, 8~12번의 총점(30점 만점)은 복수하기 위한 거짓말 그리고
13~14번의 총점(12점 만점)은 재미를 위한 거짓말 점수를 나타낸다.

출처: Hart et al. (2019).

4. 시기와 질투

우리는 가까운 사람이 성공하고 잘 되면 함께 기뻐하고 좋아하지만 늘 그런 것만은
아니다. 때로는 그런 사람에게 시기하는 마음을 갖기도 한다. 또한 우리는 나의 우정
관계나 애정 관계에 누군가 끼어들어 방해할까 봐 질투를 느끼기도 한다. 이에 이 절
에서는 여러 상황에서 일어나는 시기와 질투를 살펴본다.

1) 시기

우리는 때로 친밀한 사람과의 관계에서 시기나 질투를 경험한다. 이러한 정서는
상대방을 자신의 경쟁 대상으로 여길 때 발생하기 쉽다. 이때 우리는 보통 시기와 질
투를 하나로 묶어서 이해하는 경향이 있지만, 이 둘 사이에는 공통점과 함께 차이점
도 있어서 이 둘을 구분해서 고찰해 볼 필요가 있다.

시기의 특징.　　시기(envy)는 오직 두 사람이 관여하는 것으로, 시기의 대상자가 가
지고 있는 소유물, 성격적 특성, 성취를 갈망함으로써 생겨나는 불만족과 분노의 정
서를 일컫는다. 즉, 특정 상대방에게 속한 바람직한 것을 자신도 가지고 있으면 좋겠

다고 바랄 때 생기는 불만과 분노가 시기이다(VandenBos, 2015). 그렇다고 우리가 자기보다 더 많은 부를 축적한 사람들 모두를 시기하지는 않듯이, 우리는 자기가 원하는 것을 가지고 있는 모든 사람을 시기하는 것은 아니다. 말하자면 우리에게 시기의 대상이 되는 사람과 그렇지 않은 사람이 있을 수 있다. 또한 자신이 원하는 것을 가진 상대방을 모든 사람이 시기하는 것은 아니다. 말하자면 어떤 사람은 다른 사람에 비해 시기심이 더 많을 수 있다.

그럼 시기는 어떤 상황에서 누구에게 발생하는가? Parrott(1991)은 이와 관련해서 몇 가지 요인을 제시하고 있다. 그 하나가 사회 비교인데, 제2장에서 살펴본 것처럼 이것은 사람들의 자기개념에 큰 영향력을 행사한다. 어떤 사람이 자신의 능력이나 성취, 소유물을 다른 사람과 비교한 결과 자신이 열등하다고 판단하면, 그것은 그 개인의 자아존중감이나 사회적 명성을 떨어뜨림으로써 시기를 불러일으킨다. 또한 때로 사회 비교는 자신이 상대적으로 박탈당하고 있다는 인식을 강화시킴으로써 시기를 불러온다. 그러나 모든 부정적 사회 비교가 시기를 불러오는 것은 아니다. 비교의 대상이 되는 사람이 자신과 비슷해서 비교할 만한 사람이어야 한다. 이와 함께 상대방의 성공과 자신의 실패 사이의 간극이 자신의 단점이나 열등함을 강력하게 보여 줄 때 시기심이 생긴다([그림 12-9] 참조).

그림 12-9 **시기**. 시기는 두 사람 사이에서 생기는 현상이다.

또 다른 상황적 측면으로, 우월한 상대방과의 격차가 자신의 자아개념에 중요해야 하고 그러면서 그 상대방과 만나 상호작용을 할 때, 사람들은 시기심을 느끼기 쉽다. 상대방보다 열등한 점이 자신에게 중요하지 않거나 그러한 사람을 만날 일이 없으면 그를 시기할 필요가 없다. 시기에는 시기하는 사람의 성격 요인도 중요한 역할을 한다. 자신보다 우월한 사람을 만났을 때, 어떤 사람은 그것에 자극을 받아 자신을 더 향상시키고자 한다. 반면에 또 어떤 사람은 그러한 상황을 개인적인 상실로 해석해서 상대방에 대해 열등감과 분노를 느낀다. Smith 등(1999)이 개발한 시기심 척도에 따르면, 시기를 잘하는 사람은 열등감을 잘 느끼고 자신의 부족함이 불공정함 때문이라고 생각하는 경향이 강하다.

시기의 유형과 효과.　　시기에는 비악의적 시기와 악의적 시기가 있다(Parrott, 1991). 비악의적 시기는 상대방이 가지고 있는 것을 자기도 가지고 있으면 좋겠다는 바람인데, 이러한 바람은 상대방에 대한 열등감, 상대방이 가지고 있는 것에 대한 갈망, 그러한 것을 가질 수 있을지에 대한 절망, 자신을 더 향상시키겠다는 다짐, 상대방에 대한 찬사 등 여러 방식으로 나타날 수 있다. 반면에 악의적 시기는 상대방이 가지고 있는 것이 그에게 없으면 좋겠다는 바람이다. 악의적 시기의 핵심은 시기하는 대상이나 특성을 제거하고 파괴하는 것이다. 이러한 시기를 하는 사람에게 상대방의 훌륭한 차는 파괴되거나 도난당해야 하고, 덕이 높은 사람은 부패하거나 죽어야 하고, 아름다운 얼굴은 가려지거나 망가져야 한다. 악의적으로 시기하는 사람은 자신의 열등감이 상대방 때문이라고 생각하면서 그러한 사람을 미워한다. 동시에 이러한 사람은 상대방의 불행을 즐긴다.

악의적 시기는 분노와 비슷한 점이 있다. 악의적 시기는 우월한 상대방에 대한 불만과 적대감을 수반한다. 상대방의 우월함이 부당한 방식으로 이루어진 것이라면, 이때 느끼는 정서는 분노라고 할 수 있다. 분노는 부당한 것에 대해 느끼는 적대감으로 도덕적이라고 할 수 있기 때문이다. 그래서 악의적 시기를 느끼는 사람은 자신의 감정이 상대방의 부당함이나 불공정 때문이라고 생각하는 경향이 강하다(Smith, 1991). 심지어 상대방의 장점이 합법적인 경우에도 그것을 부당하고 공정하지 않다고 해석함으로써, 자신의 감정이 시기가 아닌 분노임을 자신이나 타인에게 보이도록 한다. 때로는 악의적인 시기를 느끼는 사람도 자신의 시기가 정당하지 않다는 것을 알고 있다. 가령, 신체적으로 매력적인 것은 타고나는 것이다. 이때 매력적인 사람에 대한 자신의 적대적 시기심을 다른 사람이 타당하다고 인정하지 않는다는 것을 알게 되면, 그들의 적대감은 줄어들고 죄책감이나 수치심을 함께 느끼게 된다(Parrott, 1991).

시기는 긍정적인 효과와 부정적인 효과를 줄 수 있다. 때로 비악의적 시기는 자신을 개선하고 향상시키는 동기적인 요인으로 작동할 수 있다. 시기는 자신의 운명을 개선하고, 자신의 재능과 능력을 향상시키며, 더 생산적이고 성취 지향적으로 나아가는 데 촉진제 역할을 할 수 있다. 그러나 시기는 여러 부정적인 측면도 있다. 악의적이든 비악의적이든 모든 시기는 우월하게 보이는 상대방과 비교함으로써 자신의 열등함을 두드러지게 만든다. 이와 같은 사회 비교는 자신을 부정적으로 보도록 만들어서 자아존중감을 떨어뜨리고, 그에 따른 여러 부정적인 정서를 겪게 한다. 또한 악의적 시기는 상대방을 부당하게 폄하하거나 공격하는 등 그에게 해를 가함으로써 관계를 악화시키고 단절시키는 요인이 되기도 한다.

2) 질투

질투의 의미와 유형.　　질투(jealousy)는 한 개인이 애인과 같이 자기에게 중요한 사람을 경쟁자에게 빼앗겼을 때나 빼앗길 것 같을 때 느끼는 정서이다. 질투는 두려움과 분노라는 두 기본 정서로 이루어져 있다(Izard, 1991). 두려움은 사랑하는 사람의 상실과 함께 사랑이 제공하는 보호와 안전의 상실에 대한 위협으로부터 생긴다. 분

노는 파트너와의 사랑과 관심 속에서 자신의 위치와 안정을 유지하려는 노력이 방해를 받는다는 느낌 때문에 생긴다. 이처럼 질투의 핵심에는 자신이 의미를 두고 중시하는 상대방에게 자기 자신이 필요한 존재이고 싶다는 욕구가 강하게 들어 있다([그림 12-10] 참조).

그림 12-10　**질투**. 질투는 세 사람 사이의 문제이다.

질투는 시기와 다른 점과 같은 점이 있다(Parrott, 1991). 다른 점으로 시기는 자신이 없는 것을 상대방이 가지고 있을 때 생기고, 열등감, 갈망, 악의를 경험한다. 또한 상대방이 무엇을 획득한다고 해서 그것이 시기하는 사람에게 반드시 손실이나 비용을 초래하지는 않는다. 반면, 질투는 관계의 상실에 관한 것으로 한쪽의 상실은 다른 쪽의 획득이 된다. 즉, 한 사람이 경쟁자에게 자기의 파트너를 빼앗기면, 그 사람은 파트너를 상실하는 것이고 경쟁자는 획득하는 것이 된다. 그러면서 이 사람은 두려움, 불신, 의심, 분노 등을 경험한다. 시기와 질투의 유사점은 둘 다 사회 비교에 따른 열등감에 기초한다는 것이다. 물론 사회 비교의 대상은 다른데, 시기는 그 대상이 되는 사람과 비교한다. 반면에 질투하는 사람은 자기와 경쟁자를 파트너가 비교한다고 추측한다. 또한 그러면서 파트너에게 질투하는 사람은 자신과 경쟁자를 비교하면서 그 경쟁자에 대해 시기할 수 있다.

질투의 유형에는 의심 기반 질투와 사실 기반 질투 혹은 반응적 질투가 있다. 의심 기반 질투는 자신의 파트너가 경쟁자에게 관심을 쏟아 관계를 맺고자 한다고 믿을 때 생긴다(Buunk & Dijkstra, 2006; Parrott, 1991). 이것은 관계에 대한 위협이 불분명하고 단지 의심스러운 상태에서 생기는 질투이다. 즉, 한 사람의 의심이 사실에 부합하지도 않고 그의 파트너가 잘못 행동한 것이 없을 때의 질투이다. 이러한 질투의 핵심은 걱정과 불안전감이다(Parrott, 1991). 중요한 관계의 유지에 대한 불확실성과 자신이 안전하지 않다는 느낌이 질투하는 사람에게 걱정을 갖게 한다. 이것이 그로 하여금 의심, 다른 일에 대한 집중의 방해, 반추와 몰두, 파트너와 경쟁자가 좋은 관계를 즐

기고 있다는 환상 그리고 파트너의 불만을 보여 주는 단서에 대한 과민한 반응을 초래한다. 또한 경쟁자를 알게 되면서 당황, 긴장, 시기, 분노, 고통도 함께 경험한다.

사실 기반 질투 혹은 반응적 질투는 어떤 사람이 자신의 중요한 관계를 실제로 위협하는 것을 알게 되었을 때 생기는 질투이다(Buunk & Dijkstra, 2006; Parrott, 1991). 이 위협은 하나의 사실로 과거에 이미 발생한 것이거나 가까운 미래에 실제 발생할 것으로 보이는 것이다. 이 질투는 의심 기반 질투에 비해 관계에 대한 걱정으로부터 좀 더 자유롭다. 동시에 어디에 주의를 기울이냐에 따라 경험하는 질투도 다양하다(Parrott, 1991). 관계의 상실에 초점을 두면 슬픔을 경험하고, 파트너나 경쟁자의 부정행위나 배신에 초점을 두면 분노나 상처를 경험한다. 자신의 부족함에 초점을 두면 우울을 경험하고, 자신의 새로운 사회적 지위에 대처하는 데 받는 스트레스에 초점을 두면 불안을 경험한다. 경쟁자의 우월성에 초점을 두면 시기를 경험한다. 파트너에 대한 의심을 과신해서 사실이라고 확신하는 사람은 사실 기반 질투에 기인한 정서들을 경험할 수도 있다.

질투의 선행 요인.   질투는 형제들 사이나 동성의 친구들 사이에서도 있을 수 있지만, 전형적인 경우가 낭만적 사랑을 하는 관계에서 볼 수 있는 질투이다. 질투를 야기하는 요인은 상당히 많다. 그 하나가 사회생물학적인 요인이다(Guerrero & Anderson, 1998). 진화론적인 입장에서 볼 때, 남성은 가능한 한 많은 여성과의 짝짓기를 통해 자신의 유전자를 확산시키는 것이 유리하다. 이때 남성의 입장에서는 아이의 아버지가 불확실하기 때문에 배우자의 성적 순결이 중요하다. 반면, 여성은 자신이 출산한 제한된 자녀를 잘 양육하는 것이 유리하다. 그래서 배우자가 자기에게 헌신해서 양육에 필요한 자원을 장기적으로 제공하는 것이 중요하다. 그래서 여성은 배우자가 다른 여성과 사랑에 빠지는 것에 예민하다. 이러한 차이로 인해 남성은 배우자의 성적 부정에 따른 질투(sexual jealousy)를 더 많이 하고, 여성은 배우자의 정서적 부정에 따른 질투(emotional jealousy)를 더 많이 한다.

다수의 연구를 볼 때, 기본적으로 남성과 여성은 이 두 가지 유형의 위협에 대한 민감성에서 차이가 있는 것으로 보인다. 가령, 남성들은 파트너에게 외도를 따질 때 부정한 성적 관계에 더 집착해서 질문하는 반면, 여성은 그 관계가 가지는 정서적인 특성에 대해 더 질문했다(Kuhle et al., 2009). 다수의 조사 연구도 이와 같은 성차를 지지한다. 사람들에게 자신의 파트너가 성적 부정과 정서적 부정을 저질렀다고 상상했을 때 어떤 것이 더 속상한지를 평가하도록 했다. 그 결과 여성은 정서적 부정을, 남성은 성적 부정을 더 불쾌하다고 평가했다(Harris, 2003). 그러나 실제 배우자의 부정에 직면했을 때의 느낌을 조사한 여러 연구에서는 이와 같은 성차를 지지하지 않은 연구도 상당히 있었다(Harris & Darby, 2013). 어떤 연구에서는 남녀 모두 파트너 부정의 정서적 측면에 더 초점을 둔 반면, 또 다른 연구에서는 여성이 남성보다 배우자의 성적 부정에 더 부정적인 반응을 보이기도 했다. 이러한 점들을 고려할 때, 질투에서 성차는 있다 하더라도 미약하거나 비일관적일 수 있다.

문화적인 요인도 질투에 영향을 줄 수 있다. 관련 문헌을 전체적으로 볼 때, 남성 중심적인 문화권, 성역할이 고정되어 있는 사회 그리고 결혼과 재산의 소유권이 사회적 지위에 중요하고, 특히 여성의 혼외 성관계를 금지하는 사회에서 질투가 좀 더 만연해 있다(Guerrero & Anderson, 1998). 특히 그런 사회에서 여성에게는 배우자의 외도에 눈을 감으라고 하는 반면, 남성에게는 배우자의 외도에 도덕적으로 격노할 권리를 제공하고 있다. 오늘날 개인주의적인 문화에서는 질투를 개인의 자유가 없고 부권에 가치를 두는 낡은 성적 도덕과 같은 것으로 보는 경향이 강하다.

개인적 또는 관계적 요인에 따라서도 질투의 정도가 달라진다(Guerrero & Anderson, 1998; Miller, 2015). 자아존중감과 안전감이 낮은 사람은 질투를 더 많이 하는데, 그들은 관련 문제에 대한 대처 능력이나 통제감이 낮다. 또 다른 요인은 애착 유형(제9장 참조)으로, 다른 유형에 비해 집착형 사람은 자신의 파트너가 자기를 사랑하지 않을까 과도하게 걱정하면서 더 질투하는 경향이 있다. 자신감이 부족해서 파트너의 기대를 충족하지 못하고 자신은 파트너가 원하는 이상적인 사람이 아니라고 느끼는 사람, 과도하게 걱정을 많이 하는 성격 특성으로 신경증이 높은 사람이 더 질투한다. 관계적인 측면에서는 파트너에게 크게 의존하고 있으면서 더 좋은 대안도 없는 사람, 관계에 많은 투자와 헌신을 하는 사람, 성적 배타성에 가치를 많이 두는 사람들이 질투를 더 많이 한다.

경쟁자의 유형에 따라 우리가 질투하는 정도가 다를 수 있다. 기본적으로 사람들은 남녀 상관없이 경쟁 상대가 신체적으로 매력적일 때 더 질투를 느낀다. 또한 상대방이 누구든 짝으로서 높은 가치를 가지고 있어서 우리를 부족하게 보이도록 하면, 우리는 그런 사람에게 더 많은 질투를 느낀다. 이와 함께 우리는 자신의 애정 관계에 자신의 친구가 끼어들기 시작하면 더욱 불쾌하고 기분이 상한다. 실제 사람들은 낯선 사람이 비슷한 행동을 했을 때보다 친구가 경쟁자가 될 때 더 기분이 상한다(Bleske & Shackelford, 2001). 또한 우리의 파트너가 예전의 애인에게 다시 관심을 보이기 시작하는 것은 우리에게 매우 큰 질투를 유발할 수 있다(Cann & Baucom, 2004).

질투에 대한 반응.   사람들은 질투를 유발하는 상황에 매우 다양하게 반응할 수 있다. 일찍이 Bryson(1991)은 [그림 12-11]에서 보듯이 그러한 반응을 두 가지 독립적인 동기적 목표, 즉 관계 유지 욕구와 자아존중감 유지 욕구 측면에서 유형화했다. 이후의 여러 연구가 다룬 반응은 이와 같은 유형에 해당하는 것이다. 관계와 자아존중감 모두를 유지하려는 동기에 근거한 반응이 의사소통과 관계 개선이다. 이러한 동기를 가진 사람들은 이 두 유형의 동기를 달성하기 위해 의사소통을 사용한다. 한편으로, 의사소통은 자아존중감을 유지하거나 강화하는 기능을 하고, 파트너와의 관계에 대한 불확실성을 줄이고, 그 관계를 재평가하고 유지하는 데 도움을 주며, 경쟁 관계에 대한 불확실성을 줄이는 데 기여한다(Guerrero & Anderson, 1998). 또한 이러한 사람들은 문제를 직면하고 건설적으로 해결해서 관계를 개선하고자 한다.

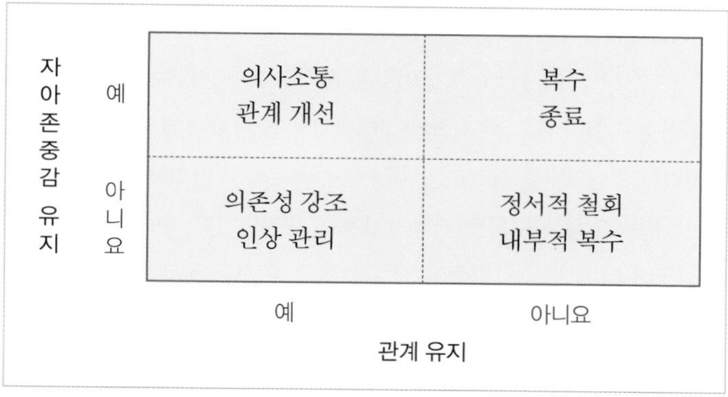

자아존중감 유지	예	의사소통 관계 개선	복수 종료
	아니요	의존성 강조 인상 관리	정서적 철회 내부적 복수
		예	아니요
		관계 유지	

그림 12-11 Bryson의 질투 반응에 대한 이중 동기 분석

자아존중감 유지 동기만을 가지고 있는 사람은 파트너에게 복수를 하거나 다른 짝을 만나 지금의 관계를 종료하고자 한다. 질투에 따른 학대와 살인은 이러한 유형의 반응에 해당한다. 한 지역사회에서 조사한 남녀의 15% 이상이 질투하는 애인으로부터 폭행을 당한 경험이 있다고 보고했다(Mullen & Martin, 1994). 심지어 사람들은 질투 때문에 자신이 사랑하는 사람을 죽이기도 한다. 미국과 인도, 북미 원주민을 포함한 다양한 문화권에서 질투는 빈번하게 살인의 3~4번째 원인으로 위치해 있다(Harris, 2003). 좀 더 극단적으로 병리적인 질투를 보이는 사람도 파트너에게 폭력을 행사할 수 있다. 이러한 사람은 파트너가 자신을 속인다고 망상적으로 믿는 사람이다. 이들은 파트너를 미행하면서 정보를 수집하려는 강한 충동을 가지고 있으면서 분노와 같은 강한 부정적인 감정을 경험한다.

사랑하는 사람에게 가하는 폭력

폭력이란 때리거나 차고 목을 조르는 등 다른 사람에게 의도적으로 신체적 해를 가하는 행동

그림 12-12 낭만적 사랑의 관계와 폭력

이다. 낭만적 사랑의 관계에서 보이는 파트너에 대한 폭력은 세계적인 현상이다. 2013년 세계보건기구(WHO)의 보고에 따르면, 전 세계 여성의 30%가 같이 살고 있는 남성으로부터 공격을 당한 적이 있었고, 특히 아프리카, 중동, 동남아시아에서는 그 수치가 37%로 가장 높았다.

Johnson(2006)은 가정에서 이루어지는 파트너에 대한 폭력을 세 유형으로 구분했다. 친밀한 폭력은 상대방에 대한 권력과 통제를 행사하기 위한 강요, 위협, 감금, 경제적 종속 등으로, 시간이 지날수록 그 정도가 심해진다. 이것은 심각하고 빈번하며 일방적인 폭력으로, 남성이 더 가해자의 입장에 있다. 폭력적 저항은 상대방의 친밀한 폭력에 폭력적으로 저항하는 경우이다. 이것은 폭력적인 상대방을 살해하는 사례처럼, 서로에 대한 피해와 가해를 증가시키는 결과를 초래한다. 상황적 커플 폭력은 관계상의 갈등이 확산되거나 분노한 두 사람이 상호작용할 때 커플 간의 갈등이 더 심해져 폭력적이 되는 것이다. 이것은 문제해결이나 의사소통 능력의 결여에 따른 것이다.

이러한 폭력은 광범위한 영역에 영향을 미친다. Cupach와 Spitzberg(2004)는 그것을 10개의 영역으로 범주화했다. ① 삶의 질 저하와 같은 전반적인 건강, ② 우울, 불안, 슬픔과 같은 정서적 건강, ③ 불신, 의심, 집중력 저하와 같은 인지적 건강, ④ 수면장애, 식욕 방해와 같은 신체적/생리적 건강, ⑤ 일상적인 행동이나 직장생활의 방해와 같은 행동적 건강, ⑥ 사회적 고립이나 가족 관계에서의 문제와 같은 사회적 건강, ⑦ 직업의 상실과 같은 자원상의 건강, ⑧ 신에 대한 믿음의 상실, 정신적 불안 등의 정신적 건강, ⑨ 범죄에 대한 불안, 사회적 신념 체계의 변화와 같은 사회적 효과 그리고 ⑩ 앞의 모든 영역 관련 자신감의 발달, 가족 관계의 강화와 같은 회복력 효과이다.

관계 유지 동기만을 가지고 있는 사람은 파트너에 대한 자신의 의존도를 과장하거나 강조함으로써 그 사람에게 매달리려고 한다. 혹은 아무 일도 없던 것처럼 행동함으로써 질투 관련 상황을 무시하는 식으로 대처하기도 한다. 이와 같은 반응은 자아존중감의 희생에 기초한 것으로, 이러한 사람은 앞에서 언급했듯이 자신이 부족하다

고 느끼고 자신의 가치를 낮게 평가한다. 동시에 문제를 해결하고 통제할 수 있는 능력이 떨어진다. 그러면서 파트너에 대한 질투를 더 많이 경험하기 때문에 관련 문제를 제대로 해결하기 어렵다. 마지막으로, 이 두 가지 동기를 모두 가지고 있지 않은 사람은 파트너와의 관계에서 정서적으로 완전히 물러나 내적으로 복수하는 식의 회피 전략을 사용한다. 이와 같은 반응 역시 자신과 관계의 측면 모두에서 긍정적인 효과가 없다는 점에서 비생산적이다.

우리는 살아가면서 많은 사람과 이런저런 이유로 갈등을 겪는다. 낯선 사람과 사소한 일로 낯을 붉히고, 친구하고 의견이 맞지 않아 다투기도 하며, 아끼고 사랑하는 부모나 애인하고도 티격태격한다. 그뿐만이 아니다. 다른 사람들이 사소한 일로 다투고 때로는 그것이 큰 싸움으로 번지는 경우를 심심찮게 본다. 이처럼 대인관계에서 겪는 갈등은 친소의 정도나 남녀노소에 상관없이 흔한 일이다. 그러면 갈등이란 무엇이고 왜 생기는 것일까? 그러한 갈등을 줄이고 해결할 수 있는 방법은 무엇인가? 이 장에서는 이와 같은 질문을 중심으로 대인관계에서 발생하는 갈등을 살펴본다.

1. 갈등의 본질

이 절에서는 먼저 갈등이 갖는 의미를 알아보고, 행동과 빈도에 따른 갈등의 패턴에 따라 그 의미가 다양할 수 있음을 살펴본다. 그다음 갈등을 긍정적으로 보는 견해와 부정적으로 보는 견해를 대조해서 알아본다.

1) 갈등의 의미와 유형

갈등은 대략적으로 일이나 사정이 복잡하게 뒤엉켜 서로 화합하지 못하는 상황 혹은 서로의 이해나 의견이 달라 생기는 충돌을 의미한다. 그런데 갈등이라는 말은 이런 의미보다도 그 어원이 더 흥미롭다. 갈등은 칡을 의미하는 갈(葛)과 등나무를 의미하는 등(藤)이 합해져서 만들어진 한자어이다. 그럼 왜 칡과 등나무를 합친 단어가 이러한 의미를 갖게 되었을까? [그림 13-1]에서 보듯이 칡과 등나무는 모두 다른 대상을 감고 올라가는 공통점이 있다. 그러나 칡은 시계 반대 방향으로 감고 올라가는 반면, 등나무는 시계 방향으로 감고 올라간다. 이처럼 칡과 등나무가 같은 대상을 두고 서로 반대 방향으로 감고 올라가 뒤엉키면, 그것을 풀어내기가 매우 어렵다. 마찬가지로 사람의 일도 이와 같이 서로 뒤엉켜 버리면, 그것을 풀어서 해결하기가 쉽지 않다. 그래

그림 13-1 **갈등의 어원.** 갈등은 오른쪽으로 감고 올라가는 칡(왼쪽 사진)과 왼쪽으로 감고 올라가는 등나무(오른쪽 사진)가 합쳐진 한자어이다.

서 갈등이란 말이 이와 같은 의미를 갖게 된 것이다.

　대인 간 갈등의 학술적인 정의는 다양하지만, 그것은 한 파트너의 생각이나 신념, 욕구나 소망, 흥미와 이익, 행동이 다른 파트너와 부합하지 않을 때 나타나는 과정이다. 우리는 데이트 장소 때문에 애인과 의견이 달라 부딪칠 수 있고, 그것을 결정하는 방식에서도 의견이 달라 다툴 수 있다. 이때 남들이 보기에는 아무것도 아닌 일로 당사자들은 심하게 다투는 경우처럼, 상황을 보는 당사자의 지각이 갈등 측면에서 중요하다. 그들이 주어진 상황을 어떻게 보느냐에 따라 그것이 갈등이 될 수도 있고 그렇지 않을 수도 있다. 갈등의 지각에 영향을 미치는 한 요인은 당사자의 내적인 특성이나 상태이다(Hocker & Wilmot, 2018). 지나치게 방어적이거나 까다로운 사람은 작은 일에도 쉽게 자존심이나 기분이 상해 갈등을 부추길 수 있다. 또한 한쪽이 내부적으로 느끼는 갈등을 표출하지 않는 한, 그것이 대인 간 갈등으로 불거지지는 않는다. 한쪽이 겪는 내적인 갈등의 상태나 수준이 갈등의 표현에 영향을 줌으로써, 그것이 궁극적으로 갈등에 대한 다른 쪽의 지각에 영향을 줄 수 있다.

　갈등이 발생하는 하나의 이유는 우리가 여러 측면에서 상호의존하고 있기 때문이다. 상대방과 사귀고 싶다고 해서 그것이 내 뜻대로만 되는 것이 아닌 것처럼, 나의 욕구나 목표에 대한 충족은 상대방의 결정이나 행동에 달려 있다. 상대방도 마찬가지이다. 이러한 상황에서 나와 상대방의 욕구나 선호, 행동이 서로 일치하지 않을 때, 우리는 갈등에 직면하게 된다. 그러나 우리가 갈등 속에 있다 하더라도 대개는 서로에게 전적으로 적대적이지는 않다. 왜냐하면 상대방을 통해 자신의 욕구를 충족해야 하기 때문이다. 그래서 보통은 어떤 식으로든 갈등을 해결하기 위한 방안을 모색한다. 이때 좀 더 건설적인 방안을 모색하는 것이 중요한 이유는 그러한 방안이 파괴적인 방안보다 서로에게 더 이득이 되기 때문이다.

　연구자들이 제시한 갈등의 다양한 개념(Canary et al., 1995)을 고려하면, 사람들이 관계에서 보이는 갈등을 외적 사건과 그에 대한 당사자들의 행동이라는 두 차원에 따라 구분할 수 있다. 사건 차원은 갈등을 야기하는 특정 상호작용이나 상황에 관한 것이다. 어떤 관계의 사람들은 특정 사건(예: 청소년 자녀의 반항 행동)에 대해서만 갈등을 겪는 반면, 다른 관계의 사람들은 모든 사건(예: 청소년과 부모의 모든 상호작용)에 걸쳐서 갈등을 겪을 수 있다. 행동 차원은 발생한 갈등에 대하여 당사자들이 보이는 반응을 지칭하는 개념이다. 어떤 관계의 사람들은 상대방의 특정 행동에 대해서만 충돌해서 부정적인 반응을 보이는 반면, 다른 관계의 사람들은 상대방이 보이는 모든 행동에 대해 충돌하기도 한다.

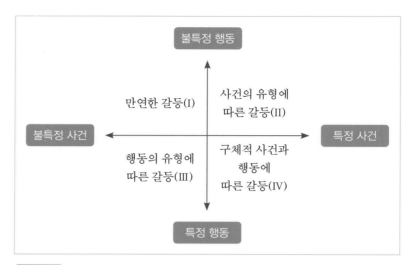

그림 13-2 사건과 행동 차원에 따라 구분한 갈등의 네 가지 유형

[그림 13-2]에서처럼 갈등을 사건과 행동의 2차원에 따라 네 가지 유형으로 분류할 수 있다. 유형 I은 갈등이 만연해 있는 경우로, 이러한 유형의 사람들은 문제의 사건이나 그에 대한 상대방의 행동에 상관없이 늘 다투고 싸운다. 유형 II는 문제의 사건이 발생하면 그에 대한 상대방의 행동에 상관없이 갈등을 겪는 경우이다. 시댁 얘기만 나오면 상대방이 보이는 반응에 상관없이 싸우는 부부가 한 사례이다. 반면에 유형 III은 상대방이 특정 행동을 보이면 문제 사건에 상관없이 갈등을 겪는 경우이다. 아내가 잔소리를 하면 그 이유와 상관없이 무조건 화를 내는 남편이 여기에 해당한다. 마지막으로, 유형 IV는 갈등을 야기할 만한 특정 사건에 대해 상대방이 특정 반응을 한 경우에만 갈등을 겪는 유형이다. 아내가 남편에게 고부갈등 문제를 얘기할 때, 남편이 무조건 시어머니 편을 들 경우에만 충돌하는 부부가 있을 수 있다.

2) 갈등 관련 목표의 종류

갈등은 당사자들이 서로의 목표가 양립할 수 없어 서로가 원하는 것을 방해한다고 지각할 때 발생한다. 즉, 상대방이 원하는 것과 내가 원하는 것이 다르다는 것을 알게 될 때 갈등이 발생한다. 이때 사람들이 추구하는 목표는 관계에 따라 다르다. 친구와의 관계에서는 친목을 목표로 하는 반면, 직장 동료들끼리는 서로 정보를 주고받는 것을 목표로 할 수 있다. Hocker와 Wilmot(2018)는 갈등 속의 사람들이 추구하는 목표를

TRIP라는 네 가지 유형으로 범주화했다. 이것은 〈표 13-1〉에서 보듯이 주제(topic) 혹은 내용, 관계(relationship), 정체성(identity) 혹은 체면 그리고 과정(process) 목표이다.

주제 혹은 내용 목표에 대한 갈등은 무엇을 할지, 어떤 결정을 내릴지 등과 같이 외부적으로 검증 가능한 현안에 대해 서로 의견이 다른 것이다. 맥락에 따라 갈등의 주제나 내용은 다를 가능성이 크다. 직장에서는 승진이 문제이지만, 친구 관계에서는 놀러 갈 장소가 현안이고, 연인 관계에서는 함께할 시간이 갈등의 주제이다. 주제에 대한 갈등은 크게 두 가지이다. 하나는 관계 속의 사람들이 서로 다른 것을 원할 때 생긴다. 남편은 자동차 구매에 많은 돈을 쓰고 싶어 하지만, 아내는 최소한의 돈을 쓰고자 할 때와 같은 경우이다. 또 다른 하나는 사람들이 같은 방을 원하고 같은 파트너를 원하고 같은 일을 원할 때처럼, 서로가 같은 것을 원할 때 생기는 갈등이다.

관계적 목표는 우리가 서로에게 어떤 존재인지에 대한 문제이다. 이 목표는 상대방으로부터 어떤 대우를 받고 싶은지, 서로가 원하는 상호의존은 어느 정도인지로 정의할 수 있다. 상대방으로부터 좀 더 존경받고 싶은 것, 우리가 친한 친구 사이라는 것 등이 이 목표에 해당한다. 당사자들은 관계적 목표와 관련된 갈등을 서로 다르게 해석할 수 있다. 또한 갈등 속의 부부는 각자가 상대방에게 한 배려의 정도를 자기중심적으로 서로 다르게 평가하기 쉽다. 한 장기 종단 연구에서 31%의 부부는 자신들의 관계적인 갈등을 시간이 흐르면서 해결했다. 그들은 해결하지 못한 문제를 대화로 푸는 데 능숙해 있었다. 반면에 2/3의 부부들은 문제를 해결하지 못하고 지속적으로 서로에게 상처를 주었다(Gottman, 2014).

표 13-1　Hocker와 Wilmot(2018)의 TRIP. 이들은 갈등 속에 있는 사람들이 추구하는 네 가지 유형의 목표를 제시했다.

갈등 관련 목표의 종류	내용
주제 혹은 내용 목표	• 외부적으로 검증 가능한 현안에 대해 서로 의견이 다른 경우 • 관계 속의 사람이 서로 다른 것을 원할 때나 같은 것을 원할 때 발생 • 돈의 사용에 대한 서로 다른 의견이 하나의 사례
관계적 목표	• 서로 어떤 관계를 맺고 어떤 대우를 받고 싶은지의 문제 • 한 갈등의 사례로 상대방과 원하는 친밀한 정도에서의 차이
정체성 혹은 체면 목표	• 자신의 체면이나 정체성을 보호하고 자아존중감을 유지하려는 목표 • 가령, 상대방으로부터 나의 체면을 훼손하는 말을 들을 때 갈등 발생
과정 목표	• 문제해결을 위해 사용하는 의사소통의 방식과 관련된 문제 • 부부간에 배우자를 배제하고 혼자 의사결정을 한 경우에 갈등 발생

정체성 혹은 체면에 대한 목표는 주어진 갈등 상황에서 자신의 체면이나 정체성을 보호하거나 회복하고 자아존중감을 유지하고자 하는 소망을 포함한다. 대인관계에서 정체성이나 체면이 문제가 되면, 사람들은 훨씬 덜 유연하게 되면서 파괴적인 쪽으로 가기 쉽다. 사람들은 체면을 잃게 되면, 다른 어떤 문제보다도 그것을 보호하는 것을 주요 현안으로 삼는다. 그래서 이것이 갈등의 해결을 방해하고 갈등을 해결하는 데 드는 비용을 증가시킨다. 사람들은 체면을 잃으면 그로 인해 손상된 자기이미지를 방어하는 데 집중하기 때문에, 나머지 문제는 고려의 순위에서 뒤로 밀리기 때문이다. 따라서 정체성 혹은 체면 관련 갈등을 해결하기 위해서는, 자신의 체면을 유지하는 것뿐만 아니라 상대방의 체면을 지켜 주는 것이 중요하다.

과정 목표는 문제를 해결하기 위해 어떤 의사소통 과정을 사용하는지와 관련된다. 사람들은 주어진 문제를 다루기 위해서 공식적으로 혹은 비공식적으로 논의할 수 있다. 또는 의사결정을 투표로 결정하거나 만장일치로 결정할 수도 있고, 개인적으로 결정하거나 권력을 가진 사람이 결정할 수도 있다. 이러한 의사소통 과정에 대해 당사자들의 의견이 달라 갈등을 야기할 수 있다. 예를 들면, 권력을 가진 사람에게 의사결정의 권한을 주거나 발언의 기회를 더 많이 주는 것은 그렇지 못한 사람들에게는 불만을 야기할 수 있다. 또한 과정 목표는 문화에 따라 다를 수 있다. 가령, 우리와 같은 문화권은 서구 사회에 비해 지위가 높은 사람에게 결정의 권한을 더 주는 경향이 있다.

모든 형태의 목표가 갈등 상황에 매번 나타나는 것은 아니다. 앞서 언급한 것처럼 맥락에 따라 두드러진 목표가 다르기 때문이다. 또한 관계적 목표는 주제 목표와 함께 갈등을 야기할 수 있듯이, 여러 목표는 서로 중첩될 수가 있다. 여행지에 대한 의견이 달라 다투는 부부는 이와 함께 서로를 대하는 행동 때문에도 갈등을 겪을 수 있다. 이와 같은 여러 목표 중에서도 정체성 목표와 관계 목표가 모든 논쟁의 기본이 된다. 그래서 이 두 목표가 주제와 과정 관련 갈등의 근간을 이룬다. 이러한 점에서 볼 때, 심각한 갈등 상황에서 주제 관련 갈등만을 해결하는 것은 갈등 당사자들에게 만족을 주지는 않는다.

3) 갈등에 대한 견해

갈등은 우리의 삶에서 피할 수 없는 일이지만, 우리 대부분은 자신의 친밀한 관계에서 갈등이 없기를 바란다. 왜냐하면 갈등은 보통 긴장과 스트레스, 경계와 방어, 좌

절과 분노처럼 부정적인 상태를 초래하기 때문이다. 그렇다고 해서 갈등이 본질적
으로 부정적인 것은 아니다. 지금의 관계에서 갈등이 있다는 것은 적어도 어느 한쪽
이 자신의 욕구를 원하는 만큼 충족하지 못해 불만이 있다는 것을 알려 주는 신호이
기 때문이다. 갈등은 지금의 관계가 당사자들이 원하는 만큼 완전하지 못해 무엇을
지켜야 하고, 무엇을 바꿔야 하며, 무엇을 버려야 하는지를 알려 준다. 이러한 점에서
갈등은 그 자체로 좋거나 나쁜 것이 아니고 위험인 동시에 기회인 것이다. 중요한 것
은 갈등을 어떻게 해결하는가이다. 그것을 건설적으로 해결해서 관계를 더욱 만족스
러운 수준으로 발전시킬 것인지, 아니면 파괴적인 방식으로 대응함으로써 관계를 악
화시킬 것인지가 문제의 핵심이다.

　그럼에도 사람들은 보통 갈등을 부정적 또는 긍정
적으로 보는 경향이 있다([그림 13-3] 참조). 이러한
견해에는 각자가 살아온 삶의 역사가 강력한 영향을
미친다. 사람들은 자라면서 부모가 어떤 문제로 갈등
을 겪고 그것에 어떻게 대처하는지를 보고 배우기도
한다. 사사건건 갈등을 겪으면서 그것을 회피적이고
공격적으로 대응하는 부모 밑에서 자란 사람과 특별
한 경우에 발생한 갈등을 언어적이고 접근적인 방식

그림 13-3　**갈등에 대한 견해.** 갈등을 부정적으로
보는 사람이 있는가 하면 긍정적으로 보는 사람도
있다.

으로 대처하는 부모 밑에서 자란 사람은 갈등을 보는 입장에서 다를 가능성이 크다.
또한 사람들은 지금까지 살아오면서 다양한 장면에서 갈등을 겪고, 그러한 경험을 통
해 갈등에 대한 자신의 관점을 형성하고 유지하거나 수정하기도 한다. 이에 Hocker
와 Wilmot(2018)는 갈등을 보는 입장에 따라 사람들을 두 범주로 구분해서 그들의 특
징을 제시하고 있다.

　갈등을 부정적으로 보는 사람들은 기본적으로 갈등은 무익하기 때문에 피할수록
좋다고 생각한다. 갈등이라는 말을 들으면 그들의 머릿속에 떠오르는 단어는 파괴,
불안, 두려움, 경쟁, 전쟁, 긴장, 고통, 적대감, 스트레스 등 부정적인 것이다. 그들에
게 조화는 정상적인 것인 반면 갈등은 비상적인 것으로, 갈등은 개인의 여러 병리적
인 특성 때문에 생기는 것이다. 그들은 또한 갈등이 의사소통의 붕괴 때문에 발생한
다고 생각하기 때문에, 의사소통을 잘하면 갈등이 없어진다고 판단한다. 그들은 갈
등을 고조시키지 말아야 하고, 갈등 관련 상호작용은 공손하고 차분해야 하며, 갈등
해소를 위한 옳은 방법을 미리 정해 놓아야 한다고 생각한다. 말하자면 이러한 사람
들에게 갈등은 혼돈이고 전쟁이다.

반면에 갈등을 긍정적으로 보는 사람들은 갈등 속에 부정적인 측면과 함께 긍정적인 면도 있다는 복합적인 느낌을 가지고 있다. 그래서 그들은 갈등이라는 말을 들으면 친밀, 용기, 강화, 기회, 창조, 성장과 같은 긍정적인 단어를 떠올린다. 그들은 인생에서 갈등은 필연적인 것이기 때문에 중요한 것은 갈등을 경험하지 않는 것이 아니라, 그것을 건설적인 방식으로 접근하는 것이라고 생각한다. 또한 그들은 갈등이 문제가 되는 점을 다룰 수 있게 해 줌으로써, 사람들을 하나로 통합하고 문제를 분명히 하는 데 기여한다고 생각한다. 그래서 궁극적으로 갈등은 속에 쌓인 분노를 제거하고 서로를 더 잘 이해하게 해 준다고 생각한다.

2. 갈등의 과정

갈등은 시작할 때부터 끝날 때까지 일정한 형태나 강도를 띠는 것이 아니라, 보통은 시간의 흐름에 따라 변화하는 과정을 거친다. 그러한 과정을 시작 단계, 중간 단계 그리고 종결 단계로 구분할 수 있다.

1) 시작 단계

친밀한 관계, 특히 연인 관계나 부부 관계에서 갈등을 일으키는 사건은 매우 다양하다. Kelley 등(1978)은 젊은 부부를 면담해서 그들이 경험하는 문제를 알아보았다. 그 결과, 그들이 겪는 문제를 65개의 범주로 구분해야 할 만큼 그들은 우리가 상상할 수 있는 모든 문제를 보고했다. 함께 시간을 보내는 것에서부터 돈을 관리하는 것, 성관계의 빈도, 개인적 습관에 이르기까지 그것은 매우 다양했다. 비슷하게, Papp 등(2009)은 부부가 겪는 의견 충돌을 15일 동안 추적해서 조사했다. 그 결과, 자녀의 양육과 훈련, 돌봄에 대한 충돌이 가장 많았다. 그다음으로는 집안일에 관한 것, 의사소통, 여가, 일, 돈 순으로 나타났다. 흥미롭게도, 성격 때문에 충돌하는 경우는 미미했다.

이처럼 갈등을 일으킬 수 있는 상황에서 갈등을 촉발하는 사건이 발생함으로써 갈등은 시작된다. Peterson(2002)은 〈표 13-2〉에서 보듯이 이런 사건을 4개의 범주, 즉 비난, 부당한 요구, 묵살 그리고 지속적 성화로 구분했다. 비난은 파트너의 행동, 태도 혹은 성격에 대해 불만스럽다는 것을 알려 주는 언어적 혹은 비언어적 행위이다.

표 13-2	Peterson(2002)이 제시한 갈등 유발 사건의 네 가지 범주
갈등 유발 사건	내용
비난	• 파트너의 행동, 태도 혹은 성격에 대한 불만을 나타내는 행위 • 비난은 대부분의 경우 반박이나 보복을 초래
부당한 요구	• 서로에 대한 일반적인 기대를 벗어나는 불공정하게 보이는 요구 • 사람들은 상대방이 공정성의 규칙을 위반할 때 강한 분노와 혐오를 경험
묵살	• 자신이 원한다고 요청한 행동을 상대방이 거절할 때 발생 • 자신이 무시당했다는 느낌을 갖게 만들어 부정적 행동을 야기
지속적 성화	• 사소한 사건이 반복됨으로써 사람을 짜증나게 만드는 일 • 사회적 알레르기의 형태를 띠고 있음

한쪽의 행동이 다른 쪽을 비난하고자 의도했는지의 여부는 중요해 보이지 않는다. 중요한 것은 비난을 받는 사람이 자신을 상대방이 부당하게 비난하는 것으로 보는가의 문제이다. 심지어 그 비난이 객관적이고 타당한 경우에도 사람들은 비난을 받으면 자신을 방어하려는 경향을 강하게 보인다. 왜냐하면 사람들은 이유 여하를 막론하고 자아존중감이 위험에 처하는 것을 원하지 않기 때문이다. 그래서 거의 대부분의 경우 비난은 반박이나 보복을 불러온다.

　부당한 요구는 불공정하게 보이는 요구를 하는 것이다. 그러한 요구는 서로에 대한 일반적인 기대를 초과하기 때문에 부당하게 보이는 것이다. Braiker와 Kelley(1979)는 논쟁을 야기하는 문제 중 하나로 다양한 행동에 대한 규범을 위반하는 것을 들고 있다. 어떤 행동이 서로 협의한 것과 다르거나 사회적인 기준에 부합하지 않을 때, 논쟁이 발생할 수 있다. 사람들은 상호작용 과정에서 공정성에 대한 욕구를 강하게 가지고 있다. 그래서 상대방의 행동이 공정성의 규칙에 부합하지 않는다고 느낄 때 사람들은 분노, 심지어 혐오와 같은 강한 부정적 정서를 경험한다. 부당한 요구는 이와 같은 사례 중의 하나로 볼 수 있다.

　묵살은 한쪽이 상대방에게 자신이 원하는 행동을 요청했을 때, 그 상대방이 이러한 요청을 거절하는 상황에서 발생한다. 우리는 살면서 때로 상대방의 얘기나 의견을 들어 주지 않거나, 크고 작은 도움이나 잡무에 대한 요청을 거절하기 마련이다. 그러나 이러한 거절을 당한 사람들은 보통 자신에 대한 무가치함을 느끼게 되고, 상대방에 대한 분노를 느끼며, 그와의 관계를 멀리하는 특성을 보인다. 묵살은 당사자에게는 자신이 무시당했다는 기분을 불러일으킬 수도 있다. 무시는 상대방이 나의 존재 자체에 신경 쓰지 않고 나를 업신여기거나 인정해 주지 않는 것이다. 이때 사람들은 상대방이 자신을 묵살한 것은 자신을 업신여기거나 우습게 보기 때문이라고 생각할 수 있다. 이처럼 무시당했다는 느낌은 분노와 좌절, 수치와 같은 부정적인 정서 경험에서부터 심각한 공격 행동에 이르기까지 다양한 반응을 초래할 수 있다.

지속적 성화(成火)는 어떤 사건이 사소하지만 반복됨으로써 사람을 짜증나게 만드는 것을 일컫는 말이다. 종종 이것은 사회적 알레르기의 형태를 띠고 있다. 사회적 알레르기는 작지만 성가신 일이 반복해서 일어나면, 사람들이 과민해져서 혐오나 분노를 격하게 보이는 것을 말한다. 남성들은 여성들이 약속 시간에 늦거나 쇼핑을 너무 오래 하는 것에 과민하게 반응하고, 여성은 남성들이 식사할 때 예의 없이 트림을 하는 것에 짜증을 낸다(Cunningham et al., 2005). Cunningham 등(2005)은 네 가지 형태의 사회적 알레르기를 제시했다. 무례한 습관은 비의도적이면서 사람에 대한 것이 아닌 것으로, 입을 벌리고 껌을 씹거나 시끄럽게 떠드는 것 등이다. 경솔한 행동은 늘 의도적인 것은 아니지만 사람에 대한 것으로, 상대방에게 시험 성적을 계속 묻는 것과 같은 경우이다. 규범 위반은 의도적이면서 사람에 대한 것이 아닌 것으로, 영화관에서 떠드는 것, 금연지역에서 흡연하는 것 등이다. 사생활 침해는 의도적이면서 사람에 대한 것으로, 특정인에 대한 무례한 언급이나 뒷담화 같은 것이다.

2) 중간 단계

일단 갈등을 야기하는 사건이 발생하면, 당사자들은 그 문제를 회피해서 넘어가든가 아니면 개입해서 다루든가 결정해야 한다. 문제를 회피하기 위해서는 두 당사자가 모두 그 문제를 기피하기를 원해야 한다. 당사자들이 문제를 회피하겠다고 결정하면, 보통 그 문제는 더 이상 갈등의 원인이 되지 않는다. 그 사건이 논쟁을 할 만큼 충분히 중요해 보이지 않거나, 문제를 따지기가 어렵고 다툰다고 해서 좋을 것 없을 때, 사람들은 보통 갈등을 회피한다(Zacchilli et al., 2009).

사람들은 갈등 사건을 직접 다루고자 할 수도 있다. 이때 어떤 사람들은 바로 협상을 해서 합리적으로 불화를 해결하고자 한다. 협상이란 특정 논쟁거리의 당사자들이 모두 수용할 수 있는 해결책이나 결과물을 찾아내기 위해서 서로 의사소통하는 과정이다. 당사자들은 이런 과정 속에서 특정 현안을 점검하고, 자신들의 입장을 설명하며, 제안과 역제안을 주고받는다. 정보를 왜곡이나 편향 없이 교환하고, 어느 한쪽의 이득을 위해 다른 쪽의 희생을 부당하게 요구하지 않는다.

이러한 협상은 때로 갈등이 고조된 후에 이루어질 수도 있다. 그러기 위해서는 협상에 앞서 서로 화해할 필요가 있다. 모욕적인 말이나 폭력적인 행동을 주고받은 후 건설적 문제해결이 어려울 때, 화해는 서로 간의 부정적인 감정을 줄이고 문제해결을 위해 기꺼이 나서겠다는 의도를 지닌 행동이다. 화해에는 보통 두 요소가 들어 있다 (Peterson, 1979). 하나는 주어진 문제가 관계의 유지보다 더 중요한 것은 아니라는 인식이다. 나머지 하나의 요소는 먼저 화해를 청한 쪽이 그 문제에 대해 상대방을 비난하기보다는 책임이 자신에게 있다는 것을 인정하는 것이다. 그러면 다른 쪽도 이러한 화해로 응답하게 된다.

이와 달리 어떤 경우에는 문제가 발생하면 갈등이 점차 고조되고 심화되어 파국으로 이어지기도 한다. 갈등이 상대적으로 차분한 불화에서 심하게 화를 내는 싸움으로 번지는 것이 갈등의 고조이다. 갈등이 발생했을 때 초기의 상호작용은 이후에 갈등을 파괴적으로 접근

그림 13-4 Gottman이 제시한 대재앙을 초래하는 4명의 기수. 그것은 비난, 방어, 경멸 그리고 의사방해이다.

할지 아니면 건설적으로 접근할지를 결정하는 출발점이 될 수 있다. 파괴적인 부부가 거치는 과정은 Gottman(1999)이 '대재앙을 초래하는 4명의 기수(four horsemen of the apocalypse)'라고 부른 것으로, 그들은 다음과 같은 과정을 거치고 있었다([그림 13-4] 참조).

지혜의 샘

연인과의 갈등은 시간의 흐름에 따라 달라지는가?

여러분은 연인과 얼마나 자주 갈등을 겪는가? 보통 갈등의 빈도는 연구하는 집단에 따라 다르다. 연애하는 커플들에게 자신의 상호작용을 일기로 기록하도록 했을 때, 그들은 일주일에 2~3회의 갈등을 보고했다(Lloyd, 1987). 갈등의 경험은 발달적 시기에 따라서도 그 정도가 다를 수 있다. Chen 등(2006)은 평균 29세(범위: 27~31세)인 200명의 참가자를 대상으로 갈등의 정도를 연구했다. 연구자들은 면담을 통해 참가자들이 17~27세 사이 매달 경험한 갈등을 0~99점 척도를 이용하여 회고적으로 측정했다.

그 결과, 참가자들은 이 시기에 파트너와 진지한 관계이거나 결혼한 상태였다. 그들은 120개월 동안 평균 2.6명(범위: 1~10명)의 파트너를 80.5개월 동안 사귀었다. 관계의 지속 기간은 평균 37개월(범위: 1~120개월)이었다. 파트너와 겪은 갈등의 평균 수준은 38.3(범위: 0~99)이었다.

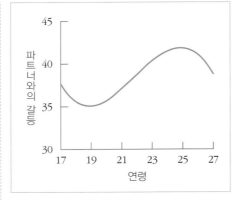

그림 13-5 **연령에 따른 파트너와의 갈등 패턴.** 파트너와의 갈등은 10대 후반부터 20대 중반까지 증가하고 그 이후 감소하는 패턴을 보인다.

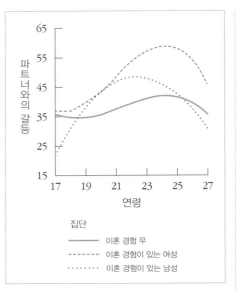

집단

――――― 이혼 경험 무

- - - - - 이혼 경험이 있는 여성

··········· 이혼 경험이 있는 남성

그림 13-6 **이혼 경험에 따른 갈등의 패턴.** 이혼 경험이 있는 사람이 갈등의 증가 속도가 더 빠르다.

파트너와의 갈등은 연령에 따라 달랐다. [그림 13-5]에서 보듯이, 그들이 겪은 갈등은 10대 후반부터 20대 중반까지 꾸준히 증가했고 그 이후에 감소했다. 또한 연령에 따른 갈등의 패턴은 본인의 이혼 경험에 따라 달랐다. [그림 13-6]에서 보듯이, 이혼 경험이 있는 사람은 그런 경험이 없는 사람에 비해 연령에 따른 갈등의 증가 속도가 더 빨랐고, 경험하는 갈등의 수준도 더 높았다. 다른 한편으로, 나이가 들면 관계가 훨씬 더 차분해진다. 그래서 노년기 사람들은 중년기 사람들에 비해 갈등을 덜 겪고, 서로 불일치하는 일에 대해 얘기하는 것조차 피하는 경향이 있다(Holley et al., 2013).

1번 기수인 비난은 상대방에게 잘못이 있다고 표현하는 것이다. 이때 사람들은 자신들의 문제를 "너는 늘 ⋯⋯해." 또는 "너는 결코 ⋯⋯하지 않아."와 같은 '너 진술문'을 사용하면서 상대방의 책임으로 돌린다. 그러면 그 파트너는 공격을 받고 있다고 느껴 방어적이 된다. 2번 기수는 방어로, 공격을 받은 사람은 상대방에 대한 불만으로 반격을 하거나 자신은 잘못이 없다고 투덜거림으로써 자신을 방어한다. "너는 안 그런 줄 알아?" 혹은 "너나 잘해."와 같은 말이 여기에 해당한다. 3번 기수인 경멸은 상대방의 인격을 공격함으로써 존경하지 않음을 보이는 것이다. 빈정댐, 욕설, 불쾌함이나 혐오를 나타내는 표현, 조롱 등이 여기에 속한다. 경멸은 네 기수 중 가장 심각한 것으로, 서로에 대한 호감이나 존경을 파괴한다. 4번 기수는 의사방해이다. 이

것은 한쪽이 상호작용에서 물러나 물리적으로 자리를 뜨거나, 눈 맞춤 없이 반응이나 피드백을 보이지 않고 대화를 차단하는 것이다.

　같은 맥락에서 사람들이 상대방에게 저급하고 불쾌한 말을 하는 방식에는 두 가지가 있다(Canary & Lakey, 2013). 직접적인 방식은 상대방을 노골적으로 도발하는 것이다. 여기에는 ① 파트너를 비난하고 그에게 부정적인 특성을 귀속시키는 비방, ② 신체적으로나 정서적으로 해를 입게 될 것이라고 위협하면서 말을 들으라고 요구하는 적대적 명령, ③ 파트너에 대한 악의적이고 적대적인 질문 그리고 ④ 혐오나 반감을 전달하는 조롱 섞인 폄훼가 있다. 간접적인 방식은 자신의 불만과 의도를 숨긴 채 좀 덜 직접적으로 갈등을 관리하는 것이다. 여기에는 ① 반감이나 거만함을 암시하는 거들먹거리기, ② 우울한 기분, 낙담, 징징거림과 같은 불쾌감의 표출, ③ 자기 마음대로 주제를 바꾸려는 시도 그리고 ④ 상대방을 인정하지 않거나 갈등을 모르는 체하는 회피적인 발언 등이 있다. 이러한 행동은 모두 갈등을 해결하기보다는 부추기는 경향이 있다.

　더욱 좋지 않은 것은 서로의 부정적 행동이 상호작용의 진행과 함께 그 강도가 커지는 것이다. 이와 같은 소용돌이에는 두 가지 형태가 있다(Hocker & Wilmot, 2018). 그 하나가 상승 소용돌이이다. 이것은 한쪽의 심술궂은 행동이 다른 쪽을 화나게 만들고 그러면서 서로의 화를 더 돋우는 행위를 주고받는 것이다. 사소한 말다툼으로 시작한 갈등이 상대방에 대한 비난을 넘어 경멸과 조롱, 욕설로 이어진다. 아마도 이런 파괴적인 행동의 기본적인 목표는 상대방에게 보복하거나 해를 주는 것이다. 갈등에 따른 파괴적인 상호작용의 한 형태로, 또 다른 소용돌이는 회피 소용돌이이다. 이것의 한 형태는 사람들이 상호의존성을 줄임으로써 서로에 대한 영향력을 감소시키는 것이다. 그러면서 그들은 서로의 관계에 대해 덜 투자하게 된다. 오래 결혼한 부부가 활기를 잃으면서 소원해지는 경우, 자신을 해고해도 상관없다는 피고용주의 경우가 여기에 해당한다.

3) 종결 단계

　갈등은 종국에는 끝이 나지만, 그 결말은 당사자들에 따라 각양각색이다. Peterson(2002)은 갈등을 종결하는 다섯 가지 방식을 기술하고 있다. 그중 가장 파괴적이고 해로운 방식이 별거이다. 별거는 한쪽이나 양쪽이 갈등에 대한 해결 없이 물러설 때 발생한다. 어떤 경우에는 이것이 더 이상의 소모적인 논쟁이나 심한 경우 폭력을 막아 줌으로써 관계에 회복할 수 없는 상처를 주는 것을 피하게 해 준다. 또한 이것은 당사자들이 진정하고 자신들의 문제를 좀 더 건설적으로 해결할 수 있는 방안을 생각할 수 있는 시간을 제공한다. 그러나 때로는 이러한 철회가 부정적인 결과를 초래할 수도 있다. 헤어지자고 통보한 연인을 공격하는 사건에서 보듯이, 한쪽이 물러서면 상대방은 공격적으로 대응함으로써 관계가 이전보다 더 악화될 수 있다.

갈등을 종결하는 또 다른 방식은 지배이다. 이것은 한쪽이 자신의 목표를 계속해서 추구하는 반면, 다른 쪽은 자신의 목표를 포기할 때 발생한다. 지배를 결정하는 대표적인 요인이 권력이다. 다양한 자원이나 대안적인 관계를 가지고 있는 사람은 그렇지 않은 사람에 비해 자신의 목표를 달성할 가능성이 높다. 그래서 지배는 승자에게는 즐거운 것이지만, 패자에게는 혐오스러운 것이고 때로는 분노를 낳는다. 더군다나 만성적인 지배는 승자에게도 부정적인 결과를 초래한다. 왜냐하면 상대방의 소망을 무시하고 오직 승리만을 꾀함으로써, 갈등을 좀 더 건설적으로 해결할 수 있는 기회를 상실하기 때문이다.

그림 13-7 **타협**. 타협은 두 당사자가 자신의 목표 수준을 조금씩 낮춰서 중간에서 만나 갈등을 해결하는 방법이다.

타협은 두 당사자가 자신의 목표 수준을 조금씩 낮춰서 서로 수용할 수 있는 대안을 찾을 때 갈등을 해결하는 방법이다([그림 13-7] 참조). 이것은 양쪽이 조금씩 양보해서 중간에서 만나는 것이기 때문에, 두 사람의 관심이 일치하게 된 것이 아니라 희석된 것이다. 즉, 어느 누구도 자신이 원하는 것을 모두 얻지는 못하지만 그렇다고 빈손이 되는 것도 아니다. 이것은 한쪽이 이득을 얻으면 다른 쪽은 그만큼 손실을 보는 제로섬 상황에서 갈등을 해결하는 최선의 방안일 수 있다. 그 외의 상황에서는 두 사람 모두에게 불만스러울 수도 있다.

통합적 합의는 양쪽의 원래 목표와 소망을 동시에 만족하는 방법이다. 서로의 관심사가 다양하기 때문에 순전히 통합적 합의를 이끌어 내는 것은 어렵다. 대신에 자신들의 목표와 소망을 조금씩 수정하고, 그들의 우선순위를 정하며, 선택적으로 양보를 하고, 그것을 달성할 수 있는 새로운 방법을 모색하는 일이 필요하다. 당사자들의 목표를 달성하는 데 드는 비용을 절감하는 새로운 방법을 찾거나, 당사자들의 피할 수 없는 손실을 보상할 수 있는 방법을 찾을 수도 있고, 서로의 목표를 모두 달성할 수 있는 새로운 대안을 만들어 낼 수도 있다(Pruitt & Carnevale, 1980). 물론 이와 같은 일이 쉬운 것은 아니지만 결단과 창조성 그리고 협동을 통해 가능하다.

　구조적 개선은 당사자들이 원하는 것을 얻는 것과 함께 갈등을 통해 관계가 바람직한 방향으로 변화하고 성장하는 것이다. 이것은 심각한 갈등과 다툼 이후에 나타날 가능성이 크다. 대부분의 사람에게 이러한 갈등은 혼란과 격변을 불러오고 심각한 스트레스와 변화에 대한 좌절을 야기한다. 그러나 어떤 사람들은 이와 같은 갈등 속에서 효과적으로 소통함으로써 서로를 좀 더 잘 알 수 있게 된다. 즉, 솔직하게 자신을 드러냄으로써 상대방에 대하여 이전에는 모르던 점도 알게 되고, 서로에 대한 생각과 애정을 확인할 수 있다. 그러면서 관계에서 중요한 점이 무엇인지를 새롭게 깨달을 수 있다. 이를 통해 서로를 보는 시각도 달라지고 서로에 대한 애정도 더 강해질 수 있다.

3. 갈등에 대한 반응 유형

　동일한 갈등 상황에서도 당사자들이 보이는 반응은 다양하다. 이러한 반응은 주어진 갈등을 관리하거나 대응하기 위한 전략으로 볼 수 있다. 그래서 어떤 연구자는 이것을 갈등 관리 패턴이라고 칭하기도 한다. 또 다른 연구자들은 이것을 갈등 스타일이나 전략, 반응 유형 등으로 부르기도 한다. 이 절에서는 갈등에 대한 반응을 몇몇 연구자가 범주화한 틀 중심으로 살펴본다. 이때 앞의 절에서 살펴본 내용과 겹치는 부분은 간략하게 살펴본다.

1) 이중 관심 모형

　갈등 스타일은 사람들이 갈등 상황에서 사용하는 행동 패턴이다. 처음으로 이중 관심 모형(dual concern model)을 제안한 Blake와 Mouton(1964)은 사람에 대한 관심과 생산에 대한 관심이라는 두 차원의 조합을 이용하여 다섯 가지 대인 간 갈등 관리 스타일을 기술했다. 그 이후 여러 연구자는 이들의 모형을 변형하여, '자신에 대한 관심'과 '타인에 대한 관심'이라는 두 차원을 이용하여 4~5개의 갈등 스타일을 제시했다. 마찬가지로 Rahim(2011)도 이 두 차원을 이용하여 갈등 관리에 대한 다섯 가지 스타일을 제시했다([그림 13-8] 참조). 지금까지 이중 관심 모형을 고찰한 문헌에 기초해서(예: Guerrero & Floyd, 2005; Hocker & Wilmot, 2018) 각 스타일의 특징을 살펴보겠다.

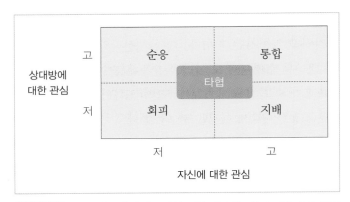

그림 13-8 Rahim (2011)의 이중 관심 모형. 여기에는 회피, 지배, 순응, 통합 그리고 타협이 있다.

비행동(non-behavior)이라고도 부르는 회피 스타일은 자신과 상대방에 대한 관심이 모두 낮은 유형으로, 갈등을 부정하거나 최소화하고, 현안을 직면하는 대신 회피하며, 침묵하거나 자리를 피하는 등 문제에 몰입하지 않고 비협조적이다. 이런 사람은 문제와 상관없는 언급을 하거나 농담을 하는 식으로 문제를 피하려는 시도를 한다. 보통 회피는 불화를 야기하는 현안을 건설적으로 다룰 수 있는 기회를 없애기 때문에, 갈등을 해결하는 것이 아니고 심하면 더 증폭시킬 수 있다. 그래서 전형적으로 이런 스타일은 관계적인 맥락에서 부적합하고 비효율적인 것으로 평가받는다. 그렇다고 해서 회피 스타일 그 자체가 부정적이라고 하기는 어렵다. 때로는 사소한 문제로 사사건건 논쟁하기보다는 회피하는 것이 나을 수도 있다. 또한 직장과 같은 장면에서 문제를 공론화해서 논쟁하는 것이 실익은 없으면서 자신에게 불리할 때도 있다.

경쟁 혹은 통제라고도 부르는 지배 스타일은 자신에 대한 관심은 높고 상대방에 대한 관심은 낮은 유형으로, 갈등에 대해 직접적이고 비협동적이며 공격적으로 접근하는 특징이 있다. 이러한 사람은 자신을 상대방의 목표나 소망에 맞추기보다는 그와 직접 대적하고 논쟁해서 권력을 획득하고자 한다. 또한 이들은 갈등을 전쟁이라고 생각하고 상대방을 이기는 것을 목적으로 삼는다. 이러한 스타일은 보통 질책, 비난, 욕설, 위협, 적대적 농담과 관련이 크다. 갈등의 종결 단계에서 갈등을 끝내는 한 방법으로 지배를 살펴봤듯이, 일반적으로 지배 스타일은 대인관계의 갈등을 다루는 데 바람직하지 않은 것으로 밝혀졌다. 그러나 이러한 사람들도 공격적 방식보다는 자신의 입장을 설득력 있게 주장하는 방식을 취할 수 있다. 그러한 경우 관계를 훼손하지 않으면서도 급박한 문제를 해결하는 데 도움이 될 수 있다.

　　수용이나 양보라고도 칭하는 순응 스타일은 자신에 대한 관심은 낮고 상대방에 대한 관심은 높은 유형으로, 자신의 욕구를 주장하지 않으면서 협동과 조화를 추구하는 특징이 있다. 이러한 스타일의 사람은 자신보다는 상대방을 즐겁게 해 주는 데 더 관심이 있다. 이때 다른 사람에게 기꺼이 양보할 수도 있지만, 때로는 마지못해 그렇게 할 수도 있다. 그래서 이러한 사람들은 산란한 느낌을 순화시켜 주는 가벼운 즐거움에서부터 분노에 이르기까지 서로 다른 감정을 느낄 수 있다. 종종 순응 스타일은 파트너에게 친절하고 반응적이며 차분한 분위기를 촉진하는 것으로 보인다. 그렇다고 이러한 반응 스타일이 늘 긍정적인 것만은 아니다. 자신에게 중요하지 않은 현안에 대해 양보하는 것은 적절한 전략이지만, 자신에게 중요한 문제에서도 상대방의 요구에 순응하는 것은 시간이 지나면서 불만을 증폭시킬 수 있다.

　　문제해결, 협력 혹은 상승효과라고도 부르는 **통합** 스타일은 자신과 상대방에 대한 관심이 모두 높은 경우로, 모든 갈등 스타일 중에서 가장 건설적이다. 갈등을 종결하는 한 방법으로 앞에서 살펴본 통합적 합의가 통합 스타일에 해당한다. 이 스타일은 갈등에 대한 최적의 반응으로, 주어진 문제를 가장 성공적으로 해결하고 관계의 질을 향상시키는 유형이다. 반면에 타협 스타일은 갈등을 해결하는 과정에서 중간에서 만나는 것에 초점을 둔다. 그래서 이 스타일은 각자에게 약간의 이익과 약간의 손실을 초래하는 갈등 관리 방식이다. 타협이 통합과 다른 점으로, 통합은 창조적인 발상을 통해 서로의 목표를 최상으로 달성하는 반면, 타협은 단순히 주고받는 수준에 머문다. 그럼에도 창조적인 방안을 생각할 수 없는 상황에서 사람들은 타협이 효과적이고 합리적이며 공정하다고 생각한다.

2) 커플들의 반응 유형

　　지금까지 많은 연구자가 애인이나 부부 사이에 갈등이나 불만족이 발생했을 때 그들이 보이는 다양한 반응을 연구하여 유형화했다. 여기서는 이와 관련해서 세 가지 종류의 유형론을 살펴본다.

　　갈등에 대한 Rusbult의 EVLN 유형.　　Rusbult와 Zembrodt(1983)는 성인들을 대상으로 현재 애인과의 관계에서 만족도가 떨어질 때 어떻게 반응하는지 알아보았다. 그 결과 [그림 13-9]에서 보듯이, 그들은 이탈(Exit), 발언(Voice), 충성(Loyalty) 그리고 무시(Neglect)라는 네 가지 반응 유형을 확인했다. 또한 이러한 반응은 두 차원에

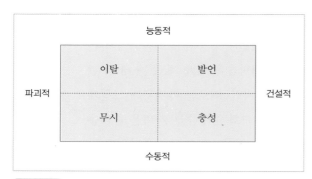

그림 13-9 **불만족에 대한 커플들의 반응 유형.** 이탈. 발언. 충성 그리고 무시가 있다.

따라 서로 다르다. 그 하나의 차원이 건설적–파괴적 차원이고, 다른 차원은 능동적–수동적 차원이다.

이탈은 함께 살던 곳에서 나와 공식적으로 별거를 하거나 친구로 남기로 결정하는 것, 이혼하는 것, 관계를 끝내겠다는 위협, 소리를 지르고 때리는 것과 같은 학대 행위를 통해 능동적이고 파괴적으로 반응하는 것이다. 반면에 발언은 상황을 개선하기 위해 능동적이고 건설적으로 행동하는 것을 말한다. 여기에는 상대방과 문제를 토론하는 것, 상대방에게 무엇이 본인을 힘들게 하는지 물어보고 그 문제를 해결하기 위해 자신이나 상대방의 행동을 바꾸는 것, 친구나 전문치료사 혹은 성직자로부터 문제해결에 대한 조언을 얻는 것이 들어 있다.

충성은 좀 더 시간을 들이면서 과거의 좋았던 기억을 회상하고, 상황이 나아지기를 낙관적으로 기다리며 희망하는 행동, 그리고 앞으로 좀 더 나아지도록 기도하는 행동을 통해 수동적이지만 건설적으로 반응하는 것이다. 무시는 문제에 대한 토론을 회피하고 상대방과의 상호의존성을 줄임으로써, 수동적이고 파괴적으로 행동하는 것이다. 또한 여기에는 파트너를 무시하거나 함께 보내는 시간을 줄이는 것, 파트너를 정서적으로나 물리적으로 나쁘게 대하고, 상대방을 부당하게 비난하는 행위도 포함된다.

그러면 파트너와 불만족스러운 관계에 있는 사람들 중에서 어떤 사람이 발언과 충성처럼 좀 더 건설적인 반응을 할까? Rusbult 등(1982)의 연구는 그 관계에 대한 이전의 높은 만족도가 건설적 반응을 촉진한다는 점을 입증했다. 그것은 아마도 당사자들이 관계를 이전의 만족스러운 상태로 회복하는 데 건설적인 반응이 더 유리하다고 믿기 때문이다. 또한 관계에 대한 투자를 많이 한 사람들, 가령 자기노출, 파트너와의 공유 시간, 정서적 몰입, 다양한 활동과 물질의 공유 수준이 높은 사람들이 불만스러운 파트너에게 좀 더 건설적으로 대응했다. 또한 Rusbult 등(1986)의 연구에서는 여성성이 높을수록 발언과 충성 반응도 높았지만, 그것이 이탈과 무시와는 상관이 없었다. 반면에 남성성이 높을수록 이탈과 무시 반응은 높았지만, 발언과 충성 반응은 낮았다. 또한 여성보다 남성이 파괴적인 반응을 좀 더 하는 경향이 있었다.

발언과 충성처럼 건설적인 반응은 커플의 기능을 향상시키는 반면, 이탈이나 무시

와 같은 파괴적인 반응은 커플의 기능을 떨어뜨릴 수 있다. 그렇다면 이 두 범주의 반응이 커플 관계에 미치는 상대적 영향력은 어느 쪽이 더 클까? Bissonnette 등(1997)은 이와 관련된 연구를 종합적으로 검토하여 두 가지 일관적인 특성을 발견했다. 첫째, 발언이나 충성과 같은 건설적인 반응이 커플의 관계가 잘 기능하는 데 결정적인 영향을 미치지는 않았다. 대신에 이탈이나 무시와 같은 행동을 하지 않는 것이 커플의 장기적 유지와 기능에 결정적인 영향을 미쳤다. 둘째, 갈등적인 상호작용에서 한쪽이 이탈이나 무시와 같은 행동을 했을 때, 다른 쪽이 그와 같은 파괴적 행동을 하지 않고 건설적인 반응을 보일수록 그 커플은 더 잘 기능했다. 이와 같은 결과는 파괴적인 행동의 교환이 가져올 수 있는 부정적인 효과를 잘 보여 준다.

논쟁에 대한 Gottman의 커플 4유형.   앞에서도 언급한 것처럼, 부부와 같은 친밀한 관계에서 발생한 갈등을 해결할 때 수용이나 순응이 반드시 바람직한 것만은 아니다. 또한 논쟁이 반드시 부정적인 결과만을 초래하는 것도 아니다. 때로는 열띤 논쟁을 하는 부부가 안정적이고 만족스러운 결혼생활을 하는 경우가 적지 않다. Gottman(1999)은 부부들에게 지속적으로 의견이 충돌하는 문제를 논의하게 한 다음, 그들의 상호작용을 기록해서 면밀하게 분석했다. 그는 그 결과를 통해 논쟁에 대한 네 가지 접근을 제안했는데, 그중 세 가지는 결혼생활을 안정적으로 지속시켜 주고 나머지 하나는 그렇지 않다.

열정형(volatile) 커플은 자주 뜨거운 논쟁을 하고 심지어 문제가 작은 경우에도 그렇게 한다. 그들은 목소리를 높이고 자신의 의사를 열정적으로 드러낸다. 그들은 서로 설득하고 영향력을 행사하기 위해 많이 노력한다. 그들은 종종 부정적인 감정을 강하게 드러내기도 한다. 그러나 다수의 재치 있는 말과 서로를 좋아한다는 표현을 통해 자신들의 분노를 순화시킨다. 인증형(validators) 커플은 갈등을 개방적이고 협력적으로 해결한다. 그들은 열정형 커플보다 좀 더 차분하고, 자신들의 문제를 해결해 나갈 때 적대적이기보다는 협력적인 방식으로 행동한다. 그들은 의견이 충돌하면 민주적인 방식으로 대화하고 서로의 감정을 거스르지 않는다. 그래서 그들의 논쟁 역시 열정형처럼 뜨거울 수 있지만, 그들은 신중하게 상대방의 입장을 경청하고 그 입장에 대해 빈번하게 공감과 이해를 표현함으로써 서로를 인정해 준다. 회피형 커플은 앞에서 여러 번 살펴본 것처럼 문제가 있음을 부정하지는 않지만 그것을 직면하지도 않는다. 또한 갈등에 대한 논의도 매우 부드러운 분위기에서 한다.

Gottman(1999)의 주장에 따르면 이 세 가지 유형의 커플은 모두 관계를 지속할 수 있다. 왜냐하면 이 3유형은 부정적인 상호작용보다는 긍정적인 상호작용을 더 많이 함으로써 좀 더 안정적이고 만족스러운 관계를 유지하기 때문이다. 가령, 열정형 커플은 부정적인 정서의 교환이 많지만 그에 못지않게 많은 애정과 유머를 공유한다. 회피형 커플은 특별히 표현을 많이 하거나 애정이 많은 편은 아니지만, 극복해야 할 부정적인 갈등이 특별히 많은 것도 아니다. 그러나 적대형의 커플에게는 논쟁이 해롭고 상처를 주는 일이다. 그들의 토론은 너무나 많은 비판, 경멸, 방어와 철회로 왜곡되어 있기 때문이다. 토론이 계속될수록 그것은 더욱더 폭력적이 된다. 어떤 적대적 커플은 문제에 관여하지 않고 벗어나 있는 경우에도 서로를 경멸하는 메시지를 교환한다.

Busby와 Holman(2009)은 1,983쌍의 부부를 대상으로 갈등에 대한 그들의 유형을 조사하고, 그에 따른 의사방해, 관계 만족도, 관계 안정성, 그리고 문제 영역의 수를 측정했다. 그 결과, 어느 한쪽이 적대형이면 다른 쪽의 유형에 상관없이 그들의 관계의 질은 유사했다. 이와 같은 적대형인 경우가 23.6%를 차지했다. 나머지 3유형 중에서 양쪽이 인증형인 경우가 25.3%로 가장 많았고, 열정형이나 회피형은 각각 4.9%와 1.6%로 매우 드물었다. 3유형이 서로 혼합된 커플의 비율은 열정형-인증형이 15.5%, 열정형-회피형이 12.2% 그리고 인증형-회피형이 16.9%이었다. 관계의 질 측면에서 가장 문제가 심각한 유형은 적대형으로, 이 유형의 부부는 의사방해를 더 많이 했으며, 관계 만족도가 낮고, 문제 영역이 더 많았다. 이러한 점에서 볼 때 적대형 커플이 다른 유형에 비해 관계적으로 가장 역기능적이라고 할 수 있다.

요구-철회 패턴.   갈등에 대한 또 하나의 반응 유형으로 요구-철회(demand-withdraw) 패턴을 들 수 있다([그림 13-10] 참조). 한쪽은 요구하는 사람으로, 상대방의 행동에 대해 불만을 표출하고 비판하며 문제를 토론해서 해결하고자 한다. 다른 쪽은 철회하는 사람으로, 갈등에 대한 토론에서 물러나고 문제를 제기하면 회피하며 심지어 그 장면에서 나가 버린다(Eldridge & Baucom, 2012). 이러한 패턴은 밀고 당기는 역동을 야기해서 갈등을 상승시킨다. 요구하는 쪽은 상대방의 철회하는 행동에 좌절해서 주어진 문제를 해결해야 한다고 더 고집스럽게 주장하게 된다. 그러면 철회하는 쪽은 이와 같이 증가된 압력에 더욱 저항해서 점점 더 입을 다물고 뒤로 물러서게 된다. 이러한 패턴의 연속은 어느 쪽도 만족을 주지 못하는 결과를 초래한다.

그림 13-10   **요구-철회 패턴.** 이것은 한쪽은 요구하고 다른 쪽은 회피하는 반응 패턴이다.

요구하는 사람은 무시당한다고 느끼고, 철회하는 사람은 지나치게 간섭을 받거나 이해받지 못한다고 느낀다.

　커플에 대한 몇몇 연구는 여성이 요구하고 남성이 철회하는 패턴을 보인다는 결과를 제시하고 있다. 상대방이 현재의 상태를 토론해서 바꾸기를 원할 때 남녀 모두 철회하는 경향성을 보이지만, 남성들에 비해 여성들이 관계상의 문제를 제기해서 토론을 시작할 가능성이 더 높다(Denton & Burleson, 2007). Kobak와 Hazan(1991)의 연구 결과, 부부의 문제를 해결하기 위한 대화에서 아내가 더 많은 불만을 표현할수록 남편은 아내와의 관계가 더 불안정하다고 느낀다. 남편은 아내가 자기노출을 했을 때 잘 대처하지 못하고 당황하기 때문에 그것을 제지하려는 경향이 있다. 또한 심리적으로 편하고 싶은 자신에게 배우자가 도움이 되지 않는다고 생각한다. 반면에 아내는 남편이 자신의 말을 잘 경청하지 않을수록 안정감을 덜 느낀다. 또한 아내는 남편이 자기의 말을 듣지 않는다고 생각하면, 더욱 화를 내고 더 집요하게 문제를 제기하는 경향을 보인다.

내 마음의 거울

대화 개시자 스타일 질문지

다음의 도구는 관계에서 느끼는 불만을 말로 표현하는 경향을 측정한다. 이 점수가 높은 사람은 자신의 걱정이나 불만에 대한 토론을 시작할 가능성이 높다. 여러분 자신을 다음의 9점 척도를 이용해서 평가해 보자.

```
       1      2      3      4      5      6      7      8      9
전혀 동의하지 않는다                                    매우 동의한다
```

_____ 1. 나는 보통 관계상의 문제를 논의할 때 그것이 해결될 때까지 토론하려고 한다.

_____ 2. 나는 보통 관계에 대한 나의 느낌을 파트너에게 표현한다.

_____ 3. 나는 보통 관계에 대한 나의 느낌을 파트너에게 숨긴다.*

_____ 4. 나는 관계상의 문제를 알게 되었을 때 보통은 그것에 대해 아무 말도 하지 않는다.*

_____ 5. 나는 보통 관계상의 문제를 편안하게 논의할 수 있는 사람이다.

_____ 6. 파트너가 관계상의 문제를 얘기하고자 할 때, 보통 나도 그럴 준비가 되어 있다.

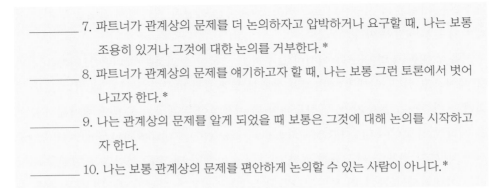

_____ 7. 파트너가 관계상의 문제를 더 논의하자고 압박하거나 요구할 때, 나는 보통 조용히 있거나 그것에 대한 논의를 거부한다.*

_____ 8. 파트너가 관계상의 문제를 얘기하고자 할 때, 나는 보통 그런 토론에서 벗어나고자 한다.*

_____ 9. 나는 관계상의 문제를 알게 되었을 때 보통은 그것에 대해 논의를 시작하고자 한다.

_____ 10. 나는 보통 관계상의 문제를 편안하게 논의할 수 있는 사람이 아니다.*

주: *로 표기된 문항의 본인 점수는 10점에서 _____에 적은 숫자를 뺀 점수이다. 예를 들면, 3번 문항에서 내가 적은 숫자가 3이면, 나의 점수는 10−3=7점이다. 그다음 10개 항목에 적은 숫자를 합하면(90점 만점), 그것이 여러분의 대화 개시자 특성을 보여 주는 점수이다.

출처: Denton & Burleson (2007)의 The Initiator Style Questionnaire.

그러면 왜 여성들이 더 많이 요구할까? 이에 대한 몇몇 설명이 있다. 그중 하나가 남녀를 구별하는 일반적인 성차에 기초하고 있다. 사회는 여성의 경우 관계 지향적이고 남성은 독립적이기를 기대한다. 그래서 여성의 요구는 친밀함을 추구한 결과인 반면, 남성의 철회는 자신의 자율성을 지키기 위한 행동이라는 설명이다(Afifi et al., 2012). 또 다른 설명은 사회적 구조에 따른 설명이다. 이 설명에 따르면 남성은 여성에 비해 더 많은 권력을 가지고 있기 때문에, 여성은 불리한 현재의 상태를 바꾸기 위해 변화를 요구하는 반면, 남성은 자신의 기득권을 유지하기 위해 변화에 저항하는 회피의 행동을 보인다는 것이다(Eldridge & Baucom, 2012).

그러나 또 다른 연구는 요구−철회 패턴이 성차에만 따른 것은 아닐 수도 있음을 보여 준다. 신혼부부들을 대상으로 한 연구(Vogel & Karney, 2002)에서 남편이 중요하다고 생각해서 선택한 주제의 경우에는 요구−철회에서의 성차가 없었다. 또한 한쪽에서 요구하면 다른 쪽도 요구하고, 한쪽에서 철회를 하면 다른 쪽도 철회하는 패턴을 보이기도 했다. 또 다른 연구(Kluwer et al., 1998)에서는 변화를 희망하는 쪽이 누구냐에 따라 이 패턴이 결정된다는 것을 보여 준다. 남편이 아내에게 특정 행동의 변화를 희망할 경우, 남편이 아내에게 요구하는 행동을 하고 아내는 철회하는 행동을 보인다. 이와 비슷하게 상대방과의 관계에서 불만족하는 사람이 더 요구하는 경향을 보인다. 남편이 아내의 특정 행동에 대해 만족하지 못하면, 그것과 관련해서 더 많이 요구하는 행동을 보인다.

4. 용서와 갈등 해결

우리는 앞에서 갈등의 발달 과정과 갈등에 대한 반응을 살펴보았다. 여러분도 깨달았겠지만, 그 속에는 갈등에 대한 다양한 접근이나 해결책이 들어 있다. 동시에 우리는 갈등을 좀 더 건설적으로 해결하는 방식이나 반응이 어떤 것인지도 어느 정도는 파악할 수 있다. 그래서 이 절에서는 갈등을 좀 더 건설적으로 해결할 수 있는 방안 중에서 앞에서 다루지 않은 것으로 용서를 살펴본다.

1) 용서의 의미와 관련 요인

용서의 의미.   상대방이 비난, 배신, 속임 등으로 우리에게 해를 입히거나 지켜야 할 기준을 위반하면, 우리는 그 사람에 대해 원한을 품거나 보복을 하고 아니면 용서를 한다. 용서라는 말은 타인에게 잘못을 저지르거나 상처와 해를 입힌 사람에 대한 분노를 의지적으로 없애는 것이다. 이것은 그 사람에 대한 자신의 감정이나 태도, 행동을 변화시켜 더 이상 분노의 지배를 받지 않고, 그 사람에 대해 자비와 관대함을 보여 주는 것이다([그림 13-11] 참조). 용서는 여러 특징을 가지고 있다(Hocker & Wilmot, 2018). 용서하는 사람

그림 13-11 **용서.** 용서하는 것은 시간이 걸리는 일로 쉽지 않은 일이다.

은 과거를 깊이 생각하기보다는 현재에 초점을 둔다. 또한 자신의 삶에 나쁜 영향을 주는 부정적 패턴을 제거하기를 원하고, 상대방이 무엇을 하든 상관없이 자신의 마음을 가라앉히는 등 내적인 작업을 하고자 한다. 또한 상대방에게 보복하기보다는 자신과 상대방에게 자비를 베풂으로써 자신을 더 자유롭고 행복하게 한다.

용서라는 개념 속에는 들어 있지 않은 의미도 있다(Enright, 2001). 먼저, 용서가 사건과 상황 혹은 그것에 따른 결과를 무시하거나 축소하는 것은 아니다. 대신에 용서는 발생한 사건과 그 결과를 왜곡하지 않고 있는 사실 그대로 인정하는 것이다. 또한 용서는 상대방이 자신의 행동에 대해 하는 변명을 들어 주거나 그의 행동을 묵과하는 것도 아니다. 게다가 용서는 불의에 무관심한 것도 아니다. 용서는 상대방의 행동에 대한 잘잘못을 따져서 궁극적으로 그의 행동이 옳지 않다고 분명하게 판단하는 것이다. 그러면서 용서하는 사람은 불의에 따른 분노를 표출하는 대신, 그것을 바로잡아

정의를 재건하는 노력을 기울일 가능성이 높다.

　용서 관련 변인.　　용서와 관련된 요인으로 권력이 있다. 아동에 대한 부모의 학대
나 여성에 대한 상사의 성폭력과 같은 위반 행위는 권력의 불균형이 심각한 위계적
관계에서 발생하는 문제이다. 이때 많은 경우 권력이 많은 사람은 피해자에게 용서
하고 화해하도록 압력을 행사할 수 있다. 피해자 자신도 관계를 회복하는 데 책임을
느껴 상대방을 용서해야 한다고 느낄 수도 있다. 이런 경우의 용서는 권력의 불균형
을 유지하는 데 악용될 소지가 있다(Keene, 1995). 또한 용서와 관련해서 중요한 요인
이 기억이다. 흔히들 용서하고 잊는 것이 최선이라고들 하지만, 잊으라고 요구하는
것은 피해자에게 제2의 상처를 줄 수 있다(Hocker & Wilmot, 2018). 우리는 스스로 지
각하고 경험한 것을 통해 자신이 누구인지를 구축해 가는 존재이다. 이때 피해자가
자신의 지각을 스스로 부정하거나, 자신이 경험한 것을 아무도 기억하지 않고, 자신
의 이야기를 아무도 수용하지 않는다면, 피해자는 큰 혼란에 빠질 수 있고 자신의 존
재를 부정당하는 느낌을 가질 수 있다. 과거의 아픈 기억을 반복적으로 회상하는 것
도 해를 초래하지만, 그렇다고 무작정 잊는 것이 최선은 아니다.

　Worthington(2006)은 용서가 인지, 정서, 행동, 동기, 의사결정 그리고 대인 간 측
면에서 다루어져 왔음을 언급하면서, 이러한 연구에 기초해서 용서를 의사결정상 용
서와 정서적 용서로 구분했다. 의사결정상 용서는 상대방에 대해 그가 위반 행동을 범
하기 전과 똑같이 대하고자 한다는 행동상의 의지를 담고 있는 발언이다. 가령, 정서
적으로는 분노하고 동기적으로도 보복하고 싶지만 용서하기로 결정했다고 말하는
것이다. 이것은 의지적인 결정인데, 왜냐하면 자신이 하고 싶은 것과는 상충하기 때
문이다. 정서적 용서는 부정적인 비관용에 대응해서 타인 지향적인 긍정적 정서를 배
치하는 것인데, 이것이 궁극적으로는 부정적 정서를 중화하거나 긍정적 정서로 대치
하게 된다. 정서적 용서는 불의 혹은 불공정이 클수록 어려워진다.

2) 용서에 대한 접근

　Baumeister의 모형.　　지금까지 용서를 설명하는 소규모의 모형과 이론이 다수 제
시되어 왔다. 그중 하나로 Baumeister 등(1998)은 용서에 대한 2차원 모형을 제시했다.
이들의 주장에 따르면 용서는 상대방의 위반 행동에 대한 피해자의 반응에 달려 있기
때문에, 용서에 대한 이론은 피해자의 역할에 주목할 필요가 있다는 것이다. 그래서

그들은 용서를 피해자의 입장에서 개인 내 차원과 개인 간 차원으로 설명하는 모형을 제시했다. 개인 내 차원은 피해자의 정서적 상태를 반영하는 것으로, 피해자가 상대방을 내적으로 용서하느냐의 여부에 관한 것이다. 개인 간 차원은 용서가 진행 중인 관계를 수반하는 것으로, 피해자가 용서한다는 것을 상대방에게 외부적으로 표현하는가의 여부에 관한 것이다.

[그림 13-12]에서 보듯이, 이 두 차원을 조합하면 4개의 유형이 만들어진다. 그중 하나는 속으로는 용서하지 않으면서 겉으로만 용서한다고 표현하는 것이다. 이것은 '공허한 용서'로, 가해자가 피해자와 가까운 사람이거나 서로 자주 보는 관계에서 흔히 볼 수 있다. 이러한 용서에서 피해자는 여전히 분노나 상처를 가지고 있는 상태지만, 가해자는 용서를 받음으로써 자신의 잘못을 모두 뒤로하고 그것에 대해 더 이상 생각하지 않아도 된다. 그

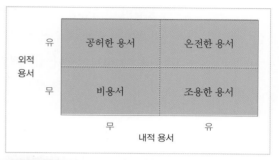

그림 13-12 Baumeister의 용서에 대한 2차원 모형. 이 모형은 용서의 유형을 내적 용서와 외적 용서의 조합으로 설명한다.

래서 피해자는 여전히 내적으로 고통을 받고 있으면서도 이미 용서한다고 했기 때문에, 자신의 내적인 고통을 겉으로 표현하는 것도 어렵다. 더군다나 피해자가 이런 표현을 하지 못하기 때문에, 가해자 역시 피해자가 여전히 고통받고 있다는 것을 파악하기 어렵다.

공허한 용서와 정반대의 유형이 '조용한 용서'로, 가해자를 속으로는 용서하지만 겉으로는 그런 표현을 하지 않는 것이다. 이러한 용서는 실용적으로 추천할 만한 점이 없는 것은 아니지만, 상대방을 조종하는 것처럼 보이고 심지어 위선적으로 보일수 있다. 이것은 피해자의 입장에서는 매우 유용한 것이다. 즉, 상대방을 용서함으로써 분노와 같은 부정적인 감정으로부터 벗어날 수 있으면서, 동시에 가해자에게는 자신의 잘못을 계속 인정하게 만들고 보상을 하도록 유도할 수 있다. 또 다른 유형은 '온전한 용서'로, 이것은 피해자가 내외적으로 모두 가해자를 용서하는 것이다. 이를 통해 피해자는 더 이상 분노와 불쾌를 느끼지 않아도 되고, 가해자 역시 더 이상 죄책감과 부채감을 갖지 않아도 된다. 마지막 유형인 비용서는 가해자를 내외적으로 모두 용서하지 않는 것이다.

Worthington의 이론.   용서에 대한 또 다른 접근으로 Worthington(2006)이 제시한 용서에 대한 생리심리사회적 스트레스 대처 이론(biopsychosocial stress-and-coping theory of forgiveness)이 있다. 이 이론의 기본적인 아이디어는 상대방의 위반 행위는 대인 간 스트레스를 일으키는 요인이라는 것이다. 그래서 사람들은 이러한 스트레스 요인에 대처하거나, 아니면 그것이 반복되거나 통제 불가능할 때는 그 요인에 굴복하게 된다. 이때 우리가 상대방의 행위를 용서하지 않으면 여러 부정적 정서를 경험하게 되고, 이것이 우리에게 스트레스를 야기한다. 이러한 스트레스를 해소하는 한 가지 방법이 상대방을 용서하는 것이다.

가해자의 위반 행위에는 두 가지가 있다. 하나는 피해자에게 마음의 상처를 주는 행위로, 물리적이거나 심리적인 경계를 위반하는 것이다. 다른 하나는 위법 행위로, 도덕적 기준을 위반한 행위이다. 이러한 행위가 공정이나 정의라는 기준과 그 격차가 클수록 피해자는 더 큰 불만족을 경험한다. 또한 사람들은 상대방의 위반 행위를 위협 아니면 도전으로 평가한다. 자신이 그 행위를 바로잡아 해결할 수 없다고 판단할 때 사람들은 위협을 느끼고, 해결할 수 있다고 판단할 때 그것을 도전으로 생각한다. 위협을 느낄 때 사람들은 복수, 두려움, 분노와 같은 정서를 경험하고, 동시에 상대방으로부터 도망가거나, 싸워서 복수하거나 정의를 회복하려는 동기를 갖게 된다. 반면에 도전으로 생각할 때 사람들은 문제 중심적, 정서 중심적 혹은 의미 중심적 전략으로 그것을 해결하고자 한다. 즉, 상대방의 위반 행위에 대해 정서 중심적 전략으로 용서하거나 아니면 그와 다른 대안으로 접근한다.

가해자를 용서하지 않는 것이 피해자에게 스트레스를 준다는 증거가 많이 있다. 상대방을 용서하지 않을 때, 우리는 보통 문제 상황을 자기중심적으로 해석하거나 판단하고, 상대방에 대해 분노와 적대감과 같은 부정적 정서를 경험한다. 이것은 스트레스를 받는 사람의 반응과 유사하다. 또한 비용서는 스트레스처럼 우리의 정신적 행복을 저해할 수 있다(Worthington, 2006). 신경생물학적인 측면에서도 비용서는 스트레스와 동일한 반응을 일으킨다. 피해자가 가해자를 용서하지 않았을 때 그 피해자를 측정한 결과, 피해자의 뇌 활동, 호르몬 분비, 자율신경계 활동 그리고 혈액 화학성분이 스트레스 상황에서 측정한 것과 동일하다는 것을 많은 연구에서 입증하고 있다(Worthington & Scherer, 2004).

그러면 어떻게 용서가 비용서의 스트레스를 해소할 수 있을까? 그 하나의 설명으로 Worthington(2006)은 정서 대체 가설(emotional replacement hypothesis)을 제시했다. 즉, 우리가 상대방을 용서하지 않았을 때 자기중심적으로 느끼는 부정적인 정서를 긍정적이고 타인 지향적인 정서로 대체하면, 정서적으로 상대방을 용서하게 된다는 것이다. 이 가설에 따르면, 긍정적이고 타인 지향적인 정서인 공감, 연민, 자비, 이

타적 사랑은 비용서와 관련된 부정적인 정서를 대체할 수 있다. 지금까지 많은 연구가 이 가설을 지지하는 증거를 제시했다. 예를 들면, 공감과 용서의 관계에 대한 연구, 심리치료에서 나온 증거, 기타 긍정 정서에 대한 모형에서 나온 자료가 이 가설을 입증해 주고 있다(Worthington, 2006).

3) 용서의 효과

우리는 보통 상대방이 여러 잘못을 하거나 문제를 일으키면 그에게 보복하고 싶은 마음이 든다. 그러나 통상적으로 보복은 여러 측면에서 파괴적이고 바람직하지 않은 생각이다(Miller, 2015). 첫째, 우리는 상대방의 잘못을 과대하게 평가하여 합당하지 않은 보복을 할 수 있다. 이것은 상대방으로부터 또 다른 과도한 보복을 불러일으킴으로써 보복의 악순환을 야기할 수 있다. 둘째, 우리는 보복을 통해 자신의 상처를 치유할 것이라고 생각한다. 그러나 사실은 보복이 자신의 원한과 상처를 계속 되새기고 새롭게 만듦으로써, 치유를 지연시키면서 고통을 증가시킨다. 마지막으로, 보복하는 사람들은 그렇지 않은 사람들에 비해 자신의 삶에 덜 행복한 사람들이다. 이러한 점에서 볼 때 종종 갈등의 해결은 보복에 있는 것이 아니다.

그림 13-13 용서는 행복의 열쇠. 용서는 우리에게 행복과 같은 여러 혜택을 준다.

반면에 용서와 화해는 우리에게 다양한 혜택을 제공한다([그림 13-13] 참조). 우선 그것은 집단 구성원들 간의 친밀성과 응집성을 촉진하고 훼손된 관계를 회복하게 해 준다. 화해에 대한 진화론적인 입장에 따르면, 가까이 모여서 사는 동물은 불화를 해결하는 행위를 할 필요가 있다(Sapolsky & Share, 2004). 화해의 행동은 흥분 수준을 낮추고 밀접한 관계를 회복하는 데 도움을 주기 때문이다. 인간의 경우도 용서에 따른 화해는 밀접한 관계를 회복하는 데 기여한다. 예를 들면, 용서는 시간이 걸리는 일이지만 관계적이고 상호적인 현상이다. 가해자가 자신의 책임을 인정하고 진정한 사과를 할 때, 피해자가 용서할 가능성이 높아지는 동시에 피해자의 용서는 가해자의 사과를 촉진한다. 이처럼 용서를 통한 화해는 당사자들이 이전의 건설적이고 긍정적인 방식으로 행동하도록 하고, 서로에 대한 몰입과 신뢰를 강화시켜 준다(Rusbult et al., 2005).

용서는 신체적 및 심리적 건강에 긍정적인 영향을 미친다. 앞에서 살펴본 것처럼,

비용서는 우리가 스트레스를 겪을 때와 같은 부정적인 정서와 생리적 반응을 야기한다. 이러한 요인은 건강을 위협할 수 있다(Harris & Thoresen, 2005). 예외적인 연구도 있지만, 다수의 연구는 분노와 적대감이 건강, 질병, 사망에 대한 위험을 초래할 수 있음을 보여 준다. 이와 같은 정서 경험은 자율신경계의 과도한 흥분을 야기하고 우리를 소진하게 만듦으로써 생체 적응의 부담을 증가시킨다. 또한 용서하지 않음으로써 겪는 분노나 복수심은 공격을 야기해서 법적 처벌을 받게 만들기도 하고, 약물 사용과 같은 역기능적인 대처 방안을 사용하게 함으로써 건강을 해칠 수도 있다. 이에 비해 용서는 건강에 긍정적인 영향을 미친다. 용서함으로써 경험하는 긍정적 정서는 면역체계와 같은 생리적인 측면에 직접적으로 바람직한 영향을 미칠 뿐만 아니라, 사회적 지지를 가져올 수도 있고 건강 관련 행동을 촉진하기도 한다. 이와 함께 용서는 개인적 통제감을 증가시키고 가해자의 위반 행위에 대한 반추를 감소시킴으로써, 행복과 같은 정신 건강의 수준을 높여 준다(Toussaint & Webb, 2005).

제**14**장

관계의 유지와 성장

우리가 지금 가깝고 친하게 지내는 사람들도 처음에는 모두 낯선 사람들이었다. 처음 본 사람들 중에서 어떤 사람과의 만남은 처음이자 마지막인 반면, 또 어떤 사람과는 일정 기간 만나다가 끝나기도 한다. 그러면서도 지금 우리 옆에는 가깝고 친하게 지내는 소수의 사람이 있다. 그들과 마음 편히 소통하고 서로 배려하며 지낼 수 있는 것은 지금까지 만나 온 과정 속에서 겪은 여러 갈등과 위기를 극복하고, 동행이 주는 만족과 즐거움을 공유해 왔기 때문이다. 그러면 친밀한 관계를 유지하고 성장시키는 요인은 무엇일까? 이 장에서는 그러한 요인으로 신뢰, 관계 유지와 헌신, 친밀성 그리고 관계 만족을 살펴본다.

1. 신뢰

신뢰는 사회적 존재로서 우리의 삶을 지탱하는 가장 기초적인 요인이다([그림 14-1] 참조). 우리가 서로를 신뢰하지 못하는 순간, 서로의 말을 믿을 수 없으니 말로 의사소통할 수 없다. 각자 자신의 역할을 수행할 것이라는 믿음이 없으니 협업할 수도 없다. 미래를 위해 함께 계획하고 약속할 수도 없다. 그야말로 신뢰가 없는 곳에는 연결이 없기 때문에, 우리는 고립된 개인으로 남게 된다. 그래서 대부분의 심리학자는 다른 사람과 친해서 만나든 혹은 사교나 치료 목적으로 만나든 상관없이, 신뢰가 모든 관계의 기본적인 구성요소라고 강조한다(VandenBos, 2015). 같은 맥락에서 인간은 진화론적으로 상대방의 배신 가능성을 민감하게 알아차리도록 발달해 왔다. 왜냐하면 누구를 얼마만큼 신뢰할 수 있을지 파악하는 것은 우리의 삶에 매우 중요하기 때문이다(Shackelford & Buss, 1996).

1) 신뢰의 의미와 유형

신뢰의 의미.   신뢰에 대한 정의는 학자마다 다양하다. Castelfranchi와 Falcone (2010)은 신뢰에 대한 기존의 입장을 세 가지 요소로 정리했다. 그 하나의 요소가 태도이다. 이것은 상대방을 믿는 데 필요한 덕목을 그 상대방이 갖추고 있는지에 대한 의견이나 판단을 의미한다. 여기에는 기대와 예측, 평가와 같은 개념이 들어 있다. 이때

의 신뢰는 한 사람이 다른 사람의 신뢰성에 대해 가지고 있는 확신을 의미한다. 구체적으로 신뢰성은 상대방이 하겠다고 말한 것을 실제로 할 것이라고 믿을 수 있는 정도를 의미한다. 여기에서 핵심적인 요인은 상대방의 행동에 대한 예측 가능성으로, 이러한 기대와 예측은 합리적인 추론과 분석에 기초한다. 그뿐만 아니라 상대방의 행동이 신뢰를 하는 사람의 목표에 긍정적으로 기여해야 한다. 그래서 여기에는 신뢰하는 사람이 자신의 목표

그림 14-1 **신뢰.** 신뢰는 모든 사회적 행위의 기초이다.

를 달성하는 데 필요한 상대방의 몫을 그 상대방이 기꺼이 할 것이라는 긍정적인 평가가 들어 있다.

또 다른 요소는 상대방을 믿겠다는 결정이다. 여기에는 상대방에게 권한을 위임하거나 일의 처리를 위탁하는 것을 포함한다. 한 회사의 대표는 목표를 달성하기 위해 직접 모든 의사결정을 하거나 일을 처리하는 대신, 중간급 리더에게 특정 업무 관련 의사결정과 일을 처리할 수 있는 권한을 부여해서 맡길 수 있다. 이때 대표가 중간급 리더에게 맡기는 것은 그를 믿겠다는 결정에 기초한다. 이러한 결정은 믿는 사람이 더 이상 상대방을 통제할 수 없다는 것을 의미한다. 그를 믿고 맡겼기 때문에 그의 행동을 더 이상 강요할 수 없기 때문이다. 그래서 이러한 결정은 신뢰하는 사람을 위험에 빠뜨리기도 한다. 신뢰 관계에서는 믿는 것 이외의 다른 안전장치를 마련해 놓지 않는다. 이때 믿었던 리더가 제대로 일을 못하거나 위임받은 권한을 악용하여 대표나 회사를 배신할 수도 있다. 따라서 믿겠다는 결정은 믿는 사람 자신이 그와 같은 위험의 취약성을 감수하겠다는 결정인 것이다.

신뢰의 또 다른 구성요소는 행동이다. 이것은 신뢰에 근거한 의도적인 행동이고, 그러한 행동에 따라 나타나는 신뢰하는 사람과 신뢰받는 사람 사이의 명시적이고 실질적인 관계이다. 신뢰로운 행동은 보통 앞서 이루어진 결정과 상응하고 일관적이다. 또한 신뢰는 어느 한쪽의 특성이나 행위에 한정되는 것이 아니고 관계적이기 때문에, 신뢰는 당사자들 사이에 구체적인 행동이나 모습으로 드러난다. 그러면서 양쪽이 협동, 몰입, 가치의 공유처럼 신뢰 관계에 부합하는 방향으로 행동하는지를 고려한다. 또한 여기에는 상대방을 신뢰한다는 것을 공적으로 알리는 것도 들어 있다. 앞의 예에서 대표가 특정 역할과 권한을 중간급 리더에게 위임하는 것을 회사 규정으로 정하고 그것을 직원들에게 공표할 수 있다.

신뢰의 유형.   신뢰는 내용과 대상에 따라 여러 종류가 있다. Uslaner(2002)는 신뢰를 도덕적(moralistic) 신뢰와 전략적(strategic) 신뢰로 구분한다. 도덕적 신뢰는 상대방에 대한 지식이나 경험에 기초한 것이 아니라, 대부분의 사람에 대한 전반적 믿음을 반영한다. 가령, 어떤 사람은 대부분의 사람을 믿을 만하다고 생각하는 반면, 또 다른 사람은 대부분의 사람을 믿을 수 없다고 생각한다. 도덕적 신뢰는 자신의 도덕적 가치를 다른 사람들도 공유하고 있고, 그래서 자신이 그들로부터 대우받고 싶은 것처럼 그들도 대우받아야 한다고 믿는 것이다. 종종 사람들이 전혀 모르는 사람을 위해 봉사하고 희생하는 것을 도덕적 신뢰로 설명할 수 있다.

반면에 전략적 신뢰는 특정 상대방에 대한 개인의 지식이나 경험에 근거한 신뢰이다. 그래서 특정 상대방에 대한 전략적 신뢰는 그 상대방이 어떤 일과 관련해서 어떻게 행동할 것이라는 우리의 기대이다. 전략적 신뢰는 우리가 상대방이 어떻게 행동하는지 그것에 대한 지식을 확보하면서 천천히 발달한다. 동시에 전략적 신뢰는 빨리 깨질 수 있다. 왜냐하면 새로운 경험을 통해 우리는 그 사람이 믿을 만하다는 생각을 쉽게 바꿀 수 있기 때문이다. 반면에 도덕적 신뢰는 한두 사람의 경험에 근거한 것이 아니기 때문에 잘 변하지 않고 상당히 안정적이다.

이와 같은 구분과 함께 신뢰를 일반화된 신뢰와 특화된 신뢰의 연속선상에서 볼 수 있다. 일반화된 신뢰는 도덕적 신뢰와 함께 일상적인 삶의 경험을 반영한다. 이때 일반화된 신뢰는 우리의 도덕적 가치를 공유한 공동체의 범위를 지칭하는 개념이다. 이 공동체의 크기는 사람마다 다를 수 있다. 예를 들면, 어떤 사람은 아시아 사람들은 모두 신뢰할 수 있다고 생각하는 반면, 또 어떤 사람은 한국인은 믿을 만하지만 나머지 아시아 국가의 사람들은 그렇지 않다고 생각할 수 있다. 이러한 점에서 일반화된 신뢰는 도덕적 신뢰와 다르다. 특화된 신뢰는 경험을 통해서 자신과 같은 사람만 믿고 나머지 사람들은 믿지 않는 것이다. 우리는 가까운 친구는 믿지만 낯선 사람은 믿지 않을 수 있다. 특화된 신뢰의 기초는 전략적 신뢰이다. 그럼 일반화된 신뢰와 특화된 신뢰는 어떤 관련이 있을까? Pew 연구소가 1996년도 실시한 필라델피아 조사에서 이 둘 사이에는 .39의 상관이 있었다. 즉, 이웃, 거리에서 만나는 사람들, 학교, 정부 등에 대해 전반적으로 신뢰하는 사람은 친구, 가족, 모르는 사람들도 더 신뢰했다.

다른 한편으로, 신뢰를 행동의 차원에서 여러 유형으로 구분할 수 있다. 앞서 언급한 것처럼 신뢰를 구성하는 하나의 요소가 행동이다. 이때 행위자로서 한 개인이 특정 목표를 달성하기 위해서는 다양한 조건이나 요구를 충족할 필요가 있다. 예를 들면, 우리가 한 친구와 대인관계 심리학 과목의 기말고사를 준비하기 위해 서로 담당할 영역을 나눠서 준비하기로 했다면, 우리는 좋은 성적을 얻기 위해 자신이 맡은 영역을 효율적인 방법으로 잘 요약 및 정리해야 하고, 그러기 위해서는 적당한 시간과 노력을 투자해야 한다. Nooteboom(2002)은 행동 차원에서 이루어지는 다양한 신뢰 행위를 행동적 신뢰라고 명명하고 그 유형을 여럿 제시했다(그림 14-2 참조).

그림 14-2 **신뢰와 행동**. 신뢰는 다양한 형태의 믿을 만한 행동을 수반한다.

먼저, 물질 신뢰는 한 개인이 상대방의 기대에 부응하는 데 필요한 물질의 투입, 도구, 경제 수단, 시간 등으로 이루어져 있다. 역량 신뢰는 기계의 사용, 적당한 방법의 도입, 계획과 소통 등에 필요한 능력, 기술, 지식으로 되어 있다. 의도 신뢰는 자신의 역량을 최대한 발휘하겠다는 동기나 목표로 구성된다. 헌신과 관심의 부족, 기회주의와 같은 것은 이러한 신뢰를 망가뜨린다. 조건 신뢰는 우리의 행동에 영향을 주는 외부의 상황으로, 목표 행동을 하는 데 유리한 상황도 있고 사고나 방해물 때문에 불리한 상황도 있다. 본보기 신뢰는 보고 따라 할 만한 사람이 있는가의 문제이다. 정보 신뢰는 이러한 여러 영역에 대한 정보를 가지고 있느냐와 관련된다. 특히 정보의 원천이 행위자밖에 없을 때, 정직 신뢰는 그가 얼마나 정직하게 이런 영역과 관련된 정보를 공유하는가와 관련된다. 여러 영역에 대한 정직한 정보가 많을수록, 우리는 행위자의 신뢰성을 더 잘 판단할 수 있다.

2) 신뢰의 기초와 발달

신뢰의 기초로서 신뢰성.　　우리는 다른 사람을 신뢰하지만 그렇다고 모든 사람을 신뢰하는 것은 아니다. 믿을 만하게 행동하는 사람만 신뢰하는 것이다. 또한 어떤 사람은 다른 사람에 비해 상대방을 더 잘 신뢰한다. 그래서 특정 대상에 대한 신뢰의 정도는 사람마다 다를 수 있다. 이처럼 상대방에 대한 우리의 신뢰는 그의 신뢰성(trustworthiness)에 기초하는데, 신뢰성의 원천은 신뢰하는 사람과 신뢰받는 사람 모두에게 있다.

신뢰성에 대한 하나의 원천은 신뢰하는 사람과 그 대상이 되는 사람의 성향이다. 어떤 사람은 다른 사람에 비해 상대방을 더 잘 믿는 성향이 있다. 이러한 성향의 발달에 큰 영향을 미치는 요인이 과거의 학습이다(Hardin, 2002). 신뢰에 대한 우리의 역량은 그것과 관련한 과거 경험의 영향을 받는다. 우리가 상대방의 배신이라는 위험을 감수하고 한 협동이 큰 이득을 가져다준다면, 우리는 다른 사람들을 신뢰할 만하다고 생각할 것이다. 반대로 상대방을 믿고 한 행동이 큰 손실을 초래한다면, 우리는 타인을 신뢰하기 어렵다고 생각할 것이다. 이와 관련된 또 다른 특징이 낙천성이다. 앞에서 살펴본 도덕적 신뢰와 관련해서 볼 때, 비관적이거나 회의적인 사람에 비해 낙천적인 사람은 다른 사람들을 전반적으로 더 도덕적이고 인간에 대한 보편적인 기대에 더 부합한다고 생각한다(Uslaner, 2002).

사람들이 상대방의 신뢰성을 평가할 때, 그 상대방의 성향도 영향을 미친다. 어떤 사람은 다른 사람에 비해 믿을 만하게 행동하는 반면, 또 어떤 사람은 상대방을 좀 더 많이 속이고 배신한다. 제12장에서 살펴본 것처럼, 신뢰할 수 없는 사람은 기본적으로 다른 사람을 믿을 수 없다고 생각하고 의심을 많이 한다. 그러면서 자신도 남들에게 신뢰를 주지 못하는 방식으로 행동한다(Couch & Jones, 1997). 또한 어떤 사람은 다른 사람에 비해 덜 정직하고 더 거짓말을 많이 한다. 제9장에서 살펴본 성격 특질 Big Five 중에서 친화성 요인은 믿을 만한, 정직한, 충실한 등과 같은 성격 특질을 포함하고 있다. 이 점수가 높은 사람은 타인을 공감하고 배려하면서 협동적으로 행동하는 반면, 이 점수가 낮은 사람은 경쟁적이고 이기적이며 믿을 수 없게 행동한다(Winterheld & Simpson, 2018).

신뢰성의 원천에는 성향 이외에 제도적 및 집단적 요인도 있다. Williams(1988)는 이러한 요인을 거시적 요인과 미시적 요인으로 구분했다. 거시적 요인은 구체적으로 상호작용하는 대인관계와는 별도로 가치나 규범, 기준 등 제도적 차원에 기인하는 요인이다. 이러한 요인은 옅은 신뢰라고 부르기도 한다. 가치, 적합한 행동에 대한 사회적 규범, 도덕적 의무, 책임감으로 이루어진 이타적인 윤리는 사람들이 이러한 기준에 부합하는 행동을 하도록 촉진한다. 그럼으로써 그것이 곧 사람들의 신뢰성을 높이는 요인으로 작동한다. 미시적 요인은 구체적인 사회적 교환 관계 속에서 생겨나는 것으로, 진한 신뢰라고 부르기도 한다. 친구 간 유대, 친족 간 유대, 공감, 동일시 등은 집단이나 관계 수준에서 사람들의 신뢰성을 증가시키는 요인이다. 가깝고 밀접한 사람에게 하는 속임이나 배신은 장기적으로 모두에게 해를 주기 때문에, 사람들은 친구나 가족과 같은 공동체적 관계에서는 더 믿을 만하게 행동하는 경향이 있다.

신뢰의 발달. 신뢰는 사람들의 성향, 사회의 제도, 집단과 관계의 특성으로부터 유래하기도 하지만, 상호작용의 과정을 통해서도 발달한다. 상호작용이 전혀 없는 관계에서는 서로에 대한 신뢰가 필요치 않다. 그러나 아무리 사소하고 작더라도 상호작용이 이루어지려면, 당사자들 사이에 적어도 최소한의 신뢰가 필요하다. 앞서 언급한 것처럼, 그렇지 못하면 우리는 함께 존재할 수 없기 때문이다. 상대방이 한 인사말이나 악수하고자 내민 손의 의미를 신뢰하지 않으면 소통하지 못할 뿐만 아니라 심하면 싸우게 된다. 이처럼 우리의 상호작용은 신뢰에 기초하고 있고, 상호작용 범위가 넓어지고 그 내용이 깊어지는 동시에 서로에 대한 지식이 많아지면서, 그것에 기초한 신뢰는 더욱 발달하게 된다.

Hardin(2002)은 신뢰가 발달하는 과정을 관련 요인이나 사건 중심으로 설명한다. 우리는 관계 초기에 다른 사람과 상호작용하면서 그들의 신뢰성을 파악하고 평가한다. 일단 신뢰에 따른 위험을 감수하고 협동할 사람을 결정하면, 그 사람 역시 자신을 믿어 주는 상대방을 긍정적으로 평가한다. 그러면서 서로에 대한 좋은 평판을 발달시킨다. 좋은 평판은 누군가가 우호적이거나 협동적인 성향의 소유자처럼 보이게 해 준다. 그래서 평판은 과거의 행위를 통해 만들어지지만 미래 지향적인 효과를 가진다. 즉, 우리는 좋은 평판을 가진 사람과는 좀 덜 위험을 느끼면서 관계를 시작할 수 있다. 또한 신뢰를 중재하는 사람이나 기관이 상대방의 신뢰성에 기여할 수 있다. 친한 친구가 자기 친구를 나에게 소개하면, 우리는 다른 낯선 사람보다 소개받은 그 사람을 더 많이 믿게 된다. 정보회사처럼 다른 사람의 신뢰를 보증하는 기관도 그 사람에 대한 우리의 신뢰를 높일 수 있다. 우리는 또한 우리에게 사랑에 빠진 사람을 더 신뢰한다. 상대방이 나를 사랑한다는 것은 나와 비슷하거나 나의 특성을 좋아한다는 뜻이기 때문에, 그만큼 나를 배신할 가능성이 적다([그림 14-3] 참조).

그림 14-3 **신뢰의 발달**. 신뢰는 상호작용의 과정을 통해서도 발달한다.

신뢰 관계는 일단 형성되면 피드백을 통해 유지된다. 여기에는 크게 두 가지 방법이 있다. 하나는 관계의 가치를 직접적으로 파악하는 것이고, 다른 하나는 간접적인 피드백을 통하는 것이다(Hardin, 2002). 거의 대부분의 관계는 직접적 확인을 통해 자신들의 신뢰를 유지해 나간다. 우리는 지속적인 상호작용이 둘 모두에게 득이 될 것이라는 점을 직접 경험을 통해 알 수 있다. 상호 간 신뢰가 흔한 이유는 그것을 이해하고 유지하는 것이 쉽기 때문이다. 반면에 간접적인 방법은 흔하지 않다. 가령, 상호작용은 계속하면서 상대방의 신뢰성에 대한 정보를 직접 얻지는 못하고, 그 상대방이 믿을 만하다는 피드백을 다른 사람으로부터 받을 수 있다. 이러한 두 방법을 통해 상대방을 신뢰하게 되면, 그것은 관계의 불확실성과 취약성을 줄여 준다. 상대방에 대한 신뢰는 앞으로도 관계가 유지될 것이라는 믿음을 증가시키고, 관계를 위협하는 요인의 영향력을 감소시키기 때문이다.

Lewicki와 Bunker(1996)는 신뢰의 발달을 그 수준에 따른 3단계로 설명한다. 1단계는 신뢰가 없는 통제의 단계로, 이때는 상대방의 신뢰성을 가늠할 수 없다. 그래서 상호작용은 법, 규정, 계약과 같은 통제 속에서 이루어진다. 우리가 낯선 사람의 집을 임대할 때 계약서를 쓰는 경우와 같다. 그러나 모든 행위를 통제할 수는 없기 때문에, 심각하지 않은 약속처럼 신뢰에 기초함으로써 약간의 위험을 감수하는 행동도 일어난다. 2단계에서는 상대방의 신뢰성을 가늠하고 그에 따라 신뢰의 허용 범위를 발달시킨다. 사람들은 상대방에 대한 지식과 경험을 통해 그의 신뢰성을 추론하여 어느 정도 신뢰할지 결정한다. 이때 상대방이 나의 신뢰에 부응하지 못하면, 상대에 대한 신뢰는 이전의 통제 단계로 회귀할 수 있다. 직원에게 출근 시간 자율권을 주었더니 일의 성과가 떨어졌다면, 원래대로 정해진 시간에 출근하도록 통제할 수 있다. 3단계는 상대방에 대한 공감과 동일시를 통해 신뢰의 허용 범위를 넓히는 것이다. 상대방의 약점을 포함해서 다양한 특성에 공감하고 자신과의 유사점을 발견하면서, 그와의 관계에서 더 수용적이고 덜 통제적이며, 더 많은 위험을 감수하고 관계 자체에 더 많은 의미를 부여하게 된다.

3) 신뢰의 효과

대인관계에서 신뢰의 가장 큰 효과는 협동을 통해 관계를 좀 더 친밀하고 상호의존하는 방향으로 나아가게 하는 것이다. 사람들이 상대방을 신뢰하지 못하는 것은 그 사람이 주어진 사회적 규범이나 합리적인 기대를 저버리면서 이기적으로 행동할 것이라는 의심이나 불안 때문이다. 상대방에 대한 이러한 불신은 우리도 자신의 이익을 지키기 위해 경쟁적이고 이기적인 방식으로 행동하게 만든다. 잘 알려진 공유지의 비극처럼, 이와 같은 행동의 큰 문제는 그것이 처음에는 모두에게 더 많은 만족을 가져다주지만, 나중에는 모두에게 불리한 결과를 초래한다는 데 있다. 정해진 어획량을 지키지 않을 것이라고 서로를 불신한 나머지 어부들이 경쟁적으로 고기를 남획하면, 처음에는 모두가 정해진 어획량보다 더 많은 고기를 잡음으로써 큰돈을 벌겠지만, 장기적으로는 고기가 고갈되어 모두가 피해를 보게 된다. 이처럼 불신은 협동을 방해함으로써 궁극적으로 모두에게 손해를 가져온다.

상대방을 믿는다는 것은 그가 이타적이고 협동적으로 행동할 것이라는 믿음이다. 이러한 점에서 신뢰성은 본질적으로 이타적이고 도덕적인 속성을 가진다

(Nooteboom, 2002). 기본적으로 협동은 모두를 위해서 자신의 개인적 욕구와 이득을 절제할 때 가능하다. 이때 일반적으로 상대방이 협동할 것이라는 믿음은 나의 협동에 필수적인 선행요건이다. 상대방에 대한 이와 같은 믿음은 더 큰 위험을 내포하고 있는 영역에서 서로 공유하고 상호작용할 수 있게 해 준다. 다른 사람에게는 드러낼 수 없는 비밀이나 약점도 믿는 사람과는 공유할 수 있다. 배신이 갖는 부정적 영향이 친밀한 관계에서 더 크다는 것을 보면, 친밀한 관계의 사람들이 서로를 더 많이 신뢰한다는 것을 알 수 있다. 서로를 신뢰할 때, 자신보다는 상대방을 먼저 배려하고 그의 행복을 우선시하는 공동체적 관계가 발달할 수 있다. 서로를 신뢰하지 않는 관계에서는 불가능한 일이다.

우리가 상대방을 신뢰하는 것은 그 상대방이 우리의 가치와 목표를 공유한다는 것을 의미한다. 내가 다른 사람에게 권한을 위임하고 신뢰하는 것은 그 사람이 나의 바람을 실현하는 데 기여한다고 믿기 때문이다. 이러한 점에서 우리가 신뢰하는 사람은 우리의 목표와 바람을 달성하는 데 기여하는 사람이다. 그래서 신뢰하는 관계는 궁극적으로 서로를 위한 관계가 된다. 이러한 점에서 신뢰는 사회적 접착제 역할을 한다(Castelfranchi & Falcone, 2010). 또한 신뢰를 받는 사람에게는 신뢰가 하나의 관계적 자본이 된다. 주변 사람들로부터 더 많은 수용을 받고, 더 많은 사람과 관계를 맺을 수 있으며, 다양한 활동의 공유를 통해 서로에게 이득

이 될 수 있는 가능성을 높인다([그림 14-4] 참조). 또한 이것은 자신에 대한 전반적인 평판을 높여 줌으로써, 관계를 넘어서서 사회적 차원의 자본으로 작용한다(Castelfranchi & Falcone, 2010).

신뢰의 긍정적 효과는 사회적 차원에서도 나타난다. 신뢰는 사회적 자본 중의 하나이다. 사회적 자본은 다른 사람으로부터 오는 정보, 의무와 기대의 충족 그

그림 14-4 **신뢰의 효과.** 신뢰는 사회적 자본의 역할을 한다.

리고 규범과 제재의 작동이라는 세 가지 형태가 있다(Brass & Labianca, 1999). 이런 요인이 작동하기 위해서는 사회나 집단 구성원 사이의 신뢰가 필수적이다. 서로 믿을 때 자신의 지식, 경험, 아이디어 등 다양한 정보를 다른 사람과 공유할 수 있다. 또한 공동의 목표를 위해 만든 규범이나 규칙을 준수하고 필요한 의무와 기대를 충족하는 것도 신뢰에 바탕을 둔다. 상대방을 신뢰하지 못할 때 타인이나 공동체를 지향하는 행동을 할 필요가 없다. 신뢰 수준이 높은 사람은 자신이 속한 공동체에 더 헌신한다. 사회를 위해 자발적으로 자신의 시간을 할애하고 자선을 위한 기부를 한다. 1996년도

에 이루어진 기부와 자원봉사에 대한 조사(1996 Giving and Volunteering Survey)에서 타인을 신뢰하는 사람은 그렇지 않은 사람에 비해 자원봉사와 기부를 두 배 정도 더 했다. 이때 우리와 가깝지는 않지만 같이 살아가는 사람들과의 관계도 우리 개인의 행복에 막대한 영향을 미친다는 점을 상기할 필요가 있다.

2. 관계 유지와 헌신

우리는 몇몇 사람과는 신뢰에 기초한 관계를 유지하면서 계속 만나고 싶어 한다. 특정 관계를 유지하려는 기본적인 이유는 그것이 종종 물질적·상징적·현실적 차원에서 유리하기 때문이다. 이러한 이득이 관계를 해체했을 때 직면하는 부담이나 비용보다 클 때, 보통 사람들은 관계를 유지하고자 한다. 사람들은 이러한 목표를 달성하기 위해 자기 스스로도 노력할 뿐만 아니라, 상대방이 자기와의 관계를 저버리지 않도록 하는 노력도 한다. 특히 헌신은 관계의 유지에 중요한 영향을 미친다. 이에 이 절에서는 먼저 관계 유지에 대한 내용을 살펴본 다음 헌신에 대한 주제를 다룬다.

1) 관계 유지

관계를 유지한다는 것은 여러 의미가 있다(Dindia, 2000). 그 하나가 둘이 헤어지지 않고 관계가 계속 이어지는 것을 뜻한다. 이러한 의미에서는 관계가 유동적이든 안정적이든 혹은 좋든 나쁘든 상관이 없다. 그러나 때로 관계의 유지는 좀 더 안정적인 측면을 의미할 수도 있다. 그래서 관계의 유지가 일정한 수준의 친밀성, 가까움 혹은 몰입과 같은 특성을 유지하는 것일 수 있다. 혹은 관계의 유지가 만족스러운 조건 속에서 관계를 지키는 것일 수도 있고, 관계의 쇠퇴나 훼손 후에 좀 더 좋은 상태로 회복하는 것을 뜻할 수도 있다. 이처럼 관계 유지라는 말의 의미는 다양한데, 보통은 서로에 대한 친밀성이나 사랑과 같이 자신들이 원하는 방식의 질을 유지하기 위해 인지적·행동적으로 노력하는 것을 의미한다.

몇몇 연구자가 관계 유지와 관련된 요인을 기술하고 있다(Agnew & VanderDrift, 2015; Canary & Dainton, 2006; Ogolsky & Monk, 2018). 여기서는 그들의 설명을 종합해서 살펴보겠다([그림 14-5] 참조).

개인적 차원.   개인적 차원에서 사람들은 관계를 위협하는 요인으로부터 관계를 보호하기 위해 여러 행동을 한다. 예를 들면, 그들은 매력적인 대안으로부터 자신을 보호하기 위해 그 대안의 가치를 낮게 평가하거나 이용 가능한 대안을 무시한다. 반대로 지금의 파트너나 관계에 대해서는 긍정적 환상을 가지고 있다. 이것은 지금의 파트너나 관계의 강점을 과장하거

그림 14-5 **관계의 유지.** 우리는 다양한 방식을 통해 친밀한 관계를 유지한다.

나, 대안의 부정적 측면을 과장하고 긍정적 측면을 과소평가하는 식으로 이루어진다.

또한 사람들은 파트너나 관계에 대한 자신의 부정적인 생각을 끊기 위해서 명상이나 기도와 같은 행위를 통해 정서를 조절하기도 한다. 사람들은 자신의 관계를 보는 시각을 재구성하여 그것을 과거와는 다르게 이해하기도 한다. 가령, 상대방의 위반 행동을 더 이상 위반으로 보지 않거나 그 정도를 최소화함으로써 정당화한다. 또한 상대방이 심각한 위반을 저지른 경우에는 그것을 용서하거나 공감한다. 동기를 변형시키는 방식으로 관계를 유지하기도 한다. 자신과 애인이 보고 싶은 영화가 서로 다를 때, 사람들은 파트너의 의견을 고려하는 식으로 자신의 선호를 수정한다. 이처럼 자신의 이익보다는 관계나 상대방의 이익을 우선시하는 식으로 동기를 변형한다.

관계적 차원.   관계적 차원의 요인으로, 사람들은 상호의존성을 유지하고 높이는 행동을 통해 관계를 유지한다. 자기노출은 관계의 발전과 관련된 가장 기본적인 과정이다. 사람들은 자신이 좋아하는 사람에게 자기노출을 많이 하는데, 이것이 상호성의 원칙에 따라 이루어짐으로써 서로의 관계를 더욱 공고하게 만든다. 또한 자기노출을 통해 좋은 일을 공유함으로써 정서적 즐거움과 같은 혜택을 얻을 수 있다. 이와 함께 사람들은 파트너가 계획 수립, 시간 관리, 과업 수행, 목표 달성 등을 수행할 때 서로 돕고 협동하는데, 이것이 관계를 유지하는 데 기여한다. 서로를 지지해 주는 행동을 하는 것은 관계상의 고통을 줄이고 개인적 행복을 높임으로써 관계 유지에 기여한다. 특히 미켈란젤로 효과(제2장 참조)로 알려진 것처럼, 상대방에 대한 사회적 지지와 긍정적 인식은 그가 잠재력을 발휘해서 목표를 달성하는 데 기여한다. 또한 사람들은 파트너가 불쾌하거나 잠정적으로 파괴적인 행동을 보일 때, 좀 더 우호적이고 긍정적으로 반응함으로써 관계 유지에 기여한다.

이와 함께 사람들은 파트너와 만족스러운 관계를 유지하기 위해 여러 방식으로 행동한다. Stafford와 Canary(1991)는 결혼하거나 연애하는 922쌍의 커플에게 자신들의

관계를 유지하기 위한 행동을 질문했다. 그들은 이를 통해 긍정성, 개방성, 안심, 사회 연결망 그리고 과업의 공유라는 다섯 가지 행동을 추출했다. 긍정성은 상대방을 긍정적으로 평가하고 비판하지 않음으로써 밝고 쾌활하게 상호작용하는 것이다. 개방성은 자신을 솔직하게 개방하고 자신의 과거와 현재의 관계에 대해서 개방적으로 대화하는 것이다. 안심은 자신이 상대방과의 관계에 헌신하고 있으며 사랑하고 있음을 표현하고 충실하다는 것을 보여 주는 것이다. 사회 연결망은 서로 공통되는 친구나 지인들과 함께 시간을 보내는 것이다. 마지막으로, 과업의 공유는 집안의 잡무 등 다양한 가사를 함께 하는 행동을 말한다.

사회적·문화적 차원.   사회적 차원은 관계를 맺고 있는 사람들이 자신의 관계를 유지하기 위해 친구나 가족, 동료 등으로부터 받는 도움이나 지지와 관련이 있다. 앞서 살펴본 Stafford와 Canary(1991)의 연구에 나오는 사회 연결망 요인이 사회적 차원에 해당한다고 볼 수 있다. 그러나 이것이 관계의 유지와 만족에 기여하기도 하지만, 때로는 그렇지 않을 수도 있다. 가령, 자신의 관계상 문제를 파트너에게 얘기하지 않고 가장 가까운 친구에게 얘기하는 사람은 파트너와의 관계가 좋지 않았다(Jensen & Rauer, 2014). 즉, 그들은 덜 행복했고 관계에 덜 헌신했으며 서로를 덜 사랑했다. 그러나 일반적으로 자신의 관계에 대해 부모나 친구가 승인하는 것은 그 관계의 유지에 긍정적인 효과를 준다. 특히 동성애자처럼 사회적으로 낙인이 찍혀 지지를 받지 못하는 사람들에게는 가깝게 연결되어 있는 사람들로부터 지지를 받는 것이 관계의 유지에 매우 중요하다.

문화도 관계의 유지와 관련이 있다. 문화에는 대인관계에 대한 가치나 신념이 들어 있고 그것의 실행에 대한 규칙도 있다. 가령, 한국 문화에서는 다른 사람과 우리라는 울타리 속에서 하나가 되기 위해 정을 쌓고 의리를 지키는 것이 관계의 형성과 유지에 필수적이다. 대인관계에 대한 문화적 규범은 각 문화마다 상이하다. Yum과 Canary(2003)는 관계 유지를 위한 의사소통 방식에서 한국인과 미국인의 차이를 검토했다. 그 결과, 한국인은 관계 유지를 위해 공동의 활동, 긍정적 평가, 사회적 연결망의 활용 같은 행동을 덜 했다. 대신에 의리, 정, 연(緣), 눈치와 같은 대인관계에 관한 문화적 규범을 지키는 것을 더 중시했다. 또한 자신의 관계에 주변 사람들의 지지와 개입이 많기 때문에, 한국인은 미국인에 비해 파트너와의 일대일 행동에 대한 동기가 적었다. 그들은 대인관계에서 무시, 순종, 권위주의, 지배, 이탈과 같은 부정적인 전략을 더 썼다. 이것은 대인관계가 인연이나 정, 의리 등으로 강하게 연결되어 그

것이 깨지지 않을 것이라고 평가한 결과일 수 있다. 아니면 의사소통을 잘 하기 위한 노력을 덜 들인 결과일 수도 있다.

이처럼 관계의 안정성을 촉진하는 요인은 많다. 그럼에도 모든 관계가 유지되는 것은 아니다. 관계를 위협하는 다양한 요인에 대처하지 못하거나 상호의존성을 유지하지 못하면, 그 관계는 소원해지기 쉽고 점차 분리될 가능성이 크다. 배우자와의 이혼이나 별거, 친구와의 단교 등 친밀한 관계의 붕괴는 당사자들에게 큰 고통을 준다. 또한 그것은 때로 심각한 폭력이나 자살과 같은 결과를 초래한다. 여러 연구를 고찰한 문헌(Agnew & VanderDrift, 2015)을 볼 때, 사람들은 관계의 해체 후 이전 파트너에 대한 그리움, 분노, 슬픔, 후회, 죄책감, 수치심과 같은 부정적 감정을 겪는다. 그렇다고 관계의 해체가 부정적인 경험만을 초래하는 것은 아니다. 사람들은 관계의 해체 후 안도, 자유, 자율성, 삶에 대한 향유와 같은 긍정적 정서를 경험하기도 한다. 특히 고통스러운 관계의 해체는 안도감을 준다. 관계 해체 후 사람들은 자기 자신이나 다른 사람과의 관계 등에서 개인적 성장을 경험하기도 한다.

2) 헌신

우리가 특정 관계를 유지하도록 해 주는 한 요인이 헌신(commitment)이다. 헌신은 Sternberg(1986)가 제시한 사랑의 한 요소로, 우리는 이미 그것에 대해 약간이나마 배웠다. 일반적으로 헌신은 영원, 안정 그리고 관계에 몰입하고 관계를 유지하고자 하는 결심을 의미한다. 이것은 관계가 시작한 시점부터 끝이 나기 전 사이에 이루어지는 것으로, 관계의 유지와 관련된 것이다. 과거에 비해 이혼율이 상당히 증가한 우리 사회에서도 헌신은 매우 중요한 사회적 현안이 될 수 있다.

그림 14-6 관계에 대한 헌신. 헌신의 결정요인은 무엇일까?

헌신에 대한 모형.   관계에 대한 헌신을 결정하는 요인은 무엇일까([그림 14-6] 참조)? Levinger(1965)는 헌신에 대한 응집성 모형(cohesiveness model)에서 관계의 응집성을 이해하는 데 필요한 세 가지 중요한 힘을 제시했다. 그중 하나가 현재의 관계 속으로 끌어들이는 힘으로, 이러한 힘은 관계에 대한 헌신을 늘리는 데 기여한다. 이러한 힘에는 수입이나 집의 소유와 같은 물질적인 매력, 교육적 성취나 직업상의 지위와 같은 상징적 매력, 그리고 동료애나 성적 충족과 같은 애정적 매력이 있다. 또 다른 힘은 지금의 관계 밖으로 끌어내는 힘으로, 이러한 힘은 그 관계에 대한 헌신을 줄이는 데 기여한다. 이러한 힘은 대안의 파트너가 현재의 파트너보다 앞서 언급한 매력을 더 많이 가지고 있을 때 커진다. 마지막 세 번째 힘은 지금의 파트너가 가지는 매력이 줄거나 사라진다고 해도, 사람들로 하여금 그 관계를 떠나지 못하게 함으로써 관계의 종결을 지연시키는 힘이다. 이와 같은 장벽에는 별거와 관련된 수입의 감소, 이혼에 따른 비용 등 물질적인 장벽, 이혼에 대한 사회적 반감이나 종교적 비난과 같은 상징적 장벽 그리고 돌봐야 할 어린 자녀와 같은 애정적 장벽이 있다.

Johnson(1973)은 헌신에 대한 3유형 모형(tripartite model)을 제시했다. 그는 헌신을 단일 차원의 개념으로 생각하지 않고, 뚜렷이 다른 세 가지 유형의 헌신을 제시했다. 그 하나가 개인적 헌신으로, 특정 관계에 남고 싶어 하는 것이다. 이것은 자신의 파트너에 대한 매력, 그와의 관계에 대한 매력 그리고 자신의 파트너와의 관계를 자기 개념의 일부로 통합하는 것, 즉 관계적 정체성으로 구성된다. 도덕적 헌신은 도덕적으로 특정 관계에 남아 있어야 한다고 느끼는 것이다. 여기에는 이혼하지 않아야 한다는 도덕적 의무감, 자신의 파트너에 대한 개인적 의무감, 그리고 자신의 신념과 가치의 일관성을 유지하고자 하는 욕구가 있다. 마지막으로, 구조적 헌신은 관계에 남도록 만드는 외적인 요인을 의미한다. 여기에는 지금의 관계에 대한 잠재적 대안, 현재의 관계에 남아 있도록 하는 사회적 압력, 관계의 종결 절차 그리고 되돌릴 수 없는 시간과 자원의 투자가 있다.

Rusbult(1980)는 헌신에 대한 투자 모형(investment model)을 제시했다. 그녀는 특정 관계에 대한 몰입은 만족, 대안의 질 그리고 투자의 크기라는 세 가지 요인에 따라 결정된다고 보았다. 사람들은 자신을 즐겁게 해 주는 사람과 함께하기를 원하기 때문에, 만족은 헌신을 증가시키는 한 요인으로 작용한다. 반면에 파트너가 될 수 있는 대안적인 사람이 고급인 경우, 지금의 파트너에 대한 헌신은 떨어진다. 매력적인 사람이 지금의 관계에서 벗어나도록 유혹하면, 대부분의 사람은 현재의 관계에 남아 있기 쉽지 않을 것이다. 그렇다고 사람들이 항상 그러한 대안을 추구하는 것은 아니다. 지금의 관계에 투자한 시간과 물질, 심리적인 애정 그리고 이혼에 대한 도덕적 비난이 크면, 쉽게 그 관계를 정리하기 어렵다. 즉, 특정 관계에 대한 많은 투자는 그 관계에 대한 헌신을 증가시킨다.

이 세 가지 모형은 많은 특성을 공유하고 있다(Rusbult et al., 2006). 첫째, 이 모형

은 만족 수준 혹은 한 사람을 특정 관계로 끌어들이는 긍정적인 힘이라는 개념을 고려한다. 둘째, 이 모형은 한 사람이 특정 관계에 하는 투자의 개념을 고려한다. 셋째, 이 모형은 대안의 질을 고려한다. 넷째, 이 모형은 모두 몰입을 하게 만드는 도덕적 측면을 고려하고 있다. 그럼 이러한 모형은 얼마나 타당할까? 전반적으로 각 모형을 검증한 여러 연구는 그 모형이 적어도 부분적으로 타당하다는 것을 보여 주고 있다 (Agnew & VanderDrift, 2018). Le와 Agnew(2003)는 투자 모형을 검증한 52개의 연구를 메타분석했다. 그 결과 현재 관계에 대한 만족 수준이 높고, 대안적 관계의 질이 낮고, 투자의 크기가 클수록 지금의 관계에 대한 몰입이 컸다. 세 모형이 이러한 세 가지 개념을 공유하고 있기 때문에, 투자 모형을 지지하는 이러한 결과는 나머지 모형도 지지하는 증거가 될 수 있다.

　Brickman 등(1987)은 헌신에 대한 앞의 모형과는 결이 다른 변증법적 모형(dialectical model)을 제시했다. 이 모형은 반대 과정 이론(opponent process theory; Solomon, 1980)에 기초하고 있다. 이 이론은 처음에 경험한 감정은 그것과 반대되는 감정 반응을 초래한다고 가정한다. 예를 들면, 친구들과 함께 생일 파티를 할 때는 즐겁지만, 파티가 끝난 후에는 슬픔이나 공허감을 경험한다. 또한 주어진 사건을 계속 경험하면, 처음의 감정 반응은 약해지고 그것과 반대되는 감정 반응이 강해진다. 처음에는 상대방에게 만족을 주는 행동도 반복하면 그에 따른 만족은 줄고 심지어 지루하고 불쾌하게 된다. Brickman에 따르면 헌신도 마찬가지이다. 어떤 커플이 서로에게 강하게 헌신하고 있으면, 시간이 지나면서 여러 사건을 통해 관계에 대한 의심을 겪게 된다. 그러나 의심이 계속 커지다가 또 다른 사건을 통해 서로에 대한 신뢰를 회복하는 식으로 나아가면서 헌신도 증가한다.

　헌신의 효과.　　헌신은 특정 관계에 남아 있겠다는 결심이기 때문에, 사람들은 자신이 헌신하는 관계에서 직면하는 어려움도 견디고 이겨 낸다. 이러한 측면에서 헌신은 특정 관계를 지속시키는 결정적인 요인 중의 하나이다. 이와 함께 헌신은 개인의 정서와 인지, 행동 등 다양한 측면에 영향을 미친다.

　먼저, 헌신은 정서적으로 관계에 긍정적이거나 부정적인 영향을 미친다. 앞에서 살펴본 것처럼, 관계의 유지는 당사자들에게 즐거움과 같은 긍정적인 효과를 주지만 반드시 그런 것만은 아니다. 때로는 그것이 구속과 스트레스와 같은 부정적인 정서 경험도 초래한다. 헌신도 이와 다르지 않다. 여러 관련 연구(Agnew & VanderDrift, 2018)를 볼 때, 개인적으로 친밀한 관계에 있는 사람들은 더 높은 수준의 헌신을 느낄

수록 그 관계에 더 많이 만족하고, 파트너로부터 더 가치 있고 소중한 사람으로 대우받는다고 생각한다. 반대로 서로의 사이가 좋지 않아 친밀한 관계가 실패한 경우, 높은 수준의 헌신은 부정적인 정서를 고조시킨다. 그래서 사람들은 친밀한 관계가 해체되기 전에 높은 수준의 헌신을 느낄수록 해체 후 더 큰 고통을 겪는다. 결국 헌신은 대인관계에서 부정적이든 긍정적이든 강한 정서적 경험을 초래한다.

헌신은 인지적으로도 관계의 지속에 영향력을 행사한다. 넓은 의미에서 볼 때, 관계에 헌신하는 사람은 자신의 파트너를 자기 자신과 통합해서 하나라고 생각하고, 그러한 일체의 존재로서 미래에도 관계가 지속될 것이라고 믿는다. 이러한 사람들은 자신을 상대방과의 상호의존적인 관계 속에서 바라본다(Agnew & VanderDrift, 2018). 이와 같은 사고방식은 두 가지 측면에서 유리하다. 첫째, 이러한 사고를 하는 사람은 관계의 이익을 최대화하고자 한다. 그들이 자신의 이익을 최대화하고자 할 때 자신 속에는 상대방도 포함되어 있기 때문에, 자기를 위한 것이 결국 모두를 위한 것이 된다. 둘째, 이러한 사람은 자신을 생각할 때마다 관계를 생각할 가능성이 크다. 그래서 의사결정을 할 때 상대방을 고려함으로써 관계를 유지하는 데 도움이 된다. 이와 함께 헌신은 파트너를 좀 더 긍정적으로 보도록 하는 데 기여한다. 앞서 살펴본 것처럼, 관계에 헌신하는 사람은 그 관계를 유지하기 위해 대안 파트너의 매력을 평가 절하하고 그러한 사람을 회피하는 반면, 지금의 파트너를 좀 더 긍정적으로 평가한다.

헌신은 행동 측면에서도 관계를 지속시키는 데 기여한다. 물론 한 개인이 특정 관계에 헌신하지 않는다고 해서 그 관계가 곧바로 종결되는 것은 아니다. 그 관계가 초래하는 비용과 같은 부정적인 요인보다는 이익과 같은 긍정적인 요인이 더 많은 한, 그 사람은 계속 머물러 있을 가능성이 크다. 반면에 관계에 헌신하는 사람은 자신의 이익을 우선시하기보다는 상대방과 관계를 더 중시하는 식으로 행동한다. 그래서 필요할 때 관계를 위해 자신의 이득을 덜 고려하기도 한다([그림 14-7] 참조). 이러한 행동을 설명할 수 있는 하나의 원리가 자발적 희생이다. 실제 자신의 관계에 더 헌신하고 있는 사람은 그 관계를 위해 기꺼이 헌신하겠다고 생각하고, 그것이 관계에 대한 만족을 증가시키며, 그럼으로써 궁극적으로 관계가 지속될 가능성이 더 크다(Van Lange, Agnew, et al., 1997). 헌신은 또한 관련된 사람들의 신체적 건강을 향상시킨다. 7만 2천 명 이상의 사람을 대상으로 한 메타분석에

그림 14-7 헌신의 효과. 헌신은 자기보다는 상대방을 우선시하게 한다.

서, 헌신을 포함해서 부부 관계의 질이 좋은 사람들은 식이요법이나 운동을 한 사람
보다도 더 건강했다(Robles et al., 2014).

주인에 대한 개의 헌신

그림 14-8 주인에 대한 개의 헌신

개만큼 자신의 주인에게 헌신하고 충직한 동물이
또 있을까! 노벨상 수상으로도 유명한 동물행동학자
Konrad Lorenz는 슈타지라는 이름의 개를 키우면
서 자신이 경험한 사례를 감동적으로 소개하고 있다
(Lorenz, 1994).

Lorenz는 슈타지가 태어난 지 7개월쯤부터 훈련
을 시키기 시작했다. 방에 오물을 싸지 않거나 닭과
오리를 해치지 않는 것은 대부분 타고난 것이라 가

르칠 필요가 없었다. Lorenz는 슈타지를 2개월 정도 훈련시킨 후 대학교수로 발령이 나서 슈타
지와 3개월 떨어져 있었다. Lorenz가 방학을 맞아 되돌아왔을 때, 슈타지는 그를 열렬히 기뻐하
며 맞이했고, 그 전에 배운 것을 하나도 잊지 않고 있었다.

문제는 그다음에 일어났다. Lorenz가 방학이 끝나 대학으로 돌아가기 위해 짐을 싸자, 슈타
지는 풀이 죽은 채 그 옆을 떠나지 않았다. 나중에는 먹지도 않고 호흡은 끊어질 듯했다. Lorenz
가 역으로 떠나는 날, 슈타지는 끝내 역까지 그를 따라왔다. 기차가 움직이자 슈타지는 번개처
럼 객차 안으로 올라탔다. Lorenz가 얼른 가서 슈타지를 잡아 기차 밖으로 던져 버리자, 슈타지
는 보이지 않을 때까지 멍하니 기차를 바라보았다.

그 후 들려온 소식에 따르면, 슈타지는 쉴 새 없이 돌아다니며 이웃집 닭을 물어 죽이고 방
에 오물을 배설하는 행위를 해서 사람들은 어쩔 수 없이 슈타지를 묶어 두었다고 한다. 6월 말
Lorenz가 다시 돌아왔을 때, 슈타지는 한동안 그를 쳐다보다가 정신적인 고뇌를 가슴으로부터
토해 내듯 처절한 늑대 울음을 울기 시작했다. 슈타지는 오랫동안 그렇게 울었다. 그 후 그의 모
든 비정상적인 행동은 원래대로 돌아왔다.

다시 Lorenz가 떠날 시간이 다가왔다. 슈타지는 예전처럼 다시 침울하고 고통스러운 시간을
보내야 했다. 그런데 이번에는 Lorenz가 슈타지를 데려가기로 했다. 이러한 상황을 알게 된 슈
타지는 풀쩍풀쩍 뛰면서 좋아했다. 그러나 Lorenz가 군에 소집되면서 1년 전의 비극이 되풀이되
었다. 한동안 방황한 후 병들고 쇠약해진 슈타지가 집으로 돌아왔을 때, Lorenz 가족은 어쩔 수
없이 슈타지를 동물원으로 보냈다. 그곳에서 슈타지는 종전 직전 폭격을 맞아 사망했다.

3. 친밀성

우리가 자신의 파트너와 잘 지내기 위해서는 그 사람과 가깝고 친밀해야 한다. 그 파트너에게 거리감을 느끼거나 속마음을 털어놓기가 힘들 때, 우리는 그런 사람과 오랫동안 편하게 지내기가 어렵다. 우리에게 친밀한 사람이 필요한 것은 그런 사람과의 상호작용을 통해 자신의 다양한 욕구를 충족할 수 있기 때문이다(제1장 참조). 이와 같은 욕구 중 상당 부분은 친밀하지 않은 사람을 통해서는 충족할 수 없는 것이다. 이 절에서는 친밀함의 의미와 결정 요인 그리고 그 발달 과정을 살펴본다.

1) 친밀성의 의미

친밀성에 대한 일반적인 정의에 따르면, 그것은 사람들이 서로 정서적으로 매우 가까워서 상대방에게 불쾌감이나 부담을 주지 않으면서 서로의 개인적 공간을 넘나들 수 있는 상태를 의미한다(VandenBos, 2015). 친밀성은 관계상 가깝고 친숙하며 애정 어린 특징을 가지고 있고, 서로에 대한 자세한 지식과 깊은 이해에 기초하고 있다. 친밀성은 상태이면서 동시에 과정의 특징을 가지고 있다. 예를 들면, 우리는 부부 관계나 친구 관계에서처럼 어떤 사람과 가까워져서 친밀하게 되면, 그러한 관계는 다른 관계보다 전반적으로 더 친밀한 수준을 유지하고 있다고 생각한다. 실제로 친밀한 관계는 더 자주 만나서 소통하고 자기개방을 많이 하는 등 그렇지 않은 관계와 뚜렷이 구분되는 특성을 안정적으로 가지고 있다. 그럼에도 불구하고 친밀한 관계는 시간이 흐르면서 변하기도 해서 덜 친밀해지기도 한다. 이러한 점에서 친밀성은 과정으로 이해할 수도 있다.

그러면 친밀성은 어디에서 오는가? 이 문제는 친밀성이 사람의 성격에 달려 있는지, 아니면 그들의 행위 속에 달려 있는지의 문제이다. 관련 문헌(Laurenceau & Kleinman, 2006)을 보면, 친밀성을 크게 사람의 특성, 상호작용의 특성 그리고 관계의 특성에서 찾는 세 가지 입장이 있다. 친밀성을 사람의 내부적인 요인에서 찾는 연구자들은 친밀성이 개인의 성격에 기인하기 때문에 어떤 사람은 다른 사람에 비해 친밀성 동기가 더 크다고 본다. 그래서 어떤 사람은 다른 사람과 따뜻하고, 가깝고, 소통하는 상호작용을 더 선호할 수 있다. 이러한 입장에서 보면, 친밀성은 사람들 사이에 존재하지만 그 동기는 한 개인의 내부에 존재한다. 실제 친밀성 동기가 높은 사람은 낮은 사람에 비

해 다른 사람들과 맺는 관계를 더 많이 생각하고, 상호작용하면서 다른 사람과 이야기를 더 많이 하며 긍정적인 감정도 더 많이 표현한다(McAdams & Constantian, 1983).

친밀성을 상호작용 속에서 이루어지는 행동으로 보는 관점은 사람들이 상호작용 과정 속에서 다양한 행동의 교환을 통해 친밀함을 표출한다고 본다. 가령, 친밀성은 개인 간 거리, 눈 맞춤, 웃음과 같은 행동을 반영한다. 그래서 친밀한 관계는 그렇지 않은 관계에 비해 물리적인 거리가 더 가깝고, 눈을 더 자주 마주치며, 손을 잡거나 몸을 접촉하는 것과 같은 행동도 더 많이 한다([그림 14-9] 참조). 또한 한쪽의 친밀한

그림 14-9 **친밀성.** 가까운 사람들끼리는 친밀한 행위를 많이 공유한다.

행동은 다른 쪽의 행동에도 영향을 미칠 수 있다. 가령, 한쪽이 이전과는 달리 친밀하게 행동할 때, 상대방이 이러한 행동을 긍정적으로 지각하면 자신도 친밀하게 행동하는 반면, 부정적으로 지각하면 자신은 덜 친밀하게 행동한다(Patterson, 1976).

친밀성을 보는 또 다른 입장은 그것이 특정 관계의 질에 달려 있다는 것이다. 우리는 가까운 사람과는 자신의 여러 정서적인 느낌, 관계에 대한 생각, 여가 활동 등 다양한 경험을 공유한다. 그러면서 친밀한 관계는 그렇지 않은 관계에 비해 더 다양한 영역의 경험을 공유한다. Waring(1984)은 남녀 사이의 친밀한 관계가 여덟 가지 요소를 가지고 있다고 보았다. 그것은 의견의 차이를 해결할 수 있는 갈등 해결 능력, 정서적 가까움에 대한 표현, 관계에 대한 헌신, 성적 욕구의 상호 충족, 자신감과 자아존중, 함께 일할 수 있는 역량, 자신의 생각과 신념, 태도의 표현 그리고 자율성이다. 친밀한 관계는 친밀한 상호작용을 규칙적이고 안정적으로 빈번하게 함으로써 형성된다. 말하자면 친밀한 상호작용의 축적을 통해 친밀한 관계가 만들어진다. 그래서 친밀한 상호작용의 증가와 쇠퇴에 따라 관계의 장기적인 친밀성도 달라진다.

2) 친밀성의 결정 요인

자기노출. 우리는 사적인 정보나 자신에게 불리한 내용처럼 쉽게 공유하기 어려운 정보를 상대방과 공유하면서 서로 친밀해진다. 제8장에서 살펴본 것처럼 자기노출은 상대방에 대한 신뢰가 있을 때, 자신에 대한 정보를 노출하고자 하는 욕구가 클 때 그리고 외적인 제약이 없을 때 잘 이루어진다. Altman과 Taylor(1973)의 사회적 침투 이론(social penetration theory)이 제시하듯이, 이러한 노출은 피상적이고 기본적인

정보를 교환하는 수준에서 점차 발전하여 정서적이고 부정적인 정보를 포함해서 모든 정보를 공유하는 단계로 나아간다. 그렇다고 해서 자기노출이 곧 친밀성과 같은 것은 아니고, 때로 자기노출은 서로의 관계에 부정적인 영향을 미칠 수도 있다. 또한 친밀한 관계에서도 금기시해서 공개하지 않는 정보가 있다. 이와 같은 한계에도 불구하고 보통 자기노출은 친밀성을 구성하는 하나의 요소이다. 그렇기에 우리가 상대방과 친밀해지기 위해서는 서로에 대해 잘 알고 있어야 한다. 그래서 일반적으로 자기노출은 서로의 친밀감을 높여 주는 긍정적인 역할을 한다.

반응성. 우리가 친밀해지려면 서로에게 주목하고 서로의 요구나 행동에 즉각적이고 적합하게 반응할 필요가 있다. 상대방이 우리의 질문이나 불평에 대해 묵묵부답하거나 무시한다면, 우리는 그 사람과 가까워질 수가 없다. 반응성은 상호작용하는 사람들이 서로의 요구, 바람 그리고 상황에 대해 주의를 기울이고 지지적으로 반응하는 과정이다. 이것은 서로의 욕구와 소망, 상호작용의 목표에 주목하는 것에서 시작하고, 다양한 언어적 표현과 함께 따뜻한 웃음과 같은 비언어적 표현으로 나타난다(VandenBos, 2015). 친밀한 사람은 상대방의 다양한 행동에 대해서 애정과 관심, 인정과 감사, 다양한 형태의 지지, 걱정과 우려 혹은 건전한 비판 등을 언어적인 형태로 제공한다. 이뿐만 아니라 그들은 서로에 대해서 비언어적으로도 반응한다. 가까운 사람들은 상대방에 대해 빈번한 눈 접촉과 오랜 응시, 상대방에게 몸을 기울인 자세, 빈번한 접촉, 부드럽고 애정이 담긴 목소리로 반응한다.

Clark와 Lemay(2010)에 따르면 반응성에는 여러 형태가 있다. 그중 하나가 도움을 제공하는 것으로, 이것은 파트너가 자신이 필요로 하는 것을 스스로 충족할 수 없을 때 그 충족을 돕는 것이다. 이처럼 상대방의 다양한 필요를 해결하는 방식으로 행동하는 것이 친밀한 관계에서 기대할 수 있는 흔한 반응이다. 또 다른 형태로, 우리는 파트너가 자신의 목표를 달성하는 데 기여하는 식으로 반응할 수 있다. 그의 목표를 인정해 주고, 목표를 달성하는 데 필요한 시간이나 공간, 지지를 제공해 주며, 그의 목표 달성을 축하해 주는 것이다. 반응성은 때로 특정 행동을 절제하는 형태를 취하기도 한다. 가령, 우리는 파트너의 외모나 행동에 대해 부정적인 피드백을 주는 것을 삼갈 수도 있다. 또한 파트너가 자신을 위한 행동을 절제하고 좀 더 이타적인 행동을 하도록 요청할 수도 있다.

반응성은 친밀한 사람들 간의 상호작용 속에서 나타난다([그림 14-10] 참조). Clark와 Lemay(2010)는 반응성에 대한 포괄적이고 통합적인 모형을 제시했다. 이 모형은 지금까지 다른 학자들이 제시한 모형 그리고 그것과 관련해서 이루어진 많은 경험적 연구 결과에 기초한 것이다. 이 모형을 단순화하면 크게 두 부분으로 나눌 수 있다. 전반부는 한 개인의 반응적 관계에 대한 소망 그리고 상대방의 반응성에 대한 확신을 촉진하는 요소로 이루어져 있다. 후반부는 이러한 요소의 영향으로 그 개인이 상대방에게 반응적으로 행동하고 동시에 상대방의 반응성을 추구하는 행동 그리고 반응

그림 14-10　반응성. 친밀한 사람은 서로에게 반응적으로 행동한다.

성과 행복의 관계에 대한 부분으로 이루어져 있다. 이와 같은 과정이 관련된 두 사람 간에 상호적으로 이루어짐으로써 가깝고 반응하는 관계가 형성되고 유지된다.

이 모형의 전반부에 따르면, 한 개인이 가깝고 반응하는 관계를 소망하도록 만드는 범주의 요인이 있다. 이것은 향후 친밀하고 반응하는 관계의 형성에 기초가 되는 요인이다. 그중 하나가 신체적 매력이나 친절한 성격, 높은 지능처럼 상대방을 좋아하게 만드는 요인이다(대인 간 매력 요인은 제8장 참조). 또한 낭만적 관계가 아니라면 친척이 아닌 사람보다는 친척인 사람을 더 가깝게 느낀다. 또 다른 요인은 서로 반응하는 관계를 형성하고 싶은 욕구이다. 기존에 가깝게 지내던 사람을 상실했거나 그러한 관계가 없었다면, 일반적으로 이러한 욕구 수준은 더 높다. 여기서 고려할 또 다른 요인은 개인의 애착 유형이다. 다른 사람에 대하여 회피 애착을 형성한 사람에 비해 불안 애착을 형성한 사람이 타인과 가깝고 반응하는 관계의 형성을 더 많이 갈망하는 경향이 있다.

가깝고 반응하는 관계를 형성하기 위해서는 상대방에 대한 신뢰가 있어야 한다. 이러한 믿음이 없다면 상대방과 친밀한 관계를 형성하기 어렵다. 즉, 자신이 반응적으로 행동할 때 상대방도 반응적으로 행동할 것이라는 확신이 있어야 한다. 이와 관련된 한 요인이 자기관과 자아존중감이다. 긍정적인 자기관을 가지고 있고 높은 자아존중감을 가진 사람은 그렇지 않은 사람에 비해 파트너의 반응성에 대해 더 큰 확신을 가지고 있다. 반대로 자신에 대해 부정적인 생각과 느낌을 가지고 있거나 자아존중감이 낮은 사람은 상대방도 자기를 부정적으로 볼 것이라고 생각한다. 자기관과 관련해서 특히 중요한 요인에는 신체적 매력, 탁월한 의사소통 능력, 친절이나 배려와 같은 공동체적 자질이 있다. 이러한 점에서 뛰어난 사람은 상대방이 반응적으로 행동할 것이라는 확신을 더 크게 가지고 있다. 이 외에도 사람들은 자신과 사회적 바람직성에서 비슷한 사람에 대해 반응성을 더 확신하는 반면, 불안 애착을 형성한 사

람은 상대방의 반응성에 대한 의구심이 크다.

이 모형의 후반부에는 파트너에게 반응적으로 행동하는 부분이 있다. 상대방과 가깝고 친밀한 관계를 원하고 상대방도 그렇게 반응할 것이라고 믿을 때, 사람들은 상대방의 행복과 안녕을 위해 기꺼이 도움을 제공한다. 또한 그들은 상대방과 자신이 하나라는 정체성을 발달시킨다. 이와 함께 서로 반응하는 관계를 원하는 사람은 그 관계에 강하게 헌신함으로써 파트너와 오랫동안 함께하고자 한다. 그들은 관계에 혜택을 주기 위해 자신의 개인적 목표를 기꺼이 희생하기도 하고([그림 14-11] 참조), 갈등을 자신이 아닌 관계를 위한 방향으로 해결하고자 한다. 이와 관련해서 회피 애착의 경향이 강한 사람은 상대방에게 덜 반응하고 덜 따뜻하게 행동한다. 또한 파트너로부터 지지적인 반응을 받지 못하거나 그럴 것이라고 생각하는 사람들은 그 파트너에게 덜 반응적으로 행동하는 경향이 있다.

그림 14-11 반응성과 친밀성. 친밀한 관계에서는 자기보다는 상대방을 우선시한다.

이 모형의 후반부에 있는 또 다른 측면으로, 사람들은 친밀한 관계에서 파트너의 지지적인 반응을 추구한다. 우리는 자신이 필요한 부분이 있으면 파트너가 그것에 반응해서 행동하도록 만들 필요가 있다. 자신이 힘든 문제를 가지고 있을 때, 우리는 애인이나 친구로부터 정서적인 지지를 받고 싶어 한다. 이때 반응하는 관계를 원하는 사람은 그 파트너로부터 더 반응적인 대우를 받고자 한다. 그러한 반응성이 친밀하고 가까운 관계를 형성하는 데 중요한 수단이기 때문이다. 실제 이러한 사람들은 따뜻하고 신뢰로운 관계에 대한 자신의 바람을 더 많이 개방하고, 그것이 파트너로 하여금 이러한 바람에 맞추어 반응하도록 유도한다. 예외적으로 회피 애착이 강한 사람이나 개인 간 의존을 회피하는 사람은 상대방의 반응적인 행동을 덜 추구한다. 사람들은 상대방의 반응성을 확신할수록 그러한 반응을 더 추구한다. 반대로 파트너에게 지지적인 반응을 요구할 때 비난이나 거절 혹은 그에게 부담을 주거나 관계에 해를 끼친다고 느끼면, 사람들은 상대방에게서 그러한 반응을 덜 추구한다.

이 모형의 후반부는 반응성과 행복의 관계를 제시하고 있다. 우리가 파트너로부터 지지적인 반응을 받으면, 그러한 반응성에 대한 우리의 욕구는 감소하고 심리적으로나 신체적으로 행복한 수준은 높아진다. 긍정적인 사건에 대한 파트너의 지지적인 반응은 우리의 정서적 안녕감과 삶의 만족 수준을 높여 준다. 또한 파트너의 반응성은 우리의 부정적인 사건에 대한 대처 능력을 증가시키고, 과제에 대한 자기효능감

내 마음의 거울

지각된 반응성 척도

여러분 파트너는 여러분에게 얼마나 반응적으로 행동하는가? 여러분 파트너에 대한 자신의 생각을 다음의 숫자로 _____에 적어 보자.

1: 전혀 그렇지 않다   2: 약간 그렇다   3: 보통으로 그렇다

4: 상당히 그렇다   5: 매우 그렇다

_____ 1. 내 파트너는 나의 참모습을 본다.

_____ 2. 내 파트너는 나에 대한 사실을 정확히 파악한다.

_____ 3. 내 파트너는 나의 단점 등 모든 것을 존중한다.

_____ 4. 내 파트너는 나를 잘 알고 있다.

_____ 5. 내 파트너는 진짜 나의 모든 것을 중요하게 여기고 존중한다.

_____ 6. 내 파트너는 나를 이해한다.

_____ 7. 내 파트너는 내 말을 진정으로 경청한다.

_____ 8. 내 파트너는 나에 대한 호감과 격려를 표현한다.

_____ 9. 내 파트너는 내가 생각하고 느낀 것에 관심을 보인다.

_____ 10. 내 파트너는 나의 능력과 의견을 중요하게 여긴다.

_____ 11. 내 파트너는 나와 마음이 잘 맞는다.

_____ 12. 내 파트너는 나의 요구에 잘 반응한다.

주: 각 문항에 적은 숫자를 합한 점수(60점 만점)가 여러분 파트너의 반응성 점수이다. 이 점수가 높을수록 여러분 파트너는 여러분의 참모습을 더 잘 알고 있으며 존중하고 그런 여러분에게 더 많은 관심을 보인다.

출처: Reis et al. (2011).

을 증가시켜 목표 달성에 기여하며, 신체적인 건강에도 긍정적인 영향을 준다. 마지막으로, 파트너에게 지지적으로 반응하는 것은 관계에 대한 우리의 만족도를 높이고, 부정적인 기분을 감소시키며, 긍정적인 자기평가를 가져오는 등 우리 자신의 행복에도 긍정적으로 기여한다. 종합하면, 반응성은 성공적인 친밀한 관계의 핵심적 특징으로, 서로에 대한 호감, 친밀성, 신뢰, 몰입 그리고 행복과 직접적으로 관련되어 있음이 많은 연구에서 입증되고 있다.

사회적 지지.   우리는 누군가의 도움이 필요할 때 낯설거나 거리가 먼 사람보다

그림 14-12 **사회적 지지.** 친밀한 사람은 다양한 차원에서 서로를 지지해 준다.

는 가깝고 친밀한 사람에게 그러한 도움을 요청한다([그림 14-12] 참조). 또한 친밀한 관계에서 보이는 반응성의 핵심적인 요소 중 하나가 파트너에 대한 지지적인 행동이다. 이러한 점에서 사회적 지지는 친밀성을 결정하는 하나의 중요한 요인이다. 사회적 지지는 상대방에게 도움이나 위로를 제공하는 것으로, 전형적으로 생물학적·심리적 그리고 사회적 스트레스에 대처할 수 있도록 도움을 제공하는 것이다. 사회적 지지는 가족, 동료, 이웃, 종교단체, 친구, 애인 등 한 개인의 사회적 연결망 속에 있는 모든 형태의 대인관계에서 이루어질 수 있다(VandenBos, 2015).

Wills(1985)는 사회적 지지를 여섯 가지 형태로 구분했다. 도구적 지지는 다른 사람으로부터 받는 물리적인 도움이다. 돈을 빌려 주거나 잡무를 도와주는 것, 여러 물질적인 자원을 제공하는 것이 여기에 해당한다. 정보적 지지는 어려움에 처해 있거나 의사결정을 해야 할 때 다른 사람으로부터 받는 유용한 정보와 지도를 의미한다. 이 외에도 우리는 파트너로부터 심리적인 혜택을 받을 수 있다. 문제해결에 대한 노력을 지속하도록 격려를 받거나 좌절을 극복하도록 위로를 받을 수도 있다. 또한 관계가 제공하는 존중감 지지는 우리가 자신의 문제점과 약점에도 불구하고 다른 사람들에게 인정받고 수용되고 있다는 느낌을 주는 것이다. 관계는 지위에 대한 지지도 제공하는데, 이것은 우리가 가치 있고 주어진 의무나 역할을 수행할 수 있다는 것을 다른 사람에게 알려 주는 것이다. 마지막으로, 친밀한 사람과의 동료의식은 그 자체로 정서적으로 유쾌하고 유익한 지지의 하나이다.

제1장과 제10장에서 살펴본 것처럼, 사회적 지지는 그 수혜자에게 건강이나 수명과 같은 측면에서 상당한 혜택을 제공한다. 또한 사회적 지지는 개인적이고 관계적인 측면에서 또 다른 긍정적인 효과를 준다. 관련 연구를 고찰한 문헌(Feeney & Collins, 2018)을 볼 때, 주목하고 반응하는 파트너로부터 사회적 지지를 받는 사람은 개인적 행복 수준이 높을 뿐만 아니라 관계적으로 더 잘 기능한다. 그들은 여러 스트레스 상황에서 겪는 우울감이나 적대감과 같은 부정적 정서 수준이 낮아 정서적 안녕감이 높다. 또한 그러한 사람은 자신의 파트너에 대해 더 지지적이며 관계에 대해 만족하는 수준도 높다. 이처럼 파트너의 반응적인 지지는 스트레스는 줄이고 관계의 질은 높이는 효과를 가지고 있다.

4. 관계 만족

의미와 접근. 우리는 만족스러운 관계를 맺고 있는 사람과는 그 관계를 유지하지만, 그렇지 못한 사람들과는 거리를 두거나 관계를 단절한다. 부부가 별거나 이혼을 하는 것도 서로가 그들의 관계에 만족하지 못하기 때문이다. 이처럼 상대방과의 관계 속에서 경험하는 만족은 그 관계의 유지와 성장을 결정하는 주요 요인이다. 관계 만족은 자신의 관계에 대한 주관적인 평가로, 관계의 속성에 대한 것이라기보다는 그 관계에 대한 주관적인 경험과 의견이다. 그래서 동일한 커플의 구성원이라 하더라도 관계에 대한 만족 수준은 다를 수 있다.

Fincham 등(2018)은 관계 만족을 결정하는 요인과 관련해서 세 가지 접근을 소개하고 있다. 그중 하나는 개인 간 혹은 대인관계 접근이다. 이 접근은 당사자들 간의 의사소통, 동료 의식, 갈등과 같은 상호작용이 관계의 만족을 결정한다고 본다. 그러면서 관계 만족을 위해 서로를 잘 조절해서 맞추는 것을 중요시한다. 반면에 개인 내 접근은 관계에 대한 주관적인 평가에 초점을 두고, 만족이나 행복과 같은 측면을 강조한다. 관계 만족에 대한 이러한 일차원적 접근은 만족하는 관계는 부정적인 측면이 적고 긍정적인 측면이 많은 반면, 불만족하는 관계는 이와는 반대라고 보고 있다. 그러나 2차원적 접근에 따르면, 긍정적인 정서와 부정적인 정서는 구분되기 때문에 이 두 측면을 모두 고려할 필요가 있다. 예를 들면, 결혼에 덜 만족하는 커플의 경우 긍정적인 평가는 감소하고 부정적인 평가는 증가할 수도 있지만, 이와는 달리 긍정적인 평가만 감소할 수도 있다. 이러한 점에서 볼 때 관계 만족에 대한 2차원적 접근이 더 설득력이 있어 보인다.

결정 요인. 관계 만족에는 인지와 정서, 행동과 같은 요인이 관여한다. 먼저, 인지 혹은 사고방식이 관계 만족에 미치는 영향은 막강하다. 이때 종종 상대방에 대한 객관적이고 사실적인 지각 못지않게 비현실적이거나 편향된 인식도 관계 만족도를 높이는 데 기여한다. Murray와 Holmes 등(2002)은 행복한 커플이 자신과 상대방과의 유사성을 과장함으로써 관계의 만족도를 높인다는 사실을 발견했다. 그들은 부부 혹은 연인 관계의 커플들에게 자신과 파트너의 성격 특성, 가치, 일상적인 느낌을 기술하도록 했다. 그 결과, 자신과 상대방이 이러한 점에서 사실과 달리 비슷하다고 지각한 사람들이 그들의 관계에 더 만족했고, 자신이 파트너로부터 더 많이 이해받고 있다고 생각했다.

　행복한 커플은 파트너가 보는 자기 자신의 모습보다 그 파트너를 더 긍정적이고 이상적으로 보는 경향이 있다. 예를 들면, 행복한 커플은 상대방의 긍정적인 행동은 그의 성향과 같은 내부에 귀인하고, 부정적인 행동은 상황에 귀인하는 경향을 보인다(Fincham, 2001). 가령, 파트너가 주어진 과업에 실패하면 상황이 불리했다거나 운이 좋지 않았다고 판단하는 반면, 그 일에 성공하면 파트너가 똑똑하고 뛰어나기 때문이라고 생각한다. 행복한 커플은 또한 과거에 대한 회상에서도 편향을 보인다. Karney와 Coombs(2000)는 결혼한 여성을 대상으로 과거를 회상하도록 하는 20년 동안의 종단 연구를 실시했다. 그 결과, 특정 시점에서 과거를 부정적으로 회상한 여성은 그 이후의 10년 동안의 결혼 만족도가 더 높았다. 즉, 과거를 부정적으로 봄으로써 자신의 부부 관계가 더 나아졌다고 평가하는 것이다.

　정서 역시 관계 만족과 밀접하게 관련되어 있다. 제7장에서 살펴본 것처럼 정서는 의사소통에서 빼놓을 수 없는 요소이다. 긍정적인 정서와 부정적인 정서 모두 우리의 관계에 서로 다른 기능을 담당하면서 기여한다. 특히 적합한 방식으로 정서를 표현하고 공유하는 것은 행복한 관계에 필수적인 요소이다. 여러 연구(Fincham et al., 2018)를 볼 때 만족한 커플은 그렇지 않은 커플들에 비해 긍정적 정서를 더 많이 경험하는 것으로 보인다. 이와 같은 특징은 비언어적 및 언어적 측면에서 일관적으로 나타난다. 눈 맞춤, 물리적 거리, 목소리의 톤, 접촉과 같은 비언어적 측면에서뿐만 아니라, 파트너와의 관계에서 경험하는 정서에 대한 자기보고에서도 행복한 커플은 불행한 커플에 비해 긍정적인 정서를 더 많이 경험한다. 자신들의 상호작용을 녹화한 영상을 보면서 각자가 경험한 정서를 평가하도록 했을 때에도, 행복한 커플은 긍정적인 정서를 더 많이 경험하는 것으로 나타난다([그림 14-13] 참조).

　관계의 만족을 위해서는 긍정적인 정서의 경험뿐만 아니라 부정적인 정서의 조절 또한 중요하다. 우리가 파트너와 친밀하고 가깝게 지내다 보면 그 파트너에게 분노나 실망과 같은 부정적인

그림 14-13 **행복한 부부.** 행복한 사람들은 긍정적인 정서를 더 많이 경험한다.

정서를 경험할 수 있다. 이러한 정서를 무조건 억압하는 것은 그 개인의 심리적 상태에도 좋지 않을뿐더러, 관계의 질에도 부정적인 영향을 미치기 쉽다. 자신의 부정적인 정서를 잘 조절하고 적절하게 표현하는 것이 관계 만족에 필수적이다. 부부 관계

에서 부인이 자신의 부정적인 정서 경험과 행동을 낮추는 식으로 조절하는 것은 그 당시 부부 모두의 높은 결혼 만족도와 관련이 있었을 뿐만 아니라, 30년 후 부인의 결혼 만족도 증가와도 관련이 있었다(Bloch et al., 2014).

　행동과 관계 만족의 관계를 다룬 많은 연구(Fincham et al., 2018)를 볼 때, 긍정적인 행동보다는 부정적인 행동이 만족한 커플과 불만족한 커플을 더 잘 구별해 준다. 불만족한 커플은 역기능적인 의사소통 방식, 가령 비난과 불평, 적대감, 방어, 상대방에게 반응하지 않거나 주목하지 않는 것과 같은 무관심, 경청의 실패와 같은 부정적인 행동을 더 많이 한다. 또한 불만족한 커플은 부정적인 행동을 주고받으면서 점점 그 강도가 심해지는 부정적 상승효과를 겪는다. 반면에 만족하는 커플은 초기에 부정적인 행동을 주고받더라도 그것을 개선하려는 시도를 함으로써 거기에서 신속하게 벗어난다. 갈등적으로 상호작용하는 패턴은 시간적으로 꽤 안정적인 것으로 보인다. 신혼부부가 서로에게 보이는 분노와 비난 그리고 부정적 감정의 교환과 같은 부정적인 행동은 6년 후 그들의 결혼 만족도를 80% 정확하게 그리고 이혼과 안정성을 83% 정확하게 예측했다(Gottman et al., 1998). 결혼 첫해에 부정적 행동을 더 많이 보인 부부는 16년 후 더 많이 이혼했다(Birditt et al., 2010). 이처럼 부정적인 행동은 커플 사이의 만족과 그 관계의 안정성을 결정하는 주요한 요소이다.

참고문헌

곽신웅, 이영호(2008). 인터넷동기척도의 개발 및 타당화. 한국심리학회지: 임상, 27(1), 291-310.

김기범, 김미희, 최상진(2002). 한국인의 대인관계에서 기본도덕으로서의 의리분석: 한국인에게 진정한 친구는 의리 있는 친구인가. 한국심리학회: 사회문제, 8(1), 79-101.

김동직, 한성열(1998). 개별성-관계성 척도의 제작과 타당화 연구. 한국심리학회지: 사회 및 성격, 12(1), 71-93.

김희숙(2005). 호칭어의 역설: 2차 현대사회 내 늘어나는 몇몇 친족어사용. 왕한석 외 공저, 현대사회와 호칭어(pp. 149-188). 서울: 도서출판 역락.

박수현, 최상진(1990). '우리성'에 대한 사회심리학적 개념화. 한국심리학회 연차대회 학술발표논문집, 69-78.

박은미(2020). 한국인·중국인·일본인 간 친소관계 맥락에 따른 자기개념 및 행동 판단 가변성의 차이. 중앙대학교 대학원 박사학위논문.

박정열, 허태균, 최상진(2001). 사회적 범주과정의 심리적 세분화: 내집단 속의 우리와 우리편. 한국심리학회지: 일반, 21(1), 25-44.

박정운(2005). 한국어 호칭어 체계. 왕한석 외 공저, 현대사회와 호칭어(pp. 75-95). 서울: 도서출판 역락.

서은국(2014). 행복의 기원. 서울: 21세기북스.

신수진(1999). 한국의 사회변동과 가족주의 전통. 한국가족관계학회지, 4(1), 165-192.

이경탁, 노미진, 권미옥, 이희욱(2013). SNS 사용자의 외로움, 자기노출, 사회적 지지 그리고 삶의 만족에 관한 실증연구. 인터넷전자상거래연구, 13(2), 19-39.

이상태(2010). 식물의 역사: 식물의 탄생과 진화 그리고 생존 전략. 서울: 지오북.

이수원, 이헌남(1993). 한국인의 인정에 관한 사회심리학적 이해. 한국심리학회 심포지엄 '한국인의 심리적 특성: 심리학적 탐색', 61-80.

이승환(1998). 유가사상의 사회철학적 재조명. 서울: 고려대학교출판부.

임영식(1993). 핑계 듣는 사람의 특성과 핑계 유형이 핑계 대는 사람에 대한 처벌과 호감에 미치는 효과. 중앙대학교 대학원 박사학위논문.

장민희(2019). 자기중심성과 자기초월성이 삶과 죽음태도에 미치는 영향: 자아존중감의 확장적 개념 고찰. 중앙대학교 대학원 박사학위논문.

장민희, 김대현, 이장주, 정태연(2017). 초연결 사회 속 피로감에 영향을 미치는 심리적 요인 탐색. 스트레스연구, 25(2), 128-137.

전미경, 오재우(2017). 임상실습 중 간호대학생이 경험하는 무례함, 소진, 전공만족도 및 자기효능감과의 관계. Journal of Digital Convergence, 15(1), 2339-2346.

정다형, 이은효, 김성구, 박홍주(2019). 2019 청소년 성조사. https://evecondoms.com/shopinfo/research.html

차배근(1987). 커뮤니케이션학개론(상). 서울: 세영사.

최봉영(1994). 한국인의 사회적 성격(I): 일반 이론의 구성. 서울: 느티나무.

최봉영(2005). 한국 사회의 차별과 억압: 존비어체계와 형식적 권위주의. 서울: 지식산업사.

최상진(1997a). 한국인의 심리특성. 한국심리학회(편), 현대심리학의 이해(pp. 695-755). 서울: 학문사.

최상진(1997b). 당사자 심리학과 제3자 심리학: 인간관계 조망의 두 가지 틀. 한국심리학회 추계심포지움, 131-143.

최상진(2000). 한국인 심리학. 서울: 중앙대학교출판부.

최상진, 김의철, 유승엽, 이장주(1997). 한국인의 정(情) 표상. 한국심리학회 학술대회 자료집, 553-573.

최상진, 이장주(1999). 정(情)의 심리적 구조와 사회-문화적 기능분석. 한국심리학회지: 사회 및 성격, 13(1), 219-234.

최상진, 한규석(1998). 심리학에서의 객관성, 보편성 및 사회성의 오류: 문화심리학의 도전. 한국심리학회지: 일반, 17(1), 73-96.

최인재, 최상진(2002). 한국인의 문화 심리적 특성이 문제대응방식, 스트레스, 생활만족도에 미치는 영향: 정(情), 우리성을 중심으로. 한국심리학회지: 상담 및 심리치료, 14(1), 55-71.

팜뉴스(2005. 6. 13.). 한국 발기부전 유병율 1위. https://www.pharmnews.com/news/articleView.html?idxno=25089

한규석(2000). 인터넷 교류와 자아의 변화. 문화와 사람, 2, 82-109.

한성열, 한민, 이누미야 요시유키, 심경섭(2015). 문화심리학: 동양인, 서양인, 한국인의 마음. 서울: 학지사.

함인희(2012). 한국가족 내 부부간 성관계에 투영된 젠더 격차(Gender Gap). 여성학논집, 29(2), 175-210.

허태균, 박정열, 최상진(2002). 호오/화친차원 인상형성에 있어 집단정보(우리-남)와 중심특질(따뜻한-차가운)의 점화효과 비교. 한국심리학회 학술대회 자료집, 738-743.

Abele, A. E., & Bruckmuller, S. (2011). The bigger one of the "Big Two"? Preferential processing of communal information. *Journal of Experimental Social Psychology*, *47*, 935-948.

Abele, A. E., & Hauke, N. (2019). Agency and communion in self-concept and in self-esteem. In A. E. Abele & B. Wojciszke (Eds.), *Agency and communion in social psychology* (pp. 52-64). New York, NY: Routledge.

Adams, J. S. (1963). Toward an understanding of inequity. *Journal of Abnormal and Social Psychology*, *67*, 422-436.

Addison, W. E. (1989). Beardedness as a factor in perceived masculinity. *Perceptual and Motor Skill*, *68*, 921-922.

Adler, R. B., & Proctor II, R. F. (2016). *Looking out, looking in* (15th ed.). Wadsworth, OH: Cengage Learning.

Afifi, T. D., Joseph, A., & Aldeis, D. (2012). The "standards for openness hypothesis": Why women find (conflict) avoidance more dissatisfying than men. *Journal of Social and Personal Relationships*, *29*, 102-125.

Agnew, C. R., & VanderDrift, L. E. (2015). Relationship maintenance and dissolution. In M. Mikulincer & P. R. Shaver (Eds.), *APA handbook of personality and social psychology. Vol. 3. Interpersonal relations* (pp. 581-604). Washington, DC: American Psychological Association.

Agnew, C. R., & VanderDrift, L. E. (2018). Commitment processes in personal relationships. In A. L. Vangelisti & D. Perlman (Eds.), *The cambridge handbook of personal relationships* (2nd ed., pp. 437-448). New York, NY: Cambridge University Press.

Alanko, K., Santtila, P., Harlaar, N., Witting, K., Varjonen, M., Jern, P., ... & Sandnabba, N. (2010). Common genetic effects of gender atypical behavior in childhood and sexual orientation in adulthood: A study of Finnish twins. *Archives of Sexual Behavior*, *39*, 81-92.

Albana, K. F., Knapp, M. L., & Thenue, K. E. (2002). Interaction appearance theory: Changing perceptions of physical attractiveness through social interaction. *Communication Theory*, *12*, 8-40.

Alicke, M. D., & Govorun, O. (2005). The better-than-average effect. In M. D. Alicke, D. A. Dunning, & J. I. Krueger (Eds.), *The self in social judgment* (pp. 85-106). New York, NY: Psychology Press.

Allport, G. W. (1937). *Personality: A psychological interpretation*. New York, NY: Holt.

Altman, I., & Taylor, D. (1973). *Social penetration: The*

development of interpersonal relationships. New York, NY: Holt, Rinehart & Winston.

Amato, P. R., & Hohmann-Marriott, B. (2007). A comparison of high- and low-distress marriages that end in divorce. *Journal of Marriage and Family*, *69*, 621-638.

Ambady, N., & Rosenthal, R. (1992). Thin slices of expressive behavior as predictors of interpersonal consequences: A meta-analysis. *Psychological Bulletin*, *111*, 256-274.

Ames, D. R. (2004). Strategies for social inference: A similarity contingency model of projection and stereotyping in attribute prevalence estimates. *Journal of Personality and Social Psychology*, *87*, 573-585.

Amsbary, J. H., Vogel, R., Hickson III, M. L., Witting, J., & Oakes, B. (1994). Smoking artifacts as indicators of homophily, attraction, and credibility: A replication. *Communication Research Reports*, *11*, 161-167.

Anderson, P. A. (1999). When one cannot not communicate: A challenge to Motley's traditional communication postulates. *Communication Studies*, *42*, 309-325.

Anderson, P. A., & Anderson, J. F. (2005). Measurements of perceived nonverbal immediacy. In V. Manusov (Ed.), *The sourcebook of nonverbal measures: Going beyond words* (pp. 113-126). New York, NY: Routledge.

Anusic, I., Schimmack, U., Pinkus, R. T., & Lockwood, R. (2009). The nature and structure of correlations among Big Five ratings. The Halo-Alpha-Beta Model. *Journal of Personality and Social Psychology*, *97*, 1142-1156.

American Psychological Association (APA). (2013). *Diagnostic and statistical manual of mental disorders* (3rd ed.). Washington, DC: APA Press.

Ard, B. N. (1977). Sex in lasting marriages: A longitudinal study. *Journal of Sex Research*, *13*, 274-285.

Argyle, M. (2001). *The psychology of happiness* (2nd ed.). New York, NY: Routledge.

Aries, E. J., & Johnson, F. L. (1983). Close friendship in adulthood: Conversational content between same-sex friends. *Sex Role*, *9*, 1183-1196.

Asendorpf, J. B., & Wilpers, S. (1998). Personality effects on social relationships. *Journal of Personality and Social Psychology*, *74*, 1531-1544.

Ashan, G., & Pfanz, H. (2003). Non-folier photosynthesis: A strategy of additional carbon acquisition. *Flora*, *198*, 81-97.

Ashton, M. C., & Lee, K. (2007). Empirical, theoretical, and practical advantages of the HEXACO model of personality structure. *Personality and Social Psychology Review*, *11*, 150-166.

Aune, R. K., & Aune, K. S. (2008). The effects of perfume use on perceptions of attractiveness and competence. In L. K. Guerrero & M. L. Hecht (Eds.), *The nonverbal communication reader: Classic and contemporary readings* (3rd ed., pp. 94-102). Long Grove, IL: Waveland Press.

Bach, K., & Harnish, R. M. (1979). *Linguistic communication and speech acts*. Cambridge, MA: MIT Press.

Back, M. D., Schmukle, S. C., & Egloff, B. (2008). Becoming friends by chance. *psychological Science*, *19*, 439-440.

Back, M. D., Schmukle, S. C., & Egloff, B. (2010). Why are narcissists so charming at first sight? Decoding the narcissism-popularity link at zero acquaintance. *Journal of Personality and Social Psychology*, *98*, 132-145.

Baldwin, J. R., Perry, S. D., & Moffitt, M. A. (2009). 일상생활에서의 커뮤니케이션 이론 (*Communication theories for everyday life*). (이재호 외 공역). 서울: DIMA 출판사. (원저는 2005년에 출판).

Baluska, F., Volkman, D., Hlavacka, A., Mancuso, S., & Barlow, P. W. (2006). Neurobiological view of plants and their body plan. In F. Baluska, S.

Mancuso, & D. Volkmann (Eds.), *Communication in plants: Neuronal aspects of plant life* (pp. 19–35). Heidelberg, Germany: Springer.

Bandura, A. (1982). The assessment and predictive generality of self-percepts of efficacy. *Journal of Behavior Therapy and Experimental Psychiatry*, *13*(3), 195–199.

Barak, A. (2005). Sexual harassment on the Internet. *Social Science Computer Review*, *23*, 77–92.

Bargiela-Chiappini, F., & Harris, S. (1996). Interruptive strategies in British and Italian management meetings. *Text*, *16*, 269–297.

Barry, R. A., Bunde, M., Brock, R. L., & Lawrence, E. (2009). Validity and utility of a multidimentional model of received support in intimate relationships. *Journal of Family Psychology*, *23*, 48–57.

Bartholomew, K. (1990). Avoidance of intimacy: An attachment perspective. *Journal of Social and Personal Relationships*, *7*, 147–178.

Batson, C. D., Kobrynowicz, D., Dinnerstein, J. L., Kampf, H. C., & Wilson, A. D. (1997). In a very different voice: Unmasking moral hypocrisy. *Journal of Personality and Social Psychology*, *72*, 1335–1348.

Bauer, J. J., & Wayment, H. A. (2008). The psychology of the quiet ego. H. A. Wayment & J. J. Bauer (Eds.), *Transcending self-interest: Psychological explorations of the quiet ego* (pp. 7–19). Washington, DC: American Psychological Association.

Baumeister, R. F. (2000). Gender differences in erotic plasticity. *Psychological Bulletin*, *126*, 347–374.

Baumeister, R. F. (2005). *The cultural animal: Human nature, meaning, and social life*. New York, NY: Oxford University Press.

Baumeister, R. F., & Heatherton, T. F. (1996). Self-regulation failure: An overview. *Psychological Inquiry*, *7*, 1–15.

Baumeister, R. F., & Leary, M. R. (1995). The need to belong: Desire for interpersonal attachments as a fundamental human motivation. *Psychological bulletin*, *117*(3), 497–529.

Baumeister, R. F., & Vohs, K. D. (2012). Self-regulation and the executive function of the self. In M. R. Leary & J. P. Tangney (Eds.), *Handbook of self and identity* (2nd ed., pp. 180–197). New York, NY: Guilford.

Baumeister, R. F., Bratslavsky, E., Finkenauer, C., & Vohs, K. D. (2001). Bad is stronger than good. *Review of General Psychology*, *5*, 323–370.

Baumeister, R. F., Bratslavsky, E., Muraven, M., & Tice, D. M. (1999). Ego depletion: Is the active self a limited resource? In R. F. Baumeister (Ed.), *The self in social psychology* (pp. 317–336). Philadelphia, PA: Psychology Press.

Baumeister, R. F., Campbell, J. D., Krueger, J. L., & Vohs, K. D. (2003). Does high self-esteem cause better performance, interpersonal success, happiness, or healthier lifestyles? *Psychological Science in the Public Interest*, *4*(1), 1–44.

Baumeister, R. F., Catanese, K. R., & Vohs, K. D. (2001). Is there a gender difference in strength of sex drive? *Personality and Social Psychology Review*, *5*, 242–273.

Baumeister, R. F., Exline, J. J., & Sommer, K. L. (1998). The victim role, grudge theory, and two dimensions of forgiveness. In E. L. Worthington, Jr. (Ed.), *Dimensions of forgiveness: Psychological research and theological speculations* (pp. 79–104). Philadelphia, IL: The Templeton Foundation Press.

Baumeister, R. F., Heatherton, T. F., & Tice, D. M. (1994). *Losing control: How and why people fail at self-regulation*. New York, NY: Academic Press.

Baumeister, R. F., Masicampo, E. J., & Twenge, J. M. (2013). The social self. In H. Tennen & J. Suls (Vol. Eds.), *Handbook of psychology. Vol. 5. Personality and social psychology* (pp. 247–273). Hoboken, NJ: Jone Wiley & Sons.

Baumeister, R. F., Smart, L., & Boden, J. M. (1996).

Relation of threatened egotism to violence and aggression: The dark side of high self-esteem. In R. F. Baumeister (Ed.), *The self in social psychology* (pp. 240-279). Philadelphia, PA: Psychology Press.

Baumeister, R. F., Tice, D. M., & Hutton, D. G. (1989). Self-presentational motivations and personality differences in self-esteem. *Journal of Personality, 57,* 547-579.

Baumeister, R. F., Vohs, K. D., & Tice, D. M. (2007). The strength model of self-control. *Current Directions in Psychological Science, 16,* 351-355.

Baxter, L. A. (1984). Secret tests: Social strategies for acquiring information about the state of the relationships. *Human Communication Research, 11,* 171-201.

Baxter, L. A. (1987). Self-disclosure and relationship disengagement. In V. J. Derlega & J. H. Berg (Eds.), *Self-disclosure: Theory, research, and therapy* (pp. 155-174). New York, NY: Plenum.

Baxter, L. A., & Montgomery, B. M. (1996). *Relating: Dialogues and dialectics.* New York, NY: Guilford.

Baxter, L. A., & Norwood, K. M. (2016). Relational dialectics theory. In C. R. Berger & M. E. Roloff (Eds.), *International encyclopedia of interpersonal communication* (Vol. 2, pp. 1443-1451). Hoboken, NJ: Wiley-Blackwell.

Baxter, L. A., & Wilmot, W. W. (1985). Taboo topics in close relationships. *Journal of Social and Personal Relationships, 2,* 253-269.

Bayliss, A. P., di Pellegrino, G., & Tipper, S. P. (2005). Sex differences in eye gaze and symbolic cueing of attention. *Quarterly Journal of Experimental Psychology, Section A: Human Experimental Psychology, 58,* 631-650.

Beatty, M. J., McCroskey, J. C., & Heisel, A. D. (1998). Communication apprehension as temperamental expression: A communibiological paradigm. *Communication Monographs, 65,* 197-219.

Beauregard, K. S., & Dunning, D. (2001). Defining self-worth: Trait self-esteem moderates the use of self-serving social definitions in social judgment. *Motivation and Emotion, 25,* 135-162.

Becchetti, L., & Pelloni, F. (2008). Relational goods, sociability, and happiness. *Kyklos, 61*(3), 343-363.

Becker, C. (1987). Friendships between women: A phenomenological study of best friends. *Journal of Phenomenological Psychology, 18,* 59-72.

Bedford, D., & Wang, D. (1973). Towards an objective interpretation of quantum mechanics. *Nuovo Cimento, 26B,* 313-325.

Bem, D. J. (1972). Self-perception theory. In L. Berkowitz (Ed.), *Advances in experimental social psychology* (Vol. 6, pp. 1-62). New York, NY: Academic Press.

Berge, R. C. (2004). *Interaction appearance theory and initial interactions.* Unpublished master's thesis, University of Texas, Austin, TA.

Berger, C. R., & Calabrese, R. (1975). Some exploration in initial interaction and beyond: Toward a developmental theory of interpersonal communication. *Human Communication Research, 1,* 99-112.

Berger, H. (2002). *Interference and competition while attacking intruder in groups of Arabian Babblers.* MSc Thesis, Tel-Aviv University, Israel.

Bermúdez, J. L. (2011). Bodily awareness and self-consciousness. In S. Gallagher (Ed.), *The Oxford handbook of the self* (pp. 157-179). New York, NY: Oxford University Press.

Berry, D. S. (1991). Attractive faces are not all created equal: Joint effects of facial babyishness and attractiveness on social perception. *Personality and Social Psychology Bulletin, 17,* 523-531.

Berscheid, E. (2010). Love in the fourth dimension. *Annual Review of Psychology, 61,* 1-25.

Berscheid, E., & Ammazzalorso, H. (2001). Emotional experience in close relationships. In M. Hewstone & M. Brewer (Eds.), *Blackwell handbook of social psychology. Vol. 2. Interpersonal processes* (pp. 308–330). Oxford, England: Blackwell.

Berscheid, E., & Walster, E. H. (1974). Physical attractiveness. In L. Berkowitz (Ed.), *Advances in experimental social psychology* (Vol. 7, pp. 158–215). New York, NY: Academic.

Beyers, W., Goossens, L., Vansant, L., & Moors, E. (2003). A structural model of autonomy in middle and late adolescence: Connectedness, separation, detachment, and agency. *Journal of Youth and Adolescence, 32*, 351–65.

Bickman, L. (1974). Social roles and uniforms: Clothes make the person. *Psychology Today, 7*, 48–51.

Biehl, M., Matsumoto, D., Ekman, P., Hearn, V., Heider, K., Kudoh, T., & Ton, V. (1997). Matusmoto and Ekman's Japanese and Caucasian facial expressions of emotion (JACFEE): Reliability data and cross-cultural differences. *Journal of Nonverbal Behavior, 21*, 3–21.

Biernat, M. (1993). Gender and height: Developmental patterns in knowledge and the use of an accurate stereotype. *Sex Roles, 29*, 69–713.

Biglan, A., Hops, H., Sherman, L., Frideman, L., Arthur, J., & Osteen, V. (1985). Problem solving interactions of depressed women and their husbands. *Behavior Therapy, 16*, 431–451.

Bilous, F. R., & Krauss, R. M. (1988). Dominance and accommodation in the conversational behaviors of same- and mixed-gender dyads. *Language and Communication, 8*, 183–194.

Birditt, K. S., Brown, E., Orbuch, T. L., & McIlvane, J. M. (2010). Marital conflict behaviors and implications for divorce over 16 years. *Journal of Marriage and Family, 72*, 1188–1204.

Bissonnette, V. L., Rusbult, C. E., & Kilpatrick, S. D. (1997). Empathic accuracy and marital conflict resolution. In W. Ickes (Ed.), *Empathic accuracy* (pp. 251–281). New York, NY: Guilford.

Blake, R. R., & Mouton, J. S. (1964). *The managerial grid.* Houston, TX: Gulf.

Bleske, A. L., & Shackelfored, T. K. (2001). Poaching, promiscuity, and deceit: Combating mating rivalry in same-sex friendships. *Personal Relationships, 8*, 407–424.

Bloch, L., Haase, C. M., & Levenson, R. W. (2014). Emotion regulation predicts marital satisfaction: More than a wives' tale. *Emotion, 14*, 130–144.

Blos, P. (1979). *The adolescent passage.* Madion, CT: International University Press.

Bochner, S., & Hesketh, B. (1994). Power distance, individualism/collectivism, and job-related attitudes in a culturally diverse work group. *Journal of Cross-Cultural Psychology, 25*, 233–257.

Bolye, E. A., Anderson, A. H., & Newlands, A. (1994). The effects of visibility on dialogue and performance in a cooperative problem-solving task. *Language and Speech, 37*, 1–20.

Bond, C. F., & Global Deception Research Team. (2006). A world of lies. *Journal of Cross-Cultural Psychology, 37*, 60–74.

Bouchard, Jr., T. J., & Loehlin, J. C. (2001). Genes, evolution, and personality. *Behavior Genetics, 31*, 243–273.

Boven, L., & Lowenstein, G. (2005). Cross-situational projection. In M. D. Alicke, D. A. Dunning, & J. I. Krueger (Eds.), *The self in social judgment* (pp. 43–64). New York, NY: Psychology Press.

Bowlby, J. (1969). *The structure of psychological well-being.* Chicago, IL: Aldine.

Bowlby, J. (1973). *Attachment and loss. Vol. 2. Separation: Anxiety and anger.* New York, NY: Basic Books.

Bowlby, J. (1982). *Attachment and loss. Vol. 1. Attachment* (2nd ed.). New York, NY: Basic Books.

Bowman, B., Punyanunt-Carter, N., Cheah, T., Watson, W., & Rubin, R. (2007). Does listening to Mozart affect listening ability? *International Journal of Listening, 21*, 124–139.

Boynton, M. (2008). *What rapunzel and Lady Godiva have in common: Using hair length as a cue for sexual availability*. Poster presented at the meeting on the Society for Personality and Social Psychology, Albuquerque, NM.

Braiker, H. B., & Kelley, H. H. (1979). Conflict in the development of close relationships. In R. L. Burgess & T. L. Hustion (Eds.), *Social exchange in developing relationships* (pp. 135–168). New York, NY: Academic Press.

Brass, D. J., & Labianca, G. (1999). Social capital, social liabilities, and social resources management. In R. Th, A. J. Leenders, & S. M. Babbay (Eds.), *Corporate social capital and liability* (pp. 323–340). Dordrecht, Netherlands: Kluwer.

Brewer, M. B., & Gardner, W. (1996). Who is this "We"? Levels of collective identity and self representations. *Journal of Personality and Social Psychology, 71*, 83–93.

Brewer, M. B., Dull, V., & Lui, L. (1981). Perceptions of the elderly: Stereotypes as prototypes. *Journal of Personality and Social Psychology, 41*, 656–670.

Brickman, P., Dunkel-Schetter, C., & Abbey, A. (1987). The development of commitment. In P. Brickman (Ed.), *Commitment, conflict, and caring* (pp. 145–221). Englewood Cliffs, NJ: Prentice-Hall.

Bridge, K., & Baxter, L. A. (1992). Blended relationships: Friends as work associates. *Western Journal of Communication, 56*, 200–225.

Brito, R., Waldzus, S., Sekerdej, M., & Schubert, T. (2001). The contexts and structures of relating to others: How memberships in different types of group shape the construction of interpersonal relationships. *Journal of Social and Personal Relationships, 28*, 406–432.

Brizendine, L. (2006). *The female brain*. New York, NY: Morgan Road Books.

Brochu, P. M., & Morrison, M. A. (2007). Implicit and explicit prejudice toward overweight and average-weight men and women: Testing their correspondence and relation to behavioral intentions. *Journal of Social Psychology, 147*, 681–706.

Brown, E., & Perrett, D. I. (1993). What gives a face its gender? *Perception, 22*, 829–840.

Brown, P., & Levinson, S. C. (1987). *Politeness: Some universals in language usage*. New York, NY: Cambridge University Press.

Brown, R., & Gilman, A. (1960). The pronouns of power and solidarity. In T. A. Sebeok (Ed.), *Style in language* (pp. 252–275). Cambridge, MA: MIT Press.

Brunsma, D. L., & Rockquemore, K. A. (1998). Effects of student uniforms on attendance, behavior problems, substance use, and academic achievement. *Journal of Educational Research, 92*, 53–62.

Bryant, B. K. (1989). The need for support in relation to the need for autonomy. In D. Belle (Ed.), *Children's social networks and social supports* (pp. 332–351). New York, NY: Wiley.

Bryant, E. M., Marmo, J., & Ramirez, A., Jr. (2011). Functional approach to social networking sites. In K. B. Wright & L. M. Webb (Eds.), *Computer-mediated communication in personal relationships* (pp. 3–20). New York, NY: Peter Lang.

Bryson, J. B. (1991). Modes of response to jealousy-evoking situations. In P. Salovey (Ed.), *The psychology of jealousy and envy* (pp. 178–207). New York, NY: Guilford.

Buck, R. (1991). Social factors in facial display and communication: A reply to Chovil and others. *Journal of Nonverbal Behavior, 15*, 155–161.

Buck, R. (1994). *The communication of emotion*. New York, NY: Guilford.

Buck, R., & Ginsburg, B. (1997). Communicative genes and the evolution of empathy. In W. Ickes (Ed.), *Empathic accuracy* (pp. 17–43). New York, NY: Guilford.

Buckley, K. E., Winkel, R. E., & Leary, M. R. (2004).

Emotional and behavioral responses to interpersonal rejection: Anger, sadness, hurt, and aggression. *Journal of Experimental Social Psychology, 40*, 14-28.

Buhrmester, D., & Furman, W. (1986). The changing functions of friends in childhood: A neo-Sullivanian perspective. In M. Hojjat & A. Moyer (Eds.), *The psychology of friendship* (pp. 41-62). Oxford, UK: Oxford University Press.

Burda, P. C., Vaux, A., & Schill, T. (1984). Social support resources: Variation across sex and sex roles. *Personality and Social Psychological Bulletin, 10*, 119-126.

Burgoon, J. K., Guerrero, L. K., & Floyd, K. (2010). *Nonverbal communication*. New York, NY: Allyn & Bacon.

Burke, J. P., & Stets, J. E. (2009). *Identity theory*. New York, NY: Oxford University Press.

Burleson, B. R. (2003). The experience of emotional support: What the study of cultural and gender differences can tell us about close relationships, emotion, and interpersonal communication. *Personal Relationships, 10*, 1-23.

Busby, D. M., & Holman, T. B. (2009). Perceived match or mismatch on the Gottman Conflict Styles: Associations with relationship outcome variables. *Family Process, 48*, 531-545.

Buscaglia, L. (1992). *Self-assertion for women*. New York, NY: Harper-Collins.

Buss, D. M. (1989). Sex differences in human mate preferences: Evolutionary hypothesis tested in 37 cultures. *Behavioral and Brain Sciences, 12*, 1-14.

Buss, D. M., & Schmitt, D. P. (1993). Sexual strategies theory: An evolutionary perspective on human mating. *Psychological Review, 100*, 204-232.

Buunk, A. P., & Dijkstra, P. (2000). Extradyadic relationships and jealousy. In C. Hendrick & S. S. Hendrick (Eds.), *Close relationships: A sourcebook* (pp. 317-343). Thousand Oaks, CA: Sage.

Buunk, A. P., & Dijkstra, P. (2006). Temptation and threat: Extradyadic relations and jealousy. In A. L. Vangelisti & D. Perlman (Eds.), *The Cambridge handbook of personal relationships* (pp. 533-555). New York, NY: Cambridge University Press.

Buunk, A. P., Dijkstra, P., & Massar, K. (2018). The universal threat and temptation of extradyadic affairs. In A. L. Vangelisti & D. Perlman (Eds.), *The Cambridge handbook of personal relationships* (2nd ed., pp. 353-564). New York, NY: Cambridge University Press.

Buzwell, S., & Rosenthal, D. (1996). Constructing a sexual self: Adolescents' sexual self-perceptions and sexual risk-taking. *Journal of Research on Adolescence, 6*, 489-513.

Byers, E. S. (2002). Evidence for the importance of relationship satisfaction for women's sexual functioning. *Women and Therapy, 24*, 23-26.

Byers, E. S., & Demmons, S. (1999). Sexual satisfaction and sexual self-disclosure within dating relationships. *Journal of Sex Research, 36*, 180-189.

Byers, P., & Byers, H. (1972). Nonverbal communication and the education of children. In C. B. Cazden, V. P. John, & D. Hymes (Eds.), *Functions of language in the classroom* (pp. 3-31). New York, NY: Teachers College Press.

Cacioppo, J. T., Cacioppo, S., Gonzaga, G. C., Ogburn E. L., & VanderWeele, T. J. (2013). Marital satisfaction and break-ups differ across on-line and off-line meeting venues. *PNAS, 110*, 10135-10140.

Caldwell, M. A., & Peplau, L. A. (1982). Sex differences in same-sex friendship. *Sex Roles, 8*, 721-732.

Campbell, R., Benson, P. J., Wallace, S. B., et al. (1999). More about brows: How poses that change brow position affect perceptions of sex. *Perception, 28*, 489-504.

Campbell, W. K., & Buffardi, L. E. (2008). The lure of the noisy ego: Narcissism as a social trap. In H. A. Wayment & J. J. Bauer (Eds.), *Transcending* self-interest: Psychological explorations of the quiet ego (pp. 23-32). Washington, DC: American Psychological Association.

Campbell, W. K., & Foster, J. (2007). The narcissistic self: Background and extended agency, and current controversies. In C. Sedikides & S. J. Spencer (Eds.), The self (pp. 115-138). New York, NY: Psychology press.

Campbell, W. K., Brunell, A. B., & Finkel, E. J. (2006). Narcissism, interpersonal self-regulation, and romantic relationships: An agency model approach. In K. D. Vohs & E. J. Finkel (Eds.), Self and relationships: Connecting intrapersonal and interpersonal processes (pp. 57-83). New York, NY: Guilford.

Canary, D. J., & Dainton, M. (2006). Maintaining relationships. In A. L. Vangelisti & D. Perlman (Eds.), The Cambridge handbook of personal relationships (pp. 727-743). New York, NY: Cambridge University Press.

Canary, D. J., & Lakey, S. (2013). Strategic conflict. New York, NY: Routledge.

Canary, D. J., Cupach, W. R., & Messman, S. J. (1995). Relationship conflict. Thousand Oaks, CA: Sage.

Cann, A., & Baucom, T. R. (2004). Former partners and new rivals as threats to a relationship: Infidelity type, gender, and commitment as factors related to distress and forgiveness. Personal Relationships, 11, 305-318.

Caplan, S. E. (2007). Relations among loneliness, social anxiety, and problematic internet use. Cyberpsychology and Behavior, 10, 234-241.

Cappella, J. N. (1987). Interpersonal communication: Fundamental questions and issues. In C. R. Burger & S. H. Chaffee (Eds.), Handbook of communication science (pp. 184-238). Newbury Park, CA: Sage.

Carbery, J., & Bhurmester, D. (1998). Friendship and need fulfillment during three phases of young adulthood. Journal of Social and Personal Relationships, 15, 393-409.

Carpenter, S. L. (1988). Self-relevance and goal-directed processing in the recall of weighting of information about others. Journal of Experimental Social Psychology, 24, 310-322.

Carstensen, L. L., Lsaacowitz, D. M., & Charles, S. T. (1999). Taking time seriously: A theory of socioemotional selectivity. American Psychologist, 54, 165-181.

Carston, R. (2002). Thoughts and utterances: The pragmatics of explicit communication. Cambridge, MA: Blackwell.

Cartmill, E. A., & Goldin-Meadow, S. (2016). Gesture. In D. Matsumoto, H. C. Hwang & M. G. Frank (Eds. in chief), APA handbook of nonverbal behavior (pp. 307-333). Washington, DC: American Psychological Association.

Carver, C. S. (2006). Approach, avoidance, and the self-regulation of affect and action. Motivation and Emotion, 30, 105-110.

Carver, C. S., & Scheier, M. F. (1999). Control theory: A useful conceptual framework for personality-social, clinical, and health psychology. In R. F. Baumeister (Ed.), Self in social psychology (pp. 299-316). Philadelphia, PA: Psychology Press.

Cash, T. F., & Janda, L. H. (1984, December). The eye of the beholder. Psychology Today, 46-52.

Cassidy, J., & Kobak, R. R. (1988). Avoidance and its relationship with other defensive processes. In J. Belsky & T. Nezworski (Eds.), Clinical implications of attachment (pp. 300-323). Hillsdale, NY: Erlbaum.

Castelfranchi, C., & Falcone, R. (2010). Trust theory: A socio-cognitive and computational model. West Sussex, UK: John Wiley & Sons.

Caughlin, J. P., & Vangelisti, A. L. (2009). Why people conceal or reveal secrets: A multiple goals theory perspective. In T. D. Afifi & W. A. Afifi (Eds.), Uncertainty, information management, and disclosure decisions: Theories and applications (pp.

279-299). New York, NY: Routledge.

Chan, T., Wang, I., & Ybarra, O. (2019). Connect and strive to survive and thrive: The evolutionary meaning of communion and agency. In A. E. Abele, & B. Wojciszke (Eds.), *Agency and communion in social psychology* (pp. 13-24). New York, NY: Routledge.

Charania, M., & Ickes, W. J., (2006). Research methods for the sutdy of personal relationships. In A. L. Vangelisti & D. Perlman (Eds.), *The Cambridge handbook of personal relationships* (pp. 51-71). New York, NY: Cambridge University Press.

Chartrand, T. L., & Bargh, J. A. (1999). The chameleon effect: The perception-behavior link and social interaction. *Journal of Personality and Social Psychology, 76*, 893-910.

Cheek, J. M., & Buss, A. H. (1981). Shyness and sociability. *Journal of Personality and Social Psychology, 41*, 330-339.

Chen, H., Cohen, P., Kasen, S., Johnson, J. G., Ehrensaft, M., & Gordon, K. (2006). Predicting conflict within romantic relationship during the transition to adulthood. *Personal Relationships, 13*, 411-427.

Chen, S. X., Benet-Martinez, V., & Ng, J. C. K. (2013). Does language affect personality perception? A functional approach to testing the Whorfian hypothesis. *Journal of Personality, 82*, 130-143.

Chesler, M. A., & Barbarin, O. A. (1985). Difficulties of providing help in a crisis: Relationships between parents of children with cancer and their friends. *Journal of Social Issues, 40*, 113-134.

Choi, S. C., & Choi, S. H. (1990). *We-ness. The Korean discourse of collectivism.* Paper presented at the International Conference of Individualism and Collectivism: Psychocultural perspectives from East and West, July, 9-13, Seoul, Korea.

Cislak, A., & Cichocka, A. (2019). Power, self-focus, and the Big Two. In A. E. Abele & B. Wojciszke (Eds.), *Agency and communion in social psychology* (pp. 142-153). New York, NY: Routledge.

Clark, H. H. (1985). Language use and language users. In G. Lindzey & E. Aronson (Eds.), *The handbook of social psychology* (3rd ed., pp. 179-231). New York, NY: Random House.

Clark, M. S., & Mills, J. R. (2012). A theory of communal (and exchange) relationships. In P. A. M. Van Lange, A. W. Kruglanski, & E. T. Higgins (Eds.), *Handbook of theories of social psychology* (Vol. 2, pp. 232-250). Thousand Oaks, CA: Sage.

Clark, M. S., & Lemay, Jr., E. P. (2010). Close relationships. In S. T. Fiske, D. T. Gilbert, & G. Lindzey (Eds.), *Handbook of social psychology.* (5th ed., Vol. 2, pp. 898-940). Hoboken, NJ: John Wiley & Sons, Inc.

Clark, M., Fitness, J., & Brissette, I. (2001). Understanding people's perceptions of relationships is crucial to understanding their emotional lives. In G. J. O. Fletcher & M. Clark (Eds.), *Blackwell handbook of social psychology: Interpersonal processes* (pp. 253-278). Oxford, UK: Blackwell.

Clarke, L. H. (2010). Researching the body and embodiment in later life. In M. Leontowitsch (Ed.), *Researching later life and ageing: Expanding qualitative research horizons* (pp. 24-40). Palgrave Macmillan, London: Springer.

Cloutier, J., Heatherton, T. F., Whalen, P. J., & Kelley, W. M. (2008). Are attractive people rewarding? Sex differences in the neural substrates of facial attractiveness. *Journal of Cognitive Neuroscience, 20*, 941-951.

Coan, J. A., Schaefer, H. S., & Davidson, R. J. (2006). Lending a hand: Social regulation of the neural response to threat. *Psychological Science, 17*, 1032-1039.

Cocola, N. W., & Matthews, A. M. (1992). *How to manage your mother: Skills and strategies to improve mother-daughter relationships.* New York, NY:

Simon & Schuster.

Collins, N. L., & Miller, L. C. (1994). Self-disclosure and liking: A meta-analytic review. *Psychological Bulletin, 116,* 457-475.

Collins, W. A., & Laursen, B. (2000). Adolescent relationships: The art of fugue. In C. Hendrick & S. S. Hendrick (Eds.), *Close relationships: A sourcebook* (pp. 59-69). Thousand Oaks, CA: Sage.

Colvin, C. R., Vogt, D. S., & Ickes, W. (1997). Why do friends understand each other better than strangers. In W. Ickes (Ed.), *Empathy accuracy* (pp. 169-193). New York, NY: Guilford.

Cooley, C. H. (1902). *Human nature and the social order.* New York, NY: Scribner's.

Cooper, A. (1998). Sexuality and the Internet: Surfing into the new millenium. *Cyberpsychology & Behavior, 1,* 181-187.

Coopersmith, S. (1967). *The antecedents of self-esteem.* San Francisco, CA: Freeman.

Couch, L. L., & Jones, W. H. (1997). Conceptualizing levels of trust. *Journal of Research in Personality, 31,* 319-336,

Cox, C. L., & Glick, W. H. (1986). Resume evaluations and cosmetics use: When more is not better. *Sex Roles, 14,* 51-58.

Coyne, C., Rohrbaugh, M. J., Shoham, V., Sonnega, J. S., Nicklas, J. M., & Cranford, J. A. (2001). Prognostic importance of marital quality for survival of congestive heart failure. *The American Journal of Cardiology, 88,* 526-529.

Crandall, C. S. (1991). Do heavy-weight students have more difficulty paying for college? *Personality and Social Psychology Bulletin, 17,* 606-611.

Crawford, M., & Gartner, R. (1992). *Women killing: Intimate femicide in Ontario, 1974-1990.* Toronto, Canada: Women We honour Action Committee.

Critcher, C. R., Helzer, E. G., & Dunning, D. (2011). Self-enhancement via redefinition: Defining social concepts to ensure positive views of the self. In M. D. Alicke & C. Sedikides (Eds.), *Handbook of self-enhancement and self-perception* (pp. 69-91). New York, NY: Guilford.

Crocker, J. (2008). From egosystem to ecosystem implications for learning, relationships, and well-being. In H. A. Wayment & J. J. Bauer (Eds.), *Transcending self-interest: Psychological explorations of the quiet ego* (pp. 63-72). Washington, DC: American Psychological Association.

Crocker, J., & Canevello, A. (2008). Creating and undermining social support in communal relationships: The role of compassionate and self-image goals. *Journal of Personality and Social Psychology, 95,* 555-575.

Crocker, J., & Canevello, A. (2012). Egosystem and ecosystem: Motivational perspectives on caregiving. In S. R. Brown, M. Brown, & L. A. Penner (Eds.), *Moving beyond self interest* (pp. 211-223). New York, NY: Oxford University Press.

Crocker, J., & Canevello, A. (2015). Relationships and the self: Egosystem and ecosystem. In M. Mikulincer, P. R. Shaver, J. A. Simpson, & J. F. Dovidio (Eds.), *APA handbook of personality and social psychology. Vol. 3. Interpersonal relations* (pp. 93-116). Washington, DC: American Psychological Association.

Crocker, J., & Park, L. E. (2004). The costly pursuit of self-esteem. *Psychological Bulletin, 130*(3), 392-414.

Crocker, J., & Wolfe, C. T. (2001). Contingencies of self-worth. *Psychological Review, 108,* 593-623.

Csikszentmihalyi, M., & Figurski, T. J. (1982). Self-awareness and aversive experience in everyday life. *Journal of Personality, 50,* 15-28.

Cunningham, M. R., Shamblen, S. R., Barbee, A. P., & Ault, L. K. (2005). Social allergies in romantic relationships: Behavioral repetition, emotional sensitization, and dissatisfaction in dating couples. *Personal Relationships, 12,* 273-295.

Cupach, W. R., & Spitzberg, B. H. (2004). *The dark side of relationship pursuit: From attraction to obsession to stalking.* Mahwah, NJ: Erlbaum.

Curtin, N., Ward, M. L., Merriwether, M., & Caruthers, A. (2011). Femininity ideology and sexual health in young women: A focus on sexual knowledge, embodiment, and agency. *International Journal of Sexual Health, 23,* 48–62.

Dabbs, Jr., J. M., & Stokes Ⅲ, N. A. (1975). Beauty is power: The use of space on th sidewalk. *Sociometry, 38,* 551–557.

Daft, R. L., & Lengel, R. H. (1986). Organizational information requirements, media richness and structural design. *Management Science, 32,* 544–571.

Daly, J. A., Caughlin, J. P., & Stafford, L. (1997). Correlates and consequences of social-communicative anxiety. In J. A. Daly, J. C. McCroskey, J. Ayres, T. Hopf, & D. M. Ayres (Eds.), *Avoiding communication: Shyness, reticence, and communication apprehension* (pp. 21–71). New York, NY: Hampton Press.

Damian, R. L., Su, R., Shanahan, M., Trautwein, U., & Roberts, B. W. (2015). Can personality traits and intelligence compensate for background disadvantage? Predicting status attainment in adulthood. *Journal of Personality and Social Psychology, 109,* 473–489.

Dance, F. E. X. (1967). Toward a theory of human communication. In F. E. X. Dance (Ed.), *Human communication theory: Original essays.* New York, NY: Holt, Rinehart and Winston.

Darley, J. M. (1992). Social organization for the production of evil. *Psychological Inquiry, 3,* 199–218.

Darley, J. M., & Berscheid, E. (1967). Increased liking as a result of the anticipation of personal contact. *Human Relations, 20,* 29–40.

Darwin, C. (1859). *On the origins of species.* London, England: Murray.

Darwin, C. (1872). *The expression of emotion in man and animals.* New York, NY: Oxford University Press.

Davis, D. E., Ho, M. Y., Griffin, B. J., Bell, C., Hook, J. N., Van Tongeren, D. R., ... Westbrook, C. J. (2015). Forgiving the self and physical and mental health correlates: A meta-analysis review. *Journal of Counseling Psychology, 62*(2), 329–335.

Davis, J. D. (1978). When boy meets girl: Sex roles and the negotiation of intimacy in an acquaintance exercise. *Journal of Personality and Social Psychology, 36,* 684–692.

de Jong, P. F., Koomen, W., & Mellenbergh, G. J. (1988). Structure of causes for success and failure: A multidimensional scaling analysis of preference judgments. *Journal of Personality and Social Psychology, 55,* 718–725.

de Vries, B. (1991). Friendship and kinship patterns over the life course: A family stage perspective. In L. Stone (Ed.), *Caring communities: Proceedings of the symposium on social supports* (pp. 90–107). Ottawa, Canada: Industry, Science, and Technology.

de Vries, B. (1996). The understanding of friendship: An adult life course perspective. In C. Magai & S. H. McFadden (Eds.), *Handbook of emotion, adult development, and aging* (pp. 249–268). New York, NY: Academic Press.

Deci, E. L., & Ryan, R. M. (1987). The support of autonomy and the control of behavior. *Journal of Personality and Social Psychology, 53,* 1024–1037.

Deci, E., L., & Ryan, R. M. (1995). Human autonomy: The basis for true self-esteem. In M. Kernis (Ed.), *Efficacy, agency, and self-esteem* (pp. 31–49). New York, NY: Plenum Press.

Deci, E. L., & Ryan, R. M. (2012). Self-determination theory. In P. A. M. Van Lange, A. W. Kruglanski, & E. T. Higgins (Eds.), *Handbook of theories of social psychology* (Vol. 1, pp. 416–437). Thousand Oaks, CA: Sage.

Denton, W. H., & Burleson, B. R. (2007). The Initiator Style Questionnaire: A scale to assess initiator tendency in couples. *Personal Relationships, 14*, 245-268.

Derlega, V. J., & Chaikin, A. L. (1976). Norms affecting self-disclosure in men and women. *Journal of Consulting and Clinical Psychology, 44*, 376-380.

Dermer, M., & Thiel, D. L. (1975). When beauty may fail. *Journal of Personality and Social Psychology, 31*, 1168-1176.

DeWall, C. N., Baumeister, R. F., & Vohs, K. D. (2008). Satiated with belongingness? Effects of acceptance, rejection, and task framing on self-regulatory performance. *Journal of Personality and Social Psychology, 95*, 1367-1382.

DeWall, C. N., Twenge, J. M., Gitter, S. A., & Baumeister, R. F. (2009). It's the thought that counts: The role of hostile cognition in shaping aggressive responses to social exclusion. *Journal of Personality and Social Psychology, 96*, 45-59.

DeYoung, C. G. (2006). Higher-order factors of the Big Five in a multi-informant sample. *Journal of Personality and Social Psychology, 91*, 1138-1151.

Diamond, L. M. (2003). Was it a phase? Young women's relinquishment of lesbian/bisexual identities over a 5-year period. *Journal of Personality and Social Psychology, 84*, 352-364.

Diamond, L. M. (2014). Gender and same-sex sexuality. In D. L. Tolman & L. M. Diamond (Eds. in chief), *APA handbook of sexuality and psychology. Vol. 1. Person-based approaches* (pp. 629-652). Washington, DC: American Psychological Association.

Diggle, S. P., Crusz, S. A., & Camara, M. (2007). Quorum sensing. *Current Biology, 17*, R907-R910.

Digman, J. M. (1997). Higher-order factors of the Big Five. *Journal of Personality and Social Psychology, 73*, 1246-1256.

Dik, B. J., Morse, J., White, M., & Shimizu, A. B. (2017). Humility in career development. In E. L. Worthington, Jr., D. E. Davis, & J. N. Hook (Eds.), *Handbook of humility: Theory, research, and applications* (pp. 207-220). New York, NY: Routledge.

Dindia, K. (2000). Relational maintenance. In C. Hendrick & S. S. Hendrick (Eds.), *Close relationships: A sourcebook* (pp. 287-300). Thousand Oaks, CA: Sage.

Dindia, K., & Allen, M. (1992). Sex differences in self-disclosure: A meta-analysis. *Psychological Bulletin, 112*, 106-124.

Domen, S., Smits, I., Luyckx, K., Duriez, B., Vanhalst, J., Verschueren, K., & Goossens, L. (2012). Identity and perceived peer relationship quality in emerging adulthood: The mediating role of attachment-related emotions. *Journal of Adolescence, 35*, 1417-1425.

Donald, J. N., Ciarrochi, J., Parker, P. D., Sahdra, B. K., Marshall, S. L., & Guo, J. (2018). A worthy self is a caring self: Examining the developmental relations between self-esteem and self-compassion in adolescents. *Journal of Personality, 86*(4), 619-630.

Dotan, H. (2009). *Workplace friendships: Formation and consequences for managerial effectiveness.* Presented at the meeting of the Academy of Management, Chicago, IL.

Dovidio, J. F., Brown, C. E., Heltman, K., Ellyson, S. L., & Keating, C. F. (1988). Power displays between women and men in discussion of gender-linked tasks: A multichannel study. *Journal of Personality and Social Psychology, 55*, 580-587.

Downey, G., & Feldman, S. (1996). Implications of rejection sensitivity for intimate relationships. *Journal of Personality and Social Psychology, 70*, 1327-1343.

DreBing, H., Bailer, J., Anders, A., Wagner, H., & Gallas, C. (2014). Cyberstalking in a large sample of social network users: Prevalence, characteristics, and impact upon victims. *Cyberpsychology, Behavior, & Social Networking, 17*, 61-67.

Dudley, S. A., & File, A. L. (2007). Kin recognition in an annual plant. *Biology Letters, 3*, 435–438.

Duguid, M. M., & Goncalo, J. A. (2012). Living large: The powerful overestimate their own height. *Psychological Science, 23*, 36–40.

Dunbar, N. E., & Burgoon, J. K. (2005). Measuring nonverbal dominance. In V. Manusov (Ed.), *The sourcebook of nonverbal measures: Going beyond words* (pp. 361–374). New York, NY: Routledge.

Dunbar, R. (2010). *How many friends does one person need? Dunbar's number and other evolutionary quirks.* Cambridge, MA: Harvard University Press.

Dunbar, R. I. (1992). Neocortex size as a constraint on group size in primates. *Journal of Human Evolution, 22*, 469–493.

Dunbar, R. I. (1993). Coevolution of neocortical size, group size, and language in humans. *Behavioral and Brian Sciences, 16*, 681–693.

Dunbar, R. I. (2008). Why humans aren't just Great Apes. *Issues in Ethnology and Anthropology, 3*, 5–33.

Dunbar, R. I., Marriott, A., & Duncan, N. D. (1997). Human conversational behavior. *Human Nature, 8*, 231–246.

Dunning, D. (2012). The relation of self to social perception. In M. R. Leary & J. P. Tangney (Eds.), *Handbook of self and identity* (2nd ed., pp. 481–501). New York, NY: Guilford.

Dunning, D., & Cohen, G. L. (1992). Egocentric definitions of traits and abilities in social judgment. *Journal of Personality and Social Psychology, 63*, 341–355.

Dunning, D., Perie, M., & Story, A. L. (1991). Self-serving prototypes of social categories. *Journal of Personality and Social Psychology, 61*, 957–968.

Eakins, B. W., & Eakins, R. G. (1978). *Sex differences in human communication.* Boston, MA: Houghton Mifflin.

Ebbesen, E. B., Kjos, G. L., & Konečni, V. J. (1976). Spatial ecology: Its effects on the choice of friends and enemies. *Journal of Experimental Social Psychology, 12*, 505–518.

Ebesu-Hubbard, A., Sur, J., Saito, N,, Hamma, A., Nishigaya, K., Nakmura, L., & Doi, R. (2009). *Men's facial hair as mate signal: An evolutionary perspective.* Paper presented at the National Communication Association, Chicago, IL.

Edney, J. J. (1976). Human territories. *Environment and Behavior, 8*, 31–47.

Egan, G. (1998). *The skilled helper* (6th ed.). Belmont, CA: Brooks/Cole.

Eigenberg, N., Murphy, B., & Shepard, S. (1997). The development of empathic accuracy. In W. Ickes (Ed.), *Empathic accuracy* (pp. 73–116). New York, NY: Guilford.

Eisenberger, N. J., Liberman, M. D., & Williams, K. D. (2003). Does rejection hurt? An fMRI study of social exclusion. *Science, 302*, 290–292.

Ekman, P., & Friesen, W. V. (1975). *Unmasking the face: A guide to recognizing emotions from facial clues.* Englewood Cliffs, NJ: Prentice-Hall.

Eldridge, K. A., & Baucom, B. (2012). Demand-withdraw communication in couples: Recent developments and future directions. In P. Noller & G. C. Karantzas (Eds.), *The Wiley-Blackwell handbook of couple and family relationships* (pp. 144–158). Hoboken, NJ: Wiley.

Elliot, A. J., & Thrash, T. M. (2002). Approach-avoidance motivation in personality: Approach and avoidance temperaments and goals. *Journal of Personality and Social Psychology, 82*, 804–818.

Ellis, D. S. (1967). Speech and social status in America. *Social Forces, 45*, 431–437.

Enlow, D. (1982). *Handbook of facial growth.* Philadelphia, PA: W. B. Saunders.

Enright, R. (2001). *Forgiveness is a choice.* Washington, DC: American Psychological Association.

Erdley, C. A., & Day, H. J. (2017). Friendship in

childhood and adolescence. In M. Hojjat & A. Moyer (Eds.), *The psychology of friendship* (pp. 3-19). Oxford, UK: Oxford University Press.

Erikson, E. (1950). *Childhood and society*. New York, NY: Norton.

Exline, J. J. (2008). Taming the wild ego: The challenge of humility. In H. A. Wayment & J. J. Bauer (Eds.), *Transcending self-interest: Psychological explorations of the quiet ego* (pp. 137-147). Washington, DC: American Psychology Association.

Eysenck, H. J. (1988, December). Health's character. *Psychology Today*, 23-35.

Eysenck, H. J., & Eysenck, M. W. (1985). *Personality and individual differences: A natural science approach*. New York, NY: Plenum Press.

Ezrakhovich, A., Kerr, A., Cheung, S., Elliot, K., Jerrems, A., & Williams, K. D. (1998, April). *Effects of norm violation and ostracism on working with the group*. Presented at the Society of Australasian Social Psychologists, Christchurch, NZ.

Faulkner, W. (2009). Doing gender in engineering workplace cultures: Part II-Gender in/authenticity and the in/visibility paradox. *Engineering Studies, 1*, 169-189.

Feather, N. T. (1999). Judgments of deservingness: Studies in the psychology of justice and achievement. *Personality and Social Psychology Review, 3*(2), 86-107.

Feeney, B. C., & Collins, N. L. (2018). Social support in close relationships. In A. L. Vangelisti & D. Perlman (Eds.), *The Cambridge Handbook of personal relationships* (2nd ed., pp. 282-296). New York, NY: Cambridge University Press.

Fehr, B. (1999). Stability and commitment in friendships. In J. M. Adams & W. H. Jones (Eds.), *Handbook of interpersonal commitment and relationship stability* (pp. 259-280). Dordrecht, Netherlands: Kluwer.

Fehr, B. (2000). The life cycle of friendship. In C. H. Hendrick & S. S. Hendrick (Eds.), *Close relationships: A sourcebook* (pp. 71-82). Thousand Oaks, CA: Sage.

Fehr, B. (2015). Love: Conceptualization and experience. In M. Mikulincer & P. R. Shaver (Eds. in chief), *APA Handbook of personality and social psychology. Vol. 3. Interpersonal relations* (pp. 495-522). Washington, DC: American Psychological Association.

Fehr, B., & Broughton, R. (2001). Gender and personality differences in conceptions of love: An interpersonal theory analysis. *Personal Relationships, 8*, 115-136.

Feldman, S. S., & Quatman, T. (1988). Factors influencing age expectations for adolescent autonomy: A study of early adolescents and parents. *Journal of Early Adolescence, 8*, 325-343.

Festinger, L. (1954). A theory of social comparison processes. *Human Relations, 7*, 117-140.

Fey, W. F. (1955). Acceptance by others and its relation to acceptance of self and others: A revaluation. *Journal of Abnormal and Social Psychology, 50*, 274-276.

Field, D. (1999). Continuity and change in friendships in advanced old age: Findings from the Berkeley Older Generation Study. *International Journal of Aging and Human Development, 48*, 325-346.

Fincham, F. D. (2001). Attributions in close relationships: From balkanization to integration. In G. J. Fletcher & M. Clark (Eds.), *Blackwell handbook of social psychology* (pp. 3-31). Oxford, UK: Blackwell.

Fincham, F. D., Rogge, R., & Beach, S. H. (2018). Relationship satisfaction. In A. L. Vangelisti & D. Perlman (Eds.), *The Cambridge Handbook of personal relationships* (2nd ed., pp. 422-436). New York, NY: Cambridge University Press.

Fine, G. A. (1986). Friendships in the work place. In V. J. Derlega & B. A. Winstead (Eds.), *Friendship and social interaction* (pp. 185-206). New York, NY: Springer-Verlag.

Fink, B., Grammer, K., & Thornhill, R. (2001). Human (Homo sapiens) facial attractiveness in relation to skin texture and color. *Journal of Comparative Psychology, 115*, 92-99.

Finkel, E. J., & Eastwick, P. W. (2009). Arbitrary social norms influence sex differences in romantic selectivity. *Psychological Science, 20*, 1290-1295.

Finkenauer, C., Kerkhof, P., & Pronk, A. T. (2018). Self-disclosure in relationships: Revealing and concealing information about oneself to others. In A. L. Vangelisti & D. Perlman (Eds.), *The Cambridge handbook of personal relationships* (2nd ed., pp. 271-281). New York, NY: Cambridge University Press.

Finkenauer, C., Kerkhof, P., Righetti, F., & Branje, S. J. T. (2009). Living together apart: Perceived concealment as signal of exclusion in marital relationships. *Personality and Social Psychology Bulletin, 35*, 1410-1422.

First Impression. (1983, August/September). *Public Opinion*, p. 6.

Fischer-Mirkin, T. (1995). *Understanding the hidden meanings of women's clothing dress code*. New York, NY: Clarkson Potter Publishers.

Fisher, H. (2006). The drive to love: The neural mechanism form mate selection. In R. J. Sternberg & K. Weis (Eds.), *The new psychology of love* (pp. 87-115). New Haven, CT: Yale University Press.

Fisher, T. D., Moore, Z. T., & Pittenger, M. (2012). Sex on the brain? An examination of frequency of sexual cognition as a function of gender, erotophilia, and social desirability. *The Journal of Sex Research, 49*, 69-77.

Fiske, A. P. (1992). The four elementary forms of sociality: Framework for a unified theory of social relations. *Psychological Review, 99*, 689-723.

Fiske, A. P., & Haslam, N. (1996). Social cognition is thinking about relationships. *Current Directions in Psychological Science, 5*, 143-148.

Fiske, S. T. (1980). Attention and weight in person perception: The impact of negative and extreme behavior. *Journal of Experimental Research in Personality, 22*, 889-906.

Fiske, S. T., & Neuberg, S. L. (1990). A continuum of impression formation from category-based to individuating processes: Influences of impression and motivation on attention and interpretation. In M. P. Zanna (Ed.), *Advances in experimental social psychology* (Vol. 23, pp. 1-74). New York, NY: Academic Press.

Fiske, S. T., & Tablante, B. (2015). Stereotyping: Processes and content. In M. Mikulincer & P. R. Shaver (Eds.), *APA handbook of personality and social psychology. Vol. 1. Attitudes and social cognition* (pp. 457-507). Washington, DC: American Psychological Association.

Fiske, S. T., Cuddy, A. J. C., Glick, P., & Xu, J. (2002). A mode of (often mixed) stereotype content: Competence and warmth respectively follow from perceived status and competition. *Journal of Personality and Social Psychology, 82*, 878-902.

Fitness, J. (2000). Anger in the workplace: An emotion script approach to anger episodes between workers and their superiors, co-workers, and subordinates. *Journal of Organizational Behavior, 21*, 147-162.

Fitness, J. (2001). Betrayal, rejection, revenge, and forgiveness: An interdisciplinary approach. In M. R. Leary (Ed.), *Interpersonal rejection* (pp. 73-103). New York, NY: Oxford University Press.

Fitness, J. (2015). Emotions in relationships. In M. Mikulincer & P. R. Shaver (Eds. in chief), *APA handbook of personality and social psychology. Vol. 3. Interpersonal relations* (pp. 297-318). Washington, DC: American Psychological Association.

Fitness, J., & Warburton, W. (2009). Thinking the unthinkable: Cognitive appraisals and hurt feelings. In A. L. Vangelisti (Ed.), *Feeling hurt in close relationships* (pp. 34-59). New York, NY: Cambridge University Press.

Fitzsimons, G. M., & Shah, J. (2008). How goal instrumentality shapes relationship evaluations. *Journal of Personality and Social Psychology, 95*, 319-337.

Flavell, J. H. (1992). Perspectives on perspective taking. In H. Beilin & P. Pufall (Eds.), *Piaget's theory: Prospects and possibilities* (pp. 107-139). Hilsdale, NJ: Erlbaum.

Fleeson, W., & Jayawickreme, E. (2019). Perspectives on the person: Rapid growth and opportunities for integration. In K. Deaux & M. Snyer (Eds.), *The Oxford handbook of personality and social psychology* (2nd ed., pp. 35-65). New York, NY: Oxford University Press.

Fliaster, A., & Schloderer, F. (2010). Dyadic ties among employees: Empirical analysis of creative performance and efficiency. *Human Relations, 63*, 1513-1540.

Frank, M. G., & Gilovich, T. (1988). The dark side of self- and social perception: Black uniforms and aggression in professional sports. *Journal of Personality and Social Psychology, 54*, 74-85.

Fraser, B. (1990). Perspectives on politeness. *Journal of Pragmatics, 14*, 219-236.

Fredrickson, B. L. (2001). The role of positive emotion in positive psychology: The broaden-and-build theory of positive emotions. *American Psychologist, 56*, 218-226.

Fredrickson, B. L. (2013). Positive emotions broaden and build. In P. Devine & A. Plant (Eds.), *Advances in Experimental Social Psychology* (Vol. 47, pp. 1-13). Burlington, NY: Academic Press.

Fridlund, A. J., & Russell, J. A. (2006). The functions of facial expressions: What's in a face? In V. Manusov & M. L. Patterson (Eds.), *The Sage handbook of nonverbal communication* (pp. 299-319). Thousand Oaks, CA: Sage.

Friedrich, J. (1996). On seeing oneself as less self-serving than others: The ultimate self-serving bias? *Teaching of Psychology, 23*, 107-109.

Frijins, T., Finkenauer, C., & Keijsers, L. (2013). Shared secrets versus secrets kept private are linked to better adolescent adjustment. *Journal of Adolescence, 36*, 55-64.

Fuhrman, R. W., Flannagan, D., & Matamoros, M. (2009). Behavior expectations in cross-sex friendships, same-sex friendships, and romantic relationships. *Personal Relationships, 16*, 575-596.

Funder, D. C., Block, J. H., & Block, J. (1983). Delay of gratification: Some longitudinal personality correlates. *Journal of Personality and Social Psychology, 44*, 1198-1213.

Gable, S. L., & Reis, H. T. (2010). Good news! Capitalizing on positive events in an interpersonal context. In M. P. Zanna (Ed.), *Advances in Experimental Social Psychology* (Vol. 42, pp. 195-257). New York, NY: Academic Press.

Gaelick, L., Bodenhausen, G., & Wyer, R. S. (1985). Emotional communication in close relationships. *Journal of Personality and Social Psychology, 49*, 1246-1265.

Gallup, A. C., O'Brien, D. T., & Wilson, D. (2011). Intrasexual peer aggressin and dating behavior during adolescence: An evolutionary perspective. *Aggressive Behavior, 37*, 258-267.

Galupo, M. P. (2009). Cross-category friendship patterns: Comparison of heterosexual and sexual minority adults. *Journal of Social and Personal Relationships, 26*, 811-831.

Gapinski, K. D., Brownell, K. D., & LaFrance, M. (2003). Objectification and "fat talk": Effects on emotion, motivation, and cognitive performance. *Sex Roles, 48*, 377-388.

Gazzaniga, M. S., Ivry, R. B., & Mangun, G. R. (1998). *Cognitive neuroscience: The biology of mind.* New York, NY: Norton.

Gebauer, J. E., Sedikides, C., Lüdtke, O., & Neberich, W. (2014). Agency-communion and interest in prosocial behavior: Social motives for assimilation and contrast explain sociocultural inconsistencies. *Journal of Personality*, *82*(5), 452–466.

Gecas, V. (1982). The self-concept. *Annual Review of Sociology*, *8*, 1–33.

Gibbins, K. (1969). Communication aspects of women's clothes and their relation to fashionability. *British Journal of Social and Clinical Psychology*, *8*, 301–312.

Gibbons, F. X., & Buunk, B. P. (1999). Individual differences in social comparison: Development of a scale of social comparison orientation. *Journal of Personality and Social Psychology*, *76*, 129–142.

Gilbert, P., & Woodyatt, L. (2017). An evolutionary approach to shame-based self-criticism, self-forgiveness, and compassion. In L. Woodyatt, E. L. Worthington, Jr., M. Wenzel, & B. J. Griffin (Eds.), *Handbook of the psychology of self-forgiveness* (pp. 29–41). New York, NY: Springer.

Glaeser, E. L., Laibson, D., Scheinkman, J., & Soutter, C. (2000). Measuring trust. *Quarterly Journal of Economics*, *115*, 811–846.

Goel, S., Mason, W., & Watts, D. J. (2010). Real and perceived attitude agreement in social networks. *Journal of Personality and Social Psychology*, *99*, 611–621.

Goffman, E. (1959). *The presentation of everyday life*. New York, NY: Anchor Books.

Goldman, R. J., & Goldman, J. D. G. (1981). How children view old people and ageing: A developmental study of children in four countries. *Austrian Journal of Psychology*, *33*, 405–418.

Goldsmith, D. J., & Fitch, K. (1997). The normative context of advice as social support. *Human Communication Research*, *23*, 454–476.

Gombrich, E. H. (1995). *The story of art* (16th ed.). London, UK: Phaidon Press.

Gómez. C., & Espadaler, X. (1998). Myrmecochorous dispersal distance: A world survey. *Journal of Biogeography*, *25*, 573–580.

Goodall, J. (1986). Social rejection, exclusion, and shunning among the Gombe chimpanzees. *Ethology and Sociobiology*, *7*, 22–236.

Gottman, J. (2014). *What predicts divorce? The relationship between marital processes and marital outcomes*. Hillsdale, NJ: Lawrence Erlbaum Associates.

Gottman, J. M. (1999). *The marriage clinic: A scientifically based marital therapy*. New York, NY: W. W. Norton & Company.

Gottman, J. M., & Mettetal, G. (1986). Speculations about social and affective development: Friendship and acquaintanceship through adolescence. In J. M. Gottman & G. Parker (Eds.), *Conversation of friends* (pp. 192–237). New York, NY: Cambridge University Press.

Gottman, J. M., Coan, J., Carrere, S., & Swanson, C. (1998). Predicting marital happiness and stability from newlywed interactions. *Journal of Marriage and Family*, *60*, 5–22.

Gouin, J., Carter, S. C., Pournajafi-Nazarloo, H., Glaser, R., Malarkey, W. B., Loving, T. T., ... & Kiecolt-Glaser, J. K. (2010). Marital behavior, oxytocin, vasopressin, and wound healing. *Psychoneuroendocrinology*, *35*, 1082–1090.

Gould, C., & Byington, E. (1997). *Critical issues in contemporary culture*. Boston, MA: Allyn and Bacon.

Goyret, J., Markwell, P. M., & Raguso, R. A. (2008). Context- and scale-dependent effects of floral CO_2 on nectar foraging by *Manduca sexta*. *Proceedings National Academy of Sciences*, *105*, 4565–4570.

Graham T., & Ickes, W. (1997). When women's intuition isn't greater than men's. In W. Ickes (Ed.), *Empathic accuracy* (pp. 117–143). New York, NY: Guilford.

Graham, J., Haidt, J., & Nosek, B. (2009). Liberals and conservations rely on different sets of moral foundations. *Journal of Personality and Social Psychology, 96*, 1029-1046.

Gramzow, R. H. (2011). Academic exaggeration: Pushing self-enhancement boundaries. In M. D. Alicke & C. Sedikies (Eds.), *Handbook of self-enhancement and self-protection* (pp. 455-471). New York, NY: Guilford.

Granovetter, M. (1973). The strength of weak ties. *American Journal of Sociology, 78*, 1360-1380.

Gray, J. G. (1973). *The warriors: Reflections on men in battle*. New York, NY: Harper & Row.

Green, J. D., Davis, J. L., Cairo, A. H., Griffin, B. J., Behler, M. C., & Garthe, R. C. (2017). Relational predictors and correlates of humility: An interdependence analysis. In E. L. Worthington, Jr., D. E. Davis, & J. N. Hook (Eds.), *Handbook of humility: Theory, research, and applications* (pp. 165-177). New York, NY: Routledge.

Grice, H. P. (1969). Utterer's meaning and intentions. *Philosophical Review, 78*, 147-177.

Grief, G. L. (2009). *Buddy system: Understanding male friendships*. New York, NY: Oxford University Press.

Griffitt, W. (1970). Environmental effects on interpersonal affective behavior: Ambient effective temperature and attraction. *Journal of Personality and Social Psychology, 15*, 240-244.

Griskevicius, V., Haselton, M. G., & Ackerman, J. M. (2015). Evolution and close relationships. In M. Mikulincer, P. R. Shaver, J. A. Simpson, & J. F. Dovidio (Eds.), *APA handbook of personality and social psychology. Vol. 3. Interpersonal relations* (pp. 3-32). Washington, DC: American Psychological Association.

Gross, J., Lakey, B., Lucas, J. L., LaCross, R. R., Plotkowski, A., & Winegard, B. (2015). Forecasting the student-professor matches that results in unusually effective teaching. *British Journal of Educational Psychology, 85*, 19-32.

Grosz, E. (2001). 뫼비우스 띠로서 몸 (*Volatile bodies: Toward a corporeal feminism*). (임옥희 역). 서울: 도서출판 여이연. (원저는 1994년에 출판).

Grote, N. K., & Frieze, I. H. (1994). The measurement of friendship-based love in intimate relationships. *Personal Relationships, 1*, 27-300.

Grove, J. R., Hanrahan, S. J., & McInman, A. (1991). Success/failure bias in attributions across involvement categories in sport. *Personality and Social Psychology Bulletin, 17*, 93-97.

Guéguen, N. (2009). Mimicry and seduction: An evaluation in a courtship context. *Social Influence, 4*, 249-255.

Guéguen, N. (2010). The effect of a woman's incidental tactile contact on men's later behavior. *Social Behavior and Personality: An International Journal, 36*, 1233-1236.

Guerrero, L. K., & Anderson, P. A. (1998). Jealousy experience and expression in romantic relationships. In P. A. Anderson & L. K. Guerrero (Eds.), *Handbook of communication and emotion: Research, theory, application, and contexts* (pp. 155-188). New York, NY: Academic Press.

Guerrero, L. K., & Floyd, K. (2005). *Nonverbal communication in close relationships*. New York, NY: Routledge.

Guerrero, L. K., DeVitom J. A., & Hecht, M. L. (1999). *The nonverbal communication reader: Classic and contemporary readings* (2nd ed.). Prospect Heights, IL: Waveland Press.

Guerrero, L. K., La Valley, A. G., & Farinelli, L. (2008). The experience and expression of anger, guilt, and sadness in marriage: An equity theory explanation. *Journal of Social and Personal Relationships, 25*, 699-724.

Guiaux, M., Van Tiburg, T., & Broese Van Groenou, M. B. (2007). Changes in contact and support exchange in personal networks after widowhood. *Personal Relationships, 14*, 457-473.

Ha, J. H. (2008). Changes in support from confidants,

children, and friends following widowhood. *Journal of Marriage and Family, 70,* 306-318.

Ha, T., Overbeek, G., & Engels, R. E. (2010). Effects of attractiveness and social status on dating desire in heterosexual adolescents: An experimental study. *Archives of Sexual Behavior, 39,* 1063-1071.

Hacker, H. M. (1981). Blabbermouths and clams: Sex differences in self-disclosure in same-sex and cross-sex friendship dyads. *Psychology of Women Quarterly, 5,* 385-401.

Haila, K. K. (1999). *Effects of carotenoids and carotenoid-tocopherol interaction on lipid oxidation in vitro.* Ph.D Dissertation, University of Helsinki, Finland.

Halatsis, P., & Christakis, N. (2009). The challenge of sexual attraction within heterosexuals' cross-sex friendship. *Journal of Social and Personal Relationships, 26,* 919-937.

Hall, E. T. (1963). A system for the notation of proxemic behaviors. *American Psychologist, 65,* 1003-1026.

Hall, E. T., & Hall, M. R. (1990). *Understanding cultural differences: Germans, French, and Americans.* Yarmouth, ME: Intercultural Press.

Hall, J. A. (2012). Friendship standards: The dimensions of ideal expectations. *Journal of Social and Personal Relationships, 29,* 884-907.

Hamid, P. N. (1972). Some effects of dress cues on observational accuracy: A perceptual estimate, and impression formation. *Journal of Social Psychology, 86,* 279-289.

Han, G., & Choe, S. M. (1994). Effects of family, region, school network ties on interpersonal intentions and the analysis of network activities in Korea. In U. Kim et al. (Eds.), *Individualism and collectivism: Theory, method, and applications* (pp. 77-84). Thousand Oaks, CA: Sage.

Hancock, J. (2007). Digital deception. In A. N. Joinson, K. McKenna, T. Postmes & U. D. Reips (Eds.), *Oxford Handbook of Internet psychology* (pp. 289-301). Oxford, UK: Oxford University Press.

Haning, R., O'Keefe, S., Beard, K., Randall, E., Kommor, M., & Stroebel, S. (2008). Empathic sexual responses in heterosexual women and men. *Sexual & Relationship Therapy, 23,* 325-344.

Hanna, S. L. (2000). *Person to person: Positive relationships don't just happen* (3rd ed.). Upper Saddle River, NJ: Prentice Hall.

Hansen, G. L. (1987). Extradyadic relations during courtship. *Journal of Sex Research, 23,* 382-390.

Hardin, R. (2002). *Trust and trustworthiness.* New York, NY: Russell Sage Foundation.

Hargie, O. (2011). *Skilled interpersonal communication: Research, theory, and practice* (5th ed.). New York, NY: Routledge.

Harré, N., Brandt, T., & Houkamau, C. (2004). An examination of the actor-observer effect in young drivers' attributions for their own and their friends' risky driving. *Journal of Applied Social Psychology, 34,* 806-824.

Harris, A. H. S., & Thoresen, C. E. (2005). Forgiveness, unforgiveness, health, and disease. In E. L. Worthington, Jr. (Ed.), *Handbook of forgiveness* (pp. 321-333). New York, NY: Routledge.

Harris, C. R. (2003). A review of sex differences in sexual jealousy, including self-report data, psychophysiological responses, interpersonal violence and morbid jealousy. *Personality and Social Psychology Review, 7,* 102-128.

Harris, C. R., & Darby, R. S. (2013). Jealousy in adulthood. In S. L. Hart & M. Legerstee (Eds.), *Handbook of jealousy: Theory, research, and multidisciplinary approaches* (pp. 547-571). West Sussex, UK: John Wiley & Sons.

Harris-McKoy, D. (2016). Adolescent delinqency: Is too much or too little parental control a problem? *Journal of Child and Family Studies, 25,* 2079-2088.

Hart, C. L., Jones, J. M., Terrizzi, Jr., J. A., & Crutis, D. A. (2019). Development of the lying in everyday situations scale. *American Journal of Psychology, 132,* 343-352.

Harter, S. (1998). The development of self-representations. In W. Damon (Series Ed.) & N. Eisenberg (Vol. Ed.), *Handbook of child psychology. Vol. 3. Social, emotional, and personality development* (5th ed., pp. 553-617). New York, NY: Wiley.

Harter, S. (1999). *The construction of the self: A developmental perspective.* New York, NY: Guilford.

Hartup, W. W. (2006). Relationships in early and middle childhood. In A. L. Vangelisti & D. Perlman (Eds.), *The Cambridge handbook of personal relationships* (pp. 177-190). Cambridge, UK: Cambridge University Press.

Hatfield, C., & Sprecher, S. (1986). Measuring passionate love in intimate relationships. *Journal of Adolescence, 9,* 383-410.

Hay, D. F. (1984). Social conflict in early childhood. In G. Whitehurst (Ed.), *Annals of child development* (Vol. 1, pp. 1-44). Greenwich, CT: JAI.

Hayduk, L. A. (1983). Personal space: Where we now stand. *Psychological Bulletin, 94,* 293-335.

Hayes, J. (2002). *Interpersonal skills at work* (2nd ed.). New York, NY: Routledge.

Hazan, C., & Shaver, P. R. (1987). Romantic love conceptualized as an attachment process. *Journal of Personality and Social Psychology, 52,* 511-524.

Hazan, C., & Zeifman, D. (1994). Sex and the psychological tether. In K. Bartholomew & D. Perlman (Eds.), Attachment processes in adulthood (pp. 151-177). London, UK: Jessica Kingsley.

Heilman, M. E., & Stopeck, M. H. (1985). Being attractive, advantage or disadvantage? Performance-based evaluations and recommended personnel actions as a function of appearance, sex, and job type. *Organizational Behavior and Human Decision Process, 35,* 202-215.

Heinrichs, M., Baumgartner, T., Kirschbaum, C., & Ehlert, U. (2003). Social support and oxytocin interact to suppress cortisol and subjective responses to psychosocial stress. *Biological Psychiatry, 54,* 1389-1398.

Helms, H. M., Proulx, C. M., Klute, M. M., McHale, S. M., & Crouter, A. C. (2006). Spouses' gender-typed attributes and their links with marital quality: A pattern analytic approach. *Journal of Social and Personal Relationships, 23,* 843-864.

Hendrick, C., & Hendrick, S. S. (1986). A theory and method of love. *Journal of Personality and Social Psychology, 50,* 392-402.

Hendrick, C., & Hendrick, S. S. (2000). *Close relationships: A sourcebook.* Thousand Oaks, CA: Sage.

Hendrick, S. S., & Hendrick, C. (1992). *Liking, loving and relating* (2nd ed.). Pacific Grove, CA: Brooks/Cole Publishing Company.

Hendrick, S. S., Hendrick, C., & Adler, N. L. (1988). Romantic relationships: Love, satisfaction, and staying together. *Journal of Personality and Social Psychology, 5,* 980-988.

Henley, N. M. (1977). *Body politics: Power, sex, and nonverbal communication.* Englewood Cliffs, NJ: Prentice-Hall.

Herbenick, D., Reece, M., Schick, V., Sanders, S. A., Dodge, B., & Fortenberry, J. D. (2010). Sexual behaviors, relationships, and perceived health status among adult women in the United States: Results from a national probability sample. 291 findings from the National Survey of Sexual Health and Behavior (NSSHB). *The Journal of Sexual Medicine, 7* (Suppl. 5), 277-290.

Herdt, G., & McClintock, M. (2000). The magical age of 10. *Archives of Sexual Behavior, 29,* 587-606.

Herold, E. S., & Mewhinney, D. M. K. (1993). Gender differences in casual sex and AIDS prevention: A survey of dating bars. *Journal of Sex Research, 30,*

36-42.

Herrero, J., Rodríguez-Franco, L., Rejano-Hernándezb, L., Juarros-Basterretxea, J., & Rodríguez-Díaz, F. J. (2020). The Actor-Partner Interdependence Model in the Study of Aggression and Victimization within Couples: An Empirical Examination in 361 Dyads. *Psychosocial Intervention, 29*, 165-174.

Hertenstein, M. J. (2002). Touch: Its communicative functions in intimacy. *Human Development, 45*, 70-94.

Heslin, R., & Alper, R. (1983). Touch: A bonding gesture. In J. M. Wiemann & R. P. Harrison (Eds.), *Nonverbal interaction* (pp. 47-75). Beverly Hills, CA: Sage.

Heslin, R., Nguyen, T. D., & Nguyen, M. L. (1983). Meaning of touch: The case of touch from a stranger or same-sex person. *Journal of Nonverbal Behavior, 7*, 147-157.

Hibbard, D. R., & Buhrmester, D. (2010). Competitiveness, gender, and adjustment among adolescents. *Sex Roles: A Journal of Research, 63*(5-6), 412-424.

Hibbard, D. R., & Walton, G. E. (2017). Competition in friendship. In M. Hojjat & A. Moyer (Eds.), *The psychology of friendship* (pp. 214-229). New York, NY: Oxford University Press.

Hickson III, M. L., Powell, L., Hill, Jr., S. R., Holt, G. B., & Flick, H. (1970). Smoking artifacts as indicators of homophily, attraction, and credibility. *Southern Speech Communication Journal, 44*, 191-200.

Higgins, E. T. (2012). Regulatory focus theory. In P. A. M. Van Lange, A. W. Kruglanski, & E. T. Higgins (Eds.), *Handbook of theories of social psychology* (Vol. 1, pp. 483-504). Thousand Oaks, CA: Sage.

Higgins, J. A., Trussell, J., Moore, N. B., & Davidson, J. K. (2010). Virginity lost, satisfaction gained? Physiological and psychological sexual satisfaction at heterosexual debut. *Journal of Sex Research, 47*, 384-394.

Hill, C. T., Rubin, Z., & Peplau, L. A. (1976). Breakups before marriage: The end of 103 affairs. *Journal of Social Issues, 32*, 147-168.

Hinde, R. A. (1979). *Towards understanding relationships*. London, England: Academic Press.

Hinsz, V. B. (1989). Facial resemblance in engaged and married couples. *Journal of Social and Personal Relationships, 6*, 223-229.

Hock, R. R. (2016). *Human sexuality* (4th ed.). New York, NY: Pearson.

Hocker, J. L., & Wilmot, W. W. (2018). *Interpersonal conflict* (10th ed.). New York, NY: McGraw Hill Education.

Hodges, E. V. E., & Card, N. A. (Eds.). (2003). *Enemies and the darker side of peer relations*. San Francisco, CA: Jossey-Bass.

Hodges, S. D., Laurent, S. M., & Lewis, K. L. (2011). Specially motivated, feminine, or just female: Do women have an empathic accuracy advantage? In J. L. Smith, W. Ickes, J. Hall, & S. D. Hodges (Eds.), *Managing interpersonal sensitivity: Knowing—when and when not—to understand others* (pp. 59-73). New York, NY: Nova Science.

Hodges, S. D., Lewis, K. L., & Ickes, W. (2015). The matter of other minds: Empathic accuracy and the factors that influence it. In M. Mikulincer & P. R. Shaver (Eds.), *APA handbook of personality and social psychology. Vol. 3. Interpersonal perception* (pp. 319-348). Washington, DC: American Psychological Association.

Hofstede, G. (2001). *Culture's consequences: Comparing values, behaviors, institutions, and organizations across nations* (2nd ed.). Thousand Oaks, CA: Sage.

Hofstede, G., Hofstede, G. J., & Minkov, M. (2010). *Cultures and organizations: Software of the mind* (3rd ed.). New York, NY: McGraw-Hill.

Hogan, R. (1982). A socioanalytic theory of personality. In M. Page (Ed.), *Nebraska symposium on* motivation (pp. 336-355). Lincoln, NE: University of Nebraska Press.

Hojjat, M., Ayotte, B., Page, M., Beauparlant, E., & Mehta, C. (2021). Women do not shy away from competition: Competition in same-gender and crossgender friendship dyads. *The Journal of Social Psychology*. DOI: 10.1080/00224545.2021.1906202.

Hojo, M. K., Pierce, N. E., & Tsuji, K. (2015). Lycaenid caterpillar secretions manipulate attendant ant behavior. *Current Biology*, *25*, 2260-2264.

Holley, S. R., Haase, C. M., & Levenson, R. W. (2013). Age-related changes in demand-withdraw communication behaviors. *Journal of Marriage and Family*, *75*, 822-836.

Holt, C. L., & Ellis, J. B. (1998). Assessing the current validity of the Bem Sex-Role Inventory. *Sex Roles*, *39*, 929-941.

Holtgraves, T. (2010). Social psychology and language: Words, utterances, and conversations. In S. T. Fiske, D. T. Gilbert & G. Lindzey (Eds.), *Handbook of social psychology* (5th ed., Vol. 2, pp. 1386-1422). Hoboken, NJ: John Wiley & Sons.

Holt-Lunstad, J., Smith, T. B., & Layton, J. B. (2010). Social relationships and mortality risk: A meta-analytic review. *PLoS Med*, *7*(7), e1000316.

Hoorens, V. (2011). The social consequences of self-enhancement and self-protection. In M. D. Alicke & C. Sedikies (Eds.), *Handbook of self-enhancement and self-protection* (pp. 235-257). New York, NY: Guilford.

Horn, M. H. (1997). Evidence for dispersal of fig seeds by the fruit-eating characid fish *Brycon guatemalensis Regan* in a Costa Rican tropical rain forest. *Oecologia*, *109*, 259-264.

House, J. S., Landis, K. R., & Umberson, D. (1988). Social relationships and health. *Science*, *241*, 540-545.

Hoyle, R. H. (2010). Personality and self-regulation. In R. H. Hoyle (Ed.), *Handbook of personality and self-regulation* (pp. 1-18). Chichester, England: Wiley-Blackwell.

Hruschka, D. J. (2010). *Friendship: Development, ecology, and evolution of a relationship*. Berkeley, CA: University of California Press

Hsu, B., Kling, A., Kessler, C., Knapke, K., Diefenbach, P., & Elias, J. (1994). Gender differences in sexual fantasy and behavior in a college population: A ten-year replication. *Journal of Sex & Marital Therapy*, *20*, 103-118.

Hugenberg, K., & Bodenhausen, G. V. (2004). Ambiguity in social categorization: The role of prejudice and facial affect in race categorization. *Psychological Science*, *15*, 342-345.

Hughes, S. M., & Gallup, Jr., G. G. (2003). Sex differences in morphological predictors of sexual behavior: Shoulder to hip and waist to hip ratios. *Evolution and Human Behavior*, *24*, 173-178.

Hughes, S. M., & Miller, N. E. (2015). What sounds beautiful looks beautiful stereotype: The matching of attractiveness of voices and faces. *Journal of Social and Personal Relationships*, *33*, 984-996.

Huston, T. L., Caughlin, J. P., Houts, R. M., Smith, S. E., & George, L. J. (2001). The connubial crucible: Newlywed years as predictors of marital delight, distress, and divorce. *Journal of Personality and Social Psychology*, *80*, 237-252.

Hwang, H. C., & Matsumoto, D. (2016). Facial expressions. In D. Matsumoto, H. C. Hwang, & M. G. Frank (Eds. in chief), *APA handbook of nonverbal behavior* (pp. 257-287). Washington, DC: American Psychological Association.

Hyde, J. S. (2004). *Half the human experience: The psychology of women*. Boston, MA: Houghton Mifflin.

Hyde, J. S. (2018). Gender similarities. In C. B. Travis & J. W. White (Eds. in-chief), *APA handbook of the psychology of Women. Vol. 1. History, theory, and battlegrounds* (pp. 129-143). Washington, DC:

American Psychological Association.

Ickes, W., Stinson, L., Bissonnette, V., & Garcia, S. (1990). Naturalistic social cognition: Empathic accuracy in mixed-sex dyads. *Journal of Personality and Social Psychology, 59*, 730-742.

Impett, E. A., & Peplau, L. A. (2003). Sexual compliance: Gender, motivational, and relationship perspectives. *Journal of Sex Research, 40*, 87-100.

Ireland, M. E., Slatcher, R. B., Eastwick, P. W., Scissor, L. E., Finkel, E. J., & Pennebaker, J. W. (2011). Language style matching predicts relationship initiation and stability. *Psychological Science, 22*, 39-44.

Ito, T. A., & Urland, G. R. (2003). Race and gender on the brain: Electrocortical measures of attention to the race and gender of multiply categorizable individuals. *Journal of Personality and Social Psychology, 85*, 616-626.

Izard, C. E. (1991). *The psychology of emotion.* New York, NY: Plenum Press.

Janssen, E., & Bancroft, J. (2007). The dual-control model: The role of sexual inhibition and excitation in sexual arousal and behavior. In E. Janssen (Ed.), *The psychophysiology of sex* (pp. 197-222). Bloomington, IN: Indiana University Press.

Jensen, J. F., & Rauer, A. J. (2014). Turning inward versus outward: Relationship work in young adults and romantic functioning. *Personal Relationships, 21*, 451-467.

Jerozolimski, A., Ribeiro, M. B. N., & Martins, M. (2009). Are tortoises important seed dispersers in Amazonian forests? *Oecologia, 161*, 517-528.

Ji, Y., Zhou, E., Li, C., & Yan, Y. (2015). Power distance orientation and employee help seeking: Trust in supervisor as a mediator. *Social Behavior & Personality, 43*, 1043-1054.

Johnson, C. L. (1983). Fairweather friends and rainy day kin: An anthropological analysis of old age friendships in the United States. *Urban Anthropology, 12*, 103-123.

Johnson, C. L., & Troll, L. E. (1994). Constraints and facilitation to friendship in late life. *The Gerontologist, 34*, 79-87.

Johnson, M. P. (1973). Commitment: A conceptual structure and empirical application. *Sociological Quarterly, 14*, 395-406.

Johnson, M. P. (2006). Violence and abuse in personal relationships: Conflict, terror, and resistance in intimate partnerships. In A. L. Vangelisti & D. Perlman (Eds.), *The Cambridge handbook of personal relationships* (pp. 557-576). New York, NY: Cambridge University Press.

Johnson, R. E., Silverman, S. B., Shyamsunder, A., Swee, H., Rodopman, O., Cho, E., & Bauer, J. (2010). Acting superior but actually inferior? Correlates and consequences of workplace arrogance. *Human Performance, 23*, 403-427.

Johnston, J. E. (1994). *Appearance obsession: Learning to love the way you look.* Deerfield Beach, FL: Health Communications.

Johnston, V. S., & Franklin, M. (1993). Is beauty in the eye of the beholder? *Ethology and Sociobiology, 14*, 183-199.

Jones, E. E., & Nisbett, R. (1972). The actor and the observer: Divergent perceptions of the causes of behavior. In E. Jones et al. (Eds.), *Attribution: Perceiving the causes of behavior.* Morristown. NJ: General Learning Press.

Jones, S. E. (1999). Communicating with touch. In L. K. Guerrero, J. A. DeVito, & M. L. Hecht (Eds.), *The nonverbal communication reader: Classic and contemporary readings* (pp. 192-201). Prospect Heights, IL: Waveland Press.

Jones, S. E., & Yarbrough, A. E. (1985). A naturalistic study of the meanings of touch. *Communication Monographs, 52*, 19-56.

Jones, W. H., & Burdette, M. P. (1994). Betrayal in relationships. In A. L. Weber & J. H. Harvey (Eds.),

Perspectives on close relationships (pp. 243-262). Boston, MA: Allyn & Bacon.

Jordan, J. V. (2017). Relational-cultural theory: The power of connection to transform our lives. *Journal of Humanistic Counseling, 56,* 228-243.

Kaiser, S. B. (1997). *The social psychology of clothing: Symbolic appearance in context* (3rd ed.). New York, NY: Fairfield Publications.

Kaiser, S. B. (1999). Women's appearance and clothing within organizations. In L. K. Guerrero, J. A. DeVitio, & M. L. Hecht (Eds.), *The nonverbal communication reader: Classic and contemporary readings* (2nd ed., pp. 106-113). Prospect Heights, IL: Waveland Press.

Kandler, C., & Zapko-Willmes, A. (2017). Theoretical perspectives on the interplay of nature and nurture in personality development. In J. Specht (Ed.), *Personality and development across the lifespan* (pp. 101-115). London, UK: Academic Press.

Kang, N. J., Downey, G., Iida, M., & Rodriguez, S. (2009). Rejection sensitivity: A model of how individual difference factors affect the experience of hurt feelings in conflict and support. In A. L. Vangelisti (Ed.), *Feeling hurt in close relationships* (pp. 73-91). New York, NY: Cambridge University Press.

Karban, R. et al. (2000). Communication between plants: Induced resistance in wild tobacco plants following clipping of neighboring Sagebrush. *Oecologia, 25,* 66-71.

Karney, B. R., & Coombs, R. H. (2000). Memory bias in long-term close relationships: Consistency or improvement? *Personality and Social Psychology Bulletin, 26,* 959-970.

Karremans, J. C., Frankenhuis, W. E., & Arons, S. (2010). Blind men prefer a low waist-to-hip ratio. *Evolution and Human Behavior, 31,* 182-186.

Katz-Wise, S. L., & Hyde, J. S. (2014). Sexuality and gender: The interplay. In D. L. Tolman & L. M. Diamond (Eds. in chief), *APA handbook of sexuality and psychology. Vol. 1. Person-based approaches* (pp. 29-62). Washington, DC: American Psychological Association.

Keene, f. (1995). The politics of forgiveness. *On the Issues, Fall,* 107-109.

Kelley, H. H. (1984). Affect in interpersonal relations. In P. Shaver (Ed.), *Review of personality and social psychology* (Vol. 5, pp. 89-115). Newbury Park, CA: Sage.

Kelley, H. H., & Thibaut, J. W. (1978). *Interpersonal relations: A theory of interdependence.* New York, NY: Wiley.

Kelley, H. H., Berscheid, E., Christensen, A., Harvey, J. H., Huston, T. L., Levinger, G., McClintock, E., Peplau, L. A., & Peterson, D. R. (1983). *Close relationships.* New York, NY: Freeman.

Kelley, H. H., Cunningham, J. D., Grisham, J. A., Lefebvre, L. M., Sink, C. R., & Yablon, G. (1978). Sex differences in comments made during conflict in close heterosexual pairs. *Sex Roles, 4,* 43-491.

Kenny, D. A. (1994). *Interpersonal perception: A social relations analysis.* New York, NY: Guilford.

Kenny, D. A. (2020). *Interpersonal perception: The foundation of social relationships.* New York, NY: Guilford.

Kenny, D. A., & DePaulo, B. W. (1993). Do people know how others view them? An empirical and theoretical account. *Psychological Bulletin, 114,* 145-161.

Kenny, D. A., & La Voie, L. (1984). The social relations model. In L. Berkowitz (Ed.), *Advances in experimental social psychology* (Vol. 18, pp. 142-182). Orlando, FL: Academic Press.

Kenrick, D. T., & Trost, M. R. (1997). Evolutionary approaches to relationships. In S. Duck (Ed.), *Handbook of personal relationships: Theory, research and interventions* (2nd ed., pp. 151-177). Chichester, England: John Wiley & Sons.

Kernis, M. H. (2005). Measuring self-esteem in context:

The importance of stability of self-esteem in psychological functioning. *Journal of Personality*, *73*(6), 1569-1605.

Kim, J., & Dindia, K. (2011). Online self-disclosure: A review of research. In K. B. wright & L. M. Webb (Eds.), *Computer-mediated communication in personal relationships* (pp. 156-180). New York, NY: Peter Lang.

King, L. A., & Trent, J. (2013). Personality strengths. In H. Tennen & J. Suls (Vol. Eds.) & I. B. Weiner (Ed. in chief), *Handbook of psychology. Vol. 5. Personality and social psychology* (2nd. ed., pp. 197-222). Hoboken, NJ: John Wiley & Sons, Inc.

Kinsey, A. C., Pomeroy, W. B., & Martin, C. E. (1948). *Sexual behavior in the human male*. Philadelphia, PA: Saunders.

Kipers, P. S. (1987). Gender and topic. *Language in Society*, *16*, 543-557.

Kirschenbaum, D. S. (1987). Self-regulatory failure: A review with clinical implications. *Clinical Psychology Review*, *7*, 77-104.

Kita, S. (2009). Cross-cultural variation of speech-accompanying gesture. *Language and Cognitive Processes*, *24*, 761-775.

Kitayama, S., Duffy, S., & Uchida, Y. (2007). Self as cultural mode of being. In S. Kitayama & D. Cohen (Eds.), *Handbook of cultural psychology* (pp. 136-174). New York, NY: Guilford.

Kite, M. E., Stockdale, G. D., Whitley, B. E., & Johnson, B. T. (2005). Attitudes toward younger and older adults: An updated meta-analysis review. *Journal of Social Issues*, *61*, 241-266.

Kleck, R. E., & Nuessle, W. (1968). Congruence between the indicative and communicative functions of eye contact in interpersonal relations. *British Journal of Social and Clinical Psychology*, *7*, 241-246.

Kluwer, E. S., de Dreu, C. K. W., & Buunk, B. P. (1998). Conflict in intimate vs. non-intimate relationships:

When gender role stereotyping overrides biased self-other judgment. *Journal of Social and Personal Relationships*, *15*, 637-650.

Knapp, M. L. (2006). Lying and deception in close relationships. In A. L. Vangelisti & D. Perlman (Eds.), *The Cambridge handbook of personal relationships* (pp. 517-532). New York, NY: Cambridge University Press.

Knapp, M. L., Hall, J. A., & Horgan, T. G. (2014). *Nonverbal communication in human interaction* (8th ed.). Wadsworth, OH: Cengage Learning.

Knapp, M., Vangelisti, A. L., & Caughlin, J. P. (2014). *Interpersonal communication and human relationships* (7th ed.). New York, NY: Pearson.

Kobak, R. R., & Hazan, C. (1991). Attachment in marriage: Effects of security and accuracy of working models. *Journal of Personality and Social Psychology*, *60*, 861-869.

Kobak, R. R., & Sceery, A. (1988). Attachment in late adolescence: Working models, affect regulation and representations of self and others. *Child Development*, *59*, 135-146.

Koch, S. C., Baehne, C. G., Kruse, L., Zimmerman, F., & Zumbach, J. (2010). Visual dominance and visual egalitarianism: Individual and group-level influences of sex and status in group interactions. *Journal of Nonverbal Behavior*, *34*, 137-153.

Kossinets, G., & Watts, D. J. (2006). Empirical analyses of an evolving social network. *Science*, *311*, 88-90.

Kottak, C., & Colson, E. (1994). Multilevel linkages: Longitudinal and comparative studies. In R. Borofsky (Ed.), *Assessing cultural anthropology* (pp. 396-412). New York, NY: McGraw-Hill.

Kouchaki, M., & Gino, F. (2016). Memories of unethical actions become obfuscated over time. *Proceedings of National Academy of Science*, *113*, 6166-6171.

Krajewski, S., & Schröder, H. (2008). Silence and taboo. In G. Antos & E. Ventola (Eds.), *Handbook of interpersonal communication* (pp. 595-621). New

York, NY: Mouton de Gruyter.

Krauss, R. M., & Chiu, C. (1998). Language and social behavior. In D. T. Gilbert, s. T. Fiske & G. Lindzey (Eds.), *The handbook of social psychology* (5th ed., Vol. 2, pp. 41-88). New York, NY: The McGraw-Hill Companies.

Kubacka, K. E., Finkenauer, C., Rusbult, C. E., & Keijsers, L. (2011). Maintaining close relationships: Gratitude as a motivator and a detector of maintenance behavior. *Personality and Social Psychology Bulletin, 37,* 1362-1375.

Kuhle, B. X., Smedley, K. D., & Schmitt, D. P. (2009). Sex differences in the motivation and mitigation of jealousy-induced interrogations. *Personality and Individual Differences, 46,* 499-502.

Kulwicki, A. D., & Miller, J. (1999). Domestic violence in the Arab American population: Transforming environmental conditions through community education. *Issues in Mental Health Nursing, 20,* 199-215.

Kumashiro, M., Rusbult, D. E., Wolf, S. T., & Estrada, M. (2006). The Michelangelo phenomenon: Power affirmation and self-movement toward one's ideal. In K. D. Vohs & E. J. Finkel (Eds.), *Self and relationships: Connecting intrapersonal and interpersonal processes.* New York, NY: Guilford.

Kunda, Z., & Nisbett, R. E. (1986). The psychometrics of everyday life. *Cognitive Psychology, 18,* 195-224.

Ladefoged, P., & Ladefoged, J. (1980). The ability of listeners to identify voices. *UCLA Working Papers in Phonetics, 49,* 43-51.

Lalljee, M. G. (1971). *Disfluencies in normal English speech.* Unpublished Doctoral dissertation. Oxford University, Oxford, UK.

Lamb, S., & Plocha, A. (2014). Sexuality in childhood. In D. L. Tolman & L. M. Diamond (Eds. in chief), *APA handbook of sexuality and psychology. Vol. 1. Person-based approaches* (pp. 415-432). Washington, DC: American Psychological Association.

Lambert, A. J., & Wedell, D. H. (1991). The self and social judgment: Effects of affective reaction and "own position" on judgment of unambiguous and ambiguous information about others. *British Journal of Social and Clinical Psychology, 13,* 119-124.

Langlois, J. H., & Roggman, L. A. (1990). Attractive faces are only average. *Psychological Science, 1,* 115-121.

LaPrelle, J., Hoyle, R. H., Insko, C. A., & Bernthal, P. (1990). Interpersonal attraction and descriptions of the traits of others: Ideal similarity, self similarity, and liking. *Journal of Research in Personality, 24*(2), 216-240.

Larose, H., & Standing, L. (1998). Does the halo effect occur in the elderly? *Social Behavior and Personality, 26,* 147-150.

Larsen, R. J., & Prizmic, Z. (2008). Regulation of emotional well-being: Overcoming the hedonic treadmill. In M. Eid & R. J. Larsen (Eds.), *The science of subjective well-being* (pp. 258-289). New York, NY: Guilford.

Larson, R. W., & Bradney, N. (1988). Precious moments with family members and friends. In R. M. Milardo (Ed.), *Families and social networks* (pp. 107-126). London, UK: Sage.

Larson, R., Csikszentmihalyi, M., & Graef, R. (1982). Time alone in daily experience: Loneliness or renewal? In L. A. Peplau & D. Perlman (Eds.), *Loneliness: A sourcebook of current theory, research, and therapy* (pp. 40-53). New York, NY: Wiley Interscience.

Laser, P. S., Mathie, V. A. (1982). Face facts: An unbidden role for features in communication. *Journal of Nonverbal Behavior, 7,* 3-19.

Laumann, E. O., Gagnon, J. H., Michael, R. T., & Michaels, S. (1994). *The social organization of sexuality: Sexual practices in the United States.* Chicago, IL: University of Chicago Press.

Laurenceau, J., & Kleinman, B. M. (2006). Intimacy in personal relationships. In A. L. Vangelisti & D. Perlman (Eds.), *The Cambridge handbook of personal relationships* (pp. 637-653). New York, NY: Cambridge University Press.

Laurent, S. M., & Hodges, S. D. (2009). Gender and empathic accuracy: The role of communication in reading minds. *Sex Role, 60,* 387-398.

Lawrence, S. G., & Watson, M. (1991). Getting others to help: The effectiveness of professional uniforms in charitable fundraising. *Journal of Applied Communication Research, 19,* 170-185.

Le, B. M., Korn, M. S., Crockett, E. E., & Loving, T. J. (2011). Missing you maintains us: Missing a romantic partner, commitment, relationships maintenance, and physical infidelity. *Journal of Social and Personal Relationships, 28,* 653-667.

Le, B., & Agnew, C. R. (2003). Commitment and its theorized determinants: A meta-analysis of the investment model. *Personal Relationships, 10,* 37-57.

Leaper, C. (2000). Gender, affiliation, assertion, and the interactive content of parent-child play. *Developmental Psychology, 36*(3), 381-393.

Leaper, C., & Ayres, M. M. (2007). A meta-analytic review of gender variations in adults' language use: Talkativeness, affiliative speech, and assertive speech. *Personality and Social Psychology Review, 11*(4), 328-363.

Leaper, C., & Robnett, R. D. (2011). Women are more likely than men to use tentative language, aren't they? A meta-analysis testing for gender differences and moderators. *Psychology of Women Quarterly, 35,* 129-142.

Leaper, C., & Smith, T. E. (2004). A meta-analytic review of gender variations in children's language use: Talkativeness, affiliative speech, and assertive speech. *Developmental Psychology, 40,* 993-1027.

Leary, M. R. (2001). Toward a conceptualization of interpersonal rejection. In M. R. Leary (Ed.), *Interpersonal rejection* (pp. 3-20). New York, NY: Oxford University Press.

Leary, M. R. (2012). Sociometer theory. In P. A. M. Van Lange, A. W. Kruglanski, & E. T. Higgins (Eds.), *Handbook of theories of social psychology* (Vol. 2, pp. 141-159). Thousand Oaks, CA: Sage.

Leary, M. R., & Acosta, J. (2018). Acceptance, rejection, and the quest for relational value. In A. L. Vangelisti & D. Perlman (Eds.), *The Cambridge handbook of personal relationships* (2nd ed., pp. 378-390). Cambridge, UK: Cambridge University Press.

Leary, M. R., & Kowalski, R. M. (1990). Impression management: A literature review and two-component model. *Psychological bulletin, 107,* 34-47.

Leary, M. R., & Terry, M. L. (2012). Hypo-egoic mindsets: Antecedents and implications of quieting the self. In M. R. Leary & J. P. Tangney (Eds.), *Handbook of self and identity* (2nd ed., pp. 268-288). New York, NY: Guilford.

Leary, M. R., Tambor, E. S. Terdal, S. K., & Downs, D. L. (1999). Self-esteem as an interpersonal monitor: The sociometer hypothesis. In R. F. Baumeister (Ed.), *The self in social psychology* (pp. 87-104). Ann Arbor, MI: Edwards Brother.

Leary, M. R., Tchividjian, R., & Kraxberger, B. E. (1999). Self-presentation can be hazardous to your health: Impression management and health risk. In R. F. Baumeister (Ed.), *Self in social psychology* (pp. 182-194). Philadelphia, PA: Psychology Press.

Lee, J. A. (1973). *The colors of love: An exploration of the ways of loving.* Don Mills, Canada: New Press.

Leman, J., Haggard, M. C., Meagher, B., & Rowatt, W. C. (2017). Personality predictors and correlates of humility. In E. L. Worthington, Jr., D. E. Davis, & J. N. Hook (Eds.), *Handbook of humility: Theory, research, and applications* (pp. 138-149). New York, NY: Routledge.

Levesque, M. J., & Kenny, D. A. (1993). Accuracy of

behavioral predictions at zero acquaintance: A social relations analysis. *Journal of Personality and Social Psychology, 65*, 1178-1187.

Levine, T. R., & Knapp, M. L. (2018). Lying deception in close relationships. In A. L. Vangelisti & D. Perlman (Eds.), *The Cambridge handbook of personal relationships* (2nd ed., pp. 329-340). New York, NY: Cambridge University Press.

Levinger, G. (1965). Marital cohesiveness and dissolution: An integrative review. *Journal of Marriage and Family, 27*, 19-28.

Levoy, G. (1988, July/August). Tears that speak. *Psychology Today*, 8-10.

Lewandowski, Jr., G. W., Aron, A., & Gee, J. (2007). Personality goes a long way: The malleability of opposite-sex physical attractiveness. *Personal Relationships, 14*, 571-585.

Lewicki, P. (1983). Self-image bias in person perception. *Journal of Personality and Social Psychology, 45*, 384-393.

Lewicki, R. J., & Bunker, B. B. (1996). Developing and maintaining trust in work relationship. In R. M. Kramer & T. R. Tyler (Eds.), *Trust in organizations: Frontiers of theory and research* (pp. 114-139). Thousand Oaks, CA: Sage.

Lewis, D. M. G., Conroy-Beam, D., Al-Shawar, L., Raja, A., Dekay, T., & Buss, D. M. (2011). Friends with benefits: The evolved psychology of same- and opposite-sex friendship. *Evolutionary Psychology, 9*, 543-563.

Lim, S. H., Jang, H. I., Lee, D. Y., Yoon, B. K., & Cho, D. S. (2016). Recent trends in contraceptive use among Korean adolescents: Results from a nationwide survey from year 2013 to 2015. *Obstetrics & Gynecology Science, 59*, 519-524.

Lin, M. H., Kwan, V. S. Y., Cheung, A., & Fiske, S. T. (2005). Stereotype content model explains prejudice for an envied outgroup: Sale of Anti-Asian American stereotypes. *Personality and Social Psychology Bulletin, 31*, 34-47.

Lindau, S. T., Tessler, P., Schumm, E. O., Laumann, W., Levinson, C., O'Muircheartaigh, A., & Waite, L. J. (2007). A study of sexuality and health among older adults in the United States. *New England Journal of Medicine, 357*, 762-775.

Lipman-Bluman, J. (1976). Toward a homosocial theory of sex roles: An explanation of the sex segregation of social institutions. In M. Blaxall & B. Reagan (Eds.), *Women and the workplace: The implications of occupational segregation* (pp. 15-31). Chicago, IL: University of Chicago Press.

Lippa, R. (1998). The nonverbal display and judgment of extraversion, masculinity, femininity, and gender diagnosticity: A lens model analysis. *Journal of Research in Personality, 32*, 80-107.

Livingston, R. W., & Pearce, N. A. (2009). The teddy-bear effect: Does having a baby face benefit black chief executive officers? *Psychological Science, 20*, 1229-1236.

Lloyd, S. A. (1987). Conflict in premarital relationships: Differential perceptions of males and females. *Family Relations, 36*, 290-294.

Locke, K. D. (2003). Status and solidarity in social comparison: Agentic and communal values and vertical and horizontal directions. *Journal of Personality and Social Psychology, 84*, 619-631.

Locke, K. D. (2007). Personalized and generalized comparisons: Causes and consequences of variations in the focus of social comparisons. *Personality and Social Psychology Bulletin, 33*, 213-225.

Löckenhoff, C. E., & Carstensen, L. L. (2004). Socioemotional selectivity theory, aging, and health: The increasingly delicate balance between regulating emotions and making tough choices. *Journal of Personality, 72*, 1365-1394.

Lorenz, K. (1994). 개가 인간으로 보인다 (*Man meets dog*). (이동준 역). 서울: 자작나무. (원저는 1949년에 출판).

Loving, T. J., & Sbarra, D. A. (2015). Relationships and health. In M. Mikulincer, P. R. Shaver, J. A. Simpson, & J. F. Dovidio (Eds.), *APA Handbook of personality and social psychology. Vol. 3. Interpersonal relations* (pp. 151-176). Washington, DC: American Psychological Association.

Lucas, R. E., & Dyrenforth, P. S. (2006). Does the existence of social relationships matter for subjective well-being? In K. D. Vohs & E. J. Finkel (Eds.), *Self and relationships: Connecting interpersonal and interpersonal processes* (pp. 254-273). New York, NY: Guilford.

Lucas, R. E., & Fujita, F. (2000). Factors influencing the relation between extraversion and pleasant affect. *Journal of Personality and Social Psychology, 79*, 1039-1056.

Lyubomirsky, S. & Ross, L. (1997). Hedonic consequences of social comparison: A contrast of happy and unhappy people. *Journal of Personality and Social Psychology, 73*, 1141-1157.

Mackey, W. C., & Immerman, R. S. (2001). Restriction of sexual activity as a partial function of disease avoidance: A cultural response to sexually transmitted diseases. *Cross-Cultural Research, 35*, 400-423.

Makepeace, J. (1989). Dating, living together, and courtship violence. In M. A. Pirog-Good & J. Stets (Eds.), *Violence in dating relationships* (pp. 94-107). New York, NY: Praeger.

Malle, B. (2005). Self-other asymmetries in behavior explanations. In M. D. Alicke, D. A. Dunning, & J. I. Krueger (Eds.), *The self in social judgment* (pp. 155-178). New York, NY: Psychology Press.

Mallinckrodt, B., & Jeong, J. (2015). Meta-analysis of client attachment to therapist: Associations with working alliance and client pretherapy attachment. *Psychotherapy, 52*, 134-139.

Mancuse, S., & Viola, A. (2016). 매혹하는 식물의 뇌: 식물의 지능과 감각의 비밀을 풀다 (*Verde brillante.* *Sensibilit? e intelligenza del mondo vegetale*). (양병찬 역). 서울: 행성비. (원저는 2015년에 출판).

Markiewicz, D., Devine, I., & Kausilas, D. (2000). Friendships of women and men at work: Job satisfaction and resource implications. *Journal of Managerial Psychology, 15*, 161-184.

Markman, H., Stanley, S., & Blumberg, S. L. (1994). *Fighting for your marriage: Positive steps for preventing divorce and preserving a lasting love.* San Francisco, CA: Jossey-Bass.

Markus, H. R., & Kitayama, S. (1991). Cultural variation in self-concept. In G. R. Goethals & J. Strauss (Eds.), *Multidisciplinary perspectives on the self* (pp. 18-48). New York, NY: Springer-Verlag.

Marlatt, G. A. (1985). Relapse prevention: Theoretical rationale and overview of the model. In G. A. Marlatt & J. R. Gordon (Eds.), *Relapse prevention* (pp. 3-70). New York, NY: Guilford.

Martijn, C., Spears, R., van der Pligt, J., & Jakobs, E. (1992). Negativity and positivity effects in person perception and inference: Ability versus morality. *European Journal of Social Psychology, 22*, 453-463.

Martin, D., & Macrae, C. N. (2007). A face with a cue: Exploring the inevitability of person categorization. *European Journal of Social Psychology, 37*, 806-816.

Martin, J. N., & Nakayama, T. K. (1997). *Intercultural communication in contexts.* Mountain View, CA: Mayfield Publishing.

Marwell, G., & Hage, J. (1970). The organization of role-relationships: A systematic description. *American Sociological Review, 35*, 884-900.

Mason, C. A., Cauce, A. M., Gonzales, N., & Hiraga, Y. (1996). Neither too sweet nor too sour: Problem peers, maternal control, and problem behavior in African American adolescents. *Child Development, 67*, 2115-2130.

Massengale, M., Choe, E., & Davis, D. E. (2017). Self-forgiveness and personal and relational well-being. In L. Woodyatt, E. L. Worthington, Jr., M. Wenzel,

& B. J. Griffin (Eds.), *Handbook of the psychology of self-forgiveness* (pp. 101-113). New York, NY: Springer.

Mastekaasa, A. (1994). Marital status, distress, and well-being: An international comparison. *Journal of Comparative Family Studies*, *25*, 183-205.

Master, S. L., Eisenberger, N. I., Taylor, S. E., Naliboff, B. D., Shirinyan, D., & Lieberman, M. D. (2009). A picture's worth: Partner photographs reduce experimentally induced pain. *Psychological Science*, *20*, 1316-1318.

Masters, W. H., & Johnson, V. E. (1966). *Human sexual response*. Boston, MA: Little, Brown.

Mathews, A., Derlega, V. J., & Morrow, J. (2006). What is highly personal information and how is it related to self-disclosure decision-making? The perspective of college students. *Communication Research Reports*, *23*, 85-92.

Matsumoto, D. (2006). Culture and nonverbal behavior. In V. Manusov & M. L. Patterson (Eds.), *The Sage handbook of nonverbal communication* (pp. 219-235). Thousand Oaks, CA: Sage.

Matsumoto, D., & Willingham, B. (2009). Spontaneous facial expressions of emotion of congenitally and noncongenitally blind individuals. *Journal of Personality and Social Psychology*, *96*, 1-10.

Matsumoto, D., Hwang, H. C., & Frank, M. G. (2016). The body: Postures, gait, proxemics, and haptics. In D. Matsumoto, H. C. Hwang, & M. G. Frank (Eds. in chief), *APA handbook of nonverbal behavior* (pp. 387-400). Washington, DC: American Psychological Association.

McAdams, D. P., & Constantian, C. A. (1983). Intimacy and affiliation motives in daily living: An experience sampling analysis. *Journal of Personality and Social Psychology*, *45*, 851-861.

McCabe, P. (1987). Desired and experienced levels of premarital affection and sexual intercourse during dating. *Journal of Sex Research*, *23*, 23-33.

McCornack, S. A., & Levine, T. R. (1990). When lies are discovered: Emotional and relational outcomes of discovered deception. *Communication Monographs*, *57*, 119-138.

McCornack, S. A., & Parks, M. R. (1986). Deception detection and relationship development: The other side of trust. In M. L. McLaughlin (Ed.), *Communication Yearbook 9* (pp. 377-389). Beverly Hills, CA: Sage.

McCrae, R. R., & Sutin, A. R. (2007). New frontiers for the five-factor model: A preview of the literature. *Social and Personality Psychology Compass*, *1*, doi:10.1111/j.1751-9004.2007.00021.x

McCrokey, J. C., & Richmond, V. P. (1977). Communication apprehension as a predictor of self-disclosure. *Communication Quarterly*, *25*, 40-43.

McCroskey, J. C. (1978). Validity of the PRCA as an index of oral communication apprehension. *Communication Monographs*, *45*, 192-203.

McCroskey, J. C., & McCain, T. A. (1974). The measurement of interpersonal attraction. *Speech Monographs*, *41*, 261-266.

McDonald, G., & Leary, M. R. (2012). Individual differences in self-esteem. In M. R. Leary & J. P. Tangney (Eds.), *Handbook of self and identity* (2nd ed., pp. 354-377). New York, NY: Guilford.

McFarland, C., & Ross, M. (1982). The impact of causal attributions on affective reactions to success and failure. *Journal of Personality and Social Psychology*, *43*, 937-946.

McGuire, J. E. (2014). *Competition and emotional closeness in early adolescent friendships: The role of domain importance and coping* (Doctoral dissertation). Retrieved from https://escholarship.org/uc/item/6vx9c01k

McGuire, J. E., & Leaper, C. (2016). Competition, coping, and closeness in young heterosexual adults' same-gender friendships. *Sex Roles*, *74*, 422-435.

Mead, G. H. (1934). *Mind, self and society*. Chicago, IL:

University of Chicago Press.

Mealey, L., Daood, C., & Krage, M. (1996). Enhanced memory for faces of cheaters. *Ethology and Sociobiology, 17*(2), 119-128.

Mehl, M. R., & Robbins, M. L. (2012). Naturalistic observation sampling: The electronically activated recorder (EAR). In M. R. Helh & T. S. Conner (Eds.), *Handbook of research methods for studying daily life* (pp. 176-192). New York, NY: Guilford.

Mehl, M. R., Vazire, S., Ramírez-Esparza, N., Slatcher, R. B., & Pennebaker, J. W. (2007). Are women really more talkative than men? *Science, 317*(5834), 82.

Mehrabian, A., & Ferris, S. R. (1967). Inference of attitudes from nonverbal communication in two channels. *Journal of Consulting Psychology, 31*, 248-252.

Mende-Siedlecki, P., Baron, S. G., & Todorov, A. (2013). Diagnostic value underlies asymmetric updating impressions in the morality and ability domains. *The Journal of Neuroscience, 33*, 19406-19415.

Mercuri, S. P. (2012). Understanding interconnectedness between language choices, cultural identity construction and school practices in the life of a Latina educator. *Gist Education and Learning Research Journal, 6*(Nov.), 12-43.

Metcalfe, J., & Mischel, W. (1999). A two-system analysis of delay of gratification. *Psychological Review, 106*, 3-19.

Metts, S., & Bowers, J. W. (1994). Emotion in interpersonal communication. In M. L. Knapp & G. R. Miller (Eds.), *Handbook of interpersonal communication* (2nd ed., pp. 508-541). Thousand Oaks, CA: Sage.

Mikulincer, M., & Shaver, P. R. (2016). *Attachment in adulthood: Structure, dynamics, and change* (2nd ed.). New York, NY: Guilford.

Mikulincer, M., & Shaver, P. R. (2018). Attachment theory as a framework for studying relationship

dynamics and functioning. In A. L. Vangelisti & D. Perlman (Eds.), *The Cambridge handbook of personal relationships* (2nd ed., pp. 175-185). Cambridge, UK: Cambridge University Press.

Miller, G. R., & Steinberg, M. (1975). *Between people: A new analysis of interpersonal communication.* Chicago, IL: Science Research Associates.

Miller, L. C., & Fishkin, S. A. (1997). On the dynamics of human bonding and reproductive success: Seeking windows on the adapted-for human-environmental interface. In J. A. Simpson & D. T. Kenrick (Eds.), *Evolutionary social psychology* (pp. 197-235). Mahwah, NJ: Lawrence Erlbaum Associates, Inc.

Miller, L. C., Christensen, J. L., Pedersen, W. C., Putcha-Bhagavatula, A., & Appleby, P. R. (2013). Attachment fertility theory: Complex systems of mechanisms simplify sex, mating, and sexual risks. *Psychological Inquiry, 24*, 211-220.

Miller, R. S. (2008). Attending to temptation: The operation (and perils) of attention to alternatives in close relationships. In J. P. Forgas & J. Fitness (Eds.), *Social relationships: Cognitive, affective and motivational processes* (pp. 321-337). New York, NY: Psychology Press.

Miller, R. S. (2015). *Intimate relationships* (7th ed.). New York, NY: McGraw-Hill Education.

Mills, J., Clark, M. S., Ford, T. E., & Johnson, M. (2004). Measurement of communal strength. *Personal Relationships, 11*, 213-230.

Mischel, W. (1968). *Personality and assessment.* New York, NY: Wiley.

Mischel, W., Shoda, Y., & Peake, P. K. (1988). The nature of adolescent competencies predicted by preschool delay of gratification. *Journal of Personality and Social Psychology, 54*, 687-696.

Molloy, J. T. (1978). *The woman's dress for success book.* New York, NY: Warner Books.

Molouki, S., & Pronin, E. (2015). Self and other. In M. Mikulincer & P. R. Shaver (Eds.), *APA handbook of personality and social psychology. Vol. 1. Attitudes and social cognition* (pp. 387-414). Washington, DC: American Psychological Association.

Montaya, R. M., Horton, R. S., & Kirchner, J. (2008). Is actual similarity necessary for attraction? A meta-analysis of actual and perceived similarity. *Journal of Social and Personal Relationships, 25,* 889-922.

Moore, N., Hickson, M., & Stacks, D. W. (2014). *Nonverbal communication: Studies and applications.* New York, NY: Oxford University Press.

Moreland, R. L., & Beach, S. R. (1992). Exposure effects in the classroom: The development of affinity among students. *Journal of Experimental Social Psychology, 28*(3), 255-276.

Morf, C. C., & Rhodewalt, F. (2001). Expanding the dynamic self-regulatory model of narcissism. *Psychological Inquiry, 12,* 243-251.

Morling, B., Kitayama, S., & Miyamoto, Y. (2002). Cultural practices emphasize influence in th United States and adjustment in Japan. *Personality and Social Psychology Bulletin, 28,* 311-323.

Morris, D. (1985). *Body watching.* New York, NY: Crown.

Morrison, R. L., & Cooper-Thomas, H. D. (2017). Friendship among coworkers. In M. Hojjat & A. Moyer (Eds.), *The psychology of friendship* (pp. 123-139). Oxford, UK: Oxford University Press.

Mruk, C. J. (2013). *Self-esteem and positive psychology: Research, theory, and practice* (4th ed.). New York, NY: Springer.

Mulac, A., Studley, L. B., Wiemann, J. M., & Bradac, J. J. (1987). Male/female gaze in same-sex and mixed-sex dyads. *Human Communication Research, 13,* 323-343.

Mulder, M. (1977). *The daily power game. International series on the quality of working life.* Leiden, Netherlands: Martinus Nihoff Social Sciences Division.

Mullen, P. E., & Martin, J. (1994). Jealousy: A community study. *The British Journal of Psychiatry, 164,* 35-43.

Murray, S. L., Holmes, J. G., Bellavia, G., Griffin, D. W., & Dolderman, D. (2002). Kindred spirits? The benefits of egocentrism in close relationships. *Journal of Personallity and Social Psychology, 82,* 563-581.

Murray, S. L., Holmes, J. G., Derrick, J. L., Harris, B., Griffin, D. W., & Pinkus, R. T. (2013). Cautious to a fault: Self-protection and the trajectory of marital satisfaction. *Journal of Experimental Social Psychology, 49,* 522-533.

Murray, S. L., Rose, P., Bellavia, G. M., Holmes, J. G., & Kusche, A. G. (2002). When rejection stings: How self-esteem constrains relationship-enhancement processes. *Journal of Personality and Social Psychology, 83,* 556-573.

Murstein, B. I. (1987). A classification and extension of the SVR theory of dyadic pairing. *Journal of Marriage and the Family, 49,* 929-933.

Mussweiler, T., Epstude, K., & Rüter, K. (2005). The knife that cuts both ways: Comparison processes in social perception. In M. D. Alicke, D. A. Dunning & J. I. Krueger (Eds.), *The self in social judgment* (pp. 109-130). New York, NY: Psychology Press.

Myers, D. G. (2000). The funds, friends, and faith of happy people. *American Psychologist, 55,* 56-67.

Neff, K. D. (2008). Self-compassion: Moving beyond the pitfalls of a separate self-concept. In H. A. Wayment & J. J. Bauer (Eds.), *Transcending self-interest: Psychological explorations of the quiet ego* (pp. 95-105). Washington, DC: American Psychological Association.

Neff, K. D. (2011). *Self-compassion: The proven power of being kind to yourself.* New York, NY: HarperCollins Publishers.

Neff, K. D., & Vonk, R. (2009). Self-compassion versus global self-esteem: Two different ways of relating to oneself. *Journal of Personality, 77*(1), 23-50.

Neff, K. D., Kirkpatrick, K., & Rude, S. S. (2007). Self-compassion and its link to adaptive psychological functioning. *Journal of Research in Personality, 41*, 139-154.

Neff, L. A., & Karney, B. R. (2008). Compassionate love in early marriage. In B. Fehr, S. Sprecher, & L. Underwood (Eds.), *The science of compassionate love: Theory, research, and application* (pp. 201-222). West Sussex, England: Wiley-Blackwell.

Nesse, R. M. (2005). Natural selection and the regulation of defenses: A signal detection analysis of the smoke detector principle. *Evolution and Human Behavior, 26*(1), 88-105.

Neuberg, S. L., & Corttrell, C. A. (2008). Managing the threats and opportunities afforded by human sociality. *Group Dynamics: Theory, Research, and Practice, 12*(1), 63-72.

Nielsen, R., Marrone, J. A., & Ferraro, H. S. (2014). *Leading with humility.* New York, NY: Routledge.

Nisbett, R. E., & Kunda, Z. (1985). Perception of social distributions. *Journal of Personality and Social Psychology, 48*, 297-311.

Nisbett, R. E., Peng, K., Choi, I., & Norenzayan, A. (2001). Culture and systems of thought: Holistic vs. analytic cognition. *Psychological Review, 108*, 291-310.

Nkengne, A., Bertin, C., Stamatas, G. N., Giron, A., Rossi, A., Issachar, N., & Fertil, B. (2008). Influence of facial skin attributes on the perceived age of Caucasian women. *Journal of the European Academy of Dermatology and Venereology, 22*, 982-991.

Nooteboom, B. (2002). *Trust: Forms, foundations, functions, failures, and figures.* Northampton, MA: Edward Elgar.

Norton, M. I., Frost, J. H., & Ariely, D. (2007). Less is more: The lure of ambiguity, or why familiarity breeds contempt. *Journal of Personality and Social Psychology, 92*, 97-105.

Norton, M. I., Frost, J. H., & Ariely, D. (2013). Less is

often more, but not always: Additional evidence that familiarity breeds contempt and a call for future research. *Journal of Personality and Social Psychology, 105*, 921-923.

O'Connor, T. G., Cheng, H., Dunn, J., & Golding, J. (2005). Factors moderating change in depressive symptoms in women following separation: Findings from a community study in England. *Psychological Medicine, 35*, 715-724.

O'Meara, J. D. (1994). Cross-sex friendship's opportunity challenge: Uncharted terrain for exploration. *Personal Relationship Issues, 2*, 4-7.

O'Sullivan, L. F., & Thompson, A. E. (2014). Sexuality in adolescence. In D. L. Tolman & L. M. Diamond (Eds. in chief), *APA handbook of sexuality and psychology. Vol. 1. Person-based approaches* (pp. 433-486). Washington, DC: American Psychological Association.

O'Sullivan, P. B. (2000). What you don't know won't hurt me: Impression management functions of communication channels in relationships. *Human Communication Research, 26*, 403-431.

O'Connor, S. C., & Rosenblood, L. K. (1996). Affiliation motivation in everyday experience: A theoretical comparison. *Journal of Personality and Social Psychology, 70*(3), 513-522.

Ogolsky, B. G., & Monk, J. K. (2018). Maintaining relationships. In A. L. Vangelisti & D. Perlman (Eds.), *The Cambridge Handbook of personal relationships* (2nd ed., pp. 523-537). New York, NY: Cambridge University Press.

Oliver, M. B., & Hyde, J. S. (1993). Gender differences in sexuality: A meta-analysis. *Psychological Bulletin, 114*, 29-51.

Olson, I. R., & Marshuetz, C. (2005). Facial attractiveness is appraised in an glance. *Emotion, 5*, 498-502.

Olweus, D. (1978). *Aggression in the schools: Bullies and whipping boys.* Washington, DC: Hemisphere.

Orth, U., Trzesniewski, K., & Robins, R. (2010). Self-esteem development from young adulthood to old age: A cohort-sequential longitudinal study. *Journal of Personality and Social Psychology*, *98*(4), 645-658.

Ostell, A., Baverstock, S., & Wright, P. (1999). Interpersonal skills of managing emotion at work. *The Psychologist*, *12*, 30-34.

Oyserman, D., Coon, H. M., & Kemmelmeier, M. (2002). Rethinking individualism and collectivism: Evaluation of theoretical assumptions and meta-analyses. *Psychological Bulletin*, *128*, 3-72.

Palmer, M. T., & Simmons, K. B. (1995). Communicating intentions through nonverbal behaviors: Conscious and nonconscious encoding of liking. *Human Communication Research*, *22*, 128-160.

Papp, L. M., Cummings, E. M., & Goeke-Morey, M. C. (2009). For richer, for poorer: Money as a topic of marital conflict in the home. *Family Relations*, *8*, 538-560.

Parkinson, B. (1996). Emotions are social. *British Journal of Psychology*, *87*, 663-683.

Parrott, W. G. (1991). The emotional experience of envy and jealousy. In P. Salovey (Ed.), *The psychology of jealousy and envy* (pp. 3-30). New York, NY: Guilford.

Patterson, M. L. (1976). An arousal model of interpersonal intimacy. *Psychological Review*, *83*, 235-245.

Paulus, D. L., & Williams, K. M. (2002). The dark triad of personality: Narcissism, Machiavellianism and psychopathy. *Journal of Research in Personality*, *36*, 556-563.

Payne, L., Martz, D., Tompkins, K., Petroff, A., & Farrow, C. (2011). Gender comparisons of fat talk in the United Kingdom and The United States. *Sex Roles*, *65*, 557-565.

Pedersen, W. C., Miller, L. C., Putcha-Bhagavatula, A. D., & Yang, Y. (2002). Evolved sex differences in the number of partners desired? The long and the short

of it. *Psychological Science*, *13*, 157-161.

Pedersen, W. C., Putcha-Bhagavatula, A., & Miller, L. C. (2011). Are men and women really that different? Examining some of Sexual Strategies Theory(SST)'s key assumptions about sex-distinct mating mechanisms. *Sex Roles*, *64*, 629-643.

Pellegrini, R. J. (1973). The virtue of hairiness. *Psychology Today*, *6*, 14.

Peluchette, J. V., & Karl, K. (2007). The impact of workplace attire on employee self-perceptions. *Human Resource Development Quarterly*, *18*, 345-360.

Pennebaker, J. (1997). *Opening up: The healing power of expressing emotions.* New York, NY: Guilford.

Pennebaker, J. W. (1989). Confession, inhibition, and disease. In L. Berkowitz (Ed.), *Advances in experimental social psychology* (Vol. 22, pp. 211-244). New York, NY: Academic Press.

Pennebaker, J. W., & Chew, C. H. (1985). Behavioral inhibition and electrodermal activity during deception. *Journal of Personality and Social Psychology*, *49*, 1427-1433.

Pennebaker, J. W., & O'Heeron, R. C. (1984). Confiding in others and illness rate among spouses of suicide and accidental death victims. *Journal of Abnormal Psychology*, *93*, 473-476.

Peplau, L. A. (2003). Human sexuality: How do men and women differ? *Current Directions in Psychological Science*, *12*, 37-40.

Perlman, D., Stevens, N. L., & Carcedo, R. J. (2015). Friendship. In M. Mikulincer & P. R. Shaver (Eds. in chief), *APA handbook of personality and social psychology. Vol. 3. Interpersonal relations* (pp. 463-493). Washington, DC: American Psychological Association.

Peterson, D. R. (1979). Assessing interpersonal relationships by means of interaction records. *Behavioral Assessment*, *1*, 221-236.

Peterson, D. R. (2002). Conflict. In H. H. Kelley,

E. Bersheid, A. Christensen et al. (Eds.), *Close relationships* (pp. 360-396). Clinton Corners, NY: Percheron Press.

Peterson, J. L., & Hyde, J. S. (2011). Gender differences in sexual attitudes and behaviors: A review of meta-analytic results and large datasets. *Journal of Sex Research, 48*, 149-165.

Petronio, S. (1994). Privacy binds in family interactions: The case of parental privacy invasion. In W. R. Cupach & B. H. Spitzberg (Eds.), *The dark side of interpersonal communication* (pp. 241-258). Hillsdale, NJ: Lawrence Erlbaum.

Pfaus, J. G., Kippin, T. E., Coria-Avila, G. A., Gelez, H., Afonso, V. M., Ismail, N., & Parada, M. (2012). Who, what, where, when (and maybe even why)? How the experience of sexual reward connects sexual desire, preference, and performance. *Archives of Sexual Behavior, 41*, 31-62.

Pillemer, J., & Rothbard, N. P. (2018). Friends without benefits: Understanding the dark sides of workplace friendship. *Academy of Management Review, 43*, 635-660.

Pinquart, M., & Duberstein, P. R. (2010). Associations of social networks with cancer mortality: A meta-analysis. *Critical Reviews in Oncology/Hematology, 75*, 122-137.

Pittenger, J. B., & Shaw, R. E. (1975). Ageing faces as visceral-elastic events: Implications for a theory of nonrigid shape perception. *Journal of Experimental Psychology: Human Perception and Performance, 1*, 374-482.

Planalp, S., Honeycutt, J. M., Rutherford, D. K. (1988). Events that increase uncertainty in personal relationship, II: Replication and extension. *Human Communication Research, 14*, 516-547.

Pleck, J. H. (1995). The gender role strain paradigm. In R. F. Levant & W. S. Pollack (Eds.), *A new psychology of men* (pp. 11-32). New York, NY: Basic Books.

Polderman, T. J. C., Benyamin, B., de Leeuw, C. A., Sullivan, P. F., van Bochoven, A., Visscher, P. M., & Posthuma, D. (2015). Meta-analysis of the heritability of human traits based on fifty years of twin studies. *Nature Genetics, 47*, 702-709.

Poley, M. E., & Luo, S. (2012). Social compensation or rich-get-richer? The role of social competence in college students' use of the Internet to find a partner. *Computers in Human Behavior, 28*, 414-419.

Porath, C. L., & Erez, A. (2007). Does rudeness matter? The effects of rude behavior on task performance and helpfulness. *Academy of Management Journal, 50*, 1181-1197.

Pruitt, D. G., & Carnevale, P. J. D. (1980). The development of integrative agreements in social conflict. In V. J. Derlega & J. Grzelak (Eds.), *Living with other people*. New York, NY: Academic Press.

Putman, R. D. (2000). *Bowling alone: The collapse and revival of the American community*. New York, NY: Simon & Schuster.

Pyszczynski, T., Wicklund, R. A., Floresku, S., Koch, H., Gauch, G., Solomon, S., & Greenberg, J. (1996). Whistling in the dark: Exaggerated consensus estimates in responses to incidental reminders of mortality. *Psychological Science, 7*(6), 332-336.

Rahim, M. A. (2011). *Managing conflict in organizations* (4th ed.). New Brunswick, NJ: Transaction Publishers.

Rakos, R. (1997). Asserting and confronting. In O. Hargie (Ed.), *A handbook of communication skill* (pp. 289-319). London, UK: Groom Helm.

Ramos Salazar, L. (2015). The negative reciprocity process in marital relationships: A literature review. *Aggression and Violent Behavior, 24*, 113-119.

Rands, M., Levinger, G., & Mellinger, G. (1981). Patterns of conflict resolution and marital satisfaction. *Journal of Family Issues, 2*, 297-321.

Rasmann, S., Köllner, T. G., Degenhardt, J., Hiltpold, I., Toepfer, S., Kuhlmann, U., Gershenzon,

J., & Turlings, T. C. J. (2005). Recruitment of entomopathogenic nematodes by insect-damaged maize roots. *Nature, 434*, 732-737.

Rath, T., & Harter, J. (2010). Your friends and your social wellbeing. *Gallup Business Journal, August*. Retrieved from http://www.gallup.com/businessjournal/127043/Friends-Social-Wellbeing.aspx

Rawlins, W. K. (1982). Cross-sex friendship and the communicative management for sex-role expectations. *Communication Quarterly, 30*, 343-352.

Rawlins, W. K. (2017). Foreword. In M. Hojjat & A. Moyer (Eds.), *The psychology of friendship* (pp. ix-xiv). Oxford, UK: Oxford University Press.

Rawn, C. D., & Vohs, K. D. (2006). The importance of self-regulation for interpersonal functioning. In K. D. Vohs & E. J. Finkel (Eds.), *Self and relationships: Connecting intrapersonal and interpersonal processes* (pp. 15-31). New York, NY: Guilford.

Re, D. E., & Rule, N. O. (2016). Appearance and physiology. In D. Matsumoto, H. C. Hwang, & M. G. Frank (Eds. in chief), *APA handbook of nonverbal behavior* (pp. 221-256). Washington, DC: American Psychological Association.

Reece, M. (2010). Condom use rates in a national probability sample of males and females ages 14 to 94 in the United States. *Journal of Sexual Medicine, 7*, 266-276.

Reeder, G. D. (1993). Trait-behavior relations in dispositional inference. *Personality and Social Psychology Bulletin, 19*, 586-593.

Reeder, H. M. (2003). The effect of gender role orientation on same- and cross-sex friendship formation. *Sex Roles, 49*, 143-152.

Regan, P. C., & Joshi, A. (2003). Ideal partner preferences among adolescents. *Social Behavior and Personality: An international Journal, 31*, 13-20.

Reis, H. T. (1990). The role of intimacy in interpersonal relations. *Journal of Social and Clinical Psychology,* 9, 15-30.

Reis, H. T. (1998). Gender differences in intimacy and related behaviors: Context and process. In D. J. Canary & K. Dindia (Eds.), *Sex differences and similarities in communication: Critical essays and empirical investigations of sex and gender in interaction* (pp. 203-234). Mahwah, NJ: Erlbaum.

Reis, H. T., & Homes, J. G. (2019). Perspectives on the situation. In K. Deaux & M. Snyer (Eds.), *The Oxford handbook of personality and social psychology* (2nd ed., pp. 67-95). New York, NY: Oxford University Press.

Reis, H. T., Lin, Y., Bennett, M. E., & Nezlek, J. B. (1993). Change and consistency in social participation during early adulthood. *Developmental Psychology, 29*, 633-645.

Reis, H. T., Maniaci, M. R., Caprariello, P. A., Eastwick, P. W., & Finkel, E. J. (2011). Familiarity does indeed promote attraction in live interaction. *Journal of Personality and Social Psychology, 101*, 557-570.

Remland, M. S., Jones, T. S., & Brinkman, H. (1991). Proxemic and haptic behavior in three European countries. *Journal of Nonverbal Behavior, 15*, 215-232.

Remland, M. S., Jones, T. S., & Brinkman, H. (1995). Interpersonal distance, body orientation, and touch: Effects of culture, gender, and age. *Journal of Social Psychology, 135*, 281-297.

Rhee, E., Uleman, J. S., Lee, H. K., & Roman, R. J. (1995). Spontaneous self-descriptions and ethnic identities in individualistic and collectivistic cultures. *Journal of Personality and Social Psychology, 69*, 142-152.

Rhodes, D. M. G. (2009). Age estimation of faces: A review. *Applied Cognitive Psychology, 23*, 1-12.

Rhodes, G. (2006). The evolutionary psychology of facial beauty. *Annual Review of Psychology, 57*, 199-226.

Rhodewalt, F. (2012). Contemporary perspectives on

narcissism and the narcissistic personality type. In M. R. Leary & J. P. Tangney (Eds.), *Handbook of self and identity* (2nd ed., pp. 571–586). New York, NY: Guilford.

Richmond, V. P., McCroskey, J. C., & Hickson III, M. L. (2012). *Nonverbal behavior in interpersonal relations* (7th ed.). New York, NY: Allyn & Bacon.

Riding, D., Lonsdale, D., & Brown, B. (2006). The effects of average fundamental frequency and variance of fundamental frequency on male vocal attractiveness to women. *Journal of Nonverbal Behavior*, *30*, 55–61.

Rimé, B., Corsini, S., & Herbette, G. (2002). Emotion, verbal expression, and the social sharing of emotion. In S. R. Fussell (Ed.), *The verbal communication of emotion: Interdisciplinary perspectives* (pp. 185–208). Mahwah, NJ: Lawrence Erlbaum Associates.

Rimms, D., & Masters, J. (1987). *Behavior therapy: Technique and empirical findings* (3rd ed.). New York, NY: Academic Press.

Ripperger, S., Carter, G. G., Duda, N., Koelpin, A., Cassens, B., Kapitza, R., ... & Mayer, F. (2019). Vampire bats that cooperate in the lab maintain their social networks in the wild. *Current Biology*, *29*(23), 4139–4144.

Robert, B. W., Kuncel, N. R., Shiner, R., Caspi, A., & Goldberg, L. R. (2007). The ower of personality: The comparative validity of personality traits, socioeconomic status, and cognitive ability for predicting important life outcomes. *Perspectives on Psychological Science*, *2*, 313–345.

Roberts, R. C., & Cleveland, W. S. (2017). Humility from a philosophical point of view. In E. L. Worthington, Jr., D. E. Davis, & J. N. Hook (Eds.), *Handbook of humility: Theory, research, and applications* (pp. 33–46). New York, NY: Routledge.

Robles, T. R., Slatcher, R. B., Trombello, J. M., & McGinn, M. M. (2014). Marital quality and health: A meta-analysis review. *Psychological Bulletin*, *14*, 140–187.

Rodewalt, F., & Tragakis, M. W. (2003). Self-esteem and self-regulation: Toward optimal studies of self-esteem. *Psychological Inquiry*, *14*(1), 66–70.

Rofé, Y. (1984). Stress and affiliation: A utility theory. *Psychological Review*, *91*, 235–250.

Rosario, M., Meyer-Bahlburg, H. F. L., Hunter, J., Exner, T. M., Gwadz, M., & Keller, A. M. (1996). The psychosexual development of urban lesbian, gay, and bisexual youths. *Journal of Sex Research*, *33*, 113–126.

Rose, A. J., & Asher, S. R. (2000). Children's friendships. In C. Hendrick & S. S. Hendrick (Eds.), *Close relationships: A sourcebook* (pp. 47–57). Thousand Oaks, CA: Sage.

Rose, A., & Rudolph, K. D. (2006). A review of sex differences in peer relationships processes: Potential trade-offs for the emotional and behavioral development of girls and boys. *Psychological Bulletin*, *132*, 98–131.

Rose, S. M. (1985). Same- and cross-sex friendships and the psychology of homosociality. *Sex Roles*, *12*, 63–74.

Rosen, L., Cheever, N., Cummings, C., & Felt, J. (2008). The impact of emotionality and self-disclosure on online dating versus traditional dating. *Computers in Human Behavior*, *24*, 2124–2157.

Rosenberg, M. (1965). *Society and the adolescent self-image*. Princeton, NJ: Princeton University Press.

Rosencranz, M. L. (1962). Clothing symbolism. *Journal of Home Economics*, *54*, 18–22.

Rosenfeld, L. B., & Plax, T. G. (1977). Clothing as communication. *Journal of Communication*, *27*, 24–31.

Rosenthal, N. L., & Kobak, R. (2010). Assessing adolescents' attachment hierarchies: Differences across developmental periods and associations with individual adaptation. *Journal of Research on Adolescence*, *20*, 678–706.

Rosenthal, R., & Jacobson, L. (1968). *Pygmalion in the classroom: Teacher expectation and student intellectual development*. New York, NY: Holt, Rinehart & Winston.

Ross, L., & Ward, A. (1996). Naive realism in everyday life: Implications for social conflict and misunderstanding. In E. S. Reed, E. Turiel, & T. Brown (Eds.), *The Jean Piaget Symposium Series. Vol. 9. Values and knowledge* (pp. 103-135). Hillsdage, NJ: Erlbaum.

Ross, L., Greene, D., & House, P. (1977). The "false consensus effect": An egocentric bias in social perception and attribution processes. *Journal of Experimental Social Psychology, 13*, 279-301.

Ross, M., & Sicoly, F. (1979). Egocentric biases in availability and attribution. *Journal of Personality and Social Psychology, 37*, 326-336.

Roth, G., & Dicke, U. (2006). Evolution of the brain and intelligence. *Trends in Cognitive Sciences, 9*(5), 250-257.

Rothbart, M., & Park, B. (1986). On the confirmability and disconfirmability of trait concepts. *Journal of Personality and Social Psychology, 50*, 131-142.

Rozin, P., & Royzman, E. B. (2001). Negativity bias, negativity dominance, and contagion. *Personality and Social Psychology Review, 5*(4), 296-320.

Rubin, T. I. (1998). *The angry book*. New York, NY: Macmillan.

Rubin, Z. (1973). *Liking and loving: An invitation to social psychology*. New York, NY: Holt, Rinehart & Winston.

Rudman, L. A. (2005). Rejection of women? Beyond prejudice as antipathy. In J. F. Dovidio, P. Blick, & L. A. Rudman (Eds.), *On the nature of prejudice* (pp. 106-120). Malden, MA: Blackwell.

Rusbult, C. E. (1980). Commitment and satisfaction in romantic associations: A test of the investment model. *Journal of Experimental Social Psychology, 16*, 172-186.

Rusbult, C. E., & Arriaga, X. B. (1997). Interdependence theory. In S. Duck (Ed.), *Handbook of personal relationships: Theory, research, and interventions* (2nd ed. pp. 221-250). New York, NY: John Wiley & Sons.

Rusbult, C. E., & Zembrodt, I. M. (1983). Responses to dissatisfaction in romantic involvements: A multidimentinal scaling analysis. *Journal of Experimental Social Psychology, 19*, 274-293.

Rusbult, C. E., Agnew, C. R., & Arriaga, X. B. (2012). The investment model of commitment processes. In P. A. M. Van Lange, A. W. Kruglanski, & E. T. Higgins (Eds.), *Handbook of theories of social psychology* (Vol. 2, pp. 218-231). Thousand Oaks, CA: Sage.

Rusbult, C. E., Coolsen, M. K., Kirchner, J. L., & Clarke, J. (2006). Commitment. In A. L. Vangelisti & D. Perlman (Eds.), *Handbook of personal relationships* (pp. 615-635). New York, NY: Cambridge University Press.

Rusbult, C. E., Finkel, E. J., & Kumashiro, M. (2009). The Michelangelo phenomenon. *Current Directions in Psychological Science, 18*, 305-309.

Rusbult, C. E., Hannon, P. A., Stocker, S. L., & Finkel, E. J. (2005). Forgiveness and relational repair. In E. L. Worthington, Jr., (Ed.), *Handbook of forgiveness* (pp. 185-205). New York, NY: Routledge.

Rusbult, C. E., Zembrodt, I. M., & Gunn, L. K. (1982). Exit, voice, loyalty and neglect: Responses to dissatisfaction in romantic involvements. *Journal of Personality and Social Psychology, 43*, 1230-1242.

Rusbult, C. E., Zembrodt, I. M., & Iwaniszek, J. (1986). The impact of gender and sex-role orientation on responses to dissatisfaction in close relationships. *Sex Roles, 15*, 1-20.

Russell, D., Cutrona, C. E., Rose, J., & Yurko, K. (1984). Social and emotional loneliness: An examination of Weiss's typology of loneliness. *Journal of Personality and Social Psychology, 46*, 1313-1321.

Russell, J. A. (1980). A circumplex model of affect. *Journal of Personality and Social Psychology*, *39*, 1161-1178.

Ryan, E. B., Giles, H., & Sebastian, R. J. (1982). An investigative perspective for the study of attitudes toward language variation. In E. B. Ryan & H. Giles (Eds.), *Attitudes toward language variation: Social and applied context* (pp. 1-19). London, UK: Arnold.

Ryan, R. M., Bernstein, J. H., & Brown, K. W. (2010). Weekends, work, and well-being: Psychological need satisfactions and day of the week effects on mood, vitality, and physical symptoms. *Journal of Social and Clinical Psychology*, *29*, 95-122.

Ryckman, R. M., Thorton, B., Gold, J. A., & Burckle, M. A. (2002). Romantic relationships of hypercompetitive individuals. *Journal of Social and Clinical Psychology*, *21*, 517-530.

Ryff, C. D., & Singer, B. H. (1998). The contours of positive human health. *Psychological Inquiry*, *9*, 1-28.

Saarni, C. (1993). Socialization of emotion. In M. Lewis & J. M. Haviland (Eds.), *Handbook of emotions* (pp. 435-446). New York, NY: Guilford.

Sabin, E. P. (1993). Social relationships and mortality among the elderly. *Journal of Applied Gerontology*, *12*, 44-60.

Sanford, A. A. (2010). "I can air my feelings instead of eating them." Blogging as social support for the morbidly obese. *Communication Studies*, *61*, 567-584.

Santrock, J. W. (2008). *A topical approach to life-span development*. New York, NY: The McGraw-Hill Companies.

Sapadin, L. A. (1988). Friendship and gender: Perspectives of professional men and women. *Journal of Personality and Social Psychology*, *5*, 387-403.

Sapolsky, R. M., & Share, L. J. (2004). A pacific culture among wild baboons: Its emergence and transmission. *PLoS Biology*, *2*, 534-541.

Schachter, S., Rauscher, F., Christenfeld, N., & Crone, K. T. (1994). The vocabularies of academia. *Psychological Science*, *5*, 37-41.

Schaefer, H. M., & Ruxton, G. D. (2011). *Plant-animal communication*. New York, NY: Oxford University Press

Scheflen, A. E. (1964). The significance of posture in communication systems. *Psychiatry*, *27*, 316-331.

Schick, V., Herbenick, D., Reece, M., Sanders, S., Dodge, B., Middlestadt, S., & Fortenberry, J. (2010). Sexual behaviors, condom use, and sexual health of Americans over 50: Implications for sexual health promotion for older adults. *Journal of Sexual Medicine*, *7*(Suppl. 5), 315-329.

Schlenker, B. R. (2012). Self-presentation. In M. R. Leary & J. P. Tangney (Eds.), *Handbook of self and identity* (2nd ed., pp. 542-570). New York, NY: Guilford.

Schmidt, D. P. (2008). Attachment matters: Patterns of romantic attachment across gender, geography, and cultural forms. In J. P. Forgas & J. fitness (Eds.), *Social relationships: Cognitive, affective and motivational processes* (pp. 75-97). New York, NY: Psychology Press.

Schneider, B., Woodburn, S., del Pilar Soteras del Toro, M., & Udvari, S. (2005). Cultural and gender differences in the implications of competition for early adolescent friendship. *Merrill-Palmer Quarterly*, *51*(2), 163-191.

Schneider, C. S., & Kenny, D. A. (2000). Cross-sex friends who were once romantic partners: Are they platonic friends now? *Journal of Social and Personal Relationships*, *17*, 451-466.

Schramm, W. (1954). How communication works. In W. Schramm (Ed.), *The process and effects of mass communication*. Urbana, IL: University of Illinois Press.

Scott, S., & McGettigan, C. (2016). The voice: From identity to interactions. In D. Matsumoto, H. C. Hwang, & M. G. Frank (Eds. in chief), *APA handbook of nonverbal behavior* (pp. 289-305). Washington, DC: American Psychological Association.

Searle, J. R. (1975). A taxonomy of illocutionary acts. In K. Gundeson (Ed.), *Minnesota studies in the philosophy of language*. Minneapolis, MI: University of Minnesota Press.

Sedikides, C., Olsen, N., & Reis, H. T. (1993). Relationships as natural categories. *Journal of Personality and Social Psychology, 64*, 71-82.

Seeman, T. E., Singer, B. H., Ryff, C. D., Love, G. D., & Levy-Storms, L. (2002). Social relationships, gender, and allostatic load across tow age cohorts. *Psychosomatic Medicine, 64*, 395-406.

Seiter, J. S., & Sandry, A. (2003). Pierced for success? The effects of ear and nose piercing on perceptions of job candidates' credibility, attractiveness, and hiability. *Communication Research Reports, 20*, 287-298.

Selman, R. L. (1980). *The growth of interpersonal understanding*. New York, NY: Academic Press.

Semic, B. (1999). Vocal attractiveness: What sounds beautiful is good. In L. K. Guerreto, J. A. DeVito, & M. L. Hecht (Eds.), *The nonverbal communication reader: Classic and contemporary readings* (pp. 149-155). Prospect Heights, IL: Waveland Press.

Sewell, W. H. (1999). The concept(s) of culture. In V. Bonnnell & L. Hunt (Eds.), *Beyond the culture turn* (pp. 35-61). Berkeley, CA: University of California Press.

Shackelford, T. K., & Buss, D. M. (1996). Betrayal in mateships, friendships, and coalitions. *Personality and Social Psychology Bulletin, 22*, 1151-1164.

Shah, J. (2003). The motivational looking glass: How significant others implicitly affect goal appraisals. *Journal of Personality and Social Psychology, 85*, 424-439.

Shannon, C. E., & Weaver, W. (1949). *The mathematical theory of communication*. Urbana-Champaign, IL: University of Illinois Press.

Shantz, C. U. (1993). Children's conflicts: Representations and lessons learned. In R. R. Cocking & K. A. Renninger (Eds.), *The development and meaning of psychological distance* (pp. 185-202). Hillsdale, NJ: Lawrence Erlbaum.

Shapiro, S. L., Schwartz, G. E. R., & Santerre, C. (2002). Meditation and positive psychology. In C. R. Snyder & S. J. Lopez (Eds.), *Handbook of positive psychology* (pp. 632-645). New York, NY: Oxford University Press.

Shaw, M. E., & Costanzo, P. R. (1982). *Theories of social psychology* (2nd ed.). New York, NY: McGraw-Hill.

Sherif, M., Harvey, O. J., White, B. J., Hood, W. R., & Sherif, C. W. (1961). *Intergroup conflict and cooperation: The robbers cave experiment*. Norman, OK: University Book Exchange.

Sherman, S. J., Presson, C. C., Chassin, L., Corty, E., & Olshavsky, R. W. (1983). The false consensus effect in estimates of smoking prevalence: Underlying mechanisms. *Personality and Social Psychology Bulletin, 9*, 197-207.

Shih, M., Pittinsky, T. L., & Ambady, M. (1999). Stereotype susceptibility: Identity salience and shifts in quantitative performance. *Psychological Science, 10*, 80-83.

Shrauger, J. S., & Schoeneman, T. J. (1979). Symbolic interactionist view of self-concept: Through the looking glass darkly. *Psychological Bulletin, 86*, 549-573.

Shulman, S., & Kanfo, D. (1997). Balancing closeness and individuality in adolescent close relationships. *International Journal of Behavioral Development, 21*, 687-702.

Sillars, A. (1998). (Mis)Understanding. In B. H.

Spitzberg & W. R. Cupach (Eds.), *The dark side of close relationships* (pp. 73-102). Mahwah, NJ: Erlbaum.

Sillars, A. L., & Vangelisti, A. L. (2018). Communication: Basic properties and their relevance to relationship research. In A. L. Vangelisti & D. Perlman (Eds.), *The Cambridge handbook of personal relationships* (pp. 243-255). New York, NY: Cambridge University Press.

Simpson, J. A., Winterheld, H. A., & Chen, J. Y. (2006). Personality and relationships: A temperament perspective. In A. L. Vangelisti & D. Perlman (Eds.), *The Cambridge handbook of personal relationships* (pp. 231-250). Cambridge, UK: Cambridge University Press.

Singh, D. (1993). Adaptative significance of female physical attractiveness: Role of waist-to-hip ratio. *Journal of Personality and Social Psychology, 65,* 293-308.

Singh, R., & Ho, S. Y. (2000). Attitudes and Attraction: A New Test of the Attraction, Repulsion and Similarity-Dissimilarity Asymmetry Hypotheses. *British Journal of Social Psychology, 39,* 197-211.

Singleton, R. J., & Vacca, J. (2007). Interpersonal competition in friendships. *Sex Roles, 57,* 617-627.

Skowronski, J. J., & Carlston, D. E. (1989). Negativity and extremity bias in impression formation: A review of explanation. *Psychological Review, 105,* 131-142.

Slugoski, B., & Turnbull, W. (1988). Cruel to be kind and kind to be cruel: Sarcasm, banter and social relations. *Journal of Language and Social Psychology, 7,* 101-121.

Smedley, J. W., & Bayton, J. A. (1978). Evaluative race-class stereotypes by race and perceived class of subject. *Journal of Personality and Social Psychology, 36,* 530-535.

Smith, R. H. (1991). Envy and the sense of injustice. In P. Salovey (Ed.), *The psychology of jealousy and envy* (pp. 79-99). New York, NY: Guilford.

Smith, R. H. (2000). Assimilative and contrastive emotional reactions to upward and downward social comparisons. In J. Suls & L. Wheeler (Eds.), *Handbook of social comparison: Theory and research* (pp. 173-200). New York, NY: Kluwer Academic/Plenum.

Smith, R. H., Parrott, W. G., Diener, E., Hoyle, R. H., & Kim, S. H. (1999). Dispositional envy. *Personality and Social Psychology Bulletin, 25,* 1007-1020.

Smolensky, M. W., Carmody, M. A., & Halcomb, C. G. (1990). The influence of task type, group structure and extraversion on uninhibited speech in computer-mediated communication. *Computers in Human Behavior, 6,* 261-272.

Snyder, M., Tanke, E. D., & Berscheid, E. (1977). Social perception and interpersonal behavior: On the self-fulfilling nature of social stereotypes. *Journal of Personality and Social Psychology, 35,* 656-666.

So, W. C. (2010). Cross-cultural transfer in gesture frequency in Chinese-English Bilinguals. *Language and Cognitive processes, 25,* 1335-1353.

Soenens, B., Vansteenkiste, M., Petegem, S. V., Beyers, W., & Ryan, R. (2018). How to solve the conundrum of adolescent autonomy?: On the importance of distinguishing between independence and volitional functioning. In B. Soenens, M. Vansteenkiste, & S. V. Petegem (Eds.), *Autonomy in adolescent development: Towards conceptual clarity* (pp. 1-32). New York, NY: Routledge.

Solnick, S., & Schweitzer, M. E. (1999). The influence of physical attractiveness and gender on ultimatum game decisions. *Organizational Behavior and Human Decision Processes, 79,* 199-215.

Solomon, R. L. (1980). The opponent-process theory of acquired motivation: The costs of pleasure and the benefits of pain. *American Psychologist, 35,* 691-712.

Spanier, G. P., & Margolis, R. L. (1983). Marital separation and extramarital sexual behavior. *Journal* of Sex Research, 19, 23–48.

Sprecher, S., Christopher, F. S., Regan, P., Orbuch, T., & Cate, R. M. (2018). Sexuality in personal relationships. In A. L. Vangelisti & D. Perlman (Eds.), The Cambridge handbook of personal relationships (2nd ed., pp. 177–190). Cambridge, UK: Cambridge University Press.

Sprecher, S., Felmlee, D., Metts, S., & Cupach, W. (2015). Relationship initiation and development. In M. Mikulincer & P. R. Shaver (Eds. in chief), APA handbook of personality and social psychology. Vol. 3. Interpersonal relations (pp. 211–245). Washington, DC: American Psychological Association.

Stafford, L., & Canary, D. J. (1991). Maintenance strategies and romantic relationship type, gender, and relational characteristics. Journal of Social and Personal Relationships, 8, 217–242.

Stamp, G. H., Vangelisti, A. L., & Daly, J. A. (1992). The creation of defensiveness in social interaction. Communication Quarterly, 40, 177–190.

Steele, C. M., & Aronson, J. (1995). Stereotype threat and the intellectual test performance of African Americans. Journal of Personality and Social Psychology, 69, 797–811.

Sternberg, R. J. (1986). A triangular theory of love. Psychological Review, 93, 119–135.

Stets, J. E., & Burke, P. J. (2014). Social comparison in identity theory. In Z. Krizan & F. X. Gibbons (Eds.), Communal functions of social comparison (pp. 39–59). New York, NY: Cambridge University Press.

Stevens, N. L. (2009). friendship in late adulthood. In H. T. Reis & S. Sprecher (Eds.), Encyclopedia of human relationships (Vol. 2, pp. 726–730). Thousand Oaks, CA: Sage.

Stevens, N. L., & Westerhof, G. J. (2006). Partners and others: Social provisions and loneliness among married Dutch men and women in the second half of life. Journal of Social and Personal Relationships, 23,

921–941.

Stewart-Williams, S., & Thomas, A. G. (2013). The ape that thought it was a peacock: Does evolutionary psychology exaggerate human sex differences? Psychological Inquiry, 24, 137–168.

Stillwell, A. M., Baumeister, R. F., & Del Priore, R. E. (2008). We're all victims here: Toward a psychology of revenge. Basic and Applied Social Psychology, 30, 1165–1178.

Strauman, T. J., & Goetz, E. L. (2012). Self-regulation failure and health: Pathways to mental and physical illness. In M. R. Leary & J. P. Tangney (Eds.), Handbook of self and identity (2nd ed., pp. 247–267). New York, NY: Guilford.

Street, Jr., R. L., & Cappella, J. N. (1995). Sequence and pattern in communicative behavior: A model and commentary. In R. L. Street, Jr. & J. N. Cappella (Eds.), Sequence and pattern in communicative behavior (pp. 243–276). London, UK: Edward Arnold.

Suler, J. (2004). The online disinhibition effect. Cyberpsychology & Behavior, 7, 321–326.

Sullivan, H. S. (1953). The interpersonal theory of psychiatry. New York, NY: Norton.

Swann, Jr., W. B. (1987). Identity negotiation: Where two roads meet. Journal of Personality and Social Psychology, 53, 1038–1051.

Swann, Jr., W. B., & Buhrmester, M. D. (2012). Self-verification: The search for coherence. In M. R. Leary & J. P. Tangney (Eds.), Handbook of self and identity (2nd ed., pp. 405–424). New York, NY: Guilford.

Swanson, S., & McIntyre, R. (1998). Assertiveness and aggressiveness as potential moderators of verbal intentions. Psychological Reports, 84, 1111–1114.

Tachakra, S., & Rajani, R. (2002). Social presence in telemedicine. Journal of Telemedicine and Telecare, 8(4), 226–230.

Tafarodi, R. W., & Swann, Jr., W. B. (1995). Self-liking and self-competence as dimensions of global self-esteem: Initial validation of a measure. *Journal of Personality Assessment*, *65*(2), 322–342.

Tangney, J. P. (2009). Humility. In C. R. Snyder & S. J. Lopez (Eds.), *Oxford handbook of positive psychology* (pp. 483–490). New York, NY: Oxford University Press.

Tate, J. C., & Shelton, B. L. (2008). Personality correlates of tattooing and body piercing in a college sample: The kids are right. *Personality and Individual Differences*, *45*, 281–285.

Taylor, S. (2012). Tend and befriend theory. In P. Van Lange, A. Kruglanski, & E. Higgins (Eds.), *Handbook of theories of social psychology* (Vol. 1, pp. 32–50). London: SAGE Publications Ltd.

Taylor, S. E., & Fiske, S. T. (1975). Point of view and perceptions of causality. *Journal of Personality and Social Psychology*, *32*, 429–445.

Taylor, S. E., Gonzaga, G. C., Klein, L. C., Hu, P., Greendale, G. A., & Seeman, T. E. (2006). Relation of oxytocin to psychological stress responses and hypothalamic-pituitary-adrenocortical axis activity in older women. *Psychosomatic Medicine*, *68*, 238–245.

Taylor, S. E., Klein, L. C., Lewis, B. P., Gruenewald, T. L., Gurung, R. A. R., & Updegraff, J. A. (2000). Biobehavioral responses to stress in females: Tend-and-befriend, not fight-or-flight. *Psychological Review*, *107*, 411–429.

Tesser, A., & Smith, J. (1980). Some effects of task relevance and friendship on helping: You don't always help the one you like. *Journal of Experimental Social Psychology*, *16*, 582–590.

Thibault, P. J. (2011). Face-to-face communication and body language. In D. Matsumoto (Ed.), *APA handbook of interpersonal communication* (pp. 17–56). Washington, DC: American Psychological Association.

Tidwell, N. D., Eastwick, P. W., & Finkel, E. J. (2013). Perceived, not actual, similarity predicts initial attraction in a live romantic context: Evidence from the speed-dating paradigm. *Personal Relationships*, *20*, 199–215.

Tierney, J., & Baumeister, R. F. (2019). *The power of bad: How the negativity effect rules us and how we can rule it.* New York, NY: Penguin Press.

Tolhuizen, J. H. (1989). Communication strategies for intensifying dating relationships: Identification, use and structure. *Journal of Social and Personal Relationships*, *6*, 413–434.

Tolman, D. L., & Diamond, L. M. (2014). Sexuality theory: A review, a revision, and a recommendation. In D. L. Tolman & L. M. Diamond (Eds. in chief), *APA handbook of sexuality and psychology. Vol. 1. Person-based approaches* (pp. 3–27). Washington, DC: American Psychological Association.

Toma, C. L., Hancock, J. T., & Ellison, N. B. (2008). Separating fact from fiction: An examination of deceptive self-presentation in online dating profiles. *Personality and Social Psychology Bulletin*, *34*, 1023–1036.

Tomasello, M. (1998). Emulation learning and cultural learning. *Behavioral and Brain Sciences*, *21*(5), 703–704.

Toussaint, L. L., & Webb, J. R. (2017). The humble mind: A theoretical model and review of evidence linking humility to health and well-being. In E. L. Worthington, Jr., D. E. Davis, & J. N. Hook (Eds.), *Handbook of humility: Theory, research, and applications* (pp. 178–191). New York, NY: Routledge.

Toussaint, L., & Webb, J. R. (2005). Theoretical and empirical connections between forgiveness, mental health, and well-being. In Worthington, Jr., E. L. (Ed.), *Handbook of forgiveness* (pp. 349–362). New York, NY: Routledge.

Trewavas, A. (2006). The green plant as an intelligent organism. In F. Baluska, S. Mancuso, & D. Volkmann (Eds.), *Communication in plants: Neuronal aspects of plant life* (pp. 1–18). Heidelberg, Germany: Springer.

Triandis, H. C., & Gelfand, M. J. (1998). Converging measurement of horizontal and vertical individualism and collectivism. *Journal of Personality and Social Psychology, 74*, 118-128.

Triandis, H. C. (1989). The self and social behavior in differing cultural contexts. *Psychological Review, 96*, 506-520.

Triandis, H. C. (1995). *Individualism and collectivism.* Boulder, CO: Westview Press.

Triandis, H. C., & Gelfand, M. J. (2012). A theory of individualism and collectivism. In P. A. M. Van Lange, A. W. Kruglanski, & E. T. Higgins (Eds.), *Handbook of theories of social psychology* (Vol. 2, pp. 498-520). Thousand Oaks, CA: Sage.

Triandis, H. C., & Vassiliou, V. (1972). A comparative analysis of subjective culture. In H. C. Triandis (Ed.), *The analysis of subjective culture* (pp. 299-338). New York, NY: Wiley.

Trivers, R. (1985). *Social evolution.* Menlo Park, CA: Benjamin/Cummings Publishing company.

Trivers, R. L. (1972). Parental investment and sexual selection. In B. Campbell (Ed.), *Sexual selection and the descent of man* (pp. 1136-1179). Chicago, IL: Aldine.

Trzesniewski, K. H., Donnellan, M. B., & Robins, R. W. (2003). Stability of self-esteem across the life span. *Journal of Personality and Social Psychology, 84*, 205-220.

Tsai, W., Huang, T., & Yu, H. (2012). Investigating the unique predictability and boundary conditions of applicant physical attractiveness and nonverbal behaviors on interviewer evaluations in job interviews. *Journal of Occupational and Organizational Psychology, 85*, 60-79.

Tucker, P., & Aron, A. (1993). Passionate love and marital satisfaction at key transition points in the family life cycle. *Journal of Social and Clinical Psychology, 12*, 135-147.

Twenge, J. M., Baumeister, R. F., DeWall, C. N.,

Ciarocco, N. J., & Bartels, J. M. (2007). Social exclusion decreases prosocial behavior. *Journal of Personality and Social Psychology, 92*, 56-66.

Twenge, J. M., Catanese, K. R., & Baumeister, R. F. (2003). Social exclusion and the deconstructed state: Time perception, meaninglessness, lethargy, lack of emotion, and self-awareness. *Journal of Personality and Social Psychology, 85*, 409-423.

Uchino, B. N., Cacioppo, J. T., & Kiecolt-Glaser, J. K. (1996). Understanding the links between social support and physical health: A life-span perspective with emphasis on the reparability of perceived and received support. *Perspectives on Psychological Science, 4*, 236-255.

Ueno, K., Gayman, M. D., Wright, E. R., & Quantz, S. D. (2009). Friends' sexual orientation, relational quality, and mental health among gay, lesbian, and bisexual youth. *Personal Relationships, 16*, 659-670.

Uslaner, E. M. (2002). *The moral foundation of trust.* New York, NY: Cambridge University Press.

Vallacher, R. R., & Wegner, D. M. (1987). What do people think they're doing?: Action identification and human behavior. *Psychological Review, 94*, 3-15.

van Anders, S. M., Goldey, K. L., & Kuo, P. X. (2011). The steroid/peptide theory of social bonds: Integrating testosterone and peptide responses for classifying social behavioral context. *Psychoneuroendocrinology, 36*, 1265-1275.

Van Boven, L., & Loewenstein, G. (2003). Social projection of transient drive states. *Personality and Social Psychology Bulletin, 29*, 1159-1168.

Van Boven, L., & Lowenstein, G. (2005). Cross-situational projection. In M. D. Alicke, D. A. Dunning, & J. I. Krueger (Eds.), *The self in social judgment* (pp. 43-64). New York, NY: Psychology Press.

Van Hook, E., & Higgins, E. T. (1988). Self-related problems beyond the self-concept: Motivational consequences of discrepant self-guides. *Journal of*

Personality and Social Psychology, 55, 625-633.

van Lancker, D., Kreiman, J., & Emmorey, K. (1985). Familiar voice recognition: Patterns and parameters-Recognition of backward voices. *Journal of Phonetics, 13*, 39-52.

Van Lange, P. A. M., & Rusbult, C. E. (2012). Interdependence theory. In P. A. M. Van Lange, A. W., Kruglanski, & E. T. Higgins (Eds.), *Handbook of theories of social psychology* (Vol. 2, pp. 251-272). Thousand Oaks, CA: Sage.

Van Lange, P. A. M., Agnew, C. R., Harinck, F., & Steemers, G. (1997). From game theory to real life: How social value orientation affects willingness to sacrifice in ongoing close relationships? *Journal of Personality and Social Psychology, 73*, 1330-1344.

Van Lange, P. A. M., Rusbult, C. E., Drigotas, S. M., Arriaga, X. B., Witcher, B. S., & Cox, C. L. (1997). Willingness to sacrifice in close relationships. *Journal of Personality and Social Psychology, 72*, 1373-1395.

Van Tongeren, D. R., & Myers, D. G. (2017). A social psychological perspective on humility. In E. L. Worthington, Jr., D. E. Davis, & J. N. Hook (Eds.), *Handbook of humility: Theory, research, and applications* (pp. 150-164). New York, NY: Routledge.

VandenBos, G. R. (Ed. In chief). (2015). *APA dictionary of psychology* (2nd ed.). Washington, DC: American Psychological Association.

Vangelisti, A. L. (1994). Family secrets: Forms, functions, and correlates. *Journal of Social and Personal Relationships, 11*, 113-135.

Vangelisti, A. L. (2015). communication in personal relationships. In M. Mikulincer & P. R. Shaver (Eds.), *APA handbook of personality and social psychology. Vol. 3. Interpersonal relations* (pp. 371-392). Washington, DC: American Psychological Association.

VanLear, C. A., Koerner, A., & Allen, D. M. (2006). Relationship typologies. In A. L. Vangelisti & D.

Perlman (Eds.), *The Cambridge handbook of personal relationships* (pp. 91-110). New York, NY: Cambridge University Press.

Vanyperen, N. W. (1992). Self-enhancement among major soccer players: The role of importance and ambiguity on social comparison behavior. *Journal of Applied Social Psychology, 22*, 1186-1196.

Villalobos Solis, M., Smetana, J. G., & Comer, J. (2015). Association among solicitation, relationship quality, and adolescents' daily disclosure and secrecy with mothers and best friends. *Journal of Adolescence, 43*, 193-205.

Vogel, D. L., & Karney, B. R. (2002). Demands and withdrawal in newlyweds: Elaborating on the social structure hypothesis. *Journal of Social and Personal Relationships, 19*, 685-701.

Voracek, M., & Fisher, M. L. (2006). Success is all in the measures: Androgenousness, curvaceousness, and starring frequencies in adult media actresses. *Archives of Sexual Behavior, 35*, 297-304.

Wagner, A. (2012). 생명을 읽는 코드, 패러독스 (*Paradoxical life: Meaning, matter, and the power of human choice*). (김상우 역). 서울: 와이즈북. (원저는 2009년에 출판).

Waite, L. L., Aaumann, E. O., Das, A., & Schumm, P. (2009). Sexuality: Measures of partnerships, practices, attitudes, and problems in the National Social Life, Health, and Aging Study. *Journal of Gerontology B: Psychological Sciences and Social Sciences, 64B*, i56-i66.

Walker-Smith, G. J., Gale, A. G., & Findlay, J. M. (1977). Eye movement strategies involved in face perception. *Perception, 6*, 313-326.

Walster, E., & Walster, G. W. (1978). *A new look at love*. Reading, MA: Addison-Wesley.

Walther, J. B. (1996). Computer-mediated communication: Impersonal, interpersonal and hyperpersonal interaction. *Communication Research, 23*, 3-43.

Walther, J. B. (2007). Selective self-presentation in computer-mediated communication; Hyperpersonal dimensions of technology, language, and cognition. *Computers in Human Behavior, 23*, 2538-2557.

Waring, E. M. (1984). The measurement of marital intimacy. *Journal of Marital and Family Therapy, 10*, 185-192.

Watson, D. W., Klohnen, E. C., Casillas, A., Simms, E. N., Haig, J., & Berry, D. S. (2004). Match makers and deal breakers: Analyses of assortative mating in newlywed couples. *Journal of Personality, 72*, 1029-1068.

Watson, D., Beer, A., & McDade-Montez, E. (2014). The role of active assortment in spousal similarity. *Journal of Personality, 82*, 116-129.

Watson, D., Clark, L. A., McIntyre, C. W., & Hamaker, S. (1992). Affect, personality, and social activity. *Journal of Personality and Social Psychology, 63*, 1011-1025.

Watson, J., & Hill, A. (2015). *Communication: Intercultural communication*. London, UK: Bloomsbury.

Watson, O. M. (1970). *Proxemic behavior: A cross-cultural study*. The Hague, Netherlands: Mouton.

Watts, R. J., Ide, S., & Ehlich, K. (2005). Introduction. In R. J. Watts, S. Ide, & K. Ehlich (Eds.), *Politeness in language* (pp. 1-17). Berlin, Germany: Mouton de Gruyter.

Watzlawick, P., Beavin, J. H., & Jackson, D. (1967). *Pragmatics of human communication: Study of interactional patterns, pathologies, and paradoxes*. New York, NY: W. Norton & Company.

Way, N., & Greene, M. L. (2006). Trajectories of perceived friendship quality during adolescence: The patterns and contextual predictors. *Journal of Research on Adolescence, 16*, 293-320.

Wayment, H. A., & Bauer, J. J. (Eds.) (2008). *Transcending self-interest: Psychological explorations of the quiet ego*. Washington, DC: American Psychological Association.

Weiss, R. S. (1973). *Loneliness: The experience of emotional and social isolation*. Boston, MA: The MIT Press.

Weiss, R. S. (1982). Attachment in adult life. In C. M. Parkes & J. Stevenson-Hinde (Eds.), *The place of attachment in human behavior* (pp. 171-184). New York, NY: Basic Books.

Weiten, W., & Lloyd, M. A. (2006). *Psychology applied to modern life: Adjustment in the 21st century* (8th ed.). Belmont, CA: Thomson Higher Education.

Weller, J., & Watson, D. (2009). Friend or foe?: Differential use of the self-based heuristic as a function of relationship satisfaction. *Journal of Personality, 77*, 731-760.

Werking, K. J. (1997). Cross-sex friendship research as ideological practice. In S. Duck (Ed.), *Handbook of personal relationships: Theory, research and interventions* (2nd ed., pp. 391-410). New York, NY: Wiley.

West, S. A., Griffin A. S., & Gardner, A. (2007). Evolutionary explanations for cooperation. *Current Biology, 17*(16), R661-R672.

Wheeler, L., & Nezlek, J. (1977). Sex differences in social participation. *Journal of Personality and Social Psychology, 35*, 742-754.

Whisman, V. (1996). *Queer by choice*. New York, NY: Routledge.

White, G. L., Fishbein, S., & Rutstein, J. (1981). Passionate love: The misattribution of arousal. *Journal of Personality and Social Psychology, 41*, 56-62.

Whitty, M. T. (2008). Revealing the 'real' me, searching for the 'actual' you: Presentations of self on an Internet dating site. *Computers in Human Behavior, 24*, 1707-1723.

Whitty, M. T., & Young, G. (2017). *Cyberpsychology: The study of individuals, society and digital technologies*. Oxford, UK: Wiley.

Widmer, E. D., Treas, J., & Newcomb, R. (1998).

Attitudes toward nonmarital sex in 24 countries. *Journal of Sex Research, 35*, 349-358.

Wierzbicka, A. (1986). Does language reflect culture? Evidence from Australian English. *Language in Society, 15*, 349-373.

Wilkins, D. (2003). Why pointing with the index finger is not a universal (in sociocultural and semiotic terms). In S. Kita (Ed.), *Pointing: Where language, culture, and cognition meet* (pp. 171-215). Hillsdale, NJ: Erlbaum.

Williams, B. (1988). Formal structures and social reality. In D. Gambetta (Ed.), *Trust: Making and breaking of cooperative relations* (pp. 3-13). Oxford, UK: Blackwell.

Williams, J. C., & Jovanovic, J. (2015). Third wave feminism and emerging adult sexuality: Friends with benefits relationships. *Sexuality & Culture, 19*, 157-171.

Williams, K. D. (1997). Social ostracism: The causes and consequences of "the silent treatment." In R. Kowalski (Ed.), *Aversive interpersonal behaviors* (pp. 133-170). New York, NY: Plenum.

Williams, K. D. (2001). *Ostracism: The power of silence.* New York, NY: Guilford.

Williams, K. D., & Zadro, L. (2001). Ostracism: On being ignored, excluded, and rejected. In M. R. Leary (Ed.), *Interpersonal rejection* (pp. 21-53). New York, NY: Oxford University Press.

Williams, P., Winzer, K., Chan, W. C., & Camara, M. (2007). Look who's talking: Communication and quorum sensing in the bacterial world. *Philosophical Transactions of the Royal Society B: Biological Sciences, 362*, 1119-1134.

Williams, R. (1961). *The long revolution.* Harmondsworth, UK: Penguin.

Willner, P., & Rowe, G. (2001). Alcohol servers' estimates of young people's ages. *Drug: Education, Prevention, and Policy, 8*, 375-383.

Wills, T. A. (1985). Supportive functions of interpersonal relationships. In S. Cohen & S. L. Syme (Eds.), *Social support and health* (pp. 61-82). Orlando, FL: Academic Press.

Winterheld, H. A., & Simpson, J. A. (2018). Personality in close relationships. In A. L. Vangelisti & D. Perlman (Eds.), *The Cambridge handbook of personal relationships* (2nd ed., pp. 163-174). New York, NY: Cambridge University Press.

Winterich, K. P., & Zhang, Y. (2014). Accepting inequality deters responsibility: How power distance decreases charitable behavior. *Journal of Consumer Research, 41*, 274-293.

Wish, M., Deutsch, M., & Kaplan, S. B. (1976). Perceived dimensions of interpersonal relations. *Journal of Personality and Social Psychology, 33*, 409-420.

Wojciszke, B., & Abele, A. E. (2008). The primacy of communion over agency and its reversals in evaluations. *European Journal of Social Psychology, 38*, 1139-1147.

Wojciszke, B., & Abele, A. E. (2019). Agency and communion in social cognition. In A. E. Abele & B. Wojciszke (Eds.), *Agency and communion in social psychology* (pp. 25-38). New York, NY: Routledge.

Wojciszke, B., Baryal, W., Parzuchowski, M., Szymkow, A., & Abele, A. E. (2011). Self-esteem is dominated by agentic over communal information. *European Journal of Social Psychology, 41*, 617-627.

Wojciszke, B., Bazinska, R., & Jaworski, M. (1998). On the dominance of moral categories in impression formation. *Personality and Social Psychology Bulletin, 24*, 1251-1263.

Wolff, F., Marnik, N., Tracey, W., & Nichols, R. (1983). *Perceptive listening.* New York, NY: Hot, Rinehart & Winston.

Wolvin, A., & Coakley, C. (1996). *Listening* (5th ed.). Boston, MA: McGraw-Hill.

Wong, Y. J., Wang, S. Y., & Klann, E. M. (2018). The emperor with no clothes: A critique of collectivism and individualism. *Archives of Scientific Psychology*, *6*, 251-260.

Wood, J. T. (2000). Gender and personal relationships. In C. Hendrick & S. S. Hendrick (Eds.), *Close relationships: A sourcebook* (pp. 301-313). Thousand Oaks, CA: Sage.

Wood, J. T., Dendy, L. L., Dordek, E., Germany, M., & Varallo, S. M. (1994). Dialectic of difference: A thematic analysis of intimates' meanings for differences. In K. Carter & M. Prisnell (Eds.), *Interpretive approaches to interpersonal communication* (pp. 115-136). New York, NY: SUNY Press.

Woodyatt, L., Worthington, Jr., E. L., Wenzel, M., & Griffin, B. J. (2017). Orientation to the psychology of self-forgiveness. In L. Woodyatt, E. L. Worthington, Jr., M. Wenzel, & B. J. Griffin (Eds.), *Handbook of the psychology of self-forgiveness* (pp. 3-16). New York, NY: Springer.

Worthington, Jr., E. L. (2006). *Forgiveness and reconciliation: Theory and application*. New York, NY: Routledge.

Worthington, Jr., E. L. (2017). Political humility: A post-modern reconceptualization. In E. L. Worthington, Jr., D. E. Davis, & J. N. Hook (Eds.), *Handbook of humility: Theory, research, and applications* (pp. 76-90). New York, NY: Routledge.

Worthington, Jr., E. L., & Scherer, M. (2004). Forgiveness is an emotion-focused coping strategy that can reduce health risks and promote health resilience: Theory, review, and hypotheses. *Psychology and Health*, *19*, 385-405.

Wright, P. H. (1982). Men's friendships, women's friendships and the alleged inferiority of the later. *Sex Roles*, *8*, 1-20.

Wright, P. H. (1985). The acquaintance description form. In S. W. Duck & D. Perlman (Eds.), *Sage series in personal relationships* (Vol. 1, pp. 39-62). London, UK: Sage.

Wrightman, L. S. (1964). Measurement of philosophies of human nature. *Psychological Reports*, *14*, 743-751.

Wrzus, C., Hänel, M., Wagner, J., & Neyer, F. J. (2013). Social network change and life events across the lifespan: A meta-analysis. *Psychological Bulletin*, *139*, 53-80.

Wrzus, C., Wagner, J., & Neyer, F. J. (2012). The interdependence of horizontal family relationships and friendships relates to higher well-being. *Personal Relationships*, *19*, 465-482.

Wrzus, C., Zimmermann, J., Mund, M., & Neyer, F. J. (2017). Friendships in young and middle adulthood. In M. Hojjat & A. Moyer (Eds.), *The psychology of friendship* (pp. 22-38). Oxford, UK: Oxford University Press.

Wu, S., & Keysar, B. (2007). The effect of information overlap on communication effectiveness. *Cognitive Science*, *31*, 169-181.

Wyland, C. L., & Forgas, J. P. (2010). Here's looking at you kid: Mood effects on processing eye gaze as a heuristic cue. *Social Cognition*, *28*, 133-144.

Yang, K. S., & Bond, M. H. (1980). Ethnic affirmation by Chinese bilinguals. *Journal of Cross-Cultural Psychology*, *11*, 411-425.

Ybarra, O., Chan, E., & Park, D. (2001). Young and old adults' concerns about morality and competence. *Motivation and Emotions*, *25*, 85-100.

Ybarra, O., Chan, E., Park, H., Burnstein, E., Monin, B., & Stanik, C. (2008). Life's recurring challenges and the fundamental dimensions: An integration and its implications for cultural differences and similarities. *European Journal of Social Psychology*, *38*, 1083-1092.

Youniss, J., & Smollar, J. (1985). *Adolescent relations with mothers, fathers, and friends*. Chicago, IL: University of Chicago Press.

Yum, Y. O., & Canary, D. J. (2003). Maintaining relationships in Korea and the United States: Features of Korean culture that affect relational maintenance beliefs and behaviors. In D. J. Canary & M. Dainton (Eds.), *Maintaining relationships through communication: Relational, contextual, and cultural variations* (pp. 277-298). Hillsdale, NJ: Erlbaum.

Yzerbyt, V. Y., & Leyens, J. P. (1991). Requesting information to form an impression: The influence of valence and confirmatory status. *Journal of Experimental Social Psychology, 27*, 337-356.

Zacchilli, T. L., Hendrick, C., & Hendrick, S. S. (2009). The Romantic Partner Conflict Scale; A new scale to measure relationship conflict. *Journal of Social and Personal Relationships, 26*, 1073-1096.

Zahavi, A. (2008). The handicap principle and signaling in collaborative systems. In P. d'Ettore & D. P. Hughes (Eds.), *Sociobiology of communication: An interdisciplinary perspective* (pp. 1-9). New York, NY: Oxford University Press.

Zaidel, D. W., & Choi, D. (2007). Attractiveness of natural faces compared to computer-generated perfectly symmetrical faces. *International Journal of Neuroscience, 117*, 423-431.

Zajonc, R. B. (1968). Attitudinal effects of mere exposure. *Journal of personality and social psychology, 9*(2, PL. 2), 1-27.

Zajonc, R. B. (1998). Emotions. In D. T. Gilbert, S. T. Fiske, & G. Lindzey (Eds.), *The handbook of social psychology* (pp. 591-632). New York, NY: McGraw-Hill.

Zander, A., & Thomas, E. (1960). *The validity of a measure of ego strength.* Unpublished paper, The University of Michigan, Institute for Social Research.

Zarankin, T. G., & Kunkel, D. (2019). Colleagues and friends: A theoretical framework of workplace friendship. *Journal of Organizational Psychology, 19*,

156-170.

Zebrowitz, L. A. (2017). First impression from faces. *Current Directions in Psychological Science, 26*(3), 237-242.

Zebrowitz, L. A., & Montepare, J. M. (2015). Faces and first impressions. In M. Mikulincer & P. R. Shaver (Eds.), *APA handbook of personality and social psychology. Vol. 1. Attitudes and social cognition* (pp. 251-276). Washington, DC: American Psychological Association.

Zebrowitz, L. A., Bronstad, P. M., & Lee, H. K. (2007). The contribution of face familiarity to ingroup favoritism and stereotyping. *Social Cognition, 25*, 306-338.

Zell, E., Krizan, Z., & Teeter, S. R. (2015). Evaluating gender similarities and differences using meta-synthesis. *American Psychologist, 70*, 10-20.

Zhang, Q. (2011). Teacher request politeness: Effects on student positive emotions and compliance intention. *Human Communication, 14*, 347-356.

Zhong, C., & Loenardelli, G. J. (2008). Cold and lonely: Does social exclusion literally feel cold? *Psychological Science, 19*, 838-842.

Zimbardo, P., & Boyd, J. (1999). Putting time in perspective. A valid, reliable individual-difference metric. *Journal of Personality and Social Psychology, 77*, 1271-1288.

Zimmer, C., & Aldrich, H. (1987). Resource mobilization through ethnic networks: Kinship and friendship ties of shopkeepers in England. *Sociological Perspectives, 30*, 422-445.

Zuckerman, M., & Miyake, K. (1993). The attractive voice: What makes it so? *Journal of Nonverbal Behavior, 17*, 119-135.

찾아보기

저자 소개

정태연(Jung, Taeyun)
연세대학교 심리학과 학사
연세대학교 심리학과 석사
미국 코네티컷대학교 심리학과 사회심리 전공 철학박사
현 중앙대학교 심리학과 교수
    중앙대학교 사회과학대학장
    중앙대학교 심리서비스연구소장
    한국인적성연구학회 부회장

〈주요 저서〉
사회심리학(공저, 2016, 학지사)
심리학, 군대가다(2016, 토크쇼)
인간행동과 심리학(공저, 2015, 학지사)

관심분야: 대인관계, 사회문화심리, 성인발달, 사회문제

대인관계와 의사소통의 심리학
Psychology of Human Relationships and Communication

2022년 3월 20일 1판 1쇄 인쇄
2022년 3월 30일 1판 1쇄 발행

지은이 • 정태연
펴낸이 • 김진환
펴낸곳 • (주)**학지사**
　　　　　 04031 서울특별시 마포구 양화로 15길 20 마인드월드빌딩
대표전화 • 02-330-5114　　팩스 • 02-324-2345
등록번호 • 제313-2006-000265호

홈페이지 • http://www.hakjisa.co.kr
페이스북 • https://www.facebook.com/hakjisabook

ISBN 978-89-997-2620-0　93180

정가 27,000원

출판 · 교육 · 미디어기업 **학지사**

간호보건의학출판 **학지사메디컬** www.hakjisamd.co.kr
심리검사연구소 **인싸이트** www.inpsyt.co.kr
학술논문서비스 **뉴논문** www.newnonmun.com
교육연수원 **카운피아** www.counpia.com